外交学院中央高校基本科研业务费专项资金资助

THE GLOBALIZATION OF LEGAL EDUCATION
A CRITICAL PERSPECTIVE

法律教育全球化
批判视角下的反思

[美] 布莱恩特·加斯（Bryant Garth）
[美] 格雷戈里·沙弗（Gregory Shaffer）　编著

严文君　译

中国政法大学出版社

2025·北京

版权登记号：图字 01-2025-2586 号

作者名单

斯维莎·巴拉克里什南（Swethaa S. Ballakrishnen）是加利福尼亚大学尔湾分校法学院的助理教授。

米歇尔·伯吉斯-卡斯塔拉（Michelle Burgis-Kasthala）是爱丁堡大学法学院的国际公法讲师。

哈维尔·库索（Javier Couso）是智利迪亚哥波塔莱斯大学和荷兰乌得勒支大学的法学教授。

凯文·戴维斯（Kevin E. Davis）是纽约大学法学院的贝勒家族商法教授。

伊夫·德扎莱（Yves Dezalay）是法国国家科学研究中心的名誉主任。

罗妮特·迪诺维策（Ronit Dinovitzer）是多伦多大学的社会学教授，并且是美国法学基金会的教职研究员。

布莱恩特·加斯（Bryant Garth）是加利福尼亚大学尔湾分校法学院的名誉杰出法学教授。

何塞·加尔塞斯·吉拉尔迪（José Garcez Ghirardi）是巴西圣保罗瓦加斯基金会法学院的法学教授。

大卫·劳（David S. Law）是香港大学公法学系的鲍耀勤爵士讲座教授。

罗恩·列维（Ron Levi）是多伦多大学社会学与全球事务教授。

拉尔夫·马德拉莱特（Ralph Madlalate）是哈佛大学法学院法律职业中心的研究员。

米凯尔·拉斯克·马德森（Mikael Rask Madsen）是哥本哈根大学国际法院卓越中心（iCourts）的法学教授及主任。

菲利普·麦克康纳赫（Philip J. McConnaughay）是北京大学国际法学院的院长及教授，北京大学深圳研究生院的前副校长。

卡丽·门克尔-梅多（Carrie Menkel-Meadow）是加利福尼亚大学尔湾分校法学院的杰出法学教授，并曾是乔治城大学的切特尔（A. B. Chettle）法学、争议解决与民事诉讼程序名誉教授。

安西娅·罗伯茨（Anthea Roberts）是澳大利亚国立大学全球治理学院（RegNet）的全球治理教授。

格雷戈里·沙弗（Gregory Shaffer）是加利福尼亚大学尔湾分校法学院的法学与政治学校长讲席教授。

卡罗尔·西尔弗（Carole Silver）是芝加哥西北大学普利兹克法学院全球法与实践的教授。

维罗妮卡·泰勒（Veronica Taylor）是澳大利亚国立大学全球治理学院（RegNet）法律与监管的教授。

科琳·图米（Colleen B. Toomey）是哥伦比亚大学国际与公共事务学院的高级助理院长，北京大学国际法学院的前副院长。

奥斯卡·维尔赫纳·维埃拉（Oscar Vilhena Vieira）是巴西圣保罗瓦加斯基金会法学院的院长。

王温迪（Wendy H. Wong）是多伦多大学政治学系的教授。

张欣怡（Xinyi Zhang）是纽约大学社会学系的博士生。

中文版序言一

　　我的职业生涯处于全球化时代，一直在从事教学工作。我在美国授课，美国已成为全球法律教育的核心枢纽。在美国，我教导过来自世界各地的学生，其中有许多来自中国的优秀学生。我也曾前往中国，在北京的对外经济贸易大学讲学。而此刻，我在意大利佛罗伦萨的欧洲大学研究院撰写这篇序言，最近我在这里结识了来访的中国教授，他们在各自的领域都是领军人物，包括杨国华教授、叶斌博士和胡建国博士。由此可见，我的经历正是法律教育全球化的一个缩影。我在乔治城大学的学生严文君将本书翻译成了中文，我对此深表感激。

　　本书是我与布莱恩特·加斯（Bryant Garth）教授合作的成果，在我的职业生涯中，他是一位重要的导师。本书融合了我们二人研究全球化与法律的不同方法：我关注跨国法律秩序的构建过程，而他则侧重法律职业的社会学研究。这次合作成果丰硕，希望本书的中文版也能让中国读者有所收获。我们十分感谢本书的重要撰稿人，他们从多个国家的视角探讨了法律教育的全球化。

　　在撰写和编辑本书的过程中，加斯教授和我都参与了与中国相关的研究项目。加斯教授与他的长期合作伙伴伊夫·德扎莱（Yves Dezalay）在《法律：再生产与革命：一部相互关联的历史》一书中涉及了中国相关内容，其中有关于香港和中国内地的章节。我则与高亨利教授（Henry Gao）合作开展了一系列研究，探讨中国如何融入国际贸易和经济法律秩序，这也促使我撰写了《新兴大国与世界贸易体系：国际经济法的过去与未来》一书。

　　中国在法律和法律教育领域投入巨大。这些投入改变了中国的教育，在中国国内产生了重要影响。反过来，它们也让中国以及中国律师在全球跨国法律秩序中发挥更重要的作用。中国学生持续出国留学，同时大量外国学生来到中国。这些国内和跨国的法律教育进程非常值得研究。本书为如何开展相关研究提供了范例。

格雷戈里·沙弗（Gregory Shaffer）
于乔治城大学法学院

Preface to the Chinese Translation I

My career has been one of teaching in an era of globalization. I have done so in the United States, which became a central node for legal education globally. In the United States, I have taught students from around the world, including many brilliant students from China. I have also traveled to teach in China at the University of International Business and Economics (UNIBE) in Beijing. I write this preface now at the European University Institute in Florence, Italy, where I recently met with visiting Chinese professors who are leaders in their field: Professors Guohua YANG, Dr. Bin YE, and Dr. Jianguo Hu. My life has thus been emblematic of the globalization of legal education. One of my students at Georgetown, Wenjun Yan, has now translated this book into Chinese. I am very grateful to him.

This book is a collaboration between me and Professor Bryant Garth who has served as an important mentor for me in my career. The book brings together our two approaches for studying globalization and law: mine regarding processes of transnational legal ordering, and his regarding the sociology of the legal profession. It was a fruitful venture for us, and I hope it will be so for our Chinese readers in this translation. We are grateful to the book's important contributors for putting the globalization of legal education into perspective as regards so many different countries.

Both Professor Garth and I engaged in projects regarding China while writing and editing this book. Professor Garth did so with his long-time collaborator Yves Dezalay in the book *Law as Reproduction and Revolution: An Interconnected History*, which contains chapters on Hong Kong and China. I did so in a series of works with Professor Henry Gao on how China has engaged with the international trade and economic legal orders, which gave rise to my book *Emerging Powers and the World Trading System: The Past and Future of International Economic Law*.

China has invested massively in law and legal education. These investments have transformed Chinese education, and they have had important impacts within China. They have, in turn, enabled China and Chinese lawyers to play greater roles in transnational legal ordering globally. Chinese students continue to study abroad, and large numbers of foreign students come to China. These national and transnational processes of legal education are fascinating to study. This book provides templates of how to do so.

Gregory Shaffer

Georgetown University School of Law

中文版序言二

　　格雷戈里·沙弗（Gregory Shaffer）和我感谢严文君将我们的《法律教育全球化：批判视角下的反思》一书翻译成中文，并促成其在中国出版。我们希望这本书能引起中国法律界和社会科学界的兴趣。这篇中文版序言将较为简短。沙弗教授和我在本书第一章撰写了一篇篇幅较长的引言，该引言旨在将书中各章节置于更宏观的历史、法律和社会科学框架之中。它概述了我们撰写本书想要达成的目标，我在此就不再重复其中内容。不过，我很高兴能写这篇简短的序言，专门向中国读者介绍本书。

　　本书名为"法律教育全球化"，然而或许令人惊讶的是，书中大部分章节探讨的是一种特定的法律全球化进程：即美国法学院法律教育模式的输出与输入，这些模式包括案例教学法、跨学科法律学术研究、诊所式法律教育，以及法学院与律师事务所之间的紧密联系。与此相关的是，许多追求"全球化"的法学院都在教授"跨国"法律，比如世界贸易组织（WTO）法、国际商法和国际商事仲裁法、全球环境法，以及包括国际刑法和国际人权法在内的国际法。法学院全球化运动中还涉及众多的跨国法庭，它们大多是冷战结束后设立的。随着冷战后美国实力和理念的兴起，这些跨国法庭和法律变得愈发重要。因此，本书的多个章节（尤其是第十二、十三、十四章）都对跨国法庭和法律展开了讨论。

　　本书副标题为"批判视角下的反思"，因为我们旨在批判性地解释和理解，为何及如何在1990年后的时期，冷战后美国的霸权转化为一场全球法律教育改革运动。美国凭借其影响力推行符合本国利益的贸易、投资和经济政策并使之合法化。这一全球变革进程促进了全球贸易和投资的增长，同时也使得大型律师事务所在全球范围内扩张。自19世纪末以来，这些大型律师事务所与美国法学院，尤其是以哈佛大学法学院为代表的顶尖法学院密切合作，在美国的国家治理和经济发展中发挥了重要作用。在过去三四十年间，世界上许多国家的新一代法律专业学生都渴望进入大型跨国律师事务所或其在当地的分支机构工作。因此，法律教育全球化与知名大型律师事务所和法学院的扩张紧密相连，实际上，这些法学院主要是为了培养学生进入这些律师事务所（当然也为其他跨国机构输送人才）。

然而，必须认识到，这种法律教育与实践的全球化既有全球层面的根源，也有本土层面的根源。例如，以亚洲学生为主的世界各地学生前往美国（以及澳大利亚、英国等其他国家）学习法律（以及商业、经济等相关学科），他们往往带着专业知识和法学学位回到本国，并将其投入当地律师事务所、法律学术研究以及法律教育的改革之中。与此同时，冷战后的美国终于能够利用福特基金会等长期以来的慈善投资，将美国的法律教育模式推广到国外。因此，法律教育全球化的结果并非源于美国法律教育与实践模式的优越性，而是特定时期美国全球霸权的体现。

这并不是说每个国家都在模仿美国，而且即便是所谓的模仿，也更多地带有本土特色而非全球共性。但世界上相当一部分国家在进行法律教育改革时，主要参照的还是美国法学院。对于见多识广的律师和学者而言，美国的做法似乎更"现代"，理应被传授、模仿并推广到全球，这似乎是理所当然的。尽管美国的霸权地位近来有所衰落，但这些模式的影响力依然强大。

数个世纪以来，与全球权力相关的类似现象一直在上演，无论是殖民统治、帝国霸权，还是没有正式殖民或帝国架构的霸权。罗马帝国就是欧洲的一个典型例子，它推动了法律职业的发展，这种发展从中世纪的博洛尼亚开始。罗马法律传统在欧洲大陆和英国演变后，通过欧洲的殖民主义和帝国势力传播到世界各地，即便在这些帝国衰落之后，其影响至今仍在各大洲延续。我们可以预见，未来全球权力的转移将影响法律或其他治理形式在全球和各国所发挥的作用，但以往全球强国的影响依然会存在。

全球权力关系的多变性意味着，我们这本书聚焦于一个特定的历史时期，在这一时期，美国的法律以及教育和实践中的法律模式尤为显著。此外，现代技术使得变革能够迅速发生。在当今这个动荡的时代，变革可能会再次迅速降临。

中国并非本书的主要关注点，但鉴于其在全球经济中的重要地位，书中必然在多处有所提及。许多章节探讨了中国的法律和法律教育发展情况，包括那些对中国及其他国家都产生影响的进程。其中有一章（第十章）聚焦于中国深圳一所新建的研究生法学院——北京大学国际法学院的创立。该学院旨在融合美国法律、中国法律和跨国法律，其毕业生主要在企业法务部门和律师事务所任职，以融入全球经济。这一章由该学院的前院长菲利普·麦克康纳赫（Philip J. McConnaughay）和副院长科琳·图米（Colleen B. Toomey）

共同撰写。另一章（第十一章）关注纽约大学吸引本校法学院学生前往布宜诺斯艾利斯、上海和巴黎的纽约大学校区留学的举措，但赴美留学的学生数量远超美国外出留学的学生数量。

第二章详细阐述了福特基金会是如何按照美国模式成为全球法律教育改革推动者的，该基金会在推动将诊所式教育纳入中国法律教育体系方面发挥了重要作用。这一章由罗恩·列维（Ron Levi）、罗妮特·迪诺维策（Ronit Dinovitzer）和王温迪（Wendy H. Wong）撰写。维罗妮卡·泰勒（Veronica L. Taylor）在第六章中也探讨了在全球化影响下，律师在特定时期如何更多地参与政策制定，其中也涉及中国的情况。澳大利亚的安西娅·罗伯茨（Anthea Roberts）撰写了第十四章，该章对比了多个国家国际法的教学方式和授课人员，指出在国际法教学和学术研究方面，美国与中国的情况可能比与法国或俄罗斯更为相近，后两者在国际法领域相对封闭。这一章还将留学生流向与国际法的发展联系起来。最后一章由卡罗尔·西尔弗（Carole Silver）和斯维莎·巴拉克里什南（Swethaa S. Ballakrishnen）撰写，描绘了那些在本国接受法律教育后赴美攻读法学学位的学生的经历，其中有相当数量的中国学生以及亚洲学生。该章探究了学生赴美留学的原因以及他们从这段经历中获得了什么，不同国家的学生情况可能有所不同。

因此，中国参与了法律教育全球化进程，当然，参与程度在不断变化，并且与中国国内的重大事件和主流观念密切相关。中国以及包括日本和韩国在内的许多其他国家，在不同时期也曾借鉴其他国家的教育和学术实践，如德国（日本也借鉴了德国的经验）和苏联。本书还探讨了非洲（第三章，尤其是第四章的南非）、拉丁美洲（第七章，尤其是第八章的巴西）以及包括印度（第五章）和不丹（第九章）等其他地区在法律教育全球化方面不同但又相关的经历。

直到1990年冷战结束后很久，才出现关于法律教育全球化的讨论。此前，大多数有关这一现象的文献都片面地推崇以美国为模板的现代化模式。我们从批判性和社会学角度进行的这项研究，旨在将那一时期和该模式置于更广阔的历史背景中，并结合不断变化的全球态势进行分析，尤其是1990年后美国霸权时期的情况。

布莱恩特·加斯（Bryant Garth）

Preface to the Chinese Translation II

Gregory Shaffer and I thank Wenjun Yan for translating our book on "The Globalization of Legal Education" into Chinese and facilitating publication in China. We hope the book will be of interest to the Chinese legal and social scientific community. This preface to the Chinese edition will be short. Professor Shaffer and I wrote a lengthy introduction as chapter one to the volume, and that chapter seeks to put the chapters of the book into a more general historical, legal and social scientific framework. It provides a summary of what we are seeking to accomplish with this volume, and I will not repeat what we wrote there. Nevertheless, I am pleased to write a short preface to introduce the book specifically to Chinese readers.

The book is entitled "The Globalization of Legal Education", yet most of the chapters, perhaps surprisingly, examine processes that involve a specific kind of legal globalization: the import and export of models of legal education identified with US law schools: including the case method, interdisciplinary legal scholarship, clinical legal education, and a strong link between law schools and corporate law firms. Relatedly, many law faculties or law schools seeking to be termed global have taught "transnational" law, such as the law of the World Trade Organization (WTO); international commercial law and international commercial arbitration; global environmental law; and international law including international criminal law and international human rights law. The movement behind globalized law schools also put emphases on the great number of transnational courts—established especially since the end of the Cold War. These transnational courts and laws became important with the rise of US power and US ideas after the Cold War. Chapters in this book accordingly discuss transnational law and courts (chapters 12, 13, and 14 in particular).

The book is subtitled "A Critical Inquiry" because our goal is to explain and understand critically why, and how, in the period especially after 1990, the post−

Cold War hegemonic power of the United States was translated into a movement for global legal education reform. US power brought legalized trade and investment and economic policies consistent with US national approaches. That process of global change, which led to greater global trade and investment, also brought the global spread of large corporate law firms that since the late nineteenth century have played a major role in governance of the state and economy in the US-in close partnerships with law schools, especially the most elite ones epitomized by Harvard Law School. New generations of law students in many countries of the world in the past thirty to forty years sought positions in large global law firms or localized versions of those firms. The globalization of legal education is thus closely linked to the spread of the large prestigious law firms and law schools that in effect trained students primarily to join the firms (but also for joining other organizations operating across borders).

It is important to recognize, however, that this globalization of legal education and practice has local as well as global roots. For example, students from all around the world, led by Asia, came to study law (and other related subjects such as business and economics) in the US (also other countries including Australia and Britain) and often brought back to their countries an expertise and law degree that they reinvested in local reforms of law firms, legal scholarship, and legal education. At the same time, the United States after the Cold War finally was able to capitalize on a long period of philanthropic investment by the Ford Foundation and others that sought to export US legal education models abroad. The resultant globalization of legal education is therefore not the result of the superiority of the US model of legal education and practice, but rather is evidence of the global hegemonic power of the US at a particular time.

That is not to say that every country imitated the US, and even so-called imitations were also more local than global. But the dominant reference point for the reform of legal education in asubstantial portion of the world was the US law school. It seemed natural for cosmopolitan lawyers and scholars to believe US practices were more "modern" and ought to be taught, mimicked, and globalized. Despite the recent decline of US hegemonic power, the influence of those models is still strong.

The same phenomenon relating global power, whether colonial, imperial, or hegemonic without formal colonial or imperial structures, has occurred historically for many centuries. The Roman Empire was a powerful example in Europe, in particular, and it led to the development of a legal profession as such, beginning in Bologna in the medieval period. The variations on the Roman legacy that migrated on the European Continent and in Britain were then exported through European colonialism and imperial power, with influence continuing even today in all the continents well past the decline of those empires. We can expect shifts in global power in the future to affect what role law or other types of authority will operate globally and nationally, but the legacy of past global powers will still be present.

The variability of global power relationships means that our book is about a particular historical moment where US law and legal models in education and practice were especially evident. Modern technologies, moreover, made it possible for change to come very quickly. Change may come quickly again in these turbulent times.

China is not the main focus of this book, but it necessarily is addressed in a number of places given its importance in the global economy. Many chapters take up legal and legal education developments in China, including processes that have affected China as well as other countries. There is one chapter (chapter 10) that focuses on the foundation of a new Chinese graduate law school in Shenzhen, the Peking University School of Transnational Law. It grew out of a desire to combine US law, Chinese law, and transnational law, and its graduates take positions primarily in-house and in corporate law firm fitting into the global economy. The chapter is co-authored by the former dean and associate dean, Philip J. Mc Connaughay, and Colleen B. Toomey. Another chapter focuses on New York University's efforts to attract NYU law students to study abroad in NYU campuses in Buenos Aires, Shanghai, and Paris (chapter 11), but US students abroad did not compare to the number of students coming to the US.

Chapter 2 details how the Ford Foundation became a global reformer of legal education along the lines of the US model, and the Foundation played a prominent role seeking to build clinical education as part of Chinese legal education. The chapter is by Ron Levi, Ronit Dinovitzer, and Wendy H. Wong. Veronica Taylor also discusses how lawyers became more involved in policy at certain times as part of globalizing influences, including in China (chapter 6). Anthea Roberts from Australia contributed a chapter (chapter 14) that compares how international law is taught and by whom in a number of different countries, suggesting that in teaching and scholarship about international law, the United States may be closer to China than to France or Russia, which are more insular in international law. That chapter also relates the flow of students toward law schools outside of their home country to the development of international law. The last chapter, by Carole Silver and Swethaa Ballakrishnen, provides a picture of the processes and experiences of those who come to the United States to get law degrees after legal education in their home countries, and this group includes a substantial number of Chinese and generally Asian students. The chapter explores why students come and what they get from their experiences, which may differ for students from different countries.

China has therefore participated in the globalization of legal education, but of course the degree of that participation evolves and relates closely to events and ideas salient in China. China, as well as many other countries including Japan and South Korea have at various times has also drawn on educational and scholarly practices in other countries, including the Germany (and Germany through Japan) and the Soviet Union. The different but related experiences of globalization in Africa (chapter 3) (especially South Africa, chapter 4), Latin America (chapter 7) (especially Brazil, chapter 8), and other places including India (chapter 5) and Bhutan (chapter 9), are also examined in this book.

There was no such thing as debates about the globalization of legal education until well after the end of the Cold War around 1990. And most of the literature about this phenomenon was a one-sided embracing of the modernization modeled on the US. Our critical and sociological study seeks to place that period and that model within a larger historical context and in relation to shifting global dynamics, in particular the period of US hegemonic power after 1990.

Bryant Garth

译者序

　　我翻译这本书的机缘是 2024 年我在乔治城大学法学院访学时，选修了沙弗（Shaffer）教授的《跨国法》（Transnational law）这门课。沙弗教授对待国际法的态度具有很大的开放性和包容性，他经常会在课堂中引用和比较其他国家的国际法观点来讨论问题，旁征博引，丰富而多元。而作为一名教师，他又深谙教育之道。因此，在读到他这本《法律教育全球化：批判视角下的反思》时，我便十分有兴趣。我博士毕业后，从事法律教育已逾十载，在从事教学科研工作之余也时常会去思考法律教育的实质是什么，我们需要培养什么样的法律人才，以及我国法律教育在世界上扮演着什么样的角色。这本书就像一面镜子，折射出一批杰出的美国法律教育者（其中不乏国际法学者）对美国自身以及全球法律教育的思考，而这些，对我们转换性地站在中国视角去思考同样的问题，是很有益的。

　　中美法律教育虽然有巨大的差异，但其背后的核心逻辑以及重要影响因素可能有相通之处。比如我们同样有着独特的法律教育环境、同样需要把法治建设作为国家发展的重要目标、同样需要大量训练有素的法律人才、同样有着不可估量的海外法律服务需求等。就目前来看，中国每年有大批学生前往美国留学，接受美国法律教育，有相当比例会回国为祖国服务。中美法律教育的这种紧密联系不容忽视。因此，对我国法律教育体系存在的问题进行剖析和批判，并将其置于更宏大的世界叙事背景下进行思考自身定位和未来发展，无论对从事教学科研具体工作的法律教育者，还是制定法律教育战略或政策的政府公务员，抑或是接受法律教育的法学生，乃至于任何可能对法律教育施加影响的更为广大的社会群体来说，都是有益的。

　　对于这本书，我是先读后译的。作为读者，这本书给我带来了一些不一样的感悟。推荐书，就如上菜。这里我先分享自己的感悟，就如同上菜前的介绍，做一些推荐者的功夫。具体食味就留待食客自行品尝了。

　　其一，对待法律教育的全球化眼光和胸襟。全球化不仅带来了生产、消费、服务等诸多方面的全球流动，也让法律教育具备了全球化特征。各国的法律教育固然是植根于各自特殊的地方化土壤，各具特点，但我们不应忽略地方法律教育与全球法律教育之间的互动与影响。现在越来越多的法律人才具有跨国法律教育背景，他们的理论研究方法和实务工作方式都不可避免地体现出多元法律文化的烙印。在未来，可能会有更多的人寻求接受多元化的法律教育，而无论其最终是服务于中国，还是其他国家。在现实当中，各国的法律教育也在相互影响，甚至会带来法律文化的相互交融。我们对法律教育展开研究时，如果忽略这种现实情况和需求，可能很难对自身法律教育的定位和未来发展做出准确的判断，找到最需要解决的问题，甚至可能错过法律教育改革的历史机遇。

其二，注意到法律教育与诸多影响因素之间的联系。法律教育从来不是养育在玻璃瓶中的花朵，它植根于大地，伸向天空，是特定社会生态中的重要环节。因此，法律教育决不会是封闭的，它需要与社会、与世界融通；也不应是模式化发展，它不可能超脱于其所植根的那片土壤，变成空中楼阁而毫无益处。在这本书里，学者们通过对各国法律教育的对比研究，汲取其本地化的教育经验，为我们展现了不同法律教育体系的特点。我们不难发现，地方化的法律教育会受到诸如历史传统、政治、文化、宗教、发展愿景，甚至是外来力量介入的影响。从法律教育的主体来看，这些影响也是多维的。比如教授们的教育背景和思维方式，会逐步塑造现实中的法律教育模式；而学生不断变化的成长需求，也会推动法律教育方向的转变。注意到这些影响，并对其与法律教育之间的联系展开科学研究，可以避免我们只把眼光放在法律教育本身去闭门造车，从而打开法律教育革新的思维和眼界。

其三，批判与自省。一个法律教育体系是否能够存在并持续具有活力，除了天时地利人和外，对自身体系进行深刻地批判和自省也是十分重要的。批判和自省作为一种方法，有助于我们更了解自身法律教育体系存在什么问题以及如何得以改进。如何进行批判和自省，这本书给我们提供了三种视角：一是不同法律教育体系之间的横向比较；二是同一法律教育体系在历史上的纵向对比；三是时刻保持对自身法律教育体系的危机感。尽管批判和自省的方法、依据或结论不见得能够得到所有人的赞同，但这种态度和做法本身，就体现了一个法律教育体系内在自洽性的动态需求。我相信，如果所有参与到这个法律教育体系中的主体都保持着批判和自省的态度，他们会更理性地认识到自身的定位、参与度或使命感。

其四，海纳百川的包容心态。古语有云，"不积小流，无以成江海"，法律教育同样如此。从基础上看，法学是一门关于思辨的社会科学，它需要容纳不同的观点、不同的理论、不同的经验和不同的方法。因此，在法律教育发达的国家，多样性往往是衡量法律教育质量的重要指标。国家法律教育应该是包容而多元的，多元化的师资力量、学生来源、教育方法或法律文化，都会成为培养法律教育创造性和活力的土壤。国家法律教育还应该是包容而开放的，既需要更多具有不同背景的教师、学生、律师以及社会工作者参与进来，也应该鼓励这些人走出去，去到更广大的世界去印证法律教育的效果，形成更丰富的教育成果和经验。法律教育如能像大海般吸收新事物、新内容和新元素，必定会有助于扩大其容量、增加其厚度、强化其韧性。

作为译者，在翻译时的一些考虑和处理也想与本书读者分享，以帮助澄清疑义、便于阅读。首先，在翻译这本书时，我是致力忠实于原著的。翻译本书的初心是希望读者能够了解到原著的内容和信息，而非演绎。所以，尽量还原原著是本次翻译的主要目标之一。但在翻译过程中，我也会对极少数可能存在表达上不恰当、不完全符合现实以及容易导致误解的内容进行了处理，包括删减和转化。比如第一章第一节中，作者认为中国式的授课往往是单向的且学生人数超过数百人，但实际情况并非如此，现在很多学校已经可以做到小班教学，尤其是选修课。比如我所在的单位外交学院，自建校以来，除了极少数基础性的必修课，几乎都是小班教学。但总体来说，本书绝大多数的内容都得到了保留并以原有的面貌呈现，对此读者不必过于担忧。其次，代入一种转换性视角。这本书的原作者们立足于美国式法律教育在全球教育体系中发挥的作用和影响，去审视和反思法律教育全球化，不可避免地站在了美国的视角。这涵盖了如何建立全球法学院、福特基金会对于法律教育全球化的推动作用，以及美国律师或教师在世界各地从事法律教育的经历等。但对我们来说，重要的不是去看美国怎么做，而是美国怎么做对于我们来说存在何种有益的借鉴。在翻译过程中，我代入了这种转换性视角，去思考中国该如何去创建全球法学院，中国的基金会能否像福特基金会一样去推动法律教育甚至是法治建设，以及中国的律师或教师能否深入到世界各地展开法律教育或法律实践。读者只有代入这种视角，或许才有可能了解译者的真意所在。最后，对区域法律教育体系的关注。如果说法律教育全球化是一张大型网络，各个国家是这个大网上的点，那么区域法律教育体系就是一张张小型网络。我们以前对这些小型网络没有给与足够重视，以至于我们的眼光往往直接瞄准了地球的另一面。而实际上，区域法律教育体系既可以是全球体系与国家体系的"连结点"，也可以成为自身法律教育体系走出国门的第一个"试炼场"。像本书中提到的 SELA 这种一种会议形式抑或理解为一种法律教育传播方式，它不仅具有相当的活力，而且对于促进美洲法律教育的交流颇具益处。

这些想法，有的是源自于阅读这本书直接获得，有的是消化后间接触发。无论哪些，均是立足于对我国法律教育体系的思考。我本身作为中国法律教育的一份子，一直期待着对我国法律教育体系建设和改革尽一些绵薄之力。我认为，一个具有生命力的法律教育体系应至少具备以下三个因素：第一，"自治"。即法律教育体系的建设目标、逻辑与路径、发展阶段、构成条件和影响要素等能够形成内部的合理性和统一性，经得起科学推敲和考验，并有利于形成法律教育的共同语言，让法律教育的参与者能够凝聚起共识，为共同的法治目标奋斗。这种内部自治性同样需要与外部社会的现实发展建立联系，呼应国家和社会的发展需要，找准国家法治和国际法治发展的历史定位，形成同频共振、动态自治。第二，"务实"。"经世致用"是法律教育的鲜明特征。法律教育的目的是为国家和社会培养法律人才，无论这些人才是服务于政府部门、司法机构，还是学校、律所或企业，都需要扎根社会，解决现实问题。这就要求法律教育体系的建设和改革应坚持以现实为指针、以问题为导向，淡化学科固有的界限，拆除校园与社会之间的藩篱，加强教学单位与实务部门的交流与联系，鼓励教师、学生、律师和其他法律工作者走向更广阔的世界。让法律教育的效果在现实中得到检验，并从实践中源源不断地汲取养分。第三，"更新"。一个初设完美的体系，如果一直故步自封、一成不变，慢慢也会落后于时代，与社会脱节；而一个起初不甚完美的体系，如果能因地制宜、依时而动地不断自我革新，不断进步，也会逐步演化得成熟和完善。我们应该把自身的法律教育体系建设成为一个谦逊、包容、开放的体系，使其善于学习，勇于进取，不断实现自我进化和升级，从而保有源源不断的生命力。"问渠那得清如许？为有源头活水来。"万丈高楼平地起固然难，更难的是站在高楼之上仍有吐故纳新、自我改革的勇气。对于一个优秀的法律教育体系而言，"自治"可为体系之根基，"务实"即是体系的建设标准和发展方向，"更新"则属体系自带的特质了。

　　最后，我需要感谢原作者和牛津出版社同意我翻译此书，也感谢中国政法大学出版社愿意出版这本译作。翻译这本书，让我有机会作为读者分享一些阅读感悟，以及作为译者，有幸为更广大的中国读者去阅读此书提供了语言上的便利。但无论作为读者还是译者，我所作的功夫仍是粗浅的，只可视为原书知识的"搬运工"。原作者们为此书付出的心血和贡献的智慧，有待读者在未来阅读时自行体会。我在此絮叨几句，权做铺垫而已。最后的最后，要特别感谢原作者加斯教授和沙弗教授，他们对我翻译此书给出了极大的支持和鼓励，在知道本书将为中国读者呈现后，不辞辛劳地为本书做序（已各附英文原序于译序之后），把他们的最新研究成果和想法放在序言里与中国读者分享。尤其是沙弗教授，我知道他的序言是在多个会议间隙中作出的，殊为不易。

严文君

2025 年 4 月于北京

目 录

◇ 第三编　全球法学院 ◇

第一编
介　绍

第一章
法律教育全球化：批判视角下的反思

作者：布莱恩特·加斯（Bryant Garth）、格雷戈里·沙弗（Gregory Shaffer）

近年来，法律学者和从业者越来越强调"法律教育全球化"。法学博士（Juris Doctor，JD）学位向澳大利亚、日本和韩国的扩散，以及中国类似的法律硕士（Juris Master，JM）学位的出现，再加上自20世纪80年代末以来印度转向受美国影响的新模式，这些都体现了向美国法律教育实践的转变（Flood，2014）。全球化和美国化的趋势在世界各地的法学院网站上都很明显，许多法学院在其教师队伍、课程设置、教学方法和学生构成方面竞相展示其"全球化"的特质。虽然在法律全球化的有关文献中提及不多，但法律教育的"跨国化"及其过程已经逐渐受到关注。如果我们观察那些被称为全球化法学院及其教师团队的特点，就会看到教授和学生跨境流动的增加、跨国法律科目的设置、像法律诊所这类特定教学实践形式的发展、对跨国排名的关注，以及跨国化法律学术团体在各个领域中分享教学、研究的方法和模式。

这些趋势并不意味着法律全球化就简单等同于美国化，也不意味着这些影响是单向的，更不意味着全球因素就比地方因素更重要，而不存在相反和竞争的趋势。本书研究表明，目前美国的影响在这种自发的法律全球化中占据着主导地位——但这并不是因为美国的法律实践就比其他国家有多优越。本书采取的是批判性视角，旨在理解法律教育全球化背后的过程。这些过程涉及全球层级结构、影响力的竞争，市场化、跨国律师事务所的全球扩展，在全球经济中获取领先地位所需资质的巨大不平等，以及全球化与针对根深蒂固的本土法律等级制度之间的代际斗争。

本章介绍了本书的相关主题，以及各章节如何论述这些主题。我们首先通过引用有关法学院网站，展示了当前法律教育中最具美国特征的关注点。接下来，将当今的全球化趋势与相互关联的历史背景联系起来研究，尤其是帝国和殖民历史，我们会发现：全球化并非新现象。然后，我们介绍了两位主编在学术研究中运用的两种理论视角：一个是跨国法律秩序的研究；另一个是法律职业的比较社会学。这两者的结合有利于理解本书所探讨的问题。在介绍完本书的主题后，我们将运用这两种理论视角来解读各章内容。

我们首先浏览了各国不同法学院的官网，看看他们是如何在"全球化"语境下进行自我宣传的。以亚洲为例，香港中文大学法律学院（CUHK LAW）强调了其所在城市的全球化优势，声称："我们的课程质量在全球范围内得到认可，并与世界众多顶尖法学院建立了合作。我们来自 20 个不同法域的教授和拥有同样多样化背景的学生研究员进行了具有重要影响力的前沿研究。CUHK LAW 提供了一个真正灵活且全球化的学习与研究环境。"该学院重点强调了与"顶尖法学院"的联系、全球排名中"全球性"认可、"前沿"研究的全球标准，以及多元化的全球师生群体。上海交通大学的凯原法学院（KoGuan Law School）以其资助者命名。该资助者在获得纽约法学院的法学学位后，在信息技术行业发家致富，后来从事中美慈善事业。凯原法学院在其网站上表示："在全球化时代，法律教育已超越国界。法律实践及其面临的挑战变得越来越全球化。国际视角应成为每位律师和法律学者所具备核心能力之一。"凯原法学院还强调了外国交换项目是习得这种能力的关键。

新加坡两所相互竞争的法学院也表达了类似的观点。新加坡国立大学法学院的院长表示："新加坡国立大学法学院是亚洲的全球法学院之一。作为该地区公认的领先法学院，我们也将自己视为全球法律研究和实践对话的一部分。这种全球化视角贯穿于我们的学术项目——从我们提供的多样化课程，到由来自不同法域的教师授课，再到我们与世界各顶尖法学院的交流安排。"相较于香港中文大学法律学院，新加坡国立大学法学院更强调其学术项目的全球化。新加坡国立大学法学院的院长同样强调其教师团队的国际精英教育背景："我们的杰出教师毕业于诸如牛津、剑桥和哈佛等知名大学。我们的研究议程和出版物同样处于顶尖水平。"

它们强调其教师团队来自全球精英法学院并非罕见，此外还强调其提供的全球就业机会。以墨尔本法学院为例，该学院表示："墨尔本法学院的法学博士（JD）学生可以参加交换项目，在我们的海外合作大学攻读双学位，并在学习期间申请国际实习机会。墨尔本法学院的学位能为毕业生开始他们的全球职业生涯提供帮助。超过三分之一的毕业生曾经或正在国际岗位工作。”在德国，由德国最大基金会资助的布塞里乌斯法学院（Bucerius Law School）宣称其“国际化法律教育方式依然是德国高等教育机构中的特色”。该学院由作为德国法官、律师、政治家及《时代周报》（Die Zeit）创始出版人的格尔德·布塞里乌斯（Gerd Bucerius）创立。他们的国际化主要体现在四个方面：①国际研究；②全球合作网络；③国际学习项目；以及④针对法学学士（LL. B.）的国际化课程。交换项目是布塞里乌斯法学院国际化的关键部分，还有他们的国际化研究，包括跨学科研究，以及外籍教师作为项目组成部分。巴黎政治学院法学院（the Sciences Po Law School）也同样强调毕业生的国际就业机会，其官网列出了一系列的“合作伙伴”——毕业生可能进入的公司："Clifford Chance, Gide Loyrette Nouel, August & Debouzy, Berthelot, Bredin Prat, De Gaulle, Fleurance et Associés, Dechert LLP, Hogan Lovells, Latournerie Wolfrom Avocats, Quinn Emanuel Erquhart & Sullivan, LLP, Vivant Chiss, White & Case LLP"。公司型律所的崛起以及“商业律师”（avocat d'affaires）这一职业的出现是法律教育全球化的组成部分。

新兴经济体中的新式法学院也将自己定位为全球法学院。印度的金达尔全球法学院（Jindal Global Law School）简洁地诠释了其全球化愿景："金达尔全球法学院提供严格而多学科的法律教育，旨在培养世界级的法律专业人士、学者、领导者和公共服务人员……学院的专家型教师来自全球各地，他们参与批判性学术研究，为印度国内外的公共辩论做出贡献。”该学院再次强调跨学科性和参与全球对话是全球法学院的关键要素。类似地，巴西圣保罗的FGV 法学院（FGV DIREITO SP）指出："为了满足当今市场的需求，我们的学生被培养为能够在公共和私人组织中工作，并能与其他领域进行对话，以便他们能够积极而深远地影响巴西及其他国家的法律格局。”FGV 法学院强调了参与性教学的重要性，这在许多法学院官网上都有体现。与传统教学中常由教授助理主讲的枯燥讲堂以及以分析法律条文为主的方式相反，FGV 法学院网站强调其“使命”是："成为一所由拥有博士学位的教授和全身心投入教学和研究的学生组成的学院，致力于持续创新，采用参与式教学方法，进行高水平的实证性、集体性和公共利益导向的研究。”

在这些法学院官网上，我们可以看到一些共同的主题，例如，跨学科性和参与全球学术辩论；参与式教学；通过交流和招聘实现的国际化师资队伍；国际化的学生交换项目；以及毕业生的全球就业机会，包括进入跨国律师事务所。此外，这些法学院的课程往往会涉及跨国法律领域，有的比例还会比较大。尽管这些学校并非随机样本，但最强调全球化的往往是新成立的法学院，包括像布塞里乌斯法学院、FGV 法学院、金达尔全球法学院这样的新式私立法学院，以及像巴黎政治学院法学院和凯原法学院这样的新式公立法学院。私人慈善资金在这些学校的改革中经常扮演着重要角色。这些学校通常被设计为传统法学院的替代者，甚至挑战者，例如布塞里乌斯、FGV、金达尔和巴黎政治学院的例子。而在其他情况下，它们会与传统的学校和教学方式形成竞争，如凯原法学院和墨尔本法学院（墨尔本是澳大利亚第一个从本科法律教育转向法学博士学位的法学院）。或者，它们所处的区域中心地位，如新加坡，天然地使这些学校国际化。相反，在许多地区传统顶尖法学院的官网上，像哈佛大学、牛津大学、悉尼大学或耶鲁大学，全球化的宣传相对较少。这并不意味着它们的课程设置或教师招聘没有变化，但全球化在它们的营销中所占的比重确实较小。

在曾经的殖民大国英国，致力于全球化的典型代表是伦敦国王学院迪克森·庞法学院（Dickson Poon School of Law, King's College London），该学院以来自中国香港特区的奢侈品企业家命名。该学院表示："我们的教师处于国际法律学术研究的前沿，致力于通过跨国视角探讨法律在解决当今全球问题中的作用……我们的教学由国际公认的顶尖学者、访问教师和来自全球律师事务所的从业者领导……我们提供的课程基于我们的研究专长，鼓励学生参与前沿课题的探讨，使其具备应对复杂法律问题和全球挑战的技能和信心。"由于获得了其名字来源者的巨额捐款——这是英国法学院有史以来收到的最大捐赠——从而积极招聘国际教授，学院在英国的排名显著上升。

在美国，法学院对全球化的强调相对较少，尤其是与美国以外的法学院相比，这主要是因为许多被宣传为"全球化"的内容——如参与式教学、跨学科研究、参与性教育、为全球就业做准备——本身就是以美国法学院为模型。例如，美国法学院对来自美国以外的国际教师的强调较少，尽管正如安西娅·罗伯茨（Anthea Roberts）所展示的那样，这一数量也在增加（见本书第十四章）。美国法学院已经与企业型律师事务所建立了紧密联系，以便为毕业生提供就业机会，这是美国以外的全球化法学院用以凸显自身的一个特点。

由哈佛大学的戴维·威尔金斯（David Wilkins）主导的"全球化、律师与新兴经济体"（Globalization, Lawyers and Emerging Economies, GLEE）项目的研究表明，"全球化"教育改革与美国风格的企业型律师事务所的全球扩展密切相关，这些律所为全球企业服务。尽管关于巴西（Gross Cunha, Gabbaym, Ghirardi, Trubek, Wilkins eds., 2018）和印度（Wilkins, Khanna, Trubek eds., 2017）的研究主要关注企业型律师事务所的兴起，但其中有些章节也阐明了法律教育改革与公司法之间的联系。

尽管如此，在美国仍有一些法学院通过其"全球化"品牌或项目来定位自己。纽约大学法学院（New York University School of Law）是美国首创的"全球法学院"（第十一章），自 1995 年——即世界贸易组织（WTO）成立的那一年——即采用这一品牌以来，他们始终致力于巩固这一定位。纽约大学法学院的官网显示：

法学院的全球与国际法项目将世界领先的研究与培养学生应对快速变化、日益互联且充满争议和挑战的世界的能力相结合。我们的教师和课程无与伦比，每年提供约 50 门课程、研讨会、法律诊所和其他实践课程，涵盖"公法"和"私法"类的国际法核心领域……纽约大学法学院的全球法律工作具有高度的跨学科性，将教师在经济学、社会学、人类学、历史和哲学领域的专业知识相结合。

斯坦福大学（Stanford University）最近也加入了强调全球化的行列，并于 2019 年推出了新的 W. A. Franke 全球法律项目，由曾作为高盛投资银行家的罗布·戴恩斯教授（Rob Daines）主导，他曾帮助客户设计跨国交易结构。其官网表示："我们培养未来法律和商业领袖的创新模式包括四个要素：（1）全球教学季：为期 10 周的国际法与金融的高强度沉浸式课程；（2）全球法律实践的基础课程；（3）结合严格的课堂教学与高强度海外学习的课程；（4）将比较法和国际问题更好地融入现有的核心课程。"

本书通过实证研究探讨了法学院在招聘、国际交流、学术研究和课程设置方面变革的过程。其中一些变革在很大程度上是象征性的。例如，对拉丁美洲"全球化"法学院的一项批判性研究表明，大多数法律教育仍然是本地化的（Montoya, 2010）。但这并不意味着全球化未能推动显著的变革，无论是在自我定位为全球法学院的机构，还是在更广泛的法学院范围内。例如，我们知道在跨国法律领域，如人权、国际经济法、国际商事仲裁、促进法治等，已经在许多法学院的招聘和课程设置中占据了一席之地。本书既无法详尽记录法学院全球化的广度，也无法详细描述这种全球化的所有表现形式。然而，正如引用的网站所示，这一现象受到了广泛关注，并且在很大程度上被视为进步的标志。

涉及这一现象的文献大多带有宣传性质。虽然探讨法学院全球化的学术研究数量不多但也正在增长，这些研究通常是对法学院的现代化实践是否成功及其批判的汇编。例如，由克拉布斯和塞勒斯（Klabbers，Sellers，2008）、雅明和范·凯内根（Jamin，van Caenegem，2016）、盖恩和黄辉（Gane，Hui Huang，2016）编辑的书。此外，还有关于法律诊所全球化的书，法律诊所是许多地方进行改革的主要组成部分之一（Wilson，2017），以及一本关于亚洲的著作（Steele，Taylor，2010）。部分文献认为真正的创新现在来自东方和南方国家（Chesterman，2017），这无疑是正确的，但这并不与北方共识所定义的"现代"涵义相背离。这些书的编辑者或作者很少探讨为什么这些改革被提上议程、为什么它们会受到争议以及其潜在的影响等问题。

本书各章节提供了法律教育方法国际传播的证据，并通过批判性视角深入探讨了这些过程。法律教育的传播方式及其在不同时间、不同地方的传播程度，与输入国的本地情况有关。改革或一部分改革可能会在本地遇到难以克服的障碍，例如跨学科研究或聘用全职教授。例如，学者们认为在日本引入法学博士（JD）项目的尝试与韩国相比显然是一次失败（Taylor，第六章）。同样，印度新成立的精英式国家法学院（NLS）并未取代传统的地方法学院，也未削弱在印度律师圈内通过个人关系进行招聘的重要性（Dezalay，Garth，第五章）。FGV法学院虽然很有创新性，但其在巴西法学教育界的地位却经常受到质疑，因为它显得那么的"卓尔不群"（Vilhena Vieira，Garcez Ghirardi，第八章）。尽管如此，这些全球化过程仍在继续，网站上的内容、排名的竞争性以及有关的实际观察（Menkel-Meadow，第十二章）都表明，许多教育领域已经发生了变化，包括法律诊所以及像国际商事仲裁这些争议解决新领域的教学等。

本书并未对法律教育中的"最佳实践"给出明确立场，而是旨在理解法律教育改革与抵制的过程〔1〕，并探讨这些过程对法律、律师和治理的意义。本书试图了解推动这些过程的力量，并评估其影响。本书具体章节提供了对这些跨国过程在全球各个司法管辖区中如何运作的批判性见解，考虑了全球化和本地竞争的背景。总体而言，这些章节展示了关于法律教育的规范如何在不同司法管辖区间传播，并跨国地塑造法律教育实践，同时也揭示了这些过程所面临的挑战和局限。

　　本章作为介绍，为本书奠定基础，并将这一探究置于关于全球化对法律教育影响的更广泛学术讨论之中。我们注意到，尽管本书及其他文献提供了大量关于法学院全球化的动力和趋势的资料，但在教学方式、研究方法、招聘标准及课程国际化等方面的量化数据仍然稀缺。这一研究缺口是可以理解的，因为"全球化"在任何具体语境中的形式很大程度上取决于当地对外来影响的接受情况，而这些改革在当地可能会引发激烈争议。本书旨在为未来研究开辟新的方向。

一、历史视角

　　全球法学院并非新的现象。从历史角度看，法律教育的全球化可以追溯到中世纪的意大利。封建领主、贵族、显赫家族子女和教会官员开始在后来成为博洛尼亚大学的学府求学。《罗马法大全》（Corpus Juris）在近代重新被发现，同时一批学者开始对其进行深入解读，这促使那些有抱负且具备社会资源的人士追求罗马民法及新兴的教会法的专业知识（后者部分基于罗马民法）（Brundage，2008）。这种专业知识的力量，加之其在精英社会资本中的深厚根基，促成了对快速变迁时代中诸多司法管辖权和其他冲突的解决——其中包括意大利城邦的兴起（Martines，1968）。这些成功吸引了其他地区效仿，如巴黎和牛津。以博洛尼亚模式为基础的法律教育体系在英格兰及欧洲大陆得到了不同但相互关联的发展（Dezalay，Garth，2021）。这些欧洲模式随后在帝国主义时代被传播到其他地区。

　　从18世纪末到20世纪的帝国主义时代，是法律等职业发展的黄金时期。

---

〔1〕　在美国的法律教育背景下，我们支持本书各章节讨论的大多数改革方向，包括法律的跨学科研究、法律诊所的建设、从更广泛的政策背景审视法律的政治角色、在经济全球化的复杂问题处理中提升对法律跨国背景的理解，以及应对法律教育资源获取不平等和阶层固化的问题。我们对这些改革在全球扩展的批判性分析，并非在特定立场中选边，而是着重于探索各地的具体复杂情境。

与当今类似，一场技术革命在这一时期发挥了核心作用，推动了克里斯·曼贾普拉（Kris Manjapra, 2019）所称的"半边缘之手"（the semiperipheral hand）的重要性，凸显出帝国中心与殖民地活动之间中介角色的重要地位。正如曼贾普拉所述，19世纪的世界体系呈现出空前加速的通信、交流和流通趋势，"半边缘之手"在其中扮演了关键角色，使商品、劳动力、思想和服务的流通更加迅速——包括土地和劳动力产品的快速积累、运输与分配技术的提升、信贷的加速转移以及信息的高效传播。他指出，这一"全球军事-财政-科学-农业-工业复合体"依赖于植根于帝国大都会中心的"绅士资本"（gentlemanly capital），以及维护大都会中心与帝国边缘地带联系的管理和信息资本。律师位列曼贾普拉知识中介之首，"这些角色历史上由律师、雇佣兵、军官、测量员、工程师、旅行作家、私人助理、秘书、翻译和科学顾问担任，他们协助管理殖民边疆的差异，建立起跨越边界的流通与获取渠道"（Manjapra, 2019）。

当前全球法学院的创建，实际上是帝国时代已有模式的延续但有所演变。例如，在大英帝国时期，殖民地的地方精英要么通过自身资源，要么通过英国提供的奖学金资助，来到英国的牛津或剑桥学习，甚至加入伦敦四大律师学院（Inns of Court）。印度的贾瓦哈拉尔·尼赫鲁（Jawaharlal Nehru）和新加坡的李光耀（Lee Kwan Yew）等独立运动的著名领袖，利用他们在国外获得的学术资历所带来的信誉和习得的技能，为其参加独立运动并担任领导角色提供了帮助（Dezalay, Garth, 2010）。从大英帝国的角度来看，来自殖民地的个人不仅在英国获得了卓越的教育，还将这种启蒙带回了殖民地。受过英式教育的律师在英属印度也获得了巨大的成功。不出所料，许多在国外接受教育的地方领导人在独立后继续沿用他们熟悉的殖民地实践，包括法律教育领域。他们认为这些实践在当时是最现代化的。在当代关于全球法律教育的辩论中，围绕"现代性"的讨论仍然存在。

这段历史有助于阐明"核心与边缘"现象，这一现象在今天依然存在，并随时间和地区而异。"核心"和"边缘"是相对且相互关联的概念，有许多实例可以说明这一点，如当今非洲学生前往南非学习等。然而，这些现象也反映了更久远的历史。例如，在大英帝国的法律体系中，法律的核心被认为是伦敦的法院及其中执业的御用大律师（Queen's or King's Counsel）（Benton, Ford, 2016）。这些在法院中参与确立重要判例并加以适用的王室律师，实际上是帝国中最具声望的法律辩护人。因此，在殖民地发生重要诉讼时，通常会邀请伦敦的顶级律师，借助其专业知识和权威性。同样的情况也适用于殖民地在独立后宪法的起草工作（Shaffer, Ginsburg, Halliday, 2019；Kumarasingham, 2019）。这些殖民地模式在欧洲帝国消亡后依然存在。例如，前英属和法属殖民地在法律和法律教育方面仍然受到英国和法国的强大影响（见本书第三章和第十四章）。此外，德国法律体系对日本和韩国也有很大的影响，这些国家在西方列强的压力下，采用了德国的法律模式，以表明其符合西方的"文明"和"现代化"标准（Zhang, 2018；Hattori, 1963；关于19世纪德国对印度的影响，见 Manjapra, 2014）。

人员和思想的流动仍然延续了这种"核心与边缘"的现象，正如过去一样。有抱负且有社会资源的人往往会前往他们认为的"核心"地区学习，然后带回新的理念，提升自己在边缘地区的地位和声望。正如安西娅·罗伯茨在本书第十四章中所示，学生的流动趋势大多延续了殖民时代的模式。来自法语非洲的学生如果有出国学习的机会，通常会优先选择法国，尤其是巴黎，来攻读法律专业。他们获得的学位在本国会受到认可——部分原因是他们的前辈精英在殖民时期及其后获得了相同的学位。此外，他们学习的内容自然与法国设立的法律体系和以法国民法典为模板的法律制度相关。同样的情况也适用于前英国、葡萄牙和西班牙的殖民地，这些地方长期以来延续着本地精英前往殖民母国的首都学习，以建立其声望并获得法律体系"核心"地区所提供的"优质"教育，这种传统在这些国家依然广泛存在。即使在语言不再相通的情况下，比如印尼与其前宗主国荷兰，印尼的学生仍可能更倾向于前往荷兰留学，即使授课语言为英语。

帝国之间的竞争是全球法学院历史中的重要组成部分。随着通讯和旅行技术的进步，这种竞争推动了19世纪末和20世纪初帝国在法律领域的更多投资（Mazower, 2012）。随后，它也促使美国在二战后加大了对海外法律教育的改革力度（Levi, Dinovitzer, Wong, 第二章）。"核心"国家希望通过为殖民地人民提供更多教育来增强帝国的合法性，尤其是针对精英阶层，如印度的婆罗门和印度尼西亚的爪哇精英。这些国家希望通过这种方式回应国内外的批评。例如，英国为了应对国内对其殖民地经济剥削的质疑，增加了其在法律领域的投资（Dezalay, Garth, 2010）。荷兰也采取了类似的策略，试图在其殖民地加大对"文明使命"（civilizing mission）的投入。通过加强法律和行政培训，并赋予本地精英更多治理角色，他们旨在提高帝国在本土、殖民地和国际上的合法性。本地人被纳入统治体系，但他们也在追求自身利益的过程中对殖民者进行了反向利用（Benton，Ford 2016）。正如今天一样，他们一方面批判帝国和霸权，另一方面却支持运用在帝国中心学到的专业知识。

法律教育全球化的最新浪潮伴随着美国在全球领导地位和霸权竞争中的崛起。美国在 19 世纪末成为殖民强权，最显著的例子是菲律宾和波多黎各（Burbank，Cooper，2010），从 1906 年至 1943 年在第九巡回区管辖范围内设立了处理涉美争端的地区法院（Ruskola，2013）。然而，美国还试图将自己定位为"反帝国"的帝国，推动被殖民国家独立，倡导法治发展，以及符合"门户开放"政策的自由贸易（Dezalay，Garth，2010；Coates，2016）。19 世纪以来，主要来自私人领域的法律和经济布道者在日本和中国等地推动这些政策，并在整个 20 世纪加速并扩展了这些努力（Kroncke，2016）。

自 20 世纪 50 年代起，法律教育改革（以及经济学教育）成为美国私营机构和政府部门的优先事项。然而，正如本书第二章研究所示，当时美国推动的法律教育改革，包括在巴西、智利、印度、日本和韩国的尝试，其效果并不显著。美国的改革雄心，以及许多本地行动者的推动，旨在根据具体情况鼓励全职教授、更为积极的教学、超越法典解释的学术探究、更具实用性的教学以及减少教学和实践中的形式主义。然而，这些努力最终未能成功（Gardner，1980；Krishnan，2004）。批评者认为这些项目体现了法律帝国主义，但这种观点有些过于简单化了（Gardner，1980）。实际上，已有一批本地改革者寻求引入受美国启发的教育改革，这部分源于美国在全球地位的重要性不断上升。

如今，对以美国为模式的法律教育改革的本地需求比以往任何时候都更为强烈。从历史角度来看，这种需求与美国权力和影响力的增长相呼应，尤其是在 20 世纪 90 年代和 21 世纪初达到顶峰。美国法律的影响力持续扩展，不断推动并规范市场交易，如商业合同法及其实践、公司治理标准、环境法、贸易法和人权法等领域。冷战后，全球化与市场自由化加速了美式律所及相关投资银行的迅猛发展，竞争和市场化的浪潮也逐渐波及全球法学院。最终，如同帝国时代一样，技术的迅猛发展，尤其是数字革命，成为推动法律与法律教育全球化的关键力量。电子邮件、电子图书馆、电子期刊的普及，加上更加便捷的国际旅行，使核心与边缘地区的联系更加紧密。全球各地的法律学者和学生可以轻松获取顶尖学者的资源，技术发展也促使学术研究和院校间的排名系统应运而生。

　　排名反过来推动了全球化和跨国化的进程。正如哈曼和施密特-维伦堡（Hamann，Schmidt-Wellenburg，2020：173）在一项关于排名的最新研究中所指出的，"排名本身通过跨国来源的象征性权威——例如私人企业、媒体公司和数据提供商——为特定的学术环境、范式、代理人和策略提供了支持"。然而，这一角色"远非公正和公平"：

　　这种排名推动了符合英语语言和期刊发表文化的知识和专业的全球流通，具有实用价值，且契合政治和市场利益。由此形成的高等教育版图，呈现出北美、欧洲、东亚和澳大利亚等经济繁荣地区与南美洲、非洲和亚洲大片区域之间的显著差距……学术排名不仅通过连接各领域、绕过国家权威并利用跨国权威来源来推动这些进程，它们还通过强调精英主义和透明性，为跨国化过程赋予了一种道德正当性。

　　作者还引用埃斯佩兰德和索德（Espeland，Sauder，2007）的话指出："随着参与排名竞争的主体愈发投入其中，他们似乎忽视了排名体系的精英主义信念的讽刺性：排名并非展示社会秩序，而是在重新构建社会秩序。"

　　长期以来，本地法律职业中的顶尖人士通常会在接受本地法律教育后选择出国深造。然而，随着全球对美式公司法（以及在较小程度上国际人权法）的趋同潮流，这种人才流动的方向逐渐改变——全球排名也推动了这一趋势。曾经，拉美律师或许对美式法律在拉美实践或教学中的相关性不屑一顾，但如今，美国学位已成为全球最具声望的资质（见本书第十四章和第十五章），尽管其他国家的项目也吸引着有抱负的律师。公司型律所的崛起进一步推动了本地法律教育改革的需求。熟悉公司型律所运作的人往往批评法律教育中过度的形式主义，主张更加注重实践、强调问题解决的课程——这是美式教育的一大特点。例如，圣保罗 FGV 法学院（详见本书第八章）的创始院长阿里·奥斯瓦尔多·马托斯·菲略（Ary Oswaldo Mattos Filho），早年便创立了巴西最重要的公司型律所之一。

　　历史告诉我们，全球政治和国内政治最终都会发生变化。新兴大国的崛起，例如中国，可能会影响国际法在贸易、投资及其他领域中的作用、结构和实质，特别是涉及主权的问题（Ginsburg，2020；Shaffer，Gao，2020）。这种转变可能反映了早期主导模式的回归。从 1368 年至 1841 年，中国、朝鲜、越南和日本之间"保持了和平持久的关系"（Kang，2010：3），其中中国是"体系中的军事、文化和经济主导力量"。历史学家将其称之为"朝贡"体系，包括往来、教育交流和礼物馈赠。在此过程中，其他国家"自觉模仿中国的制度和话语实践，以便与中国建立稳定关系"。因此，"直到 19 世纪晚期西方列强的到来，游戏规则才受到认知层面的挑战"。未来，中国可能会再次获得类似的角色，或许这次其会更加关注法律和律师。冷战期间，我们同样可以看到，获得苏联或拉美国家如古巴教育资质的左翼人士在本地左翼运动中处于优越地位（Castañeda，1993）。当今，即使在法律制度最为健全的国家（包括美国），宗教团体、民粹主义政党和威权主义运动也可能削弱法律在国家和跨国治理中的地位。尽管未来可期，但这些长期的跨国进程依旧遵循一些共同模式，持续塑造着国家和全球的规则与治理实践。

二、理论方法

研究法律教育全球化和跨国化的方式有多种。其一是根据不同的标准对法学院及其职工进行比较。例如，可以评估学生和教授的国际化构成程度、课程的跨国性、课程设计是否适合在跨国和国际组织、企业律师事务所、跨国公司和跨国非政府组织（NGO）中进行实践，或毕业生实际从事的职业路径。虽然目前尚缺乏此类系统的分类数据，但若能获得，将非常有意义。这类数据能够帮助评估法律教育实践的跨国传播和规范化、批判帝国主义影响并探索"最佳实践"。

本书结合多种理论视角来探讨这些现象。其中一个理论视角是——"跨国法律秩序"——关注法律规范如何被构建、传播、确立或变化，从而影响不同法域的法律实践。另一个理论视角是——"法律职业的比较社会学"——研究各国间的竞争、权力层级、法律与权力的关联，以及跨国法律教育改革如何既挑战又巩固本地和跨国的权力层级。我们的目标是结合此类视角来阐明和解释法律教育改革中国际与国内的互动。

（一）跨国法律秩序

跨国法律秩序理论框架是一种过程性理论，旨在挑战法律研究方法论中的民族主义。从法律社会学的视角来看，"跨国法律秩序"指的是法律规范在跨国背景下的构建和流动（Shaffer, 2013），当这些规范在实践中稳定下来并超越国界时，就可能形成跨国法律秩序（Halliday, Shaffer, 2015）。法律教育的跨国化可以作为跨国法律秩序的一种机制，影响不同实质领域中的法律与实践。通过在特定学科上以相似的方式培训精英，包括通过学生、教授、教育学和思想的跨国交流，跨国过程对法律教育的塑造可以促进对社会生活中存在的"问题"及相应法律解决方式的共同概念化。通过这种方式，法律教育改革可能在公司法、商法、人权法和宪法等不同领域促进法律规范的跨国流动。

跨国法律秩序通常始于对社会问题的构建与界定（Halliday, Shaffer, 2015），例如如何改革法律教育以适应当代挑战的问题。问题并非自然存在，而是社会建构的，反映了社会规范、社会运动、追求特定利益的行为者以及市场化竞争的过程。因此，围绕问题的界定及其解决方案的争论经常会发生。通过经济全球化和文化全球化，这些问题的界定更有可能成为跨国过程。

这些跨国进程可能形成一种"跨国法律秩序"。哈利迪（Halliday）和沙弗（Shaffer）（2015 年）将其定义为一套正式化的法律规范及相关组织和行为者的集合，这些因素在不同国家的法律理解和实践中扮演着权威角色。学者们关注这些秩序如何被创建、维持、合法化、抵制以及挑战，从而推动法律规范在各社会组织层面的确立和变化。一方面，跨国法律秩序会深刻影响各国内部，不仅塑造法律，还重塑国家机构、市场功能、法律职业发展及更广泛的规则框架；另一方面，国内的法律发展也会反过来推动国际法及国际组织的演变。

法律教育既可以是这些跨国变革的表现，也可以是推动力。当新的企业精英和其他参与者寻求特定类型的法律人才培养时，新的法学院便应运而生，用以满足这些需求。因此，法律教育往往反映了经济全球化和文化全球化以及规范性扩散的趋势。同时，法律教育也可以成为传递不同社会问题的概念化及其法律解决方式的一种机制，通过学生、教授、教育学和思想的交流来实现。各国政府和企业家会对新式法学院进行投资，既希望参与跨国法律秩序的塑造进程，也以此借鉴跨国交流中的经验与理念来应对国内挑战。

参与法律教育改革的包括那些希望改善法律教育的企业家，他们要么致力于更好地应对社会各领域的问题，要么纯粹为了预见并满足市场需求。这些改革进程可能具有"进步性"，例如解决特定的国家问题，包括司法公正的可及性、公民和政治权利、经济、社会和文化权利的提升，或是促进南方国家的国际发展等。然而，当这些改革回应并助长某些被视为"普适"的实践时，也往往揭示了权力的不平等，因为这些实践并不能同等地造福所有国家和个人。企业家们对这些"问题"的设定方式，通常反映出他们特有的意识形态倾向以及文化和社会经济背景。"核心与边缘"的问题同样体现在偏重采纳那些在法律和政治中心受到广泛认可的解决方案上，无所谓是国际的还是国内的。

这种跨国视角的关键在于既关注规范的传播者，也关注本地的实践。关于法律教育的规范并非自动传播，而是通过行动者来传递的，例如本书第二章所述的福特基金会在南美的努力，第三、四、五章对非洲和印度殖民过程的研究，以及第七章和第十四章对教授的跨国网络的分析。有时，这些行动者仅仅是为了推动个人职业发展，例如第十四章和第十五章所讨论的学生流动问题；而在其他时候，他们则致力于塑造国际和跨国法律及机构，正如第八章和第十章所反映的那样。

跨国法律在本地的展开绝非一成不变。每当跨国法律进入本地，极有可能因当地的传统、利益格局和权力配置等引发抵触而造成障碍。因此，研究法律教育改革的跨国进程，必须结合跨国与本地视角，从比较社会学的角度深入理解法律职业的发展与变革。

(二) 法律职业的比较社会学

德扎莱（Dezalay）和加斯（Garth）对法律职业的比较社会学研究从一个社会学和政治学观察出发：律师——更准确地说是"法律圈"——服务于国家权力，而这种服务往往是律师繁荣的关键（Dezalay and Garth, 2010）。法律和律师为权力提供合法性，而作为交换，权力持有者——无论在国内还是跨国范围内——同意接受法律的约束（尽管在实践中并不总是服从法律）。用法律的语言进行治理既强化了权力，也可能对其形成约束。从这一视角来看，跨国法律秩序的进程既可服务于现有的权力格局并助其延续，同时也可以被用来挑战这些格局。

这一社会学研究的目标在于揭示塑造并转变法律和律师角色的权力结构和过程，无论是在国家层面还是跨国层面。法律变革既包含再生产也包含革命。对法律职业的比较研究揭示了改革在不同背景下的展开方式，包括为何在特定地区进行法律教育改革的投资、其与美国模式及公司型律所扩展的契

合程度及其影响。这一方法关注彼此交织的历史，以及由这些历史所产生的
国家法律领域。国家法律等级结构是影响法律教育改革接受度的关键因素。
（Dezalay，Garth，2021）。

　　法律职业中的层级结构与国家权力息息相关，深深融入其体系中。各国
的法律职业历史虽有相互交织的一面，但独特的国家历史也塑造了各自不同
的层级结构，而这些结构则由各自的教育体系和方法支撑（Dezalay，Garth，
2021）。截至目前，正如本书第十三章和第十四章所指出的，跨国法律秩序——
通常由国际法庭和具备跨国课程的法学院推动——并未改变一个现实：无论
是国内还是跨国的法律职业，其发展依旧植根于各国法律职业的基础。

　　从比较社会学的视角来看，各国法律层级结构存在显著差异。在美国，
公司型律所的合伙人通常居于法律职业的顶端（Dinovitzer and Garth 2020）。
他们的权力部分源自其"中介人"的角色，将经济和公司权力与国家权力连
接起来，这种角色在顶级行政和政治官员与华尔街及 K 街[1]商业游说组织之
间的"旋转门"现象中表现得尤为明显。法律教育既深植于这一层级结构之
中，也是该结构的组成部分。顶尖法学院与精英公司型律所关系密切，几乎
是共生，而最优秀的法学院毕业生几乎都从公司法开始其职业生涯（Dinovitz-
er and Garth 2020）。这些顶级合伙人作为经济与国家权力的纽带，时常进入
政府职位，利用法律对其强大客户进行适度监管，但并不会真正触及其利益。

　　各国法律职业中存在不同的等级结构。在巴西，著名法学家（notable ju-
rists）位于法律职业的顶端，通常担任教授、政治家、公共知识分子、显赫家
族成员，并充当经济和政治资本（有时也是家族资本）的中介人（Dezalay
and Garth，2002）。法律教育与这一等级结构呈现出共生关系。在印度，法律
职业的顶端是"大律师"（grand advocates），这些精英律师在印度的高等法院
执业，通常来自法官和律师世家，他们通过个人关系和需要家族资本的学徒
制度来巩固这种等级结构（Dezalay and Garth，第五章）。印度法律教育实际
上帮助维持了大律师和法官的权力。

　　这些处于顶层的群体与政治、经济和社会权力结构紧密相连，往往因此
变得自满、保守，乃至抗拒变革。当国家和经济权力稳定时，这种状态对他

---

　　〔1〕　译者注：K 街是美国首都华盛顿哥伦比亚特区的一条主要干道，东西走向，被称为众多智
库、游说集团和倡导团体的中心。在政治话语中，"K 街"已成为华盛顿的游说行业的转喻。虽然自
20 世纪 80 年代后期，许多游说公司已经搬走，但这并不影响其作为游说行业的代指。

们来说并无不妥。然而，在变革时期，来自法律界内外的边缘群体可能会向他们发起挑战。法律教育改革的一个重大难题在于，法律权威阶层倾向利用其原有地位，把重心从学识和才干转向家庭和社会资本。本书探讨的法律教育全球化在某种程度上即是对这些群体在巴西、印度等地相对自满状态的挑战，通过更倾向于美国模式的精英主义途径来推动变革。

这些对权力的挑战往往伴随着帝国关系的变化以及旧帝国势力与新霸权力量之间的竞争。20 世纪末到 21 世纪初跨国法律秩序的强化，与冷战后美国的霸权密切相关。冷战结束时，法律行动派发展并利用了有助于新全球权力平衡的理论——通过建立以市场为导向的"法治帝国"来实现美国霸权（Coates，2016），这一思路得到了包括克林顿政府时期沃伦·克里斯托弗（Warren Christopher）等政治人物的认可。精英法律在这一霸权体系中找到了自身位置，支持人权、自由贸易、私有化、仲裁以及公司型律所的全球扩展，进一步传播了美式法律模式。以世界贸易组织为顶峰的跨国法律秩序，如国际贸易领域，顺应并巩固了这种新的权力平衡，而福特基金会等机构也对此予以认可（见本书第二章）。

然而，"法治帝国"的成功在未来不一定能够延续。国内外的重大变化正在威胁这种对法律的优待，并为贸易带来了挑战。例如，威权政权可能会倾向以"法制"来支持其统治，或者认为法律带来太多束缚，不需要律师来为其统治提供合法性。如今，许多领导人对法律的态度已变得不稳定。然而，美国的法律模式依然在许多地方产生共鸣，因其曾帮助推动法律、经济和政治的变革。

在实践中，改革者与传统国家法律层级顶端群体的互动通常是一个双向过程。传统的法律寡头首先抵制公司型律所，因为这种创新非常不符合本地的专业设想。最初，公司型律所几乎仅为外国客户提供服务。然而，这些公司型律所逐渐找到了一席之地，部分原因在于它们吸收了本地法律精英（这一过程是互相促进的）。这使得包括 20 世纪 70 年代（Trubek and Galanter，1974）法律与发展运动的后继者在内的法律行动派能够通过符合美式原则的法律教育改革，试图挑战现有法律层级并推动一场法律革命。正如伯曼（Berman，1983）所指出的，法律革命不仅发生在法律领域内部，也通过与外界的联系得以实现（Dezalay and Garth，2021）。在法律教育的情况下，改革者比他们的目标群体更具精英主义和学术性。通过挑战故步自封的法律权威，他们可以通过与新兴的政治（或其他潜在强势）力量结盟而获得影响力和权力，这些力量可以从法律赋予的合法性中受益。富有的法律行动派向试图重塑教育模式的法学院捐赠巨额资金，便是显著的例子，如他们对上海的凯原法学院、伦敦的迪克森·庞法学院、印度的金达尔法学院和德国的布塞里乌斯法学院的资助。

当本地环境与跨国"模式"互动时，跨国法律教育改革才有可能成功。这种互动决定了模式的哪些部分会被接受，以及如何接受，无论其源自美国还是其他国家。法律教育改革的成败最终取决于国内的斗争，或所谓的"宫廷之争"，而跨国规范带来的资源和合法性使得这些斗争具有了跨国性质（Dezalay and Garth 2002）。例如，在某些地区，学者引入了"法律经济学"的研究方法，而在另一些地区则引入了"批判法学"的研究方法。无论采取哪种方法，他们的目标都是影响实体法与政策的处理方式，从商业竞争法到社会权利和反歧视法。随着全球和国内环境的变化，法律教育中总会出现新的"革命"者。甚至可能出现激进运动，关闭或边缘化法学院，削弱法律和律师的作用。

总之，尽管全球层级的演变影响了法律教育中的"现代性"观念，从而左右了跨国秩序的范围和形式，但国家的政治、经济和社会力量仍至关重要，决定了改革在何地以及在多大程度上扎根。例如，韩国民主运动的领导人采用美国 JD 学位模式，并非因其本身的价值，而是将其视为打击支撑威权政府和财阀的法律寡头的一种手段。这些法律教育改革的推动者并非亲美，实际上，他们认为美国是威权主义的支持者。然而，美国模式的声望及其对首尔新兴公司型律所的吸引力，使 JD 改革成为削弱、最终关闭韩国司法研究与培训院的有力手段，因为该机构被认为是检察官和法官保守立场和维护现状的核心（Dezalay and Garth 2021）。法律教育改革的相对成功进一步影响了所谓"优秀法学家"、法律研究的标准及其评估方式、优质法律教学的定义，甚至是"良好的法律论证"应具备的标准。本章开头展示的网站信息清晰反映了这一法律教育现代化趋势。

三、一般性主题：国际与地方法律教育改革的交汇

本书中的研究汇集了关于法学院全球化背景及其影响的深刻见解，揭示了六个相互关联的主题。我们在此概述这些主题，然后进一步探讨各章节如

何展现这些主题。

第一，我们特别关注在美国以外地区推广美式法律教育的过程，这也是跨国秩序历史长河的一部分。例如，这可以看作 19 世纪末美国成为国际事务重要角色时开始的"反帝国的帝国主义"的延续，试图建立"法治帝国"（Coates，2016）。这一法律主义包含了对国际法庭及其他机构的投入。二战后，美国的国际主义精英们试图通过美国和外国法学院培养律师，使他们成为推动温和的进步变革的领导者。福特基金会在这一相对理想主义的法律与发展运动中扮演了重要角色（见本书第二章），其所需的律师典范是美国法律体系顶层的公司律师兼国家代表。短期来看，这项运动未能成功改变巴西、智利和印度等地法学院的形式主义、保守和狭隘的教学方式。然而，冷战结束、新技术的兴起和全球排名的出现，增强了美式法律教育模式的影响力。

这种影响并不意味着美国的学校总是处于领先地位。正如哈曼和施密特-维伦堡（Hamann, Schmidt-Wellenburg，2020：169）所指出的，这种关系其实更加复杂。他们认为，美国发明的商学院在 20 世纪 50、60 年代借助慈善资助走向全球，但《金融时报》的排名标准重新定义了商学院，更多地强调欧洲商学院的特点，从而改变了美国商学院的发展格局。长期来看，这种变化有利于"顶尖的美国商学院……它们现在能够获得全球资源，并在全球范围内推广经过调整的美国模式"。类似的过程也可能发生在法学院中。例如，QS 法学院国际排名和美国国内的排名不同，包含了国际师资比例和国际学生比例等指标。美国的法学院在这些方面可能会落后，但通过跨国推广美国模式的关键要素，它们整体上仍然从中受益。如今，美国模式的部分要素正从英国、德国、法国、澳大利亚等地重新输出。

第二，有趣的是，近年来将法律教育引向挑战传统本地法律精英的新方向的成功努力，主要来自需求方，尤其是在这些国家与全球经济联系日益加深的情况下。早期的法律与发展运动影响了一些行动者，但公司型律所在全球的崛起和合法性需求的增加，这与美国在冷战后期望建立的"法治帝国"相符。这一趋势加大了对法院、法治化和制度化的投资，促进了跨国法律秩序的兴起（Halliday and Shaffer 2015）。在许多国家，国际主义的行动者们看到这种变化是推动法律教育和法律实践突破保守主义的良机，而保守的传统法律精英对此持有抵触态度。这种转变有利于处于全球层级中心的美国法学院，进一步推动了从边缘地区向核心地区的法学生流动。法律与发展运动的理想目标是培养温和的改革型国家领袖，但这一最新的转型更多是为了打造公司法的精英职业和支持其运作的机构（如法学院）。

需求不仅限于公司法领域，同时还包括提升宪法、民权、政治权利和社会权利的重要性，尤其是通过法院的执行及非政府组织（NGO）的推动来实现。这一平行的推动力在多个章节中有所体现，如 FGV 法学院的创立（本书第二章）、参与拉美 SELA 网络的成员对宪法学的抱负（本书第七章）、非洲（本书第四章）和亚洲（本书第六章）致力于使法律更符合政策需求，以及伦敦跨国法律中心的协作目标（本书第十二章）。正如本章开头引用的网站所显示的那样，许多新创或改革中的法学院的核心目标之一是推动学术研究，不仅参与全球讨论，也为本地改革做出贡献。其学生和教授随后可以参与并推动国际和国家机构的改革，从而塑造跨国法律秩序进程（Shaffer, 2021）。

第三，面向全球化的法律教育改革源自美国（及其全球盟友）的"法律革命"如何与本地法律等级结构和政治动力的互动（Dezalay and Garth, 2021）。韩国与日本推广 JD 项目的经验对比展示了本地环境的重要性。日本的改革派没有真正的政治盟友，而韩国的法律教育改革者则与民主运动密切相关。韩国的民主运动获得了权力，并利用法律教育改革削弱了（至少在一定程度上）支持威权政府及其遗产——检察官和法官的权力。更为微妙的是，印度 NLS 的创新雄心在保守的印度法律精英阶层——法官和律师的手上被逐步抑制。

第四，核心与边缘地区的关系影响了法律"输入"和"输出"的格局，包括法律教育在内。全球法律层级的变化可能因地区而异，国内法律政治的变化也可能削弱核心地区输出模式的影响力和声望。然而，跨国进程在一定程度上定义了法律辩论的标准、最具影响力法律研究体系的构成要件以及招聘法律学者的最优资质要求。这些进程使国际法和跨国法律秩序逐渐向美国模式以及总体上向北方和西方国家的模式倾斜。本书中南方国家的作者们，如介绍南非、SELA 网络和 FGV 法学院的章节所展示的一样，认识到他们受制于难以改变的国家和跨国霸权关系，但他们在其中寻求并利用这些关系以达成自身的目的。

第五，这种结构性倾斜并不排斥一种务实的"跨国乐观主义"。许多项目的目标在于参与并利用关于法律教育、跨国法律和法律改革的全球和跨国讨论。正如介绍 FGV 法学院的章节所强调的，参与其中并不意味着忽视层级或假装不存在跨国经济规则。例如，学者和学生若能掌握这些话术，即便这些讨论受全球层级结构影响，他们也能增强自己的影响力。再如，受过美国理论和方法训练的拉美学者在宪法发展前沿领域成了主要的评论者。参与这些跨国讨论也许在某种程度上赋予了跨国法律秩序某种合法性，但无论有无这些学者的贡献，这些进程依旧会继续。法律教育改革者通过跨国讨论提升了法学院的水平。但如果他们主张通过传统的兼职教授对大量学生进行形式化授课，以建立更便宜、更高效的法学院，那么在全球范围内将难以获得认可。

研究跨国法律秩序的学者对权力结构这个问题可能持乐观或悲观态度。然而，他们在构建、讨论和改革这些结构的过程中依然具备一定的能动性。实际上，对权力不平衡的敏感可能会促使人们更加开放地对待改革，而不是理所当然地接受现状。门克尔-梅多（Menkel-Meadow）论证道，国际的交流与学习会让人"谦逊"，尤其是对于那些身处"高位"的人来说，这种经历能让他们更清楚地认识到那些看似自然正常的东西。结构社会学告诉我们，世界并非像托马斯·弗里德曼（Thomas Friedman）在 2005 年所声称的那样——"世界是平的"，法律层级结构不断自我演化，并调节改革以服务自身及其利益相关者。但假装"世界是平的"，这种行为本身也可能带来影响。

最后，进入学术讨论、公司型律所和其他跨国化组织的"入场券"并非人人均等，即使在一个国家内也是如此。美式教育和市场方式的推广，导致了大批法学院和少数精英法学院之间的两极分化——在一些国家，法学院数量达一千多所，但仅有少数精英学院对特定群体开放。受益者往往需要具备英语学习和在标准化考试中取得优异成绩的背景。此外，他们必须承担不断上涨的学费成本，许多法学院（包括印度的精英学院、FGV 法学院及受世界银行支持的非洲法学院）学费都显著上升。如果他们选择出国攻读更具价值的学位，还需支付高昂的学费和旅费，尤其是在奖学金稀少、学费昂贵的美国。例如，门克尔-梅多指出，跨国法律中心的学生大多具有相对优越的背景。SELA 也是仅限受邀者参加，而受邀者通常是从耶鲁等名校留学归来的精英。在这一点上，法律教育的全球化反映了日益突显的经济和技能差距，这一问题在美国尤为明显，而跨国法律秩序既助长了这种不平等，也被寄望于解决它。这种高度偏向的精英主义使得少数能够进入牛津、剑桥、哈佛和耶鲁等全球知名学府的人拥有更大的影响力，这一点在本书第十三章"谁统治世界"中有所体现。

四、本书各章节的导读与主题概述

本部分不只是对各章节内容的简介，还想通过我们的理论方法——跨国法律秩序和法律职业社会学——对这些章节进行主题性解读。尽管读者仍应全面阅读各章节去充分了解其中的丰富内容，但在本节中，我们将以我们的理论框架先与这些章节进行"对话"。

我们将本书的章节分为三部分，分别涉及跨国过程、全球法学院和学术流动。第一部分（第二至七章）揭示了推动法律教育全球化背后的跨国过程。当然，本书内容未能涵盖所有，例如伊拉斯谟交换项目（Erasmus Exchanges）、欧洲法律教育的市场化以及德国法律科学对民法国家的持续影响等。在本书中，我们特别关注美国模式为何以及如何获得了特殊的影响力，这一现象尚未得到充分研究。我们从福特基金会的工作开始，它是推动形成今日局面的关键角色。接下来的章节将广泛探讨非洲地区的法律教育模式，该地区的法律教育从殖民时期的薄弱投入，发展到福特基金会等捐助组织和捐助国竞争主导地位的阶段，经历了改革与停滞的此消彼长的过程。然后，我们探讨了南非的法律教育，它既是一个地区法律中心，也承载着由于种族隔离和殖民历史带来的巨大不平等。接下来，我们探讨了印度的法律教育改革。印度在20世纪80年代末开始改革，福特基金会提供了一些帮助，但真正的改革却是在福特基金会放弃继续支持后才逐步展开的。随后，我们关注亚洲其他国家的情况，这些国家的法律教育改革多由捐助国和基金会推动，但具体效果因各国的政治经济状况而异。本部分的最后一章介绍了"拉丁美洲宪法与政治理论研讨会"（Seminario en Latinoamérica de Teoría Constucionaly Política, SELA），这是一个自发形成且非常成功的项目。这种南北互动展示了法律教育全球化的进程。

第二部分（第八至十二章）探讨了全球法学院的多样性，每章聚焦一所法学院：圣保罗的FGV法学院、不丹的第一所法学院——吉美辛杰旺楚克法学院、深圳的北京大学国际法学院、纽约大学的全球法学院以及伦敦的乔治城跨国法律研究中心。

第三部分（第十三至十五章）则研究了在全球范围内进出知名法学院系的人员流动。我们首先分析国际法庭法官的教育背景，以评估这一部分国际法"隐形学院"的构成。接着，我们考察了能影响"国际法"研究和理解的全球学生和教师的跨境流动。最后，我们以研究非美国学生赴美留学的情况，这些学生将美国法学院视为最理想的学位获取地，并成为跨国法律秩序的潜在传播者。

（一）法律教育改革的国际进程

1. 福特基金会作为催化剂

本书第二章至第五章探讨了美式法律教育模式在南方的传播过程。我们首先介绍罗恩·列维（Ron Levi）、罗妮特·迪诺维策（Ronit Dinovitzer）和王温迪（Wendy H. Wong）撰写的章节，讨论福特基金会自 20 世纪 50 年代以来在法律及法律教育方面项目的演变。福特基金会在美国推动法律教育改革的历史中占据核心地位。基金会的领导者深谙学术潮流和政治微妙之处，并将基金会定位为在国内外推动进步性政策实验和倡议的主要力量。其他基金会如洛克菲勒基金会也发挥了类似作用，但福特基金会走在最前列。

在本地层面，福特基金会在 20 世纪 50 年代力图加强精英律师在相对进步的治理模式中的作用。在美国国内，这意味着对顶尖法学院进行投入，提升其比较法和国际法能力，以确保教授和毕业生能够处理符合二战后美国扩大国际角色所遇到的外交政策问题。律师的"国际意识"被视为关键，以帮助引导并确保美国在全球的参与，从而保护其海外利益。此外，福特基金会还试图培养"有能力的外国领导人"，希望通过推动海外律师获得重要地位，促使其推动温和的社会进步以遏制竞争对手。基金会在 20 世纪 50 年代的一项重要尝试便是进入印度，希望推动精英律师在社会治理中获得更进步且受尊重的地位。然而，基金会发现印度法律界对变革非常抗拒。60 至 70 年代的"法律与发展"项目也进行了类似尝试，但同样收效甚微。

该章还重点讨论了福特基金会在智利法律教育方面的工作。基金会向智利提供资助，旨在与当地小型改革者合作，建立拥有全职教授的法学院，这在当时并不常见；聘请不会拘泥于形式主义，而是倡导跨学科研究和实际解决问题的学者和教师（类似于美国"法律现实主义"之后的做法）；并设立法律诊所以提供更实用的教育（延续基金会在美国法学院推广法律诊所的努力）。正如作者所指出的，提升法律教育的项目试图"打破既有层级结构"，以培养那种能摒弃陈旧形式主义而发挥进步作用的新型律师。用作者的话来说："通过将法律从传统的形式主义分析中解放出来，这项法律与发展项目试图将法律训练塑造成解决问题的过程。"改革者希望将美国律师的理想角色融入其社会变革中。然而，与在印度的情况类似，这一尝试并未取得成功。在美国参与方进行自我批评后，基金会逐渐放弃了这些法律教育改革。

在 20 世纪 70 年代后期之前，福特基金会基本未涉足海外的法律教育改革。然而，随着世界形势的变化，基金会迅速抓住机遇，开始投资于中国的法律教育、法律诊所实践、法律交流和法律学术研究。20 世纪 70 年代末中国恢复法律教育后，一批在新中国成立前受过教育、并活跃于法律机构建设的著名法学教授重新崭露头角。

这些法学教授之前就有国际联系，重新获得学术职位后，他们迅速接受了与美国的交流机会。哥伦比亚法学院是基金会资助这些交流项目的主要受益者之一。此外，福特基金会在中国各地投资建立法律诊所也是其中的重要组成部分。基金会希望通过这些法律诊所，培养能够在中国推动民权保护的律师。然而，正如本书第六章关于亚洲法律教育改革所示，中国国内的变化阻碍了这一意图的实现。尽管如此，中国的法学院在学术研究、思想争鸣以及与公司型律所的联系方面已经全面全球化。此外，中国学生已经成为美国法学研究生项目的主要生源（见本书第十五章）。简而言之，基金会帮助中国培养了一批具有国际视野的律师和完善了法律教育体系，但并未实现法律自由主义的目标。相比之下，基金会对南非法律诊所的投资在反对种族隔离和建立民主的进程中发挥了关键作用（见本书第四章）。

最后，我们重点指出了福特基金会在冷战结束后的 20 世纪 90 年代发生的重心转移。当时，美国的全球霸权基本上没有受到挑战。到这一时期，基金会已与一种新的美国反国家干预的经济正统思想保持一致，民主党和共和党对此都持认同态度。福特基金会等机构对国家扩张的态度日益谨慎，因此减少了向政府提供建议的兴趣，转而更倾向于支持独立专家和非国家组织，包括推动法律发展来实现变革。对法律的热情随之高涨，特别是美国模式在法律全球化中的传播，例如公司型律所的扩展、美式监管模式、人权、国际刑法、世界贸易组织框架下的国际贸易，以及国际商事和投资仲裁的扩展等。

从福特基金会的角度来看，支持全球法律化进程至关重要。基金会的报告强调了几个主要目标：为国际组织和国际法领域的学者和从业人员提供高级培训，促进公众理解国际组织以及法律在维护世界和平中的作用，以及对重要多边机构进行研究和政策分析。基金会对海外法律教育改革的长期承诺推动了全球法律教育交流及市场的发展。

简而言之，本章展示了福特基金会试图打造一个由进步且国际化的律师担任领导角色的世界，这些律师不仅在美国发挥作用，还能与海外同行建立联系，成为推动贸易与投资、民主建设并抵制竞争对手的力量。基金会认为，要实现这一目标，需要一种新式律师，而这则依赖于一种新式的法律教育模式。

这些向外输出美式法律教育模式的努力在当时取得的成效有限。本研究表明，输出模式只是其中一部分，更需要关注输入方的情况。一方面，中国积极引入一些国际理念，努力建立交流关系，自上而下创建公司型律所，并推动融入国际学术圈的研究。另一方面，在印度和巴西（见本书第五章和第八章），这一影响则较为滞后。参与过法律与发展运动的本地人士成了一代之后新变革呼声的领导者，此时公司型律所的建立和合法化增加了本地对更"现代化"法律教学的需求。

2. 核心与边缘：非洲的法律教育

本书第三章由米歇尔·伯吉斯-卡斯塔拉（Michelle Burgis-Kasthala）撰写并聚焦于非洲法律教育。她指出，要理解非洲，必须关注核心与边缘地区的关系，这在上一章虽然明确提出来但未得到足够重视。正如她所指出的："我们需要转变思维……将非洲视为跨国教育最突出的集中地，正是因为它处于边缘地位。"她提到了"知识依赖"和财务依赖的问题。因此，"非洲大陆存在极端的国际化倾向，无论是学生的流动性，还是对外来资金和知识资源的严重依赖"。

该章中，伯吉斯-卡斯塔拉还指出，殖民时期英国在其非洲殖民地的法律投资非常少。正如她所说："英国人对法律教育的颠覆力量抱有疑虑，特别考虑到'印度民族主义运动是由律师领导的历史背景。"二战期间非洲参与战争并做出贡献，英国选择通过为非洲学生提供在伦敦四大律师学院（the Inns of Court）的奖学金来推动法律教育，而非在非洲建立法学院。到 20 世纪 60 年代初，四大律师学院的非洲学生人数远超中部非洲所有英语大学的法学院学生。

独立后，非洲法学院以非洲律师在四大律师学会的经历为基础，统一了这些国家的大部分法律职业。在此过程中，他们采用了类似英国的课程和法律教育方法，体现为相对固化的教学模式和形式化的学术研究。非洲的法学院数量大幅增加，到 1972 年已有约 43 所非洲大学设有法学院系。

除了英国之外，"美国、中国、苏联以及美国的私人慈善机构也开始在该地区发挥作用，提供了各种直接和间接的高等教育援助"。当时，联合国教科文组织（UNESCO）是推动法律教育改革的主要国际组织，旨在通过支持法律教育促进发展。然而，关于哪种教育模式能够支持"法律与发展"，不同捐助者之间有着不同的理解。再加上冷战期间的大国竞争，高等教育成了不同霸权竞争和施压的领域，以至于非洲自身的观点往往被忽视。

从美国的角度来看，与拉丁美洲和印度情况一样，"仅具备技术能力并不足以推动社会变革；需要为律师提供广泛的社会教育，使他们能够在社会各个领域发挥核心作用"。福特基金会为此创建了一个雄心勃勃的项目，名为SAILER（非洲法律教育与研究机构的人员配置），该项目推动了一种与英国法律教育模式不同的替代方案。美国学者"更倾向于采用诊所式的法律实践，旨在让学生积极解决'真实'的社会问题"（Harrington and Manji，2003）。这种"法律与发展"教育方法体现了"一种工具主义视角，认为法律和法律教育可以在社会转型中发挥关键作用"。英国的改革努力在20世纪60年代初结束，随后是美国的SAILER计划接棒，但两者都遭遇了与拉丁美洲法律与发展项目类似的批评，最终导致这些项目的终止（Krishnan，2012）。

英国的经历更显特别，因为它展示了如何通过国际经验催生创新，并在核心地区扎根。受法律现实主义影响的英国教授威廉·特温宁（William Twining）和罗伯特·史蒂文斯（Robert Stevens，曾在美国接受教育并担任耶鲁大学教授）参与了该项目。特温宁在自传中指出，达累斯萨拉姆的经历促使了"语境中的法律"这一研究方法的形成，"由于缺乏教材，我们需要面对多个国家和法域，激荡的政治氛围和快速的变化使得将法律作为静态的抽象规则来教授几乎不可能。环境迫使我们采用语境化、批判性、比较性的方法，关注如何思考动态问题和价值"（Twining，2019）。特温宁在达累斯萨拉姆结识了史蒂文斯，后来在耶鲁大学他们再次相遇。史蒂文斯"早已是英国律师协会和英国法律教育的反传统的批评者……我们一起说服韦登菲尔德和尼科尔森出版公司（Weidenfeld and Nicolson），通过推出一系列'反教材'打破巴特沃斯（Butterworths）和斯威特、麦克斯韦（Sweet & Maxwell）在英国法律学术图书出版领域的几近垄断。我们的目标是'颠覆并革新'英国法律教育中的正统观念。"这一合作推出的具有影响力的"语境中的法律"系列至今仍在蓬勃发展，不断挑战英国传统的法律学术。

随着债务危机的爆发和新自由主义的兴起，主要捐助者对非洲法律教育的态度发生了变化。世界银行成了主要角色，而曾经发挥重要作用的联合国教科文组织（UNESCO）则逐渐边缘化。因联合国教科文组织对"依附理论"[1]的支持而导致美国于1984年退出该组织，随后英国及其他国家也相继退出。世界银行接手了这项工作。彼时，世界银行的正统观点是人力资本投资不应包括对高等教育的投资，因为这只会奖励个人行为，"尽管世界银行在1994年报告中重新采纳了高等教育，并自此与联合国教科文组织战略合作以扭转20世纪后期的消极趋势，但这些外部政策的长期影响依然困扰着非洲"。伯吉斯－卡斯塔拉认为："这一时期最直接的'再殖民化'是通过国际金融机构（IF-Is）和外国非政府组织进行的，但更为深远的影响在于非洲思想的实质改变。"这一变革经历了从"私有化到商业化"的过程。

法学院在20世纪90年代起作用更为显著，但"再殖民化"的法律教育使非洲法律教育处于全球边缘。非洲的法学院在全球排名中位置较低，并逐渐融入了跨国监管在全球知识经济中逐步增强的趋势。那些能够进入这一领域的律师往往如鱼得水，"在顶尖法学院受训的律师，凭借技能和人脉，可以在不同法域中游刃有余"。然而，开启这一职业道路需要大量资源，而对大多数非洲法学院的学生而言，这样的机会极为有限。最好的途径是通过奖学金进入北方国家的知名法学院，或是前往像南非这种非洲区域法律培训的中心。

非洲的法律教育在受到西方霸权影响和经历西方法律、经济的变革后，终于获得了被认可的地位。然而，它主要服务于能够获得"全球化法律教育"机会的少数特权人群，将他们融入全球企业、机构，甚至一些非政府组织中，而这些机构大多以北方国家为核心，非洲则处于边缘地位。本书第十五章将进一步探讨这条脉络，追踪非洲和其他非美国学生通过攻读美国JD学位来提升全球市场竞争力的历程。

该章寄希望于沿着类似于美国推进的进步法律路径进行改革。一方面，"最大的挑战在于认知层面，即重新思考'非洲'及其法律在社会转型中的作用"。另一方面，"法律可以成为实现未来去殖民化的社会变革工具，但也可能加剧对根深蒂固的传统殖民形式或新殖民形式的依赖"。尽管非洲法律教育

---

〔1〕 译者注："依附理论"是20世纪60年代晚期由拉丁美洲学者所提出的国际关系与发展经济学理论。其将世界划分为先进的中心国家与较落后的边陲国家，后者在世界体系的地位使之受到中心国的盘剥，故得不到发展，或产生腐败等弊病。

处于全球边缘地位，但如果其培养出足够多具有这种进步倾向的全球法律精英（他们的立场往往与现有的本地法律精英的立场相对立），他们至少可以为知识经济带来不同的声音，尽管他们使用的是进入讨论所必需的全球法律语言。这揭示了定义成功的复杂性——尤其在法律教育改革中，"现代"甚至"创新"往往也带有"帝国主义"色彩，如何理解"反霸权"的成功也成了一大问题。许多章节都涉及这一议题，而本书第八章则直接聚焦于巴西建立新法学院的挑战。

3. 南非的法律教育：种族化的全球进程、危机与争议

本书第四章由拉尔夫·马德拉莱特（Ralph Madlalate）撰写，聚焦南非。乍一看上去，南非似乎是法律全球化的相对赢家之一，尤其是在非洲范围内。来自非洲各地乃至全球的学生前往南非学习，南非的法学院在非洲排名最高，公司型律所也在蓬勃发展。然而，殖民主义和种族隔离的流毒依然存在，导致当今南非法律教育中存在明显的种族和阶级分层，这种分层现象引发了南非国内攻击"全球化"的抗议运动。

与大英帝国的其他地方情形一样，南非的首批律师也是在英国受教育。本地的法学院直到 19 世纪末和 20 世纪初才开始出现，并分为英语和荷兰语两类学校，分别专注于英国普通法和罗马荷兰法的"核心"教育。罗德奖学金后来加强了伦敦与南非法律教育之间的联系。少数南非黑人通过在英国学习获得入学机会，但并非通过罗德奖学金。1948 年种族隔离制度的实施加剧并"合法化"了种族分裂。在种族隔离时期，"政府有策略地扩大了黑人学生的机会，目的是为准独立的'班图斯坦'政权培养行政人员"，分别在福特海尔大学（the Universities of Fort Hare）、北方大学（the North）、祖鲁兰大学（Zululand）、博普塔茨瓦纳大学（Bophuthatswana）和特兰斯凯大学（Transkei）设立法学院。种族隔离制度的影响非常深远。尽管这些新法学院成立了，但"直到 1994 年，非洲裔、印度裔和有色人种律师仅占律师行业的 14%，其余的都是白人律师"。当时有繁荣的私人律师事务所，但几乎没有白人以外的种族在这些事务所中任职。然而，像纳尔逊·曼德拉（Nelson Mandela）这样的南非黑人律师挑战了合法化的种族隔离制度，并成为独立运动的领导人之一。另一个遗产是狭隘的实证主义："那个时代的法律教育建立在狭隘的、技术性的实证主义法律方法之上，这种方法故意回避了与法律相关的种族化社会背景。"独立后的新宪法和 20 世纪 70 年代的公益法带来了一些希望，这

些法律更加接近社会正义。

批评意见（例如来自高等教育委员会的意见）反映了本地和全球的关注——首先，"南非本地的非裔教师人数太少了"。教学方式也受到批评："对学生的评估往往完全或主要考察其死记硬背的能力。"实证主义仍然是一个障碍："法律学院在课程设置以及教职工和学生整体上，都尚未充分理解'变革性宪制'的概念。"研究排名是全球化改变之一。马德拉莱特引用了一位学者的话："学术界，特别是那些接受评级体系的大学，现在更加关注其国际声誉，法学院的视野比过去更加开放，并鼓励与世界各地的兄弟机构进行联系。这开始打破种族隔离时期的孤立和封闭思维，并可能鼓励更多的理论性、学科导向的研究，而非以实践为导向的研究。"

历史上的英语法学院［以开普敦大学（University of Cape Town）为首，在全球排名中领先］吸引了来自南非及整个地区的学生："国际学生的主要目的地是该国历史上就是以白人为主的机构……这些机构以国际认可的研究成果为荣，教职人员中包括'前罗德学者和洪堡学者'，拥有'极其强大和多样化的国际联系'，并且'学生来自南非各地、非洲以及在硕士阶段来自世界许多其他地区'。"

相比之下，历史上为黑人设立的大学及其法学院，以及整体上处于历史不利地位的非洲人群体都面临着巨大的挑战。这些学校的研究要求与种族隔离时期创建的大学并不匹配，资源匮乏，当然还有其他一些问题。然而，它们在"培养黑人律师"方面发挥着关键作用。正如下一章关于印度的讨论所示，深层问题在于谁能够进入所谓的顶尖法学院，这些学院是通向顶层职位的关键途径。正如马德拉莱特指出的，关键在于"学生在高等教育中获得成功的能力，而这与他们在入学前就需要解决的问题密切相关，这可不仅仅是语言问题"。

这种明显划分两级且带有种族化色彩的"精英分层"，与美国或印度的情况不同，并非没有受到挑战。2015 年，南非大学生作为国家高等教育体系中的强大力量再次崛起，围绕#Rhodes Must Fall 和#Fees Must Fall 等口号组织起来，发起了对南非高等教育激进的反殖民批判。这些批评表明，指望精英主义的口号能够平息对全球化的批判未免过于天真，因为这一口号所建立的体系只让少数人（尤其是出身优越者）进入少数特权法学院，进而获得全球化政治经济中的少数顶级职位所带来的回报。

4. 印度法律教育的变革与争议

本书第五章由伊夫·德扎莱（Yves Dezalay）和布莱恩特·加斯（Bryant Garth）撰写，探讨了印度法律教育改革的例子，并将其置于与经济金融化、新自由主义、公司型律所的崛起以及与这些趋势相对应的法律教育改革相关的"法律革命"背景下。1986年班加罗尔法学院（the National Law School in Bangalore）的成立，由推动美国模式的印度行动派促成的，旨在提升法律教育水平并使其更加现代化，而当时正处于印度法律职业面临转型的特定时期。一部分精英阶层意识到需要为由大律师和最高法院以及高等法院法官领导的极为保守的法律阶层提供更多的开放性和合法性。20世纪70年代中期英迪拉·甘地（Indira Gandhi）宣布国家紧急状态期间，最高法院的表现令人尴尬，这激发了改革的需求。这一漫长过程最终促成了班加罗尔法学院的成立，尽管资金不足，但该学院致力于利用最高法院在紧急状态危机后开启的公益诉讼渠道以培养公益律师。为了解决财务困难问题，福特基金会为其提供了资金支持，使其得以继续运作。

很巧的是，首届班加罗尔法学院的毕业生正好赶上1991年经济自由化，这一届及之后的毕业生纷纷进入新成立的公司型律所，而这些律所明确采用了美式律所的模式（Ballakrishnen，2019；Krishnan 2004，2005）。首家新式法学院的成功促使随后几十年内二十多所类似学院的兴起。这些学校对在标准化考试中表现优异的学生开放，致力于更具互动性的教学，并尝试提供美式教育，但学费偏高。

它们被认为是印度法律教育的一次重大提升，此外还有以金达尔法学院为代表的私人院校加入，由印度亿万富翁实业家纳文·金达尔（Naveen Jindal）资助，他也是金达尔法学院的校长。金达尔法学院比NLS更贴近美式法律教育，尤其与哈佛和印第安纳大学关系密切。

新式法学院有一个弱点——这一点在法律教育改革的学者中很少被提及——是为了获得印度律师界的认可，这些学院将学校的完全控制权交给了大律师和司法机构，而这些群体没有推动实质性变革的动力。从改革者的角度来看，新式法学院资金不足，教授薪酬低且不受法官和律师界的尊重，除了少数学校之外，教授们几乎没有机会从事学术研究。

与此同时，尽管备受批评，但大律师和大法官群体依然兴盛，他们固守传统，抵制"现代"法律教育：与其运用跨学科见解丰富的复杂法律论证，而更多依赖辩术技巧却准备不足；庭审中不专注于重点而是漫无边际；不选贤任能，却更依赖于以人际关系和家族世袭设置门槛。律师界的层级结构通过家族资本不断强化，许多来自诸如孟买政府法学院等教学质量低下的学校学生通过家族关系获得实习机会。大律师阶层之所以兴盛，是因为在大案中他们不可或缺，与顶层司法界同属一个社会阶层。

然而，法律革命正在挑战这种法律寡头政治。继续雇佣新式法学院毕业生的公司型律所正在越来越多地寻找绕过大律师的方式。它们的招聘和晋升机制明显更加基于业绩（Ballakrishnen，2019）。获得罗德奖学金等资助出国留学的优秀毕业生正逐渐回国，并通过智库和一些法学院（如金达尔法学院）独立推动法院和诉讼相关的学术研究。这些智库和金达尔法学院由大型企业和企业家资助，而非律师，这些资助者也鼓励提高法律学术和实务水平，并十分认可这些年轻精英群体的资质。这种结合了能力、学术、国际化、经济甚至政治资本的模式正在助力法律学者的职业发展，对现有律师制度的缺陷提出挑战，推动了更注重能力的选拔方式。然而，迄今为止，法律界对这些改革努力仍持封闭态度。有一个数据很能说明问题，即目前还没有一位新式法学院的毕业生成为法官或大律师。

在"法律与发展"运动之后的一代人时间里，基于新式法学院的框架，提升法律教育并使其现代化的呼声已相当强烈，需求也在日益增长。印度法律界最终不得不面对这些挑战的影响，顺应最新法律变革对"现代化"的定义也只是时间问题。而如今"现代化"再一次深深植根于全球公司型律所、非政府国际组织以及跨国法律秩序，涵盖了商业和其他法律领域。

5. 尝试与限制：亚洲律师参与政策的尝试

本书第六章由维罗妮卡·泰勒（Veronica Taylor）撰写，探讨了亚洲其他地区的法律教育改革。该章提出了全球法律教育现代化尝试中的规范性挑战。尽管这些挑战中仍然有捐助国和基金会的参与，但美国并不总是最主要的参与者。然而，法律教育现代化的命题最初源于美国法律教育体系，但在亚洲不同的背景下被重新解释和适用。这一命题是：法学院及其教授需要在思想辩论和改革问题上成为学术参与者。历史上，无论是在以英国为代表的普通法系的法律教育模式中，还是在大陆法系中，这一情况都未曾存在。英美法系以形式化的案例分析为主，而大陆法系则以法典为基础。泰勒提出疑问，某些亚洲国家的"法律'复兴'是否在法学院推动的'知识转化为政策'过程有所体现？"她还问道："亚洲法学院如何影响国家，或在法律全球化进程中促成规范的传播？这些进程的动力、合作伙伴、政治背景和限制因素是什么？"其目标是促使法学院采用一种能够触及国内外政治及相关争议的教育模式。

在描述了针对缅甸关于法治和过渡正义等捐助项目后，泰勒探讨了法律学者的角色。首先值得注意的是，尽管"高薪职位和晋升机会对年轻、会讲英语的'改革派'法律中介开放了……但开放给法律学者和其他政府雇员的机会却少得多"。他们无法与已融入全球法律改革资助圈的国际改革者竞争。此外，即便是将"知识转化为政策"的理念引入法学院的初步尝试也遭遇了抵制。部分原因在于大学领导可能与新政权的政治立场不同，同时也存在一些对"接受国际法律标准或国际制裁"的民族情绪。泰勒指出，这种对抗中体现出某种共性。相比于受到国际影响，一些法学院更倾向于隔绝全球参与，以免影响国内政治。

法律教育和法律职业的转型再次引发争议。通常，这些转型只有在更广泛的政治和社会运动时才会真正奏效。例如，前一章关于印度的讨论表明，推动印度法律精英（大律师和高级法院法官）转型和现代化的新压力正在积聚，这源于政府某些部门、企业慈善机构、新兴公司型律所以及跨国公司型律所意见的推动。

泰勒通过一系列案例来研究类似的命题。第一个例子是中国诊所教育运动的兴起，这一运动大部分由福特基金会资助。她指出，尽管这一运动侧重"司法公正"和"法律赋权"，但在过去十年中国向"依法治国"转变的过程中其并未得以存续。因此，"显而易见的结论是，即使中国的法学院在进行公益性活动，如法律诊所教育，它们在进入政策领域时也并非不受限制的，尤其是当这种活动与执政党对'赋权'可能引发社会不稳定的担忧相冲突时"。尽管这在培养国际化法律精英方面取得了一些实际成果，但并没有转化为推动"自由法律主义"的动能（Zhang and Ginsburg，2019）。

对印度尼西亚的讨论颇具启发性。泰勒指出，围绕印度尼西亚法学院应如何应对普遍的现代化趋势，国际争论已持续数十年："关于印度尼西亚法学院的使命，有学术辩论一直在进行——是应该教授'纯粹法律'（作为荷兰殖民遗产的一部分），还是服务国家利益而教授'进步法律'，抑或采用更具社会法性质和实证研究导向的教学方式。"其中一部分争论，正如其他地方一样，关注"印尼法律教育的形式主义是不是一种障碍"，这与西蒙·切斯特曼（Simon Chesterman）关于殖民地模式的限制力量的观点相符。虽然切斯特曼的理论没有特别指出，但可以将其与美式模式相比把形式主义视为一种"限制"。目前，在印尼，法律教育改革的呼声并不高，只有私立的印度尼西亚简特拉法学院（Jentera）提供了不同的教育模式。

另一个反复出现的问题是国际资助者对本地法律市场的影响。例如在印度尼西亚，尽管有经验丰富的律师能够获得资助者提供的职位，但这些项目的影响是"将最有生产力的劳动者从法学院中带走，支付他们高额薪水去为外部组织工作，从而将法学院定位为'援助接受方'，而非项目设计和实施中的代理人和真正的合作伙伴"。尽管有种霸权关系深深植根于其中，泰勒仍然对与印尼建立的新的、更具创造性的合作抱有希望，认为这可能更有效地推动印尼在当地落实基于实际的政策承诺，从而"促进社会公平"。

最后，泰勒总结了美国研究生法学院模式在日本的失败和在韩国的成功。由于法律界的强烈抵制，日本未能将司法考试的难度降低，这实质上扼杀了日本改革中的自由主义动力。如今，通过司法考试的通常是那些同时接受了本科和研究生法律教育的学生，而不是接纳更多其他职业背景的本科学生。司法考试的主导地位和以考试为导向的教育理念也削弱了社会参与度。一些新式法学院确实试图"提供一种与过去抽象的死记硬背式教育不同的、社会参与型和实用型的法律教育"，例如由外籍法学教授讲授一些如国际商法等课程，并通过法律诊所和模拟法庭进行技能培训。然而，"在改革进行十五年后，改革目标几乎都没有实现，法学院的教学广度反而收缩了"。泰勒指出了日本与韩国的改革在"设计"层面的区别，韩国关闭了本科法学项目，而日本没有。这使得韩国的改革能够克服法律寡头的抵制，因为韩国的改革与"民主运动"相结合，有力挑战了专制政府、财阀以及法律体系保护了这种保守同盟中的相互串联（Dezalay and Garth 2021）。

6. 耶鲁打造的拉丁美洲跨国学术网络

本部分的最后一章（本书第七章），由哈维尔·库索（Javier Couso）撰写，带我们来到拉丁美洲，探讨一个极其成功的南北合作项目——SELA。库索自 2001 年以来一直积极参与该组织。他指出，这个项目"汇集了拉丁美洲最重要的法学院的法律学者，以及美国最负盛名的法律教育中心之一——耶鲁法学院的学者"。SELA 是过去二十年里对拉丁美洲全球法律教育做出最重要贡献的代表性项目之一。库索开篇就提到这个项目存在"核心——边缘"或霸权关系，指出其"在推动美国对法律及法律教育的理解在整个拉丁美洲传播中所扮演的角色。"但这并不妨碍我们承认 SELA 对改善拉丁美洲的学术和法律教育做出的贡献。

这个年度研讨会于 1995 年由耶鲁法学院的欧文·费斯（Owen Fiss）发起。他与一些拉丁美洲的学生合作，旨在通过研讨会维持围绕阿根廷自由主义法律哲学家卡洛斯·尼诺（Carlos Nino）形成的学术团体。尼诺突然去世后，费斯希望通过这一方式延续该团体。SELA 的成员一直是只凭邀请加入。研讨会最初由耶鲁法学院与阿根廷和智利的几所法学院合作举办，随后扩大至包括拉丁美洲的多所顶尖法学院。该研讨会具有严格的学术性，采用全体会议和个人论文批评的方式进行。正如库索所指出的："虽然 SELA 在最初几年中的论文是由耶鲁教师委托撰写的，但自 21 世纪初以来，论文开始由组织委员会根据研讨会成员提交的摘要进行选拔。"虽非全部，但耶鲁提供了大部分的资金和行政支持。

在思想上，"SELA 研讨会中的大部分讨论范式是自由平等主义的视角。因此，最有可能在被引用的作者诸如罗纳德·德沃金（Ronald Dworkin）、哈特（H. L. A. Hart）、约翰·罗尔斯（John Rawls）、欧文·费斯（Owen Fiss）、罗伯特·阿列克西（Robert Alexy）、凯瑟琳·麦金农（Catherine Mackinnon）、瑞瓦·西格尔（Reva Siegel）、卡洛斯·尼诺（Carlos Nino）、尤尔根·哈贝马斯（Jürgen Habermas）、汤姆·斯坎伦（Tom Scanlon）和托马斯·纳格尔（Thomas Nagel），以及许多遵循这一学术传统的英美及欧洲学者"。虽然该研讨会已经扩展到包括批判法学、社会法学、女性主义法理学及其他理论流派，但其始终保持着"自由民主与平等主义的视野"。

最初，这些拉丁美洲学者大多在耶鲁大学获得法学研究生学位，他们胸怀抱负。他们希望通过借鉴在耶鲁大学的教育，推动拉美法律学术的"文化转变"。他们的目标是"逐步构建一个具有'共同语言''某种法律视角'以及'一种思考风格'的学者共同体"，这种风格以犀利的、分析性和扁平化辩论为特征。而这并非当时拉丁美洲普遍的"语言"或"风格"。SELA 为来自不同国家、分享这些观念的学者提供了一个会议场所和支持系统。该研讨会有一个非常明确的目标：帮助其成员"对抗当时在拉丁美洲占主导地位的等级化、狭隘的和形式主义的传统法律话语体系"。这些学者希望成为其本国法律体系中的重要影响者和改革者。

SELA 的启动时机很好。民主转型带来了对公法的新关注。法律界和司法界在独裁时期的保守态度激励了年轻的法律挑战者。人们对"司法机构以及更广泛的法律体系在前几代残酷的军事独裁统治期间的表现提出了强烈批评"，因此"一代新的法律学者开始挑战旧有的法律体系"。

正如我们反复看到的那样，"新一代学者对司法界和学术界最常见的批评是其'形式主义'。这指的是机械地适用成文法，即使在某些情况下这会严重违反重要的宪法价值（以及随之而来的实质性不公正）"。因此，"大多数SELA 的初创成员都认同法院可以通过积极执行实质平等的宪法原则，成为推动社会正义的重要行动者"，其中也包括了与国际法庭，特别是美洲人权法院的合作。SELA 最初的凝聚力也源于成员们对当时拉丁美洲法律教育和研究方式的强烈批判。SELA 的启动正值阿根廷、智利、秘鲁和哥伦比亚首次组建完全职业化的学术团体之际。该改革议程用"致力于全职教学和研究的学者组成的法学院"取代了原本"由知名诉讼律师和法律从业者兼职授课，利用业余时间撰写法律专著"的模式，这类似于大多数北方国家的法律学术体系。这些学者积极"斗争"，旨在以更专业、更现代的法律学术体系取代被视为过时且缺陷深重的旧体制。

库索还提出了 SELA 是否涉及法律帝国主义的问题。他指出："SELA 是一种将美国法律思想传播到拉丁美洲的方式。它还涉及拉丁美洲顶尖法学院与美国著名学术机构之间的联系。"在广义上，其使命涉及"拉丁美洲法律领域的'现代化'"。然而，他坚持认为这一过程"几乎是共同体式的"，而非帝国主义的，并且在多个方面取得了成功。

关于 SELA 的影响力，库索指出，SELA 成员中"大学校长、法学院院长、最高法院和宪法法院的法官以及极具影响力的法律学者的比例极大、数量很多"。这些人的职业生涯展示了在拉丁美洲学术方法（最初主要源自美国）和法律政治的日益合法化。旧势力可能仍然存在，但其影响力已大为减弱。

许多法学院已经进行了改革，聘请全职教授，重视符合"全球"标准的跨学科学术研究，并设立了法律诊所和跨国化课程。我们将在下一章中看到来自巴西的一个例子——圣保罗的 FGV 法学院。该章的合著者之一、其现任院长奥斯卡·维尔赫纳·维埃拉（Oscar Vilhena Vieira）也是 SELA 研讨会的活跃参与者。该章节还展示了公法领域的这些改革如何与大型公司型律所的制度化及跨国法律秩序的建立相辅相成。这使得多个章节中提出的问题更加复杂：谈论法律教育中的霸权和反霸权方法究竟意味着什么？

（二）全球法学院

这一部分探讨了全球法学院的发展与影响，分析了它们在法律教育中的角色以及如何通过全球化的视角进行法律教学和研究。全球法学院不仅在培养法律人才方面扮演着重要角色，同时也通过跨国法律合作、跨学科研究以及全球法律秩序的影响力，将法律教育推向新的高度。这些学院通常通过国际化的课程设置、聘请跨国教师以及与全球顶尖法律机构的合作，推动法律教育的全球化。在这一过程中，全球法学院面临的挑战是如何在本地法律体系与全球法律规范之间取得平衡，以及如何在培养本地法律人才的同时，增强其在全球法律事务中的竞争力。

1. 圣保罗 FGV 法学院：巴西的全球法学院

由奥斯卡·维尔赫纳·维埃拉（Oscar Vilhena Vieira）和何塞·加尔塞斯·吉拉尔迪（José Garcez Ghirardi）撰写的第八章对他们所在的法学院——FGV 法学院进行了批判性分析，该法学院至今已运作了 18 年。其标题《不可阻挡的力量与未曾改变的目标：构建巴西全球化法律教育的挑战》完美地描绘了全球法律教育革命倡导者与根植于经济、社会和政治权力的本地法律寡头之间的斗争。作者强调，FGV 法学院的故事"揭示了在南方新兴国家实施法律教育新范式的困难。它还表明，任何成功的改革尝试都依赖于法学院在全球需求与本地现实、新旧范式之间达成一种政治上可行、教育上合理的平衡"。

在 1822 年巴西与葡萄牙分离之前，巴西没有法学院。巴西第一所法学院于 1827 年成立，旨在培养法律官僚。从一开始，这些法学院就表现出"百科全书式的倾向，其课程设置紧依后来近一个世纪在巴西颁布的主要法典（沿袭欧洲模式）的结构"。但比学习更重要的是人脉："除了培养国家官僚的目标对课程和教学重点有影响外，法学院靠近权力的特质也明显影响了其内部的运作机制。类似于英国的四大律师学院，巴西的法学院主要是构建人际关系和谋取有利地位的地方。"因此，"技术性法律专长可能不如政治敏锐性重要，因为在一个法律和政治精英几乎重叠的国家，与合适的同事打好关系才是成功的关键。那些优先看重课程和书本而非社交的学生经常被嘲笑为'rábulas'，这是一个带有贬义的词，用来形容心胸狭隘的小律师"。

教授们大多是兼职教师，拥有自己的本职工作，并与政治和商业多有联系。他们"依其在公共舞台上的地位而受到称赞。通常，他们在学术界以外的成功才是他们作为学者地位的凭证"。高等法院法官、国家部长或秘书长，以及当时最成功和最有声望的私人律师，都被视为培养政府官员的法学院的自然教授。因此，"新教授的选拔似乎更多依赖于个人关系，而非学术成就"。学术研究主要涉及编写法典的纲要及评注。法律研究和教学均高度形式主义化，而这正是 SELA 改革者所要抨击的模式。

一些巴西法律学者批评了"形式主义、以教师为中心的教学、讲授式教学和狭隘性"，但这种围绕杰出"法学家"教授、政治家和名流建立的体系深深植根于权力结构中。20 世纪 60 到 70 年代的"法律与发展"运动试图挑战这一等级体系，但未能成功。20 世纪 90 年代在新自由主义影响下的主要"改革"是通过放松管制来使法律教育市场化。法学院的数量从 1995 年的 165 所激增到 2015 年的 1300 多所，这里面主要是私立法学院的增加，希望通过市场竞争来促进法律教育水平的提升。这种放松管制和法学院数量的急剧增长现象在包括中国和印度在内的许多国家都出现了。

FGV 法学院从多个方面挑战了传统法学院。首先，学院的教师团队由具有国际经验、拥有高级学位并能够参与"全球学术对话"和跨学科研究的学者组成。其次，课程设置国际化，用以"应对更加复杂的全球化和创业环境，无论在私营还是公共领域"。新增的必修本科课程包括："犯罪与社会、监管与发展、公司程序法、法律与经济、全球法、法律与发展、法律与艺术"。此外，还设立了全球法项目，邀请访问教授并鼓励本国学生出国留学。FGV 法学院认识到其对现行国家法律教育模式的挑战，还积极参与了"全球法学院联盟"，这是由全球 20 多所志同道合的法学院组成的团体。学院远离了"传统法律教学中以法条和法规分析为核心的教学大纲"，取而代之的是"FGV 法学院实施的一种以学生为中心的模式，旨在培养解决问题的能力，引导学生批判性地学习法律"。这些全职教学以及全球化的研究方式意味着，FGV 法学院的结构中没有为位居巴西职业等级顶端的巴西法学家教授留出位置，这无疑是一项大胆的创新。

作者意识到，正如 SELA 一样，该法学院容易受到批评，有人认为它"只是试图将美欧模式简单移植到本地"。最糟糕的情况是，它可能被视为北方文化渗透的一部分。确实，一些左翼批评者认为，FGV 法学院代表了一种偏向美国的"新自由主义"项目，旨在培养公司律师。FGV 法学院的创始院长阿里·奥斯瓦尔多·马托斯·菲略（Ary Oswaldo Mattos Filho）曾支持20世纪70年代的"法律与发展"项目，之后在圣保罗创办了当时为数不多成功的公司型律所。现任院长奥斯卡·维尔赫纳·维埃拉则来自人权领域，但正如前面提到的，他也通过SELA及其网络与美国的学术和教育资源有着紧密联系。

然而，对法律帝国主义的批评并未抓住问题的核心。正如作者所言："最好是明确自己所做的选择，并能清楚说明做出选择的原因。"他们并不否认自己在推动一种与公司型律所、金融化以及跨国治理问题（包括人权）等发展相适应的现代化法律革命进程。然而，他们指出："国际金融市场、国际组织或机构、难民问题、环境危机和恐怖主义等方面存在的问题，都对国家产生了影响，迫使其法律和政治机构对此作出回应。这些问题不会因为无视而消失，如果不采取行动，巴西应对这些问题的能力将停滞不前。"传统的法学院似乎没有注意到这些深刻影响巴西的全球变革正在发生。

作者们同时认识到："如果从法律角度来看，国际社会的这些问题已经通过北方主导全球化进程中所塑造的工具和方法进行处理了。这种霸权的存在不让人意外，而且已经被人们广泛描述和讨论过。"然而，他们主张法律从业者"应懂得当前规则的运行方式，以便能够在实践中操作、质疑并最终帮助塑造这些规则。拒绝学习或教授全球交易中的语言规则，将剥夺国家质疑这些规则的能力"。换句话说，该法学院的目标之一是帮助巴西人培养上述法律能力，以参与塑造这些游戏规则，尽管这些规则映射了霸权力量（Shaffer，2021）。

FGV法学院对传统法律等级制度及其背后的法律教育体系进行了有力的挑战，它并不会立即推翻巴西的法律等级体系。然而，它确实推动着向其变革的方向前进。正如作者所写的那样："尽管对以问题导向、跨学科和全球化的法律方法有许多抵制和批评，但一种新的交流形式已经开启了。"实际上，FGV法学院在重塑和提升像巴西最负盛名的圣保罗大学（USP）等法学院中发挥了重要作用。所有精英法学院的学生（包括USP）都清楚出国留学的优势，尤其是在美国留学的好处。其中一些毕业生进入了FGV法学院的教职团队，并与USP的教授和学生保持了联系。

尽管这并非该章的重点，但持续地交流影响指出了一个显而易见的事实：法律革命不仅可能遭到抵制，也可能被合并。几十年来，巴西的经济改革主

要由经济学家主导，而最负盛名的法学院的法学家们大多持抵制态度。FGV
法学院正在推动巴西的法律和律师在融入全球经济过程中发挥更重要的作用。
FGV 法学院的领导地位影响了 USP 的教学和研究，通过交流与合作，两者形
成了一定的互动。然而，事情也可能朝相反方向发展。理论上，FGV 法学院
可能会通过向传统法学院靠拢来提升自身地位，例如，招聘或培养具有声望
的法学家/教授，或许会相应地减少对教学的重视。这场博弈将随着时间推移
逐渐展开。

有趣的是，巴西最早的公司型律所最早是游离在法律职业主流之外并对
其发起挑战，它们主要为国际客户服务。特别是皮涅罗·内托（Pinheiro Ne-
to）律师事务所在 20 世纪 90 年代拒绝让教授加入事务所，也不允许合伙人参
与政治。现在这些律师事务所已经与法学家们达成和解，法学家得以加入公
司型律所，并且通常按照传统模式招募自己的学徒。在巴西或印度，想要成
功挑战传统力量，更有可能的是更新和重建精英体系，而不是彻底推翻其在
政治、经济和社会权力中根深蒂固的地位。

2. 构建国家的第一所法学院：不丹

本书第九章由大卫·劳（David S. Law）撰写，探讨了不丹的吉格梅·辛
格·旺楚克法学院（Jigme Singye Wangchuck School of Law，JSW）。该学院于
2017 年开设，成为该国第一所法学院。虽然学院起步时是"白纸一张"，但
也力求获得全球信誉并采用全球最好的实践模式。第一届仅有 25 名学生的毕
业生被期望成为"精英律师、法官和官僚"。劳指出，法学院是一项国家建设
的战略举措，其目标是建立不依赖印度的法律体系，同时推动不丹在全球范
围内树立"幸福国家"的先锋形象。课程设置中包括必修的"法律与国民幸
福指数"课程，以及佛教哲学、环境法、"适当纠纷解决"及"刑法与恢复性
司法"（替代传统刑法）等课程。

JSW 提供为期五年的本科法律学士（LLB）课程，学生无需支付任何费
用。课程设置涵盖了各种全球化和本土化的课程内容："对于课程清单上有国
际或全球版本的科目，JSW 乐于接受这些科目；而对于没有的科目，JSW 也
乐于开发其独特的课程。"学校还提供法律诊所课程。因此，JSW 的教学方式
如同不丹法律本身一样，融会多元：既反映了教师队伍的多样性，也涵盖了
不同的教学方式，包括讲授（用于哲学课程）、几乎完全的苏格拉底式教学
（用于侵权法），以及模拟和沉浸式学习。

该章节指出，JSW 实际上无法从零开始建立："在缺乏构建真正本土化法律或法律教育体系的基础资源的情况下，抵制外来模式并非选项，而是内在需求推动了模仿。不丹的法律教育案例表明，全球化往往不是选与不选的问题，而有其必要性。"因此，"从教职招聘和培训到课程设计，再到校园建设，外部力量在 JSW 的创建和设计过程中每一步都起到了关键作用"。不丹的政策致力于保持对发展过程的控制，以增强国家认同和自主性，"在法律教育和其他领域，不丹面临的挑战在于如何在获得外界帮助的同时，还要保护并加强本土所有权和身份认同"。

在寻求摆脱对印度的依赖的同时（不丹的律师过去在印度接受教育），JSW 也决定采用印度 NLS 的五年制课程，而这些学院同样受到了跨国课程影响。此举几乎是自然而然的，因为印度的 NLS 是以美国法学院为模型的。不丹的领导人也认同对传统印度法学院的批评，这些批评在一定程度上促使了印度 NLS 的建立：

用来形容传统印度教学法的术语是"粉笔加讲话"，即教师站在黑板前，照本宣科，使用几十年几乎未曾更改的"陈旧黄笔记"。印度 NLS 在 20 世纪 90 年代末试图通过大幅改革后的跨学科课程来解决这些问题，将学制从三年延长到五年，但它们仍然受到一位毕业生所描述的"低薪差劲的教师"的困扰。

正如我们之前强调的，这一持续的挑战反映了极为保守的大律师和法官对印度 NLS 的主导地位。从某种意义上说，不丹接过了向印度法律体制发起现代化挑战的接力棒。

这种挑战伴随着美国的巨大影响，这种影响来源于个人关系、资金支持，以及与美国跨国律师事务所怀特凯斯（White and Case）的偶然联系，学校创始人自一开始便与其进行咨询。此外，与斯坦福大学和乔治·华盛顿大学等少数美国法学院的合作也取得了许多成果。正如本书第十四章和第十五章所述，从边缘地区的教授和学生流向核心地区的国际格局在建设世界一流法学院的过程中必然会发挥作用，正如金达尔法学院和 FGV 法学院的情况一样。这种关系也反映在法学院校长不丹王室成员索南·德晨·旺楚克公主（Sonam Dechan Wangchuck）的背景上，她拥有斯坦福大学学士学位和哈佛大学研究生学位。

这种影响同样体现在聘用的外籍教师中，包括副院长迈克尔·皮尔（Michael Peil），他曾在华盛顿大学法学院任职。此外，鼓励 JSW 所有不丹教师"从英语国家，主要是美国和澳大利亚，获得法学硕士学位"的目标也反映了这种影响。尽管如此，正如第八章关于 FGV 法学院所强调的那样，接受受美国启发的法律革命不仅体现了霸权的烙印，也提供了更好地参与国际政策辩论和应对国内挑战的机会。劳总结道："美国的影响力仍将很大，尽管可能是零散且不全面的。"

3. 中国的国际法学院

本书第十章由菲利普·麦克康纳赫（Philip J. McConnaughay）和科琳·图米（Colleen B. Toomey）撰写，讲述了另一项重要的全球化尝试，这次的地点是在中国珠三角核心城市深圳。深圳是中国经济全球化的前沿城市，且作为中国"一带一路"倡议的主要门户。北京大学国际法学院（School of Transnational Law，STL）于 2008 年招收了首批学生。STL 是一个本土发起的项目，似乎与外国捐助者或赞助人无关。经济学教授海闻（Hai Wen），拥有美国博士学位，担任北京大学深圳研究生院院长，他注意到越来越多的中国学生赴美攻读法学院的 JD 学位（如本书第十五章所示），由此产生了创办类似法学院的想法。目标是在北大深圳校区创建一所法学院，"提供英语授课的美国 JD 学位，学术水平可与美国顶尖法学院媲美，学费也显著低于越来越多中国留学生为美国法学教育支付的费用"。正如创始院长所述，STL 的目标是让毕业生在职业机会方面享有同等竞争力，使他们能够"毕业后进入保罗·黑斯廷斯（Paul Hastings）、埃金·冈普（Akin Gump）等律所工作"。

创始人不仅希望建立一所模仿美国模式的法学院，他们的目标是授予获得美国律师协会（ABA）完全认证的 JD 学位。他们得到了来自中国及其他地区许多公司型律所领导人的支持，这些领导人热切期望雇佣接受过这些事务所培训的律师。在获得中国政府的批准后，他们聘请了前密歇根大学法学院院长杰弗里·雷曼（Jeffrey Lehman）担任首任院长。

然而，美国法律行业的衰退加速了这一计划的终结。这再次提醒我们，全球化在国内外都是一个备受争议的话题，尤其是在美国律师协会（ABA）内部。在"律师过剩"的经济衰退中，很多美国律师认为不应允许来自中国或其他任何美国以外地区的律师与他们竞争。在 2012 年传来不利消息之前，STL 的 JD 课程已经按照计划展开，配备了少量常驻教师，并从美国顶尖法学院招募访问学者，以及包括两位前 ABA 会长在内的杰出美国执业律师。前 ABA 会长以美国法律界顶尖公司律师所代表的"律师——国家政治家"角色为榜样。因此，该法学院呈现了美国精英法律的理想形象，这一点我们也在福特基金会的项目中有所体现（本书见第二章）。

学校创始人想将这一模式引入中国。与中国顶尖研究型大学北京大学的合作，以及 JD 学位的吸引力，使该法学院吸引了大量学生。早期的热情体现在深圳市政府承诺资助该法学院的标志性新大楼，这座大楼由纽约知名建筑事务所 KPF（Kohn Pederson Fox）设计。

在失去 ABA 的认证前景后，深圳的领导层将注意力重新聚焦于该校的中国法律硕士（JM）课程，该课程的设置原本只是为了符合中国的教育法律政策。学校并未提供法学学士学位（LLB），而 LLB 仍然是中国最具声望的法律学位。他们获准提供的 JM 学位于 1998 年创立，部分原因是为了响应韩国和日本向 JD 学位的转变。当时人们对 JM 学位寄予厚望，认为它将成为中国培养执业律师的主要途径，但其作为挑战 LLB 地位的尝试并不成功（Erie 2009：67）。尽管无法提供最具声望的学位，该校仍表现出色，其在顶级律师事务所中为学生赢得了优异的就业机会。

STL 决定调整课程，提供为期四年的 JM 和 JD 双学位项目。他们寻求的独特定位是将民法和普通法结合在一起，类似于深圳和香港并存的法律传统。STL 将研究和教学重点放在中国可能为"一带一路"倡议采用的混合式跨国法律方法上（Erie，2021；Shaffer，Gao，2020）。学院特别招募专注于"跨国治理的新兴机制"的学者，例如由公共、私营、国家和国际行为体组成的跨国机制，这些机制在气候变化、技术转让、食品安全、能源和自然资源保护等跨国议题上独立于国家政府行动而制定跨国规范和监管结构。同时，学院还希望吸纳能够研究"'一带一路'沿线主要国家法律体系"的学者，以应对涉及非西方国家的交易和商业纠纷解决。与学院名称相呼应，第一年学生需参加为期一年的"跨国法律实务"课程，重点提升英语法律素养及普通法分析和辩护的基本技能。

STL 的雄心与其所在城市——深圳——有望成为"中国硅谷"的城市理想相符。STL 希望培养中国学生参与塑造跨国法律秩序的过程。通过这种方式，学院希望在借鉴美国模式的同时，"前所未有地挑战围绕西方法律传统的全球法律趋同假设"。这样一来，学院能够培养并回应亚洲各方偏好的律师，以契约方式处理"关系性"问题，例如通过"诚信义务"和"公平原则"，并加入"争议解决条款"，这些条款可能要求更灵活的程序或更宽松的公正概念，以便调解和仲裁能更灵活地结合起来由同一主体适用。通过这种方式，STL 能够为中国的"一带一路"倡议培养精英律师，推动在区域内及全球范围内商事和法律实践及原则的非西方化发展，从而为"中国的全球经济崛起"提供法律支持。

正如其他前卫的全球法学院一样，STL 推动了国内法律教育改革。该章作者指出："中国的法律教育主要还是理论性的，面向大量学生单向授课，其人数往往高达数百人。法律学习并非基于案例教学，课堂上缺乏互动，专业技能培养也不是优先事项，大多数法律项目的整体上学术严谨性不高。在某种意义上，STL 对中国法律课程的改革正在为中国创建一种新的法学硕士（JM）法律教育模式。"

STL 通过借鉴美国法律教育模式来实现其雄心壮志，这些模式强调"严谨的分析思维，全面看待问题、创造性解决复杂问题的能力，以及口头和书面表达的说服力"。STL 通过"案例教学法"和"互动课堂"来实现这一目标。STL 顺应亚洲崛起和经济全球化中先进技术和金融服务日益重要的趋势，设立了国际化的课程体系，以支持相关法律服务，例如知识产权、法律与生物技术、双语合同、跨文化纠纷解决、国际银行业务等前沿领域。学院还设有创业诊所，为深圳"孵化器"中的初创公司提供法律咨询。STL 在培养学生应对跨国法律实务时，注重强有力的比较法元素。

STL 面临着一些行政上的阻碍，包括学生人数限制以及不能授予 LLB 学位的限制（相对影响较小），但它已经找到了与珠三角地区和"一带一路"倡议的定位和联系。STL 毕业生的就业情况十分理想，接近100%的毕业生在毕业时已获得国内外律所和公司、国有企业或政府的职位。过去十年来，毕业生的去向发生了有趣的变化，反映出中国法律服务市场的变化。在 STL 创立初期，超过50%的毕业生前往北京，25%以上加入了国外的国际律所。近年来，前往深圳律所和公司的毕业生人数几乎与前往北京的持平（约占毕业生总数的30%），无论去向何地，绝大多数毕业生选择加入中国律所和公司，而非国际律所。这一变化反映了中国律所继续在与中国及中国企业相关的国际法律事务中占据越来越多的市场份额。

STL 对中国法律教育的影响尚难预测。由于长期以来顶尖法学院本科毕业生的受重视程度较高，这些毕业生随后往往会获得法学硕士（LLM）学位，因此 JM 学位并未获得很高的声誉（Erie, 2009）。此外，STL 规模相对较小，受中国教育部的配额限制，2019 年仅有 79 名毕业生，虽然现在每年可以录取 155 名学生，总学生人数可达到 620 人。尽管如此，STL 不一样的学术及教学上的关注点，如同 FGV 法学院一样，可能有助于本国更有效地通过法律参与和塑造跨国治理机制。中国的经济实力使其可以更好地施加这种影响。

总之，STL 具有与其他全球化法学院相似的元素，例如不丹的 JSW、印度的金达尔法学院、巴西的 FGV 法学院以及澳大利亚的一些法学院。它们在国际化过程中通过聘请外籍教授使其学校更加国际化。正如罗伯茨在本书第十四章中所指出的，核心与边缘层级结构仍然影响着这些学校的定位。然而，随着中国的崛起及其展现的国际抱负，STL 尝试借鉴美国模式的现代化法律教育，同时也将其适应于一个中国在迅速发展并逐渐在全球治理中变得更加自信的世界（Shaffer 2021）。

4. 《全球法学院》的原型——纽约大学法学院

本书第十一章由凯文·戴维斯（Kevin E. Davis）和张欣怡（Xinyi Zhang）撰写，讨论了美国首个"全球法学院"——纽约大学法学院。该章分析了为什么纽约大学的学生选择参与其学期制的海外项目，尤其是在上海、巴黎和布宜诺斯艾利斯的项目。作者批判了"衍生需求理论"，在该情况下，这一理论意味着"如果全球化产生对多法域律师的需求，那么潜在学生将会要求法学院提供多法域法律培训"，例如这些海外学习项目所提供的培训。

将这所全球法学院与前面讨论的学校进行比较颇具趣味。首先，纽约大学法学院位于学术核心地带，早已熟练运用金达尔法学院、FGV 法学院、STL 和 JSW 等法学院所推广的学术和教学方法，以挑战美国以外的传统模式和等级体系。然而，在美国国内，纽约大学所处的地位与许多实施全球化战略的法学院类似。正如有的学者（Wang, Liu, and Li, 2017 年）在中国所观察到的，最有可能推进"全球化"的院校通常是那些希望借此与顶尖学校竞争的院校，而顶尖院校往往更为自满。同样，巴西的顶尖法学院（如圣保罗大学）以及印度传统上培养精英律师的院校（如孟买政府法学院）也存在类似的自满现象。因此，那些新兴院校或与顶尖院校地理上接近、并有实力竞争的学校，通常选择通过建立全球品牌来凸显自身优势。纽约大学法学院正好符合这一特征，其全球化战略帮助其跻身美国法学院前五名。

二十年前，在具有开拓精神的院长约翰·塞克斯顿（John Sexton）的领导下，纽约大学（New York University，NYU）创立了全球法学院项目，后来因主要捐赠者而更名为豪瑟全球法学院（Hauser Global Law School）。该项目设有"全球教师团"，这些教师受邀定期在纽约大学校园授课，但并非纽约大学的正式教师。项目的其他组成部分还包括用于招募外国研究生的全球学者项目，以及支持从跨国视角进行课程创新、研究的资源。

正如作者指出的，目前纽约大学法学院并不是美国唯一的全球化法学院，其他学校也进行效仿："其他顶尖的美国法学院……扩大了访问教授的数量，许多美国法学院也扩展了针对海外学生的法学硕士（LLM）项目。此外，美国法学院界对在课程设计和学术研究中采用跨国视角的必要性达成了广泛共识。"尽管如此，纽约大学仍然是最具"全球化"品牌的精英法学院。

塞克斯顿后来成为纽约大学的校长，并继续推动全球化作为纽约大学名片："他几乎立即扩展了纽约大学的海外网络，为在国外学习的纽约大学学生提供场地。他还启动了一项雄心勃勃的计划，在阿布扎比和上海建立两个新校区。"因此，如果全球法学院的设计是"将世界带到纽约大学"，那么法律和其他领域的新项目则是尝试"将纽约大学带向世界"。纽约大学法学院的这个版本就是"NYU Law Abroad"项目。

NYU Law Abroad 项目允许三年级（3Ls）、二年级（2Ls）和法学硕士（LLMs）在三个地点中的一个——布宜诺斯艾利斯、巴黎或上海的纽约大学设施内学习一个学期。法学院董事会的一个委员会指出，法律实践正日益全球化，从气候变化到商业、从战争罪到税务等领域无不如此，而"掌握本地语言"的重要性也在增加。因此，委员会提议纽约大学法学院"制定一个更加宏大、全面的项目，将语言培训、文化教育、国外实践机会（包括实习和诊所项目）与在他国的正式课程学习结合起来"。第一批出国学习的学生于2014年第二学期启动。布宜诺斯艾利斯和巴黎项目的报名人数一直保持在满员或接近满员状态，而上海项目则相对较少。

从国内的角度看，纽约大学正在巩固其在全球法学院领域的领先地位。它通过吸引学生，激励校友捐赠并不断提升品牌。然而，是否实现该项目的目标对纽约大学而言并不是特别重要。原因之一是，正如作者指出的那样，参加纽约大学海外法学项目的学生实际上没有获得真正的竞争优势。获得顶尖律所职位的主要标准仍是纽约大学的排名和学生的成绩。此外，绝大多数学生在进入该项目前就已找到工作。实际上，纽约大学法学院强烈建议没有获得正式工作机会的三年级学生留在纽约，以提升学校的就业数据，他们认识到海外经历不会对就业结果产生决定性影响。

作者提出的引人深思的问题是，学生们为什么选择参加这个项目，以及他们从中获得了什么。学生们表示希望在项目中提高语言能力，他们当中许多人还指出，这些技能和经历在毕业后对他们的工作有所帮助。校友们还提到了一些"个人收获"，比如文化熏陶、结交密友、享受乐趣，以及项目地点本身的吸引力。一些人选择出国学习是为了丰富自己的经历，"在有了工作的前提下尝试冒险"，或是视其为"最后一次能在世界另一角落生活和旅行的机会"。

作者提出了一个问题，即这些选择如何符合布迪厄（Bourdieu）所说的"习惯"（habitus）概念在法学院学生中的应用。该术语指的是内化的倾向或策略，这些策略影响他们在特定领域（如法律）中的竞争方式。联系本书第十五章，我们可以推测在许多国家（尤其是中国），内化的习惯引导有抱负、有关系的学生选择出国留学，尤其是赴美深造。至于他们留学的动机是为了声望、人脉、经历，还是学习内容，很难确切说清，因为美国大多数一年制 LLM 课程的内容较为单薄。然而，大多数赴美留学的学生的目标显然是功利性的（见本书第十五章）。相较之下，驱动美国学生选择出国的习惯则显得更加扑朔迷离。

纽约大学的学生几乎从入学起就被置于一场激烈竞争中，目标是进入顶尖学校、脱颖而出并获得优质工作的选择机会（大多数学生对此有共识）（Markovits，2019）。然而，一部分学生选择出国经历这种体验，更多是出于乐趣或其他非功利性的原因。无论在美国还是其他地方，拥有海外经历可以为特权阶层带来光环，帮助他们巩固地位、拓展人脉，即便这种经历仅仅是为了享乐。然而，显而易见，对于大多数美国法律毕业生而言，他们本身已经具备在核心圈层中被重视的资历，出国留学的价值远不如对来自边缘地区的毕业生那样重要。

5. 来自美国首都的乔治城大学领导的跨国法律教育联盟

本书第十二章由卡丽·门克尔-梅多（Carrie Menkel-Meadow）撰写，聚焦两个主题。其一是评估跨国法律研究中心（Center for Transnational Legal Studies，CTLS）的经验，该中心至今已成立十二年。门克尔-梅多是该中心的创始人之一，深度参与了其设计和教学工作。第二个主题则基于她在国内外的教学、演讲和对法学院的评估经验，分析法律教育的跨国化和全球化现象。我们将分别探讨这两个主题，首先关注 CTLS。该中心由乔治城大学发起，但汇集了来自全球的多所法学院，是一个"来自 20 多个国家的学生共同学习的法律教育项目，设在伦敦，没有学生身处'主场'，授课教师来自不同机构，受教育背景涵盖民法、普通法、宗教法（如伊斯兰教法）及混合法系，教授内容多样"。

创始学校包括乔治城大学、伦敦国王学院（英国）、墨尔本大学（澳大利亚）、自由大学（德国）、ESADE 法学院（西班牙）、希伯来大学（以色列）、弗里堡大学（瑞士）、圣保罗大学（巴西）、都灵大学（意大利）、多伦多大学（加拿大）和新加坡国立大学。目前，共有 20 所学校参与，创始成员中圣保罗大学退出，加入了来自欧洲的四所学校、拉丁美洲的三所学校、亚洲的两所学校（包括中国和韩国），以及新西兰的一所学校。每年有 150 名至 175 名学生参加一个学期或一年的课程，由参与学校的教师授课。学生将获得"跨国法律研究证书"，并在他们的母校获得学分。

该课程体系高度跨国化且富有比较性。从项目第一年开始，便设置了必修的"全球实践演练"，在第一周即启动，以促使学生协作学习。2019—2020 学年课程还包括跨国法的必修课程和学术讲座，以及来自公共和私法领域的跨国法选修课。授课教师来自美国、欧洲和新加坡。

课堂上学生们似乎非常投入于创新的课程和教学法中："对许多学生而言，参与'法律实务'或社会法律方法的讨论，以及探讨法律理论和哲学问题，都是对他们在本国较为传统的法学课程的一种突破。"门克尔–梅多对此分析总结如下：

> CTLS 的创建是一次建立全新机构的尝试——不依赖"母校"的跨国、比较和国际法律学习中心。尽管多个机构共同参与了项目的创立和资助，但其理念是让所有参与机构共同承担教学，最终也包括管理工作，以打造一个与传统法学院不同、独立运作的机构……根据我的观察，在 CTLS 学习过的学生更有可能选择在国际机构和全球法律事务中工作，但这显然也可能是因为最初选择进入该项目的学生本身就有这样的志向。

该项目在其实际运行和既定目标中都很好地体现了跨国主义。

该项目让人联想到 SELA，因为它同样促进了来自各地的学者和学生之间的交流与讨论。它也具备 SELA 的"南北"维度，但可能由于经济原因，

CTLS 中的南方参与度不如耶鲁大学主要资助和管理的 SELA 网络那样活跃。乔治城大学还应注意的是 CTLS 并未被打造成一个严格意义上的乔治城项目，不像纽约大学全球法学院那样具有品牌特征，而只是推动了法学院之间的跨国合作。最后，该项目的跨国性同样十分显著，我们将在下文中进一步讨论这一点。

门克尔-梅多的个人观点在该项目中有所体现。她在该章中将自己描述为一位"乐观的跨国主义者"，并借鉴了托马斯·弗里德曼（Thomas Friedman）在《从贝鲁特到耶路撒冷》（1989 年）中的观点：他在牛津大学学习时发现，不同背景和意识形态的人可以通过建设性的互动学习并改变看法。她拥护法律多元主义和跨国法，认为当今法律世界"更加多样、平等且复杂，存在着重叠且潜在的冲突裁决，缺乏一个'世界最高法院'来协调不同法律解释之间的矛盾"。那些具备跨国法律教育技能的人已为全球经济中的关键职位做好准备。确实，"跨国精英法律项目的毕业生之间的共性可能比他们与本国同胞的联系更紧密"，但与此同时，也可以为更多人接受这种精英教育打开大门。

门克尔-梅多的观点关键在于，"法律规则是被选择的，而非既定的（某些殖民和宗教法系除外）"，这使得"研究不同法律体系并做出不同选择"变得重要。"在理论和实践层面上，真正的跨国法律教育引发了关于法律霸权、法律理念和实践的传播与移植的问题。"此外，非美国法律的来源和解释的影响也在增加。真正的跨国法律教育应当培养对任何单一"解决"法律问题方式的谦逊态度，并对其他法律结构和解释持开放态度。

因此，她强调在该项目中，"我们不再完全接受过去'既定'民法典或法律制度的'正确性'，也不再认为某些群体比其他群体'优越'（至少在理论上应是如此）"。我们"立志"要"向所有人学习——社会多元主义催生法律多元主义"。她理解这一理想面临着结构性挑战："正如我们从过去的'法律与发展、殖民主义以及知识帝国主义'中所见，雄心勃勃且或许带有霸权性质的项目（例如民主建设和良好治理，更不用说经济发展和推广特定法律或经济体系）将不可避免地受到我们作为教育者和学者无法控制的经济和政治因素的影响。"然而，承认这些政治和经济因素并不排除乐观的可能性：

尽管当前时代对跨国合作的发展带来了一些困扰，但我仍然坚信，如今在法律、教育、文化，甚至在政治领域，创新和影响力正朝着多方向传播。

现在提供的跨国法律项目具有多样性且不断增长，推动了"法律教育的全球化"，在我看来，这实际上是一种质的提升。

该章的观点与涉及 FGV 法学院、非洲、SELA 和不丹的章节并不矛盾，这些章节对权力差异、等级结构、霸权关系以及帝国主义在定义全球化法学院和跨国法律教育中的作用进行了深入思考。这些章节表明，即使所有人都可以参与、各种方法看似都在讨论之列，但力量的天平仍倾向于北方。福特基金会致力于建设现代法学院，如今这些法学院已发展为全球性法学院，并在加强跨国法律和法律机构方面发挥作用。这种努力也反映了另一种认识，即在法律、法院、法律非政府组织和公司型律所蓬勃发展的世界中，美国的国际化和进步利益——以及经济利益——也更具生命力。

像门克尔-梅多这样的跨国主义乐观者清楚地认识到这一政治经济环境，但这并不妨碍他们努力让跨国规则变得更好、更开放，吸引非美国或广义上的非北方国家的参与。正如她所写的："真正的跨国和比较法教育能够让教授们挑战他们自身法律教育中接受的传统观念，这些观念通常形成于单一的法律体系之内，形成了一种知识上的'霸权'；而良好的跨国法律教育则可以让来自不同法律环境的师生相互学习。"本书的最后部分将聚焦于核心与边缘、南北关系的政治经济学及其在当今法律教育中的作用。

（三）学生、教师和法官的跨国流动在法律构建中发挥的作用

1. 国际法庭法官的教育背景

本书第十三章由米凯尔·拉斯克·马德森（Mikael Rask Madsen）撰写，提出了"谁在统治世界？国际司法界的教育资本"的问题。马德森探讨了数百位在国际法庭（ICs）任职的法官的教育背景。随着国际法的兴起和跨国法律秩序的建立，国际法庭在过去几十年中迅速增加（Shaffer，Coye，2020）。他指出，这项研究无法深入分析国际法庭如何嵌入"跨国权力精英"之中，反之亦然，这会更准确地揭示这些法院与全球等级、核心与边缘关系及国家权力的联系。正如马德森所言，"并非这些机构本身（如国际法庭）在统治世界，而是构建和设立这些机构的跨国权力精英在发挥主导作用"。

尽管如此，通过法官的教育背景来理解国际法庭中的权力精英仍然具有帮助作用。所重视的资历类型在一定程度上源于由北方国家建立的路径依赖，这一传统可追溯至一战后设立的常设国际法院。当时所看重的资历类型（尤其

是其中对学术资本的高度评价）形成后世赖以遵循的模式并留下了深远影响。

马德森关注的一个关键问题是"国际司法界在教育方面的国际化程度"。他提出："国际法官是从本国法律精英中选拔到国际岗位的吗？他们是否接受了国际化教育，从而成了一种更具国际视野的法律职业？"经过对位于非洲、欧洲、拉丁美洲和加勒比地区的九个国际法庭法官的比较分析，他发现这些法官并非批评者常描绘的"去国家化"的国际主义者。根据对欧洲人权法院的研究，他指出这些法官"通常是因其重要的国内职业生涯而被提拔至国际职位的本国权威人士，与国内保持着深厚联系。换言之，尽管他们在欧洲人权法院任职时具有国际身份，但实际上他们首先是各自国家中最具声望的顶尖法学家"。这种国内与国际经验及联系的结合，是强国影响跨国法律构建的一种方式。法官们在跨国法律的构建和传递中充当了国际与本国之间的中间角色。从跨国法律秩序的角度看，正如马德森所言，司法任命策略似乎默许了国家法律体系的知识和专长能够对整个跨国法律体系产生影响。

马德森指出，随着时间的推移，国际法庭法官的留学经历在增加，特别是在欧洲之外如非洲和加勒比地区的国际法庭中。这表明来自较边缘国家的法官需要通过获得国际上更具声誉的学位来提升他们在国内法院的职业生涯。他还调查了哪些大学培养了最多的国际法官。从数量的多少排列是：剑桥大学（38 名）、伦敦大学（33 名）、哈佛大学（25 名）、巴黎大学（24 名）、牛津大学（19 名）、哥伦比亚大学（14 名）、耶鲁大学（11 名）、马德里大学（10 名）、波恩大学（10 名）以及纽约大学（10 名）。马德森还强调了墨西哥国立自治大学（UNAM）和莫斯科大学的重要性。UNAM 是公认的培训了许多拉丁美洲法官的重要大学，而莫斯科大学则培养了许多来自苏联邻国的东欧法官。他指出，在乌干达坎帕拉（Kampala），有许多非洲法官接受了培训。我们还将在安西娅·罗伯茨（Anthea Roberts）撰写的下一章中看到这些地区和全球市场在核心与边缘关系中的作用。然而，马德森的主要观点是这主要还是为了构建并推动法官的国家职业生涯发展。

马德森总结道，国际法庭事实上并非由具有特别国际化法律资历的跨国精英主导。相反，"国际法律领域在很大程度上是国内精英培养的延续"。在这项研究中观察到的不同模式，例如欧洲与非洲之间的差异，实际上反映了区域精英培养的模式差异。欧洲的精英通常在本国顶尖大学接受精英教育，而非洲精英则更倾向于出国深造。

2. 学术流动与跨国法律的构建

安西娅·罗伯茨在第十四章"跨境学生流动与国际法作为跨国法律的构建"中探讨了一些不同的话题。她的首要问题与马德森的类似：哪些国内和国际教育履历造就了法律精英在国际法领域的国内职业生涯？这些国内履历又如何转化为其在国际法领域的影响力？因此，她研究了与国际法和跨国法相关的另一个（且显然有重叠的）"隐形学院"分支。一个重要的问题是，这个群体是不是一个整体？对此，罗伯茨指出："或许更合理的理解是，将国际法的跨国领域看作一个由不同层级和主导力量构成的'可分割学院'。"

然而，她的分析并不仅仅关注国际法本身。罗伯茨研究了教授和学生的流动情况，以揭示教育流动在跨国和国际法构建和演变中的作用。她指出，教授和学生的流动中存在明显的核心和边缘关系。她提道："这些跨国流动反映并强化了国际法中的某些民族化、去民族化和西方化的影响。"这些流动促进了具有特定结构的跨国法律秩序的形成。

当学生只在本国学习法律时，他们更有可能发展出一种受本国影响的国际法视角，尽管这在一定程度上取决于他们所处的国家情况。而当他们跨越国界去学习国际法时，则会产生去国家化的影响，因为他们接触到了另一个国家的国际法视角以及不同的国际法教授和学生群体。然而，由于学生通常向处于核心地位的西方国家移动，跨国法律教育往往会受到西方导向的影响。由于许多学生在完成学业后回国从事法律实践或教学，这些流动为核心国家的思想、方法和教材向边缘和半边缘国家传播开辟了通道。

因此结论非常明确，即：

这些教育模式反映并强化了国际法律领域中一些固有的等级和不平等现象，包括核心国家的法律精英在定义"国际性"时的不对称影响力，以及将其国家的理念、材料和方法转移到国际层面的强大能力。这种有差异但存在主导的模式对于理解国际法作为一种跨国法律的构建至关重要，同时也与该领域喜欢展示出来的普遍性形象相悖。

法学生的流向主要集中于核心国家，尤其是美国、英国和法国。此外还有区域性的流动，如马德森所说最好的例子就是澳大利亚和南非。这种流动还受到殖民主义和帝国竞争历史的影响。迄今为止，中国向美国、英国和日本派遣了大量法学生，而后者前往中国的学生则相对较少。然而，"中国的法学院开始提供英语授课的法学硕士（LLM）项目，旨在吸引来自世界各地的学生。中国政府向外国学生、学者和外交官提供了数以万计的奖学金，其中有相当一部分授予了非洲人"。各国在争相扩大影响力。中国试图通过让外国学生了解中国的观点、习俗和偏好来增强其软实力，并建立未来可持续的职业和个人关系网络。中国的发展是否会让其理念在其他国家（特别是"一带一路"共建国家）获得更大立足点尚待观察（Ginsburg 2020；Shaffer and Gao 2020）。

学生的流动反映出"基于语言和法律体系的多重核心/边缘关系"。罗伯茨指出，法律思想全球化的前两波浪潮"首先通过殖民传播，其次通过沿前殖民路径的法律教育路线传播"。前殖民地向法国和英国的学生流动，展示了语言和殖民关系的持续重要性。然而，第三波浪潮则是"向以英语为主的核心国家广泛流动，尤其是美国和英国，这些国家因其教育地位的重要性、英语作为全球通用语言的崛起，以及美英律所在'全球'律所市场中的主导地位，成了主要目的地"。当前法学院的全球化也反映了这第三波浪潮。将学生吸引到美国和英国这些全球公司法中心的这种层级关系，同时也促使各国法学院借鉴这些英美法学院的教育改革做法。

美国近年来在法律教育中的重要角色反映出人们对法律教育核心认知的变化。罗伯茨指出："在19世纪和20世纪初，民法国家的大学在西方法律教育和思想中扮演了更为突出的角色。"例如，美国的国际律师通过在欧洲学习而在国内获得信誉和合法性。随着法律和法律教育中的层级结构发生变化，这一核心也随之转移，反映出全球层级关系的不断变动与竞争。这些层级关系最终影响着国际法和跨国法的定义，从而影响跨国法律秩序的构成及其稳定性。

正如罗伯茨所说，学生和法律思想在跨国进程中反向流动，持续塑造跨国法律秩序。关于学者及其思想，"这种学生流动的不对称性意味着核心国家精英学校的法律学者在构建国际法方面具有很大的影响力……国际法学者和从业者往往在少数核心国家的少数精英法学院接受法律教育"。更广泛地说：

法律思想和教材的流动方向通常与跨国学生的流动方向相反……学生主要在同一法律体系内流动，且从边缘和半边缘国家（前殖民地）流向核心国家（前宗主国）。相比之下，法律教材的流动方向相反。核心国家的教科书很少参考其他法律体系的材料，而边缘和半边缘国家的教科书则大量引用外国案例法，这些案例主要来自核心国家，尤其是同一法律体系中的国家。通过这种方式，一些国家的国内法律方式能够对'国际'定义施加不对称的影响。

美国作为最有名的法律教育目的地，尽管国际法学者人数不多，但其影响力却异常强大。

就教授而言，各国法学院的国际化程度存在差异。对于美国来说，值得注意的是，超过三分之二的国际法学者在教育背景上没有多样性，而那些具备多样性的人通常是在国外获得第一个学位，然后"往往在美国或其他地方完成第二或第三个法律学位"。换句话说，"美国法学界几乎所有的教育多样性都来自外来而非外出"。

少数具有国际背景的教授为美国法学院带来了一些不同视角，但问题在于他们的聘用标准依然遵循美国学术界的卓越标准。同样，对于像 SELA 这样的跨国学术团体，多样性也无法摆脱需要"强势学术圈"所用的"法律语言"来定义。罗伯茨指出："一个领域越'国际化'，它就越倾向于使用某种特定的'通用货币'，从而体现并强化某些抑制多样性的等级关系。"

这种多样性、差异以及等级的和异质性的模式，为理解跨国法律秩序的构建提供了一个模板。罗伯茨写道："这些模式同样适用于跨国法律秩序的研究。"乐观的法律跨国主义者认为，新视角的引入是积极的，但该领域的倾斜性依然根深蒂固。这种倾斜并非出于阴谋，而是意味着国际层级关系已深植于全球治理之中，包括正式的国际法以及更深层次的跨国法律秩序构建过程中。

3. 美国法学院的吸引力

本书第十五章由卡罗尔·西尔弗（Carole Silver）和斯维莎·巴拉克里什南（Swethaa S. Ballakrishnen）共同撰写，题为《国际法学生流动背景分析——理解"黏性地板""跳板""阶梯"和"慢速电梯"的差异》。该章详细探讨了来到美国攻读学位的学生现象。近年来，由于多种原因，这类学生数量急剧增加。一方面是罗伯茨在前一章中提到的核心与边缘现象。另一方面，核心是 NLS 为了在法学院排名中更具竞争力，希望通过吸引国际学生来增加收入。因此，"如今美国近 80% 的法学院为国际法学毕业生提供至少一个 JD 后学位项目，过去十年提供此类项目的法学院数量大约翻了一倍"。从 2004 年到 2016 年，这类项目的学生人数翻了两倍多，已经达到近 10 000 名。此外，越来越多的国际学生入读 JD 项目。实际上，"在过去十年中，主流 JD 项目中的国际学生比例显著增加，甚至在某些情况下已经超过了其他国内少数族裔群体，特别是在《美国新闻》（U. S. News）排名靠前的法学院中尤为如此"。

作者指出了这种需求的关键因素。正如罗伯茨所提到的，人们原本预期殖民模式可能会延续，即由"大陆法系"和"普通法系"两分天下的格局。确实，在 20 世纪 80 年代以前，巴西或阿根廷的律师会认为美国的法学硕士学位对其国内法律实践几乎毫无价值。那么，发生了什么改变吗？作者写道："美国在培养国际律师方面的重要地位的崛起，大致与美国律所在全球法律服务市场中的崛起同步，并且也发生在美国高等教育越来越被重视的时期。"此外，"随着全球范围内法律职业的报酬和声望不断提升，国际律师和法律毕业生逐渐放下学术追求的伪装，而是可以以其他理由来正当化攻读研究生学位"。

作者调查研究了 20 世纪 90 年代末至 21 世纪初外国学生前往美国学习的动机。与纽约大学的学生主要因为目的地的吸引力和享乐机会而选择出国不同，大多数非美国的法学硕士（LLM）学生则有着非常明确的功利目的。如今，"学生们谈论攻读 LLM 是为了提升职业机会，帮助他们加强英语能力，以及通过在国外生活获得文化体验——这些动机在 1996 年至 2000 年间毕业的 LLM 学生中也有表达"。然而，"如今的 LLM 学生越来越多地将该学位视为通向另一个目标的手段——无论是通过律师资格考试，获得美国的实践经验，还是两者兼有——这些对于使 LLM 学位在其本国具有区分度是必要的"。我们可以将这一变化理解为日益激烈的竞争，要求学生拥有更好、更具声望的美国学历。

非美国籍学生在 JD 项目中的增加反映了竞争日趋激烈。作者发现："总体而言，在所有获得 ABA 批准的法学院中，JD 学生中非居民外国人的比例从 2011 年的 1.78% 上升到 2017 年的 3.32%。"更为明显的是："在 2017 年，排名前 20 的法学院中有一半的学校非居民外国人数量超过黑人学生，而这一比例在 2011 年仅为 10%。"这些趋势表明了外国学生可以在美国获得与公司法律相关的工作，因为他们可能更符合律所的多元化招聘条件。通常，这些外国学生的背景相对优越，比美国很多有多元背景的学生更加富裕。

作者将该章重点放在亚洲学生在法学硕士（LLM）和法学博士（JD）项目中的占比上："根据这些数据，亚洲地区留学的主要来源国是中国、韩国和日本，这三国总计占所有国际学生签证批准总数的三分之一以上。"从作者采访的亚洲学生看，选择 JD 的原因包括"LLM 作为资格证书的影响力有所减弱"以及参加美国律师资格考试的需求。有些学生从 LLM 开始，随后根据学校的允许转换为 JD 项目，另一些学生在美国获得首个学位后直接申请 JD 项目。

赴美攻读 LLM 和 JD 有多种原因，核心地区的吸引力使得许多学生做出这种选择。然而，作者指出，高级学位并非对所有人都会带来相同的回报。他们提出了四种比喻性的路径："黏性地板""跳板""阶梯"和"慢速电梯"，这些类别表明 LLM 和 JD 的价值取决于多种因素。学生并不总能获得预期的回报，且回报因个人和社会背景的不同而存在巨大差异。不过，总体而言："获得 LLM 可以被视为一种通行证。随着法律服务市场全球化的需求……返国的 LLM 毕业生在本国通常会因 LLM 的实用优势（国际法培训、接触新事物等）以及其'光环效应'而获得优势，这种光环来自与核心地区国家的国际法学院的关联。"此外，返国生还可能获得其他优势，例如通过 LLM 与全球法律界甚至本地法律界建立联系，并从中增强语言和文化优势。作者还指出，越来越多的学生选择 JD，这可能会影响返国的 LLM 毕业生的市场地位，因为 JD 的待遇与 LLM 截然不同。

JD 学位的全球化意味着非美国的 JD 学位也可能会对本土的 JD 市场产生冲击。据报道，澳大利亚律所尤其青睐从事中国贸易的华人或澳大利亚华裔法律毕业生，这在澳大利亚很常见，因为中国是澳大利亚最重要的贸易伙伴。中国的发展提高了汉语和中国文化在公司型律所（以及许多其他行业）中的价值，这间接影响着跨国法律秩序的进程。在这一过程中，这些学生可能成为跨国法律规范和法律实践的"传递者"，例如为"一带一路"倡议起草特定类型的文件。

五、最后总结

对法律教育全球化的研究通常理解为法学院如何改进和调整传统的本土课程，以满足全球化的"需求"。然而，这些章节中的批判性视角表明，仔细审视跨国过程会揭示出一个更复杂且不断演变的图景。全球和本地的层级结构、争夺权力和影响力的竞争、公司型律所的崛起、获取与全球化相关的高回报和受尊敬职业机会的不平等，以及不断变化的核心——边缘关系等，令我们更难理解法律全球化的这一维度及其是否真正促成了法律教育中的某种跨国秩序。

第一，回到前面第三部分中提出的主题，所有章节都反映了长期殖民和帝国历史的影响，以及美国霸权在 20 世纪末至 21 世纪初达到顶峰的现象。这种霸权支持法律在治理中扮演更大角色，通过跨国法律秩序的建立，影响国际和国内的游戏规则。美国行动者如福特基金会，认识到这种跨国法律秩序与美国利益的一致性，这些利益可以通过相对开放的贸易、投资和尊重国际人权的民主法律秩序来推进。美国的霸权力量不仅被认可，还在全球各地的法律改革项目中得以体现，如 SELA、FGV 法学院和印度金达尔法学院等。

第二，推动许多改革的动力来源于参与跨国交易的公司型律所的崛起。这些律所反映了金融和商业上更广泛的新自由主义革命，它们与投资银行、私募股权基金、对冲基金、会计公司以及在全球扩展的 MBA 毕业生密切合作。渴望成为精英的学生努力申请顶尖法学院，因为这些学校通常是进入跨国公司型律所的最佳途径。这些法学学位写在简历上，成为学生在国内和国际的职业入门凭证。各个有抱负的法学院间流行的前沿教学项目特征正好契合了公司型律所对务实"问题解决"和"跨学科"技能的需求。

第三，各地的本土环境依然与这些全球化进程交织，因此仍然在其中扮演核心角色。这些章节详细探讨了不同程度的抵制与适应如何影响改革的形态，例如印度（精英法官和律师界保守态度依旧）、中国（法律硕士项目未能取代法学学士课程），以及亚洲其他地区（通过法学院推动开明政策的理想常常遭遇政治反对）。类似地，关于 SELA 和 FGV 法学院的章节显示，在评估教育改革举措时，需充分考虑本土法律等级结构和传统法律方法。

第四，结构性倾向仍然有利于核心地区，而非边缘地区，这种倾向随着技术变革的进步而得到加强。信息和通信技术加快了思想和学术方法的传播，包括通过排名机制，使法律教育实践符合核心地区的主流方法。一些核心地区以外的法学院可能获得较高的排名，但整体上，排名机制往往使得核心地区顶尖学校的基本特性得以合法化并进行传播。实际上，在当今世界中，如果不使用让哈佛、牛津等学校排名靠前的标准，全球排名系统几乎无法获得可信度。

第五，尽管存在这些结构性倾向，人们仍可以保持"跨国乐观主义"。这种乐观体现了对跨国法律秩序的务实态度。一方面，正如本书的许多章节所展示的那样，跨国过程对于挑战地方等级制度和现存保守实践的地方主体来说是有用的。另一方面，地方主体也希望提升他们在全球讨论中的声音。关于此，撰写 FGV 法学院章节的作者们明确强调了这一点，他们试图在来自北方，尤其是美国的规则体系下找到发挥作用的方法。法律从业者们认为，"必须学习当前塑造游戏的规则，以便能够运作、质疑并最终参与这些规则的塑造。拒绝学习或教授全球交易的规则，实际上剥夺了国家所需的质疑能力"。许多法学院的网站提到教师对全球性讨论的贡献，但其并未直接挑战全球体系。有些人认为，中国凭借日益增长的经济实力，可能有能力这样做（Ginsburg，2020）。然而，到目前为止，中国大多还是在现有规则和结构内行动，以推进自身利益，巴西和印度也采取了类似的做法（Shaffer，2021）。对大多数非核心地区国家而言，乐观的前景通常是获得发声权，并争取一些能反映自身利益的规则修改和适用。在这一过程中，他们可能会让这些规则显得更具合法性和包容性，尽管其结构上的倾向性可能并未改变。

第六，我们讨论了全球化进程在提升英才教育制度的同时也加剧了不平等。随着对法学院私募资金需求的增加，这一趋势逐渐偏离"公立"法学院，转而依赖与商业利益关联密切的富人资助。围绕"排名"的竞争催生了对私人资助的需求，导致"公立"和"私立"法律教育的界限模糊，同时学费及其他相关费用也逐年攀升。全球排名的兴起，使得来自南方国家的大多数学位贬值，而北方权力中心地区的学位则升值。赴这些学校就读的高昂费用、语言和文化技能的要求、学位通胀（如从 LLM 到 JD 的需求）都构成了巨大的阻碍，尽管也有一些奖学金可供申请。来自全球中心（国家）以外相对富裕的精英学生，通过留学获取经验，若能在北方国家的律所或法学院中获得关键职位，也可能因此改变全球中心（国家）的职业机会格局，推动"多元化"政策的实施。

本书结合了两个理论视角来探讨跨国法律秩序形成的过程。跨国法律秩序的框架关注法律教育如何既能影响跨国法律规范的构建，又作为更广泛跨国进程的体现。在美国霸权崛起的背景下，美国对法律和权利的重视、以美国为蓝本的跨国企业实践、规范导向的非政府组织以及私人慈善活动深刻影响了跨国法律秩序过程。从这个角度看，法律教育改革既是工具，也是结果。法律职业比较社会学的视角则侧重于国家间持续的竞争，在这种竞争中，跨国进程与本地层级结构相互交织。特别强调的是，这一视角关注塑造出跨国结构的历史背景，这些结构与受美国影响的法律教育模式相一致，同时也与本地结构相互关联。两种视角都评估了美国法律模式的直接和间接传播如何在不同国家情境下影响法律和律师的角色。通过结合这两种理论视角，本书评估了驱动跨国法律"共识"形成的因素，即何为"良好的"与"现代的"法律教育，同时考察了法律职业内持久的国家竞争是如何破坏这种"共识"的。这种发生在跨国和本土结构中的两种进程相互交织，影响了全球和地方的法律教育改革。

参考文献

Ballakrishnen, Swethaa (2019). "Just Like Global Firms: Unintended Gender Parity and Speculative Isomorphism in India's Elite Professions," *Law and Society Review* 53 (1): 108-140.

Benton, Laura and Lisa Ford (2016). *Rage for Order: The British Empire and the Origins of International Law, 1800-1850*. Harvard University Press.

Berman, Harold J. (1983). *Law and Revolution: The Formation of the Western Legal Tradition*. Harvard University Press.

Brundage, James (2008). *The Medieval Origins of the Legal Profession*. University of Chicago Press.

Burbank, Jane and Frederick Cooper (2010). *Empires in World History: Power and the Politics of Difference*. Princeton.

Castañeda, Jorge (1993). *Utopia Unarmed: The Latin American Left after the Cold War*. Knopf.

Chesterman, Simon (2017). "The Fall and Rise of Legal Education in Singapore," *Singapore Journal of Legal Studies* 2017 (2): 201-214.

Coates, Benjamin (2016) *Legalist Empire: The United States, Civilization, and International Law in the Early Twentieth Century*. Oxford University Press.

Cunha, Luciano Gross, Jose Garcez Ghirardi, David M. Trubek, and David B. Wilkins (2018). "Globalization, Lawyers, and Emerging Economies: The Case of Brazil," in Luciana Gross Cunha, Daniela Monteiro Gabbay, Jose Garcez Ghirardi, David M. Trubek, and David B. Wilkins, eds., *The Brazilian Legal Profession in the Age of Globalization: The Rise of the Corporate Legal Sector and its Impact on Lawyers and Society*. pp. 1-32. Cambridge University Press.

Dezalay, Yves and Bryant Garth (2002). *The Internationalization of Palace Wars: Lawyers, Economists, and the Contest to Transform Latin American States*. University of Chicago Press.

Dezalay, Yves and Bryant Garth (2010). *Asian Legal Revivals: Lawyers in the Shadow of Empire*. University of Chicago Press.

Dezalay, Yves and Bryant Garth (2021). *Law as Reproduction and Revolution: An Interconnected History*. University of California Press.

Dinovitzer, Ronit and Bryant Garth (2020). "The New Place of Corporate Law Firms in the Structuring of Elite Legal Careers," *Law and Social Inquiry* 45 (2): 339–371.

Erie, Mathew (2009). "Legal Education Reform in China Through U. S. – Inspired Transplants," *Journal of Legal Education* 59 (1): 60–96.

Erie, Mathew (2021). "Chinese Law and Development," *Harvard International Law Journal* 62 (1): 51–115.

Espeland, Wendy and Michael Sauder (2007). "Rankings and Reactivity: How Public Measures Recreate Social Worlds," *American Journal of Sociology* 113 (1): 1–40.

Flood, John (2014). "The Global Contest for Legal Education," in Fiona Westwood and Karen Barton, eds. , *The Calling of Law*. pp. 13–34. Ashgate.

Gane, Christopher and Robin Hui Huang, eds. (2016). *Legal Education in the Global Context: Opportunities and Challenges*. Ashgate.

Gardner, James (1980). *Legal Imperialism*. University of Wisconsin Press.

Ginsburg, Tom (2020). "Authoritarian International Law," *American Journal of International Law* 114 (2): 221–260.

Halliday, Terence and Gregory Shaffer (2015). Transnational Legal Orders. Cambridge University Press.

Hamann, Julian and Christian Schmidt–Wellenburg (2020). "The Double Function of Rankings. Consecration and Dispositif in Transnational Academic Fields," in Christian Schmidt – Wellenburg and Stefan Bernhard, eds. , *Charting Transnational Fields: Methodology for a Political Sociology of Knowledge*. pp. 160–178. Routledge.

Harrington, J. A. and A. Manji (2003). " 'Mind with Mind and Spirit with Spirit' : Lord Denning and African Legal Education," *Journal of Lawand Society* 30 (3): 376–399.

Hattori, Tataaki (1963). "The Legal Profession in Japan: Its Historical Development and Present State," in Robert Taylor von Mehren, ed. , *Law in Japan: The Legal Order in a Changing Society*. p. 109–1 87. Harvard.

Jamin, Christoph and William van Caenegem, eds. (2016). *The Internationalisation of Legal Education*. Springer.

Kang, David C. (2010). *East Asia Before the West: Five Centuries of Trade and Tribute*. Columbia University Press.

Klabbers, Jan and Mortimer Sellers (2008). *The Internationalization of Law and Legal Education*. Springer.

Kluttz, Daniel N. and Neil Fligstein (2016). "Varieties of Sociological Field Theory," in Seth Abrutyn, ed., *Handbook of Contemporary Sociological Theory*. pp. 185–204. Springer.

Krishnan, Jayath (2004). "Professor Kingsfield Goes to Delhi: American Academics, the Ford Foundation, and the Development of Legal Education in India," *American Journal of Legal History* 46 (4): 447–499.

Krishnan, Jayath (2005). "From the ALI to the ILI: The Efforts to Export an American Legal Institution," *Vanderbilt Journal of Transnational Law* 38 (5): 1255–1294.

Krishnan, Jayanth (2012). "Academic SAILERS: The Ford Foundation and the Efforts to Shape Legal Education in Africa, 1957– 1977," *American Journal of Legal History* 52 (3): 261–324.

Kronche, Jedidiah (2016). *The Futility of Law and Development: China and the Dangers of Exporting American Law*. Oxford.

Kumarasingham, Harshan (2019). "A Transnational Actor on a Dramatic Stage— Sir Ivor Jennings and the Manipulation of Westminster Style Democracy in Pakistan," in Gregory Shaffer, Tom Ginsburg, and Terence Halliday, eds., *Constitution– making and Transnational Legal Order*. pp. 55–84. Cambridge University Press.

Manjapra, Kris (2014). *Age of Entanglement: German and Indian Intellectuals Across Empire*. Harvard University Press.

Manjapra, Kris (2019). "The Semiperipheral Hand: Middle Class Service Professionals of Imperial Capitalism," in Christof Dejung, David Motadel, and Jürgen Osterhammel, eds., *The Global Bourgeoisie: The Rise of the Middle Classes in the Age of Empire*. pp. 184–204. Princeton University Press.

Markovits, Daniel (2019). *The Meritocracy Trap: How America's Foundational Myth Feeds Inequality, Dismantles the Middle Class, and Devours the Elite*. Penguin.

Martines, Lauro (1968) *Lawyers and Statecraff in Renaissance Florence*. Princeton University Press.

Mazower, Mark (2012) *Governing the World: The History of an Idea, 1815 to the Present*. Penguin Books.

Montoya, Juny (2010). "The Current State of Legal Education Reform in Latin America: A Critical Appraisal," *Journal of Legal Education* 59 (4): 545–566.

Rodgers, Daniel (2018). "The Uses and Abuses of Neoliberalism," *Dissent* 65 (1): 78–87.

Ruskola, Teemu (2013). *Legal Orientalism: China, the United States, and Modern Law*. Harvard

University Press.

Shaffer, Gregory (2013). *Transnational Legal Orders and State Change*. Cambridge University Press.

Shaffer, Gregory (2021). *Emerging Powers and the World Trading System: The Past and Future of International Economic Law*. Cambridge University Press.

Shaffer, Gregory and Carlos Coye (2020). "From International Law to Jessup's Transnational Law, from Transnational Law to Transnational Legal Orders," in Peer Zumbansen, ed., *The Many Lives of Transnational Law: Critical Engagements with Jessup's Bold Proposal*. pp. 126-152. Cambridge University Press.

Shaffer, Gregory and Henry Gao (2020). "A New Chinese Economic Order?," *Journal of International Economic Law* 23 (3): 607-635.

Shaffer, Gregory, Tom Ginsburg, and Terence Halliday (2019). *Constitution-making and Transnational Legal Order*. Cambridge University Press.

Steele, Stacey and Kathryn Taylor, eds. (2010). *Legal Education in Asia: Globalization, Change and Context*. Routledge.

Thornton, Margaret (2012). *Privatising the Public University: The Case of Law*. Routledge.

Trubek, David M. and Marc Galanter (1974). "Scholars in Self Estrangement: Reflections on the. Crisis in Law and Development Studies," *Wisconsin Law Review* 1974 (4): 1062-1102.

Twining, William (2019). *Jurist in Context*. Cambridge University Press.

Wang, Zhizhou, Sida Liu, and Xueyao Li (2017). "Internationalizing Chinese Legal Education in the Early Twenty-First Century," *Journal of Legal Education* 66 (2): 238-266.

Wilkins, David, Vikramaditya Khanna, and David Trubek, eds. (2017). *The Indian Legal Profession in the Age of Globalization: The Rise of the Corporate Legal Sector and Its Impact on Lawyers and Society*. Cambridge University Press.

Wilkins, David B., David M. Trubek, and Bryon Fong (2019). *Globalization, Lawyers, and Emerging Economies: The Rise, Transformation, and Significance of the New Corporate Legal Ecosystem in India, Brazil, and China*. HLS Center on the Legal Profession Research Paper No. 2019-1.

Wilson, Richard (2017). *The Global Evolution of Clinical Legal Education*. Cambridge University Press.

Zhang, Taisu (2018). "The Development of Comparative Law in China," in Matthias Reimann and Reinhardt Zimmerman, eds., *Oxford Handbook of Comparative Law*. pp. 228-257. Oxford. 2d ed.

Zhang, Taisu and Tom Ginsburg (2019). "Legality in Contemporary Chinese Politics," *Virginia Journal of International Law* 58 (2): 306-389.

第二编
法律教育改革的跨国进程

第二章

战略性慈善与国际战略

——福特基金会与对法学院及法律教育的投资

作者：绍罗恩·列维（Ron Levi）、罗妮特·迪诺维策（Ronit Dinovitzer）、
王温迪（Wendy H. Wong）

一、引言

福特基金会在资助教育工作中发挥了重要作用。福特基金会在国内外都会向大学提供资助，通过支持新的学术观点和教育实践来推动变革（Cohen 2017；Khurana, Kimura, and Fourcade, 2011；Gemelli, 1998；Krige, 1999）。它不仅构建了新的专业知识形式，还赋予了新的学术正统性以合法性，并为新的权力和名誉竞争者提供了支持（Dezalay and Garth 2002）。通过对教育的投资，福特基金会可以支持不同思想，以挑战主流观点和既有等级结构（Khurana, Kimura, and Fourcade, 2011：8）。

其中一个例子是福特基金会对管理教育领域的重塑。在 1951 年至 1964 年间，福特基金会的资助改变了美国的研究生管理学院，使其从职业导向的学校转变为学术导向的机构。通过资助哈佛等名校，并将行为科学领域的资金重新分配至管理教育领域。福特基金会使经济学新思想得以确立，重新定义了商业与政府的关系。这些在国内外的投资之所以成功，还得益于福特基金会领导层与这些商学院新一代学术领袖之间具有相似性（Khurana, Kimura, and Fourcade, 2011）。

另一个例子是福特基金会对欧洲研究的支持。对这一领域支持的内容和范围会根据美国与欧洲的政治局势变化而有所调整。与对商学院的支持类似，

福特基金会依赖于各国能够推行其理念在不同学科发展的个人，同时还会支持使这些学科得以蓬勃发展的学术机构（Cohen，2017）。

本章聚焦于福特基金会在法律教育中的作用。人权、社会正义和国际发展等理想一直是福特基金会最关心的领域（Wong，Levi，and Deutsch，2017）。无论是在美国国内还是国际上，法律教育都是推进这些理想的重要"教育路径"（Dezalay and Garth，2002：8）。然而，我们认为其意义不仅于此，无论是在美国国内还是国际上，资助法律教育和法学院也是一种更广泛地使律师及其法律专业知识在国家改革中获得合法性的方法（Krishnan，2004）。

我们有一组涵盖20世纪50年代至21世纪初福特基金会对法学院和法律教育领域资助的数据。类似于对管理教育和欧洲研究的分析，这一时期在法律教育上的投资在地域和内容上各有不同，反映出国内外政治的变化。在某些年代，基金会对法律教育的关注完全集中于美国国内事务，包括在美国境内的民权问题。而在其他时期，投资则倾向国际化，鼓励法学院建立美国教授与国外精英之间的联系。随着时间推移，这些投资使得基金会得以资助重点关注适应不断变化的美国外交政策需求的法律教育项目。

我们认为，福特基金会对法律教育的投资推动了依赖法律知识来解决国内外治理问题的趋势。这一趋势为美国法学教授创造了新的国际对话者，并支持了法律人在国际舞台上被视为治国理政人才的理念。

二、福特基金会、法律与国际正义

福特基金会在推动国际正义的发展中发挥了核心作用。通过对主要受助者和项目官员的描述，人们对福特基金会的影响已有很多了解（McClymont and Golub 2000）。最近的研究进一步发现，在1970年至1989年的关键时期，福特基金会在美国国内外的资助项目中，在公民和政治权利，以及经济、社会和文化权利方面呈现出显著的趋同（Wong，Levi，and Deutsch，2017）。

福特基金会在促进人权方面进行了教育投资。众所周知，福特基金会资助了智利的学术项目，这些项目为智利及其他地方对抗压制的民主抵抗奠定了基础，同时与美国的外交政策利益相吻合（Korey，2007：25-28）。本章将探讨这些对法学院和法律教育的投资规模和范围。我们从洛克菲勒档案中心获取了福特基金会截至2003年所提供的每一项资助的数据。该数据库包含42 671项资助记录，时间跨度从1936年1月到2003年9月。由于早期年份的数据缺失较为严重，我们将本次分析的重点放在 1950 年至 2003 年期间。

我们首先确定了一组与法律和社会正义较为相关的资助项目。这些资助项目的计划名称和领域表明其涉及公民社会、关注权利或法律的国际事务、社会正义或人权。据此，我们共识别了 5091 项资助项目。为了进一步筛选出与法律教育相关的项目，我们依靠受资助者的名称和这些数据中指定的资助目的，最终确定了 721 项与法律教育相关的资助项目。[1]我们还通过福特基金会年度报告中的文本和预算材料、在洛克菲勒档案中心进行了档案研究，以及关于福特基金会的二手文献，补充了这些数据。

按照这一策略，我们分析了福特基金会从 1950 年至 2003 年的预算数据。图 2-1 显示，在这段时间内，福特基金会在广义的司法领域投资了超过 13 亿美元，随着几十年的推移，投资逐渐增加。图 2-1 还显示，福特基金会对这一领域的投资始终关注法律教育。法律教育的投资高峰出现在 20 世纪 50 年代，早期对法学院的投资占据了当时法律相关资助项目近一半的比例，而自 20 世纪 70 年代以来，法律教育大约占到了该类资助的 10%。

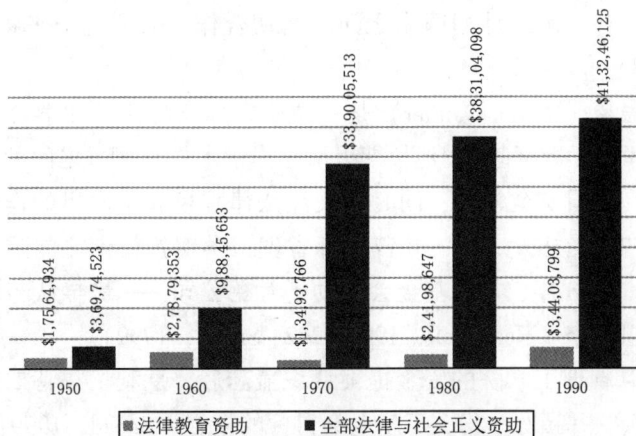

图 2-1 各年代法律与社会正义资助项目和法律教育资助项目的总数

[1] 在这些资助项目中，我们将其定义为与法律教育相关，如果资助目的（purpose of the grant）包含以下关键词：法学院（school of law）、法律学院（law school）、法律教育（legal education）、法律研究（legal studies）、法律培训（legal training）、律师培训（lawyer training）、法学教师（law teachers）、法律教授（law professor）或法学院教师（law faculty）。此外，在这些法律与社会正义的资助项目中，如果受资助方是法学院，或者是大学且资助目的明确提及法律或法律教育，则该资助项目被定义为法律教育相关。

接下来，我们将阐述福特基金会在法律教育方面的投资如何根据不同时代的政治和战略需求进行调整——这些对法律教育的投资也是其影响国内外国家改革更大战略的一部分。

三、福特基金会与法律教育

（一）促进国际民主与公民教育的法律教育

20 世纪 50 年代至 60 年代初期是福特基金会在法律和正义领域投资的重要阶段，反映了二战后美国政府的重要关切。对苏联的担忧在福特基金会的早期投资中占据重要位置，同时也伴随着美国国内对苏联问题研究（Sovietology）的广泛发展（Solomon，2000；Engerman，2009）。福特基金会的创始人亨利·福特二世（Henry Ford Ⅱ）之后，保罗·霍夫曼（Paul Hoffman）成为基金会的首任主席，他刚刚结束了马歇尔计划主管的任期，他此前还曾任斯图德贝克公司的总裁。马歇尔计划本身是通过经济和政治合作来巩固欧洲并抵御竞争对手的机制。正如霍夫曼在一次采访中反思道，"我们在让·莫内（Jean Monnet）和其他人的劝说下相信，孤立的欧洲没有希望，而在战后的世界中，如果没有马歇尔计划国家之间的密切合作，欧洲的未来将十分暗淡"（Brooks 2003）。

罗恩·盖瑟（Rowan Gaither）是一位来自加州的律师和学者（战后曾短暂在加州大学法学院任教），他长期以来充当学术界与军方之间的桥梁，重点关注国际化和美国安全领域，同时也关注法律院校和学术界的作用。盖瑟是兰德公司最初的受托人之一，并曾在麻省理工学院担任专注国防的辐射实验室的副主任。1948 年，福特基金会资助了兰德公司——最早从与道格拉斯飞机公司的重组工作（Hounshell，1997：242；Snead，1999）。

在通过麻省理工学院的资金提案认识盖瑟后，亨利·福特二世邀请他加入福特基金会，并撰写一份关于基金会目标的报告（Snead，1999：51）。盖瑟受托研究"人们如何才能过上更有意义的生活"（Korey，2007：8）。盖瑟的报告突出了五个与其自身专业知识和人脉相关联的项目领域：①建立和平、法律和正义的世界秩序；②增强民主与自由；③发展经济；④通识教育和公民教育；⑤扩展对人类行为的认知（Gaither，1949：49~99；Fleishman，2007：225；Korey，2007：9）。

该报告重点强调了法律、正义和教育的重要性。该报告采取长期性战略思维，而非仅仅进行防御性思考，并认为基金会应该为不受政治束缚的社会建设项目提供资金支持（Snead，1999：51）。这对福特基金会来说具有变革性意义，并促成了其国际部的成立。尽管早期的洛克菲勒基金会在第一次世界大战后已经转向了国际主义，通过社会救济工作展开行动（Solomon and Krementsov 2001），但福特基金会的国际部则成了国际法律教育资助的核心力量。

作为福特基金会的主席，保罗·霍夫曼（Paul Hoffman）对盖瑟报告充满热情。他借助盖瑟的愿景，致力于将福特基金会的业务拓展到非洲、亚洲、拉丁美洲和中东等发展中国家，以可能存在争议的方式去应对一些国际问题（McCarthy，1997：131）。霍夫曼本人则将大部分关注点放在外交事务和公民自由议题上，特别是推动美国影响力扩展到欧洲以外的地区（Raucher，1985：81-88）。[1]

尽管霍夫曼本人并没有实现最初就读法学院的愿望，法学教授们很快在福特基金会及其向国际战略转型的过程中发挥了重要作用。这种转型不仅涉及苏联问题，还将注意力扩展到拉丁美洲、亚洲和非洲。一个核心人物是罗伯特·梅纳德·哈钦斯（Robert Maynard Hutchins），他曾担任耶鲁法学院院长（以及芝加哥大学校长），他是法律现实主义的倡导者和践行者，反对传统的形式主义和教条主义。哈钦斯的声望源于他处于法学界和国家之间的交汇点。正如威廉·科雷（William Korey）解释的那样，哈钦斯被视为"高等教育界的'神童'"，霍夫曼对他非常欣赏。哈钦斯认为福特基金会的方向"为像他这样的人才提供了一个'拯救世界'的机会"，其中包括通过教育和国际项目推动全球发展（Korey，2007：12）。

通过知识建设来增强自由的理论与当时的精英法律观念产生了共鸣，耶鲁大学和哥伦比亚大学等机构的法律现实主义强调法律与社会科学的融合，注重建立强有力的制度，而不仅仅专注于法律教义和概念（Kalman，1986）。虽然哈钦斯担任院长的年代已过去，但耶鲁法学院仍在强调以政策为导向的国际法研究方法。由哈罗德·拉斯韦尔（Harold Lasswell）和迈尔斯·麦克杜格尔（Myres McDougal）等思想家引领的"世界公共秩序"纽黑文学派，强调国际法应基于实现基本价值观，其中许多观点与盖瑟在向福特基金会报告中提出的价值观类似。一个早期阐述这一方法的演讲标题颇具象征意义，名

---

〔1〕 霍夫曼（Hoffman）从福特基金会退休后，曾与艾森豪威尔总统（President Eisenhower）交谈，表示这将使他能够接受总统的"特别任务"（New York Times 1953）。1966 年，霍夫曼后来成为联合国开发计划署（UN Development Program）的首任负责人。

为"未来的法学院：从法律现实主义到世界共同体中的政策科学"（McDougal，1947）。[1]其跨学科目标是将国际法用于解决实际问题，以通过政治设定的目标，进而构建世界共同体（Åkermark，1997：62~66；Chen，2007）。

因此，福特基金会对资助法律教育项目的兴趣早在 1950 年就已确定，重点是国际联系、促进和平、民主、正义和经济发展，以及增强美国的安全。1953 年，盖瑟本人开始担任基金会主席，投身于公共政策制定，关注非营利组织、工业、政府和社会科学研究之间的联系（Dowie，2001：5）。正如基金会早期的一份历史记载所述："如果说霍夫曼是慈善马戏团中光彩夺目的总指挥，那么盖瑟则是联结福特基金巨资与外部世界的勤奋传动带"（Macdonald，1989：155）。盖瑟的核心关注点是基金会的国际战略和美国的安全。值得注意的是，1956 年他卸任基金会主席后，随即主持了美国总统小组并撰写了《核时代的威慑与生存》报告。

20 世纪 50 年代早期，盖瑟、霍夫曼和哈钦斯在职期间，对法律教育的资助尤为显著。这包括在斯坦福大学、哥伦比亚大学、密歇根大学、哈佛大学和耶鲁大学设立国际法律教育项目。如前所述，20 世纪 50 年代是法律教育项目资助的高峰期，几乎占据了全部资助的半壁江山。深入分析年度数据时，我们可以从图 2-2 中看到，在 20 世纪 50 年代中期，法律教育资助在基金会所有法律工作的拨款预算中占比超过了 90%。

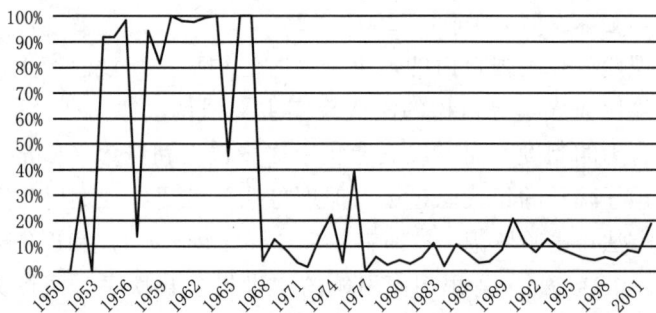

图 2-2　法律教育资助占所有法律与社会正义资助的百分比

[1] 该课程包括一门关于"世界共同体与法律"的课程，指出"传统上被称为国际法的制度、实践和教义需要重新评估，并确定其在多大程度上促进或阻碍了世界共同体的发展，并提出适当的改进和替代方案"，这门课程由拉斯韦尔（Lasswell）和麦克杜格尔（McDougal）教授（McDougal，1947：1352；Carlston，1948）讲授。

1952 年，福特基金会向哈佛大学法学院提供了一笔资助，用于支持对欠发达国家的税收政策进行培训和研究；同时，哈佛大学法学院还吸引了来自美国政府、联合国及外国政府的资金支持。这项资助的理论依据是税收政策与发展问题息息相关，重要性不亚于人口压力或土地改革。该资助支持的活动包括在哈佛大学法学院对美国、联合国及外国官员的培训，"研究美国税收对其海外私人投资的影响"，以及探讨税收政策与经济发展之间关系的研究（福特基金会年度报告，1952 年）。

1954 年，基金会报告了一项 35 万美元的资助，旨在促进美国和日本大学之间法律学生和教师的交流。这一交流项目始于日本教授赴美学习，涉及两国的法律学术精英：美国的哈佛大学、斯坦福大学和密歇根大学，以及日本的京都大学、东北大学、东京大学、中央大学、庆应大学和早稻田大学（福特基金会年度报告，1954 年）。

日本战后法律的变革带来了研学合作的需求。日本现代法律体系最初在很大程度上借鉴了德国，但在占领期间，该体系被大幅修改，融入了大量英美法的元素，但仍保留了德国和日本本土的成分。新的日本宪法包含了许多源自美国宪法的民主理念和制度。近年来，日本还在刑法与诉讼法、公司法、劳动法、反垄断法以及税法等领域颁布了与美国类似的重要立法。

这一举措反映了战后通过法律教育重构日本的想法。这一观点得到了哈佛法学院教授大卫·卡弗斯（David Cavers）的响应，他同时也是国际法律研究委员会的主席。早在 20 世纪 50 年代初，卡弗斯就被哈佛法学院委托负责创建"世界法学院"项目（Harvard Crimson，1951）。卡弗斯认为，福特基金会资助这项计划是因为美国法学院最初被排除在国际化之外：

我们迟迟才意识到，美国大胆尝试将其法律和法律制度移植到日本体系中所带来的困境。这一做法也给日本的法律职业和法律学者造成了不小的困扰。美国的法学院并未参与其中，也没有义务确保其成功。然而，这种移植可能因缺乏对法律的充分理解而失败，这是美国法学院无法忽视的。作为负责阐释和传承美国法律传统的机构，美国法学院在这方面肩负着一定的责任（Cavers，1963：xvii）。

到 1955 年，基金会对国际法律教育进行了大量投资。基金会特别关注律师在美国公共生活中的角色，并推而广之，研究他们在国外公共生活中可以发挥的作用：

律师在美国公共生活中一直扮演着重要角色，许多政府、商业和社区领袖都出身于法律界。基于基金会对公共事务中有效领导力发展的关注，基金会支持了一些法学院的项目，旨在帮助受过法律培训的美国人更好地理解法律与政府事务（国内和国际）、跨国商业和经济活动，以及法律所服务的社会之间的关系（Ford Foundation Annual Report，1955：57）。

因此，福特基金会创建了国际法律研究支持计划，投资近 800 万美元，以确保美国在国际化进程中的法律领导地位。该计划被描述为"民主教育"，其中的资金在十年内主要分配给精英法学院，如哈佛大学、耶鲁大学、哥伦比亚大学、芝加哥大学、斯坦福大学、密歇根大学和加州大学伯克利分校。虽然资金主要用于国际法律研究，但该计划的范围超出了比较法或国际法，基金会强调的是"外国和跨国范围内广泛的公共和私人活动的法律方面"（Ford Foundation Annual Report，1955：59）。

这一愿景中包含了对律师角色的理解：律师不仅是新兴民主国家的问题解决者，还能够在全球快速变化的时期代表美国协调各类关系。

福特基金会拨款 782.5 万美元给七所法学院，用于培养律师，使他们既具备专业能力，也具备公民素质，以便更好地跨国合作。随着许多国际组织的快速发展，国际关系日益复杂，不论在公共领域还是私人领域，政府间的多样化交易、国际贸易和投资的复杂性等，都迫切要求学术课程能够迅速扩展，以跟上快速变化的形势（Ford Foundation Annual Report，1955：8）。

这种紧迫性与国际法律研究的新资助项目所要培养的广泛技能相匹配。其目标是让美国律师能够迅速把握 20 世纪 50 年代全球范围内的机遇，并为外国精英律师建立与美国的联系。该项目的总体目标包括以下几点（Ford Foundation Annual Report，1955：59）：

（1）在美国法学院的常规法律教育课程中提供外国和国际法律问题的

培训；

（2）向有能力的外国律师提供美国法律及法律思想的培训，其中许多人现在或未来将在本国担任重要职位；

（3）为那些在商业、政府或其他领域中从事国际事务的专业人士提供深入培训；

（4）进行能够使普通学生、专业人士、教师、实务工作者及关心公共事务的公众受益的研究。

这种将法律研究国际化的目标超越了上述项目的范畴。例如，美国律师协会获得了 30 万美元的资助，用于研究美国国内法如何影响美国对外关系的运作（Ford Foundation Annual Report, 1955：60）。杜克大学和美国国际法学会（American Society of International Law）获得了资助，在全美范围内举办国际法的会议和区域研讨会。此外，耶鲁大学法学院也获得了支持，以扩展其法律教授的培训，基金会特别提到耶鲁在培养国家法律教授方面的影响力（Ford Foundation Annual Report, 1955：60-61）。

早在 1951 年，斯坦福大学法学院（Stanford Law School）时任院长卡尔·斯帕斯（Carl Spaeth）（此前曾在拉丁美洲和美国国务院工作）就向福特基金会提出了建立亚洲研究中心的建议。随后，斯帕斯在 1952 年至 1954 年期间担任基金会海外活动的主管，之后返回斯坦福大学（Sutton, 1987）。在国际法律研究项目的前四年，福特基金会提供了超过 1100 万美元的资助，其中80%分配给了 14 所美国法学院（Ford Foundation Annual Report, 1958：78）。在关于日本的早期研究基础上，福特基金会向外国机构提供了资助——包括德里大学（University of Delhi）、埃及国际法学会（Egyptian Society of International Law）和印度律师协会（Indian Law Institute）。尽管基金会最初计划加强印度法学院的师资力量并资助建立印度法律研究所，但受基金会委托前往印度探讨法律教育改革潜在机会的斯帕斯警告说，在这个不确定的环境中，不宜贸然行动（Krishnan, 2004）。最终的结果仅实现了美国和印度之间的教师交流，包括美国的法律精英如克拉克·拜斯（Clark Byse）和卡尔·斯帕斯本人（Krishnan, 2004：n.43）。此外，还在斯坦福大学举办了一场为期五周的会议，讨论公共法律主题和法律对社会变革的作用，斯帕斯本人还在印度逗留了四个月，他对少数印度法学生进入法律职业的情况表示担忧。

他同时继续提醒基金会，在没有考虑当地背景的情况下，改革法律教育的工作会很复杂（Krishnan，2004）。

这些投资也有助于解释美国法律学界出现的一些学术转向。在二战后的“崛起时代”期间，美国比较宪法法学兴起（Fontana，2011：48），这正反映了福特基金会对精英法学的宏伟抱负。福特基金会通过对法律教育的投资来推动美国法律职业的发展，使得美式精英法律学术变得更加全球化和比较化。其目标是培养能够关注国际法律问题的法律专家，以此改变美国法律职业对自身的认知，将比较法和国际法融入法律研究的核心之中。

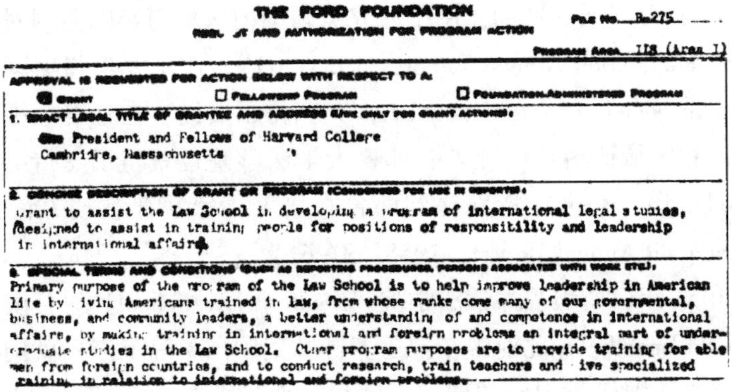
THE FORD FOUNDATION

File No. B-275

Program Area 118 (Area 1)

1. President and Fellows of Harvard College
Cambridge, Massachusetts

2. Grant to assist the Law School in developing a program of international legal studies, designed to assist in training people for positions of responsibility and leadership in international affairs.

3. Primary purpose of the program of the Law School is to help improve leadership in American life by giving Americans trained in law, from whose ranks come many of our governmental, business, and community leaders, a better understanding of and competence in international affairs, by making training in international and foreign problems an integral part of undergraduate studies in the Law School. Other program purposes are to provide training for able men from foreign countries, and to conduct research, train teachers and give specialized training in relation to international and foreign problems.

图 2-3 哈佛大学申请书摘要

图 2-3 展示了哈佛大学申请书的摘要，突出其主要目的是“通过培养受过法律训练的美国人，帮助提高美国公共生活中的领导力，正是从这些人中产生了我们许多政府、商业和社区的领导者”。这与福特基金会对“民主教育”的描述完全一致——通过“国际和外国问题”，以培训“对国际事务的更好理解和能力”。顺带地，我们还看到“对来自外国的优秀人才的培训”。

“民主教育”依赖于顶尖法学院对其学生的培养，旨在让他们既能够进入私人企业，也能在国家中担任领导角色。

我们认为，这种组合——即商业律师的支持性作用和律师在社会中的领导作用——使得在当时资助法律教育对福特基金会具有特别的吸引力。这种资助不仅能扩大法律领域，还能改变美国法律职业的“游戏规则”。一年后，基金会明确指出法律教育的作用，不仅是培养法律专家，更是塑造“律师公民”。法律专家的角色涉及国家之间日益增长的政府和私人交易，尤其对于商业律师而言："如今，律师更可能被要求代表有国际利益的客户，因此他们需要了解国际法，至少掌握外国法律体系的大致轮廓。"第二个角色反映的是律师的社会地位，而不仅仅是他们的职业角色："美国与其他国家的良好关系在很大程度上取决于律师公民，他们与法律专家同样重要。在美国和其他许多国家，律师是其社区内有影响力的发声者，并且经常担任公职。"基金会对资助能够在美国法学生和教师中培养国际意识的项目尤为感兴趣（Ford Foundation Annual Report，1956）。

　　这也可以通过福特基金会年度报告中选取的照片看出。如以下几幅图片所示，首张照片展示了一位印度法学教授在斯坦福大学发表讲话（图 2-4）；紧随其后的是一张第二年在美国接受培训的外国法学生的照片（图 2-5）；两年后，则是离开律所前往芝加哥大学接受外国法律培训的美国律师的照片（图 2-6）。

　　这张汤姆·尼科尔森（Tom Nicholson）的照片展示了他是具有国际视野的美国律师，他可以跨越国界，在私人客户和政府服务之间游刃有余。尼科尔森曾在战争期间担任海军中尉，毕业于安多佛中学（Andover）、普林斯顿大学（Princeton）和索邦大学（Sorbonne）。退役后，他在美国国务院信息办公室工作。随后，他从芝加哥大学法学院毕业，并在该市从事法律工作，同时抽时间在芝加哥、汉堡和布鲁塞尔学习国际法。此后，他主持了联合国教科文组织关于"新欧洲"的会议，并于 20 世纪 60 年代中期加入了梅耶·布朗·普拉特律所（Mayer Brown & Platt），在该律所工作直到退休（Princeton Alumni Weekly，2002）。

图 2-4　印度法学教授在斯坦福大学演讲，源自 1955 年年度报告

图 2-5　外国法学学生在美国接受培训的照片，源自 1956 年年度报告

图 2-6　美国律师从律师事务所请假前往芝加哥
大学接受外国法培训，源自 1958 年年度报告

这种将法律教育与国际主义相结合的趋势很快发生了变化。1956 年，担任纽约大学校长的工程师兼学术领袖亨利·希尔德（Henry Heald）成为福特基金会的主席。希尔德与芝加哥市和纽约市的教育改革密切相关，并受洛克菲勒委托主持纽约州高等教育委员会（Committee on Higher Education for New York State）的工作（Farber，1975）。希尔德在其任内更加重视国际化教育，基金会的国际事务项目开始在大西洋两岸发挥"某种类似全权代表的作用"（Sutton，2001：88）。然而，科学教育逐渐成为推动国际化的重要因素，而非盖瑟提倡的行为科学（Magat，1979：29；Macdonald，1989：xiv）。福特基金会继续向美国教育机构（包括法学院）提供大量资助（Macdonald，1989：xiii），这也为法律教育的资助开辟了新的方向，使其得以更专注于促进国内外的公民社会和社会变革。

（二）法律教育：推动社会变革的专业力量

这一转变的核心人物是威廉·平克斯（William Pincus），他是福特基金会的项目官员。1958 年，平克斯与全国法律援助与辩护协会（National Legal Aid and Defender Association）合作，制定了一项关于在法学院内强调法律援助诊所的资助提案（Ogilvy，2009）。这是转变的标志。在加入福特基金会之前，平克斯曾在联邦预算局和第一次、第二次胡佛委员会工作过。作为"罗斯福时代的孩子，大萧条时代的孩子"，他关注政府改善日常生活条件的能力（Pincus，2000：20）。平克斯接受过专业的法律训练，他在乔治·华盛顿大学法学院学习期间还在罗斯福政府中工作过（Pincus，2000）。

在福特基金会，平克斯受副总裁戴克·布朗（Dyke Brown）委托，负责审查基金会收到的"无数来自法律界的申请"。平克斯在政府法律工作的履历不多，他本人在法学院期间就对法律教学与现实脱节感到担忧（尤其是在课堂上与退伍军人一起学习时）。他对这些申请并不热情，因为他看不出这些提案如何能够改善司法行政。因此，他联系了全国法律援助协会（National Legal Aid Association）的负责人，该协会此前因申请一般性支持被福特基金会拒绝资助，转而建议他们探索一种由法学院学生负责的法律诊所教育模式（Pincus，2000）。

平克斯对这种法律诊所教育模式的论证类推自医学院的培训模式（Ogilvy 2009；Pincus，2000）。这与耶鲁法学院的杰罗姆·弗兰克（Jerome Frank）所提出的类推完全相同——弗兰克是当时许多"左倾"法学教授中的一员，也曾在罗斯福政府中任职——他主张建立"律师诊所"（clinical-lawyer）法学院（Frank，1933；Moran 2018；Ogilvy，2009）。这再次延续了耶鲁法学现实主义的传统，类似于当年新政时期的法学教授们在回到校园后开设更多行政法课程的尝试。通过让学生获得真实的实践经验，法律诊所课程帮助学生深化对法律概念的理解，契合了法律现实主义的目标。（Moran，2018：147）。

作为一种学术理念，法律诊所并没有获得太多关注或联邦资金的支持（Moran，2018；Ogilvy，2009）。然而，这一理念通过福特基金会及其对法学院开始重新构想的投资得到了支持。平克斯在审核与法律相关的资助申请时感到沮丧，便与全国法律援助协会合作，制定了一个为法学院法律诊所提供 80 万美元资助的项目。该模式在早期被称为"法律诊所委员会"（the Council of Legal Clinics），但成功有限——在一些法学院内，使用"诊所教育"这一术语遇到了一定阻力，例如该术语与芝加哥大学注重跨学科的教学重点并不契合。然而，随着政治和职业趋势的变化，该项目不断发展，到了 20 世纪 60 年代后期被称为"职业责任教育委员会"（COEPR）以及"法律教育职业责任委员会"（CLEPR）。

这标志着美国法律职业开启了新时代，教育重点转向国内的民权问题，而此前美国律师协会一直回避这个话题（Moran，2018）。法律诊所教育也逐渐满足了学生对民权课程的需求。尽管法律现实主义内部的学术争论导致一些法学院对"诊所教育"这一概念有所抗拒，但受过法律培训的新政派人士利用了这些理论基础，认为其是法律现实主义的下一阶段。这在 20 世纪 50 年代为美国法律教育在 60 年代和 70 年代的改革奠定了基础。

福特基金会从 20 世纪 60 年代开始的项目便借鉴了这些法律教育的发展。从 20 世纪 60 年代中期到 70 年代末，福特基金会转向了强调国际经济发展，重点关注印度、中国和拉丁美洲。这一战略由麦乔治·邦迪（McGeorge Bundy）主导，他于 1966 年成为福特基金会的主席并一直任职至 1979 年。邦迪凭借出色的学术和社会资本背景加入福特基金会。他曾在美国对外关系委员会工作，担任过哈佛大学文理学院最年轻的院长，还曾为约翰·肯尼迪和林登·约翰逊担任国家安全顾问。邦迪的家人与洛克菲勒家族有着个人友谊，而洛克菲勒家族在 20 世纪 50 年代和 60 年代与福特基金会关系密切（DeSocio，2017）。自 20 世纪 50 年代以来，福特基金会的一项著名策略就是招募学术明星（Pincus，2000：10），而邦迪的形象完全契合。

邦迪的个人和职业背景深深植根于外交政策领域（Korey，2007：61）。尽管邦迪本人并非律师，但他与精英法律界关系密切。他的父亲哈维·霍利斯特·邦迪是哈佛法学院毕业的第三代律师，二战期间与当时的战争部长亨利·史汀生（Henry Stimson）密切合作。他的母亲来自波士顿最显赫的家族之一，是哈佛法学教授、后担任哈佛大学校长逾二十年的劳伦斯·洛厄尔（Lawrence Lowell）的女儿。此外，邦迪一家也是美国最高法院大法官费利克斯·弗兰克福特（Felix Frankfurter）的家庭朋友。弗兰克福特逐渐成为麦乔治·邦迪的导师，并为他和他的兄弟提供了书记员职位，尽管邦迪没有接受过法律教育（Dalin，2017：172）。

在邦迪看来，法律"应是变革的积极力量，而非消极力量"（Hershkoff and Hollander，2000：91）。如上图 2-1 所示，20 世纪 60 年代，福特基金会对司法领域的资金支持大幅增加，法律教育的资助比例也很高。随着美国对法律诊所教育的重视，福特基金会投入大量资金来推广法律诊所项目和司法公正的普及，同时提供针对美洲原住民和波多黎各人的法律辩护基金。在邦迪任职期间，美国国内少数族裔权利诉讼相关资助大幅增长，到 1968 年，这一部分资金占福特基金会年度资助总额的三分之一以上（Hershkoff and Hollander，2000：91；MacDonald，2006；McCutcheon，2000a）。其中包括用于政策导向研究的资助，这与"反贫困战争"及将律师塑造成社会变革推动者的总体方向相一致（Garth and Sterling，1998）。

在国际上，20 世纪 60 年代的重点是经济发展，特别是亚洲、印度和拉丁美洲。与此相关的是律师们在整个十年中都在致力于将发展中国家和新兴国家的需求与法治战略相结合。国际法律研究项目虽然在 1958 年正式结束，但通过为美国法学院的教授提供"国际法律研究"奖学金，这一项目在 20 世纪 60 年代初期得以继续。每年约有四位教授获得该奖学金。值得注意的是，这些获奖者中有相当一部分并未专门从事国际事务研究，而是专注于国内法律议题，他们通过资助将美国国内法律思想延伸到国际范围。这些获奖者都是知名学者，包括明尼苏达大学法学院的肯尼斯·卡尔普·戴维斯（Kenneth Culp Davis）、印第安纳大学法学院的丹尼尔·曼德尔克（Daniel Mandelker）、哥伦比亚大学法学院的艾伦·法恩斯沃斯（E. Allan Farnsworth）和莫里斯·罗森伯格（Maurice Rosenberg）、伊利诺伊大学的维克多·斯通（Victor Stone）、加州大学洛杉矶分校的赫伯特·莫里斯（Herbert Morris）以及乔治城大学的约翰·惠兰（John Whelan）（Ford Foundation Annual Report，1959，1960，1962，1963）。

在基金会开展国际发展工作时，律师和经济学家共同获得资助，以提升各国政府在治理中使用的专业和知识基础，法律在其中被视为治理的语言（Dezalay and Garth，Chapter 5）。因此，面向法律院校和法律教育的国际导向资助被重新调整，聚焦于去殖民化的挑战（Engerman，2009）。基金会提供了一项早期资助，于 1960 年拨款给由 ABA 成立的"通过法律促进世界和平委员会"（American Bar Foundation）。麦吉尔大学获得了资助，用于其航空与空间法研究所的研究（涵盖喷气运输、超音速民用飞机、载人和无人导弹以及太空探索等问题）（Ford Foundation Annual Report 1963）。同时还资助了多场会议，探讨独立和去殖民化对国际协议的影响，这些会议由哥伦比亚大学与其他机构合作举办，吸引了美国和欧洲的律师和法学生参与（Ford Foundation Annual Report，1963，1964）。

20 世纪 60 年代的一项重要资助是提供给由卡内基国际和平基金会（Carnegie Endowment for International Peace）创建的新机构，即国际法律研究中心

（International Legal Center，ILC）。到 20 世纪 50 年代末，福特基金会、洛克菲勒基金会等机构已与卡内基基金会一起为海牙国际法学院（Hague Academy of International Law）提供资助，以在非殖民化时期对该学院进行现代化改造（Scott-Smith，2007）。1966 年，ILC 获得了福特基金会提供的 300 万美元的启动资金，其项目将律师定位为国内外发展问题的专家：

> 该中心将与美国、外国和国际的机构、基金会、大学以及执业律师和法官合作，促进并支持对法律在国际关系和现代国家发展中作用的系统性研究。中心还将关注律师、社会科学家以及其他能够处理法律与发展问题的专业人员的招聘和培训，以扩大这类人才的队伍；同时开展项目，帮助发展中国家建立现代自由社会运作所必需的法律机构（Ford Foundation Annual Report，1966）。

ILC 为福特基金会中的许多人提供了通过奖学金机会来提升自我或提携后进的渠道，并在福特基金会员工任期结束后为他们提供国际性机会。值得注意的是，其中包括约翰·霍华德（John Howard），他毕业于芝加哥大学法学院，并拥有哈佛大学的化学博士学位。霍华德在基金会工作了 16 年后，成了 ILC 的主任（Dezalay and Garth，1996：72；Merryman，2000：482；Krishnan，2012：313）。

与 20 世纪 50 年代的重点相比，20 世纪 60 年代的国际法律教育资助更加强调法律与发展。根据福特基金会的预算数据，图 2-7 显示，那个十年美国以外的法律教育项目资助占法律教育资助总额的近三分之一。

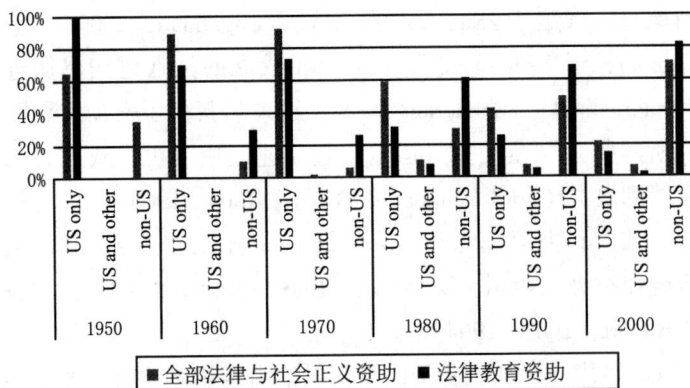

图 2-7　法律教育与所有法律和社会正义资助的地域分布

　　法律与发展的转向包括对国外法律教育和法学院的改革。福特基金会项目官员詹姆斯·加德纳（James Gardner）对此回忆道：

　　可以说，在 20 世纪 60 年代，福特基金会、ILC 以及许多国际组织和律师，从推进人类福利的普遍目标，逐渐转向认为法律在某种程度上对发展有着重要贡献，从而促进人类福利。并进一步认为律师是发展背景下法律运作中的核心角色，从而将这一理念逐步扩展到制度层面，并认为在律师中培养这种理念的途径就是通过法律教育（López Valdez, 1975：7）。

　　ILC 资助的四分之一资金流向了两所智利法学院：智利康塞普西翁大学（the Universities of Chile and Concepcion）和瓦尔帕莱索天主教大学（the Catholic University of Valparaiso）。这些资金用于使其课程设置和师资力量更加"现代化"，并促成其与北美法学教授和学生的合作。这种现代化的语言反映了当时对发展的主流思维，并将其扩展到法律和法律专业知识领域。这种现代化将资助全职教师及其研究，建立教师之间的学术网络，并通过打破传统的法律理论教学，模仿美式法律教育模式（López Valdez, 1975）。

　　福特基金会对"法律与发展"的资助旨在通过将法律视为国家发展的核心要素，来打破国外既有的权力结构。这一"法律与发展"计划试图将法律从传统的形式化分析中解放出来，转而将法律培训塑造为一种解决问题的方式。这种社会变革的管理模式被视为美国律师在国内的成功经验，并渗透到"法律与发展"运动中（López Valdez, 1975：25 n. 22）。例如，作为现代化的一部分，福特基金会资助在法律培训中开设"社会科学基础课程"（Ford Foundation Annual Report, 1967：54）。"法律与发展"理论认为，律师可以识别并提出关于"潜在社会弊病"的问题，从而使法律"更能响应大众需求"（Trubek, 1972：38）。[1]

　　这种举措也延伸到了非洲。在受到福特基金会关注的国际法律中心 ILC 活动中，其中一项举措是将"现代教学方法"引入海外法律教育，包括安排美国法学教授暂时在非洲法学院任教，并派遣"年轻的美国律师到发展中国家的政府机构接受培训和服务"（Ford Foundation Annual Report, 1968）。这些

---

　　〔1〕　这些在智利以及哥伦比亚的尝试在 20 世纪 70 年代中期因政治变革而中断，其中包括保守派法学教授的上台（Frühling, 2000：57）。

努力由哥伦比亚法学院的约翰·班布里奇（John Bainbridge）推动（他也是该校毕业生），并被称为"SAILER"，即非洲法律教育与研究机构人员交流项目，通过为美国教授和法学院学生，以及赴美攻读法学研究生学位的非洲学生提供交流和奖学金机会来运作（Krishnan，2012）。通过这种方式，SAILER项目还为非洲律师在冲突时期提供了一个安全的庇护，比如埃塞俄比亚和尼日利亚的冲突时期（Krishnan，2012）。正如后来一位SAILER项目的校友兼Cravath，Swaine & Moore律所的退休合伙人所指出的，这个项目"以多种方式产生了持久影响，参与的学生和教师逐渐成长为各自国家的领导者"（Saxon，2006）。

20世纪60年代，印度法律教育改革的得以持续推进，与印度法律研究所（Indian Law Institute）和德里大学（Delhi University）有着密切联系。在吸取了早期失败的经验后，这些项目越来越多地吸收印度法律精英的参与。然而，印度国内对于美国人在印度大学存在的抵触情绪逐渐加剧（Krishnan，2004：466-467），福特基金会也发现很难改变现有的法律教育层级结构及其相对的社会地位（Dezalay and Garth，本书第五章）。

在美国国内，福特基金会的一个重要投资是扩展法律诊所教育。在平克斯的领导下，通过职业责任法律教育委员会（CLEPR），从1968年到1980年，大约1000万美元的资助资金分配给了美国的法学院（Pincus，2000；Stuckey，1996；Ogilvy，2009）。这些资金是为了重新调整法律教育，以适应民权时代的需求。尽管法学院内部对此是否具有足够的"学术性"还存在一些争议（Wilson，2017；Moran，2018；Holland，1999），但该项目重新构建了法律教育，使其不再有意保持与民权运动的距离，而是回应学生对民权的兴趣（Sandefur and Selbin，2009）。1968年美国法学院协会（American Association of Law Schools）课程委员会主席在发言中表达了这一关切：

根本变革的时候到了。不仅全国各地的法学院学生已到了接近公开反抗的地步，而且法学院的教职人员，尤其是年轻成员，也与学生们同样认为法律教育过于僵化、统一、狭隘而繁冗（Stuckey，1996：252-253）。

在得到了CLEPR的资金支持后，这种法律诊所教育模式也出口到了国外（Ogilvy，2009：19）。福特基金会的预算数据显示了这一向民权和法律诊所转向的趋势。在20世纪50年代几乎被忽视的情况下，对司法准入和公平的资助在整个 60 年代占据了法律教育资助的近一半，发展相关的资助则占了另外的 20%。

在亨利·希尔德和麦乔治·邦迪任职期间，福特基金会反映了美国学术界将法律视为政策导向的社会科学的趋势，这是法律现实主义早期基础的延伸（Garth and Sterling 1998）。这两位并非律师出身的人物在任职期间，将法律与解决问题联系在一起——法律教育（无论是在美国还是国外）都成为福特基金会打破职业中和国家内保守势力的一个平台。这表明福特基金会在法律领域的角色延续了早期的方向：在 20 世纪 50 年代和 60 年代，律师被视为国家领导中的核心力量，跨国联系则通过国际法律网络实现。这种联系可能包括投资于新一代律师，而在某些情况下，如果律师被视为阻碍发展的保守力量，基金会会将美式法律教育作为打破职业分工和社会保守主义的范例（Dezalay and Garth，2002）。

（三）人权与民权

然而，这些海外法律教育改革在福特基金会内部出现了一些抵制。1971年的一份报告表达了法学界对将美国模式输出到国外的担忧（Frühling，2000：56）。1974 年，福特基金会的工作人员建议，鉴于许多目标国家的复杂政治环境，基金会在推进其国际议程时，除了通过与政府合作和建立海外大学项目之外，应该探索其他路径。

两年后，邦迪支持了一项举措，开始为学术界和非政府组织在其关注国家以外的活动和研究提供资助（Carmichael，2001：251）。拉丁美洲便是一个显而易见的例子。当当地对话者面临政府压制时，显然他们不仅需要在他处寻求庇护，还需要包括美国法学教授在内的外部力量参与许多福特基金会关注的案件（Frühling，2000）。因此，福特基金会的国际化战略不仅限于资助海外法律教育项目，还包括为美国境内从事相关议题的法学教授提供资助。

这种对国内法学院的关注很快与福特基金会对美国司法系统内公平问题关注的方向相一致，尤其集中在正义、民权和平等问题，同时也关注国际上的贫困、健康和教育问题（Wong, Levi, and Deutsch，2017）。例如，ILC 获得了一笔用于国内项目的资金，专门研究刑事司法系统中的服刑人员，理由是此研究"将适用于整个刑事司法系统，并跨越国界"（Ford Foundation Annual Report，1971）。ILC 还获得了一项拨款，用于探索建立一个"国际发展法律咨询服务"（International Development Law Advisory Service），该服务将为发展中国家在国际事务中提供咨询和代表服务，并开展教育培训以培养有技术专长的人员（Ford Foundation Annual Report，1974）。这一转变也反映在年度报告中的照片选择上，如图 2-8 中所展示的那样（Ford Foundation Annual Report，1970）。

这些对权利和平等的关注促使基金会持续投资与正义相关的问题——但不一定包括法律教育。尽管 20 世纪 70 年代是基金会捐赠最为慷慨的时期，法律教育项目的资金却下降到 60 年代的一半（如上图 2-1 所示），占所有正义导向拨款的大约 10%，其中大部分资金流向了美国的机构。

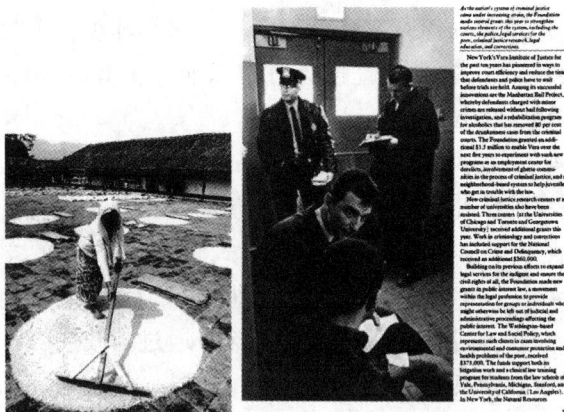

图 2-8　1970 年年度报告中的美国司法系统与印度尼西亚农业项目

福特基金会明确转向了对人权领域的资助。然而，这一转变并非易事，尽管基金会支持民权工作，许多人仍认为人权问题超出了基金会的职能范围。然而，促使这一转变的关键在于福特基金会对智利政变的回应。当时，福特基金会驻智利的工作人员在 20 世纪 60 年代曾致力于法律教育和发展改革，他们与美国情报部门决裂，并基于人权的法律逻辑去支持阿连德（Allende）政府（Dezalay and Garth，2006）。由此，福特基金会于 1978 年开始资助智利的天主教团结主教区（Catholic Vicariate of Solidarity），1981 年起资助阿根廷的法律与社会研究中心（Centro de Estudios Legales y Sociales），随后扩展至秘鲁（Frühling，2000：63）。

福特基金会对人权的关注也促使了不同的资助项目。一个重要的例子是南非，福特基金会 1973 年开始资助法律教育和法学院项目。首次投资是举办一场在纳塔尔大学德班分校（University of Natal‐Durban）举行的会议，邀请美国法律诊所教育专家前往南非，会议将公益法律的理念引入了南非（Golub 2000a：23）。法律诊所模式源自法律现实主义运动，经平克斯发展作为使国内法律教育适应社会需求变化的教育方式，成为福特基金会在 20 世纪 70 年代应对南非种族隔离政策战略的一部分（McCutcheon，2000a：269）。

在 1979 年，福特基金会在弗兰克林·托马斯（Franklin Thomas）的领导下，明确转向了对海外人权和美国国内民权的关注。托马斯是福特基金会的首位非裔美国人主席。他出生于布鲁克林，是西印度群岛移民的孩子。托马斯凭借学术奖学金进入哥伦比亚大学学习，之后在美国空军预备役军官训练营服役四年，并从哥伦比亚大学法学院毕业。他曾在纽约担任美国助理检察官，随后被任命为纽约警察局（NYPD）负责法律事务的副警察长。之后，他转向社区发展领域，并被参议员罗伯特·肯尼迪任命为贝德福德‐斯图伊文森复兴公司（Bedford Stuyvesant Restoration Corporation）的负责人。

福特基金会从盖瑟到邦迪的路径中建立了对法律和社会正义的关注，这一方向在托马斯的领导下得到了进一步巩固。然而，20 世纪 70 年代的经济衰退带来了财务压力，福特基金会在托马斯的职业轨迹和人脉的影响下，逐渐将法律作为缓解美国国内贫困和脆弱群体问题的策略重点（Hershkoff and Hollander，2000）。托马斯认为，法律倡议是解决社会"敏感且顽固问题"的关键，例如民权和贫困问题（Hershkoff and Hollander，2000：92）。1980 年罗纳德·里根当选总统后，民权成果面临更多来自法庭的反对，使得法律作为社会改革工具的角色进一步凸显（Dezalay and Garth，2006；Hershkoff and Hollander，2000：93）。在基金会的资助领域中，人权和社会正义不再仅限于国际项目，而是被统一归入基金会的资助类别（Rosenfeld 和 Wimpee，2015：26）。在国内，法律项目得到了更多关注，尤其是在民权运动和反战运动的背景下（Korey，2007：61）。对人权的关注使基金会对自由表达基金（Fund for Free Expression）、赫尔辛基观察（Helsinki Watch），继而是美洲观察（Americas Watch）进行了投资，这些项目吸引了基金会，因为它们能够动员国内精英关注国际人权议题（Dezalay and Garth，2006；Wong，Levi，and Deutsch，2017）。之后，人权观察（Human Rights Watch）的出现更加体现出人权领域愈加法律化的倾向，将法律作为批判国家的重要工具（Garth and Sterling，1998；Jenson and Levi，2013）。

虽然一些人批评了该时期基金会资助的国内倾向（Heydemann and Kinsey 2010：234），福特基金会仍然在一些特定国家进行了投资，尤其是中国。对中国的资助延续了此前在美国教授中国研究的投入，1979 年开始支持重建中国法学院，1988 年在北京设立了办公室。正如一位项目官员所说，一旦法律交流被视为与中国接触的方式，法律教育就被优先考虑，因为这"将对未来的其他法律项目产生巨大的倍增效应"（McCutcheon，2000a：166）。1982 年的一次会议促成了著名的美中法律教育交流委员会（US-China Committee for Legal Education Exchange，CLEEC）的成立，该委员会在托马斯任期结束前资助了数百名学生和学者，受助者在后期积极参与中国法律改革项目。其中包括1992 年创立的武汉中心，成为中国大学和学生法律诊所的典范（McCutcheon，2000a：159-171，183；Edwards，2009）。

反种族隔离的斗争也为推广美国法律诊所教育模式提供了机会。早在1973 年，平克斯（Bill Pincus）就以 CLEPR 主席的身份在纳塔尔大学举行的法律援助会议上介绍了美式法律诊所教育的方法（McQuoid-Mason，2004：31 n.16；Pincus，1974）。该会议由福特基金会资助，为南非的法律诊所发展提供了动力，到 20 世纪 70 年代末，南非已建立了 10 个法律诊所（De Klerk，2005：930）。尽管南非法律诊所的种子早已播下，但直到 20 世纪 70 年代后期——在弗兰克林·托马斯的领导下——这些诊所的规模和影响力才真正得以扩大（Golub，2000a：23）。根据基金会的年度报告数据，到 20 世纪 80 年代，南非的项目获得了法律教育资金的相当大份额。

资助法律诊所教育项目也使福特基金会能够与南非的法律精英建立战略联盟。参加 1973 年会议并支持创建法律诊所的有著名的南非法学家和商业律师西德尼·肯特里奇（Sydney Kentridge）。肯特里奇出生于约翰内斯堡，成长于一个开明的犹太家庭。到 20 世纪 70 年代末，他已经为纳尔逊·曼德拉（Nelson Mandela）辩护，并代表史蒂芬·比科（Stephen Biko）的家属出庭（Golub，2000a；Gapper，2013）。肯特里奇还帮助创立了南非法律资源中心（LRC），该中心由他和其妻子费莉西亚（Felicia）共同创立。费莉西亚来自律师世家（她的母亲是南非首位女性大律师）（Legal Resources Centre，2015），并于 20 世纪 70 年代初在威特沃特斯兰德大学（Witwatersrand University）为贫困人群设立了法律诊所。费莉西亚还在约翰内斯堡创办了一个公益法律中心，得到了美国律师劳埃德·卡特勒（Lloyd Cutler）的支持，并从福特基金会、卡内基基金会和洛克菲勒基金会获得了资金支持（Battersby，2015）。

同样，LRC 的另一位联合创始人杰夫·巴德伦德（Geoff Budlender）在 20 世纪 70 年代曾是一名学生活动家，毕业于开普敦大学法学院，并在曼德拉总统任期内担任国土事务部总干事（Budlender，1999；Budlender，2012）。巴德伦德于 1978 年通过美国国务院的访客项目访问美国，期间会见了公益律师、美国全国有色人种协进会（NAACP）和美国公民自由联盟（ACLU）。巴德伦德回忆道："我对他们的工作非常感兴趣，我觉得这些项目为我们可能做的事情提供了很好的模板，所以我非常渴望创建类似的项目……这促成了 LRC 的成立。"LRC 随后由著名商业律师亚瑟·查斯卡尔森（Arthur Chaskalson）领导，他也是曼德拉辩护团队的一员。类似的合作促成了威特沃特斯兰德大学应用法律研究中心的成立，该中心由约翰·杜加德（John Dugard）领导，他是威特沃特斯兰德大学法学院的前任院长，也是著名的人权教授（Golub，2000a：23-24；Duke University n. d. ）。

转向法律诊所教育模式似乎使福特基金会能够在不引发此前输出美国法律教育模式所遇抵制的情况下，继续投资于海外法律教育领域。南非的情况表明，当地精英可以将这些法律诊所作为社会改革斗争的一部分加以利用。换句话说，法律诊所教育为基金会提供了一个跨国桥梁，将美国和海外的社会问题联系起来，包括将美国国内为种族正义做出的努力与南非的反种族隔离斗争相结合。法学院和法律教育因此被视为社会变革的机构。此类对法律教育的特定投资使得法律诊所在南非法学院中一直具有重要地位，并通过福特基金会在 20 世纪 90 年代的持续资助得以延续（De Klerk，2005：931；Wilson，2017：231）。

当然，不同地区是否采纳法律诊所，取决于不断变化的条件和当地能够采纳并为这些输入内容创建政治空间和专业阵营的当地精英的社会地位（Dezalay and Garth，2002；Halliday and Shaffer，2015）。例如，图 2-9 显示在这一时期内，其他地区的法律教育也得到了类似的投资。在拉丁美洲，这包括了美洲法律服务协会（Inter-American Legal Services Association）等法律诊所，但直到福特基金会在 20 世纪 90 年代的进一步投资，这些诊所才逐渐超越传统的法律教育形式（Carrillo and Yaksic，2011：89；Castro-Buitrago et al. ，2011；Frühling，2000）。根据场域理论（field sociology）的说法，其中一些属于"半失败的移植"，尽管过程出现了意料之外的曲折，但仍为输入地带来了本地化的影响（Dezalay and Garth，2002：246）。

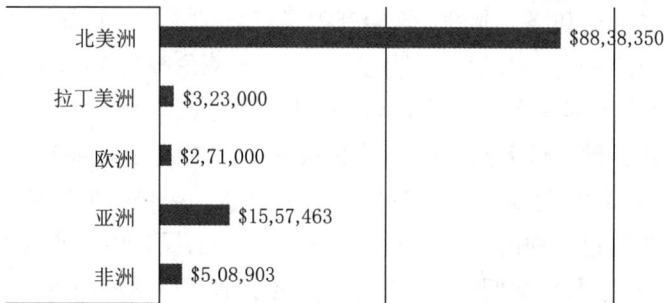

北美洲 $88,38,350
拉丁美洲 $3,23,000
欧洲 $2,71,000
亚洲 $15,57,463
非洲 $5,08,903

图 2-9　20 世纪 70 年代法律教育资助按选定地理区域分布

我们可以得出结论，法律教育资助在福特基金会 20 世纪 70 年代的战略中起到了重要作用。转向人权和民权的举措促成了一系列专注于实际导向和法律服务的项目，从而将法学院重新定位为推动社会变革的工具，并与国内、国外及国际非政府组织建立联系。这种转变伴随着对向政府提供咨询意见的兴趣减弱（Heydemann and Kinsey，2010；Hershkoff and Hollander，2000）。然而，这与美国国内的法律教育改革不谋而合，后者强调诊所实践和诉讼在社会变革中的作用，并被视为一种成功的模式以供其他国家借鉴。

（四）海外法律教育与法律机构发展

在 20 世纪 80 和 90 年代，福特基金会继续为法学院和法律教育提供重要支持。由于长期的积累，基金会所提供的资助项目种类多样，涵盖了地方和国内机构，包括通过向加州大学伯克利分校的资助，关注少数族裔的就业和教育，支持对圣保罗暴力问题的研究，投资于东欧的公益法律，以及支持南非的法律援助诊所等（Golub，2000a；McCutcheon，2000b）。

然而，福特基金会 20 世纪 80 年代最重要的事件是与中国的接触。几十年来，福特基金会在中国一直被视为不受信任的机构（Hu and Rerup，2015：24）。1979 年中美恢复外交关系，这为福特基金会提供了机会——基金会主要对法律教育进行投资。与之前几十年在其他国家的做法类似，福特基金会在中国的投资始于关注杰出法学教授的研究和人际网络，随后在 20 世纪 90 年代正式推动法律诊所的发展（Pottenger，2004：68）。

投资法律教育对福特基金会（以及参与的美国法学院）尤其具有吸引力，因为中国自 1978 年起计划在各省和自治区建立法学院。到 20 世纪 80 年代，中国的法学院数量增长了 500%（从 10 所增加到 48 所），法学院学生人数增加了 20 倍（Carmichael，1988a：3-4；Lubman，1999）。由于没有私人律师事务所以及到国外工作的机会有限，绝大多数毕业生都选择进入国家机关工作（Minzner，2013）。福特基金会认识到，对法学院的重视是改革开放后中国现代化战略的核心要素，涉及国家在工业、农业、科技和国防领域的改革（Ford Foundation，1986：3）。福特基金会认为，中国对法学院的投资是对行政权力的改革，旨在建立规范的经济规则，从而吸引外国资本和技术（1986：4）。

　　福特基金会很重视与中国社会科学院（CASS）在经济学、法律和国际关系方面的合作，该机构本身对法律研究很感兴趣。自 1979 年起，基金会开始积极促进中美法学教授之间的联系（Hu and Rerup 2015）。1980 年，福特基金会代表团访问中国，探索在法律和法律机构领域合作的可能性。代表团由福特基金会国际部门副总裁弗兰克·萨顿（Frank Sutton）领导，他拥有哈佛大学社会学博士学位。随后，福特基金会资助了著名法学教授在中美间开展的讲座，包括 1980 年由弗兰克·萨顿、路易斯·亨金（Louis Henkin）、阿兰·德肖维茨（Alan Dershowitz）、惠特莫尔·格雷（Whitmore Grey）、奥斯卡·沙赫特（Oscar Schachter）等人。预计未来将包括跨学科课程，将法律与社会学、心理学以及西方法律理论的最新趋势相结合（Carmichael，1988a：4，7；Carmichael 1985：5）。

　　1982 年，美国法律学者委员会与 CASS 在中国共同主办了一场会议，这是自 1949 年以来两国法律专家的首次正式会晤（Ford Foundation Annual Report，1988：xiv）。与 CASS 的合作很快扩展到 "包括主要大学和与部委相关的研究中心"（Ford Foundation Annual Report，1988：xiv）。这成了福特基金会一个极为重要的项目。在 20 世纪 80 年代的七年期间，福特基金会支持了 140 名中国法学教师和学生前往美国学习，并在中国建立了美国法研究中心（a China Centre for American Law Study），该中心会邀请美国教授在夏季为中国律师授课。对于福特基金会而言，影响国家转型的好处显而易见：

　　这些活动帮助中国培养了新一代的法学教师，这些教师越来越多地参与为中国的法律官员、法官和律师提供在职培训、起草新的法律法规、为中国的个人和机构提供法律服务以及开展相关的公众教育活动。此外，参与该项目培训的法学教师所教的毕业生如今在中国的法院系统中担任法官，在检察机关和律师事务所中担任检察官和律师，并在政府机构中担任法律专家。此外，一些年轻的美国学者也在中国接受了中国法培训（Carmichael，1988b：5）。

在 20 世纪 80 年代和 90 年代，随着中美法律教育交流委员会（CLEEC）的建立，超过两百名中国学者和学生被派往美国学习，同时还有数百人在夏季项目中接受培训，此外还培训了法律图书馆员（Pottenger 2004：68；McCutcheon，2000c：167）。其中一些人在中国担任了高层职位，如法学院院长、高级管理人员、最高人民法院副院长、大型律师事务所的律师以及政府机构的法律专家（Pottenger，2004：68；McCutcheon，2000c：168）。据报道，武汉大学的 CLEEC 参与者"现在是该大学法学院的骨干力量"（McCutcheon，2000c：169）。到 1998 年，中国时任总理朱镕基的几位主要顾问曾接受过福特基金会的资助（Hu and Rerup，2015：30）。此外，并非所有 CLEEC 的项目参与者都返回了中国。约有三分之一留在了美国，CLEEC 的美方联合主席表示，这些获得研究生学位的中国律师在美国非常抢手。而进入 90 年代以后，更多的 CLEEC 参与者选择返回中国（McCutcheon，2000c：168）。

CLEEC 校友在中国获得了成功，这是这段历史的一部分。随着中国法学院的迅速发展，20 世纪 80 年代的重点集中在各种学术研讨会、知识构建以及中美之间的精英学术网络上，其中包括对哈佛大学法学院东亚法律研究项目的支持（McCutcheon 2000c：165）。这项工作还包括深入研究中国，以理解其发展变化及其所带来的影响（McCutcheon，2000c：165）。

这一点在 1983—1988 年间哥伦比亚大学法学院提出的一系列资助提案中得到了体现，这些提案旨在以人权和社会正义为主题推动法律教育交流。在兰德尔·爱德华兹（Randle Edwards）和沃尔特·盖尔霍恩（Walter Gellhorn）教授的领导下，哥伦比亚大学自 20 世纪 80 年代初就开始在促进中美法律教育交流方面发挥核心作用。例如，1983 年的资助提案为中国年轻的法学教师提供法学硕士（LLM）奖学金，为资深法学教师提供访问学者奖学金，资助美国法学院教师在中国进行研究生学习和研究，此外还包括学习考察团、图书馆资料交流和学术研讨会。首次这类研讨会计划于 1984 年在中国举行，主题为"国际贸易和投资的法律问题"（该研讨会似乎最后是于 1985 年在武汉大学举行了）。法律教育的投资还包括创建和加强法学院及法律研究，并培训中国的立法起草人员。

彼得·盖斯纳（Peter Geithner）是福特基金会对中国资助项目的发起人，

他曾向一名项目官员解释说，在扩大针对中国的预算时，决定重点关注法律教育是为了"从长远角度考虑"。后来，项目官员马克·赛德尔（Mark Sidel）提到了投资法律教育的"重大倍增效应"（McCutcheon，2000c：166）。这在福特基金会 1988 年的一份内部备忘录中得到记录，该备忘录建议再为哥伦比亚大学提供两年的资金，以加强中国的法律教育（Carmichael，1988b）。这一愿景是通过法律推动国家改革，希望法律改革能够"防止个人权利的滥用"，促进"消费者与生产者、工人与管理层、国家与个体城市企业家及农民之间日益复杂的经济关系的管理"，并认识到法律监管的必要性，以便中国能够"吸引外资并扩大与世界的贸易"（Carmichael，1988a：3）。

培养一批在美国受训的中国法律学者是福特基金会战略的核心。同一份备忘录中，基金会工作人员指出应继续支持该项目，因为参与的中国法学院正承担起新的责任，由在海外受训的青年教师为中国法律从业者提供培训并开展公众教育活动（1988a：6-7）。事实上，到 1988 年向哥伦比亚大学提供最后一笔资助时，几乎所有申请的资金都用于在美国的研究生学习和研究，只有少量资金用于在中国的研究生学习和研究。换句话说，福特基金会在法律和法学教育方面的投资同时涵盖了中国国家改革的国际和国内战略。

20 世纪 80 年代对中国法学教育的投资核心在于学术网络和比较法研究，这被视为中国国家改革的关键。这种法律机构与改革变革的关系隐含在福特基金会年度报告（1988：xvii）中。报告指出，"随着中国完成改革的第一个十年，维持秩序与变革之间的平衡已成为一项极其艰巨的任务"，并强调"旧有的政治和法律机构必须适应新形势，同时需要建立新的机构，以协调和规范因利益竞争加剧而必然产生的各种矛盾"。

到 20 世纪 80 年代末，福特基金会的工作人员表示，他们将建议采取其他方式推动中国的法律发展，这包括为法官和立法起草者提供培训，并在中国的法学院和研究机构中发展新的法律领域。1988 年，基金会在北京开设了办公室，支持法官培训以及立法研究和起草（包括参与立法起草的主要机构），随后扩展到检察机关，重点是在 20 世纪 90 年代初关注权利与治理（Ford Foundation Annual Report，1988：xvi）。在处理这项具有政治敏感性的工作时，福特基金会依托当地的联系和合作伙伴进行管理，其中包括它资助的著名行政法研究小组（McCutcheon，2000c：160-171）。

20 世纪 80 年代和 90 年代，福特基金会也投资于司法教育，延续了其连接精英的战略思路，但不再限于加强与美国的联系，而是更广泛地推进中国司法系统的国际化。1999 年，基金会向高级法官培训中心提供了 20 万美元的资助，用于邀请外国专家来华，并为中国法官提供在加拿大、日本、俄罗斯、西欧和美国的学习和培训机会（Ford Foundation Annual Report，2000：61）。与此并行的立法资助对支持行政法研究小组起到了关键作用。该小组借助CASS 和 CLEEC 校友及经验，参与起草了允许中国个人起诉国家的新立法、新的刑事诉讼法以及妇女权益保障法（McCutcheon，2000c：171-173）。

从 1986 年到 1988 年，福特基金会在中国投资了超过 800 万美元，涵盖了法律、经济和国际关系等领域（Ford Foundation Annual Report，1988：xiv，xvii）。到 20 世纪 80 年代末，福特基金会在中国的获得社会正义、法律服务和教育相关项目上的年度预算刚超过 110 万美元，其中 80 万美元用于资助哥伦比亚大学，只有超过 17 万美元用于中国的机构，包括 CASS（Ford Foundation Annual Report，1988）。其他资助者也加入了福特基金会的行列，共同建设中国的法学院，包括亨利·卢斯基金会（Henry R. Luce Foundation）、陈河基金会（Chinn Ho Foundation）以及美国新闻署（United States Information Agency）（Ford Foundation Annual Report，1988：xv）。

福特基金会在 20 世纪 90 年代对中国最引人注目的投资可能是法律诊所教育及"法律在行动"（law in action）的转向，取代了形式化的法律教条主义（McCutcheon 2000c）。这在 20 世纪 80 年代就是中美法律教育交流的一部分（Carmichael，1988b：7），并在 90 年代后期获得了快速发展（Phan，2005；Pottenger，2004；Taylor，Chapter 5）。法律诊所教育方法最早在中国的七所法学院开展试点，随着中国法律诊所教育者委员会的成立而传播到全国（Phan，2005：128-129，136）。福特基金会还进一步资助了中国学生与美国法学院诊所项目的交流与合作（Phan，2005：129 n.66）。

换句话说，福特基金会早期的投资为其在 20 世纪 90 年代对中国法律诊所教育的影响奠定了基础。与早期项目侧重制定法律规则和培养法律精英不同，这些诊所教育机会推动了中国国内注重权利保护的社会正义（McCutcheon，2000c：166）。随着时间的推移，重点转向了连接中美两国的法学院诊所（特别是与耶鲁大学的合作），以及中国法律诊所教育委员会开发法律诊所模式的努力（Yanmin and Pottenger，2011）。但现实情况是，很多法律诊所由不专攻法律诊所的教师主导，法学院课程负担也很重，美国的法律诊所教育模式在大陆法系中往往不太适用（Phan，2005；Yanmin and Pottenger，2011）。

总体而言，福特基金会在法律教育方面的投资——无论是通过 CLEEC、中国法律诊所教育者委员会，还是直接培训检察官和法官——对中国法律职业产生了重要影响。福特基金会被视为在中国涉及权利、司法和民主治理问题上最重要的外国非政府组织（Hu and Rerup，2015：12）。基金会对中国法律教育的投资通过推动本地精英并将其与美国法学院连接起来，帮助中国法学院应对不断变化的社会需求。正如基金会报告所述："直到 1989 年年中，来自九所中国参与院校的 124 名中国法学教师将在美国度过三个月至两年的时间"（Ford Foundation Annual Report，1988：xv）。从"社会发展与现代化"到"社会正义及个人对国家的诉权"的转变，表明中国法律教育一直是将法律重新定位为完善国家治理和实现社会正义的战场。[1]

中国并非福特基金会当时法律教育投资的唯一重点。简要回顾南非的情况，在 20 世纪 80 年代，早期基金会资金支持下创建的机构逐渐崭露头角，像发布研究报告、举办"司法与社会"会议、促成法官与进步律师的交流，还支持南非的劳动运动。这些活动将劳工权益与民权结合在一起，包括为黑人和多种族工会提供法律援助、培训黑人工会成员法律知识以及发布工业健康与安全报告（Ford Foundation Annual Report，1982：26）。1985 年，基金会批准了一笔 190 万美元的专项拨款，用于"扩大教育机会，培养南非黑人为现有和未来的领导岗位做好准备，发展公益法律服务，加强黑人社区的自助组织"。推动这些倡议的初衷是希望"找到既能满足被压迫黑人的迫切需求，又能为他们日后在国家未来谈判中平等参与，以及成为民主南非政府潜在领导者的途径"（Ford Foundation Annual Report，1986：xiii- xiv）。随着政治局势在 1990 年发生转变，并基于 CALS 项目的成功（Ford Foundation Annual Report，1986），福特基金会为西开普大学等大学提供资助，以支持流亡者返回南非，与非国大（ANC）合作处理国家转型的法律事项，并将资助项目与美国民权律师联系起来（Golub，2000a）。

（五）转向国际组织

在 20 世纪 80 年代中期，民众对国际公法的关注日益增加，其中包括

---

〔1〕　这种合作也有其局限性。正如福特基金会的一份文件所指出的，"20 世纪 90 年代中期中美关系的低迷"导致了对基金会的"猜疑加深"（Hu and Rerup，2015：30）。

1984 年关于"国际组织与法律"的项目。这一趋势反映了如何应对冷战结束的世界格局，同时也体现了对全球化以及与工业化国家合作的关切。正如福特基金会报告所指出的，"无论是在北方还是南方，对于南北相互依赖的诸多影响，大家的感受都是复杂的"（Ford Foundation Annual Report，1990）。

冷战结束、卢旺达战争、波黑战争初期以及阿富汗和尼泊尔的冲突，都是当时令美国担忧的问题。同时，全球经济增长和北京妇女权利会议则是引起美国关注的两大机遇。显然，"基金会的态度似乎从乐观转向了对全球秩序变化的高度不确定性"（Rosenfeld and Wimpee，2015：32）。

1996 年，苏珊·贝雷斯福德（Susan Berresford）接任福特基金会主席，直到 2007 年卸任。贝雷斯福德是福特基金会首位女性主席，她既非律师也非学者。在担任主席之前，她曾任基金会副总裁，负责全球项目和投资。到她上任时，基金会正转向关注国际需求，旨在加强国际合作，减少贫困与不公正。虽然她强调不会有明显的转向（Arenson，1996），但贝雷斯福德将她的职业发展与基金会的历史进行了比较，指出国内与国际之间的相互联系始终是富兰克林·托马斯（Franklin Thomas）的目标（Brier，2009）。

随着福特基金会资产的增长，贝雷斯福德（Susan Berresford）在上任一年后重新调整了资助重点，将其聚焦于三个领域：贫困、和平和社会正义，同时设立了一个广泛涵盖教育、媒体、艺术和文化的类别（Rosenfeld and Wimpee，2015：32）。贝雷斯福德对国际问题的敏感性促使她在俄罗斯和中国设立了基金会办公室（Rosenfeld and Wimpee，2015），这为福特基金会与过去的受资助者建立联系并提供机会，使其帮助美国在法律和商业领域进行更广泛参与。正如莫斯科办公室的一位早期员工回忆道，"在莫斯科，提到'福特基金会'时，贝克·麦肯锡（Baker and Mackenzie）、普华永道（Price Waterhouse）和花旗银行（Citibank）的门似乎都自动打开了"（McAuley，2018）。20 世纪 90 年代，中国建立了法律诊所，拉丁美洲的人权工作和东欧的影响性诉讼（impact litigation）也持续进行（Frühling 2000；McCutcheon 2000a：269，2000c：180，2000b：234）。在 20 世纪末，大量资助被用于为海外弱势专业人士提供国际奖学金——包括非洲高等教育合作项目，以及 9·11 事件后设立的学者救助基金。基金会历史学家指出，在贝雷斯福德任期内，"基金会工作人员明确考虑到新的全球环境，增加了包容性机会"（Rosenffeld and Wimpee，2015：35）。

福特基金会隐隐回溯到其 20 世纪 50 年代的早期理念，将法律和法律教育视为解决复杂挑战并达成共识的核心手段。如今，这一理念与加强国际法紧密相连："1991 年的世界事件加深了人们对国际组织和国际法是维护全球和平与安全的希望所在的认识"（Ford Foundation Annual Report，1991：112）。为此，基金会指出，需要"在国际组织和国际法领域对学者和从业人员进行高级培训，提升公众对国际组织和法律在促进世界和平中作用的认识，并进行重要多边机构的研究和政策分析"（p. 112）。

从 1985 年的 84 万美元投资开始，国际事务项目的支出在 1990 年增加到了 670 万美元。美国的法学院获得了其中的最大份额，大约 400 万美元被分配给 23 所美国法学院，用于提供奖学金、实习机会和其他活动，旨在吸引学生和学者研究国际公法，并改善该领域的教学以及加强与联合国的联系。例如在 1990 年，基金会的驻院学者布莱恩·乌尔克哈特爵士（Sir Brian Urquhart）和厄斯金·柴尔德斯（Erskine Childers），这两位前联合国高级官员共同完成了一项名为"需要领导的世界：未来的联合国"的研究，该研究由福特基金会和瑞典达格·哈马舍尔德基金会共同赞助（Urquhart and Childers，1996）。

四、结论

福特基金会对法律教育的资助可以视为一种私人跨国法律秩序的构建，将法律、治理和国家紧密结合起来（Shaffer，2016）。基金会在不同国家和不同时期投资法律教育，作为推动发展、外交和政治变革的支点。这一举措逐渐与美国本土对社会正义、商业、不平等和法律体系的关注相契合。

时代政治影响了福特基金会对全球法律教育的资助方向。虽然项目内容随年代变化而有所不同，但他们始终致力于通过教育和国际联系去培养律师群体。在 20 世纪 50 年代至 60 年代，基金会的重点在于国际法和法律研究；随后数十年中，这一重心逐步调整，但目标依然是通过教育培养并赋予律师合法性和影响力。通过这些投资，福特基金会建立了一个具备改革国家和强大组织的专业能力的律师群体。在日本、中国、南非、拉丁美洲乃至国际组织中，我们可以看到这种影响的深远存在，并且这些国家的法律系统与美国法律和法律网络有着深厚的联系。

时代政治也带来了阻力。例如，印度的法学教育就展示了一个截然不同的情况。贾扬斯·克里希南（Jayanth Krishnan，2004 年）的研究令人震惊地表明，到 20 世纪 80 年代，福特基金会已经转向资助基层改革项目，认为它们更有希望推动社会变革。这一结论的形成既受英迪拉·甘地（Indira Gandhi）暂停宪法的事件影响，也受到加利福尼亚大学伯克利分校法学院的鲍勃·科尔（Bob Cole）所撰写的报告的影响。科尔在建议继续资助法学教育的同时，也对印度法律行业的结构、律师队伍的多样性缺乏以及印度律师的声望较低等问题表示担忧。

即便在这样的阻力下，福特基金会在全球资助的法学教育领域仍然产生了新立场和持续影响。贾扬斯·克里希南（Jayanth Krishnan，2004：474-475）指出，马达瓦·梅农（N. R. Madhava Menon）在德里大学期间结识了与福特基金会合作的美国法学教授。他随后在哥伦比亚大学法学院度过了一个学术假期，并前往西北大学参加了一个关于印度法律与社会科学的研讨会，授课者包括法律与社会领域的知名学者马克·加兰特（Marc Galanter）和雷德·施瓦茨（Red Schwartz），该项目就是由 ILC 支持。梅农后来成功说服基金会为 NLS 投资近 100 万美元，尽管基金会对此有保留态度——甚至加兰特本人对这一计划也持怀疑态度（Krishnan，2004：485 n. 279）。通过让法学教授在国外接触美国模式，可以将其培养成具有国际视野的律师——他们日后的影响力反过来让福特基金会在法学教育领域继续保持投入，尽管基金会在当时已经出现了收缩和保留的意向。

法律教育资助不仅仅关乎法律教学的风格和形式。福特基金会早期就将法律视为解决现实问题的工具。基金会的资助将海外法律教育项目的引入者与美国的输出者联系起来。他们在法律教育上的投资促进了法律专业知识的发展，用以应对全球性问题。法律框架的可塑性及其产生的国际合法性使其能够适应各国存在的各种问题和情况。这些法律教育项目因此赋予了改革者在海外打破固有阶层的地位和权威。

这些投资同样有利于美国国内的法律实践，通过将本土法学院与世界接轨，使其与潜在的海外改革者和有权势的代理人建立联系。发展、外交和政治变革的挑战得以与美国本土关于贸易、社会正义、不平等和法律体系的问题交汇。简而言之，福特基金会对法律教育的投资推动了一种由美国定义的模式，将律师与全球治理紧密联系起来，为法学院提供了在各个时代所需的工具、资源和象征性的合法性。

在全球范围内，福特基金会常常帮助法律教育摆脱对国家的依赖，同时更紧密地将海外的法律精英与美国法学院产生的法律与国家思想联系在一起。例如，自 20 世纪 50 年代以来，美国律师被视为温和派，能够推动国家的现代化。对于那些被认为对国家改革抱有敌意的海外法律精英，福特基金会通过投资新的法律模式，以此削弱保守的寡头势力并打破根深蒂固的等级结构。在各种政治形势下，新型法律专业知识模式在福特基金会的投资下，获得了广泛的影响力、关联性和认可度，从而推动了国家建构领域的基础性讨论。

参考文献

Abel, R. (2015). *Politics by Other Means: Law in the Struggle against Apartheid, 1980 - 1994*. Routledge.

Åkermark, A. S. (1997). *Justifications of Minority Protection in International Law* (Vol. 50). Martinus Nijhoff.

Arenson, K. W. (1996). "At Ford Foundation, a New Chief and a New Style," *New York Times*.

Battersby, J. (2015). "Felicia Kentridge Obituary," *The Guardian*. July 5.

Brier, J. (2009). *Infectious Ideas: US Political Responses to the AIDS Crisis*. University of North Carolina Press.

Brooks, P. (2003). "Paul G. Hoffman," in Steve Neal, ed. , *HST: Memories of the Truman Years*. Pp. 155-1 62. Southern Illinois University Press.

Budlender, G. (1999). Oral History: Geoffrey Budlender. http://www. columbia. edu/cu/lweb/digital/collections/oral_ hist/carnegie/pdfs/geoffrey-budlender. pdf.

Budlender, G. (2012). Constitutional Court Oral History Project: Geoffrey Budlender. http://www. historicalpapers. wits. ac. za/inventories/inv_ pdfo/AG3368/AG3368-B11-001-jpeg. pdf.

Carlston, K. (1948). "Teaching of International Law in Law Schools," *Columbia Law Review* 48: 516.

Carmichael, W. D. (2001). "The Role of the Ford Foundation" in C. E. Welch, ed. , NGOs and Human Rights: Promise and Performance. Philadelphia: University of Pennsylvania Press.

Carmichael, W. D. (1985). "Support to Strengthen Legal Education and Research in China, Supplement No. 1. " Memorandum: Recommendation for Grant/ FAP Action, To: Franklin A. TTomas; Grantee: Columbia University. 83- 666A. Rockefeller Archive Center. Ford Foundation Fund Files (FA715). May 30.

Carmichael, W. D. (1988a). "Support to Strengthen Legal Education and Research in China, Supplement No. 3. " Memorandum: Recommendation for Grant/ FAP Action, To: Franklin A. TTomas;

Grantee: Columbia University. 830 – 666C. Rockefeller Archive Center. Ford Foundation Fund Files (FA715). April 28.

Carmichael, W. D. (1988b). "Support to Strengthen Legal Education and Research in China, Supplement No. 4. " Memorandum: Recommendation for Grant/ FAP Action, To: Franklin A. Thomas; Grantee: Columbia University. 83 – 666D. Rockefeller Archive Center. Ford Foundation Fund Files (FA715). December 8.

Carrillo, A. J. and N. E. Yaksic (2011). "Re- imaging the Human Rights Law Clinic," *Maryland Journal of International Law* 26: 80.

Castro-Buitrago, E. , N. Espejo-Y aksic, M. Puga, and M. Villarreal (2011). *Clinical Legal Education in Latin America: Toward Public Interest.* Oxford University Press.

Cavers, D. (1963). "The Japanese American Program for Cooperation in Legal Studies," in A. T. von Mehren, ed. , *Law in Japan: The Legal Order in a Changing Society XV.* Pp. XV– XXXVIII. Publisher: Cambridge, Harvard University Press.

Chen, L. (1993). "Perspectives from the New Haven School," *American Society of International Law Proceedings.* 87: 398.

Cohen, A. (2017). "The Atlantic Structuration of European Studies," *Revue française de science politique* 67 (1): 69-9 6.

Dalin, D. G. (2017). *Jewish Justices of the Supreme Court: From Brandeis to Kagan.* Brandeis University Press.

De Klerk, W. (2005). "University Law Clinics in South Africa," *South African Law Journal* 122: 929.

DeSocio, R. J. (2017). *Clash of Dynasties: Why Gov. Nelson Rockefeller Killed JFK, RFK, and Ordered the Watergate Break-In to End the Presidential Hopes of Ted Kennedy.* AuthorHouse.

Dezalay, Y. and B. Garth (2002). *The Internalization of Palace Wars: Lawyers, Economists, and the Contest to Transform Latin American States.* University of Chicago Press.

Dezalay, Y. and B. Garth (2006). "From the Cold War to Kosovo: The Rise and Renewal of the Field of International Human Rights," *Annual Review of Law and Social Science* 2: 231-255.

Dezalay, Y. and B. Garth (1996). *Dealing in Virtue: International Commercial Arbitration and the Construction of a Transnational Legal Order.* University of Chicago Press.

Dezalay, Y. and B. Garth (2002) (eds.). "Legitimating the New Legal Orthodoxy," in *Global Prescriptions: The Production, Exportation, and Importation of a New Legal Orthodoxy.* Pp. 306-334.

Dezalay, Y. and B. Garth (2018). "Battles around Legal Education Reform: From Entrenched Local Legal Oligarchies to Oligopolistic Universals: India as a Case Study," *UC Irvine J. International*

Transnational & Comparative Law 3: 143.

Dowie, M. (2001). *American Foundations: An Investigative History*. MIT Press.

Duke University (n. d.). John Dugard, Visiting Distinguished Professor. https://web. archive. org/web/20110305163838/http://www. law. duke. edu/fac/dugard/.

Edwards, R. R. (2009). "Thirty Years of Legal Exchange with China: The Columbia Law School Role," *Columbia Journal of Asian Law* 23: 3.

Engerman, D. C. (2009). *Know Your Enemy: The Rise and Fall of America's Soviet Experts*. Oxford University Press.

Farber, M. A. (1975). "Dr. Henry Heald of Ford Fund Dead," *New York Times*. Nov. 25.

Fleishman, J. L. (2007). *The Foundation: A Great American Secret*. Public Affairs.

Fontana, D. (2011). The Rise and Fall of Comparative Constitutional Law in the Postwar Era. *Yale Journal of International Law*, 36 (1): 1–53.

Ford Foundation (1952–2000). Annual Report. New York: Ford Foundation.

Frank, J. (1933). "Why Not a Clinical Lawyer–School?," *University of Pennsylvania Law Review and American Law Register* 81 (8): 907–923.

Frühling, H. (2000). "From Dictatorship to Democracy: Law and Social Change in the Andean Region and the Southern Cone of South America," in M. McClymont and S. Golub, *Many Roads to Justice: The Law Related Work of Ford Foundation Grantees around the World*. Pp. 55–8 7.

Ford Foundation. Gaither, H. Rowan Jr. (1949). "The Report of the Study for the Ford Foundation on Policy and Program" (Rep. Detroit: Ford Foundation). http://www. transatlanticperspectives. org/document. php? rec=18 (last accessed April 7, 2020).

Gapper, J. (2013). "Lunch with the FT: Sydney Kentridge," *Financial Times*. January 18, 2013.

Garth, B. and J. Sterling (1998). "From Legal Realism to Law and Society: Reshaping Law for the Last Stages of the Social Activist State," *Law and Society Review* 32 (2): 409–472.

Gemelli, G. (1998). *The Ford Foundation and Europe (1950's–1970's): Cross– Fertilization of Learning in Social Science and Management*. European Interuniversity Press.

Golub, S. (2000a). "Battling Apartheid, Building a New South Africa," in *Many Roads to Justice: The Law–Related Work of Ford Foundation Grantees Around the World*. Pp. 19–54.

Ford Foundation. Golub, S. (2000b). "From the Village to the University: Legal Activism in Bangladesh," in *Many Roads to Justice: The Law Related World of Ford Foundation Grantees Around the World*. pp. 127, 136–141.

Ford Foundation. Golub, S. (2000c). "Participatory Justice in the Philippines," in Mary McClymont and Stephen Golub, eds. *Many Roads to Justice– The Law Related Work of Ford Founda-*

tion Grantees Around the World. pp. 197-231.

Ford Foundation. Halliday, T. C. and G. Shaffer (2015). "Researching Transnational Legal Orders." pp. 475-528.

Transnational Legal Orders. Harvard Crimson (1951). "Cavers Named Dean to Head Law Research," March 21. Accessed April 7, 2020. https://www. thecrimson. com/article/1951/3/21/cavers-named-dean-to-head-law/.

Hershkoff, H. and D. Hollander (2000). "Rights into Action: Public Interest Litigation in the United States," in *Many Roads to Justice: The Law Related World of Ford Foundation Grantees Around the World*. Pp. 89, 91-9 5.

Ford Foundation. Heydemann, S. with R. Kinsey (2010). "The State and International Philanthropy: The Contribution of American Foundations, 1919-1991," in H. K. Anheier and D. C. Hammack, eds. , *American Foundations: Roles and Contributions*. pp. 205-236. Brookings Institution.

Holland, L. G. (1999). "Invading the Ivory Tower: The History of Clinical Education at Yale Law School," *Journal of Legal Education* 49: 504.

Hounshell, D. (1997). "The Cold War, RAND, and the Generation of Knowledge, 1946-1962," *Historical Studies in the Physical and Biological Studies* 27 (2): 237-267.

Hu, Y. and C. Rerup, (2015). Structuring an Authoritarian Country with Western Concepts of Human Rights: Institutional Entrepreneurship as "Symbiotic Transformation" between Actor and Context. Accessed April 7, 2020. https://www. egosnet. org/jart/prj3/egos/data/uploads/Awards/BSPA-2015st-08Hu+Rerup. pdf.

Jenson, J. and R. Levi (2013). "Narratives and Regimes of Social and Human Rights: The Jackpines of the Neoliberal Era," in P. Hall and M. Lamont, eds. , *Social Resilience in the Neoliberal Era*. pp. 69-98. Cambridge University Press.

Iya, P. F. (1995). "Addressing the Challenges of Research into Clinical Legal Education Within the Context of the New South Africa," *South African Law Journal* 112: 265.

Kalman, L. (1986). *Legal Realism at Yale*, 1927-1960. UNC Press.

Khurana, R. , K. Kimura, and M. Fourcade (2011). *How Foundations Think: The Ford Foundation as a Dominating Institution in the Field of American Business Schools*. Working Paper 11-070 (Boston, MA: Harvard Business School).

Korey, W. (2007). *Taking on the World's Repressive Regimes: The Ford Foundation's International Human Rights Policies and Practices*. Palgrave Macmillan.

Krige, J. (1999). "The Ford Foundation, European Physics and the Cold War," *Historical Studies in the Physical and Biological Sciences* 29 (2): 333-361.

Krishnan, J. K. (2004). "Professor Kingsffeld Goes to Delhi: American Academics, the Ford

Foundation, and the Development of Legal Education in India," *American Journal of Legal History* 46 (4): 447-499.

Krishnan, J. K. (2012). "Academic SAILERS: The Ford Foundation and the Efforts to Shape Legal Education in Africa, 1957-1977," *American Journal of Legal History* 52 (3): 261-324.

Legal Resources Center (2015). Statement from the LRC on Learning of the Death of Lady Felicia Kentridge. Accessed April 7, 2020. https://web. archive. org/web/20150721132411/http://lrc. org. za/press-releases/3507-statement-from-the-lrc-on-learning-of-the-death-of-lady-felicia-kentridge.

Leibner, G. and J. N. Green (2008). "New Views on the History of Latin American Communism," *Latin American Perspectives* 35 (2): -8.

Lubman, S. B. (1999). *Bird in a Cage: Legal Reform in China affer Mao.* Stanford University Press.

Mac Donald, H. (2006). "*This* Is the Legal Mainstream? Law School Clinics Are Stuck in the Sixties," *City Journal* (Winter).

MacDonald, D. (1989). *The Ford Foundation: The Men and the Millions.* New Brunswick: Transaction Publishers.

Magat, R. (1979) ed. "Processes of Philanthropic Management," in *The Ford Foundation at Work.* pp. 27-45. Springer.

McAuley, M. (2018). "The Early Years of the Moscow Offfce," The LAFF Society, 2. http://www. laffsociety. org/OldNews. asp? PostID=992.

McCarthy, K. D. (1997). "From Government to Grassroots Reform: The Ford Foundation's Population Programs in South Asia, 1959-1981," in Hewa, S. (ed.) Philanthropy and Cultural Context: Western Philanthropy in South, East, and Southeast Asia in the 20th Century. Lanham, MD: University of America.

McClymont, M. E. and S. Golub (2000). *Many Roads to Justice: The Law-Related Work of Ford Foundation Grantees Around the World.* Ford Foundation.

McCutcheon, A. (2000a). "University Legal Aid Clinics: A Growing International Presence with Manifold Beneffts," in McClymont, M. E., and S. Golub, eds. *Many Roads to Justice: The Law-r elated Work of the Foundation Grantees Around the World.* pp. 267-282. Ford Foundation.

McCutcheon, A. (2000b). "Eastern Europe: Funding Strategies for Public Interest Law in Transitional Societies," in McClymont, M. E., and S. Golub, eds. *Many Roads to Justice: The Law-r elated Work of the Foundation Grantees Around the World.* pp. 233-234. Ford Foundation.

McCutcheon, A. (2000c). "Contributing to Legal Reform in China," in McClymont, M. E., and S. Golub, eds. *Many Roads to Justice: The Law-related Work of the Foundation Grantees A-*

round the World. pp. 159-196. Ford Foundation.

McDougal, M. S. (1947). "The Law School of the Future: From Legal Realism to Policy Science in the World Community," Yale Law Journal 56 (8): 1345-1355.

McQuoid- Mason, D. J. (2004). "Access to Justice and the Role of Law Schools in Developing Countries: Some Lessons from South Africa: Pre-1970 until 1990: Part I," *Journal for Juridical Science* 29 (3): 28-51.

Merryman, J. (2000). "Law and Development Memoirs I: The Chile Law Program," *American Journal of Comparative Law* 48 (3): 481-499.

Minzner, C. F. (2013). "The Rise and Fall of Chinese Legal Education," *Fordham International Law Journal* 36: 334.

Moran, R. F. (2018). "The Three Ages of Modern American Lawyering and the Current Crisis in the Legal Profession and Legal Education," *Santa Clara Law Review* 58: 453.

New York Times (1953) "Paul Hoffman's New Role." February 7, 14.

Ogilvy, J. P. (2009). "Celebrating CLEPR's 40th Anniversary: The Early Development of Clinical Legal Education and Legal Ethics Instruction in US Law Schools," *Clinical Law Review* 16: 1.

Phan, P. N. (2005). "Clinical Legal Education in China: In Pursuit of a Culture of Law and a Mission of Social Justice," *Yale Human Rights and Development Law Journal* 8: 117.

Pincus, W. (1974). *Legal Clinics in the Law Schools.* P. 123. Faculty of Law, University of Natal.

Pincus, W. (2000). Transcription of the Oral History Interview with Bill Pincus. Accessed April 7, 2020. https://www. law. edu/_ media/imported-media/NACLE/pincus. pdf.

Pottenger, J. (2004). "Role of Clinical Legal Education in Legal Reform in the People's Republic of China: Chicken, Egg- or Fox," *International Journal of Clinical Legal Education* 4: 65.

Princeton Alumni Weekly (2002). Memorial: Thomas Laurence Nicholson' 45. Accessed April 7, 2020. https://paw. princeton. edu/memorial/thomas-laurence-nicholson-%E2%80%9945.

Raucher, A. R. (1985). *Paul G. Hoffman: Architect of Foreign Aid.* University of Kentucky Press.

Rosenffeld, P. and R. Wimpee (2015). *The Ford Foundation: Themes*, 1936-2001. Rockefeller Archive Center.

Sandefur, R. and J. Selbin (2009). "The Clinic Effect," *Clinical Law Review* 16: 57.

Saxon, W. (2006)."John S. Bainbridge, 90, Legal Educator for African Leaders, Dies," *New York Times*, February 6 Section A, 21.

Scott- Smith, G. (2007)."Attempting to Secure an 'Orderly Evolution': American Foundations, The Hague Academy of International Law and the Third World," *Journal of American Studies* 41: 509–532.

Shaffer, G. (2016)."Theorizing Transnational Legal Ordering," *Annual Review of Law and Social Science* 12: 231–253.

Snead, D. L. (1999). *The Gaither Committee, Eisenhower, and the Cold War.* Ohio State University Press.

Solomon, S. G. (2000). " 'Through a Glass Darkly': The Rockefeller Foundation's International Health Board and Soviet Public Health," *Studies in History and Philosophy of Science Part C: Studies in History and Philosophy of Biological and Biomedical Sciences* 31 (3): 409–418.

Solomon, S. G. and N. Krementsov (2001). "Giving and Taking across Borders: The Rockefeller Foundation and Russia, 1919–1928," *Minerva* 39 (3): 265–298.

Stuckey, R. T. (1996). "Education for the Practice of Law: The Times They Are A-Changin' ," *Nebraska Law Review* 75: 648.

Sutton, F. (1987). "The Ford Foundation: The Early Years," *Daedalus* 116 (1): 41–91.

Sutton, F. (2001)."The Ford Foundation's Transatlantic Role and Purposes, 1951–8 1," *Review (Fernand Braudel Center)* 24 (1): 77–104.

Sutton, F. X. (1950). "The Radical Marxist." Doctoral dissertation, Harvard University. Taylor, V.(Forthcoming). *Contesting Legal Education's Engagement with Policy* (in this volume).

Thomas, F. A. (Chair) (1981). *Study Commission on US Policy toward Southern Africa (US). South Africa/time Running Out.* Constitutional Rights Foundation.

Trubek, D. M. (1972)."Toward a Social Theory of Law: An Essay on the Study of Law and Development," *Yale Law Journal* 82 (1): 1–50.

Urquhart, B. and E. Childers (1996). *A World in Need of Leadership: Tomorrow's United Nations. A Fresh Appraisal.* Dag Hammarskjold and Ford Foundation.

Valdez, A. (1975). "Developing the Role of Law in Social Change: Past Endeavors and Future Opportunities in Latin America and the Caribbean," *Lawyer of the Americas* 7 (1): 1–28.

Wilson, R. (2017). *The Global Evolution of Clinical Legal Education: More than a Method.* Cambridge University Press.

Wong, W. H., R. Levi, and J. Deutsch (2017). "The Ford Foundation. P82 – 1 00," in L. Seabrooke and L. F. Henriksen, eds., *Professional Networks in Transnational Governance.* pp. 82–100. Cambridge University Press.

Yanmin, C. and J. L. Pottenger (2011). "The 'Chinese Characteristics'of Clinical Legal Education," in Frank S. Bloch, ed. The Global Clinical Movement: Educating Lawyers for Social Justice. pp. 87–104. Oxford University Press.

第三章
法律教育在边缘地区的跨国化
——"全球化"进程中的非洲：殖民逻辑的延续与变革

作者：米歇尔·伯吉斯-卡斯塔拉 (Michelle Burgis- Kasthala) *

后殖民时期的非洲大学提供了一个独特的视角，从中可以生成一个关于由矛盾且结构性对立的社会力量所塑造和分裂的世界的学术知识。在这些叙述中，世界由彼此竞争（且往往不可调和）的经济、社会、政治和文化实体组成，无法简单地被概念化为同一"全球"现实下的不同表现。

——伊萨克·卡莫拉 (Isaac Kamola)，2013 年，第 51 页

认识到非洲高等教育系统的多样化、差异化和适应性，以及为了促进学生、教师和研究人员在各国、非洲大陆乃至国际社会的流动性，需要调整现有的法律工具和实践。

——前言，《承认非洲国家高等教育学业、证书、文凭、学位及其他学术资质的公约（修订版）》——2014 年 12 月（《亚的斯亚贝巴公约》）

一、引言

大学作为学习中心，始终处于特定的权力和经济体系中，平衡着多种地方性与非地方性的制度和知识理性。然而，近年来高等教育的跨国趋势在广度和深度上都表明，大学在为现代化和全球化的知识经济精英提供服务方面不仅仅是量的变化，更可能是质的转变。正因如此，关于高等教育"全球化"

---

* 爱丁堡大学国际公法高级讲师，特别感谢 Sara Dezalay 的精彩反馈以及 Maddy Godwin 的研究协助。

的大量文献应运而生，将其演变视为一种机遇或危机（Chou，Kamola，and Pietsch，2016）。矛盾的是，尽管非洲在一些高等教育全球化指标（如大学排名和人均教育支出）中处于末位，但该大陆在国际化程度上却尤为突出，例如学生流动性高且对外部资金和知识资源的依赖程度极高。

本章认为，只有在研究边缘地区的高等教育——即非洲的高等教育时，我们才能深刻理解当今高等教育核心中显著的固有矛盾与张力。因此，我们需要颠覆对非洲的传统印象，因其边缘地位，但实际上非洲是全球化教育最明显和最集中的地方。本书关注高等教育跨国化，特别是法律教育。本书的总体叙述尽可能地根植于非洲大陆法律和法律教育的具体案例，但所引用材料具有高度的不均衡性。无论是在（后）殖民的非洲，还是在宗主国的首都，法学界的成功都取决于其在一定程度上保有与国家和市场的独立性。因此，法律教育成为衡量一个社会中现有权力或知识结构的重要指标。在（后）殖民非洲，法律教育依然表现出对北方国家的法律院校和市场的显著依赖并受到支配性的影响。因此，法律和法律教育可以作为一种视角，用来评估今天是否有可能实现真正公平的跨国高等教育。

更重要的是，本章和本书的意义在于对批判性方法的发展运用，以评估跨国法律教育的现象。本章提出，通过"非洲"这一视角进行思考，可以为我们提供一种批判的角度，促使我们在 21 世纪不断加剧的物质和知识不平等背景下重新审视法律教育的角色。尽管非洲大陆的区域化等反向运动无法与北方知识机构的主导地位相抗衡，但其近年来的复兴至少让我们有机会评估，是否正在经历从"非洲的大学"到"非洲化的大学"的转变（Kamola，2014：604）。特别是自 2000 年以来，中国对非洲高等教育的加大支持也指向了其他可能的路径。那么，非洲是否可能存在反霸权的实践？尤其是法律在其中扮演何种角色？

在探讨非洲的法律教育时，我们首先需要重新评估"非洲"这一概念，以更好地理解其多样的全球化经验。通常，非洲的概念要么被极度简化，要么被过度复杂化。在现代语境中，"非洲"常常作为一个笼统的大洲形象出现，文化多样性常被忽略，成为一种"异质"或"落后"的象征。这种笼统的刻画使得非洲及其人民成了缺乏发展的代表。这类简化思维往往表现为泛非洲主义的倡议，包括教育、法律、政治及文化上的合作。然而，与之相对的是，国际上的一些非政府/政府报告将非洲进一步划分为北非和撒哈拉以南非洲，前者在种族和语言上通常被归入阿拉伯的西亚，这是一种二元心理划分，也为跨非洲的政策研究带来了挑战。

鉴于非洲各国和各地区的可用资料差异极大，本章分析很难做到系统而全面。因此，本章主要通过分析殖民时期至今的教育政策变化，反思"非洲"这一概念以及"全球化"对其的影响。在这里，弗格森（Ferguson）关于非洲的见解提供了有益的参考：

> "非洲"是一种塑造"世界"的范畴——这一范畴（和所有范畴一样）是历史和社会建构的产物……同时也是一种"真实"的存在，它是被强加而成的所以具有强制属性；人们必须在这种范畴之内生活并按照其规则生存（Fergueson，2006：5）。

其次，弗格森批判了通过"跨国流动"这一概念来描述全球化的论点。对他而言，"资本是在全球跳跃，而不是覆盖全球"（Ferguson，2006：38）。因此，这需要我们关注：

> 要认真看待非洲在全球化中的经历，就必须首先将对"全球化"和"新世界秩序"的讨论，转变为对全球范围内的成员关系、责任分配和不平等现象的探讨。即对构成全球社会的社会关系，其中的地位与等级，以及关系、权利与义务进行深入思考（Ferguson，2006：23）。

因此，"非洲"既是一个不断被重新定义的概念，也是一个真实的地方。本章将探讨高等教育，特别是法律教育，在塑造非洲未来中的作用。

本章包括五个部分。首先，在第二部分中，我探讨了殖民法律关系如何在独立后继续影响非洲的法律教育和法律制度。接着在第三和第四部分中，我概述了独立后不同时期的法律教育情况，从充满希望的政策时期到高等教育部门在 20 世纪 90 年代中期经历的严重衰退。第五部分开始探讨自 20 世纪 90 年代以来，国际资助者重新支持高等教育，并将这一政策转变置于更广泛的新自由主义思维中，分析其对非洲社会中大学角色的深刻重塑。本世纪见证了学生入学率在国际、区域、次区域和国家层面的稳步增长，但往往呈现出深刻的不平等（Chesterman，2009）。非洲的新式法学院遍地开花，涵盖了公立和私立大学，但对许多非洲人来说，学费昂贵，导致只有7%的高等教育入学率，这远低于其他地区（Boly，2018：18）。本章最后探讨了非洲高等教育（尤其是法律教育）总体上通过区域化和协调努力来实现发展的可能性和局限性。值得注意的是，数据缺乏使得对非洲法律教育的全面分析很难，而语言障碍使我的研究对象主要集中在非洲的英语区国家。

二、法律与法律教育在殖民非洲的角色

现代国家中法律教育的角色研究表明，法律教育对本地精英的培训在国家政策的制定和合法性建立中起着关键作用（Dezalay and Garth，2011）。然而，在殖民前的非洲，国家与法律职业之间的这种关系基本上是缺失的，因当时存在多种准国家或帝国国家结构。特别是在非洲北部，伊斯兰学堂（madāris）对培养能够在有/无国家的情况下解决纠纷的学者做出了重要贡献。世界上最古老的大学——开罗的艾资哈尔大学（Al-Azhar）始建于 975 年，长期以来在外国统治者下延续了伊斯兰法律教育的传统，并在去殖民化时代得以保留。然而，随着欧洲列强开始殖民非洲，分层的法律体系逐渐出现，将"国家"或"公共"殖民法律与本土的习俗实践分离开来。这种分化在北非大部分地区依然存在，那里的"私人法"深受伊斯兰教法（sharī'a）的影响，而其他法律领域则以法国民法为主。[1]在许多非洲地区，习惯法和国家法之间的分界仍然清晰可见。

尽管非洲拥有悠久的学术传统，但殖民主义的到来导致大多数学术机构要么被压制，要么被直接摧毁（Teferra，2007：557）。今天，非洲人对这些学习中心有所了解，但在马姆达尼（Mamdani）看来，"这一历史事实对当代非洲高等教育的影响微乎其微……因为当代非洲大学的知识生产模式普遍基于19 世纪和 20 世纪西方大学发展起来的学科体系"（Mamdani，2011）。殖民列强无意在"黑色大陆"建立这样的本土学术中心。无论是初等、中等还是高等教育，非洲人的教育并非殖民统治者的优先事项。在非洲法语区，教育被普遍视为可能引发当地民众抵抗的威胁（Devarajan，Monga，and Zongo，2011：135）。同样，英国对法律教育的破坏性力量持疑虑态度（Ndulo，2002：489），尤其是因为"印度民族主义运动曾由律师领导"（Ghai，1987：751）。

---

〔1〕　这不仅仅是欧洲殖民统治的产物，也源于奥斯曼法律本身的性质。奥斯曼法律日益倾向于通过卡农法（世俗法）而不是沙里亚法（sharī'a）来填补规范上的空白，同时，乌里玛（宗教学者）的权力支持了一种极度分散的法律解释实践。

由于二元化的习惯法和殖民法律体系将几乎所有非洲的法律问题都导向了习惯法，因此很容易忽视培养能够在这两种法律中均可胜任的本地律师。英国侨民和亚洲人往往占据殖民官僚机构和法院的上层职位。因为没有正式的认证体系，所以当地非洲人只能提供某种形式的法律协助，但对这种服务的社会需求并不显著（Ghai，1987：489-490）。然而，由于非洲在第二次世界大战中做出不可磨灭的贡献，殖民列强不得不为其职业教育提供更好的机会。因此，非洲的特权阶层可以获得奖学金，前往宗主国的大学学习，希望回国后能够为殖民地带来现代化的思想（Devarajan，Monga，and Zongo，2011：135-136）。然而，寻求法律教育的英属殖民地非洲人并非通过大学而是通过律师学院进入法律职业。[1]例如，在尼日利亚，这种方式在1945年正式确立，只有那些获得苏格兰、爱尔兰或英格兰律师执业资格的人才能在该地执业（Manteaw，2007：913）。到1959年，在律师学院注册的1251名学生中，有842人来自海外，其中438人来自英联邦非洲地区（尼日利亚人数最多）（TTomas，1971：6）。德扎莱（Dezalay）指出，这些人带着新知识武装自己，返回家乡：

> 殖民地边缘的律师因识字和通晓法律而成为帝国的盟友，同时也属于当地的权力阶层。他们既是合作者，也是叛逆者，既是帝国不可或缺的关键人物，又作为"人民的战斗先锋"推动帝国瓦解的核心力量（Dezalay，2017：25）。[2]

因此，在殖民时期，尽管面临诸多限制，本土律师仍能够以某种对话和协商的方式进入法律领域，讨论外国统治的性质（Karkwaivanene，2016：333-349）。[3]这种对法律的政治化解读后来影响了去殖民化早期的法律制度和法律教育方法。

在非洲独立前夕，当地非洲人的法律教育有所改善，但结果却带来了严

---

[1] 这是去殖民化早期教育中的一个特别棘手的问题。正如塔那那利佛（Tananarive）会议报告所指出的，"在某些国家，按照传统，法律和工程等某些专业培训完全或部分掌握在职业机构手中，而不是由大学负责。非洲的情况不应如此，大学必须准备接受更广泛的专业培训课程，以满足当地需求，无论这些课程是否符合欧洲大学的模式"（UNESCO，1962）。

[2] 我们也可以将本土律师视为"殖民体制的'弗兰肯斯坦'，他们在很大程度上颠覆了赋予他们职业生命的殖民体制"（Oguamanam and Pue，2007：783）。

[3] 另见 Karekwaivanene，2016；Karekwaivanene，2017.

重的问题和精英化倾向。由于英国律师资格培训主要专注于诉讼技能，却忽视了培养事务律师（solicitors）。因此，在英属非洲殖民地的独立进程中以及独立后，出庭律师（barristers）和事务律师（solicitors）之间的区别并不明显，法律实践主要集中于法庭诉讼。同时，主流法律文化偏向私人和商业实践，使得律师们对公益诉讼既缺乏兴趣，也缺乏这种技能（Manteaw，2007：916）。为数不多的律师群体也完全无法满足新兴非洲国家的需求。例如，1961 年，坦噶尼喀（后来的坦桑尼亚）100 名律师中只有 1 人是非洲人；在肯尼亚约 300 名律师中，非洲人不到 10 人；而在乌干达，约 150 名律师中只有 20 名左右是非洲人。有些国家甚至在独立时根本没有律师（Manteaw，2007：915-916）。更值得关注的是，在本地法律教育方面，1961 年，在伦敦律师学院中接受培训的非洲学生人数是所有英属非洲国家中部大学法学生人数（659 人）的 5 倍（联合国教科文组织，1962：109，149）。

三、冷战时期的去殖民化：20 世纪 50 年代至 70 年代非洲"发展型大学"中的法律与法律教育的承诺与失败

正是由于这些不足，高等教育成为非洲大陆在独立后发展规划中的核心要素。对非洲本土化高等教育的过高期望不应脱离资源严重不足的现实。以 1950 年为例，非洲 34 个国家中仅有 11 个设有大学；到 1962 年，这一数字增至 28 个。在此期间，大学数量从 16 所增至 41 所，学生入学人数也增加了 600%（Carrol and Samoff，2004b：77）。[1]因此，马姆达尼（Mamdani）认为，"非洲的大学主要是在后殖民时期发展起来的"（Mamdani，2012：87）。

联合国教科文组织（UNESCO）自 1945 年成立以来，在非洲高等教育中发挥了独特的作用，特别是通过开设论坛和信息分享。尤其是在最初的二十年里，UNESCO 的"目标是在根据新兴国家的发展需求塑造高等教育机构"（Lebeau and Sall，2011：130）。由此诞生了"发展型大学"的概念，并在第三世界进行推广，"其课程以学之即用的内容为主"（Lebeau and Sall，2011：131）。

非洲对通过高等教育实现发展的"强大信念"（Lebeau and Sall，2011：68）在 1962 年塔那那利佛会议的官方文件中得到了最好的体现。该会议由

---

〔1〕　一个非常典型的例子是开罗大学。该校在创校之初仅有 2027 名学生，而到了 1983 年，尽管校舍的设计容量仅为最多 35 000 名学生，实际入学人数却达到了 150 000 人（Farag 2007：700）。

UNESCO 主办，参会国包含了 31 个非洲成员国和准成员国。会议不仅为未来几十年非洲大陆高等教育的发展设定了全面的框架，还为非洲官员、联合国人员和（外国）高等教育专家之间的国际对话提供了平台。会议一致通过的序言值得引用，因为它生动反映了当时整个非洲大陆的希望：

> 非洲大学的建立和发展提出了关于其在非洲社会中确切角色的根本性问题：它们是否仅仅履行了欧洲大学几个世纪以来为其社会所承担的传统职能？是否应承担额外的责任，使其在某种程度上与传统的欧洲高等教育机构进行区分，同时更好地服务于非洲社会？它们能否在有效应对提升非洲社会迫切需求的同时，对标全球高等教育的标准？非洲大学和其他地方的大学一样，有责任通过教学和研究获得前沿知识……非洲大学如果做不到这样，它们将失去其国际身份……因此，除了提供广泛的通识教育，非洲大学还必须反映非洲社会的需求，培养具有相应技能的人才，以便他们能够充分、有效地参与到非洲大陆的经济和社会发展中。
>
> ……直到最近，非洲的教育几乎完全集中在对外国文明的研究上。大学的使命是明确和实现其所服务社会的理想。非洲大学的使命亦应如此。非洲高等教育不仅要为人类知识发展做出贡献，更应赋予非洲人民应有的地位以巩固非洲的团结。
>
> ……非洲的高等教育机构既是推动国家进步的主要工具，也是人民遗产的守护者，并在国际科技和学术领域为人民发声。这种集进步、守护和协作于一体的三重角色，是一个充满挑战的使命。塔那那利佛会议坚信，非洲高等教育能够成功并应对这一挑战（UNESCO 1962：1-3）。

这种将高等教育视为社会变革工具的理念，强调了其"实用性"，如农业、工程以及社会科学的作用。[1]法律和经济学的学者尤其成为公共行政和发展政策制定方面的先锋。[2]根据这种"现代化"的思维，法律和法律教育

---

[1] 例如，关于尼日利亚的问题。See Oloruntoba 2014：344；Paul 1987：18-28，21-22.

[2] UNESCO 1962，54-55："必须承认，在某些方面，经济学家、统计学家、律师和社会学家在非洲需要比其他国家的同行具备更高的资质，因为他们掌握的数据和信息（特别是统计数据）较少，他们在智识上更为孤立，在面临某些情况时，主要依赖自己的知识，并且不得不依靠想象力和个人判断，而发达国家的同行则可以咨询其他学科的专家。然而，这种情况仅适用于相对少数的高级专家，如负责制定发展规划的经济学家、管理人员、政府部门的经济顾问、研究人员，当然还有大学教师。"

主要被视为一种推动社会整体变革的技术工具，并喊出了"社会关联性"的口号（Carrol and Samoff, 2004b: 79）。然而，其技术能力还不足以促进社会变革；需要对律师进行广泛的社会教育，以便他们能够在社会各个领域发挥核心作用（Kapinga, 1992, 879）。1975 年，哈维（Harvey）在坦桑尼亚写道：

> 优秀的律师不仅应精通法律本身，还应了解法律所处的社会环境，以及社会如何推动法律的变革并受其影响。因此，我们教授的是现行东非的法律，但不止于此；我们将这些法律作为坚实的基础，以便思考未来的发展方向。通过这种方式，我们希望培养出不仅熟练掌握法律技术的律师……更重要的是，他们会在东非地区的社会经济背景下研究法律，从而具备提出有益见解的能力，参与到"应有之法"在东非的讨论中（Kapinga 1992: 880）。

无论是通过法律还是法律之外的培训，在这个机构快速发展的时期，发展型大学和发展型国家之间都密切相关。（Lebeau and Sall, 2011: 131）。

然而，尽管大学服务于新民族主义政治精英的利益，但它们也逐渐被怀疑地看待。"官方开始将批判性思维等同于对民族主义及民族主义精英的批判。事实上，大学处于一个矛盾的位置，因为它不仅是批判性思想的温床，也培养了政治对立的精英"（Mamdani, 2012: 87）。在大学作为制定新政策训练场所的同时，还需要保持其作为批判性思想自主空间的微妙平衡。[1] 为此，需要"在各地建立一种组织并聚集大量学者在一起生活的机构"，但在整个非洲大陆却极为少见。[2]

这种围绕大学角色的政治对立因资金有限而加剧。因此，外部介入在资金支持和智力援助方面都至关重要。尽管各国对高等教育提供了相当大的财政支持，但这些资金仍未能满足学生入学增长的预期，比如像塔那那利佛会议所设定的那样。1962 年，中非地区有 459 名法学生在读，而会议参与者希望到 1980 年将这一人数增加到 3075 人。要实现这一增长，必须建设更多的法学院。到 1972 年，非洲已有 43 所大学设有法学院。前殖民国家及新兴力量（如美国、中国、苏联和一些美国私人慈善机构）纷纷提供了直接或间接

---

〔1〕 关于这些紧张关系，另见 Oloruntoba, 2014: 344.
〔2〕 尼日利亚和南非就是这样的两个例子：Mamdani, 2012: 88.

的高等教育援助。从 20 世纪 50 年代至 70 年代，非洲高等教育的捐助者主要是两个国家机构——美国国际开发署（USAID）和英国海外高等教育校际委员会（由英国海外发展管理局资助）——以及法国和四大私人慈善组织：福特基金会、洛克菲勒基金会、凯洛格基金会（W. K. Kellogg Foundation）和卡内基公司（Coleman and Court，1993：14）。苏联的支持在资金规模上虽然不如英国或法国，但也很重要。1981 年至 1983 年间，来自英国、法国、美国、东欧和古巴的外部支持金额分别为 2.062 亿美元、3990 万美元、3630 万美元和 4000 万美元（Carrol and Samoff，2004b：86）。捐助者资助了新大学的创建、大学基础设施建设[1]、教材提供、奖学金、教师交流[2]、培训项目以及"学生空运"（Ogachi，2009：334）。所有援助都旨在促进高等教育的发展，但不同捐助方对这一关系的理解却有所不同。由于冷战对立，高等教育成了霸权竞争和角力的场所，非洲自身的看法反而往往被忽视。

对于法律教育来说，这些外国的资金援助伴随着对课程和教学方法的持续监督和引导。与殖民时期在宗主国进行法律教育的做法不同，独立后非洲的"发展型大学"需要从零开始创建法律课程。由于对律师的迫切需求，非洲国家普遍采用了英国的法律教育课程，仅进行了少量的本地化调整（Manteaw，2007：919）。这一务实的做法确保了在英国接受过培训的法律服务人员可以继续在非洲发挥作用。然而，实际上这种影响更加持久，这一模式至今仍未发生显著变化（Kahn-Fogel，2012：754-755）。

1960 年，伦敦委托丹宁（Lord Denning）勋爵编写一份关于非洲法律课程和法律执业认证系统的报告（Committee on Legal Education for Students from Africa 1961）。丹宁认为，非洲需要一批接受英式培训的职业律师；不过与英国律师不同，他理想中的非洲律师形象更为保守且非工具化（Harrington and Manji，2003：377-378）。该报告建议采用熟悉的双层普通法体系：大学学位

---

〔1〕 例如，美国国际开发署（USAID）支持的尼日利亚大学恩苏卡分校（University of Nigeria, Nsukka），其建立就是基于美国大学的模式。

〔2〕 例如，美国大学的非洲奖学金计划（African Scholarship Program of U. S. Universities）在 1961 年至 1965 年间资助了 1000 多名非洲学生的奖学金（Carrol and Samoff 2004b：78）。相反，苏联在莫斯科成立了鲁蒙巴人民友谊大学（Lumumba Friendship University），正如赫鲁晓夫 1960 年所言，该校旨在"为殖民和新殖民第三世界国家提供培训其国家工程师、农业专家、医生、教师、经济学家和专家干部的援助"。该校的法学院于 1995 年成立，拥有广泛的国际法教学课程，并对国际法和比较法教育表现出浓厚兴趣。参见法学院网站：Institute of Law, http://www. rudn. ru/en_ new/? pagec = 1278.

教育之后加上一年"完全服从一位有经验导师"的"学徒期"（Harrington and Manji, 2003: 393）。这一建议的部分原因在于确保在国外（尤其是英国）接受培训的律师能够获得本土的实际技能。然而，这种将法律理论与实践人为分离的做法——尽管法律教育具有促进发展的目标——却导致学生在广义上的公共利益法律工作方面准备不足（Harrington and Manji, 2003: 393）。这种法律培训延续了殖民时期对私人和商业诉讼的重视，并增加了协助法院和政府行政管理的新维度（Manteaw, 2007: 919）。在丹宁的设想里，并未希望通过法律教育来实现更广泛的社会变革，这也不符合传统的英国教学模式。

即使在丹宁报告发布数十年后，英国在非洲普通法世界中依然具有重要影响力，表现在非洲对英国法律规则、教科书（Ghai, 1987: 755-760）和教师的依赖（尤其在早期阶段），以及其在南非的重要法学区域中心地位。因此，恩杜洛（Ndulo）在2002年撰文指出：

在前英国殖民地中，大部分规则直接来自英文教科书；在非洲背景下，学习英国的规则比学习本地规则更容易，因为尽管独立已有四十多年，使用本地教材的困难依然巨大。直到最近，非洲法院的判例报告往往仍难以获取。本地出版的书籍和其他材料极少，即便存在，也常常绝版或难以找到（Ndulo, 2002: 492）。

英国在国际法律教育市场中的显著地位，使得非洲各大学在寻求教学和社会去殖民化的过程中，保留英式课程特色成为一把"双刃剑"。

英国利用其殖民优势，在推动英语国家法律教育的早期独立进程方面发挥了主导作用。然而，20世纪60年代的"发展十年"中，由美国主导的"法律与发展"运动迅速成为英语非洲地区最重要的外国影响力。[1]尽管"美国官方援助机构对法律和法律教育兴趣不大"（Paul, 1987: 23），福特基金会通过其雄心勃勃的SAILER（Staffing of African Institutions of Legal Education and Research）计划，在1962年至1977年间为一些新独立的国家填补了这一空白。该计划的实施包括三部分内容：①资助美国资深法律学者在非洲法学院任教；②资助美国新晋法律毕业生担任非洲的教学研究员；③为特定法学院提供西方学术领导（Krishnan 2012: 280-281）。与英国方法不同，这

---

〔1〕 特别是在1962年于加纳阿克拉和莱贡举行的法律教育会议之后（Bainbridge, 1972: 71）。

些美国学者"采用了更具临床性的教学方法，旨在让学生积极解决'真实'的社会问题"（Harrington and Manji，2003：396-397）。这种"法律与发展"教育模式（即"自由法律与公共政策课程和学术的企业家精神"）（Krishnan，2012：283）体现了对法律和法律教育的工具主义解读[1]，能够在社会变革中发挥基础性作用。[2]美国和本地的教育工作者强调，仅具备狭隘的技术技能是不够的，非洲法律学生需要对社会发展具有开阔的认知（Krishnan，2012：302-303）。[3]

正如学术潮流所展现的一样（Trubek and Galanter 1974），随着一系列政治变化的发生，这类合作关系在 20 世纪 70 年代受到质疑，包括越南战争的影响、非洲对本地教师需求的增长以及对法律在发展型国家中角色的重新评估（Paul，1987：23）。在 SAILER 计划后期，越来越多的非洲人获得资助前往美国或英国学习，而不是由美国人担任非洲的教师和学校领导（Krishnan，2012：267）。一位学者回顾他参与这一事业的经历，总结了他对非洲人或其外国合作伙伴的态度从乐观到现实的转变：

我曾指出，当我们开始在非洲创建法律教育及其研究时，受到了一种时代精神的推动——"Zeitgeist"（时代精神）。时代在变迁，随之而来的主流观念也在变化。在此之后的岁月里，我们所尝试的努力充满了疑虑和批评。我们接收到有关法律帝国主义和对美国法律及法律教育的指责，这些批评不仅在非洲还遍及全球。毫无疑问，其中确实存在着某种天真和无知，这很快被人们认识到，进而促使人们将"法律与发展"视作一个严肃的研究领域。但我相信，这些批评与其说是由于我们可能存在的错误或愚蠢行为导致的，不如说是因为更广泛的时代精神的转变。指引我们早年行动的整个"发展"观念在 20 世纪 70 年代转折之际受到了严重质疑甚至否定。政府不再被视为仁慈的力量，政府规划陷入"危机"，人们对外国援助构建国家机构的能力逐渐

---

[1] 有关将法律视为工具主义的深刻思考，参见 Ghai，199：8-20.

[2] 这在弗里德曼（Friedman）的话中得到了有力的表达，他在 20 世纪 60 年代曾在多个非洲国家教授关于公共公司和外国投资的研讨会："当代律师……在发展中国家必须成为发展计划中积极且负责任的参与者"（引自 Paul，1987：22）。

[3] 据杰拉蒂（Geraghty）所述，"20 世纪 60 年代和 70 年代初的'法律与发展'运动是美国法律教授和基金会试图向非洲教授引入西方法典、教育和法律体系以支持经济发展"（Geraghty and Quansah 2008：56）。

失去信心。我们进入了一个更加注重公平、直接满足最贫困群体基本需求的时期。大学的发展被批评为偏向国家精英，基金会在法律方面的兴趣也转向对贫困者的法律援助和人权领域（Sutton，1986：23-24）。

尽管这种美国专业上的直接影响力在逐渐消退，但我们将看到在未来几十年里，以宗主国为导向的不同议程将继续对高等教育整体产生深远的负面影响。

四、从私有化到商业化：20 世纪 70 年代至 90 年代非洲高等教育的贫困化与再殖民化

如果说独立后紧随其来的高等教育的主要趋势是通过大学建设国家，那么到了 20 世纪 70 年代，在债务危机的阴影下，这些目标受到了持续的来自内部和外部的批评。来自国内外对高等教育的资助未能实现预期的转型。随着外界对日益腐败的国家精英（其中许多人曾在不完善的国内机构受过教育）的幻灭，非洲大学开始承受更大的压力。曾经被国家官员视为盟友的大学，越来越被看作政治动荡的温床，问题不断。各种形式的国家控制以及缺少财政上的支持，使得大学偏离了最初的目标，同时也滋生了政治上的反对声音。在此期间，大学的性质逐渐发生变化，从 "1972 年在阿克拉非洲联盟研讨会上提出的 '通过知识和技能创造财富，实现非洲社会现代化'" 的目标，转向了培养公务员，主要目的是提供就业并促进社会政治稳定（Devajaran and Zongo，2011：137）。

在面临迫在眉睫的经济危机之际，大学进一步受到来自北方捐助者心态转变的冲击，到 20 世纪 70 年代中期，捐助方已放弃通过高等教育实现发展的理念。例如，1975 年英国政府的白皮书《英国援助政策的重点转变：更多地帮助那些最贫困者》提出了对 "基础教育" 而非高等教育的重新关注（Lebeau and Sall，2011：133）。[1] UNESCO 继续试图弥合政策观点上的分歧，一方是全球北方国家的自由发展主义，另一方是全球南方国家依赖理论对欠发展的解读。然而，在 1984 年，美国退出了 UNESCO，次年英国和新加坡也相继退出。这一举动削减了 UNESCO 四分之一的预算，并 "使其在教育改革领导角色，以及其倡导的教育体系扩展方面的工作受到阻碍"（Kim and Boyle，

---

〔1〕　这一理念在 1990 年的 "全民教育世界会议" 中形成了制度（Haddad，1990）。

2013：124）。

随着 UNESCO 的影响力逐渐减弱，世界银行作为教育捐助者的力量越来越强，到 20 世纪 80 年代，其贡献几乎是联合国的两倍（Lebeau and Sall，2011：134）。与 1975 年英国白皮书类似，世界银行对投资于高等教育持高度怀疑态度。世界银行的政策受人力资本理论的影响，强调实用主义，主张投资于"劳动力需求"（Carrol and Samoff，2004a：9），研究表明小学教育的公共投资回报率要高得多（Lebeau and Sall，2011：135）。[1]根据这一理论，高等教育更像是对个人的投资，回报率远高于对整个经济的贡献。这种基于市场的高等教育理论未能阐明教育转型的社会意义。对人才外流的担忧以及教育成本与非洲社会潜在损失之间的片面理解，使得世界银行积极阻止对高等教育的资助，无论是对直接援助国还是通过其广泛的议程设定影响非援助国。例如，撒哈拉以南非洲地区每个高等教育学生的公共经常性支出从 1975 年的 6461美元下降到 1983 年的 2365 美元（Carrol and Samoff，2004a：4）。[2]尽管世界银行在 1994 年的报告中重新关注高等教育，并与 UNESCO 合作，努力扭转 20 世纪末的不良趋势，但这些外国政策的长期影响仍在非洲地区留下了阴影。[3]

在预算缩减的压力下，各国政府和大学被迫重新评估高等教育的资助方式，以应对结构调整计划。传统上由家庭负责承担小学和中学教育费用的背景下，国家倾向于资助高等教育，为其提供免费学费和生活费。此类支持体现了国家对教育（特别是高等教育）在非洲去殖民化进程中发挥核心作用的信念。随着国际金融机构（IFIs）在 20 世纪 70 年代末将结构调整政策（SAPs）引入非洲，这一模式在国家和国际层面都面临日益增大的压力。在此期间，世界银行不仅积极反对高等教育，还在 20 世纪 80 年代和 90 年代主导了大学资助和治理结构的调整。除倡导大学部门的更大自主权和对利益相关

---

[1]　另见 Bloom, Canning, and Chan 2006：2.

[2]　另见 Nesiah 2013：378.

[3]　正如冈比亚共和国 2002 年时任教育国务秘书安·特雷塞·恩东-贾塔夫人的话所说，"获得世界银行教育部门援助的条件是，非洲国家必须将资源从高等教育转移转向基础和初等教育……非洲政府抗议称，在为人民提供教育的问题上，不能仅仅局限于初等教育或中等教育，甚至是高等教育……不言而喻，在世界银行和国际货币基金组织附加条件的巨大压力下，他们输了这场战斗，非洲的高等教育几乎被摧毁。至今，许多国家仍未能从这场对非洲高等教育的打击中恢复过来。我们一些最优秀的机构因此几乎被摧毁，这要归咎于那些宣称帮助我们的伙伴强加给我们的错误政策。我们从他们那里得到的，是致命一吻"（引自 Carrol and Samoff，2004a：1）。

方的责任之外，世界银行还推动了费用分担，要求学生承担部分成本。通过这些政策，世界银行得以全面重构国家与社会的关系。因此，在费德里奇（Federici）看来，SAPs 等同于再殖民化，标志着塑造学生与国家关系的"社会契约"的终结——这曾使教育成为社会进步和公民参与的关键（Federici，2012）。

为了争取资金，大学往往不得不招收越来越多的学生，同时开展一系列准商业活动，如咨询报告的撰写（Oloruntuba，2014：345）。这一点在马姆达尼（Mamdani）对其所在大学——马凯雷雷大学（university of Makerere）所经历危机的描述中得到了精彩的体现：

马凯雷雷大学沉迷于接收自费学生，并伴随着极端的去中心化，而去中心化反过来也推动了这一现象。不同的群体出于各自的原因推动去中心化。世界银行认为，推动市场力量在大学中发挥作用的最有效方法是给予创收单位最大的自由。在大学内部，去中心化被包装成正义的语言：大学内的激进支持者主张，大学属于那些在其中工作的人员，尤其是学术工作人员，学生缴纳的学费应当视为对学术工作人员劳动的正当回报。尽管这种私有化的理念偏向于学术工作人员，但在这一改革理念中，仍然没有为更广泛的公共利益留出空间（Mamdani 2007）。

马姆达尼记录了法学院在意识形态上最坚定地支持去中心化的现象（Mamdani，2007：197）。其中一个原因是该学院在创收方面相对有优势，并希望对资金有更大的控制权。接收自费学生将带来更多收入，因此在 20 世纪 90 年代，法学院自费学生人数显著增加（从 1993—1994 学年的 61 人增加到 1996—1997 学年的 150 人）（Mamdani，2007：197）。学生人数在十多年间从 86 人剧增至 392 人（Mamdani，2007：55），与此同时，政府资助减少，整体学术水平下降（Mamdani，2007：165）。

马姆达尼对非洲大学所面临压力的讨论，强调了这不仅仅是资金短缺的问题。相反，马姆达尼通过对马凯雷雷大学的分析以及他更广泛的研究指出，非洲在（新自由主义）世界中的地位导致了知识上的依赖。一旦去殖民化的乐观情绪和国家大学的承诺在债务危机的影响下将变得空洞无力，我们可以将这一时期视为再殖民化的过程，最直接的是通过国际金融机构和外国非政府组织实现的再殖民化，但更深层次上是非洲思想本质上的再殖民化。马姆达尼通过马凯雷雷大学从私有化到商业化的经历讲述了这一转变。

私有化是市场与大学之间的一种外部关系，即大学向付费学生开放大门，但并未调整其课程以适应市场需求。然而，商业化则引发了更为深刻的转变，不仅涉及大学与市场的外部关系，还包括大学内部的知识生产过程以及不同学术单位之间的内部关系（Mamdani，2007：118）。

这种商业化的逻辑在 21 世纪只会愈加强化。

我们还可以将法学院的政策置于法律教育资金的国际背景中加以解释。我们看到，在 20 世纪 50 年代到 70 年代间，非洲法律教育得到了来自公共和私人捐助者的巨大支持。然而，随后"外部捐助者（非洲以外的政府和基金会）……几乎放弃了对非洲法律教育的支持"（Geraghty and Quansah，2008：54）。[1]法律与发展运动的失败最终促使捐助者转向"发展的法"模式（Geraghty and Quansah，2008：545-556），这一模式强调本地能力建设和"良治"，重点在于司法培训，而不是整体的法律教育。法律教育与发展的广泛联系未被重视，反而成了专门政策减贫计划的组成部分。这种计划反映了诸如千年发展目标之类的国际宏伟蓝图，即通过"高等教育层次的人力资源开发"培训一系列法律学科，包括商业法、矿产法、合同法、土地法、贸易法和人权法。[2]这种技术官僚化的法律教育偏好反映了捐助者越来越倾向于只资助那些直接支持新自由主义发展逻辑的学科，如科学、经济学，特别是信息与通信技术（ICT）。[3]例如，卡平加（Kapinga）记录了 20 世纪 80 年代国际金融机构在坦桑尼亚推行的私有化政策如何促使学生偏向学习税法、公司法和商业法等学科，这些课程有时由北方国家学者授课。类似于乌干达的马凯雷雷大学，"保守的资产阶级法律教学方法已大体上覆盖了达累斯萨拉姆（Dar es Salaam）法学院"（Kapinga，1992：883）。

---

〔1〕 例如，由卡内基公司、福特基金会、约翰和凯瑟琳麦克阿瑟基金会以及洛克菲勒基金会于2000 年发起的非洲高等教育伙伴关系（现包括克雷斯基金会、威廉和弗洛拉·休利特基金会以及安德鲁·梅隆基金会），并未为非洲的法律教育提供支持，且似乎没有此类计划。

〔2〕 在 2009 年的报告中，世界银行评估了 14 个撒哈拉以南非洲国家的减贫战略文件（PRSPs）中特定政策对高等教育的影响（世界银行，2009）。关于 PRSPs 中高等教育的地位背景，请参见 Bloom, Canning, and Chan 2006：6-7.

〔3〕 例如，奥洛伦托巴（Oloruntoba）指出，在一个由世界银行资助的项目中，向尼日利亚提供了2.3 亿美元用于支持该国的科学和技术领域，但未为社会科学提供任何资金（Oloruntoba，2014：348）。

五、21世纪的非洲法律教育：区域化与国际化 VS. 全球化与新殖民主义

"20世纪90年代末期，非洲高等教育开启了一个新时代，领先的智库机构和主要捐助方将高等教育的地位提升至重要的政策和资源议程"（Teferra，2007：567）。尽管依然受限于长期的资源短缺和不断增加的学生入学人数，[1]非洲大学至少在支持高等教育的国际政策趋同浪潮中进入了21世纪。笔者认为，尽管非洲高等教育，尤其是法律教育确实取得了一些进展，但高等教育全球化实际上加剧了非洲国家和社会内部、跨境和国际上的各类不平等。[2]随之而来的国际化、区域化和次区域化努力只能在一定程度上抵消新自由主义视角下将教育视为一种（可交易的）服务商品的主流趋势，它们却又处于一个高度不平等的全球化知识经济中（Lebeau and Sall，2011：143）。

如同在20世纪末的情况一样，世界银行和UNESCO继续在国际层面充当高等教育的主要政策制定者。然而，两者的合作有时并不合拍。如前所述，世界银行在结构调整政策时代成为该领域中日益重要的角色，当时高等教育被抛弃，取而代之的是"全民教育"。然而，这种短视的做法最早在世界银行1994年的报告《高等教育：经验教训》中受到质疑，尽管报告主旋律依然是支持私有化（Lebeau and Sall，2011：136-137）。[3]到了2009年，UNESCO也不得不承认，"现代大学的导向似乎已从社会知识转向市场知识"（Meek，Teichler，and Kearney，2009：53）。[4]1999年，世界银行显示出高等教育投资与经济发展之间的正相关性，并与UNESCO共同成立了一个特别工作组，促成了2000年发布的报告《发展中国家的高等教育：风险与希望》。报告中承认，"狭隘的（并且在我们看来是误导的）经济分析助长了这样一种观点，即对大学和学院的公共投资与对小学和中学的投资相比回报微薄，高等教育加剧了收入不平等"（The World Bank，2000：10）。该报告消除了这一观念的最后疑虑，并通过强调知识经济和全球化，呼吁对高等教育领域给予大力支持。

---

〔1〕　关于一些有用的学生入学统计数据，参见 Varghese，2016.

〔2〕　非洲只是全球化加剧后高等教育不平等现象的最极端例子。详情请参见 Altbach，2007：124.

〔3〕　Robertson 将该报告的四项改革策略总结为："（Ⅰ）加大机构的差异化，包括发展私立机构；（Ⅱ）为公共机构提供多元化资金来源的激励措施，包括与学生分担成本；（Ⅲ）重新定义政府在高等教育中的角色；（iv）引入优先考虑质量和公平目标的政策"（Robertson，2009：120）。

〔4〕　特别是1998年的《世界发展报告——知识促发展》，据罗伯森（Robertson）称，该报告"为世界银行在接下来十年中关于知识经济的大部分工作奠定了基础"（Robertson，2009：121）。

国际组织（如世界银行、经合组织、世界贸易组织和欧盟）以及主要双边捐助方在所谓的知识驱动型经济发展中对高等教育角色的共识，使这些机构获得了"看似合法的分析，从而更有能力直接且公开地干预国家高等教育事务"（Lebeau and Sall，2011：138）。世界银行创建的知识经济指数就是这样的政策工具之一，它根据"经济和制度体制、教育、创新以及信息和通信技术对知识发展的有利程度"对经济体进行排名（Bloom, Canning, and Chan，2006：9）。非洲国家在这些排名中表现不佳，而这些排名未能反映出非洲大陆面临的特殊挑战。[1]

衡量高等教育的全球标准的推动，反映了 21 世纪初加速的全球化和国际化这两个关键且相互关联的趋势。20 世纪 90 年代和 21 世纪初的许多高层捐助方报告都集中于如何在一个日益依赖服务贸易和知识经济的全球化世界中加强高等教育的供给。关于高等教育全球化的学术研究通常呈现出两种倾向：一种视其为增加学生、学术人员和知识流动的机遇；另一种则认为这是一个危机，因其过度强调大学作为职业培训和商品化的场所，落入了"美国化"的框架之中（Chou, Kamola, and Pietsch，2016）。

在高等教育文献中，国际化通常被视为对抗全球化不可逆力量的潜在积极因素（Altbach，2007：123）。奈特（Knight）在文献中经常被引用，她为自己"中性"的"国际化"定义辩护，强调其聚焦于教育的功能和目标。因此，她将国际化定义为"将跨国的、跨文化的或全球视角融入高等教育的目标、功能（主要是教学/学习、研究、服务）或提供方式的过程"（Knight，2013：85）。通常，国际化包括"派遣学生出国留学、在海外设立分校，或参与某种类型的跨机构合作"（Haddad，2009：iv）。此外，还可以加入"多国化"的概念，即"指在一个国家开展的学术项目或机构在其他国家提供学位、课程、证书或其他资格认证"（Altbach，2007：123）。这种实践常常出现在区域背景中，例如后文所述的非洲高等教育环境。

这样的国际化描述确实有助于理解问题，但它们只揭示了部分动态，尤其当我们将目光转回非洲高等教育领域时更是如此。[2]世界银行一直在推动"良治""自主"公立大学的建立，并在资助中不断引入更多私有化的研究和教学

---

〔1〕 罗伯森讨论了世界银行的其他一些"知识"指标（Robertson，2009）。
〔2〕 例如，乔维（Jowi）（2009）指出了国际化带来的许多负面和正面影响。另请参见 Singh，2010.

模式。而对非洲国家来说，资金环境支离破碎，严重倾斜于向宗主国的奖学金和捐助方驱动的研究项目上，[1]而非投入非洲的国家和区域性计划。[2] UNESCO 的研究难能可贵地揭示了国际化教育中的深刻问题：

在过去几十年间，各国高等教育体系之间以及国内的不平等都在加剧。学术界一直具有"中心"与"边缘"的区分。最好的大学通常凭借其卓越的研究能力和声誉而被视为"中心"。以非洲大学为例，它们在全球高等教育舞台上立足非常困难——几乎未在世界大学排行榜上取得过一席之地，全球研究成果的占比也微乎其微（Haddad, 2009：18）。

尽管存在"学术体系差异化"的可能性，UNESCO 指出，实际上大学普遍呈现出"同质化倾向"，即所有大学都试图遵循一种模式（Haddad, 2009：18）。正如尼亚姆尼奥（Nyamnjoh）所说，对于非洲而言，这是一种对北方知识的"模仿"（Nyamnjoh, 2012：336）。周（Chou）等人也质疑 UNESCO 的这一叙述，指出"跨国高等教育具有明显的同质化"（Chou, Kamola, and Pietsch, 2016）。全球化的评估标准让全球北方的顶尖高等学府凭借其声誉在国际化教育的"新帝国"中占据主导地位。[3]在这种极度不平等的体系中，一些美国大学的捐赠基金规模甚至超过了非洲国家的 GDP（国内生产总值）。因此，非洲的高等教育不能仅仅按照"全球化"或"中立"的标准来评估。如果这些大学要成为真正的"非洲大学"，而不仅仅是"位于非洲的大学"（Kamola, 2014：604），那么它们的研究和教学方式必须不仅对全球精英有意义，

---

〔1〕 正如洛克菲勒基金会驻内罗毕代表大卫·科特（David Court）所言，"一方拥有资源，另一方则渴望获取。为了获得资源，申请人几乎无法避免地调整自己的方式，以迎合捐助者已知或预期的偏好，这一过程导致了自我限制，从而减少了自由。捐助者兴趣的变化必然会引发学者的相应回应，使他们接受那些相较于个人或机构更低优先级的课题，而这些课题往往只是外部议程的需求"（quoted by Zeleza, 2002 in Oloruntoba, 2014：347）。

〔2〕 撒哈拉以南非洲教育部门的国际援助中，四分之一（约每年 6 亿美元，2002 年至 2006 年平均数）被分配给高等教育。这些援助的大部分是双边援助，且由于捐助者之间缺乏协调，援助高度分散。不幸的是，这些援助对国家能力建设的影响有限，因为仅有 26% 的援助是直接投资在当地的。双边援助的主要部分是奖学金，受益者为在国外学习的非洲学生所在国的大学。多边援助则面向当地的部门投资，但仍然不足。事实上，基础教育优先的趋势依然存在，尽管来自非洲开发银行和世界银行的援助出现了多样化的鼓励迹象，越来越多的援助以整体预算支持的形式提供，各国政府也开始向国际组织提交其他优先事项的请求（如金融危机、粮食危机和能源危机）（Haddad, 2009：9）。另请参见 The World Bank, 2010.

〔3〕 参见 Naidoo, 2011.

还要回应本地、国家、次区域和区域的政治关切。最重要的是，即便面对各种压力，这些大学也需要坚持批判性的知识探索。[1]

为整合非洲高等教育资源与专业知识，并应对海外留学后常出现的"人才流失"现象，各种区域性倡议应运而生。[2]如今，关于高等教育全球化、国际化和区域化之间的相似性和差异性的研究文献相当丰富，无论是在非洲还是其他地区。全球化通常与区域化和国际化的互补实践形成对比。与国际化的定义类似，奈特关于区域化的定义也常被引用：区域化是"在一个被称为区域的范围或框架内，建立高等教育相关方与制度之间更紧密的合作与联合的过程"（Knight，2013：349）。她承认在非洲，这一概念可指代各种语言、地理和文化上的次区域，但通常这一"区域"也可理解为整个非洲大陆。[3]值得注意的是，一些区域性和次区域性组织（如非洲大学联盟、南部非洲区域大学联盟以及东非大学间理事会）[4]，以及相关的期刊和会议，都致力于推动教学和研究的更大协作。[5]通过 2014 年 12 月的《亚的斯亚贝巴公约》（Addis Adaba Convention）实现课程教学的统一，可能是推动非洲大陆课程一致的最重要进展。尽管非洲在课程统一方面早于其他地区，并于 1981 年首次推出了《阿鲁沙协议》（Arusha Agreement）[6]，但当时批准的国家较少，近期的课程统一努力需要在全球统一趋势的背景下理解，这一趋势主要由欧洲

---

[1] 这体现在卡莫拉（Kamola）对开普敦大学（University of Cape Town，UCT）处理马姆达尼（Mamdani）事件的描述中。在 1996 至 1999 年期间，马姆达尼在非洲研究中心（Centre for African Studies）开设的课程"问题化非洲"被校方拒绝，导致他最终离开。卡莫拉认为："'任何大学'追求的'卓越'不仅仅是拥有种族多元化的教职员工和学生（尽管这很重要），或强调 UCT 的'全球'排名，而在于营造一种能够被'政治变革之风'所影响的环境。"在 UCT 的案例中，马姆达尼认为卓越应当通过学校在多大程度上帮助学生拥抱后种族隔离时代南非的激进政治和知识潜力来衡量（Kamola 2011：160-161）。2018 年，马姆达尼被任命为 UCT 非洲研究中心的荣誉教授，距离他最初在该校的艰难时期已将近二十年。参见 https://www.news.uct.ac.za/article/-2018-05-30-mamdani-rejoins-uct. 值得注意的是，UCT 作为一所"历史上以白人为主"的特权院校，在近年来的"罗德必须倒下"运动中处于前沿，该运动旨在推动大学及其课程去殖民化（Luckett 2016）。另见 Mamdani，2008.

[2] 关于"人才流失"问题，请参见乔维（Jowi）2012 年的研究。

[3] 最近对这一问题的评估，请参见奈特（Knight）和沃尔德吉奥吉斯（Woldegiorgis）2017 年的研究。

[4] 关于后者的讨论，请参考 Jowi，2009：263~281.

[5] 例如，参见 Teferra，2007：567。此外，还可参考 Sehoole and de Wit，2014.

[6] 关于协调问题，请参考奈特（Knight）2013 年的著作。

的"博洛尼亚进程"（Bologna process）〔1〕主导（通常由 UNESCO 推动）〔2〕，而非洲则致力于保留和提升本土培训和专业知识。

本章不涉及对这些区域性倡议的详细探讨，但至少需要将这些努力置于高等教育新自由主义化的更广泛模式中，无论是在非洲还是其他地区。泰勒（Taylor）警告：

不应将区域化简单地视为走向区域自给自足的一种逆向反应。相反，这种区域化描绘出在资本主义全球经济中相互竞争的政治经济空间的整合。显然，没有所谓"自然"的区域，区域必须被构建。现有的区域主义项目反映了新自由主义世界秩序的驱动力，这是区域精英所处环境的自然结果（Taylor 2003：314）。

如果将这一点应用于非洲的高等教育，即使非洲精英可以尝试构建替代性的制度，甚至知识体系，但在由巨大物质不平等构成的环境中，他们的成功机会也将十分有限。

法律教育的跨国化是对全球化知识经济中跨国监管日益重要的回应。接受法学院培训的律师具备必要的技能和人脉，能够在不同的法域中灵活应对。然而，开启这样的职业生涯需要资源，而对于大多数非洲法律学生而言，进入这些精英教育的机会极为有限。最好的途径是获得前往北方知名法学院的奖学金，或进入非洲大陆的区域性法律培训中心，例如南非，目前中国也为其提供了新的机会。〔3〕

南非拥有悠久的大学传统，与英国法律体系和英语语言有着紧密联系。后种族隔离时期的南非是培养有志进入跨国法律实践的非洲律师最重要的国家。南非还推动了一系列社会正义的平民倡议，尤其是在国内外推广法律诊所模式。〔4〕

---

〔1〕　有关博洛尼亚框架对非洲影响的批判性评估，请参见 Croché and Charlier, 2012; Shawa, 2008.

〔2〕　Hartmann, 2008.

〔3〕　尽管中国并未将法律教育作为优先事项，但自 2000 年中非合作论坛（FOCAC）成立以来，中国大幅增加了对非洲高等教育的支持。最值得注意的是 2009 年启动的中非高等教育机构"20+20 合作计划"，该计划支持中国最新的计划，即在 2019—2021 年中非合作论坛行动计划中，向非洲学生提供 5 万份奖学金，供其赴中国留学；详见中非合作论坛行动计划（见第 4.3 节）。有关中国对非洲高等教育贡献的概述，请参阅 Gu, 2017.

〔4〕　关于南非法律诊所教育在尼日利亚的影响，详见 Krishnan and Ajagbe, 2018：235-238.

虽然南非的大学可以尝试打造独具特色的"非洲"课程，[1]尤其是针对那些有志进入国际企业和商业领域的学生，但"全球化"模式屡屡压倒本土模式（Klaaren，2015）。这在一定程度上源于南非在全球中的相对弱势地位，导致其物资有限。[2]

六、结论

无论是针对法律教育，还是广义上的高等教育，非洲的案例显示出其在全球化知识经济中处于边缘地位，使其特别容易受到来自物质和知识层面相互作用的各种支配与压制。即使是本章引用的大多数非洲学者也阐述了这一点。尽管他们的批判性反思为抵抗北方霸权提供了宝贵的见解，但我们也需承认，这些学者往往本身就融入了北方高等教育的特权体系。弗格森（Ferguson）提醒我们："'全球化'并不是通过'流动'将相邻空间连通并促进，相反，它以跳跃的方式高效连接网络中的特权节点，同时同样高效地排斥节点之间的区域。"[3]如今，全球法律教育和法律实践中的大部分特权区仍位于北方。如果非洲想要从中受益，很难想象能在物质和知识上获得足够的自主权。这并不意味着区域内共同课程和培训的发展努力可以被忽视，但在构建适合现代非洲的法律教育模式时，最大的挑战依然在于从知识层面去重新思考"非洲"及法律在其社会转型中的作用。法律既可以作为实现去殖民化的未来社会变革工具，也可能促成根深蒂固的殖民和新殖民依赖关系。在充满变数的高等教育跨国市场中，非洲法学院必须在各种竞争利益间取得平衡，它们中的很多利益实际上进一步加剧了非洲在（知识和法律）财富上的不平等。

参考文献

Aiyedun, A. and A. Ordor（2012）."Accessing Justice within Plural Normative Systems in Africa: Case Study of South Africa," *African Journal of Clinical Legal Education and Access to Justice*

---

〔1〕 关于 Mamdani 尝试创建非洲课程的精彩论述，详见他在 Mamdani，1998：63-75 和 Kamola，2011 中的概述。

〔2〕 关于南非在其他非洲国家和全球市场之间有限的调解可能性，详见 Alden and Schoemen，2015；Ogunnubi and Akinola 2017.

〔3〕 Ferguson，2006：47.

1: 49-72.

Alden, C. and M. Schoemen (2015). "South Africa's Symbolic Hegemony in Africa," *International Politics* 52 (2): 239-254.

Altbach, P. G. (2007). "Globalization and the University: Realities in an Unequal World," in J. J. Forest and P. G. Altbach, eds., *International Handbook of Higher Education.* pp. 121 – 139. Springer.

Altbach, P. G. , L. Reisberg, and L. E. Rumbley (2009). *Trends in GlobalHigher Education: Tracking an Academic Revolution: A Report Prepared for the UNESCO 2009 World Conference on Higher Education.* United Nations Educational, Scientiffc and Cultural Organization.

Arjona, C. , J. Anderson, F. Meier, and S. Robart (2015). "What Law for Transnational Legal Education? A Cooperative View of an Introductory Course to Transnational Law and Governance," *Transnational Legal TTeory* 6 (2): 253-286.

Arowosegbe, J. O. (2016). "African Scholars, African Studies and Knowledge Production on Africa," *Africa* 86 (2): 324-338.

Arthurs, H. W. (2009). "Law and Learning in an Era of Globalization," *German Law Journal* 10 (1): 629-640.

Bainbridge, J. S. (1972). *The Study and Teaching of Law in Africa: Survey of Institutions of Legal Education in Africa.* Fred B Rothman & Co.

Basedow, J. (2014). "Breeding Lawyers for the Global Village: The Internationalisation of Law and Legal Education, "in W. Van Caenegem and M. Hiscock, eds. , *The Internationalisation of Legal Education: The Future Practice of Law.* pp. 1-18. Edward Elgar Publishing Limited.

Blommaert, J. (2000). "Language in Education in Post- colonial Africa: Trends and Problems," *Conference on Language Policy— Trends and Perspectives.* Conference on Language Policy—Trends and Perspectives, City University of Hong Kong. https://www. researchgate. net/publication/290446865_ Language_ in_ education_ in_ post-colonial_ Africa_ Trends_ and_ problems

Bloom, D. E. , D. Canning, and K. Chan (2006). Higher Education and Economic Development in Africa. Accessed June 8, 2018. http://ent. arp. harvard. edu/AfricaHigherEducation/Reports/ BloomAndCanning. pdf. https:// www. researchgate. net/ publication/ 281028088_ Higher_ Education_ and_ Economic_ Growth_ in_ Africa

Boly, H. , H. Boukary, A. Byll-Cataria, T. Chehidi, K. Kinyanjui, and D. Teferra, eds. Continental Education Strategy for Africa: 2016-2025. Accessed June 8, 2018. https://au. int/ sites/default/ffles/documents/29958-doc-cesa_ -_ english-v9. pdf.

Botha, M. M. (2010). "Compatibility Between Internationalizing and Africanizing Higher Education in South Africa," *Journal of Studies in International Education* 14: 200-213.

Boulle, L. (2014). "Isolationism, Democratisation and Globalisation: Legal Education in a Developing Country," in W. Van Caenegem and M. Hiscock, eds. , *The Internationalisation of Legal Education: The Future Practice of Law.* Pp. 48−69. Edward Elgar Publishing Limited.

Britz, J. J. and S. Ponelis (2012). "Social Justice and the International Flow of Knowledge with Speciffc Reference to African Scholars," *Aslib Proceedings: New Information Perspectives* 64 (5): 462−477.

Caplow, S. and M. Fullerton (2005). "Co-teaching International Criminal Law: New Strategies to Meet the Challenges of a New Course," *Brooklyn Journal of International Law* 31 (1): 103−127.

Carl, B. M. (1986). "Peanuts, Law Professors, and Third World Lawyers," *Third World Legal Studies* 5: 1−13.

Carrol, B. and J. Samoff (2004a). *Conditions, Coalitions, and Influence: The World Bank and Higher Education in Africa.* Annual Conference of the Comparative and International Education Society, Salt Lake City.

Carrol, B. and J. Samoff (2004b). "The Promise of Partnership and Continuities of Dependence: External Support to Higher Education in Africa," *African Studies Review* 47 (1): 67−199.

Chesterman, S. (2008). "The Globalisation of Legal Education," *Singapore Journal of Legal Studies* 2008: 58−67.

Chesterman, S. (2009). "The Evolution of Legal Education: Internationalization, Transnationalization, Globalization," *German Law Journal* 10 (6−7): 877−888.

Chesterman, S. (2014). "Doctrine, Perspectives and Skills for Global Practice," in W. Van Caenegem and M. Hiscock, eds. , *The Interationalisation of Legal Education: The Future Practice of Law.* Pp. 183−192. Edward Elgar Publishing Limited.

Chorev, N. and A. Schrank (2017). "Professionals and the Professions in the Global South," *Sociology of Development* 3: 197−210.

Chou, M−H. , I. Kamola, and T. Pietsch (2016). "Introduction: the Transnational Politics of Higher Education," in M− H. Chou, I. Kamola, and T. Pietsch, eds. , *The Transnational Politics of Higher Education: Contesting the Global/T ransforming the Local.* pp. 1−21. Routledge.

Clegg, S. (2016). "The Necessity and Possibility of Powerful 'Regional' Knowledge: Curriculum Change and Renewal," *Teaching in Higher Education* 21 (4): 457−470.

Coleman, J. S. , D. Court, and the Rockefeller Foundation Nairobi, Kenya (1993). *University Development in the Third World: The Rockefeller Foundation Experience.* Pergamon Press.

Combining Learning and Legal Aid: Clinics in Africa. Report on the First All− African Colloquium on Clinical Legal Education, 23−28 June 2003 (2003). Accessed June 8, 2018. https://www.opensocietyfoundations. org/sites/default/ffles/southafrica_ 20030628. pdf.

Committee on Legal Education for Students from Africa (1961), Report of the Committee on Legal Education for Students from Africa. H. M. S. O. Cmnd. No. 1255.

Coper, M. (2014). "Internationalisation and Different National Philosophies of Legal Education: Convergence, Divergence and Contestability," in W. Van Caenegem and M. Hiscock, eds. , *The Internationalisation of Legal Education: The Future Practice of Law*. pp. 21–47. Edward Elgar Publishing Limited.

Croché, S. and J. – É. Charlier (2012). "Normative Influence of the Bologna Process on French-speaking African Universities," *Globalisation, Societies and Education* 10 (4): 457–472.

Davis, G. (2008). *Report to Council of Australian Law Deans (Summary)*. International Conference on the Future of Legal Education, 200 Georgia State University, College of Law, Atlanta.

Day, L. E. , M. Vandiver, and R. Janikowski (2003). "Teaching the Ultime Crime: Genocide and International Law in the Criminal Justice Curriculum," *Journal of Criminal Justice Education* 14: 119–131.

Devarajan, S. , C. Monga, and T. Zongo (2011). "Making Higher Education Finance Work for Africa," *Journal of African Economies* 20 (3): 133–154.

Dezalay, S. (2015). "Les Juristes en Afrique: Entre Trajectoires D' Etat, Sillons d'Empire et Mondialisation," *Politique africaine* 138 (2): 5–23.

Dezalay, S. (2017). "Lawyers' Empire in the (African) Colonial Margins," *International Journal of the Legal Profession* 24 (1): 25–32.

Dezalay, Y. and B. Garth (2011). "State Politics and Legal Markets," *Comparative Sociology* 10 (1): 38–66.

Donovan, N. , ed. (2009). The Enforcement of International Criminal Law. Accessed June 8, 2018. https://reliefweb. int/sites/reliefweb. int/ffles/resources/603D8E48589F6DD1C12577E700 39FB54–Aegis_ Jan2009. pdf.

Draft Declaration and Action Plan of the 1st African Higher Education Summit on Revitalizing Higher Education for Africa's Future: March 10– 12, 2015, Dakar, Senegal (2015). Accessed June 8, 2018. http://www. africa – platform. org/sites/default/ffles/resources/summit – declaration – and – action–plan. pdf.

Farag, I. E. , J. J. Forest, and P. G. Altbach (2007). *International Handbook of Higher Education*. Springer.

Faundez, J. (2000). "Legal Reform in Developing and Transition Countries–Making Haste Slowly," *Law, Social Justice and Global Development Journal* 2000 (1). http://www2. warwick. ac. uk/fac/soc/law/elj/lgd/2000_ 1/faundez/.

Federici, S. (2012). African Roots of US University Struggles: From the Occupy Movement to the Anti-Student-Debt Campaign. Accessed June 8, 2018. http://eipcp. net/transversal/0112/fed-erici/en.

Ferguson, J. (2006). *Global Shadows: Africa in the Neoliberal World Order*. Duke University Press.

Garth, B. (2013). "Crises, Crisis Rhetoric, and the Competition in Legal Education: A So-ciological Perspective on the (Latest) Crisis of the Legal Profession and Legal Education," *Stanford Law and Policy Review* XXIV: 503-532.

Geraghty, T. F. and E. K. Quansah (2007). "African Legal Education: A Missed Opportunity and Suggestions for Change: A Call for Renewed Attention to a Neglected Means of Securing Human Rights and Legal Predictability," *Loyola University Chicago International Law Review* 5: 87-105.

Geraghty, T. F. and E. K. Quansah (2008). "Reform of Legal Education in Ethiopia: The E-thiopian Experience in the Context of History, the Present and the Future," *Reprinted in Journal of Ethiopian Law* 22: 49-74.

Gevers, C. , A. Wallis, and C. James (2013). *Positive Reinforcement: Advocating for Interna-tional Criminal Justice in Africa*. Southern Africa Litigation Centre.

Ghai, Y. (1987). "Law, Development and African Scholarship," *The Modern Law Review* 50 (6): 750-776.

Ghai, Y. (1991). "The Role of Law in the Transition of Societies: The African Experience," *Journal of African Law* 35 (1-2): 8-20.

Gibson, F. (2012). "Community Engagement in Action: Creating Successful University Clinical Legal Internship," *African Journal of Clinical Legal Education and Access to Justice* 1: 1-30.

Greenbaum, L. (2015-2016). "Legal Education in South Africa: Harmonizing the Aspira-tions of Transformative Constitutionalism with Our Education Legacy," *New York Law School Law Review* 60: 463-491.

Gu, M. (2017). "The Sino-African Higher Educational Exchange: How Big Is It and Will It Continue?," World Education+Reviews. https://wenr. wes. org/2017/03/the-sino-african-higher-educational-exchange-how-big-is-it-and-will-it-continue.

Haddad, G. (2009). In UNESCO, ed. , *Thematic Studies Synthesis: Realized in the context of the Task Force for Higher Education in Africa*. United Nations Educational, Scientific and Cultural Organization.

Haddad, W. , N. Colletta, N. Fisher, M. Lakin, and R. Rinaldi (1990). *Final Report: World Conference on Education for All: Meeting Basic Learning Needs*. WCEFA Inter-Agency Commis-sion.

Harrington, J. A. and A. Manji (2003). " 'Mind with Mind and Spirit with Spirit': Lord

Denning and African Legal Education," *Journal of Law and Society* 30 （3）: 376-399.

Hartmann, E. （2008）. "Bologna Goes Global: A New Imperialism in theMaking?," *Global-isation, Societies and Education* 6 （3）: 207-220.

Iya, P. F. （2003）. "From Lecture Room to Practice: Addressing the Challenges of Recon-structing and Regulating Legal Education and Legal Practice in the New South Africa," *Third World Legal Studies* 16: 141-160.

Iya, P. F. （2005）. "Enhancing the Teaching of Human Rights in African Universities: What Role for Law School Clinics?," *Journal of Clinical Legal Education* 7 （August）: 20-28.

Jessup, G. （2006）. "Development Law: Squaring the Circle, Advancing Human Rights in Africa," *Human Rights Review* 7 （April-June）: 96-111.

Jowi, J. O. （2009）. "Internationalization of Higher Education in Africa: Developments, E-merging Trends, Issues and Policy Implications," *Higher Education Policy* 22 （3）: 263-281.

Jowi, J. O. （2012）. "African Universities in the Global Knowledge Economy: The Good and Ugly of Internationalization," *Journal of Marketing for Higher Education* 22 （1）: 153-165.

Kahn- Fogel, N. A. （2012）. "The Troubling Shortage of African Lawyers: Examination of a Continental Crisis Using Zambia as a Case Study," *University of Pennsylvania Journal of Interna-tional Law* 33 （3）: 719-789.

Kalhan, A. （2012-2013）. "Thinking Critically about International and Transnational Legal Education," *Drexel Law Review* 5: 285-296.

Kamola, I. A. （2011）. "Pursuing Excellence in a ' World-Class African University: The Mamdani Affair and the Politics of Global' Higher Education," *Journal of Higher Education in Af-rica* 9 （1-2）: 147-168.

Kamola, I. （2013）. "Why Global? Diagnosing the Globalization Literature Within a Political Economy of Higher Education," *International Political Sociology* 7: 41-58.

Kamola, I. （2014）. "The African University as ' Global' University," *PS: Political Science and Politics* 47: 604-607.

Kanywanyi, J. L. （1989）. "The Struggle to Decolonise and Demystify University Education: Dar's 25 Years Experience on the Faculty of Law （October 1961-October 1985）," *Eastern African Law Review* 16 （1）: 1-70.

Kapinga, W. B. L. （1992）. "The Legal Profession and Social Action in the Third World: Reflec-tions on Tanzania and Kenya," *African Journal of International and Comparative Law* 4: 874-891.

Karekwaivanene, G. H. （2011）. " ' It Shall Be the Duty of Every African to Obey and Comply Promptly': Negotiating State Authority in the Legal Arena, Rhodesia 1965-1980," *Journal of Southern African Studies* 37 （2）: 333-349.

Karekwaivanene, G. H. (2016). "'Through the Narrow Door': Narratives of the First Generation of African Lawyers in Zimbabwe," *Africa* 86 (1): 59-77.

Karekwaivanene, G. H. (2017). *The Struggle over State Power in Zimbabwe: Law and Politics since 1950*. Cambridge University Press.

Kayombo, J. J. (2015). "Strategic Harmoinzation of Higher Education Systems: The Dominance of Cross-State Organizations, Government Treaties and International Conferences in Higher Education Accreditation and Quality Assurance," *Journal of Literature, Language and Linguistics* 5: 26-30.

Kim, M. and E. H. Boyle (2013). "Neoliberalism, Transnational Education Norms, and Education Spending in the Developing World, 1983-2004," in G. Shaffer, ed., *Transnational Legal Ordering and State Change*. pp. 121-147. Cambridge University Press.

Klaaren, J. (2015). "African Corporate Lawyers and Globalization," *International Journal of the Legal Profession* 22: 226-242.

Klabbers, J. and J. Sellers (2008). *The Internationalization of Law and Legal Education*. Springer.

Knight, J. (2013). "The Changing Landscape of Higher Education Internationalisation— For Better or Worse?," *Perspectives: Policy and Practice in Higher Education* 17: 84-90.

Knight, J. (2013). "Towards African Higher Education Regionalization and Harmonization: Functional, Organizational and Political Approaches," in A. W. Wiseman and C. C. Wolhuter, eds., *Development of Higher Education in Africa: Prospects and Challenges*. pp. 347-373. Emerald.

Knight, J. and J. Mcnamara, *Transnational Education: A Classification Framework and Date Collection Guidelines for International Programme and Provider Mobility*. Accessed June 8, 2018. https://www.britishcouncil.org/sites/default/ffles/tne_ classiffcation_ framework-ffnal.pdf.

Knight, J. and E. T. Woldegiorgis, eds. (2017). *Regionalization of African Higher Education: Progress and Prospects*. Sense Publishers.

Krishnan, J. K. (2012). "Academic SAILERS: The Ford Foundation and the Efforts to Shape Legal Education in Africa, 1957- 1977," *American Journal of Legal History* 52 (3): 261-324.

Krishnan, J. K. and K. Ajagbe (2018). "Legal Activism in the Face of Political Challenges: The Nigerian Case," *Journal of the Legal Profession* 42: 197-241.

Lebeau, Y. and E. Sall (2011). "Global Institutions, Higher Education Development," in R. King, S. Marginson, and R. Naidoo, eds., *Handbook on Globalization and Higher Education*. pp. 129-148. Edward Elgar Publishing.

Luckett, K. (2016). "Curriculum Contestation in a Post-colonial Context: A View from the South," *Teaching in Higher Education* 21 (4): 415-428.

Mamdani, M. (1998). "Is African Studies to Be Turned into a New Home for Bantu Education atUCT?," *Social Dynamics* 24: 63-75.

Mamdani, M. (2007). *Scholars in the Marketplace: The Dilemmas of Neo-Liberal Reform at Makerere University, 1989-2005.* Council for the Development of Social Science Research in Africa.

Mamdani, M. (2008). "Higher Education, the State, and the Marketplace," *Journal of Higher Education in Africa* 6 (1): 1-10.

Mamdani, M. (2011). "The Importance of Research in a University," *Pambazuka News.* April 21. https://www.pambazuka.org/resources/importance-research-university.

Mamdani, M. (2012). *Define and Rule: Native as Political Identity.* Harvard University Press.

Manning, C. (2007). *Brain Drain and Brain Gain: A Survey of Issues, Outcomes and Policies in the Least Developed Countries (LDCs).* UNCTAD: TTe Least Developed Countries Report 2007 Background Paper. Australian National University.

Manteaw, S. O. (2007). "Legal Education in Africa: What Type of Lawyer Does Africa Need?," *McGeorge Law Review* 39 (4): 903-976.

Meek, V. L., U. Teichler, and M-L. Kearney, eds. (2009). *Higher Education, Research and Innovation: Changing Dynamics, Report on the UNESCO Forum on Higher Education, Research and Knowledge, 2001-2009.* Accessed June 8, 2018. http://unesdoc.unesco.org/images/0018/001830/183071E.pdf.

Mukhopadhyay, S. (2015). "West Is Best? A Post-colonial Perspective on the Implementation of Inclusive Education in Botswana," *KED Journal of Educational Policy* 12: 19-39.

Naidoo, R. (2011). "Rethinking Development: Higher Education and the New Imperialism," in R. King, S. Marginson, and R. Naidoo, eds., *A Handbook of Globalization and Higher Education.* pp. 40-58. Edward Elgar.

Ndulo, M. (2002). "Legal Education in Africa in the Era of Globalization and Structural Adjustment," *Penn State International Law Review* 20 (3): 487-503.

Ndulo, M. (2014). "Legal Education in an Era of Globalisation and the Challenge of Development," *Journal of Comparative Law in Africa* 1: 1-24.

Nesiah, V. (2013). "A Flat Earth for Lawyers without Borders? Rethinking Current Approaches to the Globalization of Legal Education," *Drexel Law Review* 5: 371-390.

Nyamnjoh, F. B. (2012). "'Potted Plants in Greenhouses': A Critical Reflection on the Resilience of Colonial Education in Africa," *Journal of Asian and African Studies* 47 (2): 129-154.

Ogachi, O. (2009). "Internationalization vs Regionalization of Higher Education in East Africa and the Challenges of Quality Assurance and Knowledge Production," *Higher Education Policy* 22 (3): 331-347.

Oguamanam, C. and W. W. Pue (2007). "Lawyers' Professionalism, Colonialism, State Formation, and National Life in Nigeria, 1900-1960: 'The Fighting Brigade of the People,'" *Social Identities* 13 (6): 769-785.

Ogunnubi, O. and A. Akinola (2017). "South Africa and the Question of Regional Hegemony in Africa," *Journal of Developing Societies* 33 (4): 428-447.

Okafor, O. C. and D. C. J. Dakas (2009). "Teaching 'Human Rights in Africa' Transnationally: Reflections on the Jos-Osgoode Virtual Classroom Experience," *German Law Journal* (6-7) 10: 959-968.

Okebukola, P. ed. (2015). *Towards Innovative Models for Funding Higher Education in Africa*. Association of African Universities.

Oketch, M. (2016). "Financing Higher Education in Sub- Saharan Africa: Some Reflections and Implications for Sustainable Development," *Higher Education Studies* 72 (4): 525-539.

Oloruntoba, S. O. (2014). "Social Sciences as Dependency: State Apathy and the Crisis of Knowledge in Nigerian Universities," *Social Dynamics* 40 (2): 338-352.

Oyewole, O. (2013). "African Harmonisation: An Academic Process for a Political End?," *Chronicle of African Higher Education January* (2013): 1-4.

Paul, J. C. N. (1987). "American Law Teachers and Africa: Some Historical Observations," *Journal of African Law* 31 (1-2): 18-28.

Robertson, S. L. (2009). "Market Multilateralism, the World Bank Group and the Asymmetries of Globalising Higher Education: Toward a Critical Political Economy Analysis," in R. M. Bassett and A. Maldanado-Maldanado, eds, *International Organizations and Higher Education Policy: Thinking Globally, Acting Locally?*, pp. 113- 131. Taylor and Francis.

Saint, W. , C. Lao, and P. Materu (2009). *Legal Frameworks for Tertiary Education in Sub-Saharan Africa: The Quest for Institutional Responsiveness*. World Bank.

Sarker, S. P. (2013). "Empowering the Underprivileged: The Social Justice Mission for Clinical Legal Education in India," *International Journal of Clinical Legal Education* 19: 321-339.

Scoville, R. M. (2017). "International Law in National Schools," *Indiana Law Journal* 92 (4): 1449-1507.

Sehoole, C. and H. de Wit (2014). "The Regionalisation, Internationalisation and Globalisation of African Higher Education," *International Journal of African Higher Education* 1: 217-241.

Shawa, L. B. (2008). "The Bologna Process and the European Gain: Africa's Development Demise?," *European Education* 40 (1): 97-106.

Singh, M. (2010). "Re-orientating Internationalisation in African Higher Education Globalisation," *Societies and Education* 8: 269-282.

Sornarajah, M. (2016). "On Fighting for Global Justice: The Role of a Third World International Lawyer," *Third World Quarterly* 37 (11): 1972–1989.

Tamanaha, B. Z. (1995). "Review: The Lessons of Law-and-Development Studies," *The American Journal of International Law* 89 (2): 470–486.

Tamanaha, B. Z. (2011). "The Primacy of Society and the Failures of Law and Development," *Cornell International Law Journal* 44 (2): 209–247.

The Task Force on Higher Education and Society (2000). *Higher Education in Developing Countries: Peril and Promise*. The World Bank.

Taylor, I. (2003). "Globalization and Regionalization in Africa: Reactions to Attempts at Neo-liberal Regionalism," *Review of International Political Economy* 10: 310–330.

Teal, F. (2010). Higher Education and Economic Development in Africa: a Review of Channels and Interactions Centre for the Study of African Economies: University of Oxford. Accessed June 8, 2018. https://pdfs. semanticscholar. org/daff/8fa2b3ebc1c2316d9967e2e1e7186dbd4c80. pdf.

Teferra, D. (2007). "Higher Education in Sub-Saharan Africa," in J. J. F. Forrest and P. G. Altbach, eds. , *International Handbook of Higher Education*. pp. 557–69. Springer.

Teferra, D. (2013). "Introduction," in D. Teferra, ed. , *Funding Higher Education in Sub-Saharan Africa*. pp. 1–12. Palgrave Macmillan.

Terretta, M. (2017). "Anti-Colonial Lawyering, Postwar Human Rights, and Decolonization across Imperial Boundaries in Africa," *Canadian Journal of History* 52 (3): 448–478.

Thomas, K. (2012). *Internationalisation: Establishing a Collective Understanding of the Issues*. Presentation at the Higher Education Academy.

Thomas, P. A. (1971). "Legal Education in Africa: With Special Reference to Zambia," *Northern Ireland Legal Quarterly* 22: 3–37.

Thornton, M. (2009). "The Law School, the Market and the New Knowledge Economy," *German Law Journal* 10 (6–7): 641–668.

Trebilcock, M. (2012). "The Rule of Law and Development: In Search of the Holy Grail," *The World Bank Legal Review* 3: 207–240.

Triggs, G. (2014). "The Internationalisation of Legal Education: An Opportunity for Human Rights?," in W. Van Caenegem and M. Hiscock, eds. , *The Internationalisation of Legal Education: The Future Practice of Law*. pp. 209–222. Edward Elgar Publishing Limited.

Trubek, D. M. and M. Galanter (1974). "Scholars in Self-Estrangement: Some Reflections on the Crisis in Law and Development Studies in the United States," *Wisconsin Law Review*. (1974 (4)): 1062–1102.

UNCTAD (2012). "Chapter 4: From Mobilizing the Diaspora: From Brain Drain to Brain

Gain," in UNCTAD, ed. , *The Least Developed Countries Report 2012: Harnessing Remittances and Diaspora Knowledge to Build Productive Capacities.* Geneva. United Nations Conference on Trade and Development: https://unctad. org/system/ffles/offfcial-document/ldc2012_ en. pdf.

UNESCO (1962). *The Development of Higher Education in Africa: Report of the Conference on the Development of Higher Education in Africa*, Tananarive.

UNESCO (2004). *Higher Education in a Globalized Society: UNESCO Education Position Paper.* United Nations Educational, Scientific and Cultural Organization.

UNESCO (2009). *Thematic Studies Synthesis: Realized in the Context of the Task Force for Higher Education in Africa.* United Nations Educational, Scientific and Cultural Organization.

Van Caenegem, W. (2014). "Ignoring the Civil Law/Common Law Divide in an Integrated Legal World," in W. Van Caenegem and M. Hiscock, eds. , *The Internationalisation of Legal Education: The Future Practice of Law.* pp. 145-172. Edward Elgar Publishing Limited.

Van Der Merwe, Hj. and G. Kemp (2016). *International Criminal Justice in Africa: Issues, Challenges and Prospects.* Srathmore University Press.

Varghese, N. V. (2016). "Reforms and Changes in Governance of Higher Education in Africa: An Overview," in N. V. Varghese, ed. , *Reforms and Changes in Governance of Higher Education in Africa.* pp. 21-39. International Institute for Education Planning: UNESCO.

Wandela, E. L. (2014). *Tanzania Post- Colonial Educational System and Perspectives on Secondary Science, Education, Pedagogy, and Curriculum: A Qualitative Study.* DePaul University.

Woldegiorgis, E. T. (2013). "Conceptualizing Harmonization of Higher Education Systems: The Application of Regional Integration Theories on Higher Education Studies," *Higher Education Studies* 3: 12-23.

Woldegiorgis, E. T. , P. Jonck, and A. Goujon (2015). "Regional Higher Education Reform Initiatives in Africa: A Comparative Analysis with the Bologna Process," *International Journal of Higher Education* 4 (1): 241-253.

Woldetensae, D. Y. (2012). *Vision of the African Union on the Role of Higher Education in Africa's Development.* Africa-U. S. Higher Education Initiative Partners' Meeting, 2012, Addis Ababa.

The World Bank (2000). *Higher Education in Developing Countries: Peril and Promise.* The International Bank for Reconstruction and Development.

The World Bank (2009). *Accelerating Catch-up: Tertiary Education for Growth in Sub-Saharan Africa.* The International Bank for Reconstruction and Development.

The World Bank (2010). *Financing Higher Education in Africa.* The International Bank for Reconstruction and Development.

第四章
南非的法律教育
——种族视角下的全球化、危机与争论

作者：拉尔夫·马德拉莱特（Ralph Madlalate）

一、引言

南非的法律教育有其特殊的渊源。与许多殖民时代的产物一样，该国的法律教育体系是在"公开且有意识的帝国构建和法律制定过程中成型的，并在此过程中对法律知识和法律制度进行了移植"（Chanock，2001：30）。这一过程的核心是种族压制和排斥，并糅杂着法律的模糊性。因此，南非人进入法律职业历来充满了殖民和种族隔离意识形态的争议。本章追溯了南非法律教育的发展历程，并将其置于过去和当下全球化的背景之中。第二部分从法律教育的视角展示了南非种族压迫的宏大叙事。这一描述难以全面体现"被殖民者"多数人在生活中的屈辱，也未能呈现殖民前非洲法律的存在（Chanock，1985）。然而，它揭示了南非法律体系中深植于殖民主义的种族压迫根源。这种殖民——种族隔离的背景，对于理解南非法律教育体系的发展及其在种族隔离后所引发的争议至关重要。本节指出，现代全球化的前身早已在南非产生影响，且在某些方面预示了当今跨国互联的趋势。例如，殖民地与宗主国之间的法律从业者和学生流动形成了南非与全球北方之间的持久联系，正如罗伯茨（Roberts）在本书中所阐述的那样。这导致在一些法律教育领域（如历史上以白人为主的大学）有着悠久的全球整合历史。而另一些尤其是历史上以黑人为主的大学，则反映了非洲高等教育中普遍存在的边缘化和欠发展现象（Popescu，2015；Ndulo，2002）。这种差异反映了法律教育是殖民国

家进行种族构建过程的产物，该国家在大部分发展历程中优先发展欧洲后裔人口，而牺牲了本土非洲人口的利益。本节还显示出，法学院不仅仅是被动的旁观者，而且在培养殖民和种族隔离时代法律代理人方面发挥了核心作用，其中既包括推动种族隔离的人，也包括反抗它的人。

第三和第四部分探讨了南非在法律教育中应对种族隔离历史的举措及其在后种族隔离时代的变革。这个时期以 1994 年种族隔离制度的结束为标志，并通过"变革性宪制主义"来修正种族不平等（Klare，1998）。这一时期还伴随着全球化的迅速扩展，影响了后种族隔离时代的南非，包括接受全球人权话语体系、经济改革以及区域和全球经济的日益互联。这些部分表明，尽管进行了调整，殖民——种族隔离时期基于种族的不平等依然影响至今。在学生呼吁去殖民化教育的背景下，许多法学院在实现国家期望的多元化和知识体系转型方面面临挑战。此外，历史上白人和黑人院校之间的巨大差距在不同的优先事项中得到了体现。该国的精英大学竞相追求全球排名、国际合作和高素质的教职员工，而历史上的黑人大学则面临资源短缺、大班教学和设备不足的问题。这样一来，南非法律教育机构在尝试应对当代全球化的过程中，仍然受限于过去全球化的有害影响。

二、南非法律教育的起源：殖民主义和种族隔离背景

南非法律的出现与历史上的征服、殖民法治以及英国和荷兰殖民者之间的竞争密不可分（Worden，2012）。这一过程创造了所谓的"地理连接"（Lester，2001：6），通过商品、劳动力和资本的交换将西欧和南非紧密联系在一起。这些商业联系为帝国网络奠定了基础，在这些网络中主权逐渐确立，连接了空间和时间上分散的不同民族（Ward，2009）。在这一跨国经济交织的时代，早期的律师于 17 世纪后期从荷兰来到南非；他们定居在开普（Cape），带来了罗马——荷兰法体系。该法律体系本身是罗马法与荷兰文艺复兴法学家的结合体，它是在不考虑当地非洲土著法律体系的基础上建立的，而后者仅在非洲居民中具有次要作用（Wildenboer，2010；Iya，2001）。非洲法律的边缘化地位反映了非洲人自身的边缘化处境。非洲人参与殖民地平等发展的希望被否决，种族不平等日益加深（Terreblanche，2002；Tompson，2001）。像非洲其他地区的土著居民一样，他们见证了殖民据点的建立，但却没有被赋予平等的成员资格，成为了被殖民的臣民，而不是公民（Mamdani，1996）。

19 世纪初，英国接管了开普殖民地，这标志着英国对该法律体系影响的增强。英国法成为主导法律体系，但并未废除罗马-荷兰法，后者构成了该国普通法的主体（Botha，1924）。1827 年的《正义宪章》进一步巩固了英国法律在开普殖民地的影响，旨在规范法律实践。由于缺乏本地法律教育体系，该宪章允许开普殖民地最高法院监管法律职业的准入。宪章规定，法院可以允许"在英格兰或爱尔兰被接纳为大律师，或在苏格兰审理法院被接纳为辩护律师，或在牛津、剑桥或都柏林大学获得法学博士学位的人"从事大律师或辩护律师的职业（Erasmus，2015：223；Kaburise，2001）。这一规定赋予了法律体系跨国性质，法律从业者在宗主国与殖民地之间自由流动，既有私人活动也包括在殖民地服务范围内的调动。

1857 年，南非法律教育体系的建立始于今天的开普敦大学（University of Cape Town，UCT）设立"高等法学与法理学证书"课程。其首任教授约翰内斯·布兰德（Johannes Brand）是殖民精英的一员，曾在莱顿大学取得法学博士学位，后被英格兰律师协会接纳并回到开普殖民地开设了一家卓有成就的律师事务所（Cowen and Visser，2004）。该课程培养了南非首批本地训练的律师。1874 年，UCT 推出了法学学士（LLB）课程，取代了原有的证书课程。该课程教授罗马法、罗马——荷兰法和英国法等综合性内容。尽管其法理学方向主要受英国实证主义影响，但仍致力于在开普保留罗马——荷兰法的传统（Chanock，2001；Cowen and Visser，2004；Greenbaum，2009）。因此，到19 世纪中期，法律专业的学生既可以选择在本地接受法律教育，也可以选择出国深造。

20 世纪初是南非发展的关键节点。1910 年，南非实现统一，将开普和纳塔尔（Natal）的英国殖民地与奥兰治自由邦（Orange Free State）和德兰士瓦（Transvaal）的布尔人殖民地合并为一个在英国统治下的国家实体。然而，本地的非洲原住民、混血人群和印度裔人口被排除在这一联合之外。显然，这一发展意在加强白人专制，正如马姆达尼所写，"这一联合围绕一个核心原则而形成，即对土著的专制统治；在总督的统治下，这个联合就像一只武装的拳头悬在土著的头顶"（1996：63）。在这一日益种族化的环境中，本地法律教育的扩展势头加快。1918 年，UCT 的法律课程被正式归属到一个院系进行管理，成为了该国首个法学院。1921 年，斯泰伦博斯大学（University of Stellenbosch）和位于约翰内斯堡的威特沃特斯兰德大学（University of the Wit-

watersrand，Wits）也相继设立了法律系。斯泰伦博斯大学以南非荷兰语为教学语言，侧重罗马-荷兰法；而威特沃特斯兰德大学则以英语授课，并推出了法律证书课程，以满足约翰内斯堡日益发展的采矿业和相关行业的需求（Hunt，1963；Kahn，1997；Cowen and Visser，2004）。这一时期的法律教育不仅在文化和语言上有所分化，也体现在不同的学科设置上。像威特沃特斯兰德大学和开普敦大学这样的英语大学采取文科教育方法，将法律教育与其他学科相结合。南非大学和以南非荷兰语为主的大学则以法律为核心，仅在课程中包含少量非法律课程（Midgley，2010）。依循这些模式，南非其他地区的大学也相继设立了法学院。

在此期间，尽管非裔学生并未被正式禁止接受高等教育，开普敦大学和威特沃特斯兰德大学的首批非裔医学学生在 20 世纪初已被录取[1]，但非裔法学生直到 20 世纪中期才获准进入该国的法学院。这一过程并未免于当时种族分歧的影响。例如，白人学生通过个人背景和罗德奖学金（Rhodes Scholarship）等项目与宗主国在教育上建立了更紧密的联系，这些奖学金对知识全球化有促进作用（Schaeper and Schaeper，2010）。这些学生回国后在法律实务界和学术界中担任了重要职位。开普敦大学 20 世纪的全职法学教授乔治·威利（George Willie）和约翰·威利（John Wylie）便是这种趋势的典型例子（Cowen and Visser，2004）。[2]然而，非裔学生的情况则不同。一些著名的非裔律师曾在海外接受培训，其中包括阿尔弗雷德·曼根纳（Alfred Mangena），他于 1903 年在英国林肯律师学院（Lincoln's Inn）学习，并于 1908 年通过律师资格考试，成为第一位在英国取得大律师资格的南非黑人。1910 年，曼根纳回到南非，申请律师资格。[3]法院最终批准了他的申请，但在此之前律师协会曾以他属于"土著种族"之一为由反对（Mangena v Law Society，1910 TPD

[1] 这些主要是健康科学领域的学生，因国家希望确保有一些黑人卫生工作者为黑人群体提供服务。详见 Murray，1982.
[2] 乔治·威利（George Willie）出生于南非格拉夫-雷内特（Graaf Reinet），在英格兰接受教育后，获得剑桥大学的文学学士学位（BA）和法律学士学位（LLB），并于 1903 年被中殿法学院（Middle Temple）录取为律师。约翰·威利（John Wylie）在爱丁堡大学和伦敦学习法律，获得文学硕士（MA）和法律学士学位（LLB），之后成为苏格兰律师协会的出庭律师。
[3] 律师协会辩称，允许非裔人士执业会鼓励非裔之间的诉讼，并破坏国家将所有非裔事务通过土著管理部门处理的政策。法院拒绝接受律师协会的观点，认为法律上没有理由禁止非裔人士执业。在反对失败后，律师协会仍拒绝接纳非裔律师，企图借助行政手段阻碍他们找到律师事务所或顺利开展执业生涯。

649)。理查德·姆西曼（Richard Msimang）是首位在英格兰和威尔士取得律师资格的南非黑人，他于 1912 年获得资格。他与曼根纳一样，在宗主国接受法律教育，曾就读于萨默塞特的皇后学院。姆西曼于 1913 年 6 月回到南非，获准执业。皮克斯利·卡·伊萨卡·塞梅（Pixely ka Isaka Seme），非国会的创始人之一，走的是更具国际化的法律职业道路。他在纽约哥伦比亚大学完成了文学学士学位，期间形成了美国口音，并发表了获奖演讲《非洲的重生》，呼吁拒绝种族主义和殖民主义（Killingray，2012；Ngqulunga，2017）。随后，他前往牛津大学攻读法律，虽然未完成法律学业，但在伦敦的中殿律师学院完成了法律培训并通过律师考试。1910 年，塞梅回到南非，获得律师执业资格（Ngcukaitobi，2018）。这些受训于英国的律师回到南非后，发现种族紧张局势加剧，这限制了他们顺利开展律师业务。然而，他们依然通过自身的影响力并组织活动，挑战了种族主义的固有观念，同时也为律师反抗殖民主义贡献了力量（Gibbs，2020；Oguamanam and Pue，2007；Krishnan and Ajagbe，2018）。

在这一时期，法学院的教育方向主要是培养法律从业者，本地并不提供法律硕士和博士学位课程。希望获得法律研究生学位的人必须出国深造。为了规范这些如今主要在本地受训的毕业生进入法律职业，议会于 1934 年颁布了《律师、公证人和产权转让律师准入法》（Attorneys, Notaries and Conveyancers Admission Act）。该法案规定了法律教育的两个阶段：第一阶段是理论学习，第二阶段是作为资深律师的学徒进行职业培训（Greenbaum，2009）。这两个阶段都深受根深蒂固的种族偏见影响。大学的录取决定和种族政策由各大学自行决定。Wits 和 UCT 采用"开放"模式，录取主要基于学术标准；而南非荷兰语大学则实施种族隔离政策，不对黑人学生开放（Murray，1982；Cowen and Visser，2004）。直到 20 世纪 40 年代，非洲裔学生才被允许进入该国的英语大学学习法律。这种情况反映了当时的种族偏见，也体现了防止非裔与白人法律专业人士竞争的意图（Murray，1982）。需要指出的是，英语大学的"开放"政策并不彻底。例如，Wits 采取"学术不隔离，社交隔离"的政策（Murray，1990：650）。这一政策规定，在学术事务中对黑人学生一视同仁，但确保他们在住宿、体育和社交活动中与其他学生保持分隔。

在这种充满敌意的环境中，非裔学生经历了来自部分同学和导师的歧视和边缘化。Wits 法学院历史上最著名的本科生经历、揭示了非裔学生在 20 世纪 40 年代获取法律教育的特殊困难。纳尔逊·曼德拉（Nelson Mandela）于 1943 年成为 Wits 法学院开放种族限制后首位注册的非裔学生。和他导师一样，曼德拉只能有部分时间投入法律学习中。事实上，按照现代标准，该法学院尚处于初创阶段，师资力量薄弱，只有少数全职教师，大部分教师仍兼职从事实务工作（Kahn，1989；Murray，2016）。曼德拉曾三次参加法学学士（LLB）学位的毕业考试，均未通过。最终，他致信 Wits 法学院时任院长哈洛（H. R. Hahlo）教授，申请获得已通过课程的学分，并请求参加未通过课程的补考。然而，法学院对此未予同情，并拒绝了他的请求。随后，曼德拉放弃了 LLB 学位，转而通过律师考试申请成为律师，并于 1951 年获得律师资格（Murray，2016）。

黑人学生面临着经济和学术上的重重障碍，然而更大的问题可能在于他们在"开放的"大学中遭遇的隐性和显性歧视。在自传中，曼德拉回忆了时任院长哈洛的种族主义和厌女倾向，其说道，"他认为法律是一门社会科学，而女性和非洲裔缺乏足够的自律，无法掌握其中的复杂之处。他曾告诉我，我不应该在 Wits，而应该通过南非大学（UNISA）学习获得学位"（Mandela，1995：90）。在"开放的"的 Wits 中，遭遇种族歧视的不止曼德拉一人。同一时期的法学生杜马·诺克韦（Duma Nokwe）回忆说，哈洛曾给他毫无意义的建议，声称"他（诺克韦）应该放弃法律，因为他是在浪费时间，非裔无法通过法律考试"（Joseph，1963：168）。受到这一侮辱的激励，诺克韦于 1955 年成为首位从 Wits 法学院毕业的非裔学生，成功通过法律考试并注册成为辩护律师。诺克韦后来与曼德拉等人，在南非国内抵制种族隔离制度。曼德拉和诺克韦的经历不仅彰显了律师抗争殖民——种族隔离的传统，也揭示了"开放的"白人大学中弥漫的偏见。然而，这种多种族法律教育空间因种族隔离政策的兴起而迅速收缩，成为一闪而过的历史存在。

1948 年种族隔离制度的兴起对南非法律文化产生了深远影响，也直接影响了法律教育的发展。在这一背景下，种族和民族歧视——早已成为殖民时期的标志——变得越来越具有法律属性。在种族隔离时代，大学录取政策日益政治化，与政府的种族政策保持一致。随着国民党（National Party）上台，政府对高等教育的放任政策发生了转变。1950 年，政府对非裔外国学生的录取实施了全面禁令。随着 1959 年《大学教育扩展法案》的通过，录取政策的限制进一步加强。与其名称相反，这项法律限制了黑人学生进入"白人"大学的机会，要求在他们被录取之前必须获得部长级的特别批准。像 Wits 和 UCT 这样的学校，尽管此前录取了少量的黑人法学生，但现在也不得不修改其录取政策（Murray，1990）。

种族隔离制度下的高等教育还带来了区分且不平等的学费政策。这导致了根据种族分类设立不同的教育机构。"非洲人""印度人"和"有色人种"被分配到与其种族分类相对应的学校。为了培养能够为准独立的"班图斯坦"（Bantustans）政权工作的人才，政府有策略地扩大了黑人学生的受教育机会。这一政策促成了罗德西亚大学（University of Fort Hare）、北方大学（University of the North）、祖鲁兰大学（University of Zululand）、博普特茨瓦纳大学（University of Bophuthatswana）和特兰斯凯大学（University of Transkei）等院校的法学院的设立。然而，这种黑人大学的扩展本质上是为了巩固种族隔离，导致白人大学的黑人学生人数急剧减少。尽管这些院校中有些取得了卓越的教育成果，但整体上它们仍属于较低级别的院校，处于远离商业中心的偏远地区，缺乏与"白人"大学竞争的设施和资源（Iya，2001；Gibbs，2020）。

各大学之间的差异导致"黑人"法学院的毕业生在求职顶尖律所时受到轻视（Greenbaum，2009；Murray，1982）。尽管国内法律教育制度实行了隔离，一些非裔法学生仍设法接受跨国教育，这原本是南非白人的专属领域。例如，祖鲁兰大学的毕业生桑迪尔·恩戈博（Sandile Ngcobo）和西西·哈梅佩（Sisi Khamepe）分别获得了富布赖特奖学金（Fulbright Fellowship）和哈佛南非奖学金（Harvard South Africa Fellowship），前往哈佛法学院攻读法学硕士（LLM），之后成为该国最高法院的法官。确实，从黑人院校毕业的只是少数精英，大多数有志从事法律工作的人在高等教育阶段前就被筛选掉了。虽然非裔进入法律职业没有完全的禁止性规定，但几十年的结构性种族歧视政策使得很少有非裔能够达到从事法律职业的教育条件。1953 年实施的班图教育制度（the system of Bantu education）进一步维持了这一严峻现实，该制度仅为非裔提供最低级工作的机会。在班图教育政策下，曾培养早期非裔律师的教会学校被迫降低课程质量或关闭，从而进一步限缩了培育黑人律师的路径（Pruitt，2002；Broun，2000）。

在种族隔离制度下，南非分层的社会结构在法律教育中得到了映射，决定了进入法律职业的层级化路径。学生可以根据自己的种族分类选择三种不同的资格路径。第一种，也是最受推崇的路径是法学学士学位（LLB），通常需要在完成文学、商业或科学的本科学位后，再进行两到三年的研究生学习。第二种路径是法律执业学士学位（Baccalaureus Procurationis, B Proc），该学位于 1979 年取代了法律证书课程，毕业生可获得律师执业资格。第三种路径是法学基础学士学位（Baccalaureus Juris, B Juris），该课程为期三年，毕业生通常来自黑人大学，具备在公共司法部门担任检察官或裁判官的资格。黑人大学更倾向于第二和第三种实用性较强的法律课程（Greenbaum, 2009）。

种族隔离制度下的法律教育结构通过种族隔离和学历层级的设计，印刻了社会的不平等。这样做的效果也非常明显。到 1994 年，非洲裔、印度裔和混血律师仅占整个法律职业的 14%，其余均为白人律师（Pruitt, 2002）。法律教育市场中的种族歧视达到了顶峰，确保了法律职业成为白人主导的领域，且主要由男性占据。在公司法领域，白人律所几乎垄断了大部分商业业务，这主要受益于国家与欧洲及北美企业的融合。少数非裔律所则被限制在利润较低、声望较低的业务领域（Iya, 1997）。司法部门同样以白人居多，且女性法官的比例极低。法学界也不例外，几乎没有黑人学者。黑人大学的黑人教师数量虽有所增加，但也极为有限（Greenbaum, 2009; Pruitt, 2002）。

南非复杂的社会背景塑造了法律教育的内容。种族歧视得到了当时法律教育主流意识形态的支持。那个时代的法律教育以狭隘、技术性和实证主义的法律观为基础，忽视了法律所处的种族化社会环境。这一方法由议会主权学说支撑，该学说赋予立法优先地位，几乎没有途径来挑战国家政策。讲授脱离社会背景的法律，使大学能够在殖民定居者的政治体系中运作，培养为公司和法庭提供服务的本地精英，同时很少对种族隔离秩序构成威胁。种族隔离下的法律教育深陷于殖民思想模式的悖论之中，正如德拉米尼（Dlamini）所指出的：

承认南非法律的大部分内容是不公正且歧视性的，对许多法律教师来说将会带来另一种道德冲突。除了种族隔离旨在保护南非白人的事实外，白人普遍的态度是黑人与他们不同。他们的制度，包括法律，通常被视为原始、未开发和不文明的。相反，南非法律被视为文明、发展和现代性的典范。因此，这些法律的守护者将其强加于黑人并视为对他们的一种恩赐（1992: 600）。

　　对维持白人至上的执着使得南非法律教育始终基于其混合法体系，即民法与普通法相结合的体系，强调传统的法律推理方法，这些方法往往维持属于压迫性质的社会秩序。这种局限性导致南非与主要地缘政治发展隔离开来，比如《大西洋宪章》和 1948 年《联合国世界人权宣言》所体现的国际人权规范的兴起。这种封闭性也妨碍了其与非洲其他地区重大社会运动的接触，例如 20 世纪 60 年代非洲法律教育改革的兴起。这也与非洲去殖民化国家的法律教育运动形成鲜明对比，正如伯吉斯-卡斯塔拉（Burgis-Kasthala）在本书第三章所示。然而，这一时期的法律教育并不能简单地归类为完全封闭的教育。相反，它充满了内在矛盾和不一致性，正如布尔（Boulle）所指出的：

　　在四个方面体现出一种准全球化的特征：第一，历史上受到了 18 世纪伟大的民法学者影响，尤其是荷兰的民法学者，但也包括法国和瑞士的民法学者；第二，引用了古代罗马法的来源，例如，公元 6 世纪的查士丁尼《民法大全》（Corpus Iuris Civilis），有时甚至要求学生使用原拉丁文文本进行评估；第三，在商业领域（如公司法或破产法）以及证据法和程序法等领域中，广泛引用了英国普通法；第四，偶尔也会参考其他基于罗马法的法律体系，例如苏格兰法或斯里兰卡法（2014：53）。

　　由于缺乏对正义原则的基本认可，使法律教育笼罩在种族隔离的阴影之中，限制了南非法律思想的发展。然而，主流观点并非铁板一块。20 世纪 70 年代，法律诊所开始涌现，这种采用更具情境性的法律方法更贴近大众现实。这些诊所在福特基金会的支持下，为贫困人群提供法律服务，同时培训学生的法律技能（Klerk，2005；Maisel，2006；McClymont and Golub，2000）。这些具有社会导向的工作为其他机构提供了支持，例如 Wits 的应用法律研究中心提供大众人权教育；法律资源中心则通过影响诉讼，从法律层面挑战种族隔离秩序（Abel，1995）。

　　种族隔离对法律教育的有害影响在南非真相与和解委员会（the Truth and Reconciliation Commission）的听证会上得到了反映，专业机构如大律师委员会（General Council of the Bar, GCB）、律师协会（Association of Law Societies, ALS）和法学教师协会（Society of Law Teachers）均承认，在种族隔离制度下，"法律教育和培训大体上未对不公正的法律教条和实践提出批判。少数敢于发声的学者得不到同事和学校的足够支持"（Truth and Reconciliation Commission of South Africa, 1999：96- 97）。正如委员会所见的，该国的法律教育机构在法律上维持种族隔离制度方面存在"共谋"。委员会特别指出法学界的助长作用，谴责"那些选择专注于'安全'领域或以不传授批判性思维方式教学的法律教师，以及那些被传统主流法律职业的光环和物质回报蒙蔽的学生，他们忽视了自己作为南非正义斗士的潜在角色"（Truth and Reconciliation Commission of South Africa, 1999：102-103）。

三、后种族隔离时期法律教育的调整：直面及转型

20 世纪 90 年代初，种族隔离的终结标志着南非翻开历史新篇章。纳尔逊·曼德拉捕捉到了这一时代的精神，他宣告，"南非是时候在国际社会中占据应有的且负责任的位置了"（Mandela, 1993：97）。曼德拉指出，"新"南非将寻求作为全球行动者，以人权规范为指引参与到区域和国际事务当中。这种变革的承诺对法律职业尤为重要。对于顶级律所而言，这一时期迎来了全球化的时代，使主要由白人组成的南非律所处于新的经济机遇中心。他们与国际律所合作，并在非洲大陆扩展业务（Klaaren, 2015）。然而，对于法律教育而言，南非从威权主义向民主的转型充满了不确定性和争议。这种紧张关系体现在国家以人权为核心的转型理想与保守的实证主义法律教育之间的脱节。在此背景下，克莱尔（Klare）指出，"南非的法律文化和法律教育需要进行一场变革或实现质的飞跃，以使其更贴合宪法所赋予的价值观和愿景"（1998：151）。法律教育变革以教职员工和学生群体的多元化为基础（Centre, for Applied Legal Studies, 2014），结合知识体系的转型，创建符合宪法原则的法律文化（Davis, 2015）。政府、大学和私营部门在这些方面均发挥了重要影响。

1994 年时，法律教育仍然由白人学者牢牢掌控（Iya, 1997）。然而，民主转型为黑人律师和黑人律师组织在法律教育中发挥影响力创造了更多机会。正如米奇利（Midgley）所指出的，随着"一些拥有其他国家学位的黑人律师回到或来到南非，其中一些国家的法律体系与南非截然不同，黑人律师的影响力逐渐提升。有些人（主要是返回的南非人）进入了政府部门；另一些人，多来自东非和西非，则担任了学术职务"（Midgley, 2010：102-103）。这些律师及组织，如黑人律师协会（Black Lawyers Association, BLA）和全国民主律

师协会（National Association of Democratic Lawyers，NADEL），在种族隔离时期通过继续法律教育和职业能力建设支持黑人律师进入法律职业。在过渡时期，这些组织在法律职业变革的辩论中发挥了很大影响力。其中一些如今担任政府要职的律师，开始在政府和私营部门内部推动法律职业的转型。

政府在法律教育改革中发挥了主导作用，其于 1994 年成立了全国协商论坛（National Consultative Forum），以促进法律教育中关键利益相关者之间的对话。此后，在司法部（Department of Justice）内部设立了一个专门机构，负责制定法律职业转型的政策（Greenbaum，2015；Whitear-Nel and Freedman，2015）。1995 年，司法部发布了《司法愿景 2000》（Justice Vision 2000），该政策文件明确指出未来的法律职业将与种族隔离时代完全不同。该文件主要关注的问题是如何确保法律职业在人口结构上的代表性更广泛。文件虽然没有提供具体建议，但总体上概括了法律教育面临的关键挑战。这些挑战包括如何最好地实现法律教育体系的转型、法律教育应采用什么价值观，以及法律教育应在多大程度上面向私人执业领域。另一个关注点是如何分配资源，以确保法律职业的转型并代表弱势群体的利益（Ministry of Justice，1995）。

随着转型正式提上日程，人们开始关注进入法律职业的不同途径。1995年，司法部邀请南非法学院院长、法律职业代表和政府官员就法律教育的新框架提出建议。在制定报告时，该工作组大量参考了英国大法官法律教育和行为咨询委员会（Lord Chancellor's Advisory Committee on Legal Education and Conduct）的《法律教育与培训初次报告》。此工作组因其有限的咨询过程和对英国模式的过度依赖而受到批评，未能充分考虑南非的本地背景（Whitear-Nel and Freedman，2015；Woolman，Watson and Smith，1997）。依照英国的立场，该工作组主张各法学院应自行决定课程内容。讽刺的是，这种基于学术自由的自由裁量权使许多院系得以拖延、规避和破坏转型的努力。尽管南非法律体系面临着巨大变革，但许多院系仍以常规方式开展法律教育（Greenbaum，2015）。

由于课程改革主要交由各所大学自行决定，讨论的焦点转向了如何改革准入机制，以便为代表性不足的群体提供进入法律职业的途径。这里的诉求似乎在于创建一个能够解决本地不平等问题的国家资格，而不是简单地复制全球标准。为加快历史上处于弱势地位的群体进入法律职业的进程，工作组提议将四年制法学本科（LLB）学位作为唯一的法律执业准入资格条件。对此问题，各方存在明显的分歧。正如米奇利所指出的，"法律界和大学的态度相对消极，主要集中在保持现状——以维护学术和专业标准为幌子，从而维护法律职业的地位，并保护公众免受不称职或准备不足的律师之害，这些律师不应向公众提供法律服务"（2010：105）。由历史上英语系院校主导的大学普遍反对单一 LLB 标准的引入，认为该课程将削弱其学术完整性，因为这要求它们承担职业培训的责任，而职业培训应属于法律职业的范畴。另一方面，黑人大学对此变革更为支持，因为该提议与其传统的 B Proc 和 B Juris 课程相似。双方最终达成了妥协，使四年制 LLB 成为所有大学的统一准入资格。工作组同意，尽管课程内容不固定，但应立足于本地背景，而放弃欧洲中心模式。课程还需包含一定的职业技能并强调法律伦理，以满足法律职业界的要求（Whitear-Nel and Freedman，2015）。1997 年，《法律从业者资格修正法》（The Qualification of Legal Practitioners Amendment Act）通过并实施改革，于1998 年开始提供新的资格课程。

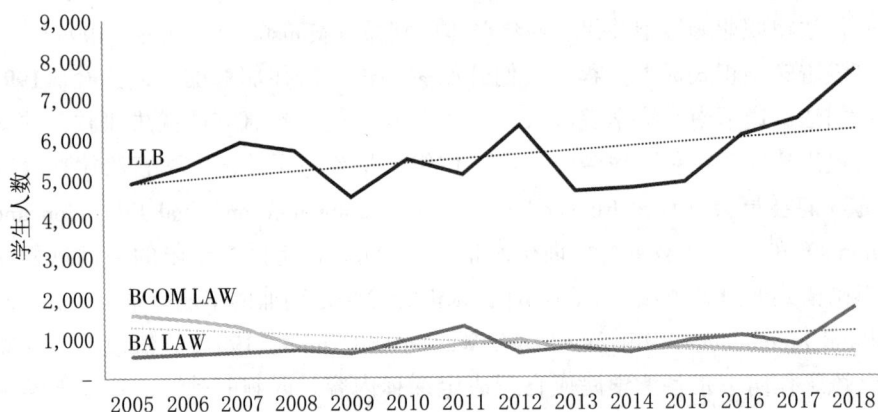

图 4-1　按学位划分的第一年注册人数*

*来源：南非律师协会 2018 年。

新的 LLB 学位试图在理论学习和实际技能之间找到平衡。其目标还包括增加来自弱势黑人学生群体的法律教育参与度，因为先前的教育途径的高昂费用使他们难以负担。然而，这并不是唯一的资格选择途径。市场的影响促使更多的大学在其传统的 BA LLB 课程之外，增设了五年制的 BCom LLB（见图 4-1），以吸引那些有意从事企业法工作的学生（Midgley，2010；Greenbaum，2015）。

在可选的三种资格路径中，数据显示 LLB 是学生进入法律职业的首选。从 2005 年至 2018 年，绝大多数新生选择了 LLB。事实上，LLB 和商业法学士（BCom Law）学位之间呈现出反向关系。数据显示，第一年 LLB 注册人数年均增长 3.5%，而同期第一年商业法学士的注册人数则下降了 7%。

南非的种族隔离制度结束后，高等教育系统也进行了重组，从 1994 年时一个分裂且结构上带有种族隔离特征的体系（包含 36 所公立机构和 300 多所私立机构），转变为一个相对（至少在形式上）更为一体化的体系，共有 26 所公立大学（Department of Higher Education and Training，2015）。对于法学院而言，这意味着一些机构合并，一些较小的学院和技术学院被并入更大的大学（Midgley，2010）。结果是整合成了 17 所公立法学院。公立法律教育系统由教育部监管，并根据国家政策对机构进行资助。该政策的重点是提升学术活动、促进教育转型，确保历史上处于弱势地位的群体能够更好地获得教育机会。米奇利将这一政策描述为"一个目标导向的分配机制，将政府资金与学术活动和产出相关联"，资金分配的依据是政府的政策优先事项和学术活动，目的是"改善国家的社会和经济状况"（Midgley，2010：112）。

虽然在后种族隔离时代出现了一些私立院校，但它们在法律教育市场中并未占据显著地位。其中一个例子是澳大利亚莫纳什大学（Monash University），该校于 2001 年在约翰内斯堡设立分校，成为该国首家外国大学，作为其国际化计划的一部分（Setswe，2013）。然而，这一项目并未持续太久，大学于 2018 年将其业务出售给南非最大的私立高等教育提供者——独立教育研究所（Independent Institute of Education，IIE）（Monash University，2018）。[1] 目前，这所大学以"IIE MSA"的名义运营，提供法学研究生课程，承诺毕业生"具备参与日益复杂且充满活力的本地和全球经济的能力"（IIE MSA，2021）。私立教育的法律毕业生人数可能还会增加。最近，IIE 在一场重要的法律战中胜诉，宪法法院裁定，获得认可的私立机构的 LLB（法律学士）毕业生可以根据《2014 年法律实践法》（Legal Practice Act of 2014）向律师协会申请注册为

〔1〕　蒙纳士大学（Monash University）报告称："自 2013 年以来，MSA 一直作为美国公司 Laureate Education 持有 75% 股份、蒙纳士大学持有 25% 股份的合资企业运营。2017 年，蒙纳士大学和 Laureate 双方同意探索结束合资企业的可能性，并确定该校园的下一发展阶段由更适合南非教育市场运营的本地运营商进行管理将是最佳选择。"IIE 在南非的 21 个地区运营，提供从高等证书到硕士级别的注册和认证高等教育课程，在 Varsity College、Vega 和 Rosebank College 校区拥有 35 000 名高等教育学生。"

律师候选人［Independent Institute of Education v Kwazulu - Natal Law Society 2020 (2) SA 325 CC］。

另一个公共参与的关键领域是通过国家研究基金会（National Research Foundation，NRF）为研究人员提供本地评级。NRF 通过鼓励研究人员与国际机构及合作伙伴合作，来支持研究和创新。法律领域评级的引入对法律教育产生了重要影响。正如米奇利所指出的，"来自评级系统的学者，现今更关注自身的国际形象，学院也比以前更具全球视野，鼓励与世界各地姐妹机构的联系。这开始打破种族隔离时期的孤立和封闭思维，可能会促使学术界更关注理论和学科导向的研究，而不是实践导向的方法"（Midgley，2010：117）。因此，这一机制激励研究人员不仅提升研究质量，还将研究置于更广阔的全球背景中。

南非律师协会（Law Society）代表了律师行业，在塑造后种族隔离时代的法律教育中也发挥了重要影响。虽然律师协会主要关注律师的职业培训，但它也对法律学术教育产生了影响。鉴于其与法律职业的紧密联系，律师协会积极倡导加强实践技能培训，尤其关注法律实践管理方面的内容。律师协会还对法律毕业生的计算和读写能力表示担忧。为弥补这些不足，协会与一些大学合作，共同制定课程内容。律师协会利用资金支持作为推动手段，与律师信托基金（the Attorneys Fidelity Fund）合作，为符合其目标的项目提供资金，鼓励大学开展有利于法律职业的课程（Midgley，2010）。

四、转型及其不满：全球化时代的危机

随着种族隔离后法律教育改革的尘埃落定，结果并不尽如人意。一方面，毕业生人数有所增加，其中黑人和女性毕业生的比例也在上升。实际上，2009 年至 2017 年间，女性 LLB 毕业生的增长速度超过男性，年均增长 8%，而男性仅为 3%。与其他地区的法律趋势相符（Michelson，2013），2017 年女性占 LLB 毕业生总数的 57%（Law Society of South Africa，2018）。从 2009 年到 2017 年，非裔 LLB 毕业生年均增长 14%（2017 年有 3062 名非裔 LLB 毕业生），远超印度裔和混血人群的 6%。相比之下，白人毕业生在 2009 年至 2017 年间的年均增长率仅为 1%（见图 4-2）。尽管法律教育多元化显著，但法律职业仍然以白人律师为主导，特别是在公司领域这一趋势尤为明显（Klaaren，2020）。与此同时，该国的精英律所不断扩大其区域影响力，在非洲大陆建立

合作关系及办事处。

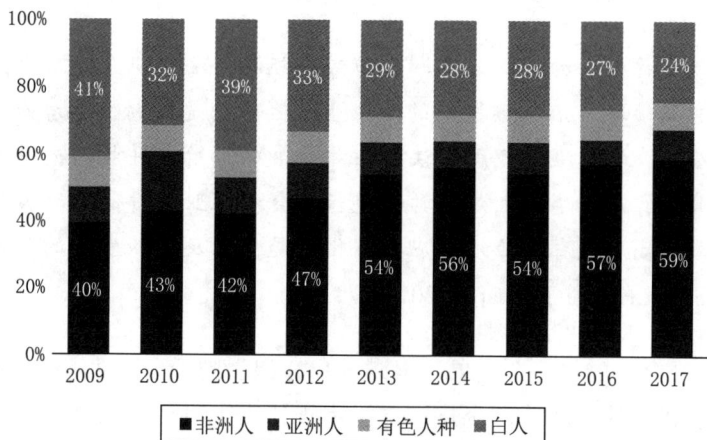

图 4-2　LLB 毕业生种族分布情况

来源：南非律师协会 2010-2018 年

　　然而，随着毕业生人数的增加，法律行业对毕业生质量和实践准备不足的抱怨也在增多。尤其是律师界、公共部门和司法界的利益相关者们表达了对新毕业的法学学士（LLB）缺乏写作和数学能力的担忧。许多人将这些不足归咎于法律教育体系，特别是四年制 LLB 课程。一些人主张恢复更长的法律资格培养时间，类似于种族隔离时期的安排（Dibetle，2007）。与此相对的观点由南非法学院院长协会（SALDA）主席米奇利提出，他认为虽然需要提高标准以改善技能，但仍应维持四年制课程，以便让毕业生更早进入市场，从而为经济做出贡献（Dibetle，2007）。

　　围绕法律教育的争论最终在 2013 年 5 月的一次会议上达到了高潮，该会议由 SALDA 和由南非律师协会（LSSA）及 GCB 代表的法律职业界共同召集。会议的主题明确为"LLB 峰会：法律教育危机？"旨在解决 LLB 课程体系及其不足之处，还有毕业生就业准备不足的问题（Van Niekerk，2013）。峰会的成果之一是成立了一个由法律学者和负责法学院认证的高等教育委员会（CHE）成员组成的工作组，着手由法律学者主导的全国 LLB 标准制定过程。该过程涵盖法律知识、技能和能力，包括读写和计算能力以及职业道德和社会正义等（Dicker，2013；Whitear-Nel and Freedman，2015）。工作组经过咨询后于

2015 年制定了国家 LLB 标准。该标准阐明了法律教育的宗旨和方向，其序言强调了法律对国家建设项目的重要性，并确认：

> 法律教育作为一种公共产品，应当回应经济、法律职业以及更广泛社会的需求。它必须培养出具备技能的毕业生，他们既是批判性思考者，也是具备见识的公民，能够深刻理解宪法对法律发展的影响，并推动南非社会正义的发展。此外，法律毕业生必须具备履行社会和职业职责的伦理素养及相应能力。因此，高等教育还必须响应全球化的趋势以及不断发展的信息技术需求（Council on Higher Education 2015：7）。

"LLB 峰会"的另一个成果是承诺对 LLB 课程进行全国性审查，以评估所有法律教育机构的重新认证资格。这一审查代表了对后种族隔离时代法律教育的最全面分析。鉴于南非根深蒂固的不平等，审查发现各院校之间存在显著差距也就不足为奇了。审查指出，"资源充足的院系与资源匮乏的院系之间的差距非常大"（Council on Higher Education，2018：61）。这些差异大多反映了种族隔离制度下法律教育的不平等状况，部分则体现了后种族隔离时代法学院所采用的不同方法。委员会对法律教育改革的有效性表示担忧，认为"四年制 LLB 学位课程是否适合达到《LLB 标准》所设定的法律教育要求令人存疑"（Council on Higher Education，2018：50）。为弥补这种不足，CHE 建议学生在攻读法学学位前应完成艺术或商业学位，或者将 LLB 学位延长至五年，以便在课程中加入非法律课程。CHE 还指出，初级的教学模式依然存在，"对学生的评估发现他们太过依赖或完全依赖于机械记忆能力"（Council on Higher Education，2018：57）。

审查在多个重要领域对大学提出了批评，其中最突出的是转型目标。CHE 发现除少数例外，大多数法学院"尚未完全内化'变革性宪制主义'的概念"——无论是在课程设置上，还是对于全体教职员工和学生来说。（Council on Higher Education，2018：52）因此，院系的人员构成仍然存在问题，非裔南非籍教师人数过少。审查指出，除了西开普大学（University of the Western Cape）外，没有任何院系能"代表全国人口的实际构成"，白人教职员工在多数院系中比例过高（Council on Higher Education 2018：58）。

全球化是法律教育中另一个存在显著分歧的问题。尽管南非将自己定位为南部非洲乃至更广泛的非洲地区的国际学生区域中心，但历史上的白人院校仍然是国际学生的主要选择：开普敦大学（University of Cape Town）、斯泰伦博斯大学（Stellenbosch University）、威特沃特斯兰德大学（University of the Witwatersrand）、比勒陀利亚大学（University of Pretoria）和夸祖鲁-纳塔尔大学（University of Kwazulu-Natal）接纳了大部分国际学生（Kwaramba，2012）。在审查中，CHE 发现各大学在课程全球化方面的方法不尽一致，但总体上对其表示满意。委员会指出：

> 大多数法学院已经通过其多样化的法学学士（LLB）课程，提供了一系列必修和选修课程来应对全球化，满足了 LLB 标准中的全球化要求。然而，某些法学院虽然让学生接触到如国际公法、国际私法和商业法等课程，但这些课程主要是为了让学生为南非的法律实践做好准备，而不是对全球化的直接回应……相比之下，一些法学院通过修改课程，将区域性、大陆性及全球法律发展的内容更深入地融入课程，从而加强了其法学学士课程的"全球化"（Council on Higher Education 2018：19-20）。

尽管法律教育中的不满情绪主要源于国家、市场和大学等利益相关者，但 2015 年大学生作为一股强大力量重新活跃在南非高等教育体系中（Andrews，2018）。围绕#Rhodes Must Fall 和#Fees Must Fall 等口号组织起来的这些运动，提出了对南非高等教育的激进反殖民批判。这些学生运动提出，高等教育的课程内容、教学方法和图像符号仍然保留着殖民时代的遗留。因此，这些"Fallist"运动的学生拒绝前几代人的温和改革，借助比科（Biko）和法农（Fanon）的思想，将黑人意识和去殖民化明确列为议题（Ahmed，2017）。该运动还关注高等教育的高昂费用，这对许多人而言依然难以负担。尽管这些运动并未专门针对法律教育，但其对法学院产生了深远影响，激发了在非洲化议题上的紧迫感，并伴随着对宪法协议和变革性宪制理念的日益批评（Modiri，2018；Sibanda，2020）。去殖民化的呼声愈发高涨，这一目标也受到CHE 的关注。CHE 在 LLB 审查中发现，正如变革性宪制主义的目标一样，课程的去殖民化目标基本仍未实现。CHE 指出：

> "去殖民化"意味着需要改变法学学士（LLB）课程以及相关的教学内容，既要关注宪法规范和原则，又要在"非洲化"课程的需求和让学生了解

法律实践所处的全球化环境之间找到清晰的出路。非洲本土主题和非洲语境必须比现在更深刻地融入法律教学——但同时要了解保持国家和国际法律的全球视角的重要性（Council on Higher Education，2018：54）。

为了响应去殖民化法律教育的呼声，2019 年来自全南非 17 所法学院中的15 所法学院的法学生举办了"法律教育去殖民化与非洲化学生大会"（Lansink and Jegede，2020）。这场会议在历史上以黑人为主的文达大学（the university of Venda）举行，提出了旨在打破南非法律教育正统观念的新主题（Letsoalo and Pero，2020）。南非去殖民化话语的兴起及推动非洲化的进程在一定程度上落后于其他非洲国家，这些国家在独立后早期即提出了这些思想（Ghai and McAuslan，1970）。然而，这一趋势有望重新激发并挑战南非法律教育，使之更加贴近长期以来被边缘化的大多数人口的关切。这些讨论在学生抗议不断的背景下提出，凸显了法律教育中的长久危机，而这种危机在各院校之间持续存在的结构性种族不平等中有所体现。

前班图斯坦大学（Bantustan universities），如沃尔特·西苏鲁大学（Walter Sisulu University，WSU，前称"特兰斯凯大学"）的困境突显了这一危机。这所历史上的黑人院校最初是为了培养班图斯坦技术官僚而设立的，在后种族隔离时代转型为综合性发展大学的过程中一直困难重重。经过多年困顿，该校因管理不善、教师资质不足以及设施（包括功能性教室）缺乏，于 2018 年失去了 LLB 认证（Council on Higher Education 2018）。自那时开始，学校通过解决教师和教育设施等多项问题重新获得了认证。然而，造成该校困境的部分责任可能来自外部。正如 WSU 理事会主席恩古库艾托比（Ngcukaitobi）所言，教育部的研究导向资助模式"在很大程度上对黑人大学不利，因为这些院校大多不以研究为主"（Macupe，2021）。黑人大学面临的挑战并非 WSU 独有。前班图斯坦的祖鲁兰大学因住宿条件不佳引发学生抗议，学生称其住宿条件是"非人道"的（Macupe，2019）。同样，曾培养非洲精英的福特海尔大学（University of Fort Hare）因长期治理危机被置于监管之下而岌岌可危（Linden，2019）。这些历史上的黑人大学所面临的挑战尤其令人担忧，因为它们承担着培养黑人律师的重任。2017 年，22%（1118 人）的 LLB毕业生来自这些前班图斯坦院校。

而在另一端，南非的精英院校则以国际认可的研究成果而自豪，其教师团队中包括"前罗德学者和洪堡学者"，拥有"极强且多样化的国际联系"，以及"来自南非各地及整个非洲，乃至 LLM 阶段来自世界各地的学生"（Cowen and Visser，2004：145）。当代高等教育中的紧张局势，源于资源丰富的精英院校与资源匮乏群体之间持续的分裂。尽管关于法律教育的辩论主要集中在大学教育上（Quinot and Van Tonder，2015），问题的根源可能来自其他方面。正如戈弗雷（Godfrey）指出，他在与法律从业者的访谈中发现，毕业生准备不足的原因在于他们在进入大学前接受的教育。他认为，这些不足源于南非不平等的教育系统，不仅在种族和阶级上存在分化，还呈现显著的城乡差距。因此，大学难以有效解决这些缺陷（Godfrey，2009）。事实上，关于 LLB 学制时长的讨论往往忽视了学生在进入大学前所面临的教育挑战，尤其是语言的重要作用。南非是一个拥有 11 种官方语言的多语言国家，但大学教育主要使用英语或南非荷兰语。因此，许多学生不得不以第二或第三语言学习，这加剧了读写和计算方面的问题（Balfour，2007；Dladla，2020）。这一问题也受到教育部的关注，教育部指出"知识体系转型的缺失进一步体现在高等教育中的语言作用上……语言问题无疑是大多数黑人学生学术成功的主要障碍之一"（Department of Education，2008）。

五、结论

南非法律教育中的全球化叙事与其历史一样，呈现出一种分裂的状态。法律院系之间深刻的种族不平等，造成了一个碎片化的法律教育系统，其中全球化的利益分配极为不均。南非法律教育及其法律职业中根深蒂固的种族不平等，是殖民和种族隔离历史的遗留问题。这一遗产呈现出双面性，一方面使该国的法律教育系统得以发展成为高等教育的区域中心，与宗主国的高等教育机构保持着密切联系，吸引着国际学生并在国际排名中表现优异；但另一方面，它却将社会中的大多数人排除在外。其殖民起源使该国的高等教育体系在面临困境时陷入了两难局面。一方面，有人呼吁大学应作为推动社会正义的机构发挥作用；另一方面，有人呼吁大学应将自己定位为全球机构，优先考虑全球成功的衡量标准，并将自己推向更广泛的国际市场（Swartz et al.，2019）。这一分裂的社会背景自南非法律教育建立以来便塑造了其特性，并使当代全球化进程在很大程度上延续了殖民统治时期全球化的不平等特征。因此，随着全球互联性日益增强，法律教育面临的长期挑战是：如何在其体系中实现公平。

参考文献

Abel, Richard (1995). *Politics by Other Means: Law in the Struggle against Apartheid, 1980–1994*. Routledge.

Ahmed, Kayum (2017). "#RhodesMustFall: Decolonization, Praxis and Disruption," *Journal of Comparative & International Higher Education* 9: 8–13.

Andrews, Penelope (2018). "Race, Inclusiveness and Transformation of Legal Education in South Africa," in Rosalind Dixon and Theunis Roux, eds., *Constitutional Triumphs, Constitutional Disappointments: A Critical Assessment of the 1996 South African Constitution's Local and International Influence*. pp. 223–251. Cambridge University Press.

Balfour, Robert (2007). "University Language Policies, Internationalism, Multilingualism, and Language Development in South Africa and the UK," *Cambridge Journal of Education* 37 (1): 35–49.

Botha, Graham (1924). "Early Legal Practitioners of the Cape Colony," *South African Law Journal* 41 (3): 255–261.

Boulle, Laurence (2014). "Isolationism, Democratisation and Globalisation: Legal Education in a Developing Country," in William van Caenegem and Mary Hiscock eds., *The Internationalisation of Legal Education*. pp. 48–69. Edward Elgar Publishing.

Broun, Kenneth (2000). *Black Lawyers, White Courts: The Soul of South African Law*. Ohio University Press.

Centre for Applied Legal Studies (2014). Transformation of the Legal Profession. https://www. wits. ac. za/media/wits-university/faculties-and-schools/commerce-law-and-management/research – entities/cals/documents/programmes/gender/Transformation% 20of% 20the% 20Legal% 20Profession. pdf.

Chanock, Martin (1985). *Law, Custom, and Social Order: The Colonial Experience in Malawi and Zambia*. African Studies Series 45. Cambridge University Press.

Chanock, Martin (2001). *The Making of South African Legal Culture 1902–1936: Fear, Favour and Prejudice*. Cambridge University Press. 1st ed.

Council on Higher Education (2015). Qualifications Standard for Bachelor of Laws (LLB). https://www. univen. ac. za/docs/Standards_ for_ Bachelor_ of_ Laws_ % 20LLB% 20ffnal% 20version_ 20150921. pdf.

Council on Higher Education (2018). The State of the Provision of the Bachelor of Laws

（LLB）Qualification in South Africa. http：//www. dere bus. org. za/wp-content/uploads/2019/06/ CHE_ LLB-National-Report_ 2018. pdf.

Cowen, Daniel and Denis Visser (2004). *The University of Cape Town Law Faculty: A History 1859-2004*. Siber Ink.

Davis, Dennis (2015). "Legal Transformation and Legal Education: Congruence orConflict?," *Acta Juridica* 18: 172-188.

Department of Education (2008). Report of the Ministerial Committee on Transformation and Social Cohesion and the Elimination of Discrimination in Public Higher Education Institutions. https://ukzn. ac. za/wp-content/miscFiles/publications/ReportonHEandTransformation. pdf.

Department of Higher Education and Training (2015). Reflections on Higher Education Transformation. https://www. justice. gov. za/commissions/FeesHET/docs/2015 - HESummit - Annexure05. pdf.

Dibetle, Monako (2007). "Quality of Law Degrees Questioned," *The Mail & Guardian*. November 14. https://mg. co. za/article/2007-11-14-quality-of-law-degrees-questioned/.

Dicker, Leon (2013). "The 2013 LLB Summit," *Advocate. August.*

Dladla, Thokozani (2020). "Breaking The Language Barrier In Legal Education: A Method for Africanising Legal Education," *Pretoria Student Law Review* 14 (1): 12.

Dlamini, Charles (1992). "The Law Teacher, the Law Student and Legal Education in South Africa," *South African Law Journal* 109 (4): 17.

Erasmus, Hennie (2015). "The Beginnings of a Mixed System or, Advocates at the Cape during the Early Nineteenth Century, 1828-1850," *Fundamina* 21 (2): 219-233.

Ghai, Yash and Patrick McAuslan (1970). *Public Law and Political Change in Kenya a Study of the Legal Framework of Government from Colonial Times to the Present*. Oxford University Press.

Gibbs, Timothy (2020). "Apartheid South Africa's Segregated Legal Field: Black Lawyers and the Bantustans," *Africa* 90 (2): 293-317.

Godfrey, Shane (2009). "The Legal Profession: Transformation And Skills," *South African Law Journal* 126 (1): 91-123.

Greenbaum, Lesley (2009). "A History of the Racial Disparities in Legal Education in South Africa," *John Marshall Law Journal* 3 (1): 1-18.

Greenbaum, Lesley (2015). "Legal Education in South Africa: Harmonizing the Aspirations of Transformative Constitutionalism with Our Educational Legacy I. Twenty Years of South African Constitutionalism," *New York Law School Law Review* 60 (2): 463-492.

Hunt, Peter (1963). "South Africa—The Faculty of Law, University of the Witwatersrand, Johannesburg Legal Education Supplement," *Journal of African Law* 7 (2): 120-125.

IIE MSA（2021）"IIE Bachelor of Laws（LLB）Fact Sheet" https：//www. iiemsa. co. za/fact-sheet/bachelor-of-laws-llb/

Iya, Philip（1997）. "Reform of Legal Education in South Africa: Analysis of the New Challenge of Change," *The Law Teacher* 31（3）: 310-325.

Iya, Philip（2001）. "The Legal System and Legal Education in Southern Africa: Past Influences and Current Challenges," *Journal of Legal Education* 51（3）: 355-362.

Joseph, Helen（1963）. *If This Be Treason*. Andre Deutsch.

Kaburise, John（2001）. "The Structure of Legal Education in South Africa," *Journal of Legal Education* 51（3）: 363-71.

Kahn, Ellison（1989）. "The Wits Faculty of Law, 1922-1989: A Story with a Personal Touch," *Consultus* 2（2）: 103-112.

Kahn, Ellison（1997）. "The Wits Faculty of Law Turns 75: Ruminations on Its Yesterday, Today and Tomorrow by an Old-Stager," *South African Law Journal* 114（3）: 511-541.

Killingray, David（2012）. "Significant Black South Africans in Britain before 1912: Pan-African Organisations and the Emergence of South Africa's First Black Lawyers," *South African Historical Journal* 64（3）: 393-417.

Klaaren, Jonathan（2015）. "African Corporate Lawyering and Globalization," *International Journal of the Legal Profession* 22（2）: 226-42.

Klaaren, Jonathan（2020）. "South Africa: A Profession in Transformation," in Richard Abel, Ole Hammerslev, Hilary Sommerlad, and UlrikeSchultz, eds. , *Lawyers in 21st- Century Societies*. pp. 535-46 Hart Publishing.

Klare, Karl（1998）. "Legal Culture and Transformative Constitutionalism," *South African Journal on Human Rights* 14（1）: 146-188.

Klerk, Willem De（2005）. "University Law Clinics In South Africa," *South African Law Journal* 122（4）: 929-950.

Krishnan, Jayanth and Kunle Ajagbe（2018）. "Legal Activism in the Face of Political Challenges: The Nigerian Case," *Journal of the Legal Profession* 42（2）: 197-241.

Kwaramba, Marko（2012）. "Internationalisation of Higher Education in Southern Africa with South Africa as a Major Exporter," *Journal of International Education and Leadership* 1: 22.

Lansink, Annette and Ademola Oluborode Jegede（2020）. "Introduction to the Pretoria Student Law Review: Special Edition on the Decolonisation and Africanisation of Legal Education," *Pretoria Student Law Review* 14: ix-xv.

Law Society of South Africa（2018）. Statistics For Legal Profession 2017/2018. https://www. lssa. org. za/wp-content/uploads/2019/11/LSSA-STATS-DOC-2017-18. pdf.

Letsoalo, Mankhuwe Caroline and Zenia Pero (2020). "Historically White Universities and the White Gaze: Critical Reflections on the Decolonisation of the LLB Curriculum," *Pretoria Student Law Review* 1 (1): 1-11.

Linden, Aretha (2019). "Maladministration' Blamed as University of Fort Hare Placed under Administration," *Times LIVE*. April 29. https://www.timeslive.co.za/news/south-africa/2019-04-29-maladministration-blamed-as-university-of-fort-hare-placed-under-administration/.

Macupe, Bongekile (2019). "UniZulu Students' Accommodation Conditions Are 'Inhumane' —The Mail & Guardian." https://mg.co.za/article/2019-04-26-00-unizulu-students-accommodationconditions-are-inhumane/.

Macupe, Bongekile (2021). "Ngcukaitobi, the New Sheriff at Walter Sisulu University," The Mail & Guardian. February 21. https://mg.co.za/education/2021-02-21-ngcukaitobi-at-walter-sisulu-university/.

Maisel, Peggy (2006). "Expanding and Sustaining Clinical Legal Education in Developing Countries: What We Can Learn from South Africa," *Fordham International Law Journal* 30 (2): 374-420.

Mamdani, Mahmood (1996). *Citizen and Subject: Contemporary Africa and the Legacy of Late Colonialism*. Princeton University Press. 1st ed.

Mandela, Nelson (1993). "South Africa's Future Foreign Policy," *Foreign Affairs* 72 (5): 86-97.

Mandela, Nelson (1995). *Long Walk to Freedom: The Autobiography of Nelson Mandela.* Back Bay Books.

McClymont, Mary and Stephen Golub, eds. (2000). *Many Roads to Justice: The Law-Related Work of Ford Foundation Grantees around the World.* Ford Foundation.

Michelson, Ethan (2013). "Women in the Legal Profession, 1970-2010: A Study of the Global Supply of Lawyers," *Indiana Journal of Global Legal Studies* 20 (2): 1071-1137.

Midgley, Rob (2010). "South Africa: Legal Education in a Transitional Society," in *Stakeholders in the Law School.* 31. pp. 97-126. Bloomsbury Publishing Plc.

Ministry of Justice (1995). Justice Vision 2000— A Strategic Plan for the Transformation and Rationalisation of the Administration of Justice. https://www.gov.za/sites/default/ffles/gcis_ document/201409/justicevision2000s0.pdf.

Modiri, Joel M. (2018). "Conquest and Constitutionalism: First Thoughts on an Alternative Jurisprudence," *South African Journal on Human Rights* 34 (3): 300-325.

Monash University. (2018). "Change of Ownership for Monash SouthAfrica" https://www.

monash. edu/news/articles/change-of-ownership-for-monash-south-africa.

Murray, Bruce (1990). "Wits as an 'Open' University 1939 – 1959: Black Admissions to the University of the Witwatersrand," *Journal of Southern African Studies* 16 (4): 649-676.

Murray, Bruce (2016). "Nelson Mandela and Wits University," *The Journal of African History* 57 (2): 271-292.

Murray, Bruce (1982). *Wits, the Early Years: A History of the University of the Witwatersrand, Johannesburg, and Its Precursors, 1896-1939.* Witwatersrand University Press.

Ndulo, Muna (2002). "Legal Education in Africa in the Era of Globalization and Structural Adjustment," *Penn State International Law Review* 20 (3): 487-503.

Ngcukaitobi, Tembeka (2018). *The Land Is Ours: South Africa's First Black Lawyers and the Birth of Constitutionalism.* Penguin Books, an imprint of Penguin Random House.

Ngqulunga, Bongani (2017). *The Man Who Founded the ANC: A Biography of Pixley Ka Isaka Seme.* Penguin Books.

Oguamanam, Chidi and Wes Pue (2007). "Lawyers' Professionalism, Colonialism, State Formation, and National Life in Nigeria, 1900-1960: 'The Fighting Brigade of the People,' " *Social Identities* 13 (6): 769-785.

Popescu, Florentin (2015). "South African Globalization Strategies and Higher Education," *Procedia—Social and Behavioral Sciences* 209 (December): 411-418.

Pruitt, Lisa (2002). "No Black Names on the Letterhead? Efficient Discrimination and the South African Legal Profession," *Michigan Journal of International Law* 23 (3): 545-676.

Quinot, Geo and SP Van Tonder (2015). "The Potential of Capstone Learning Experiences in Addressing Perceived Shortcomings in LLB Training in South Africa," *Potchefstroom Electronic Law Journal/Potchefstroomse Elektroniese Regsblad* 17 (4): 1350.

Schaeper, Thomas and Kathleen Schaeper (2010). *Rhodes Scholars, Oxford and the Creation of an American Elite.* Berghahn Books. Rev. ed.

Setswe, Geoffrey. (2013). "Private higher education in Africa: The Case of Monash South Africa," *Africa Education Review*, 10 (1): 97-110.

Sibanda, Sanele (2020). "When Do You Call Time on a Compromise? South Africa's Discourse on Transformation and the Future of Transformative Constitutionalism," *Law, Democracy & Development* 24 (1): 384-412.

Swartz, Rebecca, Mariya Ivancheva, Laura Czerniewicz, and Neil Morris (2019). "Between a Rock and a Hard Place: Dilemmas Regarding the Purpose of Public Universities in South Africa," *Higher Education* 77 (4): 567-583.

Terreblanche, Sampie (2002). *A History of Inequality in South Africa 1652-2002.* University of KwaZulu-Natal Press.

Thompson, Leonard (2001). *A History of South Africa*, *Third Edition*. Yale University Press. 3d ed.

Truth and Reconciliation Commission of South Africa (1999). "Truth and Reconciliation Commission of South Africa Report," *Choice Reviews Online* 37 (3): 37-1803-37-1803.

Van Niekerk, Carmel (2013). "The Four-Year Undergraduate LLB: Where to from Here?," *Obiter* 34 (3): 533-544.

Ward, Kerry (2009). *Networks of Empire: Forced Migration in the Dutch East India Company*. Cambridge University Press.

Whitear- Nel, Nicola and Warren Freedman (2015). "A Historical Review of the Development of the Post-A partheid South African LLB Degree—With Particular Reference to Legal Ethics," *Fundamina* 21 (2): 234-250.

Wildenboer, Liezl (2010). "The Origins of the Division of the Legal Profession in South Africa: A Brief Overview," *Fundamina* 16 (2): 199-225.

Woolman, Stuart, Pam Watson, and Nicholas Smith (1997). "Toto, I've a Feeling We're Not in Kansas Any More: A Reply to Professor Motala and Others on the Transformation of Legal Education in South Africa," *South African Law Journal* 114 (1): 30-64.

Worden, Nigel (2012). *The Making of Modern South Africa: Conquest, Apartheid, Democracy*. Wiley- Blackwell. 5th ed.

第五章
印度法律教育改革的斗争
——从根深蒂固的地方法律寡头到寡头垄断的全球化趋势

作者：伊夫·德扎莱（Yves Dezalay）、布莱恩特·加斯（Bryant Garth）

本章聚焦于围绕法律教育改革的斗争，这些斗争一直影响着在全球各地的法律教育与发展实践。许多书籍和文章探讨了全球法学院应具备的特征、什么是最佳教学及诊所实践、学术研究的质量，以及进入法律职业的可能性（Gane and Huang，2016；Jamin and van Caenegem，2016）。然而，这些研究机构的焦点——如律师协会、事务律师分会、法学院系、法官，甚至"法律复合体"——往往忽视了在不同语境中定义法律及律师职业的资本转换过程。要真正理解法律及其职业的构成，必须对这些传统类别进行解构。理解转型与资本转换的途径之一是借助互联的历史，揭示其中的相似性与差异性。

我们对法律教育的研究聚焦于"法律革命"的三个维度，这源自哈罗德·伯尔曼（Harold Berman）在其名著《法律与革命》（1983，2003）中的论述。伯尔曼首先解释了10世纪的格里高利改革（Gregorian revolution），并将同样的分析方法应用于新教改革。在每个案例中，他都强调了边缘学术群体的知识资本如何与新兴政治运动相结合，最终为新的政权提供合法性和延续性。新的法律在保留与既有权力联系的同时，也吸收了因国家和社会变革/革命而具有价值的新资本形式。因此，法律教育和学习成为法律革命中的重要阵地。

我们关注的近期革命的第一个维度，是一种正在取代旧殖民关系的新帝国或霸权关系的崛起。这种关系涉及二战后美国在全球的崛起，尤其是冷战结束后。伴随着这一崛起，国家治理和经济治理发生了广泛传播的革命性变革（Dezalay and Garth，2021）。这一变革的关键法律组成部分之一是大型公司型律所在全球的崛起，同时还包括放松管制和私有化（Gross Cunha et al.，2018；Wilkins et al.，2017）。

第二个层面是所谓的经济"金融化"的兴起，即新自由主义革命，或称为放松管制的"大爆炸"。这种转型的一个表现是公共资本存量的停滞和相对贫困化（在二战后30年内，这些公共资本包括国有企业、银行，且债务相对较少），与此相对的是私人资本的巨大积累，集中在所谓的"百分之一"（更准确地说是千分之一）手中，同时政府债务也在相应增加（Piketty，2017）。公共和私人财富的格局发生了逆转。

第三个层面是法律教育和法律职业的转型。从某种意义上说，全球许多国家的法学院数量激增，包括美国在内拥有约200所法学院；墨西哥（Pérez Hurtado，2010）、巴西（Vilhena Vieira and José Garcez Ghirardi，this volume，Chapter 7）和印度（Gingerich 和 Robinson，2017）各有超过1000所法学院；中国约有600所法学院（Wang et al.，2017）。日本（Rosen，2017）、韩国（Lee，2019）的法律职业也大幅增长，尽管相对规模较小。从一个角度看，这种扩展表明对法律职业的开放性增加，同时法律在国家治理中的重要性也在提升。然而，这一现象也与金融化的发展相似，顶端少数院校与底部众多院校之间的差距极为悬殊。

许多精英公立学校在基于精英选拔标准上相对开放，但除非来自能够投入大量资源用于昂贵初等和中等教育的家庭，否则很难进入这些学校。同时，许多公立学校的学费正在上涨，这些学校在与一批新兴的私立学校竞争，这些私立学校主要以培养企业律师为目标。无论如何，精英学校与普通学校之间的差距十分显著。

例如，在美国，顶部法学院的教授薪资是排名靠后学校教授的三倍，而能够获得公司法务职位的法学院毕业生起薪是进入政府或小型律所的毕业生的两倍多，且这种差距随着时间的推移不断扩大（Dinovitzer et al.，2004）。根据"法学博士毕业后的发展"项目（AJD）对2000年开始职业生涯的法学院毕业生的长期研究，约18%的毕业生在美国市场良好的时期进入了拥有超过250名律师的公司法务事务所，而在职业生涯的第十三年，留在这些律所的比例约为8%（同时，不同规模的大型律所之间也存在显著差异）（Dinovitzer，2014）。美国律所中的高级合伙人大多毕业于顶尖法学院。因此，无论是在律所还是法学院，都存在"魔圈"，这些圈子中的人不成比例地分享了商事法（以及公益法）的利益。在美国最高法院出庭的主要律师以及在政府中担任重要职务的律师大多也来自这些精英圈子（Biskupic et al. 2014）。

我们虽然没有其他国家的详细比较数据，但考虑到顶尖法学院与大量边缘学校之间的差距，其他国家的情况肯定也类似。此外，进入所谓的公司法领域工作的人仍然相对较少，而非英语国家的人要进入大型跨国律师事务所，不仅需要掌握英语，还与其社会地位和出国机会密切相关。进入这些面向国际的公司型律所，甚至进入培养这些律师的法学院，都存在强大的社会、经济和文化壁垒。

伴随着包括法学院系和公司型律所在内的治理变革的法律革命，更可能是一个充满争议的过程，而法律教育成为其中的关键战场。既有根深蒂固甚至处于困境中的精英抵制变革，也有精英利用多重职位和人脉来吸收并巩固这些变化。在许多情况下，这一变革过程因学术资本相对于家庭和社会资本的相对价值下降而加剧。这一下降使得新群体更易与新兴但边缘的学术团体结盟并向其进行学术投资。由改革派支持的新体系更深地嵌入金融和市场，对获得关键职位的人选更具学术选择性，成为重构学术界以及学术界与不同国家法律实践的关系的重要工具。因此，法律与法律教育的本地斗争，很大程度取决于专业与社会等级的混合关系以及与霸权力量之间的关系。

南亚和东亚可以作为探讨这些斗争过程的理想背板。实际上，我们在书中聚焦于亚洲（Dezalay and Garth, 2021），因为它位于我们希望分析的变革中心。这一地区有着植根于强大而同质化的法律等级与院校的殖民遗产——例如印度的大律师学院、韩国的司法研究与培训学院，以及日本的法律研究与培训学院。更广泛地说，在我们研究的五个国家和地区中，有四个国家的精英律师群体与大法官之间形成了传统联盟，而学者大多处于从属地位。在国际律所和本地美式公司型律所中，新的力量（外来者）正在崛起，他们凭借强大的外部资源组合（包括全球金融、常春藤联盟院校的教育背景和冷战霸权遗产）建立起新的势力。

这些新兴的培养法律人才和传播/引进新型金融/法律形式的机构相互补充，推动了这场攻势的成功。虽然两个斗争阵营及其资源界限相对清晰，但斗争结果却因各地力量对比不同而有所差异。除日本外（Rosen, 2017：271-272），旧派似乎主要在打一场阻滞战，试图限制并延缓新晋者进入司法机构核心层级的速度，同时减缓新力量的崛起。在有些案例中，这种防御策略面临适得其反的风险，可能促使野心勃勃且人脉广泛的法律毕业生选择流向其他国家。印度的案例尤其生动地展示了这种情况。

本章的理论框架将法律视为一个持有象征性资本的文化银行。这一现象在印度尤为明显。帕西人（Parsi）和婆罗门（Brahmins）的权力和历史深深植根于印度法律中，作为家族资本的体现（Dezalay and Garth，2010；Sharaff，2014）。与其他地方一样，他们与国家的联系是其法律资本价值的一部分，而与顶部家族企业和地主家族的联系也同样重要。家族资本可以在特定时期和特定场合转化为更重要的其他形式资本，例如从法律转向经济，从土地转向金融。法律及其相关机构为资本转化提供了交换的平台。该领域内的等级体系也决定了对新型资本的接受度，包括学习资本和家族资本。在印度，法官和律师精英位于法律职业的顶端，守护着印度法律的"圣殿"（Galanter and Robinson，2017）。相比之下，在美国，占主导地位的是公司律师。其他国家则有不同的等级体系。

自20世纪50年代法律与发展理论兴起以来，美国的做法一直是挑战美国以外的"法律守护者"，以推动符合美国霸权的价值观。美国的基金会及其他机构致力于使"现代化"法律精英成为发展与治理中的温和领导者，而非保守的、有产阶级的支持者，这些阶级常被视为改革与发展的敌人。因此，法律教育改革的故事是输出与输入努力的结合，尽管在许多方面可能存在分歧，但它们的共同点在于打破现有的等级制度，并提升法律论证和法律学术的质量（Krishnan，2005，2004；Gardner，1980）。

一、印度：殖民路径依赖的再探——处于困境的高级律师群体、知识的边缘化与国际化的挑战者

关于印度法律职业的最新研究指出，大律师在该领域中占据着强势地位，这些高等法院和最高法院的大律师与司法精英体系密切合作。加兰特（Galanter）和罗宾逊（Robinson）指出，印度的大律师是在全球化时代"蓬勃发展"的"少数精英律师"（Galanter and Robinson，2017：455）。威尔金斯（Wilkins）和卡纳（Khanna）提到，内部法律顾问认为"少数大律师……主导了印度的诉讼市场"，特别是在"利害攸关之时"显得尤为关键（Wilkins and Khanna，2017）。巴拉克里什南（Ballakrishnen）的最新报告指出，律师行业的惯性依

然显著，家族资本仍然重要，并限制了进入大律师业务的门槛（2020 年）。巴拉克里什南还发现，公司型律所已发生变化，逐渐脱离了其固有的历史路径，不再像律师行业那样存在明显的性别偏见，而更加注重其能力进行精英化选拔（Ballakrishnen，2019）。

因此，律师行业似乎是一个高门槛进入的例子——少数群体通过控制市场获取利益，而家族资本对于建立师徒关系至关重要。顶级辩护律师从中获得了可观的垄断利润。相比之下，除顶尖律师事务所的领导者和高级合伙人外（Int. 1，2017），公司型律所的表现虽不如辩护律师，但与其他的普通律师相比，公司型律所的发展仍然相对较好。与辩护律师不同的是，公司型律所的招聘相对以能力为导向。尤其是，它们为那些毕业于相对新兴且以能力导向的 NLS 的学生提供了丰厚的职位（Gingerich and Robinson，2017）。

以上论述各自强调了当前形势的某一方面，突显了律师行业和公司型律所之间的对比。我们的论述将这两个方面联系起来，并强调印度法律贵族是通过殖民统治建立起来的，始终处于被支配的边缘地位。印度法律贵族一向较为保守，支持独立运动是个例外。在独立前以及独立后律师行业的黄金时期，"法律大亨"的巨大财富依赖于与英国法律核心的联系以及为大型地主服务的机会（Dezalay and Garth 2010：151–157）。法律精英的保守性使得尼赫鲁（Nehru）指责法官和律师在 20 世纪 50、60 年代通过法庭攻击其进步政策，构建了一个"被窃取的国家"。除了少数例外，律师界的精英普遍抵制那些会削弱其传统客户权利的政策（Williams 2020）。

传统法律精英所采取的"碉堡心态"，即保护自身及其市场，导致法律及法律职业的声望贬值。正如 20 世纪 60 年代和 70 年代的大量记录所示，法律并不是缺乏家庭关系的优秀人才的首选职业，尽管福特基金会和其他机构努力通过改善教学和学术研究来促进法律职业的现代化（Krishnan，2005，2004）。最优秀的学生选择了工程或医学，而印度理工学院则为那些能够在入学考试中脱颖而出的学生提供了一个重要的入行渠道。

对法律职业保守性的批评为新思想引入和接触提供了可能，并致力于适应新的本地或全球治理体系以及与之结成同盟。特别是本章稍后将详细讨论到的，法律创业者抓住了霸权重构的契机，并提升了美国制造和出口的法律知识的相对价值。印度总理英迪拉·甘地（Indira Gandhi）在 20 世纪 70 年代中期宣布紧急状态后，这一时期成为草创的重要阶段。

　　印度最高法院对紧急状态的支持促使法律精英中出现了更大的改革派力量，而这种反对态度也为律师行业重拾声望提供了机会。在司法界和律师界的创业型活动家的领导下，最高法院本身及高级律师通过推动公益诉讼改善了他们的形象，福特基金会也在其中提供了一些帮助（Dezalay and Garth，2010：186-188）。这一时期也使以德里大学为中心的法律教育改革势头更加显著。特别是，建立独立于现有法学院之外的新式 NLS 的想法，得到了乌潘德拉·巴克西（Upendra Baxi）的关注并支持其改革，他的相关著作后来发表（Baxi，1976）。这一构想还借鉴了印度理工学院和印度管理学院的成功经验，这些学院的部分灵感源自美国高等教育。

　　巴克西是印度最著名的法律学者之一，获得了加利福尼亚大学伯克利分校的法学博士学位，曾在澳大利亚任教，随后回到德里大学。从 20 世纪 70 年代到 90 年代中期，他一直在德里大学任教，并担任过院长及其他多个职务，90 年代中期，他转任华威大学（the University of Warwick）。他的职业生涯与公益诉讼的兴起和 NLS 的发展密切相关。以下引自最近一篇关于 NLS 创立的研究文章，提到了巴克西以及律师界和司法界精英成员的影响：

　　希达亚图拉（Justice M. Hidayatullah）大法官率先提出了创建一所类似哈佛的法学院的概念，这所法学院将由一群多元化且敬业的教师和学者领导，具有自主性，完全自筹资金，不接受政府或监管机构的资助，并拒绝他们的干预。希达亚图拉大法官的愿景在多次法律教育委员会（LEC）会议上进行了讨论。杰出的法学家乌潘德拉·巴克西教授作为法律教育委员会的成员，承担了前期准备工作，整个国家的法律教育体系也因此迎来了一场变革（Mathur 2017）。

　　目标是创建印度版的哈佛法学院。

　　在一系列事件之后，正如克里希南（Krishnan）详细记录的那样（204：484-488），马达瓦·梅农（N. R. Madhava Menon）是印度最高法院公益诉讼领袖之一，克里希纳·艾耶大法官（Justice Krishna Iyer）的门生，他创立了印度国家法学院大学（NLSIU），这也是第一所 NLS，位于班加罗尔。从那时起，梅农一直是法律教育改革的主要推动者之一，他还撰写了一部自传，记录了其作为创始人的经历（2009 年）。

梅农指出，这个为期五年的课程体系主要受到美国法学院的启发，比现有法学院的三年制法学学士（BA）课程要严格得多。学校在 1987 年成立时资源非常有限，但福特基金会及时介入，为其提供了 80 万美元的资助，这笔资金在"法学院面临运营困难的关键时期（即 1989–1994 年）"发挥了重要作用（id.）。NLSIU 成立的时机很好，这确保了其成功，但也使学校偏离了最初的使命，即培养与公益诉讼相契合的新一代律师。首批毕业生恰逢经济自由化，他们热切地投身于公司型律所提供的新机会。

包括马克·加兰特（Marc Galanter）、威廉·特温宁（William Twining）和来自科伦坡的萨维特里·古纳塞克拉（Savitri Gunasekhere）在内的国际团队对 NLSIU 的成就进行了评估，认为它"完全达到了作为印度法律教育的引领者的目标"（Menon，2009：54）。NLSIU 的成功激励了海得拉巴（Hyderabad）的 NLS（正式名称为"法律学习和研究国家学院"，NALSAR）。该学院于 1998 年成立，随后这一模式真正开始推广。目前，印度各地已有约 23 所NLS，它们对最初模式的传承各有侧重。NLS 也对其体系之外的法律教育产生了影响。三年制 LLB 项目的数量正在减少，仅有少数知名院校仍在坚持，如德里大学（Delhi University）和孟买的政府法学院（Government Law College）。例如，最近隶属于孟买大学（University of Mumbai）的普拉文·甘地法学院（Pravin Gandhi School of Law）将其重点从三年制晚间课程转向五年制 LLB项目。

印度经济的重组进一步提升了对日益重要的美国专业知识的需求，尤其是在总理曼莫汉·辛格（Manmohan Singh）领导下，结束了"许可证制度"（Licensing Raj），大幅度开放经济，吸引更多外资和外贸。这一系列经济改革使新的印度律师事务所得以扩展，全球公司型律所也获得了从境外为印度提供服务的机会。随着经济转型，律所进行了显著调整（Nanda et al.，2017：69）。许多 NLS 的毕业生进入了这些律所，据报道，这些学生争相竞聘新型印度律所和全球公司型律所的职位（Gingerich and Robinson，2017）。正如杰伊·克里希南（Jay Krishnan）在 2013 年指出的，律所数量的增长相对较晚，这反映了经济剧变的影响（2013：24 n.76）。在一项调查中，40 家顶尖律所中，有 8 家成立于 1991 年至 1999 年间，而 15 家在 2000 年后成立（id. at 20）。在某种程度上，律师行业现在抱怨 NLS 毕业生对律师职业的兴趣相对不足（Int.，2017）。

首先，NLS 在印度法律教育中占据的只是一个相对小的领域。因此，我们并不是在讨论大多数法学院和法律毕业生。印度约有 130 万名律师，超过 1200 所法学院和法律系，或许有 45 000 名法律专业学生。NLS 每年大约有 30 000 名申请者竞争 1500 至 2000 个名额（Gingerich and Robinson，2017）。2008 年设立的普通法入学考试（Common Law Admission Test）允许学生通过一次考试申请全国各地的 NLS，这一流程与印度理工学院的申请方式类似。

NLS 使用的标准化考试要求考生具备英语能力，且每年约 2500 美元的学费也让大量申请者望而却步。对 NLSIU 学生的最新研究证实，他们大多来自高收入家庭和高种姓（Jain et al.，2016：28，32）。婆罗门学生占 26.5%，其他高种姓学生占 32.5%，如果包括未报告的学生，比例可能更高（id. at 28）。约 30% 的 NLSIU 学生来自一级（主要）城市（这一比例已从 50% 下降），表明学生来源更趋向省级城市，但仍集中在城市地区。大多数学生的父母精通英语（id. at 35）。此外，还有一小部分"预留"名额的学生，来自"表列种姓"等群体。研究报告显示，更多有优势的学生在学校表现更好，他们积极参加模拟法庭比赛，并在毕业后获得令人羡慕的职位（id. at 14-15）。正如其他人所指出的那样，在印度，来自非精英阶层的学生很难在法学院中取得优异成绩（Basheer et al.，2017：578）。沙姆纳德·巴希尔（Shamnad Basheer）为外来者提供进入 NLS 的机会所作的创造性且坚定的努力，展现了他们面临的巨大障碍（id.）。

与印度理工学院（IIT）类似，种姓精英的特征不在于财富或财产，而在于他们能够体现出被认可的精英选拔价值观。正如印度理工学院的一位学者所指出的，"他们之所以能够具备全球视野，正是因为他们拥有累积特权的历史，这段历史赋予了他们某种独特的自我塑造权利"（Subramanian，2015：296）。"虽然在早期阶段，地位可能更直接地与种姓挂钩，但精英的社会基础依然以某种方式构成，使得同一社会群体能够将精英资格内化为一种理想的体现"（id.）。他们因成就而被选拔——而这种成就往往与种姓重合。

印度法律媒体报道了 NLS 毕业生获得的好职位。最近，位于海得拉巴国家法学院（NALSAR）报告称，在 74 名毕业生中，58 名参与校园招聘的学生全部获得职位。具体包括：10 人加入 Shardul Amarchand Mangaldas，6 人加入 Cyril Amarchand Mangaldas，五人加入 Luthra & Luthra，4 人加入 Trilegal，3 人加入 AZB & Partners，2 人加入 Khaitan & Co，2 人加入 P&C Legal，2 人加入

S&R Associates，另有少数律所各招聘 1 人。在企业内部职位方面，RPG 集团招聘了 5 人，ICICI 银行招聘了 4 人。据报道，其他毕业生计划在学术、政策制定、司法和公务部门等领域发展。他们还收到来自加州大学伯克利分校、欧洲法律与经济学硕士项目（European Masters in Law and Economics program）、牛津大学法学院、剑桥大学法学院、加州大学洛杉矶分校、康奈尔大学和伦敦经济学院（London School of Economics）等院校的录取通知（Reddy，2017）。一些毕业生计划参加公务员考试，其中 1 人参加了司法考试。据报道，2 人计划成为律师或法官助理。其他法学院的类似情况也出现在媒体报道中，包括班加罗尔国家法学院（Bangalore NLU）和古吉拉特国家法学院（Gujarat NLU）（id.；Gingerich and Robinson，2017）。一所传统法学院的院长指出，律所更倾向于从 NLS 招聘，而不是传统院校（Int. 2 2017）。

然而，这些数据有些误导。首先，许多毕业生在较短的时间内离开了律师事务所。一位观察者表示，NLS 的毕业生中，有一半在十年内离开了法律行业，转而从事其他职业，例如商业、设计和新闻业（Int. 3，2017）。通过对领英（LinkedIn）上与海得拉巴和班加罗尔 NLS 相关的成员数据进行分析，可以看出，尽管这似乎涵盖了相当一部分校友，但表明许多人仍在律师事务所工作，然而，也有相当一部分人转向了商业、公司法务、法律教育或其他职业。NLSIU 在领英上有 5441 名校友，这无疑包括参与过各种项目的校友，但有趣的是，职业分布中有许多甚至大多数人从事的是与法律无关的职业（LinkedIn，2018）。显然，许多人并未从事法律职业。在法律相关的校友中，主要雇主是头部的公司型律所。名单中显示了许多顶尖律所和律师行业的从业者，但相较于毕业生人数，数量并不高。克里希南对个人频繁离开公司型律所的研究——即"流失现象"——也表明，毕业生通常并没有在大型公司型律所长期发展（Krishnan，2013：31-32）。

正如克里希南指出的，律师离职的部分原因是领先的公司型律所通常有两种类型：一种是家族主导；另一种是由少数个人主导。访谈证实了这一现状，表明"真正的合伙制"非常少见（id.；Int. 4 2017）。孟买一家律所的年轻律师与其父亲共事，他指出，家族企业通常愿意将法律事务交给老牌律师的子女处理（Int. 5 2017）。许多离职者创办的新律所往往复制了他们离开时的组织结构（Krishnan，2013：54-56），起薪也相对较低。小型律所可能每月支付 4 万印度卢比，大型律所约 5 万卢比，少数律所如两家 Amarchand 律所则支付约 15 万卢比，年薪大约在 7500 美元至不到 3 万美元之间（通常会有一定的奖金补贴）。

许多离开律所的人也试图通过与资深律师合作，在律师行业站稳脚跟。克里希南指出在这种情况下闯入等级森严的律师界的难度不小（id. at 38，56-57）。NLS 毕业生经过近三十年的培养，这些毕业生中没有一个人成为顶级大律师或法官（Int. 6 2017）。NLS 的精英选拔标准还不足以对抗在律师行业中所需的强大家族资本，而后者往往是通往司法职位的门槛。事实上，主张自己具有高端专业知识的律师可能被视为"对法院来说过于现代"或"无法按照规则行事"，因为他们缺乏对内部规则的了解（Int. 7 2017）。

法官和律师界对律所和 NLS 有着很深的影响，这些机构深植于精英律师和司法界。律所可大致分为三类：第一类是"Legally India"被称之为"七大巨头"的律所（Legally India，2016）。这些律所在经济自由化后崭露头角，包括西里尔·阿玛钱德·曼加达斯律所（Cyril Amarchand Mangaldas），拥有 601 名律师；凯坦律所（Khaitan and Co.），拥有 485 名律师；沙尔杜·阿玛钱德·曼加达斯律所（Shardul Amarchand Mangaldas & Co.），拥有 430 名律师；AZB 合伙律所（AZB & Partners），拥有 375 名律师；卢思拉律所（Luthra & Luthra），拥有 336 名律师；萨加尔联合律所（J. Sagar Associates），拥有 302 名律师；还有特里格律所（Trilegal），拥有 221 名律师。这些律所是最重要的公司型律所。另一类是殖民时期由外籍人士创办的老牌律所，如 1830 年成立的克劳福德·贝利律所（Crawford Bayley）。这一类别的律所还包括利特尔律所（Little & Co.）和穆拉律所（Mulla & Mulla）（Nanda et al. 2017）。这些律所在自由化之前是最显赫的律所，但其未能适应新的形势，少数合伙人掌控律所并获取大部分利润，因此被更具创业精神的新律所超越。后者吸引了更多新晋律师，因为他们承诺会在利润和合伙人位置上更为平等，尽管最终未能完全实现。公司法律业务市场的其余部分由许多小型律所组成，服务于公司业务的某些方面。然而，目前的"七大巨头"在重大交易上几乎处于"准垄断"地位（Wilkins and Khanna，2017：144）。

对于所有律所来说，要在诉讼中为客户获得胜诉，必须能够接触到顶尖的律师。某大型律所报告称，能够拥有约 15 名顶尖律师对他们来说至关重要（Int. 8 2017）。南达（Nanda）、威尔金斯（Wilkins）和方（Fong）指出，一些老牌律所之所以能够存续，部分原因在于它们与精英律师界的紧密联系。它们的专业领域通常在于那些"仍然依赖于老派关系和名声的大型印度公司"，尤其涉及房地产和监管领域（Nanda et al.，2017：74）。此外，"这些律所与印度顶尖的律师和高等法院法官保持长期关系——当案件极为敏感时，CEO 需要一个他可以真正信任的人来处理官僚事项或法庭事务……"（id. at 75）

律所还通过其他方式与法官和顶尖律师建立联系。"七大巨头"中两家律所展示了这种家族嵌入的特征，每家都有在关键职位上担任重要角色的女性。沙尔杜·阿玛钱德·曼加达斯律所德里分所的关键合伙人帕拉维·施罗夫（Pallavi Shroff）是施罗德·施罗夫（Shardul Shroff）的妻子，后者是律所主席，与其兄弟共同继承了父亲的知名律所。她同时也是著名已退休的印度最高法院法官巴格瓦蒂（P. N. Bhagwati）的女儿，而巴格瓦蒂大法官以公益诉讼而闻名。施罗夫家族还与古吉拉特社区和大型企业集团信实工业（Reliance）关系密切（id. at 78）。凯坦律所（Khaitan and Co.）同样与来自加尔各答的马尔瓦里社区（Marwari）及阿迪亚·比拉集团（Aditya Birla Group）有紧密联系（id.）。此外，AZB 合伙律所的创始人齐亚·莫迪（Zia Mody）是另一位著名印度法学家及印度前总检察长索利·索拉布吉（Soli Sorabjee）的女儿。莫迪在担任律师十年后创办了律所，据称她对男性主导的律师行业感到厌倦，便利用其剑桥大学法律学位、哈佛法学硕士学位以及家族背景，创建了印度最成功的律所之一。

自经济自由化以来，律所业务取得了显著增长，但如今似乎增长已趋缓。在自由化初期，公司法律服务市场经历了扩张，但如今似乎陷入了停滞——这可能部分是因为本地诉讼机会有限（id.；Int. 9 2017）。公司型律所与精英法官和律师的家族关系依然紧密，即使其中一些从事公司法律的律师也在推动某种程度的变革。

精英法官和律师界与 NLS 之间的联系极为紧密。NLS 的管理委员会由律师界和司法界的精英成员主导。总体而言，法律教育由律师协会监管——这是代表律师的机构。例如，律师协会规定了 26 门必修课程，限制了执业律师的授课，且将班级人数限制为 60 人（Gingerich and Robinson，2017）。此外，律师协会在 2010 年引入了全国统一律师考试。相对边缘的全印度法学教师协会的领导人主张律师协会不应在法学院的教学计划中"发挥作用"，但这一现状不太可能发生改变（Int. 10 2017）。律师协会依然掌控着这一领域。

司法界与 NLS 之间的层级联系更加紧密。某些关键的法官可以决定谁将被任命为 NLS 的院长或副校长。一位副校长提到，他曾在晚餐时与一位法官会面，然后就被提议担任这一职位（Int. 11，2017）。据一位知情观察者称，院长候选者"对当地司法界唯命是从"，形成了一个"小集团"（Int. 12，2015年）。每所学校的校长都是一名法官，其中印度最高法院首席大法官因其职位关系成为 NLSIU 的校长。实际上，一位对 NLS 副校长进行批评的人表示，副校长一旦被任命，就会花费所有时间和精力在精英法官和律师界中谋取地位（Int. 12，2015）。每所 NLS 对副校长权力的依赖，进一步放大了这些联系的重要性。教师的声音非常微弱，以至于学校的运作"由副校长的个性驱动"（Ballakrishnen，2014；Int. 14 2017）。受访者指出，当一位有能力的副校长离开 NLS 时，学校就仿佛回到了"黑暗时代"（Int. 15，2017）。

司法界的影响力十分显著。据访谈所述，获得地方政府的资金支持往往取决于司法界成员的游说，因为地方政府必须对经常在法庭出现的法官们给予关注。此外，很明显大多数 NLS 的经费水平并不高，这给它们带来了提高学费的压力。最后，新近成立的 NLS 往往受到当地的诸多限制（例如要求一定比例的学生为本地人）。最近，一项规定将 NLSIU50% 的名额保留给本地学生的法案引起了校友的担忧（Aji，2017）。

在 NLS 中，过高的教学负担是常态，目前的主要例外是德里国家法学院（NLS Delhi），该校资金充裕，在现任校长的带领下专注于显著提升科研成果。总体而言，NLS 的普及并未显著提升印度法律学术界的声望和影响力。许多受访者指出，法律学术界仍然缺乏真正的职业发展。一位进入其他博士项目的法学毕业生指出，法律教授并非真正的职业，而是一条"死胡同"（Int. 12 2017）。一些人认为，NLS 并未改变教师仅作为"教书匠"的模式，学院的"主要关注点是教学"，即使教学质量不高（Int. 13 2017）。教学任务繁重，导致教师"几乎没有时间进行研究"，且缺乏促进教职人员获得更高职位的"建设性机制"（Int. 14 2017）。对"教师素质"或"研究议题"的关注也很少（Int. 16 2017）。从我们的观察来看，NLS 的教职人员普遍较为年轻，许多人并不长期从事教学。这个群体中包括了许多在诉讼领域未取得成功的人，以及一些没有获得"终身教职"的教师（Ballakrishnen，2009）。

自 20 世纪 50 年代起，福特基金会发起了多项提升法律教学和法律学术研究的长期努力，但迄今为止成效有限（Dasgupta，2010）。最优秀的法学院毕业生并不选择成为法学教授。我们采访的许多人承认，越来越多的法律学者正在从事研究工作，现如今的学术研究人员数量远远超过过去。然而，受访者也指出，学术期刊"毫无生气"，研究进展相当有限（Int. 17，2017）。在印度，许多人都能说出法官或资深辩护律师的名字，但除了乌潘德拉·巴克西外，即便在法律界，法律学者也鲜为人知（Int. 18，2017）。此外，NLS 仅是法律精英的冰山一角。印度还有超过 1000 所其他公立和私立法学院，它们给予的薪酬更低——其中大量私立学校的薪酬仅为公立学校的一半（Int. 10，2017）。目前，只有位于德里附近的私立金达尔全球法学院（Jindal Global Law School，以下简称"金达尔"）以及资金充足的 NLS Delhi 似乎在明确地鼓励学术研究的产出。

推动变革的压力主要来自那些出国深造的人。许多人出国后成为"人才流失"的一部分，但一群拥有精英资历的年轻律师表明，回到印度的人数逐渐增多。正如一位受访者所言，"越来越多的人正在回来"，法律学术界比过去"更具吸引力"，许多人将"教学视为研究的载体"（Int. 19 2017）。他们希望实现"人才回流并再投资"。然而，他们在国外学到的知识以及在国外备受重视的东西，在印度仍未得到广泛认可，甚至被低估（Ballakrishnen，2012）。我们将在讨论律师界之后进一步分析这些群体。

二、律师界

法官和律师界的精英阶层牢牢占据印度法律体系的顶端。该阶层主要由关系紧密的上层精英主导，包括婆罗门和高种姓群体以及孟买的帕西精英（Sharaff，2014；Int. 5 2017）。在层级结构中，大律师位居顶端。加兰特（Galanter）和罗宾逊（Robinson）指出，资历是这一关系的组成部分（2017）。由于法官在 61 岁（最高法院则为 65 岁）时必须退休，他们往往比大律师年轻，甚至可能曾仰慕或从他们那里学习实践技巧。正如所提到的，这一律师和法官的精英阶层对法律教育、NLS 的治理、校长的聘任、学院的资金以及为公司型律所精英提供社会资本方面都有极强的影响力。

律师界参与了诸如 NLS 和公共利益诉讼等项目，这些项目提升了该行业的合法性，并吸引了更多凭借才干和高素质的新人。然而，这仍然是一个本质上封闭且进入门槛极高的法律精英圈。如前所述，NLS 的毕业生在该法律行业中并未取得太多成功。

律师界的保守性显而易见。其对待法学教授的态度显然类似于传统的英国模式：教授并不受到很高的尊重。一位受访者提到，某国家法学院的教授们曾试图取消周六的课程，部分原因是为了鼓励研究，但管理委员会拒绝了这一请求，认为"法学教授反正也不工作"（Int. 15 2017）。另一位受访者指出，学术界与实务界之间存在很大的脱节，而且这种优越感是双向的（Int. 19 2017）。主流法律实践观念的狭隘性在一位攻读社会科学博士学位的律师身上得以体现，他在续办律师执照时遇到了困难。相关部门认为，关于法律的跨学科学术研究与律师的身份不相符（Int. 12 2017）。

关于辩护质量的问题在多次访谈中被提及（Galanter and Robinson，2017；Wilkins and Khanna，2017：146）。在律师事务所一方，受访者表示，他们需要那些具有"面子价值"的约15名顶尖辩护律师，但同时也指出精英律师团的能力"越来越低"（Int. 3 2017）。问题部分在于这些精英辩护律师承担了过多案件，而且在辩论中不使用技术手段，过于依赖"法庭技巧"，缺乏"深度"（Int. 3 2017）。一位前事务所律师提到这种"狭隘的法律视野"，认为律师团中真正优秀的律师极少，律师团的整体水平"平庸"，并且"80%的人毫无准备"（Int. 18 2017）。有趣的是，威尔金斯和卡纳的研究中也显示，不少公司内部法律顾问对这些顶尖辩护律师的质量表示"极大失望"（2017：146）。

受过良好训练的律师，拥有牛津大学、剑桥大学或美国法学院的教育背景，加上在国际律师事务所的经验，但他们却发现自己在印度的诉讼中"过度训练"（Int. 8 2017；Ballakrishnen，2012）。高级辩护律师没有时间处理复杂的问题，即使有时间，也不确定法官是否会接受。在这种环境中，"没有顶级法律辩论的市场"，正如一位律所的资深合伙人所言（Int. 3 2017）。这位合伙人还提到，仲裁并非规避法院的解决方案，因为裁决最终还需通过法院执行（Int. 3 2017）。一位年轻律师表示，他离开了法律实务领域，因为他所受的训练与在印度诉讼中能够使用的技能之间存在巨大差距。

受访者提到，在法官和律师中确有一些突出的例外，其中最常被提及的是来自显赫法律世家的两位最高法院法官。一位是丹那加亚·亚什旺特·钱德拉丘德法官（Justice Dhananjaya Yashwant Chandrachud），他的父亲施里·钱德拉丘德（Shri Y. V. Chandrachud）是印度任职时间最长的首席大法官。钱德拉丘德于1979年在新德里的圣斯蒂芬学院（St. Stephen's College）获得经济学和数学学士学位，1982年获得德里大学法学学士学位，1983年获得哈佛大学法学硕士学位。另一位是罗欣顿·法利·纳里曼法官（Justice Rohinton Fali

Nariman）。纳里曼是资深大律师法利·萨姆·纳里曼（Fali Sam Nariman）的儿子。纳里曼早年在孟买接受教育，获得了斯里兰学院（Shri Ram College）的商学学士学位，随后在德里大学法学院完成法学学士学位，并获得哈佛大学的法学硕士学位。他还曾在纽约从事法律工作一年。他在印度的职业生涯发展迅速，凭借家族背景和个人学术成就混合的资本迅速崭露头角。为了让他在 37 岁时成为资深大律师，律师界不得不修改规定。据报道，他是第一位成为印度最高法院法官的哈佛校友。

家族资本仍然在律师职业和司法职位的晋升中起着至关重要的作用。进入司法体系的晋升机制不对外公开，且备受批评。高等法院和最高法院的选拔通过一个封闭的协商机制进行。正如一位观察者所指出的，这种机制导致出现了长期延续的法律家族，这些家族往往属于高种姓阶层。例如，孟买的案例（如纳里曼家族）表明，帕西精英在其中占有重要地位（Int. 12 2017）。此外，高等法院或最高法院法官的影响力在退休后仍然持续，因为退休法官在司法服务结束后，往往会获得许多与政治和法律相关的重要职位（Robinson 2015：353）。

有趣的是，在孟买的一次律师协会演讲中，大法官钱德拉丘德（Justice Chandrachud）对律师界的封闭性提出了一些谨慎的批评（Chandrachud, 2016）。在称赞律师界是"才华横溢的流水线"后，他谈到"我们过时的工作方式"以及"律师界封闭的观念"。他对那些"从未进入最高法院"的人才表示遗憾，并指出"人才缺乏通往权力中心的通道"是一个"严重的问题"。他强调开放律师界对于建立真正的精英制度来说至关重要。

如前所述，NLS 尚未为进入精英律师界提供有效的精英制通道。一位孟买家族律师事务所的资深律师提到，对于孟买的顶尖律师，无论是在律师事务所执业还是担任辩护律师，首选的法学院很可能是政府法学院（Government Law College, GLC）（Int. 20 2017）；在新德里，这一情况同样适用于德里大学法学院（University of Delhi Law Faculty）（Int. 12 2017）。原因有两个：其一，NLS 的入学考试门槛较高；其二，在孟买，围绕 GLC 的关系网络对取得成功至关重要。

进入 GLC 并不容易，许多人被拒之门外。然而，精英法律界中的几位本地人士提到，即便没有最好的资质，法官和精英律师的子女仍能被录取。一位毕业生指出，如果"没有人脉关系"，在律师界找到好的导师并取得成功是非常困难的（Int. 12 2017）；另一方面，一位教职人员表示，GLC 的学生若没有关系，也可以利用时间和能力去建立关系（Int. 21 2017）。从没有人质疑家族资本在从 GLC 起步的职业生涯中的价值。同样，无论是毕业生还是教职人员都不认为 GLC 提供了真正意义上的教学。课程时间通常是早上 7：30 至 10：30，而忙碌的执业律师如果有其他事情可能不会出现在课堂。实际上"没有必要去上课"（Int. 21 2017）。学生基本上将所有时间花在跟着聚集在距离 GLC 仅一个街区的孟买高等法院的律师们实习。尽管如此，仍有尽职的教授组织学生开展法学评论，但学术资本的重要性远不及家族资本。有趣的是，一名教职人员报告称，目前有 3 名 GLC 学生在哈佛大学就读（Int. 21 2017）。一名行政人员指出，美国的顶尖法学院会在 GLC 招募学生，约有多达 25% 的学生出国学习——尽管 GLC 的学术严谨性不足（Int. 22 2017），但社会资本已足够弥补这一缺陷。

律师行业现状呈现出一个高度封闭、入行限制严苛的特点。法律领域缺乏流动性，全国法学院毕业生——他们对法律学位的看法类似于印度理工学院的工程学毕业生——必须找到一条基于才能的晋升路径，而不是依附于法院和大律师这类少数国家精英。此外，随着贸易、企业和投资的增长，确实为服务于国家和大型企业的专业群体提供了机会，并引入了更为"现代化"的专业知识。如前所述，公司型律所在放弃以往主要依赖房产转让和银行关系的业务模式后进行了重建，希望融于现代化发展，但却受制于极为保守的精英法官和律师群体。这种保守势力可能限制了高级辩护律师的机会，使他们无法进入某些新兴领域，也因此阻碍了新晋律师进入目前由高级辩护律师主导的高端圈层。这些高级辩护律师仍然是进入高等法院的关键，但如今他们的大量精力正用于找到新的出路。

三、对法官和大律师的挑战

变革的挑战和压力往往来自外部。如前所述，至少有一位拥有多项海外学位的印度最高法院大法官试图从内部推动现代化。但总体上，国际化精英群体是变革的主要推动力量。其中包括许多曾在海外学习的人，如罗德奖学金获得者，以及一些从美国或英国"魔圈"律所或澳大利亚相关律所回印度的人士。相当一部分人拥有英国的高级学位，但近年来美国留学逐渐成为更具吸引力的选择（Ballakrishnen, 2012）。这些相对年轻的精英群体的声音，是前述种种批评中的重要组成部分。许多 NLS 的毕业生在国外从事教学和研究工作，他们也参与了这些争论。有趣的是，最近一篇关于印度法律与社会科学研究的文章强调了那些来自印度但在国外工作的学者的贡献（Sharaff，2015）。此外，在印度国内，这个国际化群体与商业和慈善界明显联合了起来，推动印度国内"良治"的现代化。

印度境内领先的国际化律师事务所正在推动变革。一位具有海外经验的顶级诉讼合伙人指出了律师行业发展的狭隘性。这位合伙人认为，在商事交易业务中，领先的律师事务所能够利用外国客户以及本地和跨国的专业知识实现增长（Int. 3 2017）。然而，在诉讼领域，他们仍然受到限制，无法充分发挥专业能力或利用技术创新。这种不匹配也限制了印度法律市场的整体发展。一些律师事务所正尝试建立自己的内部诉讼专业团队，以与辩护律师合作，或者绕过这些律师开展业务。然而，直接绕过辩护律师的可能性依然相当低。

早期旨在提升法律知识并结合社会活动的努力，即使得到了福特基金会（Ford Foundation）的支持，依然未能取得显著成功（Krishnan，2004；2005）。相比之下，新一轮的变革伴随着 1991 年开始的经济自由化而展开，并因此获得了更大的推动力。与自由化相关的金融和商业领域的职业环境能够充分利用社会资本与企业相结合的优势，但法律领域的突破却受制于内部封闭的法律职业群体。这一问题在 NLS 毕业生的职业选择受限中尤为明显。这些毕业生往往来自拥有经济资源但缺乏家族法律资本的社会群体。大量 NLS 毕业生获得罗德奖学金可以体现出这些顶尖毕业生的"全球精英化"特质。

因此，一个新的法律教育精英群体正在形成，并且它拥有与 NLS 相关联的特有等级和特权。然而，要突破这一新精英身份所能提供的有限机会（如律所、国际组织、智库或一些内部法律顾问职位），或者进入主流法律精英圈层，则还需要不同形式的资本。这些 NLS 毕业生的职业轨迹在某种程度上类似于印度理工学院毕业生的情况（Subramanian，2015）。然而，不像硅谷能够提供将工程学、社会科学、技术和法律相结合的机会，印度国内并未为他们提供类似的跨领域发展空间。

经济自由主义者的一个潜在解决方案是开放印度的法律服务市场，但律师协会强烈反对外国竞争者进入印度市场（Coe，2016）。尽管如今推动有限开放的动力比过去更强，但仍然存在许多"障碍"。市场的开放无疑会带来冲击，这可能表现为两个方面：一方面，这可能削弱印度本土大的公司型律所的权力，因为全球性律所在处理大规模商事交易领域具有明显优势。正如威尔金斯和坎纳指出，"外国律所更有可能处理涉及并购（M&A）、民事责任和仲裁的重要事务"（2017：157）。此外，全球律所的相对开放性可能吸引更多印度法律专业人士回印度发展，因为这些律所在职业晋升方面更具包容性（Nanda et al. 2017：106）。另一方面，正如南达、威尔金斯和方指出的，那些由英国律师在殖民时代创立的传统律所"在市场开放后可能被视为更有价值"，因为它们与监管机构、资深律师和法院之间拥有独特的联系（2017：106）。

许多出国留学的人才对研究和教学有浓厚兴趣，这在一定程度上加大了印度国内的压力。然而，许多人选择留在国外。据调查，至少有 6 人在美国、英国和新加坡从事教学工作（Int. 23 2017）。尽管如此，不少人希望能够"重新吸引和投资那些流失海外的人才"（Int. 19 2017）。由于难以打破由律师协会垄断的法律圈，他们在技术性学术研究上投入过多。毫不意外的是，他们的研究往往直接瞄准法院和司法系统的问题，试图通过推动透明化来挑战保守主义。然而，他们尚未成功突破这些障碍。与英国类似，NSL 要求从事学术研究需获得博士学位，但学术研究的比例在这些院校中仍非常有限，这也包括顶尖学校在内。与此同时，"法律教授"的职业并未受到广泛尊重，也未成为具有吸引力的职业选择。

尽管如此，仍有一些非常突出的研究成功案例。安努普·苏伦德拉纳特（Anup Surendranath），现为德里国家法学院（NLU Delhi）的法学教授，负责领导该校关于死刑的研究项目。他是海得拉巴 NALSAR 大学的毕业生，凭借奖学金资助在牛津大学完成了博士学位。苏伦德拉纳特教授的死刑研究项目采用了从美国引入的实证法律研究方法，取得了显著的成就，为印度刑事司法体系的透明化贡献良多。他的研究成果引起了广泛关注，甚至促使印度最高法院首席大法官于 2014 年邀请他担任最高法院副登记官。他的网站介绍，"这是自上世纪 80 年代以来，唯一一次有学者受邀担任类似职位，上一位是印度前首席大法官巴格瓦蒂（P. N. Bhagwati）任职期间产生"。

另一个例子是由从国外归来的个人创建的智库，他们深知在印度施展知识和专业技能的机会有限。维迪（Vidhi）是一个特别值得注意的例子（Vidhi, 2020）。根据其网站介绍：

维迪法律政策中心是一个独立的智库，致力于开展法律研究并协助政府制定更好的法律。维迪致力于提供最高标准的法律研究，旨在为公共辩论提供信息并改进治理水平。维迪与印度中央政府各部委、各邦政府以及其他公共机构合作，在法律制定的各个阶段提供研究和起草支持。（Id.）

维迪还开展独立研究，其中包括其报告中提到的"司法改革：本领域的研究采用数据驱动的方法，提出解决司法延迟问题的改革建议"（Id.）。

根据其网站显示，维迪拥有超过 30 名专业人员。研究主任兼创始人阿尔吉亚·森古普塔（Arghya Sengupta）毕业于印度 NLSIU 和牛津大学，并曾获罗德奖学金。他在牛津大学的博士研究主题是印度高级司法机构的独立性和问责制。该团队成员的资历十分卓越，包括来自 NLS、美国、英国及其他研究生项目的学位，以及在公司型律所的工作经验。

该组织的起源可以追溯到几位在牛津大学的研究生，他们注意到印度政府在处理印美核协议时所依据的法律研究"质量不足"（Int. 19 2017）。这一团队包括两名来自牛津大学、一名来自哈佛大学以及一名来自德里大学的成员，他们认为存在一个"体系中的空白"（Int. 19 2017）。政府在经济和政策方面的意见来源质量较高，但在法律领域则显得不足。该团队为核协议问题提供了解决方案，并凭借其出色的成果和年轻化成功赢得了政府的信任和关注。团队决定在此基础上进一步努力，创建一个智库，以填补高质量法律研究的空白。他们观察到，尽管政府诉讼通常由律师界掌控且未被视为问题，但总体而言法律专业知识的质量亟待提高。他们利用自己在海外学习和罗德奖学金积累的资源，尽管当时他们仅二十出头，成功地获得了独立资金支持。2013 年，维迪作为"首个法律智库"成立。此外，他们非常谨慎地避免从事可能玷污其"专业性"的行为或其他活动（Int. 19 2017）。

他们提出了将法律专业知识升级为良好治理组成部分的需求并成功地筹集到了资金，这些资金不是来自法律界，而是来自慈善领域，包括来自印孚瑟斯（Infosys）社区的罗希尼·尼勒卡尼（Rohini Nilekani）的可观支持。维迪虽无法提供高薪，但其尝试支付相当于律所助理薪资约一半的报酬。他们与其他学科和智库合作，与新德里的政策研究中心（Center for Policy Research）等智库有一定的人员交流。他们还与 NLS 及金达尔全球法学院保持联系。维迪属于挑战传统保守的司法和律师界的群体之一。

金达尔全球法学院是印度首个高知名度的私立法学院，也是首个专注于学术研究的法学院（Kumar，2017）。该学院是拉杰·库马尔（Raj Kumar）的创意结晶，他是一位选择回国投资的印度海外精英。库马尔毕业于德里大学、牛津大学（罗德学者）、哈佛大学和香港大学等知名学府。2009年，他成为金达尔全球法学院的创始校长。库马尔在香港大学任教时，深感 NLS 未能将印度的法律教育提升到所需的水平，尤其是在研究方面的重视不足。他借助美国资本和机构的原始支持，并受印度商学院（Indian School of Business）私立成功模式的启发，开始寻找慈善支持，目标是建立一所以1亿美元为规模的私立法学院。最终，他成功获得金达尔集团的资助，该集团财富主要来源于金达尔钢铁帝国。不过，学院的学费根据印度标准设定得比较高，目前约为每年1万美元。学院提供五年制的法学学士/文学学士课程（LLB/BA）、三年制法学学士课程（LLB），以及一年制法学硕士课程（LLM）。

在创建法学院后，金达尔全球大学（Jindal Global University）现已拥有商学院、文学院与人文学科学院、传播与新闻学院以及国际事务学院。通过这种方式，金达尔试图在法律领域建立跨学科联系，这是传统法学院和 NLS 所缺乏的。金达尔与国外多所学校建立了广泛的合作关系，教职人员中包括许多外籍人士。值得注意的是，约三分之一的教职成员是 NLS 的毕业生。教师的薪资相对印度标准较高，并且设有多个研究中心。虽然教学负担不轻，学术产出也稍显不均衡，但教授们很好地融入了世界，尤其是与美国学术界展开了交流（Id.）。

第三个挑战并非来自各大法学院内部，而是源于社会科学系，尤其是位于新德里的知名学府——贾瓦哈拉尔·尼赫鲁大学（Jawaharlal Nehru University，JNU）。JNU 的法律与社会科学研究网络（Law and Social Sciences Research Network，LASSnet）由该校法律与治理研究中心（Centre for the Study of Law and Governance）组织，已举办多次学术会议。该网络通过多种方式借鉴并挑战法律学术资本。这一网络的核心组织者是普拉蒂克莎·巴克希（Pratiksha Baxi），她是该中心的社会学家，同时也是乌潘德拉·巴克希（Upendra Baxi）的女儿。这种跨学科的研究为法律毕业生提供了一种选择，使其可以避开法律学术研究的狭隘性和法学教授职业的不稳定性。

这一挑战法官和律师精英保守主义的专业领域，主要是绕过印度内部的等级体系，依靠外国资本——尤其是来自英国和美国的支持——以突破传统保守主义的束缚。这一领域为成百上千甚至上万接受优质教育却被排斥在极其保守且封闭的律师精英圈外的人士提供了一些出路。尽管这些努力目前尚未对律师精英产生实质性影响，但这一精英阶层日益老化，可能会使他们的保守态度和封闭心态逐渐变得过时，从而威胁到其长期以来的地位。

对传统律师精英的挑战，应该注意的是这并非一个纯粹的"择优录取（meritocracy）"与"继承的法律地位"之间的对立。挑战者们本身就拥有来自印度社会和国外的丰富资源。金达尔大学得到了大型企业的资助，且往往需要通过商业财富来支付学费。进入 NLS 并从中受益，需要一定的资源基础以成功通过入学考试，并利用 NLS 的学位进行留学深造。尤其是像维迪这样的智库，也与寻求提升印度治理质量的重要企业建立联系，其中也包括法律领域。这些组织的建立依赖于与财富和国际资本的联系——例如牛津大学和哈佛大学的学位——以及进入这些圈子所需的资源。这使法学毕业生能够扩展自己的领域，挑战并可能超越传统精英，但它们更多的是精英之间的"宫廷战争"，并不代表全面的社会变革。

与英国的御用大律师（QC）相比，印度的大律师在视野和地位上显得狭隘且处境艰难。在英国，大律师不仅融入寡头政治、政界和商业精英阶层，还通过牛津和剑桥的知识体系进入社会上层，而印度的大律师却未能有效丰富和更新其法律知识，整体水平似乎落后于美英数十年。尽管加兰特（Galanter）和罗宾逊（Robinson）对当代印度大律师的地位持相对乐观的观点（2017 年），但实际上，这一地位已无法与独立前孟买的帕西人和马德拉斯的婆罗门在经济和社会生活中的核心作用相提并论。虽然印度律师行业曾通过应对紧急状态及推动公共利益法律实现了一次复兴，但在那个关键时期获得声望的律师，至今仍占据行业精英地位，形成了新的封闭性和保守性。

印度的精英大律师、高等法院和最高法院法官正面临来自那些更贴近全球主流专业知识和技术的人士的挑战（Id.）。然而，这些身陷困境的精英仍能在许多表面上看似对立的群体中保持影响力，尤其是在法律教育和律师事务所当中。挑战者们更具精英能力（meritocracy），而不那么依赖家庭资本，因此为印度传统封闭的法律行业提供了反向动力。但这些挑战者并不代表目前印度境内超过 1000 所法学院的毕业生。他们代表的是一个反向精英阶层，具有专业和商业背景的父母，出身高种姓阶层，拥有足够的资源使他们能够在必要的考试中脱颖而出，进入 NLS 或金达尔全球法学院，能够支付学费并获得国际资源，进而挑战顽固的地方性等级体系。

四、结论

印度的法律教育改革与美国式全球化、金融化和私营市场的增长密切相关。NLS 的崛起和金达尔全球法学院的建立是改革的一部分，涉及更加基于能力的职业准入、更高水平的法律教学和师资、更先进的辩护技能，以及国际化和跨学科的学术研究。这一变化与新兴法学院相关联的公司型律所的崛起双向而行。与其他地方类似，这种更加注重择优录取的路径，加上法律职业准入的大幅扩展，加剧了基于教育机会、家庭背景以及进入顶尖法学院和精英职业（特别是公司型律所）所需语言能力的不平等。各种法律精英的"魔圈所"仅对那些具有特权背景的人开放。

这场革命也遭遇了强烈反对，主要来自印度的传统精英阶层，这一阶层依靠家族资本，在精英司法界和律师界中根深蒂固。这些精英的反抗阻碍了学术职业的发展、持续的法律与跨学科研究、优质的教学以及相对年轻且国际化的法律精英所期望实现的更高水平的法律辩论和辩护技能的提升。由于许多通往成功的道路被堵塞，这些年轻的精英们不得不利用他们的国际资源以及商业和慈善的支持，建立智库，推动一些跨学科研究，提升 NLS、国际化的金达尔全球法学院以及社会科学领域的优质师资。他们代表了印度对精英司法界和律师界的强力挑战，但目前尚未强大到能够威胁精英律师界的垄断地位。

参考文献

Aji, Sowmya (2017). "Karnataka to Reserve 50 Percent Seats in NLSIU for Local Students, Economic," Times. June 20. http://economictimes. indiatimes. com/industry/services/education/karnataka-to-reserve-50-percent-seats-in-nlsiu-for-local-students/articleshow/59239084. cms

Ballakrishnen, Swethaa (2009). "Where Did We Come From? Where Do We Go? An Enquiry into the Students and Systems of LegalEducation in India," *Journal of Commonwealth Law and Legal Education* 7 (2): 133–54.

Ballakrishnen, Swethaa (2012). "Homeward Bound: What Does a Global Legal Education Offer the IndianReturnees?," *Fordham Law Review* 80 (6): 2441–2480.

Ballakrishnen, Swethaa (2014). " 'Why I Am Not a Lawyer' — An Institutional Analysis of the Indian National Law School Model and Its Implications for Global Legal Education," in Lokendra Malik, ed. , *The State of Legal Education in India: Essays in Honour of Professor Ranbir Singh*. pp. 131–152. Lexis Nexis.

Ballakrishnen, Swethaa (2019). "Just Like Global Firms: Unintended Parity and Speculative Isomorphism in India's Elite Professions," *Law and Society Review* 53 (1): 108–140.

Ballakrishnen, Swethaa (2020). "Present and Future: A Revised Sociological Portrait of the Indian Legal Profession," in Richard Abel, Ole Hammerslev, Hilary Sommerlad, and Ulrike Schultz, eds. , *Lawyers in 21st Century Society*. pp. 713–33. Hart Publishing.

Basheer, Shamnad, K. V. Krishnaprasad, Sree Mitra, and Prajna Mohapatra (2017). "The Making of Legal Elites and the IDIA of Justice," in David Wilkins, Vikramaditya Khanna, and David Trubek, eds. , *The Indian Legal Profession in the Age of Globalization: The Rise of the Corporate Legal Sector and Its Impact on Lawyers and Society*. pp. 578–605. Cambridge University Press.

Baxi, Upendra (1976). "Notes Towards a Socially Relevant Legal Education," *Journal of the Bar Council of India* 5: 23.

Berman, Harold J. (1983). *Law and Revolution: The Formation of the Western Legal Tradition*. Harvard University Press.

Berman, Harold J. (2003). *Law and Revolution II: The Impact of the Protestant Reformations on the Western Legal Tradition*. Belknap Press of Harvard University Press.

Biskupic, Joan, Janet Roberts, and John Shiffman (2014). "Special Report: At U. S. Court of Last Resort, Handful of Lawyers Dominate Docket," *Reuters*, December 8. https://www. reuters. com/investigates/special-report/scotus/.

Chandrachud, Honorable Justice D. Y. (2016). "Address by Hon'ble Justice D Y Chandrachud at the Sesquicentenary event of the BombayBar Association on 19th November 2016. " https://www. youtube. com/watch? v = mIy02Wrbt0E.

Coe, Aebra (2016). "Plans to Open Up Legal Sector in India Hit a Snag," Law 360. October 4. https://www. law360. com/articles/848269/plans-to-open-up-legal-sector-in-india-hit-a-snag.

Dasgupta, Lovely (2010). "Reforming Indian Legal Education: Linking Research and Teaching," *Journal of Legal Education* 59 (3): 432.

Dezalay, Yves and Bryant Garth (2010). *Asian Legal Revivals: Lawyers in the Shadow of Empire*. University of Chicago Press.

Dezalay, Yves and Bryant Garth (2021). *Law as Reproduction and Revolution: An Interconnected History*. University of California Press.

Dinovitzer, Ronit (2014). "Practice Setting," in G. Plickert, ed. , *After the JD: Third Results from a National Study of Lawyer Careers*. pp. 25–30. NALP Foundation.

Dinovitzer, Ronit, Bryant Garth, Richard Sander, Joyce Sterling, and Gita Wilder (2004). *After the JD: First Results of a National Study of Legal Careers*. NALP Foundation.

Galanter, Marc and Nick Robinson (2017). "Grand Advocates: The Traditional Elite Lawyers," in David Wilkins, Vikramaditya Khanna, and David Trubek, eds. , *The Indian Legal Profession in the Age of Globalization: The Rise of the Corporate Legal Sector and Its Impact on Lawyers and Society*. pp. 455-485. Cambridge University Press.

Gane, Christopher and Robin Hui Huang, eds. (2016). *Legal Education in the Global Context: Opportunities and Challenges*. Ashgate.

Gardner, James (1980). *Legal Imperialism*. University of WisconsinPress.

Gingerich, Jonathan and Nick Robinson (2017). "Responding to the Market: The Impact of the Rise of Corporate Law Firms on Elite Legal Education in India," in David Wilkins, Vikramaditya Khanna, and David Trubek, eds. , *The Indian Legal Profession in the Age of Globalization: The Rise of the Corporate Legal Sector and Its Impact on Lawyers and Society*. pp. 519-547. Cambridge University Press.

Gross Cunha, Luciana, Daniela Monteiro Gabbay, Jose Garcez Ghirardi, David M. Trubek, and David B. Wilkins, eds. (2018). *The Brazilian Legal Profession in the Age of Globalization: The Rise of the Corporate Legal Sector and Its Impact on Lawyers and Society*. Cambridge University Press.

Jain, Chirayu, Spadika Jayaraj, Sanjana Muraleedharan, and Harjas Singh (2016). *The Elusive Island of Excellence A Study on Student Demographics, Accessibility and Inclusivity at National Law School 2015-16*. National Law School Bangalore.

Jamin, Christoph and William van Caenegem, eds. (2016). *The Internationalisation of Legal Education*. Springer.

Jones, Carol (2009). "Producing the Producers: Legal Education in Hong Kong," in Stacey Steele and Kathryn Taylor, eds. , *Legal Education in Asia*. pp. 107-136. Routledge.

Krishnan, Jayath (2004). "Professor Kingsfield Goes to Delhi: American Academics, the Ford Foundation, and the Development of Legal Education in India," *American Journal of Legal History* 46 (4): 447-499.

Krishnan, Jayath (2005). "From the ALI to the ILI: The Efforts to Export an American Legal Institution," *Vanderbilt Journal of Transnational Law* 38 (5): 1255-1294.

Krishnan, Jayath (2013). "Peel-Off Lawyers: Legal Professionals in India's Corporate Law Firm Sector," *Socio- legal Review* 9 (1): 1-59.

Kumar, C. Raj (2017). "Experiments in Legal Education in India: Jindal Global Law School and Private Nonprofit Legal Education," in David Wilkins, Vikramaditya Khanna, and David

Trubek, eds. , *The Indian Legal Profession in the Age of Globalization: The Rise of the Corporate Legal Sector and Its Impact on Lawyers and Society.* pp. 606-630. Cambridge University Press.

Lee, Jae-Hyup (2009). "Legal Education in Korea: Some Thoughts on Linking the Past and the Future," *Kyung Hee Law Review* 44: 605-623.

Legally India (2016). A Ranking of India's 25 Largest Law Firms. December 15. http://www. legallyindia. com/law-firms/india-25-largest-law-firms-by-headcount-00011130-816.

Mathur, Justice N. N. (2017). National Law Universities, Original Intent & Real Founders. July 24. http://www. livelaw. in/national-law-universities-original-intent-real-founders/.

Menon, N. R. Madhava (2009). *Turning Point: The Story of a Law Teacher.* Universal Law Publishing.

Nanda, Ashish, David B. Wilkins, and Bryon Fong (2017). "Mapping India's Corporate Law Firm Sector," in David Wilkins, Vikramaditya Khanna, and David Trubek, eds. , *The Indian Legal Profession in the Age of Globalization: The Rise of the Corporate Legal Sector and Its Impact on Lawyers and Society.* pp. 69-114. Cambridge University Press.

National Law School of India (2020). Linked-in Alumni. Accessed February 4, 2020. https://www. linkedin. com/school/national-law-school-of-india-university/people/.

National Law School of India, Delhi (2015). Faculty: Anup Surendranath. http://nludelhi. ac. in/pep-fac-new-pro. aspx? Id=42/.

Pérez Hurtado, Luis Fernando (2010). "Content, Structure, and Growth of Mexican Legal Education," *Journal of Legal Education* 59 (4): 567-597.

Piketty, Thomas (2017). "Public Capital, Private Capital," Le blog de Thomas Piketty. March 14. http://piketty. blog. lemonde. fr/2017/03/14/public-capital-private-capital/.

Reddy, B. Varun (2017). "NALSAR Class of 2017: Conclusion of Recruitment Process," SCC Online Blog. May 2. http://blog. scconline. com/post/2017/05/02/nalsar-class-of-2017-conclusion-of-recruitment-process/.

Robinson, Nick (2015). "Closing the Implementation Gap: Grievance Redress and India's Social Welfare Programs," *Columbia Journal of Transnational Law* 53 (2): 321-362.

Rosen, Dan (2017). "Japan's Law School System: The Sorrow and the Pity," *Journal of Legal Education* 66 (2): 267-288.

Sharafi, Mitra (2014). *Law and Identity in Colonial South Asia: Parsi Legal Culture, 1772-1947.* Cambridge University Press.

Sharafi, Mitra (2015). "South Asian Legal History," *Annual Review of Law and Social Science* 11 (1): 309-336.

Subramanian, Ajantha (2015). "Making Merit: The Indian Institutes of Technology and the

Social Life of Caste," *Comparative Studies in Society and History* 57 （2）: 291-322.

Vidhi Centre for Legal Policy （2020）. https://vidhilegalpolicy. in/about （10February）.

Wang, Zhizhou, Sida Liu, and Xueyao Li （2017）. "Internationalizing Chinese Legal Education in the Early Twenty- First Century," *Journal of Legal Education* 66 （2）: 238-266.

Wilkins, David, Vikramaditya Khanna, and David Trubek, eds. （2017）. *The Indian Legal Profession in the Age of Globalization: The Rise of the Corporate Legal Sector and Its Impact on Lawyers and Society*. Cambridge University Press.

Wilkins, David B. and Vikramaditya S. Khanna （2017）. "Globalization and the Rise of the In-house Counsel Movement in India," in David Wilkins, Vikramaditya Khanna, and David Trubek, eds. , *The Indian Legal Profession in the Age of Globalization: The Rise of the Corporate Legal Sector and Its Impact on Lawyers and Society*. pp. 114-169. Cambridge University Press.

Williams, Alexander （2020）. "Imagining the Post-colonial Lawyer: Legal Elites and the Indian Nation-State," *Asian Journal of Comparative Law* 15 （1）: 156-186.

第六章
亚洲法律教育与政策的互动

作者：维罗妮卡·泰勒（Veronica Taylor）

一、引言

法律是一门规范性职业。法律教育通过构建、传授和捍卫这些规范来生产和传播法律知识。例如，印度尼西亚大学法学院（FHUI）将其使命定义为：

将FHUI建设成为东南亚地区一流的"杰出法学院"，并通过科技、文化、品格和道德提升其竞争力（FHUI，2020）。

大学的法律教育工作主要体现在法律研究、出版、课堂教学，以及为大学或法律职业提供服务。近年来，"（社会）参与"（engagement）逐渐成为法学院的一项重要维度。"（社会）参与"指的是大学范围之外的延伸工作，通过与政府、行业或民间社会的外部合作伙伴建立合作关系而展开。这包括与行业、政府或非政府组织的合作研究、高级教育培训、向政府或民间社会组织提供政策建议，或有偿咨询服务等活动。

在某些地方，大学与公共部门之间的合作常用"知识转化为政策"（knowledge to policy）这一术语来概括。在这种形式的参与中，学者们积极参与公共政策的辩论，通过提供理论与应用研究及数据，为包括司法部门在内的决策者提供参考。这些知识可能通过以下活动产生：法律诊所教育或倡议、为非营利组织提供公益法律服务、参与立法改革或政府政策审查，或者与地区或全球治理机构的互动。这些提供给政策制定者的"知识"可能通过出版或咨询直接公开传递，也可能通过闭门讨论传递，或者由律师、游说者及民间社会组织等中介机构促成。

在美国、英国和澳大利亚等国家的体系中，法律学者通过参与这些形式的"参与"或"知识转化为政策"活动获得认可，因为这些活动似乎结合了法律实践中的某些利他主义价值观[1]，同时具有影响政府、企业或民间社会以实现公共利益的潜力。然而，这类大学参与也带有政治色彩：政府期望大学提供超越纯粹研究或传统教学的公共产品。这种对大学服务于政府需求的要求反映了学者和教师两种身份之间的长期冲突。一方面，他们希望在学术自由保护下安静而深思熟虑地创造知识的内在价值；另一方面，国家则希望将知识生产服务于当前政府政策需求。国家对大学"参与"的要求被表述为一种合法的期望，也是对高等教育中公共和私人"投资"的回报。[2]与此同时，来自私营部门、民间社会团体和国际领域的其他非国家行为者的加入，使这一讨论更加复杂化。

在不同地方的表达方式略有不同，执行方式也各有差异，如何平衡多个利益相关方对法学院知识生产与分享方式及内容的不同期望，是后工业社会中企业化大学和发展中国家及中等收入国家大学共同面临的挑战。笔者在本章中希望重点探讨的是，这种规范性争论如何在亚洲法学教育机构[3]的设计中得以管理和体现。

西蒙·切斯特曼（Simon Chesterman，2015）认为，亚洲殖民历史的一部分体现在对大学的刻意投资不足，这种情况削弱了法律教育的能力，并持续到最近一波法律教育改革的兴起。伊夫·德扎莱（Yves Dezalay）和布莱恩特·加斯（Bryant Garth，2010）则追溯了亚洲法律（及法律教育）领域的殖民投资与撤资循环，以及这些循环如何决定法律职业的积累和法律动员、社会及家族资本的能力，从而影响其独立运作和挑战国家权威的程度。因此，本章

[1]　我所说的利他主义价值观是指与法律职业声称为社会利益而非个人利益或利润行事的理念相呼应的价值观。这些价值观不一定具有特定的政治倾向，但通常被认为是进步的价值观，例如人权、法治和社会分配正义（Halliday and Karpik 1998）。

[2]　例如，澳大利亚政府通常将对大学经费的削减称为"效率红利"（efficiency dividends），https://www.go8.edu.au/article/media-minister-simon-birmingham-faces-university-revolt-funding.

[3]　当代大学中的法律教育存在多种制度形式，每种形式都有其历史、路径依赖和政治经济学基础。在本章中，笔者将"法学院""法律系"和位于公立或私立大学的公共政策学院的差异进行简化，将这些法律教育机构统称为"法学院"。

提出的问题是，伊夫·德扎莱和布莱恩特·加斯所称的某些亚洲国家法律"复兴"（2010）是否反映在法学院的"知识转化为政策"过程中。亚洲法学院通过何种方式影响国家，或作为法律全球化的一部分传递规则？这些过程中有哪些驱动力、合作伙伴、政治因素和限制条件？要全面回答这些问题需要进行深入的实证研究。本章通过中国、日本、印度尼西亚、缅甸和菲律宾的一系列政策参与示例进行描述。选择的这些示例涉及利他主义或自由法律价值观问题，显示出跨国或全球影响力，并展示了多个利益相关方如何利用法学院作为发展或阻碍规范性发展和政策影响的场所。本章的目的是引起人们对政策参与这一亚洲法律教育机构中未被充分研究的方面的关注。

二、序言：在仰光谈论法治

为说明法学院作为政策参与平台的争议性，我们以缅甸在 2021 年 2 月军事政变推翻民选政府之前的情况为例。我的工作单位——澳大利亚国立大学（Australian National University，ANU）与仰光大学（Yangon University，YU）建立了正式合作关系，许多其他国际机构也与仰光大学建立了类似关系，包括牛津大学、新加坡国立大学、华盛顿大学以及名古屋大学（Nagoya University）等。合作的重要组成部分是一个由澳大利亚外交与贸易部（Australian Department of Foreign Affairs and Trade，DFAT）资助的多年项目，旨在通过支持课程重新设计和提升仰光大学法学院的研究能力，增强缅甸的法律教育。根据仰光大学同事的请求，我们举办了一个关于法治、安全部门改革（SSR）和可持续发展目标（SDG）（和平、正义与强有力的机构）的研讨会，涉及缅甸在可持续发展框架下的国家报告义务。[1]仰光大学的同事们自述，他们在缅甸的政策讨论中能力有限。然而，他们没有明确提及的是，尽管仰光大学自1920 年以来以其卓越的教育历史而自豪，但长期受军事统治的压制使其政治地位边缘化。法律学科在过去数十年里一直没有政治学的支持，而政治学作为一门学科，直到最近才在缅甸的大学中重新恢复。

这一活动的"变革理论"（theory of change）旨在为法学院和政治学系的学者提供这些在业务上理解的概念，以便他们能够更好地参与国内的政策讨论。这还能包括帮助他们更有效地协作，以及与众多在缅甸推广这些概念的

---

[1] 参见 https://sustainabledevelopment. un. org/sdg16.

国际组织和捐助项目更好地合作。然而，这些国际项目也引发了学术界的不安。2017 年，由全国民主联盟（National League for Democracy，NLD）领导的民选政府上台，导致法律改革领域出现了一个由国际参与者主导的"平行经济"。年轻的、会说英语的"改革导向"法律中间人能够获得高薪职位和优待，而法律学者和其他政府雇员却难以享受到类似的机会（Simion，2021）。

与许多高压政权一样，缅甸在军政府统治期间，法律职业被维持在一个规模小且准专业的状态，缺乏足够的专业知识和声望来直接影响大学。更重要的是，法律本身几乎完全被当作社会控制的工具（Cheesman，2015）。当该国最著名的律师之一吴科尼（U Ko Ni）被暗杀时（Crouch，2016），普遍认为这是由一位或多位高级军方人物策划的。他的遇害既提醒了人们前政权的有罪不罚现象，也显示了他们对昂山素季的控制能力。吴科尼曾是昂山素季的高级顾问，也是她担任"国务资政"宪法角色的设计者。

在这样的背景下，我们理解到使用"法治"（rule of law）和"安全部门改革"（SSR）等话语来宣传研讨会的敏感性，因此提出用其他语言描述。但我们被告知没有问题：大家都很期待。然而，研讨会日期突然被取消，原因是必要的教育部审批尚未到位。教育部通过大学校长对所有在大学校园内举行或学术人员参与的活动进行审批。我们很难理解的是，大多数校长同时也是联邦巩固与发展党（USDP）的成员，而该党在 2017 年被全国民主联盟（NLD）取代下台。USDP 与军方关系密切，普遍认为军方建议校长尽其所能"制造障碍"，阻碍外国在缅甸大学的倡议。然而，在这个案例中，最终获得了批准，我们得以重新安排并顺利开展活动。

另一所澳大利亚大学的同事就不那么幸运了。他们在一个地区举行一场关于"转型正义"（transitional justice）的研讨会，几小时后便接到首都内比都的电话，要求取消活动。"法治"是昂山素季作为事实上的国家元首所认可和采纳的概念，但"转型正义"并不是她、她的政党或军方愿意讨论的内容。使缅甸短暂向民选政府过渡的政治和解并未包括对军方过去（及现在）暴行的清算（军方仍控制着缅甸的内政部等部门）（Callahan，2017）。这一点在2018 年联合国调查人员与缅甸政府之间的政治对峙后尤其明显，当时联合国就若开邦罗兴亚穆斯林社区系统性屠杀和驱逐事件进行了独立报告。缅甸政府拒绝让联合国代表进入若开邦，并拒绝接受其调查结果，该调查包括对军方种族灭绝和反人类罪的指控，以及多方对 70 万难民流离失所的责任认定

（OHCHR，2018）。

在这种高度紧张的政治背景下，政治精英对涉及国际合作伙伴提供带有规范性导向的能力建设的法律教育改革表现出相当的矛盾态度并不令人意外。当时的全国民主联盟（NLD）政府明确承认，如果缅甸希望在经济上取得发展或在东南亚国家联盟（ASEAN）中的参与是有用的，大学亟须进行重建。然而，缅甸国内对彻底改革法学院师资或教学内容却缺乏明显的动力。原因可能在于，政府无力掌控由前军政府代理人担任的大学校长，也可能是因为广为人知的政党内部单一专制领导引发的政策瓶颈（Callahan，2017）。此外，还有一种可能是没人知道在 2020 年 11 月大选后不会再次出现军方夺权的局面。事实证明，那些担心军事政变的人是对的。2021 年 2 月，军方在 NLD 政府重新当选后夺取了国家控制权。那些担忧大学脆弱性的人也被证明是正确的：针对军政府的公民不服从运动导致成千上万的教师被解雇，数百名教师和学生遭到逮捕、折磨甚至杀害（Reuters，2021）。

正如西米恩（Simion，2021）所说的，缅甸各派政治精英对外部捐助方以"法治"为名号引入的规范性理念保持警惕，其中许多活动未获政府明确授权。因此，当昂山素季以国家法治委员会（the State Committee on Rule of Law）主席的身份在国际法院（International Court of Justice）为缅甸面对种族灭绝指控辩护时，她诉诸民族主义的言词（UN News，2019）可以说反映了缅甸领导层内部更广泛的看法。抛开缅甸的具体情况，我认为可以从这些争端中辨识出更为普遍的主题——尤其是试图将国立大学的法学院隔离于全球参与之外的斗争，因为这种全球参与可能对国内政治产生深远影响。

三、法律教育的知识使命

限制法律学者的行为（如缅甸民选政府通过行政手段所为，以及军政府随后转化为法律之外的暴力行为（Human Rights Watch，2021），实际上是在遏制霍利迪（Halliday）所称的法律"知识使命"："通过职业和组织政治行为对公共事务施加影响的能力，即一种为公共影响提供的认识论依据"（Halliday，1985：422）。他认为，这种公共影响源于法律在技术与道德层面上同时公开发声的独特能力。在法律教育领域，这种影响还与大学的声望相结合——大学仍然是大多数亚洲社会中强大的象征。当法律学者与外部合作伙伴开展教学和研究以外的合作时，他们既在行使其"知识使命"，也在扩展这一使命。

按照甘宁汉（Gunningham）、卡根（Kagan）和桑顿（Thornton）（2004年）的观点，我们也可以将其视为法律教育的"社会许可"：即法律教育机构因国家和社会赋予的自我管理特权而获得的发声和参与的自主权。无论我们将其称为"许可"还是"使命"，法律学者行使这一权利的自由，深受利益相关者（如政府、企业、法律职业以及跨国行为体）试图限制或扩展其影响的方式所左右。

在美国、英国、澳大利亚以及欧洲大部分地区，大学主动培养并参与公共政策的关系和渠道。这不仅是对其知识使命的行使，也进一步扩展了这一使命。随着机构声望的提高，大学对知识生产的专业控制力得以增强，同时个别学者也因其"专家"身份而提升了自己地位。这些影响常常结合在一起，为大学集体或研究者个人带来经济利益。对于一个长期资金不足的大学部门来说，外部参与的重要性由此凸显。

霍利迪（Halliday，1985）认为，法律等规范性职业以及学术界等融合性专业更可能拥有广泛的知识使命：法律通过道德或规范性话语创造知识并确立其权威，而学术界以科学与规范性的双重基础构建其认识论基础。法学院是这两个强大专业群体——法律职业和学术界——交汇的场所，共同推动大学法律教育的职业权威的形成。

需要注意的是，在许多地方，法律职业人士的自我认同糅杂了对正义理念的无私奉献与对市场、个人利益及利润最大化的务实态度。这也是德扎莱和加思将精英律师描述为"'双重代理人'，一方面维护客户的合法性，另一方面也代表法律的独立权威"（Munger，2012：480）的原因之一。法律学者的规范性取向同样可能是多元化的或复杂的。而大学则在规范性上更具多样化，因此比传统职业（例如，法律职业，至少需要在其享有高度自治的政治体系内）更难以整体动员。

另一个复杂因素是大学的知识使命正日益被国家和产业所工具化。在英国和澳大利亚等高等教育体系中，与大学外部合作伙伴的"参与"如今已成为学术工作的预期内容，并为此获得认可和奖励。最近，这种趋势可以从英国对研究"影响力"的评估（e. g., Jones et al. 2017）以及澳大利亚对政府机构、企业和/或非营利组织既作为研究合作伙伴又作为成果受益方的研究给予优先资助（Australian Research Council, 2020）中得到体现。

这种影响使得英澳体系中的大学有意识地创造这些参与机会和空间，同时政府通过监管措施也对其进行管理。因此，在大学创设"参与"这种社会活动形式，也同时具有"可监管"的效果（Hancher and Moran，1989），这对多方行为者来说是开放竞争的。法学院尤其是这种竞争的重要场所，因为它们的知识使命以及其产生的规范性知识形式能够直接用于政治和政策目的。

四、亚洲法学院正在形成的政策互动

自 20 世纪 90 年代以来，从阿富汗到新加坡的亚洲国家在应对全球化影响时，通过加强大学建设并有意识地引入新的法律教育模式进行回应（Miyazawa et al.，2008；Taylor，2010）。这些法律教育改革常被叙述为国家发展战略的组成部分（Taylor，2010），其中美国式法学院的模式经常被视为法律教育的理想形式。政策制定者主张采用更具职业导向的"法学院"，而不是将法律作为多类职业的基础学科，用以提高法律职业的技术专业性，从而支持全球化程度更深的经济。[1]然而，在随后的几十年中，美国模式在国内外都受到了批评，同时亚洲各地的法律教育机构在设计上也出现了更多的多样化或混合形式。例如，韩国采用了一种只限于研究生层次的法学院模式，这是对日本未能成功融合当时 74 所新设的美国式法学院的最新做法、旧有的本科法律系以及严格限制的国家司法考试的反应。相比之下，上海交通大学率先推出了"3+3模式"，将本科和研究生法律教育相结合，培养优秀学生的国际执业能力。麦克康纳赫和图米（McConnaughay，Toomey，2015）认为，STL 在海闻教授（中国领先的发展经济学家之一）的推动下创立，并将引入"美国顶尖教授和法律从业者"作为核心设计的一部分，这标志着亚洲法律教育发展的一个更根本的转折点（McConnaughay，Toomey，2015：3）。在 ABA 决定不为美国以外的法学院（特别是 STL）提供认证之后，STL 重新定位其使命，旨在为学生准备跨国法律实践，这与中国及非西方法律体系对贸易的影响正在增加的背景相符。在此过程中，他们描绘了全球法律教育潜在的中国化进程。

随着越来越多的利益相关方关注法学院对国家经济发展的重要作用，法学院逐渐成为政治和监管竞争的焦点。当前的争论集中在诸多方面，包括法学院及其领导者如何定位自身的知识使命，以及法律学者如何融入公共政策

---

〔1〕　在日本，法学院推动了寻求成为律师的毕业生数量的增加，同时也减少了希望进入公共服务领域的法学毕业生数量。

领域。下一节笔者将探讨法律教育者如何通过不同方式扩展其知识使命或接受相关限制，以及在这一过程中发挥作用的监管力量和相关主体。

（一）中国：正在消失的法律诊所

进入 21 世纪之初，中国的法学教育体系正经历快速而深刻的变革。其中一些变化显然受到了美国法学教育模式的影响（Taylor，2010），但中国大部分法学教育的改革资金来源于国家的直接投资，并辅以国内排名体系的建立以及硕士课程的迅速扩展。有学者对中国法学教育国际化的驱动因素及其影响进行了细致的分析，并探讨了其与美国法学教育及英语国家知识生产的交汇之处（Wang, Zhizhou, Sida Liu, and Xueyao Li，2017）。然而，由于中国大学的广泛分布，这些改革的成果呈现出明显的分层和不平衡情况：北京、上海以及一些省会城市的顶尖院校与边缘地区的院校存在很大差异。

中国并没有立即跟随日本和韩国的脚步，将本科法律教育转向以法律职业和司法考试为重点的研究生级法学院。然而，自 2000 年起，中国在亚洲率先引入法律诊所教育，最初通过武汉大学在 20 世纪 90 年代开设的项目（Cai Wei，2011：163），随后在华中科技大学（武汉）、复旦大学和华东师范大学（上海）、北京大学和清华大学（北京）也设立了类似项目。到 2011 年，全国已有超过 130 个在法学院设立的"法律援助诊所"（Cai Wei，2011：168）。推动大学法律诊所快速扩展的一个因素是外国捐助者的资金支持；福特基金会在建立法律诊所教育和资助中国法律诊所教育委员会（CCCLE）以支持其推广方面起到了一定的催化作用（Phan，2005；Liu，2008；Chapter 2, this volume）。法律诊所项目通过 CCCLE 进行协调，不同地区的项目种类和质量差异显著：如清华、北大和武大等顶尖院校的项目比许多地区性法学院的项目要强大得多。另一个推动因素是国家法律援助机构的资金有限，无法在城乡接合部和农村地区提供有效服务（Liebman，1999）。

法律诊所作为一种最早在美国发展起来的法律教育形式，有很多种类：它们可以基于法学院，像法律办公室一样处理某些类别的案件，且不收取费用；它们也可以选择公益诉讼案件；或者可以将学生派遣到法学院之外，推广法律意识和基础法律知识，如"街头普法宣传"项目。这些形式在中国都存在（Liu，2008）。法律诊所的共同点在于沉浸式学习（即"在实践中学习"），通常与国家提供的法律援助的资助机制和组织结构有着相当紧密的联系，并且具有规范性导向。许多法学诊所教育者将这种法律教育和外部参与的形式的意义归纳为：①通过实践和沉浸式学习为准职业学生培养技能；②通过灌输法律伦理和社会正义等价值观，以及培养反思能力，转变学生的视角（Bloch，2011）；③通过美德劝诱学生付出劳动，为穷人提供法律服务——这是在大多数国家中长期缺人缺钱的事业。

学生在法律诊所教育中具有核心地位，但也颇为有趣，因为学生——按定义来说——并非法律专家。法律诊所教育通常与法律援助项目结合起来去培养一批或一代对贫困人口生活状况和本国法律局限性有一定认知的法律学生。然而，法律诊所教育是否真正实现了这一目标仍不明确（Phan，2005；Liu，2008）。它曾被批评为在短期内几乎没有任何成果，且在长期内可能对系统影响甚微的教育方式（Note，2007；Joyce and Winfrey，2004）。然而，像BABSEACLE（2021年）这样的项目的成功表明，东南亚地区仍然有着建立和发展法律诊所教育项目的强烈需求。

在中国，通过让学生接触"现实世界"并培养其技能来为与法律相关的工作做准备，这种做法的吸引力部分在于通过法律诉讼的社会纠纷解决方式还不多。早期的批评认为，外国资金和模式的迅速注入可能会阻碍本土机构的发展（Dowdle，2000），从而与法律赋权运动中的"本地所有权"原则相矛盾。在这种情况下，中国证明了自己是精明的监管者。法律诊所教育似乎作为一种形式上的法律移植在中国取得了进展，但没有植入太多与美国相关的社会和教育历史或解放性政治意识形态。

值得注意的是，中国的司法部和教育部在法律诊所运营的前十年并未提供资金支持（Cai Wei，2011），这意味着这些诊所要么由大学资助，要么采用自筹资金模式。然而，政府部分无疑认为，培养一批在法学院期间接受过一些实践训练的法律毕业生是有益的。司法部可能还认为，由于当时中国正式持证律师的数量相对较少，法律服务的提供将继续需要通过政府法律工作者、律师、律师助理和学生来补充（Fu，2009）。

（二）菲律宾：拒绝参与

自2016年当选以来，菲律宾时任总统罗德里戈·罗亚·杜特尔特（Rodrigo Roa Duterte）一直在法治问题上饱受争议。[1]2017年5月，杜特尔特以

---

〔1〕 在杜特尔特的指示下，针对吸毒者和毒贩（无论是涉嫌的还是实际的）的法外处决，现已成为东南亚地区中，仅次于波尔布特消灭柬埔寨人的，政府杀害本国平民的第二大事件。

武装分子占领马拉维市为由，在整个棉兰老岛南部省份实施戒严。令许多法律学者感到失望的是，菲律宾最高法院支持了这一被广泛认为是过度扩权的法令。很多人认为，杜特尔特在次年通过操纵手段迫使菲律宾最高法院罢免了其首席大法官，因为这位首席大法官被视为他无视法律行为的障碍（Deinla, Rood and Taylor, 2018）。

马拉维围城是一场让人震惊的事件：声称与"伊斯兰国"有关联的武装分子导致2000多名居民丧生，60万人因战斗流离失所，城市中心大部分地区被摧毁（Deinla, 2018）。穆斯林菲律宾人最大的担忧是，这些事件可能会进一步延迟他们争取自决的诉求，而这场与马尼拉政府近40年的武装冲突尚未平息。然而，杜特尔特确实部分兑现了其选举承诺，为棉兰老岛的冲突提供了一个最终解决方案。2018年7月，《邦萨摩洛基本法》（Bangsamoro Organic Law）正式成为法律。由于这一法律涉及宪法修改，因此在2019年初举行了地区公投（Tiojanco, 2019）。公投的成功开启了邦萨摩洛穆斯林棉兰老自治区（BARMM）过渡期的建立（Abuza and Lischin, 2020）。"邦萨摩洛"（Bangsamoro，意为"摩洛人的家园"）将成为一个拥有相当大法定权力的伊斯兰法律管辖区，从事实上将菲律宾从单一制国家转变为联邦制国家。当然，法律和社会现实相当复杂：棉兰老岛拥有高度的种族、语言和宗教多样性，即使在BARMM内，也并非所有人口定居中心的多数居民都是穆斯林。然而，BARMM与棉兰老岛其他地区的共同点是，这里普遍贫困——如果棉兰老岛是一个国家，其发展水平将处于联合国划分的"最不发达"国家之列（United Nations, 2020）。

菲律宾的法学院本有足够的时间来参与影响穆斯林菲律宾人和棉兰老岛土著社区的社会正义问题。一些法学院已经采取了行动，例如耶稣会大学达沃雅典耀大学（the Jesuit university Ateneo de Davao），该校设有东南亚伊斯兰身份与对话研究所（Al Qalam Institute for Islamic Identities and Dialogue）。在马拉维市的棉兰老国立大学主校区，尽管该市的围攻仍在继续，但在2017年8月有8000名学生重返校园，以示穆斯林与基督徒的团结，重新占据这所大学作为一个自由的飞地，反对伊斯兰极端主义的排斥性（Straits Times, 2018）。

然而，棉兰老岛的学者将马尼拉方面在政策上的沉默形容为"震耳欲聋"（Personal communication, 2018a）。一种解释是，几十年的武装冲突使穆斯林的利益在大城市精英中丧失了合法性。菲律宾法律体系严格限制了伊斯兰教法（shari'a）〔1〕作为菲律宾法律来源的可见性和适用范围，同时也限制了伊斯兰法律工作者提供司法服务的资格。例如，马尼拉的最高法院将沙里亚（shari'a）法院和沙里亚法官作为其运行机制的一部分进行管理，但并未在其官方网站上提及相关内容。国家设立的沙里亚法院仅在棉兰老岛运作，尽管穆斯林菲律宾人也生活在马尼拉及其他地区。只有在 BARMM 成立后，沙里亚法院的管辖范围才会超越家庭法事务及《菲律宾个人地位法典》（the Philippine Code of Personal Status）的适用范围。

直到 2020 年，马尼拉的法律毕业生可能依然完全不知道菲律宾是一个多元法律体系，伊斯兰教法治理着近 500 万菲律宾人的生活。尽管 BARMM 的建立迫使人们重新考虑如何提供伊斯兰教法服务，但迄今为止，菲律宾的伊斯兰法律专业人士仅通过简化的沙里亚法官和辩护律师司法考试获得最低限度的资格。因此，他们缺乏通过竞争激烈的全国性（世俗）司法考试的律师的名望。菲律宾很少有大学提供伊斯兰法律作为学分课程。〔2〕菲律宾大学法学院似乎是马尼拉唯一提供伊斯兰法选修课程的法学院，但该课程也并非为实际执业做准备。棉兰老岛的少数几所大学提供了伊斯兰法律和法学课程，以便参加沙里亚司法考试。与国家系统并行，由摩洛民族解放阵线（MNLF）维持的非国家伊斯兰法院系统，主要由在中东和北非接受教育的法官组成。伊斯兰教法的本质是一个多节点的权威系统。不参与菲律宾沙里亚法能力建设、未能适应菲律宾的社会、文化和政治现实的政策风险在于，其他话语体系及其行为体将准备填补这一空白。

（三）印度尼西亚：学术真空

印度尼西亚是一个中等收入的穆斯林占多数的国家，拥有多元法律体系，约 4500 所大学开设了 300 多所法学院，包括国立、私立和伊斯兰大学。然而，查看亚洲大学的排名列表，你会发现即使是其国内公认的三所著名大学（印度尼西亚大学、万隆理工学院和加贾马达大学）也难以跻身前 500 名（e. g.，Times Higher Education，2020）。印度尼西亚研究、技术与高等教育部

---

〔1〕 译者注：这里的 shari'a 即指伊斯兰教法，音译为"沙里亚"。有关穆斯林宗教、政治、社会、家庭和个人生活法规的总称。

〔2〕 菲律宾的一些大学，主要集中在棉兰老岛，提供以伊斯兰教/沙里亚法为主题的完整课程，学生完成学业后可获得学士学位。此外，位于菲律宾大学（迪里曼校区）的伊斯兰研究所（Institute of Islamic Studies）则提供针对伊斯兰教/沙里亚法在菲律宾的相关专题研究的硕士和博士学位课程。

（MRTHE）估计，全国大约 5400 名全职教授中，只有 5% 的人在进行国际同行评审的研究（Personal communication，2018），这既反映了学术研究的现状，也说明了在进行研究、同行评审和发表成果方面的结构性激励不足，法律学科也不例外。

MRTHE 对此的回应是重新通过大学分级认证，并推动低质量私立院校的强制合并和关闭（Global Business Guide，2018）。大学的分级或排名主要基于以下几个方面：人力资源水平、机构水平、学生活动水平，以及科学研究与出版水平。

印度尼西亚大学（University of Indonesia）和加贾马达大学（Gadjah Mada University）的法学院通常被认为是该国的顶尖法学院，这主要基于其声望以及教职员工的背景。然而，这些私立院校也受益于独立后出现的公共大学的扩张。西纳加（Sinaga）指出存在着一种对私立院校的持续偏见，而这种偏见是应当被质疑的（2018 年）。在印度尼西亚的 393 个法律专业中，有 346 个（占 88%）属于私立院校；在获得 "A" 级认证的 58 个法律专业中，有 34 个（占 58%）为私立院校（Sinaga，2018：176）。

关于印度尼西亚法学院的使命，学术界长期存在争论——是应教授 "纯法学"，还是应服务国家利益并教授 "进步法学"，或者应采用更具社会法学特色和以经验为依据的课程设置（Rosenbaum，2014）。贝德纳（Bedner，2013）也认为，印尼法律教育的形式主义妨碍了研究质量的提升和实践能力的培养，这与切斯特曼（Chesterman，2015）关于殖民模式限制性影响的观点一致。

印度尼西亚政府通过至少三种方式推动法律学者的 "参与"。首先是将 "社区服务" 纳入高等教育的三大支柱（tridharma perguruan tinggi），即教育、研究和社区服务（Universitas Indonesia，2020）。自 2017 年起，社区服务成为大学认证体系中的一个评估因素，这一支柱为法学院的法律诊所活动及对地方非政府组织（NGO）的支持提供了实施框架。其次，主要法学院的个别教职员经常受政府委托提供政策服务。过去，这种形式多表现为个人 "咨询"，对于一些著名的法律学者而言，这一部分工作构成了其工作内容和收入的主要来源。这种现象得以存在的一个结构性原因在于，政府机构过去被禁止从其他组织（如 NGO 或大学）购买研究或咨询服务。然而，这一障碍已通过 2018 年采购法改革（Perpres 16/2018）得以消除。

相对较新的印度尼西亚简特拉（Jentera）法学院采用了一种截然不同的参与模式。简特拉法学院是一个私立法律教育机构，是过去 20 多年印度尼西亚系列法律改革项目中的一部分。这些项目相互关联，包括领先的法律改革（非政府）组织——一个法律与政策研究中心（Centre for Legal and Policy Studies，PSHK）、一个基金会（YSHK）、一个丹·列夫法律图书馆（Dan Lev Law Library）、一个简特拉法学期刊，以及一个可以开放获取与商业化兼具的在线法律信息门户——Hukum Online。值得注意的是，简特拉法学院将民主、反腐败和法治作为其核心价值观（Jakarta Post，2015），并致力于培养以证据导向研究为公共政策作出贡献的毕业生。在印度尼西亚数百所法学院中，简特拉法学院是唯一明确追求类似于美国、英国或澳大利亚那种"参与"模式的法学院。

自 1998 年印度尼西亚实现民主化以来，法律学者的另一种参与模式是与国际捐助项目合作。这些项目由政府通过国家发展规划局（National Planning Agency，BAPPENAS）进行筛选和批准。在过去的 20 年中，PSHK 及其他非政府组织的律师——其中许多现在已成为简特拉法学院的一部分——已在外国资助的法律援助项目中成为不可或缺的合作伙伴。正如德扎莱和加斯（2010 年）指出的，他们的校友成了新一代的维权律师，他们虽然游离于传统的政府——大型律师事务所——公立大学体系之外，但同时仍与这些机构保持密切联系。尽管印度尼西亚的法学院过去乐于接受新的资源，但这类项目也引发了不同程度的怨愤和挫败感（Bosch，2016）。原因在于，这些项目往往将法学院最具生产力的教职员工带离法学院，以高薪聘请他们为外部机构工作，并将法学院定位为"援助的接受者"，而非项目设计和实施的主动参与者或真正的合作伙伴（Bosch，2016；Rosenbaum，2014）。

在捐助方来看，印度尼西亚境内则出现了相当多的创新。例如，澳大利亚政府的知识领域倡议（Knowledge Sector Initiative，KSI）与 BAPPENAS 建立了创新性的合作伙伴关系。该项目旨在提升非政府组织（NGO）以及大学内相关机构的能力，以推动证据导向研究，从而助力制定更加完善的政策。[1]这里的政策指的是能够促进社会公平的政策。KSI 项目采用了一种真正的迭代设计，其领导、人员配置和合作伙伴大多以印度尼西亚本地为主。虽然大学

---

　〔1〕　http://www.ksi-indonesia.org/en/pages/knowledge-sector-initiative.

的研究中心在该项目中被视为合作伙伴，但值得注意的是，PSHK 是该项目中唯一的核心法律合作伙伴。[1]

（四）日本：模仿与失败

日本自 20 世纪 90 年代中期以来逐步采用美国式法律教育的历程可以比喻为一场"慢速车祸"（Saito，2006；Saegusa，2009；Taylor，2010；Tanaka，2016）。这一新的法律教育体系于 2004 年启动，当时有 74 所新设立的研究生法学院正式开办。促成这一制度重构的剧变的动力之一，是部分改革者希望兑现二战后在日本实现社会正义自由化的承诺。人们希望律师的角色能够扩展到更广泛的领域，以支持公民获得更充分的法律服务，而在统计上，日本公民享受法律服务的机会比美国和欧洲国家的公民要少。通过建立新的研究生院制度并保留法律作为本科专业，日本意在培养更多的法学毕业生（Taylor，2010）。假设他们以不逊于美国的通过率（约 70%）通过国家司法考试，这将显著扩大法律职业者的规模。支持这一改革的另一种论调是需要培养拥有新型知识的律师，特别是能够处理跨国业务（尤其是用英语）以及支持国家工业政策的律师，例如，知识产权领域的专业人才。因此，这种变革结合了国内"进步"叙事和对全球化影响的清晰认识，以及对历史上封闭且受保护的法律职业所面临威胁的应对（Justice System Reform Council，2001）。

在新成立的法学院中，不止一家致力于提供一种独具特色的、以社会参与和实践为导向的法律教育风格，这与过去抽象的死记硬背式学习模式形成了鲜明对比。一些针对结构性依赖问题的"解决方案"包括聘请外国法学教授、以英语教授课程——尤其是设置国际商法课程，并通过法律诊所教育和模拟法庭训练引入技能培训内容。

快速推进到 2021 年，可以说没有一个改革目标实现了。相反，法学院的知识使命却缩小了。关键因素之一是利益相关方的选择，例如，日本律师联合会、日本最高法院和司法部，它们坚持维持几乎未变的国家司法考试制度，并控制每年的通过率。近年来，通过率保持在不到 29%（2019 年跃升至 33%），而针对不需就读法学院即可参加的"预备司法考试"，通过率仅为 3.8%（Nichibenren，2020）。操纵司法考试通过率的目标是将每年新进入法律

---

〔1〕 例如，参见 http://www.pshk.or.id/wp-content/uploads/2017/08/Understanding-Policy-Making-in-Indonesia-PSHK.pdf.

职业的人数控制在不到 1500 人。在面对成功率逐年下降的情况下，有志学习法律的学生纷纷"用脚投票"，这迫使自 2004 年成立的法学院中近 50% 被迫关闭（Breaden and Goodman，2020：137）。

日本律师联合会长期以来主张，日本国内法律从业者（包括法官和检察官）的高质量只能通过严格限制通过司法考试的人数来维持，这依赖于高竞争性的司法考试。然而，更令人不安的现实是，通过这种方式"人为抬高门槛"，掩盖了在东京和大阪等主要商业中心以外地区从事法律职业及获得报酬的艰难，同时维持了法律职业高薪且受尊敬的假象（Nakazato et al.，2010年）。作为一种保护性手段，这种方式对于监管律师而言是成功的，但却很少有人谈及对那些支付高额学费、努力学习却因非自身原因无法通过司法考试的学生所带来的社会不公。对于超过 70% 未通过考试的考生而言，法律或商业领域中几乎没有其他可行的职业路径，而名落孙山的结果对个人名誉来说更是一种沉重的负担。

在这场改革失败中，鲜有提及的一面是对公共政策质量的影响。早期对该制度变革的批评之一认为，将优秀学生吸引到研究生法学院，对于一个传统上在法学和政治学院中共同培养官僚、商界人士和未来律师的国家来说，是一种适得其反的做法（Riles and Uchida，2009年）。事实上，在法学院试验的最初几年，大量学生放弃参加国家公务员考试，转而备考司法考试。然而，这种制度改革并未为这一受过高等教育且享受高度资助的群体（Tanaka，2016年）增加跨学科技能。不出所料，最成功的司法考试通过者通常是先攻读法学本科，然后再进入法学院的学生。这导致了与美国或澳大利亚法学毕业生完全相反的结果：这些国家的法律教育体系旨在让法学毕业生在自然科学、社会科学、医学、经济学、商业研究或会计等学科背景基础上进一步发展。而日本的法学毕业生进入公共服务、商业或法律职业领域时，其知识基础却非常狭窄。

问题的第三个维度涉及法学界的沉没成本——他们被赋予任务去建立新的、重复的法律教育机构。然而，当日本全司法考试明确不会涵盖国际法、商事交易法或比较法等主题时，这一问题变得显而易见。学生们自然开始放弃新设立的技能课程或"国际化"课程（其中一些以英语授课），以及法律诊所教育等项目。具有讽刺意味的是，日本在改革期间设立的跨校谈判与仲裁比赛，如今主要由日本本科生和国际学生参与，而非这些比赛原本旨在支持的日本法学院学生——那些本应从中提升技能并推进职业发展的群体。[1]

随着危机情绪逐渐笼罩整个行业（Tanaka，2016），日本法学院的学者们意识到，学校的司法考试通过率关系重大；实际上，政府对法学院的补贴将与此挂钩（Breaden and Goodman，2020）。因此，包括学术研究和政策参与在内的其他追求都必须服从这一目标。在过去的 20 年里，日本的法律学者们要像韩国大学那样强制推动全球竞争力和同行评审研究，对许多人来说虽然是理想但却有点遥不可及了。

在同一时期，日本政府在高等教育体系中引入了一项旨在推动"全球化"的大学竞争计划，旨在加强国际研究，通过教育创新吸引国际学生入学，并鼓励日本学生的国际流动。理论上，日本的法学院应当能够充分利用这一计划，尤其是因为亚洲地区同侪院校也在协同发展（BABSEACLE，2021）。一个重要的例子是由新加坡国立大学（National University of Singapore，NUS）主导的亚洲法律研究所（Asian Law Institute，ASLI）推动的东南亚区域合作，该研究所还吸引了英美法学院的参与，同时巩固了新加坡国立大学作为一个重要协作与资助中心的地位。然而，由于日本法学院体系设计上的缺陷，无论是学生还是教职人员的流动性都受到严重限制——至少在系统供给侧进一步优化之前仍是如此。

五、结论

本章表明，尽管按照哈利迪（Halliday）的理论，亚洲法学院的知识使命是一个广泛的概念，但实际上却因地区和机构背景而异。这种差异随着时间变化，并与当下的政治环境密切相关，这与德扎莱和加斯在其关于亚洲的传记式叙述中所描绘的精英律师如何在政治风向中左右逢源的形象（2010 年）相呼应。检验这种知识使命差异的一种方法是研究规范性因素如何塑造了法学院的政策"参与"，以及哪些因素驱动或制约了这种参与。

从这个角度看，法律教育远不只是一些技术层面的设计选择，而是通过与政策互动展现了一场由国家和非国家力量共同推动的激烈价值观较量。在亚洲，"参与"常常成为跨国力量介入当地公共政策的入口。他们通过吸引法学院的教师和学生加入各种网络或学术共同体，推动特定的理念，例如联合

---

[1]　参见 http://www.negocom.jp/eng/.

国的可持续发展目标。以缅甸为例，国家机构可能会通过监控法学院内的讨论内容、研究成果以及合作关系，积极抵御这些全球化的影响力。

在日本，我们看到的是对全球化规范的另一种博弈。日本法学院的最初设计由国家主导，旨在通过扩大专业知识的范围，解决日本在法律服务领域缺乏全球竞争力的问题。然而，一个由国内律师和短期保护主义倾向的国家行为体组成的联盟挫败了这一规划。而在印度尼西亚，私人部门和民间社会力量则成功开辟了一条脱离国家主导大学体系僵局的公益参与路径。这种围绕法律教育设计展开的权力竞争，与德扎莱和加斯在《亚洲法律复兴》（Asian Legal Revivals, 2010）中提出的观点一致，即法律体系中的强势行为体——尤其是私人律师界——能够以有利于自身的方式动员社会资本。

国家也对法学院作为知识库提出了要求——或是直接汲取其专业知识，或是试图设计监管框架，以引导法学院进行其认为有益的研究和社会参与行为。印度尼西亚的高等教育部借鉴了澳大利亚和英国高等教育中关于社会参与和研究影响的议程，正在尝试这类监管举措。然而，法学院及其学者并非对此类举措完全被动，而是展现了自身的主动性。正如我们在菲律宾和印度尼西亚所观察到的，不同背景的机构受到不同规范性因素的驱动。法学院精英是否愿意接纳多元且替代性的合法性资源，也决定了它们在国家变革时期能否为政策生产和贡献知识。

这些制度设计上的差异意义深远，不仅仅体现在法律作为一个学术领域或职业在国家层面的相对实力和名声（这是律师们长期关注的焦点），更重要的是影响了法律知识在应对复杂全球挑战时的生产和运用方式。亚洲法学院的这些社会参与经验表明，某些公共政策主体与法学院之间的监管关系比其他关系更有助于这种参与。法律职业的知识使命因此被相应地拓宽或缩小了。

参考文献

Abuza, Zachary and Luke Lischin（2020）."The Challenges Facing the Philippines' Bangsamoro Autonomous Region at One Year," United States Institute of Peace Special Report No. 468. June. https://www. usip. org/sites/default/files/2020-06/20200610-sr_468-the_challenges_facing_ the_ philippines_ bangsamoro_ autonomousregionat_ one_ year-sr. pdf.

Australian Research Council（2020）. Linkage Program. https://www. arc. gov. au/grants/linkage-program/arc-centres-excellence.

BABSEACLE（2021）. Bridges Across Borders South East Asia Community Legal Education Initiative. https：//www. babseacle. org.

Bedner, A. W. （2013）. "Indonesian Legal Scholarship and Jurisprudence as an Obstacle for Transplanting Legal Institutions," *Hague Journal on the Rule of Law* 5 （2）：253-273.

Biz Journal （2016）. Houkadaigakuin, seidoushippai ga ketteiteki... ［Graduate Law Schools：System Failure Is Definitive...］ https：//biz-journal. jp/2016/03/post_ 14199. html.

Bloch, Frank S. , ed. （2011）. *The Global Clinical Movement：Educating Lawyers for Social Justice*. Oxford.

Bosch, Anna （2016）. "Local Actors in Donor-Funded Rule of Law Assistance in Indonesia：Owners, Partners, Agents?" Unpublished PhD dissertation. University of Washington.

Breaden, Jeremy and Goodman, Roger （2020）. "MGU 2008 – 2018：The Law School and Other Reforms" in J. Breaden and R. Goodman, *Family-Run Universities in Japan：Sources of In-built Resilience in the Face of Demographic Pressure, 1992-2030*. Oxford.

Cai, Yanmin （2011）. "Global Clinical Legal Education and International Partnerships：A Chinese Legal Educator's Perspective," *Maryland Journal of International Law* 26：159-172.

Callahan, Mary （2017）. "Aung San Suu Kyi's Quiet Puritanical Vision for Myanmar," Asia Nikkei. March 29. https：//asia. nikkei. com/Politics/Aung-San-Suu-Kyi-s-quiet-puritanical-vision-for-Myanmar.

Cheesman, Nick （2015）. *Opposing the Rule of Law*. Cambridge.

Chesterman, Simon （2015）. *The Rise and Fall of Legal Education in Asia：Inhibition, Imitation, Innovation*. NUS Law Working Paper 2015/015. http：//law. nus. edu. sg/wps/.

Crouch, Melissa （2017）. "In Memoriam：'Saya' U Ko Ni, Myanmar's Advocate for Constitutional Reform （March 22, 2017），" *Australian Journal of Asian Law* 17 （2）：Article 1, 2016. https：//ssrn. com/abstract＝2939411.

Deinla, Imelda （2018）. "Travel Notebook：Marawi City," *The Interpreter*, Lowy Institute. https：//www. lowyinstitute. org/the-interpreter/travel-notebook-marawi-city.

Deinla, Imelda and Veronica Taylor （2015）. *Towards Peace：Rethinking Justice and Legal Pluralism in the Bangsamoro*. RegNet Research Paper No. 2015/63. http：//ssrn. com/abstract＝2553541.

Deinla, Imelda, Rood Stephen, and Veronica Taylor （2018）. "Justice Removed, Justice Denied," *The Interpreter*, Lowy Institute. https：//www. lowyinstitute. org/the-interpreter/philippines-justice-removed-justice-denied.

Dezalay, Yves and Garth Bryant （2010）. *Asian Legal Revivals：Lawyers in the Shadow of Empire*. Chicago.

Dowdle, Michael William (2000). "Preserving Indigenous Paradigms in an Age of Globalization: Pragmatic Strategies for the Development ofClinical Legal Aid in China," *Fordham International Law Journal* 24: 56.

FHUI (2020). Visi dan misi [Vision and Mission]. http://law. ui. ac. id/v3/visi-dan-misi/.

Fu, Hualing (2009). Access to Justice in China: Potentials, Limits, and Alternatives. http://ssrn. com/abstract=1474073.

Global Business Guide (2018). Education | Indonesia's Tertiary Education Sector: Aiming Higher. http://www. gbgindonesia. com/en/education/article/2018/indonesia_ s_ tertiary_ educationsectoraiming_ higher_ 11849. php.

The Guardian (2016). "China Steps up Human Rights Crackdown with Arrest of Foreign Activist," January 13. https://www. theguardian. com/world/2016/jan/13/china - human - rights - crackdown-arrest-peter-dahlin-swedish-activist.

The Guardian (2017). https://www. theguardian. com/world/2017/aug/28/aung - sang - suu - kyis-office-accuses-aid-workers-of-helping-terrorists-in-myanmar.

Gunningham, Neil, Kagan Robert A. , and Thornton Dorothy (2004). "Social License and Environmental Protection: Why Businesses Go beyond Compliance," *Law & Social Inquiry* 29 (2): 307-41.

Halliday, Terence C. (1985). "Knowledge Mandates: Collective Influence by Scientific, Normative and Syncretic Professions," *The British Journal of Sociology* Vol. XXXVI (3): 421-447.

Halliday Terence C. and Lucien Karpik (1998). *Lawyers and the Rise of Western Political Liberalism.* Oxford University Press.

Halliday Terence C. and Sida Liu (2016). *Criminal Defense in China: The Politics of Lawyers at Work.* Cambridge.

Hancher, L. and M. Moran (1989). "Organizing Regulatory Space," in L. Hancher and M. Moran, eds. , *Capitalism, Culture and Economic Regulation.* Clarendon Press.

Human Rights Watch (2021) "Myanmar: Coup Leads to Crimes Against Humanity' 31 July. https://www. hrw. org/news/2021/07/31/myanmar-coup-leads-crimes-against-humanity#

Jakarta Post (2015). http://www. thejakartapost. com/news/2015/07/08/noted-lawyers-legal-activists-establish-anti-graff-school. html.

Jones, Molly Morgan, Cartriona Manville, and Joanna Chataway (2017). "Learning from the UK's Research Impact Assessment Exercise: A Case Study of a Retrospective Impact Assessment Exercise Questions for the Future," *Journal of Technology Transfer.* 1 - 25. https://doi. org/10. 1007/s10961-017-9608-6.

Joyce, Arwen and Tracye Winfrey (2004). "Current Developments 2003-2004: Taming the Red Dragon: A Realistic Assessment of the ABA's Legal Reform Efforts in China," *Georgetown Journal of Legal Ethics* 17 (4): 887-902.

Justice System Reform Council (2001). Recommendations of the Justice System Reform Council—Fora Justice System to Support Japan in the 21st Century. June 12. http://www. kantei. go. jp/foreign/judiciary/2001/0612report. html.

Liebman, Benjamin L. (1999). "Legal Aid and Public Interest Law in China," *Texas International Law Journal* 34 (2): 211-286.

Liu, Titi M. (2008). "Transmission of Public Interest Law: A Chinese Case Study," *UCLA Journal of International Law and Foreign Affairs* 13 (1): 263-94.

McConnaughay, Philip and Colleen Toomey (2015). *Preparing for the Sinicization of the Western Legal Tradition: The Case of Peking University School of Transnational Law (November 20, 2015)*. Peking University School of Transnational Law Research Paper No. 16 - 1. https://ssrn. com/abstract=2710550 or http://dx. doi. org/10. 2139/ssrn. 2710550.

Minzner, Carl (2018). *End of an Era: How China's Authoritarian Revival Is Undermining Its Rise*. Oxford.

Miyazawa, Setsuo, Kay-Wah Chan, and Ilhyung Lee (2008). "The Reform of Legal Education in East Asia," *Annual Review of Law & Social Science* 4: 333-60.

Munger, Frank (2012). "Globalization through the Lens of Palace Wars: What Elite Lawyers' Careers Can and Cannot Tell Us about Globalization of Law," *Law and Social Inquiry* 37 (2): 476-499.

Nakazato, Minoru, J. Mark Ramseyer, and Eric Bennett Rasmusen (2010). "The Industrial Organization of the Japanese Bar: Levels and Determinants of Attorney Income," *Journal of Empirical Legal Studies* 7 (3): 460-489.

Nichibenren (2020). *Bengoshi Hakusho* [Japan Federation of Bar Associations, Lawyer White Paper]. https://www. nichibenren. or. jp/library/pdf/document/statistics/2019/1-3-2_ 2019. pdf.

Note (2007). "Adopting and Adapting: Clinical Legal Education and Access to Justice in China," *Harvard Law Review* 120 (8): 2134-2155.

OHCHR (2018). A/H RC/ 39/ 64 Human Rights Council, Report of the detailed findings of the Independent International Fact-Finding Mission on Myanmar (September 10-28, 2018). https://www. ohchr. org/EN/HRBodies/HRC/Pages/NewsDetail. aspx? NewsID=23575&LangID=E.

Perpres 16/ 2018 (2018). Self-Management Procurement Type III (Swakelola Tipe III): Collaboration between Government and Civil Society Organization for Development Innovation. https://www. akatiga. org/language/en/swakelola-tipe-3/.

Personal Communication (2018a). Legal Academic Project Interviewee, Manila, November. Personal Communication (2018b). Indonesian Government Official, Ministry of Research, Technology and Higher Education (as it then was), Jakarta, November.

Phan, Pamela N. (2005). "Clinical Legal Education in China: In Pursuit of a Culture of Law and a Mission of Social Justice," *Yale Human Rights and Development Law Journal* 8: 117-152.

Pils, Eva (2016). http://theasiadialogue.com/2016/02/15/rule-of-law-vs-rule-by-fear/.

Reuters (2021). "Thousans suspended at Myanmar universities as junta targets education" May 10. https://www.reuters.com/world/asia-paciffc/thousands-suspended-myanmar-universities-junta-targets-education-2021-05-10/.

Riles, Annelise and Takashi Uchida (2009). "Reforming Knowledge? A Socio-L egal Critique of the Legal Education Reforms in Japan," *Drexel Law Review* 1 (1): 3-51.

Rosenbaum, Stephen A. (2014). "Beyond the Fakultas' Four Walls: Linking Education, Practice and the Legal Profession," *Pacific Rim Law and Policy Journal* 23 (2): 1-27.

Saegusa M. (2009). "Why the Japanese Law School System Was Established: Co-optation as a Defensive Tactic in the Face of Global Pressures," *Law & Social Inquiry* 34 (2): 365-398.

Saito T. (2006). "The Tragedy of Japanese Legal Education: Japanese 'American' Law Schools," *Wisconsin International Law Journal* 24 (1): 197-208.

Silver, Carole, Jae-Hyup Lee, and Jeeyoon Park (2015). "What Firms Want: Investigating Globalization's Influence on the Market for Lawyers in Korea*Columbia Journal of Asian Law* 27 (1): 1.

Simion, Kristina (2021). *Rule of Law Intermediaries: Brokersing Influence in Myanmar.* Cambridge.

Sinaga, V. Selvie (2018). "Private Law Schools in Indonesia: Their Development, Governance and Role in Society," *IJAPS* 14 (2): 165-185.

Stern, Rachel E. (2016). "Political Reliability and the Chinese Bar Exam," *Journal of Law & Society* 43 (4): 506-33.

Straits Times (2018). http://www.straitstimes.com/asia/se-asia/8000-students-return-to-marawi-campus-despite-ongoing-clashes.

Tanaka M. (2016). "Japanese Law Schools in Crisis: A Study on the Employability of Law School Graduates," *Asian Journal of Legal Education* 3 (1): 38-54.

Tatlow, Didi Kirsten (2016). "China Is Said to Force Closing of Women's Legal Aid Center," *New York Times*. January 29. https://www.nytimes.com/2016/01/30/world/asia/beijing-women-legal-aid-guo-jianmei.html.

Taylor, V. L. (2010). "Legal Education as Development," in Stacey Steele and Kathryn Taylor, eds. , *Legal Education in Asia: Globalization, Change and Contexts.* pp. 215-240. Routledge, Taylor & Francis Group.

Times Higher Education (2020). World University Rankings. https://www. timeshighereducation. com/world-university-rankings/2020/world-ranking#.

Tiojanco, Bryan Dennis Gabito (2019). "The Philippine People Power Constitutions: Social Cohesion Through Integrated Diversity," in Jaclyn L Neo and Bui Ngoc Son, eds. , *Pluralist Constitutions in Southeast Asia.* pp. 251-282. Hart.

UN News (2019) "Aung San Suu Kyi defends Myanmar from accusations of genocide at top UN court UN News 11 December. https://news. un. org/en/story/2019/12/1053221

United Nations (2020). Least Developed Countries. https://www. un. org/development/desa/dpad/least-developed-country-category. html.

Universitas Indonesia (2020). Long Term Plan. https://www. ui. ac. id/en/long - term - plan. html.

van Rooij, Benjamin (2009). Bringing Justice to the Poor: Bottom-Up Legal Development Cooperation. http://ssrn. com/abstract = 1368185.

Wang, Zhizhou, Sida Liu, and Xueyao Li (2017). "Internationalizing Chinese Legal Education in the Early Twenty- First Century," *Journal of Legal Education* 66 (2): 237-266.

第七章

跨国法律网络与拉丁美洲法律教育的
重塑：以 SELA 为例

作者：哈维尔·库索（Javier Couso） *

一、引言

自法律全球化概念出现以来（Shapiro，1993），学者们开始研究法律教育全球化这一重要问题。例如，已有研究探讨了来自南方国家的法律毕业生前往北方国家大学攻读法学硕士（LLM）和博士学位的迁移趋势（Lazarus-Black and Globokar，2015；Garth，2015）。尽管这是法律教育全球化的重要方面，但它有一个显著且重要的局限性：其影响范围仅限于能够负担得起在海外攻读法律研究生课程的高昂费用，或通过竞争极其激烈的奖学金获得资助的南方国家少数的精英毕业生。因此，若要对法律教育全球化进行更全面的分析，必须包括全球化过程中铺开的其他间接方式。考虑到绝大多数来自南方国家的法律学生并未到北方国家学习，而是在本国完成学位，全球法律教育的影响大多是通过那些曾赴海外学习并返回国内教学的学者传递给学生的。因此，这一间接维度可以帮助更全面理解法律教育全球化的范围。

然而，这一过程很少是平和实现的。在南方国家，现有的学术精英通常不受欢迎。年轻法律学者将新的法律观念和法律教育方法带回本国，尤其当这些新知识可能使传统法律学院的知识过时时，更是如此。新人常被"守旧

---

* 值得说明的是，作者自 2001 年以来一直是 SELA 的活跃成员。

派"视为对其学术权力地位的威胁，因此会遭到抵制。他们的新观点往往被斥为不合时宜。这种现象在拉丁美洲尤其普遍，尤其是当法律研究生教育的留学目的地从传统的欧洲大陆国家（"守旧派"曾在那里接受训练）转向美国、加拿大、英国（最近还包括澳大利亚和新西兰）等英语国家的顶尖院校时。大多数拉丁美洲法律学者在这些英美法系全球法律教育中心完成学业后回到本国，依然面临敌意和孤立的处境。

正是在这种背景下，跨国法律学者网络在全球南北方之间发挥了重要作用。这些网络不仅仅是学者们讨论研究的交流平台，更为来自全球南方的年轻法律学者提供了一个共享困境的渠道，使他们能够与处境相似的同行互相支持。这种交流往往能帮助他们制定新的策略，争取学术认可与职业巩固。当然，并非所有的跨国法律学术网络都以相同的方式运作，但它们共同的潜力始终存在。

对全球法律学者网络及其会议和相关活动进行全面研究将为这些组织如何推动法律研究和法律教育全球化提供宝贵的见解，本章即探讨了一个独特的跨国法律网络，即所谓的拉丁美洲宪法与政治理论研讨会（Seminario en Latinoamérica de Teoría Constitucional y Política，SELA）。这个网络汇集了来自拉丁美洲最重要法学院的法律学者以及美国最负盛名的法律教育中心之一——耶鲁大学法学院的学者，成为过去 25 年里推动南美洲法律教育全球化最具影响力的网络之一。

二、"拉丁美洲宪法与政治理论研讨会"（SELA）

在过去的 25 年里，每年约有 150 名有影响力的拉丁美洲法律学者与耶鲁法学院的多达 10 名教师在该地区的某个城市进行为期 3 天的会面。尽管 SE-LA 的名称表明它只涉及宪法和政治理论，但多年来它的范围已经扩展，目前涵盖了相当广泛的法律主题。

SELA 与其他法律学术网络的不同之处不仅在于它的持续性——也有其他比 SELA 历史更悠久的跨国法律协会——更重要的是它所创造的紧密学术共同体，以及它在推动美国法律和法律教育理念在整个拉丁美洲传播中所扮演的关键角色。这个仅限邀请的封闭组织是紧密联系的团体，其 1995 年启动时就展现了一种极为少见的知识交流方式。在传统上遵循西班牙、法国和德国学术传统的拉丁美洲——这些传统的法律学术体系有着严格的等级制度，区分资深学者与年轻教师和研究生——SELA 代表了一种进行法律学术辩论的新方式。在这里，即使是最无名的研究生也可以凭借他/她的辩论直接反驳最著名的学者。对于社会科学家或来自英美法学界的学者来说，这种方式很常见（他们习惯了这种交流方式），但在学术等级仍然主导法律课堂和法律会议的地区，这绝非一个微不足道的转变。

　　SELA 的起源可以追溯到 1995 年，即阿根廷法律哲学家卡洛斯·尼诺（Carlos Nino）英年早逝后不久。尼诺是一位才华横溢且极具魅力的法律学者，他在耶鲁法学院和布宜诺斯艾利斯大学之间进行学习和研究，在布宜诺斯艾利斯大学，他培养了一群有影响力的阿根廷法律学者，非正式地被称为"尼诺男孩"（Nino Boys）。[1]尼诺去世后，他的亲密朋友、耶鲁大学的同事欧文·菲斯（Owen Fiss）与他的几位拉丁美洲学生共同组织了一个年度会议以纪念尼诺，并将该地区的法律学者与耶鲁法学院的教授聚集在一起。

　　SELA 最初仅由阿根廷和智利的几所法学院组成，但几年后扩展到该地区的其他国家，最终涵盖了拉丁美洲的大多数顶级法学院。截至 2020 年，参与的院校包括：阿根廷的布宜诺斯艾利斯大学（Universidad de Buenos Aires）、巴勒莫大学（Universidad de Palermo）、圣安德烈斯大学（Universidad de San Andrés）和托尔夸托·迪·特利亚大学（Universidad Torcuato di Tella）；巴西的圣保罗大学（Universidade de São Paulo）、里约热内卢州立大学（Universidade do Estado do Rio de Janeiro）和格图利奥·瓦加斯基金会-里约热内卢分校（Fundação Getulio Vargas–Rio de Janeiro）；智利的智利大学（Universidad de Chile）、迭戈·波塔莱斯大学（Universidad Diego Portales）和阿道夫·伊巴涅斯大学（Universidad Adolfo Ibáñez）；哥伦比亚的安第斯大学（Universidad de los Andes）；墨西哥的墨西哥国立自治大学（Universidad Nacional Autónoma de Mexico）、墨西哥自治技术学院（Instituto Tecnológico Autónomo de Mexico）和经济教学与研究中心（Centro de Investigación y Docencia Económicas）；巴拉圭的巴拉圭宪法法学研究所（Instituto Paraguayo de Derecho Constitucional）；秘鲁的天主教大学（Pontificia Universidad Católica del Perú）和秘鲁应用科学大学（Universidad Peruana de Ciencias Aplicadas）；波多黎各的波多黎各大学（Universidad de Puerto Rico）；西班牙的庞培法布拉大学（Universitat Pompeu

---

　　〔1〕 将卡洛斯尼诺的角色分析成公共知识分子，可参见 Basombrío, 2008：12.

Fabra）；以及美国的耶鲁大学法学院（Yale Law School）。

尽管是一个集体努力的成果，但很难想象如果没有欧文·菲斯（Owen Fiss）的全心投入，SELA 能够发展成为今天这样一个强大的学术网络。在过去的四分之一个世纪里，菲斯既是 SELA 的思想领袖，也是其关键组织者。他不仅亲力亲为，还说服了他的同事罗伯特·伯特（Robert Burt，2015 年去世）共同努力邀请耶鲁法学院的其他同事，在他们暑假期间参加每年于不同拉丁美洲城市举办的会议（通常在六月举行）。考虑到会议主要以西班牙语和葡萄牙语进行，对于习惯于英语的参会者来说，需要借助同声传译跟踪会议进程，这无疑是一项不小的挑战。

作为杰出的宪法学者，菲斯在塑造 SELA 的性质方面发挥了至关重要的作用，使其成为一个自由、开放且严谨讨论的场所。除了菲斯，耶鲁法学院的教师中，丹尼尔·马科维茨（Daniel Markovits）也经常参加 SELA，并逐渐接替菲斯成为该学术网络的新领袖。此外，定期出席 SELA 的耶鲁法学院教师还包括前院长罗伯特·波斯特（Robert Post）、卡罗尔·罗斯（Carol Rose）、乔治·普里斯特（George Priest）、里瓦·西格尔（Reeva Siegel）、保罗·卡恩（Paul Kahn）、克莱尔·普里斯特（Claire Priest）、克里斯蒂娜·罗德里格斯（Cristina Rodriguez）、汤姆·泰勒（Tom Tyler）、詹姆斯·西尔克（James Silk）以及明迪·罗斯曼（Mindy Roseman）。其他曾参与 SELA 的耶鲁法大学学院教师还包括哈罗德·科（Harold Koh，担任院长期间）、詹姆斯·福尔曼（James Forman）和穆尼尔·艾哈迈德（Muneer Ahmad）等。

从组织结构上看，SELA 很大程度上依赖于菲斯和马科维茨的工作，以及耶鲁法学院的行政团队，他们在年度会议的筹备和执行以及发表论文集的方面为二人提供支持，其中包括布拉德利·海斯（Bradley Hayes）和蕾妮·德马特奥（Renee DeMatteo）。尽管在最初阶段，SELA 的治理结构主要依赖于耶鲁法学院的教师，但在 21 世纪初期引入了正式的"组织委员会"。该委员会由来自不同参会国家的 10 名到 12 名代表组成，以及最积极参与组织工作的耶鲁法学院教师（菲斯、马科维茨、罗斯和海斯）。组织委员会负责每年会议的议程制定以及其他组织事务，包括接纳新成员。SELA 的资金来源主要由耶鲁法学院提供，拉丁美洲和西班牙的约 20 所法学院也有相应的资助（尽管耶鲁提供了大部分资金以确保会议的顺利举行）。

三、SELA 年会

通常，SELA 的年度会议包括由一位学术网络之外的学者发表主旨演讲，这位学者是特别受邀参加的（自 2016 年起，该主旨演讲被命名为"罗伯特·伯特主旨演讲"）。主旨演讲的主题范围广泛，包括法律与政治理论、政治学、社会学、经济学，甚至文学理论。

年度会议的核心是一系列讨论由 SELA 成员撰写的论文为主的小组讨论会。所有参与者都被要求提前阅读论文，因此会议上并不会有正式的论文陈述，而是由指定的评论员作一些简短的引言，评论员通过总结论文的主要观点并向作者提出一些问题来开启讨论。在 SELA 的早期阶段，论文是由耶鲁大学的教授委托撰写的，后来，论文逐渐由组织委员会通过成员提交的摘要进行竞争性筛选。

SELA 的年度会议中设置有一个名为"民主圆桌会议"的环节，专门讨论主办国民主的现状。针对这一特别环节，会议主办国的成员通常会邀请著名的政治家、记者、社会科学家以及其他来自不同政治立场的相关人士，公开讨论与其民主制度现状相关的最紧迫问题，整个 SELA 观众都可参与和聆听这些讨论。

SELA 会议的结构——仅以全体会议的形式进行——确保所有与会者都有机会讨论每一篇提交的论文。SELA 这一特点对年轻学者尤其有价值，因为他们有机会让 150 名法律学者对他们的论文进行评论，其中包括一些拉丁美洲最著名的法律学者和耶鲁大学的杰出法学教授。对于年轻学者来说，这是一种极其宝贵的学术经历，远非那些大型法律会议上参与度低的分组讨论可比，毕竟大多数年轻学者的职业生涯往往从这些会议开始。此外，这种全体会议的模式，加上观众事先熟悉所讨论的论文，不仅为发表者和讨论者带来了学术启迪，还促进了一个长久持续的"对话"，这种对话会在学术网络内部不断进行，进而有助于巩固关于法律和法院在宪制民主中的作用的共同理解。

大多数 SELA 会议辩论的框架遵循了自由平等主义范式。因此，论文中最有可能被引用的作者包括罗纳德·德沃金（Ronald Dworkin）、哈特（H. L. A. Hart）、约翰·罗尔斯（John Rawls）、欧文·费斯（Owen Fiss）、杰里米·沃尔德伦（Jeremy Waldron）、罗伯特·阿列克西（Robert Alexy）、凯瑟琳·麦金农（Catherine Mackinnon）、瑞娃·西格尔（Reva Siegel）、卡洛斯·尼诺

（Carlos Nino）、于尔根·哈贝马斯（Jürgen Habermas）、汤姆·斯坎伦（Tom Scanlon）和托马斯·内格尔（Thomas Nagel），以及众多在该知识范式上的英美和欧洲学者。虽然这种知识范式在 SELA 的最初几年占据主导地位，但随着时间的推移，得到了其他参与者的补充（甚至是挑战），这些参与者受过批判法律研究、女性主义法理学、后殖民和后马克思主义法律理论等非自由主义范式的学术训练。在方法论上，尽管 SELA 的起源带有很强的反形式主义倾向，并倾向于使用英美分析法理学的工具来讨论主题，但在过去十年左右的时间里，它逐渐向法律与社会学、政治学的公共法分支，甚至法律人类学的方法论敞开了大门。这些新的法律范式和方法论得益于逐步吸纳了在这些知识传统中受训的新成员。

SELA 为拓宽其视野所作的最新努力发生在 2016 年，当时正值美国时任总统巴拉克·奥巴马（Barack Obama）决定改善美古关系之际。SELA 决定在哈瓦那举办年度会议，此前已邀请了一批古巴法律学者参加过几届会议。这一大胆的决定开启了与古巴学术界前所未有的学术辩论。自由平等主义者、女性主义者、后殖民理论家、激进民主派以及批判法律学者，与古巴的正统马克思主义教授的思想交锋，为 SELA 增添了更多学术趣味和吸引力。

尽管 SELA 的成员在政治和法律哲学上更加多元化，但该组织仍然是一个以自由平等主义为基础的组织。由于其过去的发展轨迹，以及自由法律主义在全球北方和拉丁美洲的大多数法学院中仍占主导地位，SELA 在保持其自由民主和平等主义视野的同时，成功接纳了拥抱不同范式和方法论的学者。

四、SELA 的精神与宗旨

为了更好地理解 SELA 在过去 25 年中的演变，了解其初衷和目标是非常有帮助的，这些初衷和目标最好通过其两位创始成员的叙述来体现。在 2000 年一份名为"SELA 的历史"的文件中，罗伯托·萨巴（Roberto Saba）和安德烈斯·哈纳（Andrés Jana）这样描述了 SELA 在其成立初期的"意义"：

> 将近 20 年前，一群来自阿根廷和智利的法律学生——希望改良他们国家的法律文化——开始在国外的法学院研究生课程中寻找答案，主要是在美国……随着越来越多的学生抵达纽黑文，与耶鲁法学院教师之间的个人联系网络开始逐渐扩大。共同的法律语言以及一套共同的兴趣和价值观也逐渐形成。正

是在这种背景下，一个新想法逐渐成形：创建一个研讨会，为那些怀揣共同兴趣的人提供一个反思的地方……这个群体的扩展不仅限于耶鲁法学院的校友，而是逐渐涵盖了一群拥有共同法律愿景的学者，他们关注法律与民主价值观的关系，并意识到亟须开始关于法律问题的实质性讨论。因此，似乎有必要创建一个平台，促进这些学者之间的联系，并加强这个初露端倪的大陆法律共同体，它在我们一些国家看起来几乎像是一种反文化现象。这些目标阐明了 SELA 自创立起就采用的指导原则……第一个目标是巩固一个法律对话的共同体。这要求我们关注讨论的主题以及参与者之间的关系。其次，研讨会的讨论必须体现出一种知性诚实、犀利且批判性的风格……在讨论桌上，不会有人担任"讲师"或"权威教授"的角色。SELA 旨在成为一个进行思想交锋的会议，而非一系列讲座。其小组和会议将以同行间深刻且分析性的讨论为特点，而非一成不变的演讲后提问模式。选定的主题应与法律相关，而不是局限于"宪法""商法""民法"或"刑法"等明确划分的领域。我们寻求的讨论形式建立在这样一个基本理念上：法律不能被简单地划分为几个带有明确标签的"抽屉"。所有参与者，无论其专业，都需要以平等的态度参与，表现出尊重、投入和严谨……SELA 关注的是本质与过程。创始人一致认为，SELA 应致力于加深对复杂理论问题的理解，树立一种比拉丁美洲通常模式更注重讨论的知识对话形式，并创建一个培养专业共同体的场所。SELA 面向当前一代的学者和公共知识分子……仅用几年时间，SELA 已成为拉丁美洲的知识重镇……正如马丁·伯默（Martín Böhmer）（1990 年法学硕士和法学博士候选人）所言："现在我们写作、讨论和倾听彼此的方式已截然不同。"他补充道："我们共享了对一个有说服力的论点、一篇高质量的论文或演讲以及一次有成效的讨论的共同定义。"参与者还谈到了一个"充满活力的思想空间"，这个共同体得以在其中延续和拓展。对许多人而言，这或许是唯一一个能够与来自不同国家和机构的学者共同参与某项事业的空间。[1]

从这段具有宣示性的话语可以看出，SELA 从一开始就怀有强烈的使命感。其目标是对拉丁美洲法律学术界进行一场思想转型。实现这一目标的路径在于逐步构建一个学者共同体，该共同体将共享一种"共同的语言""对法

---

[1] See Saba and Jana, 2000.

律的某种愿景"，以及一种以尖锐、分析性和扁平化辩论为特征的"思想风格"。最终，SELA被期望成为一个汇聚该地区不同国家学者的交流平台，这些学者将认同这些观念。因此，该学术网络被寄予厚望，能够帮助其成员应对当时在拉丁美洲盛行的等级化、地方化和形式主义的传统法律话语。此外，SELA还明确以影响各成员国的法律、司法和政治事务为目标。这些目标充分体现了其在法律学术和公共事务中的野心和使命感。

SELA的推出时机再合适不过了。20世纪90年代中期，拉丁美洲的法律学术界，特别是在公法领域，正经历着一种根本性的观念转变（Couso，2010；López Medina，2004）。与该地区大多数国家正在经历的民主转型进程相伴，在对过去几十年残酷的军事独裁时期司法系统——更广泛地说是整个法律体系——进行强烈批评的背景下（Hilbink，2007；Correa Sutil，1999），新一代法律学者开始挑战旧有的法律秩序。新一代对司法界和法学界的最常见批评是其"形式主义"，即机械地适用成文法，即便在某些情况下会导致对核心宪法价值的公然违反（并伴随着实质性的不公正）。此外，他们还挑战了该地区现存的法律正统观念，尤其反对法院和传统法学界对国际人权法的抗拒，尤其是对美洲人权机构判决的抵制。大多数原始SELA成员都认同这样一个观点，即法院可以通过积极执行宪法中实质性平等的原则，成为推动社会正义的重要力量。

SELA最初凝聚力的另一个共同主题是其成员对当时拉丁美洲法律教育和研究方式的强烈批判。SELA的成立（1995年）恰逢阿根廷、智利、秘鲁和哥伦比亚首批完全专业化学术群体的形成。[1]这里的学术群体是指取代传统的拉丁美洲法学院组织形式——这种传统模式通常由著名的诉讼律师和兼职律师进行授课，他们在业余时间撰写法律著作——而建立起一个由全职从事教学和研究的学者组成的法学界，就像全球北部大多数地区的法律学术界一样。因此，除了对法治和民主中法院角色的共同理解以及对国际人权的重要性有共识外，还有一个非常具体的因素将SELA成员联系在一起，那就是一种共同的"奋斗"意识。这种奋斗旨在取代被视为过时且存在深刻缺陷的传统法律学术体系，转而构建一个更加专业化和现代化的法律学术体系。这种使命感成为SELA成员之间的强大纽带，也推动了拉丁美洲法律教育的变革。

---

〔1〕巴西、墨西哥和波多黎各已经拥有这样的学术群体。

SELA 为数十位在美国及其他前英国殖民地获得法学硕士（LLM）和法学博士（SJD）学位的拉丁美洲青年学者提供了重要的"避风港"。这些学者在本国面对着传统法学界的压力。每年一度的 SELA 会议不仅让他们能够跟进法律理论的最新发展，而且同样重要的是，他们可以与来自该地区志同道合的学者们分享学术经验，并共同制定策略，以推动该地区法律教学和研究方式的变革，取代那些过时且存在严重缺陷的法律学术体系，建设一个更加专业和现代化的法学界。

随着时间的推移，SELA 的成员在各自国家的学术机构中逐渐站稳脚跟，这一学术网络不仅保持了其相关性，还通过对不同法律范式和方法论的开放，甚至扩展了其在地区的影响力（即使某些方法与 SELA 最初的自由平等法律主义理念背道而驰）。尽管出席该学术网络的多数成员依然坚持其早期主导的自由平等法律主义，但他们与该网络中其他法律和法律教育的视角及方法论展开了对话，这一特征使得 SELA 在法学界中显得尤为独特——大多数学术网络通常是割裂的。

在此时，有必要探讨 SELA 与拉丁美洲其他跨国法律学术网络的对比，因为在该地区也有许多其他跨国法律实体同样在塑造关于法律和法律教育的主流理念。尽管无法在此对所有这些网络提供完整的列表或分类，但我们可以指出一些在该地区运作的最具代表性的学术网络，并将它们与 SELA 进行比较。

在拉丁美洲，既有传统的学术网络，也有新的学术网络参与到教学和研究中。传统的全球法律协会包括国际宪法学会（International Association of Constitutional Law）、国际比较法学会（International Academy of Comparative Law）以及国际法学院协会（International Association of Law Schools），它们在拉丁美洲设有分支机构，并偶尔在该地区举行会议。近年来，有两个跨国项目更有针对性地推动了该地区的法律研究和法律教育发展。其中之一是由阿明·冯·博格丹迪（Armin von Bogdandy）教授领导的拉丁美洲"共同宪法法"（Ius Constitutionale Commune in Latin America）项目，该项目来自海德堡的马克斯·普朗克比较公法研究所。近十年来，该项目一直致力于推动其支持者认为能够引领拉丁美洲"变革性"宪法的价值观和原则，这些原则基于美洲人权法院的判例法以及其他自由平等的学术理论来源。然而，该项目的运作方式限制了其形成一个持久的学术网络的可能。另一个项目是国际公法协会（International Society of Public Law），它是著名的《国际宪法学杂志》（International Journal of Constitutional Law，I·CON）的延伸。尽管这个学术网络在未来可能为注入英美法学术价值的拉丁美洲法律学者提供一个有趣的平台，但目前仍不确定它是否会像 SELA 一样促成跨地区的学术交流。

将 SELA 与在拉丁美洲运作的其他全球法律学术网络之间进行对比，可以帮助我们更好地理解 SELA 的独特性。与本章中提到的跨国法律协会的地区分会不同，SELA 并未局限于某一特定的法律学科或研究项目。此外，与这些学术网络不同，SELA 采取邀请制，并非对所有人开放。尽管这种限制性特征存在一定不足，但它对于 SELA 形成一个紧密的学术共同体至关重要，而这一共同体反过来帮助 SELA 以其他跨国法律协会（如国际法学院协会）未曾实现的方式塑造了拉丁美洲的法律教育。

五、结论

每当涉及法律思想从美国向拉丁美洲传播时，"法律与发展运动"（Law and Development Movement）的阴影便迅速浮现。这可能是因为，该运动是美国在后殖民时期首次试图影响拉丁美洲法律领域的举措。因此，当分析类似的倡议时，人们常常会立即联想到它是否是"法律与发展运动"的重演。那么，SELA 与"法律与发展运动"类似吗？它是否代表了另一种形式的法律帝国主义？

耶鲁大学的 SELA 确实具有一些特质，会让人将其与"法律与发展运动"之间进行对比。例如，与"法律与发展运动"类似，SELA 也是向拉丁美洲传播美国法律价值观与理念的一种方式，并且也建立了拉丁美洲顶尖法学院与美国知名学术机构之间的联系。而且两者的核心，都包含了一种使命感，即推动拉丁美洲法律领域的"现代化"。然而，二者的相似性到此为止。其中一个显著的不同在于，SELA 的实践是成功的。与"法律与发展运动"那种引人注目的失败形成鲜明对比（Gardner，1980；Trubek and Galanter，1974），SELA 以持续而渐进的方式，成功地推动了拉丁美洲法学界的重塑，同时也在该地区传播了自由法律主义的价值观。此外，SELA 的成功还得益于其适应全球和地区变化环境的能力，尤其是其吸收新范式和方法论视角的能力，这确保了其能够持续存在并发展长达四分之一个世纪。

撇开与"法律与发展运动"的比较，SELA 与其他将美国法律和法律教育输出到全球南方国家的形式相比，其显著区别在于其更少目标导向、更为平等、几乎带有社区化特征的运作方式。从一开始，SELA 就以强大的个人关系为基础，这种网络的特点似乎是其能够在不失去知识吸引力的情况下，扩展至拉丁美洲大多数顶尖法学院的关键因素。

虽然很难用科学的方法证明 SELA 在推动拉丁美洲法律学术向美国模式靠拢方面的具体贡献，但有不少证据表明它的影响力不容忽视。最明显的例子是：SELA 的成员中涌现了许多大学校长、法学院院长、最高法院和宪法法院的法官，以及在法律领域有重要影响力的学者。这些现象充分说明了 SELA 对拉丁美洲法律与学术发展的深远影响。

参考文献

Basombrío, Cristina (2008). "Intelectuales y poder: la inffuencia de Carlos Nino en la presidencia de Alfonsín," in *Temas de HistoriaArgentina y Americana*. Vol. XXII (Enero- Junio) pp. 15-51. Pontiffcia Universidad Católica Argentina.

Correa Sutil, Jorge (1999). "La Cenicienta se Queda en la Fiesta. El Poder Judicial Chileno en la Década de los 90," in P. Drake and I. Jaksic, eds. , *El Modelo Chileno, Democracia y Desarrollo en los Noventa*. pp. 281-315. LOM Ediciones.

Couso, Javier (2010). "The transformation of constitutional discourse and the judicialization of politics in Latin America," in J. Couso, A. Huneeus, and R. Sieder, eds. , *Cultures of Legality: Judicialization and Political Activism in Latin America*. pp. 141-160. Cambridge University Press.

Gardner, James A. (1980). *Legal Imperialism: American Lawyers and Foreign Aid in Latin America*. University of Wisconsin Press.

Garth, B. (2015). "Notes Toward an Understanding of the U. S. Market in Foreign LL. M. Students: From the British Empire and the Inns of Court to the U. S. LL. M," *Indiana Journal of Global Legal Studies* 22 (1): 67-79 (December 1).

Hilbink, Lisa (2007). *Judges beyond Politics in Democracy and Dictatorship: Lessons from Chile*. Cambridge University Press.

Jana, Andrés and Roberto Saba (2000). History of SELA. https://law. yale. edu/centers-workshops/yale-law-school-latin-american-legal-studies/sela/history-sela.

Lazarus- Black, Mindie and Julie Globokar (2015). "Foreign Attorneys in U. S. LL. M. Programs: Who's In, Who's Out, and Who They Are," *Indiana Journal of Global Legal Studies* 22 (1): 3-65.

López Medina, Diego (2004). *Teoría Impura del Derecho*. Legis.

Shapiro, Martin (1993). "The Globalization of Law," *Indiana Journal of Global Legal Stud-*

ies 1（1）：37-64.

Trubek, David M. and Marc Galanter（1974）. "Scholars in Self-Estrangement: Some Reflections on the Crisis in Law and Development," *Wisconsin Law Review* 1974（4）：1062-1101.

von Bogdandy, Armin（2015）. "Ius Constitutionale Commune en América Latina: Una mirada a un constitucionalismo transformador," *Revista Derecho del Estado* 34：3-50（July）.

第三编
全球法学院

第八章
不可阻挡的力量与未曾改变的目标：
构建巴西全球化法律教育的挑战

作者：奥斯卡·维尔赫纳·维埃拉（Oscar Vilhena Vieira）、
何塞·加尔塞斯·吉拉尔迪（José Garcez Ghirardi）

一、全球化、重返民主统治与巴西对创新型法律专业人才的需求

我曾说过，我们的船员中有些人是因为被法律所害而离开了自己的国家。我已经向他解释过"法律"一词的含义，但他却不明白，法律本应保护每个人，为何却会毁了某些人。因此，他希望我能进一步解释，按照我们国家目前的做法，法律究竟意味着什么，以及那些执法者又是如何行事的。

——《格列佛游记》（1956 年），第四卷，第五章

民主化和全球化为许多新兴国家带来了独特的挑战，迫使它们在相互竞争之间找到适合自身的解决方案。一方面，全球经济的剧变要求这些国家迅速适应一个发生了深刻转型的国际市场；另一方面，它们还需应对日益增长的国内要求，比如说更广泛的个人权利和社会平等（Scherer-Warren，2006；Rossana Rocha Reis，2012；Ventura et al.，2010）。在第一项任务上失败可能会导致与发达国家的差距进一步拉大；而在第二项任务上失败则可能引发严重的国家社会动荡。在经济效率与社会公平这双重约束之间取得平衡，成为一项尤为艰难的任务。

法律在国家应对这种紧张局势的过程中发挥了重要作用。社会和经济互动模式变化越快、越多样化，法律制度及规范在寻求国内和国际交易中某种

程度的确定性和标准化方面显得越发重要（Gessner and Cem Budak，1998）。

在国际层面上，全球化通常被视为法律规则与治理的全球化，即试图建立一个能够支持和促进资本、商品和服务自由流动（但不一定包括人员自由流动）的全球法律框架。正如哈利迪和奥辛斯基（Halliday and Osinsky，2006）所指出的：

尽管法律往往是无形的、被视为理所当然的，但它在全球化进程中扮演着重要角色。经济全球化离不开全球商业监管以及法律对市场的构建，而这些市场正是全球经济日益依赖的基础。文化全球化无法脱离法律制度化的知识产权和全球治理体系来解释。若不追溯国际刑法、人道法或国际法庭的影响，就无法理解对弱势群体的全球保护。围绕民主制度和国家建设的全球争论，只有结合法治主义才能赋予其真正的意义。

在国家层面上，法律改革是许多新兴国家增强公民政治自由的核心举措之一（Rudra，2005）。在巴西，自恢复民主统治和颁布 1988 年宪法以来，"权利的语言"已成为抗击社会不平等的主要工具。

新出现的大量社会、环境和消费者权利，配合旨在增加司法可及性的政策，提升了法律在巴西日常生活中的重要性（Vieira，2008）。新机构相继成立或得到完善（如公共辩护人办公室和公共检察官办公室），为公民提供更高效的法律手段来执行权利并监督公职人员的行为。诸如消费者法领域的诉讼激增、公共利益事业的影响诉讼的广泛使用，甚至高调地审判腐败，均证明了法律机构在巴西过去几十年中日益重要的地位。

进入 21 世纪后，巴西经济动态的变化进一步凸显了法律的重要性，这种新局面既需要也催生了新的法律机构（如监管机构和新的消费者法典）（Grinover，2009）。在这一过程中，法院发挥了关键作用，常常通过创造性的解释，将旧的法律规范调整以适应新的社会政治现实（Vieira，2008b）。类似的情形也可见于其他南方国家（Botha，2013）。

由于国内外一系列广泛而复杂的变革，许多新兴国家迫切需要快速"引进"并培养能够应对并设计创新解决方案的法律专业人士。其第一个选择不仅是开放国际法律服务市场，还包括派遣大量年轻精英律师到国外攻读法学硕士（LLM）课程并获取海外专业经验。后者引发了关于法律教育的讨论，并在一些发展中国家逐渐升温，促使学术界开始对此议题进行探讨（Cunha et al.，2018）。与这一理论争论并行，人们已采取了许多具体举措，以应对培养全球化律师的需求（Gingerich et al.，2017）。

在巴西，一个具有开创意义的案例是 2002 年成立的 FGV 法学院（Ambrosini et al.，2010）。其发展历程生动地展示了在新兴国家推行法律教育新范式的种种困难，同时表明，在这一领域任何成功的改革尝试都取决于机构能否在全球化需求与本地现实、新旧教育范式之间找到一个政治上可行且教育上合理的平衡（Cunha et al.，2018）。因此，必须将其置于与仍在该国占主导地位的传统法学院及法律文化的关系背景下，才能真正理解 FGV 法学院的项目。

二、巴西的传统法律教育与政治视角

一个男人慢慢走过，

一条狗慢慢走过，

一头驴也慢慢走过，

很慢很慢……窗户只是静静凝望。

唉，多么悲凉的生活。

随便哪座小镇，皆如此模样。

——卡洛斯·德鲁蒙德·德安德拉德（2013 年）

无论在哪个国家，尝试改变法律的教学和研究方式都是一项与改变工程学或医学教学截然不同的任务。法律与政治权力密不可分：它是塑造和延续社会等级结构与妥协的重要工具；其运作影响公共和私人生活的各个方面；它是政治社会和市场的支柱，也是政治制度的基础。

一旦提出新的法律教学方式，必然伴随对法律的新思考，包括对其社会角色及实际运作的全新理解，这便会对其所依托的社会秩序构成潜在威胁。因此，这些提议不可避免地会遭遇某种抵制，而这种抵制不仅限于学术或方法论层面，而是反映了深层次、意义深远的政治分歧。

法学院是这一政治角力的关键战场。正如德扎莱（Dezalay）和加斯（Garth）（2012，5）所指出的那样：

法律处于构建、生成并再生产权力结构的核心位置。更具体地说，法律的关键在于其与两类紧密相关的组织——法学院和国家之间的关系。法学院在知识再生产、统治精英培养及精英与专业层级的维护中扮演着中心角色。试图改变法学院的努力，必然触及这些机构基本结构中所隐含的权力、正当性和支配关系那相对脆弱的肌理。

法学院由此成为塑造并强化作为社会核心要素的法律的核心场域。法学教授并非仅仅阐释法律概念；他们定义法律的本质及其应然状态，揭示法律所服务或应服务的社会目的。课程设置和教学方法并非中立之物，而是意识形态的工具，用以使某些对规范、解释和法律制度的解读显得理所当然，同时排斥其他解读。[1]因此，任何法律教育变革计划，都是建立在揭示传统模式非中立性的基础上，主张对法律本身进行变革的提案。法律教育的创新性提案，从根本上说，是对传统教学模式所隐含但未明确表述的社会秩序的挑战。在巴西，这一点尤为显著，对法学院的起源的简要回顾有助于帮助我们去理解这一点。

1827 年，巴西的第一批法学院通过皇帝法令成立，旨在为这个新独立的国家提供急需的法律官僚体系（Abreu，2019）。在 1822 年脱离葡萄牙独立之后，还继续将法官和政府官员送往科英布拉（Coimbra）接受培训就会显得相当尴尬（Fávero，2006）。国家迫切需要证明自己有能力培养本国的法律和政治精英。

国家的依赖性和官僚化的职业需求这两个因素对巴西法律教育模式产生了持久影响。由于主要需求是培养能够胜任各种行政任务的人才——这些任务不一定与法律相关——因此最初的课程设置非常广泛，包括经济学和政治学等科目（Vieira，2012）。法学院的目标是向学生提供尽可能多的法律相关的各种内容，希望这些广泛的知识能够帮助他们在日后胜任政府中的各种职位。

尽管经过多年的发展，巴西法律教育的最初设计仍深深影响着其后续发展，形成了一种持久的"百科全书式"倾向。课程设置通常严格遵循主要法典的结构，往往忽视实际应用，因为毕业生通常被期望在执业后自行学习解

---

〔1〕 正如邓肯·肯尼迪（Duncan Kennedy）在一篇著名文章中指出的："法学院的许多活动实际上是通过正式课程和课堂体验灌输一套关于经济和社会总体、关于法律以及关于职业生活可能性的政治态度"（1982：595）。

决实际问题的能力（Trubek，2011）。近两个世纪过去了，这种"包罗万象的课程体系"以及"实习作为实践知识主要来源"的特征，仍然是巴西主流法律教育的典型标志。

除了培养国家官僚这一目标对课程和教学重点具有影响外，法学院与权力的紧密联系也显著影响了其内部动态。与英国的律师学院（Ghirardi，2012）类似，巴西的法学院主要是社交和谋求政府中有利职位的场所。课堂的地位显然不如校园庭院或附近酒吧中的友谊来得重要，在那里建立的关系往往是未来职业成功的关键（Guy，1990）。

技术性的法律专长远不如政治智慧重要，因为在一个法律精英和政治精英几乎相同的国家里，能讨好合适的同事是成功的关键。那些优先考虑课堂学习和书本知识而忽视社交的学生常常被嘲笑为"rábulas"，这是一个带有贬义的词，用来形容心胸狭隘的小律师（Falcão 1998）。课堂学习的贬值以及人情社交优先于学术辩论，成为巴西法律教育的另一大特征。

在这种环境下，教授们的声誉往往取决于他们在公共舞台上的地位。通常情况下，是他们在学术界外的成功为其学者身份增添了光彩。高等法院法官、国家部长和秘书，以及当时最成功、最有声望的私人律师，被视为自然适合担任教授，因为这些机构的目标是为政府职位培养学生（Gardner，1980）。这些教授常常受到学生们的崇拜，后者渴望获得与这些大师相似的成功。

个人崇拜成为风尚，对经典、权威的作者进行注释成为日常功课。在一个等级分明的社会中，"谁说的"往往比"说了什么"更为重要。不少情况下，课堂上被引用的经典作者正是授课的教授本人，因为创建首批法学院的帝国法令曾鼓励教授为自己的课程撰写教科书。[1]这样一种"导师权威"的风气在巴西法学院深深扎根。与此相伴的是，教授的遴选似乎更多取决于个人忠诚关系，而非学术成就。

自那时以来，巴西法学院的年轻学者往往在毕业后便留在母校开始他们的教学生涯，这在其他国家是被强烈反对的做法。毋庸置疑，这种做法大大增加了裙带关系和学术近亲繁殖的风险（尽管有形式上的选拔程序），因为候

---

〔1〕　1827年8月11日，《巴西帝国法令汇编》第7条规定："教师将选择他们专业的教材，或在没有现成的情况下自行编写，只要这些教材的教义符合国家体系。这些教材在经学院批准后将暂时使用；随后提交至国会批准，政府将负责印刷并供应给各学校，且其作者将在十年内拥有该作品的独占权利。"

选人与学院教授们在整个教育过程中不可避免地建立了个人关系。这种人际关系在一定程度上削弱了法律技术能力和学术技能在获取法学教学职位中的重要性，反而有利于建立有用的个人关系。

在这些因素的共同作用下，不重视课堂学习和法律技术技能、"权威论"（magister dixit）取代学术辩论、政治声望成为学术声誉的基础，逐渐成为巴西法学教育的典型特征。随着巴西工业化和城市化的兴起，最初法学院服务于原有农业社会的建制特征已越来越不符合时代的发展。巴西人开始认为，这些因素是导致法律教育质量日益低下的根源。大家认为国家社会、政治和经济结构的重大变革并未对如今数量更多的法学院的教学产生影响。

早在 1955 年，桑·蒂亚戈·丹塔斯（San Tiago Dantas）教授就尖锐地批评过巴西法律教育的落后（Vieira，2012）。他在国立法学院（Faculdade Nacional de Direito）的毕业演讲中，精辟地批评了学生在大学接受的培训与他们需要履行的使命之间的脱节。1986 年，来自该国极负盛名的法学院的若泽·爱德华多·法里亚（José Eduardo Faria）教授延续了丹塔斯的批评意见，并进一步强化了这一观点。他在著作《法律教育改革》（A Reforma do Ensino Jurídico，1986）中痛斥了传统模式的弊端——强调形式主义、教师中心的教学方式、讲授式教学和狭隘性，并得出结论：巴西的法律教育在经济和政治层面已经与国家的新时代明显不相容。

20 世纪 60 年代和 70 年代出现了一些让法学院走向现代化的努力，其中最具代表性的是法律教育研究中心（Centro de Estudos e Pesquisas no Ensino do Direito，CEPED）（Gardner，1980）。这些尝试旨在改变法律教学和研究的范式。然而，这些努力未能认识巴西法律教育的现实并与巴西法律界展开有效对话。即便其中一些最杰出的参与者也认为他们在某些关键方面存在误判，可以参考大卫·特鲁贝克（David Trubek）和马克·加兰特（Marc Galanter）在《自我疏离的学者》（Scholars in Self-Estrangement，1974）以及詹姆斯·A. 加德纳（James A. Gardner）在《法律帝国主义》（Legal Imperialism，1980）中的论述。他们主要批评了这些尝试的非批判性和存在的文化盲点，认为它们试图照本宣科地向巴西输出那些被强国视为范式的法律模式。

还有一些内生的法律教育现代化努力值得一提。在 20 世纪 80 年代，圣保罗天主教大学法学院（Pontifical Catholic University of São Paulo School of Law）减少了每班的学生人数，并在大多数课程中引入了问题导向的学生研讨会作为必修内容。正如加德纳（Gardner，1980：83-84）所指出的，这些变革反映了自 20 世纪 60 年代以来拉丁美洲法律教育改革的广泛趋势。与此同时，一些重要的法学家开始挑战法律形式主义和专制的法律体系。这一被称为"替代法"（Alternative Law）的运动，由罗伯托·莱拉·菲略（Roberto Lyra Filho）于 1983 年在巴西利亚大学法学院（University of Brasília Law School）发起，与美国的批判法律运动（Critical Legal Studies Movement）有着相似的起源。尽管这些尝试对法律思想的发展具有不可否认的意义和影响，但它们在很大程度上仍然游离于法律教学的日常生活之外。在大多数法学院，授课式教学仍然是主要模式，同时普遍默认实际法律实践所需的技能应在大学之外习得（Vieira，2012）。

更糟的是，一些高等教育的政府政策被证明是存在严重问题的。20 世纪 90 年代，政府意识到巴西大学体系对大量人口几乎是封闭的，因此放宽了设立新院校的门槛。这导致了法学院数量出现了爆炸性增长：从 1995 年的 165 所增加到 2001 年的 505 所，再到 2015 年的 1 308 所。[1]政府预期大量学校的涌现会带来竞争，而竞争会提高教育质量，但这一预期悲剧性地从未实现。这个不受控制的大规模化过程的结果是，进一步恶化了巴西本已严重失调的法律教育体系。

丹塔斯的主要观点在几十年后仍能被维埃拉以合理的方式重新提起，这充分证明了传统法律教育模式的顽固性。维埃拉曾评论道："传统模式的持久性令人印象深刻……这些模式仅在更新课程设置和接受少量方法论变革方面实现了部分现代化。"某种程度上，这印证了道格拉斯·诺思（Douglas North）的观点，即一旦制度确立，其性质便很难发生根本性的改变"（Vieira，2012）。

为打破制度惰性，弥合法律研究、课堂教学与巴西对现代法律思维和法律专业知识需求之间的鸿沟，FGV 法学院在这个竞争激烈的市场中勇敢地接受了创建新型法学院的挑战（Cunha et al.，2018：247-263）。该学院的创建基于这样的事实：巴西既缺乏一个能够独立于法律职业利益之外的自主法学界，也缺乏一批能够有效应对全球化和民主化以来社会变革所需要的新一代

---

〔1〕 根据巴西国家教育研究与统计研究所（INEP）的数据，2000 年巴西有 442 个法学研究生课程，而到 2015 年，这一数字增加到 1 172 个，包括在线课程和面授课程。——摘自 INEP《高等教育统计概要》，网址：http://portal. inep. gov. br/web/guest/sinopses-estatisticas-da-educacao-superior.

法律专业人士。

在新背景下，巴西再也无法忽视建立一个能够容纳独立法律研究的法学院的必要性。新法学院需要开放实证研究，并致力于设计复杂实践问题的解决方案。法律职业领域——无论是私营还是公共部门——都面临着来自更复杂、更全球化、更具创业精神环境的全新时代需求。

此外，巴西当时也希望成为更加积极的全球参与者，这就要求在全球化进程中提升学院的竞争力。一个希望在全球化进程中扮演更重要角色的国家，必须发展与其抱负相适应的法律文化和法律机构。在一个保守的教育体系、官僚化的传统法律环境以及深度不平等的社会中，实施这一雄心勃勃的项目势必面临诸多重大挑战。

三、全球化的法律教育在巴西面临的三大主要挑战

正是在这种乏善可陈的背景下，FGV 法学院项目应运而生。FGV 法学院的新式课程设置和新颖教学方法，源于其大胆的设想，即为巴西提供需要的法律专业人才，以促进国家在全球化背景下的成长并缩小社会差距。由此，一些全新的学科首次作为本科必修课程在巴西课堂进行教授。它们的名称（例如犯罪与社会、监管与发展、公司程序法、法律与经济学、全球法、法律与发展、法律与艺术等）表明了将法律与其他知识领域及其实践动态结合的决心。与巴西大学的传统做法不同，FGV 法学院并不将法律视为一个相对独立的领域，需要完全掌握后再应用于世界。相反，它认为法律是一种不断变化和充满冲突的领域，其定义随着与社会实践其他维度的关系而变化。

然而，单靠新式课程设置不足以改变法律教育，除非与新的教学方法结合起来。因此，除了摒弃传统法律教学中以法律条文为中心、注重教学大纲外，FGV 法学院还实施了一种以学生为中心的方法，旨在培养解决问题的能力，并引导学生批判性地思考法律。然而，采用这种新方法的原因远远超出了纯粹的教学考虑。

巴西大多数法学院采用的传统授课方式受到批评，不仅因为它将法律呈现为一种静态、固定的事物，需要先被记住并学习方能应用。FGV 法学院反对这种方法是基于：这种模式会严重强化巴西社会长期存在的等级关系。它强化了这样一种观念：知识和真理高高在上，并只掌握在那些拥有权力和地位的人手中。与此同时，这种模式隐含地要求学生保持被动接受和默默服从

的态度，认为学生既不够熟练，也不够有学识，因而无权真正质疑他们的导师。

这种传统所包含的政治暗示显而易见，尤其是在像巴西这样的国家。其对国家历史发展的影响不可低估。政府实践往往直接反映了这种教学模式，尤其是法律教学中隐含的权威观念，这使得问题变得更加严重。这种模式助长了一种观念，即法律是少数特权阶层的专属权利，而普通民众自然被排斥在外，且对此一无所知。

因此，由 FGV 法学院提倡并实施的方法论变革不仅仅是一种新的法律教学方式。这些变革与其致力于成为法律研究国际标杆的努力一道，体现了一种全新的法律思维方式、一种对国家的重新认识，以及对每位公民表达意见和参与构建更公平社会的权利与义务的全新理解。这些变化反映了瓦加斯基金会（Getulio Vargas Foundation）的核心使命，即"为国家的社会经济发展作出贡献，提高国家的伦理标准，推动共享和负责任的治理，并增强巴西的国际地位"（FGV, 2017）。

这一全新的法律理念在巴西和拉丁美洲被广泛赞誉为一场及时雨，并为未来的法律教育项目提供了蓝图。FGV 法学院以及其他拉丁美洲的少数法学院，致力于培养一批具有独特视野和学术深度的新一代律师和法律学者，使他们能够有效参与复杂商业模式的设计、社会不平等问题的解决，以及政府治理实践的改进。

如今，巴西的法律从业者比十年前更加深刻地感受到全球化的影响，而这种影响在未来十年可能会更为显著。全球化正在以越来越复杂的方式打破传统边界，重塑全球与本地的关系。这种变化对巴西的影响尤为明显（Shaffer, 2012：229-264）。

目前，中国已经取代北美，成为巴西的最大贸易伙伴。与中国、阿拉伯国家和拉丁美洲邻国建立的紧密而有实质意义的商业关系，迫使巴西的法律从业者重新审视他们的工作方式（Cunha et al. 2018）。因此，他们不仅需要更加深入地理解法律与经济、企业以及国际政治的联系，也必须了解不同法律体系之间的关系以及它们的规则和实践对职业发展的影响。

巴西在国际议题的讨论中变得更加积极，例如国际贸易、环境监管、全球变暖和人权等问题。这要求法律从业者既要具备理解复杂的国际规则的能力，又要拥有设计和分析具有法律效力方案的技能。这不仅适用于更广泛的国际舞台，也适用于拉丁美洲的具体情境。

正如前文所述，当今的全球化资本主义并不是只有企业在国际舞台上自由竞争的体系。国家以及法律已经成为这场竞争的重要组成部分。它们既可能是企业家的合作伙伴，也可能是其障碍，因为国家会通过监管活动、提供激励或设置壁垒来影响企业运作。要实现这些目标，必须有合适的法律工具，并确保这些工具在政策实施中发挥效力。因此，培养能够设计并操作这些法律工具的专业人才至关重要，对国家而言具有重要的战略意义。

除了采用新式课程设置以及研究和教学方法外，FGV 法学院还通过四项具体举措来打造一个更加国际化的法律研究和教育环境：

第一个举措自 FGV 法学院成立以来就已实施，即决定吸引具有一定国际经验的教授和研究人员。如今，全职教职成员都在国外完成了 LLM、博士学位或博士后研究。此外，教师招聘过程也向国际学者开放。2016 年推出了一项针对初级教师的计划，结合博士后项目，旨在吸引外国学者前往圣保罗。这些举措旨在将比较法和全球法律视角作为教学和研究的常规组成部分。

第二个举措是全球法律项目（Global Law Program），通过该项目，FGV 法学院接待国际高级学者短期授课，为巴西学生和交换项目学生开设课程。课程通常用英语授课，并有另一名教师陪同。从 2009 年以来，该项目已接待了 76 位教授。除扩大提供学生接触全球与比较法教学的机会之外，全球法律项目还旨在促进学术交流，从而推动联合研究项目的产生。

全球法律项目还致力于促进学生交换。自 2009 年以来，FGV 法学院已派遣了 159 名学生出国，占学生总数的约 20%，并接待了 137 名外国学生。这些交流活动主要发生在学校已经签订协议的学校或全球法学院联盟成员之间。目前，学校正在进行一项大型筹资活动，以便让不同经济条件的学生都能参与交换项目。

第三项举措即全球法学院联盟，这是 FGV 法学院与蒂尔堡大学（Tilburg University）法学院共同努力的成果。自成立以来，联盟的主要目标是汇集全球范围内致力于使其课程和教学计划"全球化"的法学院。该联盟的理念是建立一个更加平等的讨论平台，探讨在一个更加全球互联的世界中法学教育面临的挑战，并促进其发展。如今，全球法学院联盟拥有来自各大洲的 24 个成员。联盟通过四项主要活动来履行其使命：年度院长会议、暑期课程、学术会议以及在人权、新技术与法律、商业和反腐领域组织的四个研究小组。

第四项举措是在全球学术扩张的背景下提高法律研究质量。新兴学术团体中的法律研究可能会受到主要由全球北方学术界形成的理论体系、主题、利益和问题的影响，甚至被其主导。参与更具国际视野的学术对话，不仅需要开放的态度，还需要相应的知识、卓越的能力以及参与全球研究网络和议程的专门训练。挑战在于如何参与这一全球讨论，同时不失立足点，并应对好本土面临的问题。

除了这些已经对学术研究能力产生深远影响的举措外，FGV 法学院还致力于推动以解决复杂的制度、社会和经济问题为导向的研究，这些问题不仅关乎巴西社会，也影响其他新兴国家。FGV 应用研究基金以及多个专注于应用研究的中心，代表了一种旨在产出既能与国际学术讨论对话又兼顾本地挑战的研究的机构化努力。基于此，FGV 法学院还专门设立了一个研讨会，旨在支持其教师的学术出版工作，并鼓励他们参与国际学术对话，从而进一步加强其研究成果的国际影响力。

四、三大陷阱：法律殖民主义、学术唯我论与精英主义

当一件新的艺术作品诞生时，它不仅仅是独立的创作，而是同时对之前所有的艺术作品产生影响……在新作品出现之前，现有的秩序是完整的；而为了让现有秩序在新事物到来后得以延续，整个现有的秩序必须进行微调。由此，每一件艺术作品与整体之间的关系、比例、价值都会随之重新调整，从而实现新旧之间的和谐共存。

——艾略特（2018 年）

艾略特对文学创新的评论之所以广为流传，是因为它恰当地总结了创新与传统之间的微妙动态。他的言论似乎表明，任何新的社会实践或制度要想被设想并变得可行，都必须与它所打算变革的秩序进行有意义的对话。这样的对话是不可避免的，因为哪些需要改变、废除或保留，都是基于对现有秩序所涉及事项的共同理解（Taylor，2008）。

这就是为什么将传统与创新截然分开的观点往往具有误导性，甚至可能

适得其反。这种划分之所以具有误导性，是因为它暗示了一种在社会实践中难以观察到的绝对断裂，而事实上，持续性是变革的必要条件，而非变革的障碍（MacIntyre，2014）。即使是那些看似彻底的革命性断裂，如果没有借助它们所公开反对的秩序中的许多要素，也难以取得成功。

在更常见的社会变革中，发生的是对立或竞争的观点和态度之间的辩证冲突，而这些冲突双方往往仍然在许多方面保持着共性。这也是为什么这样的过渡过程通常不会导致完全的"非此即彼"或"旧与新"的结果，而是如艾略特所指出的，是对实践进行广泛调整，是对有争议的社会组织重新定义。

关于法学院创新的提议也属于这类社会争论，因此必须找到一种与其试图改变的传统以及充当守门人的社会群体进行对话的方法。这在结合被引入的南方国家的具体国情时会变得更加复杂。在这些国家，一个旨在提供面向全球的法律教育的项目，不仅需要与传统竞争者协商，还必须努力避免陷入法律殖民主义、学术唯我论和精英主义的陷阱。这三者分别代表了在全球南方国家建立全球与本地之间积极对话所面临的不同挑战。

（一）法律殖民主义

法律殖民主义是关于文化交流和意识形态帝国主义这一更广泛讨论的一个组成部分（Smith，2013）。从这一角度来看，在南方国家打造一种更少地域局限性的法律教育体验，始终面临风险：在最好的情况下，这种尝试可能被视为单纯将美国或欧洲的模式移植到本土环境中的努力（Berkowitz et al.，2004）；而在最坏的情况下，它可能被看作是推动北方国家文化支配进程的先锋力量。

在巴西，这两种批评在不同时期不同程度都出现过。后一种观点主要出现在 20 世纪 60 年代，当时美国机构资助了一些革新巴西法律教育的尝试，而那时正值左翼和右翼团体的激烈对立。[1]前一种观点则在本世纪初显现，与法律界对 FGV 法学院项目的反应有关（Ambrosini et al.，2010）。尽管这些观点的影响力各有不同，但在当前巴西社会再次陷入严重的政治对立，并对在全球

---

〔1〕 为了说明这一局面，我们可以提到两个事件：①至少有 15 万人参加了"中央车站集会"，当时的总统若昂·古拉特（João Goulart）呼吁进行政治和社会改革，包括：控制租金、石油炼油厂国有化以及土地重新分配；②并在集会六天后，政治气氛严重对立，出现了"与上帝同行的家庭自由大游行"（Marcha da Família com Deus pela Liberdade）。这一事件体现了保守派和社会的保守阶层的利益（Bandeira，2010）。

化中该采取何种态度意见分歧的情况下，它们仍然是一种有力的说辞手段。

要进行法律教育改革就必须认真对待这些批评。新的法律职业形式和对法律的全新理解，实际上反映了更广泛的意识形态诉求，因此这些并非价值中立（Dezalay and Garth，2002：81）。若将其不加批判地直接纳入教学，确实可能导致在本国简单复制北方国家主导的教育模式。忽视或否认这种风险，无疑是愚蠢且危险的。

然而，解决这一问题的答案并非无视法律全球化动态，也不是将自己封闭在法律民族主义的想象里。拒绝改变与毫无质疑地接受变革同样有害。在全球背景下，批评新型法律教育的意识形态偏见的人往往是因为其自身就存在意识形态偏见。如果说所有的教育变革都带有意识形态动机，那么教育保守主义也不例外。

在巴西，这些关于法律制度的意识形态对抗是在一个非常特殊的社会背景下展开的，罗伯托·施瓦茨（Roberto Schwarz）对此进行了详细讨论。根据施瓦茨的观点，巴西19世纪的精英阶层在话语权上实现了资产阶级自由主义与实际上的奴隶劳动之间的妥协，这种妥协对国家社会运行产生了深远影响：

> 根据资产阶级、启蒙思想和欧洲的标准观点，随意性被视为一种弱点；但这种看法并不比来源于巴西非资产阶级社会关系的观点更"真实"或更"本土"，因为在巴西，个人意志的随意性往往占据主导地位……这种评价模式反映了一个特殊社会阶层的利益，这个阶层既受资产阶级规则的影响，又深深扎根于奴隶制和庇护关系中那种随意和专断的传统。这两种观点长期共存，并且在经验和实际需求的驱动下相互妥协。换句话说，与其说两者存在冲突，不如说它们形成了一种矛盾但又实用的融合，这种融合正是巴西在现代社会中显得"怪异"的一个显著特征（Schwarz，2001：27）。

法律教育革新必须避免盲目移植和盲目保守的双重陷阱，同时面对在全球南方大国推进亟须的制度更新所附带的种种困难。

最明智的路径似乎是对所做出的选择保持清晰认识，并明确阐述做出这些选择的原因。国际金融市场、组织和机构的运作，难民问题、环境危机和恐怖主义等全球性问题，都在影响巴西，并迫使其法律和政治制度做出回应。这些问题不会因为选择无视而消失，巴西处理这些问题的能力也不会因为不采取行动而得到改善。

在国际舞台上，这些问题通常是通过法律工具或机制来解决的，而这些工具或机制无不反映了主导全球化进程的全球北方国家的影响（Kofman et al.，1996）。这种主导地位并不令人意外，也早已被深入讨论和分析。承认这一现实，并不等于要完全接受或顺从这种模式。相反，想要在这种格局中发挥作用，就必须学会理解并灵活运用这些视角和工具，而不是被动接受。

因此，要积极变革巴西的法律教育，必须重新定位法律研究，使其比传统的形式主义研究更具实证性和批判性，同时培养学生具备批判性地解读全球法律格局的能力。学生需要学习当前塑造游戏规则的法律体系，以便他们能够运用这些规则、质疑其合理性，并最终为规则的完善做出贡献。如果拒绝学习或教授这些全球交易中使用的"语法"，就会让巴西失去一项至关重要的能力——对这些规则进行反思和挑战的本领。

这种批判性的立场结合对法律体系运作及其影响的深入理解，是纠正法律殖民主义风险的最佳方法。通过揭示法律教育与政治及意识形态归属之间难以分割的联系，新的法律思维模式的建立要求支持者和反对者都必须为各自的立场提供清晰有力的论据。而这一点本身，就对提升巴西法律教育的质量做出了重要贡献。

（二）学术唯我论

第二个需要避免的陷阱是学术唯我主义，也就是陷入自身的制度文化而与外界隔绝。通过采用与传统模式不同的研究和教学方法，新的教育体系可能难以在更为传统的国家法律环境中真正发挥创新作用。由于其许多核心特征（例如，课程设置、教学方法和制度设计）在现有法学院中缺乏对应之处，这种学术孤立主义的风险确实存在。

批判性立场是避免这一陷阱的重要武器。FGV 的项目旨在创建一所新的法学院，这一模式中"新法学院"和"位于巴西"两个元素同样重要（Dezalay and Garth，2012：178-179）。也就是说，这项改革的目标是希望在巴西的法律文化中找到意义，而这一目标只有通过与现有模式的持续对话才能实现。

对新方法和新视角的批判性探讨，必然要求理解它们与主导性法律教育形式各要素的接触点。通过识别这些交汇点，新项目能够清晰地呈现出两者的分歧，从而促成一场富有成效的讨论，深入探讨两种模式背后的理论基础。

FGV 法学院所体现的新视角及其引发的不同反应，为巴西法律教育提供了一个实现多元化的宝贵机会。它揭示了一个重要事实：在一个健康的民主社会中，不同群体对法律的理解本应有所不同，也必然会有所不同。新课程和新方法所带来的选择，为传统实践提供了重新证明其自身价值的契机。这让传统方法的支持者能够更清楚地阐释，为什么在国内外环境发生变化的情况下，这些方法仍然具有意义。

FGV 法学院的经验表明，这种对话已经在巴西开始，并且学术上的自我封闭正在逐步被克服。尽管针对更注重问题导向、跨学科融合和全球化的法律方法仍存在不少抵制和批评，但新的对话已经拉开序幕。与传统法学院中更具进步意识的部门在教学方法和课程改革领域的学术交流已有所增加。〔1〕这种对不同模式及其背后原因的认知，让巴西首次为有志于法律的学生提供了真正的选择。不再像以往那样，仅仅是在"好学校"和"差学校"之间做出选择（实际上这并不是真正的选择），而是可以在不同的法律理念及其制度模型之间权衡取舍。

与法律职业界和更广泛的社会对话变得更加顺畅。无论是公共部门还是私营机构，都对创新表现出更高的接受度，因为它们每天都在应对民主化和全球化带来的挑战，而这些挑战往往无法用传统的"法律工具箱"来解决。这种对话的一个显著例子是 FGV 法学院与公共部门合作开展的大量研究项目和课程。同时，还值得一提的是，律师事务所对 FGV 法学院毕业生的争夺日益激烈（Dezalay and Garth，2002：183）。最后，FGV 法学院在公共讨论中的影响力也远超其规模。这表明，通过学校及其校友对巴西社会整体紧迫问题的关注，而不仅仅局限于全球化受益的经济部门，学术自闭的风险得到了显著缓解。

（三）精英主义

社会精英主义可能是任何提供面向全球的高端法律教育的法学院所最难克服的陷阱之一。面对巴西社会深刻而广泛的不平等，存在这样一种风险：

---

〔1〕 在这一方面，FGV 法学院一直积极参与，提供有关以学生为中心的主动教学法的冬季和夏季教师培训课程以及在线课程。有关详情请参阅 FGV Direito SP 网站的公告：http://direitosp. fgv. br/sites/direitosp. fgv. br/files/arquivos/edital-curso_ de_ inverno_ de_ formacao_ docente_ em_ ensino_ ju-ridico_ 0. pdf. 除此之外，FGV 法学院还组织了相关主题的讲座和研讨会，例如"我们还需要教室吗?"（＊＊Ainda precisamos da sala de aula?），有关信息可参阅：http://direitosp. fgv. br/evento/ainda - pre-cisamos-sala-de-aula；以及"法律教育辩论：带来改变的倡议"（＊＊Ensino Jurídico em debate：inicia-tivas que fazem a diferença），详情见：http://direitosp. fgv. br/evento/ensino - juridico - debate - iniciativas - fazem-diferenca.

尽管这些教育项目的初衷和潜在价值是积极的，但它们可能会无意间加剧那些能够接触到此类教育资源与无法接触到此类资源的人之间的差距，以及接受过全球化法律教育与未接受过这类教育的人之间的差距。

这一风险在高质量教育项目所需的高昂成本下更显突出。众所周知，一流的研究和教学需要大量资金支持，包括用于吸引优秀师资的薪酬以及支持核心学术活动的资源（如更新图书馆、资助国际活动、现代化设备等）。如果这一点在任何国家都适用，那么在巴西则显得更为严峻，因为全国约97%的人口收入不超过法定最低工资的五倍。[1]

在巴西高等教育体系中，排他性成本的问题长期以来并不显眼，但它始终存在。巴西最负盛名的大学，大多是由纳税人而非学生支付学费的公立机构，仅有少数例外。历史上，这些学校的入学机会几乎完全向中上层或上层家庭开放，因为这些家庭有能力负担昂贵的私立中小学教育（Dezalay and Garth，2002：293）。而经济条件较差的学生只能选择学费低廉但质量较差的私立院校。通过这种带有逆向分配特征的"免费"公立大学模式，巴西实际上保护并延续了民主国家中最顽固、最深刻的教育上的不平等。在过去的十年里，几项平权行动计划正在重新定位公立大学的角色，并出现了一些积极的变化（Dos Santos et al.，2014）。

因此，这种旨在提供优质教育、缩小而非扩大贫富差距的项目，面临着巨大的挑战。以FGV法学院为例，该校努力建立一种巴西大学不常见的奖学金、贷款和私人捐赠体系，以打造更具包容性的环境。通过私人捐赠和由校友、学生、教职员工自愿资助的开创性捐赠计划（endowment），学校为有才华的学生提供了更多机会，无论他们的家庭收入如何。[2]此外，学校还调整了招生流程，使其不再那么具有精英主义色彩。为实现学生背景的多样化，

---

〔1〕 根据巴西地理与统计研究所（IBGE）的数据，约22%的巴西人口收入最多为最低工资的两倍，而75%人口的收入介于最低工资的两到三倍之间。See Vamos conhecer o Brasil, Instituto Brasileiro de Geografia e Estatistica, https://7a12. ibge. gov. br/vamos-conhecero-brasil/nosso-povo/trabalho-e-rendimen-to. html.

〔2〕 根据FGV法学院网站，约30%的学生受益于可退还的奖学金计划（Bolsas de Estudos, FGV Direito SP）。此外，有10名学生享受了总统奖学金"Bolsas de Estudos da Presidência"，这类奖学金完全或部分免除学费。此外，受益于"Direito GV 捐赠计划"（Program Endowment Direito GV）的学生人数也在不断增加，该计划由法人和自然人资助。该计划于2012年启动，当时仅有1名学生每月获得1000雷亚尔的奖学金，用于支付间接学习和生活费用。到2014年，这一数字已增至12名。See Re-sultados, Endowment Direitogv, http:// edi reit ogv. com. br/ transp aren cia/ res ulta dos.

学校实施了一个主动寻求不同背景学生的计划，重点面向公立高中的学生。然而，这些努力显然不足以解决几个世纪以来塑造巴西社会的结构性不平等，因此需要持续审视并扩大这些措施，为更多人打开教育的大门。

这些举措的重要性不仅限于其经济维度。它们凸显了在一个即使是基础教育的普及仍存在困难的国家中，如何为高等教育分配资源的棘手问题。由私立机构实施的替代性招生与资助模式，使得这一问题更加迫切，并需要反对者和支持者进行更加复杂深入的讨论。

五、结论

从整体视角来看，巴西为避免法律殖民主义、学术自说自话和社会精英主义的挑战所作努力，揭示了全球南方国家普遍面临的一些问题，例如社会和经济差距、国家效率低下以及信贷匮乏，尽管每个国家都有其独特的国情。同时，这些挑战表明，任何有意义的法律教育项目都不可避免地需要突破现状，并引入超越教育领域的新思维和新行动方式。这些突破和创新蕴含着复杂的伦理与政治选择。

法学院如何应对这些挑战和选择，最终决定了它作为一个机构的定位。正如前文所述，法律教育绝非中立，它对任何国家的正义理念和实践都具有直接且关键的影响。这不仅是维系和完善民主的重要基石，也是构建更公平社会格局的核心环节。

正因如此，尽管 FGV 法学院的项目带来了许多重要的创新，但其中一个特质在巴西法律教育领域尤为独特：它勇敢地揭示了法律讨论的政治本质。法律的教学与研究，以及实现这些目标的方法论，不可避免地与特定的政治或社会议程相连。这一事实对于严肃的学术工作来说并非问题，反而是其存在的必要条件。

通过大胆地将这一问题摆到台面上，FGV 法学院让传统关于法律教育中立性的论调变得难以令人信服。传统法学院和新兴法学院如今都面临着来自学生、教职员工以及法律从业者的压力，要求它们为自己的选择与决策提供正当理由，明确其目标，并解释其运作背后的逻辑。这种转变的重要影响将远远超越法律教育本身。该学院的项目和社会政策在校园内外都推动并培养了一种争论和对话的伦理，而这种伦理正是建设更美好国家的基础要素。

参考文献

Abreu, Sérgio França Adorno de (2019). *Os aprendizes do poder: o bacharelismo liberal na política brasileira.* São Paulo: Edusp.

Ambrosini, Diego Rafael, Natasha Schmitt Caccia Salinas, and A. Angarita (2010). *Construção de um sonho, Direito GV: inovação, métodos, pesquisa, docência.* Escola de Direito de São Paulo da Fundação Getúlio Vargas.

Bandeira, Luiz and Alberto Moniz (2006). *O Governo João Goulart: As lutas sociais no Brasil.* Revan.

Berkowitz, Daniel, Katharina Pistor, and Jean-François Richard (2003). "The Transplant Effect," *Comparative Law and Economics. The American Journal of Comparative Law* 51 (1): 163–203.

Botha, Henk (2013). "Of Selves and Others: A Reply to Conrado Hübner Mendes," in Vieira, Oscar V. Upendra Baxi, and Frans Viljoen eds. , *Transformative Constitutionalism: Comparing the Apex Courts ofBrazil, India and South Africa.* pp. 65–74 Pretoria University Law Press.

Carlos Drumond de Andrade (2013). *Alguma Poesia: Uma cidadezinha qualquer.* Companhia das Letras.

Cunha, Luciana Gross et al. (2018). *The Brazilian Legal Profession in the Age of Globalization the Rise of the Corporate Legal Sector and Its Impact on Lawyers and Society.* Cambridge University Press.

Dezalay, Yves and Bryant Garth (2002). *The Internationalization of Palace Wars: Lawyers, Economists, and the Contest to Transform Latin American States.* University of Chicago Press.

Dezalay, Yves and Bryant Garth (2012). *Lawyers and the Construction of Transnational Justice.* Routledge.

Dos Santos, Sales Augusto, and Laurance Hallewell (2014). "Affirmative Action and Political Dispute in Today's Brazilian Academe," *Latin American Perspectives* 41 (5): 141–156.

Eliot, T. S. (2018). *The Sacred Wood: Essays on Poetry and Criticism.* Boston: Charles River Editors.

Falcão, Joaquim (1998). *Lawyers in Society: The Civil Law World.* Beard Books. Washington DC: University of California.

Faria, José Eduardo (1986). *A Reforma do Ensino Jurídico.* Revista Crítica de Ciências Sociais.

Fávero, Maria de Lourdes de Albuquerque (2006). "A universidade no Brasil: das origens à Reforma Universitária de 1968," *Educar Em Revist.* 28: 17–36.

Fundação Getúlio Vargas（2017）. About FGV. Accessed November 16, 2017. http://www. cies-uni. org/en/brazil/about.

Gardner, James A.（1980）. *Legal Imperialism: American Lawyers and Foreign Aid in Latin America*. University of Wisconsin Press.

Gessner, Volkmar, and Ali C. Budak（1998）. *Emerging Legal Certainty: Empirical Studies on the Globalization of Law*. Ashgate

Ghirardi, José G.（2012）. "A Praça Pública, a Sala de Aula: Representações do Professor de Direito no Brasil," in Evandro M. de Carvalho et al. , *Representações do Professor de Direito*. pp. 25-36. Curitiba: CRV.

Gingerich, Jonathan et al.（2017）. "The Anatomy of Legal Recruitment in India: Tracing the Tracks of Globalization," in Wilkins, David B. , Vikramaditya S. Khanna and David Trubek eds. , *The Indian Legal Profession in the Age of Globalization*. pp. 548-577. Cambridge University Press.

Grinover, Ada P.（2009）. "Brasil," *Os ANAIS da Academia Americana de Ciências Políticas e Sociais* 622（1）: 63-67. Sage: UK. doi: 10. 1177/0002716208328446.

Guy, John（1990）. *Tudor England*. Oxford University Press.

Halliday, Terence C, and Pavel Osinsky（2006）. "Globalization of Law," *Annual Review of Sociology* 32: 447-470.

Jewel, Lucille A.（2008）. "Bourdieu and American Legal Education: How Law Schools Reproduce Social Stratification and Class Hierarchy," *Buffalo Law Review* 56（4）: 1155-224.

Kennedy, Duncan（1982）. "Legal Education and the Reproduction of Hierarchy," *Journal of Legal Education* 32（4）: 591-615.

Kofman, Eleonore and Gillian Youngs（1996）. *Globalization: Theory and Practice*. Pinter.

MacIntyre, Alasdair C.（2014）. *After Virtue: A Study in Moral Theory*. Bloomsbury.

Rossana Rocha Reis（2012）. O direito à terra como um direito humano: a luta pela reforma agrária e o movimento de direitos humanos no Brasil. CEDEC. http://www. scielo. br/scielo. php? script=sci_ arttext&pid=S0102-64452012000200004.

Rudra, Nita（2005）. "Globalization and the Strengthening of Democracy in the Developing World," *American Journal of Political Science* 49（4）: 704-730.

Scherer-Warren, Ilse（2006）. "Das Mobilizações às Redes DeMovimentos Sociais," *Sociedade e Estado* 21（1）: 109-130.

Schwarz, Roberto and John Gledson（2001）. *A Master on the Periphery of Capitalism Machado de Assis*. Duke University Press.

Shaffer, Gregory C.（2012）. "Transnational Legal Process and State Change," *Law & Social Inquiry* 37（2）: 229-264.

Shaffer, Gregory C. (2014). *Transnational Legal Ordering and State Change*. Cambridge: Cambridge University Press.

Shapiro, Martin and Alec Stone Sweet (2004). *On Law, Politics and Judicialization*. Oxford University Press.

Smith, Linda Tuhiwai (2013). *Decolonizing Methodologies: Research and Indigenous Peoples*. 1st ed. London: Zed Books.

Swift, Jonathan (1956). *Gulliver's Travels; The Tale of a Tub; and the Battle of the Books, Etc*. Oxford University Press.

Taylor, Charles (2008). *Modern Social Imaginaries*. W. Ross MacDonald School Resource Services Library.

Trubek, David M. (2011). *Reforming Legal Education in Brazil: From the Ceped Experiment to the Law Schools at the Getulio Vargas Foundation*. University of Wisconsin. Legal Stud. Research Paper No. 1180. https://ssrn. com/abstract=1970244.

Ventura, M, L Simas, V. L. E Pepe, and F. R Schramm (2010). "Judicializaçãoo Da Saúde, Acesso à Justiça E a Efetividade DoDireito à Saúde," Physis 20 (1): 77-100.

Vieira, Oscar V. (2008). "Public Interest Law: A Brazilian Perspective," *UCLA Journal of International & Foreign Affairs* 13 (1): 219-261.

Vieira, Oscar V. (2008b). "Supremocracia," 8 *Revista Direito GV* 441. http://www. scielo. br/pdf/rdgv/v4n2/a05v4n2. pdf.

Vieira, Oscar V. (2012). "Desaffos do Ensino Jurídico Num Mundo em Transição: O Projeto da Direito FGV," *Revista de Direito Administrativo*, Rio de Janeiro 261: 375-382.

Vieira, Oscar V. , Upendra Baxi, and Frans Viljoen (2013). *Transformative Constitutionalism: Comparing the Apex Courts of Brazil, India and South Africa*.

Wilkins, David B. , Vikramaditya Khanna, and David M. Trubek (2018). *The Indian Legal Profession in the Age of Globalization: The Rise of the Corporate Legal Sector and Its Impact on Lawyers and Society*. Cambridge: Cambridge University Press.

第九章
隔离和全球化

——不丹法律教育的曙光

作者：大卫·劳（David S. Law）*

一、引言

2017 年 7 月 31 日，不丹首所法学院的第一批 25 名学生迎来了他们的第一天课程。以不丹广受爱戴、现已退位的第四代国王吉格梅·辛格·旺楚克命名的吉格梅·辛格·旺楚克法学院（The Jigme Singye Wangchuck School of Law，JSW），目前位于不丹首都廷布（Thimphu）附近的临时校区中，校区旁边是一座山间度假村（而这里的"山"，其实就是喜马拉雅山）。

不能把 JSW 想象成一所只有单一教室的学校，因为实际上它有两个教室。教室都没有空调，而下层教室相对更凉爽，因此上午课程结束后学生会到下层上课。喜马拉雅山区的夏季气候比较温和，但在教室和其他公共建筑中，学生和教职员工都必须穿着不丹传统服饰。男性穿长袍式的袈裟（gho）搭配过膝长袜，女性穿类似连衣裙的基拉（kira），这些服装在天气变热时会让人感到闷热。

在 JSW 里，传统与现代并存。学生们穿着传统的 gho 和 kira，同时佩戴着带有身份卡的挂绳，有点像准政府行政官员（事实上，很多学生未来可能会

* 本章的初版曾刊登于《延世法学期刊》（第 9 卷）。我衷心感谢尼玛·多吉（Nima Dorji）和迈克尔·佩尔（Michael Peil）慷慨的反馈、指导与热情款待；感谢加州大学欧文分校法律教育全球化研讨会的组织者——布莱恩特·加斯（Bryant Garth）、安西娅·罗伯茨（Anthea Roberts）和格雷戈里·沙弗（Greg Shaffer），以及杰德·克朗克（Jed Kroncke）提供的宝贵意见和建议。

进入政府工作）。在一位匿名捐赠者的支持下，每位学生都配备了一台运行 Chrome OS 的宏基（Acer）笔记本电脑，这让学校的信息技术（IT）团队可以最大程度地控制设备，并自动为学生推送软件更新和课程材料。学院的 IT 团队还成功为 JSW 争取到了不丹最稳定的宽带连接之一，专门供学院使用。所有学生的课程相同，每天的课程结束后都有一顿素食午餐。学生和教师们共同在大锅里自助取餐，吃完后每个人都自己清洗餐具。学院的第一批学生中有 13 名女性和 12 名男性，他们全都是刚刚高中毕业的新生。学院还计划迎接第二批 13 名女性和 5 名男性。学生手册明确禁止在校园内发生性行为。

在第一年，JSW 的总人数仅有 14 名全职教师、16 名行政人员和 25 名一年级学生。学院只提供一个为期五年的本科法学学士（LLB）课程，年预算不到 50 万美元。当学院完全投入运作时，将有大约 30 名行政人员、25 名教师、125 名学生，年度运营预算大约为 120 万美元。以后每年招收的学生数量不会增加，最终将实现教师与学生的比例优于 6：1。班级规模根据需求进行调整，JSW 的官员自信地认为能够精确预测学生的就业需求，特别是在公共部门。这得益于不丹高度的中央计划经济，学院领导层可以预测未来十年内的法律就业机会，尤其是每个政府部门都能够精确预测其何时需要雇佣多少人。

JSW 拥有一辆校车，每周末将学生们送到市区购物或参加野外考察。首都廷布的人口大约为 15 万人，是不丹最大的城市，但这里仍然没有连锁店、快餐店，甚至没有交通信号灯。廷布的这种独特风貌不仅反映了它的城市规模小和经济发展水平低，还反映了不丹对全球化的高度矛盾态度。不丹与外界的隔离在一定程度上是其地处喜马拉雅山脉的自然结果，国家大部分地区交通都难以到达，这使其与外界保持了一定距离。但同时，这种隔离也是一种自我保护的策略，对于一个位于印度和中国这两个世界上人口最多的国家之间，总人口不到百万的小国来说，保持这种距离显得尤为重要。

在这样的背景下，不丹首个法学院的建立在许多方面都显得与过去截然不同。JSW 毫不掩饰其面向外界的视野和与时俱进的特点。它技术先进、全球联网，致力于为学生提供国际化的法律培训，可以说完全颠覆了人们关于对不丹"隐士王国"的刻板印象。这所学院还不计成本进行投入。学院对所有学生免学费，实施为期五年的跨学科和实践型课程，并拥有堪比耶鲁法学院的师生比例，JSW 注定会亏损。在喜马拉雅山深处，一个世界上最注重传统且最不富裕的国家创建这样一所国际化、成本高昂的法学院，这样看实在让人吃惊。

然而，从另一个角度来看，JSW 的成立又并不令人意外。它的构想及发展既反映了全球趋势，也满足了国家的迫切需求。不丹长期以来一直对其在夹缝中生存的未来感到担忧，这是不难理解的。与外界隔绝曾是确保国家自主权和生存的一种策略。然而，通过培养本国精英的机构，同样可以实现这些目标。在不丹这样的国家，法学教育不仅仅是教育形式，还是国家建设的一部分。尽管策略在演变，但目标始终如一。

以下内容主要基于 2017 年夏季笔者在不丹进行的访谈和讨论，采访对象包括大量学者、行政人员、法官和政府官员。他们的慷慨付出和合作精神——即便是以不丹高标准的好客精神来看——也让人感动，但有些人出于保密原因无法透露身份。除非另有说明，本章的直接引用均来自这些访谈。

二、三大印象：隔离、传统、焦虑

不丹给访客的第一印象往往是令人震惊的。飞机在帕罗机场的降落总是颇为剧烈，因为跑道很短。现代喷气式飞机（比如不丹两家航空公司共同拥有的 5 架 A319 窄体飞机）几乎达到了这个国家唯一的国际机场的承受极限。高山稀薄的空气和已经被山脉与河流所限制的短跑道，勉强容纳了 A319，大型宽体飞机完全无法起降。由于地形险峻，能够在距离首都较近的地方修建机场的地点寥寥无几。然而，这条连 727 型飞机都无法容纳的跑道却在很长时间里有效地维持了不丹与外界的某种程度的隔离。

第二个印象是这个国家对其王室的深深崇敬。帕罗机场跑道前方竖立着第五代国王与其妻子及儿子的巨幅画像，成为迎接游客的第一个景象；多个画像同样悬挂在移民检查和行李领取区。这种趋势延续至每一栋建筑和每一个家庭。相比之下，泰国对王室的爱戴就相形见绌。虽然从表面上看，不丹在 2008 年通过新宪法后转型为"民主立宪君主制"国家（Dorji and Peil，2022；Law，2017：232-233），但民众情感仍深系于王室。对王室的深厚情感难以用言语表达。简单来说，避免看到现任国王或其父亲（JSW 即以他的名字命名）的画像，就如同在得克萨斯州不想看到美国国旗一样，几乎是不可能的。

在帕罗机场有一个同样重要的细节，那就是某些东西的消失——至少现在已经看不到了。曾经，在那里醒目地矗立着一块"DANTAK"的欢迎牌。"DANTAK"是印度军队下属的边界道路组织（Border Roads Organisation）长期开展的一个项目名称，该组织修建了不丹的大部分公路。印度和不丹之间的关系十分亲密且复杂。不丹在贸易和对外援助方面严重依赖其南方邻国印度，印度为不丹的许多基础设施提供了资金支持——例如，JSW永久校园的建设项目。正因为如此，印度的影响力逐渐成为本地敏感话题。当地的志愿者曾自行拆除了这个牌子；而近期，不丹官员则采取了更为低调但同样具有象征意义的举动——将"DANTAK"的名字涂掉。

这引出了不丹给人的第三个印象：这是一个担心被其庞大邻国吞没的国家，为了自我保护而紧紧抓住其独特性。孤立、对外来者的警惕，以及对国家身份的培育，成为了对抗强势邻国的防御机制。夹在中国和印度之间，这个小小的不丹社区选择了隐匿于山间。

中国解放西藏后，印度总理借机访问不丹，并称提供协助保护不丹的边界。由此产生的友好条约使印度在数十年内正式掌控不丹的外交政策，而不丹与中国的边境至今尚未正式划定。然而，与印度的关系——不丹首个外交关系——也开启了该国与外界接触的进程。20世纪60年代初，印度总理为不丹首条公路奠基，几年后，大多数不丹人首次见到了汽车。

大约十年后，即1974年，印度吞并了邻国锡金，使得印度提供的保护看起来确实是一把双刃剑。不丹的许多人看到了自己与锡金的相似之处，后者通过允许自己成为本国的少数群体，最终使自己被吞并了。洛查姆帕人（Lhotsampa）——即居住在不丹南部的尼泊尔裔居民——最为焦虑。自1958年以来实施的限制性公民立法使得许多洛查姆帕人难以合法化他们的身份，但1988年的人口普查仍然显示，不丹约四分之一的人口是尼泊尔族裔（Dorji and Peil，2022）。不丹的这一如田园般的形象在20世纪90年代初的洛查姆帕人暴力起义、群体移民、强制驱逐以及政府其他权力侵犯指控中受到了玷污。不丹对洛查姆帕人的处理仍然是一个敏感话题。

此时，不丹人若再次选择退隐山中，也是可以理解的，因为外部环境对他们来说似乎仍然险恶。在JSW于廷布迎来首批学生的那一刻，印度和中国的军队正在几小时路程之外的洞朗发生对峙（Kumar，2020：90）。战争在自己的国土上爆发的可能性无疑是令人极度不安的。然而，躲避已经不再是一个选项。

自我封闭的天然对立面是全球化，即跨国互动中各种壁垒都在降低，无论是自然的、法律的还是政治的。不丹未能完全避开全球化的浪潮，尽管并非没有尝试。政府直到 1999 年才允许电视和互联网进入，2004 年才引入手机服务。在整个 20 世纪，对于大多数不丹人来说，通信方式要么是寄信（从一个地方到另一个地方通常需要一到两周时间），要么是前往附近的军事基地，利用其无线通信网络。然而，随着卫星电视接收器等技术的出现（甚至可以偷偷藏在自家院子里），外界的影响无论如何都不可避免地渗入了不丹。不丹结束自我施加的信息隔离，与其说是出于对全球化的认同，或对开放市场和边界价值的信念，不如说是因为意识到技术变革使抵抗变得徒劳。与其完全忽视，不如以自己的方式应对变化，这可能对国家发展更加有利。

JSW 在许多方面是不丹努力应对其面临困境的一个缩影。这种困境对许多发展中国家来说都非常熟悉。不丹在两种相互矛盾的需求之间左右为难——既需要外部援助来实现其发展目标，甚至维持年度收支平衡；又需要保持自主性。一方面，不丹在实现其发展目标的过程中深深依赖外部援助。例如，从聘用和培训教职员工到设计课程，再到建设校园，外部力量在 JSW 每一个发展阶段都起到了至关重要的作用。

另一方面，不丹始终专注于对本地发展进程进行控制，并加强民族认同度和自主性。JSW 正是为此而生：建立一所能够培养国家精英律师、法官和官僚的法学院，并从第一天起就塑造他们的思维方式，这相当于创建了一个能够减少不丹对印度依赖及其影响的国家教育机构。在法律教育等领域，不丹面临的挑战是如何在获得外部帮助的同时，还可以保持甚至加强本地的主导权和身份认同。

三、第一法学院的历史

不丹是一个人口不足 90 万人的国家，全国受过法律培训的人数最多不超过 350 人。其中大约一半在司法系统工作，剩下的大多数是公务员。全国执业律师可能不到 50 人，相当于每 2 万人才有一位律师。从不丹的生活水平来看，法律服务费用高得惊人，联合国开发计划署已明确表示，不丹迫切需要更多的律师。

在 2017 年 JSW 开办之前，想要学习法律的不丹人只能选择出国，实际上他们大多会前往印度。回国后，法律毕业生需要完成为期 1 年的由政府设置的转换课程，进行"本地化"法律培训。完成课程后，毕业生将获得国家法律研究生文凭（PGDNL），并有资格参加皇家公务员考试，而该考试是进入该国最好岗位的途径，如司法部门和总检察长办公室的职位。JSW 预计要取代这个转换课程，该课程在过去十年中入学人数翻了一倍，达到每年大约 60 名学生，但预计随着 JSW 学位项目日益满足国内需求，其受欢迎程度将逐步下降。

推动 JSW 创立的主要力量之一是总部位于美国的伟凯跨国律师事务所（White & Case），该事务所愿意并有能力为在这个世界上偏远的山地国家开发一所法学院提供资金支持。据说，该事务所最初参与此事源于不丹皇家教育委员会时任负责人（后来被任命为不丹驻科威特大使）与一名伟凯律师事务所驻德国律师的联系，该律师访问不丹后，向事务所主席席休·维瑞尔（Hugh Verrier）汇报了建立法学院的需求和机会。

现任不丹国王吉格梅·凯萨尔·纳姆耶尔·旺楚克（Jigme Khesar Nam-gyel Wangchuck，不要与其父及前任国王吉格梅·辛格·旺楚克混淆，法学院正是以其父命名）在 2008 年加冕时邀请了维瑞尔出席加冕仪式。维瑞尔随后承诺，White & Case 将在多方面为不丹提供公益援助，其中包括支持创建 JSW 法学院。2009 年，该事务所派遣了全球公益事务协调律师卢·奥尼尔（Lou O'Neill）前往不丹进行为期三个月的需求评估。基于这次评估，伟凯律师事务所撰写了一份详细报告，其中建议在适当的时候建立一所法学院。

其他来自海外的专家则持有保留态度。斯坦福大学法学院的教授则建议不要创建一所独立的法学院，尤其是一所目标仅针对少量不丹学生、且与不丹现有大学脱节的法学院，因为这无法利用更广泛的资源。他们认为，与其替代国外教育，不如继续将学生送往印度或其他国家学习，并投入资金升级这些海外培训，这样会更具成本效益。

国王最后支持立即创办这所法学院，并将这一任务委托给他的妹妹索南·德琛·旺楚克公主（Sonam Dechan Wangchuck）负责。索南公主毕业于斯坦福大学，并获得哈佛法学院的法学硕士学位。她还领导了其他多个与司法部门相关的项目，如创建律师协会。此后，奥尼尔几乎每年都返回不丹，与皇家教育委员会合作，为建立法学院奠定基础。

最初的规划过程历时四年。规划小组的专家们利用这段时间思考课程设计，并广泛征求各方意见，包括议会成员和潜在雇主。在一张白纸的情况下，他们讨论和规划了通常难以深入的基础性问题和选项。例如，应该教授哪些内容？人们需要律师提供什么服务？不丹的律师应该在哪些方面与印度律师或新加坡律师有所不同？诸如此类的问题都值得被认真讨论。

在讨论中，他们不仅有充裕的时间来思考课程设计，还享有自由不受外部强制要求的限制，比如必须教授的内容、收入压力，甚至对法律毕业生就业市场的担忧。不丹法律职业和制度环境的相对欠发达也带来了另一个好处：他们不需要应对通常可能阻碍最佳教学设计的许多利益相关方的需求。例如，他们无需满足律师协会或律师考试的要求，因为在不丹这些机构和考试尚未存在。

最终 JSW 成为了一所独具特色的学校，即便从国际标准来看，也颇具进步性。学院完全免收学费，甚至连学生违反纪律的罚款也没有。这种政策反映了学院的核心目标：让更多普通人有机会进入法律职业，培养能够代表整个不丹社会，而不仅仅是社会精英的法官和律师。学院的课程设计在亚洲非常独特，它注重跨学科结合，加入了大量必修的实践课程和替代性争议解决内容，目的不仅是培养全面发展的法官和公务员，还要让私人执业律师在毕业后就能直接上手。这种设计既实用又创新，为法律教育开辟了新思路。

JSW（在筹备阶段被称为皇家法学院）的创建很快就需要招聘核心人员，特别是能够做出具体决策、招聘教职员工并落实筹备阶段高层政策的管理者和法律教育专家。到 2012 年底，索南公主和伟凯律师事务所准备启动对 JSW 高层领导团队的招聘。鉴于创建不丹法学院的主要目标之一是确保学校具有鲜明的不丹特色，这所新学院需要展现出浓厚的不丹身份。同时也需要具备法律教育及法学院运营的专业知识与技能，而这些在当时的不丹尚属空白。

鉴于这些相互冲突的需求，最终法学院不出意外地选择了一位不丹籍院长和一位外国副院长。院长桑杰·多吉（Sangay Dorjee）是没有法律背景的不丹政府公务人员，曾在劳动部工作，最近的职位是在皇家教育委员会（该委员会是早期规划阶段的主要推动力量之一）。副院长迈克尔·皮尔（Michael Peil）则是在担任华盛顿大学法学院国际项目副院长时被伟凯律师事务所接洽。两人最初于 2013 年被招募——多吉担任项目主任，皮尔担任外国顾问——随后于 2016 年被选为 JSW 的两位正副院长。

JSW 作为法律实体的正式成立是在 2015 年，由不丹国王发布皇家宪章。这份宪章可以说具有宪法意义，因为其内容受到保护，仅能通过皇家法令修改，无法通过立法更改，同时赋予管理机构制定与 JSW 运作相关的法规和规章的权力。宪章将 JSW 确立为一个"自治"实体，这使其在高等教育机构中几乎独一无二。2000 年，不丹的其他高等教育机构都被整合到不丹皇家大学（RUB）的管理之下，唯独 JSW 和医学院例外。据报道，RUB 并不热衷于接纳法学院或医学院，认为这两类学院超出了其核心专业范围。

皇家宪章的内容以及其本身的存在即赋予了 JSW 一定程度的特权。拥有独立宪章这一事实，为 JSW 提供了主张独立于不丹公务员体系的基础。政府是该国最大的雇主，并很可能成为 JSW 毕业生的最大需求方。宪章中的相关条款还确保了 JSW 的学术自由，使其能够作为一个超越党派、无政治倾向的机构推动法律进步。机构自治权通过宪章第 1 条第 3 款中对政府资助的明确保证得到了进一步加强，其中规定："国家应为法学院的可持续运作提供充足的财政保障。"根据皇家宪章，JSW 的使命包括研究和教学。学院的正式目标是"提供法律教育，促进法律及相关领域的研究，推动文化传承与传统价值观"（Royal Charter，2015，art. 2）。尤其值得比较法学者注意的是，宪章明确肯定并承认比较法的学术与教学价值（id.，pmbl.）。

在组织结构上，皇家宪章规定国王任命 JSW 的校长（即索南公主），并为学院的"最高管理机构"——由 11 名成员组成的管理委员会——聘任各界精英。根据宪章，管理委员会由不丹首席大法官担任主席，成员包括：总检察长、教育部秘书长、律师协会的一名成员（截至目前尚未设立律师协会）、学院院长、一名由教职员工选举产生的代表（目前为副院长）、一名由学生选举产生的代表，以及最多三名由校长任命的额外成员（目前包括皇家公务员委员会代表、国王秘书处成员以及财政部秘书长）。尽管宪章未明确规定管理委员会与校长之间的关系，但很难想象委员会会对公主的决策进行干涉或施加指导。

四、课程

在设计课程的过程中，规划团队面临一系列基本又相互关联的问题。JSW 将授予哪种学位？学习期限将是多少？学校将设置哪些课程？如果课程内容覆盖范围广泛，学习时间是否将相应延长，成本是否也会随之增加。这些问题的答案需要与不丹的国家发展政策、资源可用性以及相关利益方的需求和利益保持一致。

索南公主召集的课程咨询委员会重点评估了一系列外国的教育模式，其中包括：

（1）澳大利亚或新加坡模式：四年制本科法律学士学位（LLB），之后可选择攻读第二个研究生学位。

（2）欧盟单学位模式：三年制的第一个法律学位。

（3）"博洛尼亚进程"模式（the Bologna Process model）：三年制的第一个学位，之后可选择攻读为期两年的研究生学位。

（4）印度1985年后的国家法学院模式：五年制的本科法律学士/文学学士（BA/LLB）联合项目。以及

（5）美国模式：三年制研究生法律学位。

尽管美式法律教育模式在亚洲其他地区的影响力日益增强（Law，2015：1015-1020），但这一模式在不丹被迅速且果断地否决。否决的理由主要有两点：首先，从不丹的人力资源发展战略来看，纯研究生阶段的法律教育模式被认为是浪费的。不丹优先追求以最高效率获取必要技能，而不是在非必要的广泛训练上进行过多投资。将学生分别在本科和研究生阶段培养成两套不同技能体系中的人才，被认为是对稀缺资源的低效利用，因为通常情况下，他们只会使用其中一套技能。虽然某些情况下可能需要更广泛的训练，但更高效的方法是挑选特定人员派往印度接受额外培训，而不是为所有律师提供额外领域的通用培训。

决策者们最终决定采用类似于印度国家法学院模式的五年制本科课程。[1]关于选择五年制课程的理由，有几个解释（并非为了效仿印度）。首先，更长的学习周期让JSW有机会"真正实现我们在教育内容上的目标"：既为培养具备实践能力的毕业生提供了空间，也为使JSW教育"具有独特的不丹特色"创造了条件，让学生有足够的时间和机会融入本国丰富的文化与传统。其次，五年制学位课程在某种程度上与"博洛尼亚进程"相吻合。该进程主要面向欧洲国家，旨在通过统一高等教育资质，促进学生与劳动力的流动性。根据"博洛尼亚进程"，大学应提供三年的第一学位课程，随后是可选的两年制第二学位课程，这意味着在同一领域的五年学习可以获得本科和研究生学位（如LLB和LLM）。

最终，JSW的理事会决定采用法学学士（LLB）和国家法研究生文凭

---

〔1〕截至2018年，JSW的网站显示，毕业生将根据印度模式获得文学学士（BA）和法学学士（LLB）学位。

（PGDNL）的组合，这与一年制的转换课程毕业生获得的文凭相同。该组合并没有完全复制印度模式，因为 JSW 并不颁发第二个本科文凭。然而，它也不完全符合博洛尼亚进程模式，因为这五年的学习课程是不可分割的，且不授予研究生学位。JSW 还在开发一个可能面向对不丹有兴趣的外国学生的法学硕士（LLM）项目。

课程的前三年全部为必修课，第四年和第五年学生有四门选修课并参与沉浸式学习。比较而言，这一课程的主要特点是：①跨学科性；②强调实践技能；③同时体现国际化和本地化的优势。

JSW 课程的跨学科性和实践性相辅相成，这一设计源于不丹培养精英公务员和执业律师的迫切需求。在筹备过程中，与利益相关方讨论后确立了一个基本出发点：与美国顶尖法学院不同，不丹唯一的法学院无法只是培养"书本知识丰富"的律师，然后期望他们在工作中学会其他技能。这部分是因为在法律职业尚未充分发展的不丹，几乎没有在职培训的机会。因此，JSW 的毕业生必须具备即刻投入工作的能力，在许多情况下，他们还需要从第一天起就做好胜任公共岗位的准备。这种实用性导向确保毕业生不仅能胜任法律实务，还能为国家公共服务做出贡献。

因此，JSW 所设计的课程在某些方面让人联想到牛津大学的"PPE"（政治、哲学与经济学）课程——该课程在英国政治精英中普遍存在，甚至被称为"掌控英国的学位"——旨在使不丹未来的精英们对以下领域有所了解：

（1）经济学，帮助他们起草协议并为企业提供建议。

（2）政治学，因为他们是未来的精英公务员或国会议员。

（3）哲学（尤其是佛教哲学的必修课程）被纳入 JSW 课程有多重原因。首先，在不丹，哲学被视为一种"国民运动"，是任何受过良好教育者成长过程中都不可或缺的一部分。其次，哲学被看作是一种律师应具备的伦理训练形式。皇室对没有坚实伦理基础的律师十分警惕，也许这种担忧是有道理的。随着时间推移，JSW 的毕业生几乎必然会承担起赋予不丹 2008 年宪法生命与意义的责任。如果让那些口才出众但缺乏伦理准则的律师掌控国家初步建立的法律和政治机构，那是极其危险的。

同时也为私人执业提供了充足的准备，具体形式包括：

（1）两个学期的模拟法庭（一个用英语，一个用宗卡语）；

（2）三个学期的法律研究与写作；

（3）两个学期的强制性的沉浸临床体验；

（4）一门必修的法律事务管理课程（此外还有类似于美国法学院学生熟悉的职业责任课程）；以及

（5）最后一个学期只有全职实习（在校外，如果可能的话，尽量争取国际实习机会）。

作为一个高度依赖外界的小型国家，不丹使用的是全球法律和商业的通用语言，因此 JSW 的课程也让学生深入接触国际法和比较法。JSW 的皇家宪章肯定了比较法方法的重要性和价值。国际法和国际商法均为必修课程。与许多美国法学院不同的是，JSW 并未开设名为"比较法"的课程。但这绝不意味着学院不重视比较法。

将比较法引入课程体系的方法有多种：一种方式是专门设置标明"比较法"名称的课程，这是美国法学院常用的方法（更准确地说，是那些提供比较法培训的美国法学院的方法）。然而，这种做法可能会让人误以为比较法是一门独立的学科，与律师考试中涉及的核心法律学科无关，从而忽视了在核心学科中运用比较视角的重要性。另一种方式是将比较法律分析视为所有律师都应掌握的一项基本技能，并将其整合到整个课程体系中予以推广。这种方式旨在将比较法融入法律教育的方方面面，使其成为核心学科学习的内在组成部分。

JSW 的课程体系采用了后一种方法。没有专门设置"比较法"课程，这正表明比较法的方法已经深深融入整个课程体系，贯穿于 JSW 学生所学的所有内容之中，无法将其独立或分离开来。例如，"宪法学"被设计为一个为期两个学期的课程，第一学期学生从比较的视角学习宪法法理，掌握比较分析的技能和框架，为第二学期更加全面、深入地研究本国宪法奠定基础。同样，其他核心课程如侵权法、合同法和法理学的设计也都自带比较法的视角。这样的课程设计隐含地传递了一个信息：比较法与本国法同等重要，甚至可以说，比较法是研究本国法的前提，而非附加的补充内容。

从不丹的视角来看，课程中赋予其独特的不丹特色，无疑是极其重要的。他们认为法学院应满足国际标准（从而能够培养出具备跨国执业能力的世界级律师），同时也需要保有本土特色（以满足国家建设的需求）。这种既不单纯选择全球化，也不完全倾向本土化，而是打造一套既全球化又本土化的课程体系的愿望，显然不难理解。

问题在于，这些目标表面上似乎存在矛盾。课程如何能够既是全球化的又是本土化的？换句话说，像不丹这样的国家如何能够"鱼与熊掌兼得"？从理论上讲，想要既全球化又本土化在法律教育领域是无法同时实现的。因为按定义，要本地化的同时无法兼具国际化，反之亦然。某些本地实践与全球实践看起来确实难以调和。例如，不丹有着长期的以社区为基础的调解传统，而国际层面的主流法律教育模式则强调并推崇正式化的、以法庭为中心的争议解决方式。同样，侵权法在本地实践中从未存在，因为不丹传统上缺乏侵权法的概念。然而，难以想象一个在国际标准和要求下运作的 21 世纪法学院会完全不教授侵权法。

但实际上，JSW 似乎并没有遇到太大的困境。解决方案无非对妥协的宽容，尤其是可以愿意采用更长的学习计划来消化。在某些涉及国际或全球版本的内容课程表上，JSW 乐于接受这些版本。而在没有国际或全球版本的情况下，JSW 则乐于开发自己独特的课程。换句话说，JSW 并没有在全球化和本地化之间做出选择，而是两者都要。面对这一难题的解决办法实际上就是投入更多的资金。

对课程"不丹化"的重视，凸显了创建并资助一所高成本、高人力投入的法学院（而不是继续将法律教育外包给印度）背后的国家建设需求。课程中高度不丹化的元素包括：

（1）一门名为"法律与国民幸福总值"（Gross National Happiness，GNH）的必修课。探讨什么是独特的不丹特色，实际上几乎等同于探讨什么能够促进国民幸福总值。GNH 的概念可追溯到 1974 年左右，不丹第四任国王（即以其名字命名的 JSW）在回应一名印度记者关于不丹国民生产总值的问题时所作的一个随意评论。当被问及不丹的国民生产总值时——这是一个显然对不足百万人口的小国相当不利的衡量指标——第四任国王答道："我们不相信国民生产总值，因为国民幸福总值更重要。"自那以后，GNH 的概念成为不丹民族自豪感和身份认同的象征（甚至可说是一种民族热忱，连城市涂鸦中都会出现）。如今，GNH 已被纳入不丹宪法，成为国家的正式目标。进一步阐释 GNH 的概念，并以此为基础探讨国家目标的不同宪法观，有望成为不丹宪法学的一项重要课题，并有潜力成为不丹对比较宪法领域的标志性贡献。

（2）一门名为"法律、宗教与文化"的高年级必修课（此外还有宗卡语、法律史和佛教哲学课程）。GNH 的重要贡献之一是通过颂扬、传承遗产和传统，带来身份认同感和归属感。

（3）环境法作为二年级必修课。这门课程的重要性反映了整个国家对环保主义的重视，而这种重视直接源自 GNH，因为 GNH 要求环境保护和可持续性发展（以及其他诸多方面）。

（4）一门名为"刑法典与恢复性司法"的课程，而不是传统的"刑法"，因为这门课程的框架应反映的社会和谐也是 GNH 的重要组成部分。

（5）一门名为"人权与人类责任"的课程——即将更名为"人类尊严"——该课程类似于一门结合传统人权理念与不丹强调社会责任的社会学课程。

（6）五个学期的宗卡语必修课，因为宗卡语是不丹的官方语言（也是法庭语言），同时也是国家遗产的重要部分。

在 JSW 的课程中开设宗卡语教学是必要的，这充分体现了其国家建设的目标。尽管宗卡语是不丹的官方语言，但大多数不丹律师在专业领域使用宗卡语的能力有限。这是因为他们通常在印度学习法律，最理想的情况下可能还会在澳大利亚、美国或英国攻读法学硕士（LLM）。在这些模式下，他们所掌握的法律术语几乎都是英语。因此，例如，不丹最高法院的大法官们有时会用英语撰写判决书，然后交由他人翻译成宗卡语。这种做法可能导致宗卡语版本的判决中出现一些让法官本人都感到意外的内容，而这些内容却是具有法律约束力的。

使用宗卡语工作的难度还在于：与英语相比，宗卡语的词汇量相对较少，并且历史上其也很少用于法律领域，导致许多法律术语在宗卡语中尚无明确的对应词。因此，不丹最高法院的秘书处聘请了一位宗卡语专家，用了十五年时间开发出一种不只是进行简单音译的本土宗卡语法律词汇。例如，他负责决定宗卡语中哪一个词可以被采用为"合同"这一术语的专有表达。他的工作之一是出席宗卡语官方语言委员会，论证自己翻译选择的合理性（例如，通过说明该术语在类似语境中已有使用）。JSW 从最高法院挖来了这位专家，专门负责教授宗卡语课程。

(7) 18 个学分的佛教哲学课程：根据皇家宪章对 JSW 促进"文化丰富和传统价值观"的要求，JSW 将其解读为需提供宗卡语（不丹的官方语言）和佛教哲学的教学。不丹宪法明确规定"宗教与政治分离"，但也特别指出"佛教是不丹的精神遗产"。由于佛教是该国文化遗产的一部分，推动佛教的发展有助于提升 GNH。

(8) 两学期的替代性争端解决课程：这门课程被有意命名为"适当的争端解决"，以体现不丹深厚的社区调解传统。

美国、不丹和印度 NLS 的课程有一个共同点，即按照亚洲标准，它们都具有高度的跨学科性。不丹法学院与印度模式的区别在于它有明显的临床和实习内容，这一点与美国模式相似。同样的，不丹法学院为新生设置的为期四周的入学导向课程，也与美国法学院为外国 LLM 学生设置的入学导向课程相类似。

不丹法学院的教学法与不丹的法律体系一样，呈现出多样化的特点，这反映了教师队伍的多元性。从哲学课中的讲授方式，到几乎完全采用苏格拉底式的侵权法教学，再到合同课中的模拟和沉浸式学习，都没有统一的教学形式。

五、教职团队

JSW 对全体教师的要求可类比于美国学术界熟知的"三脚凳"模式，即研究、教学和行政三者并重。目前，JSW 尚未在教学和研究方向上进行专门分工，无论是教师自身有所专注，还是学院正式区分教学型教师和研究型教师的职业路径。此外，领导层计划 JSW 将始终是不丹唯一的法学院，不会受到来自排名、研究评估等竞争压力的影响，因为这些压力可能会迫使学院在教学或研究方向上出现偏移。

在全职的 14 名教师中，其中 10 人是不丹人，另外 4 人来自美国。法学院刚成立时，教师团队还包括了来自维也纳大学的客座教授，以及两位从美国获得富布赖特奖学金的短期访问学者，临时协助学生开展技能培训和教学工作。根据计划，学院还将聘请两位教师，负责教授宗卡语课程以及财产法课程。

JSW 的管理者对于本土和外籍教师的比例持矛盾态度。一方面，在理想情况下，他们可能更愿意依赖本土教师。正如一位官员所解释的，不丹在某种程度上仍然是一个具有等级制度的"封建社会"，"不希望西方教授带着西方的思想"来授课。"归根结底，我们还是君主制国家。有些礼节和传统必须延续下去。我们对自己的文化、传统和独特身份充满热情。"

另一方面，不丹人也现实地认识到，教师队伍的全面本地化是一个"永远不会实现的梦想"，因此他们"非常乐意"采取逐步实现的方式，维持"对半开"的师资比例。首先，他们意识到仅依靠本地教师无法满足所有教学需求，特别是在短期内。尽管 JSW 已经几乎聘用了所有全职教师，但暂时还是人手不足，因为许多不丹教师目前正在国外，或者即将被派往海外攻读高级学位。大多数不丹教师持有来自印度的五年制本科法学学位，他们被雇用时就已经明确了将被派往海外接受进一步培训。其次，外籍访问教授被视为一种智力资源，也为不丹教师提供了丰富的学术支持。正如首席大法官（也是理事会主席）所言："专家们会带来他们的知识，我们也有我们的知识。我们可以将两者结合起来。"

（一）教师培训

JSW 的目标是确保所有不丹籍教师都至少拥有法学硕士（LLM）或同等的硕士学位，来强化提升他们通常从印度获得的法学学士学位。为了实现这一目标，不丹籍教师会被派往海外，主要是美国和澳大利亚等英语国家，攻读 LLM 学位。这些海外学习的经费来源多种多样，包括全额奖学金以及外国援助，这些资金用于支付学费、旅行费用和生活开支。其中，奥地利政府为这些教师的海外学习提供了不少资助。目前，10 位不丹籍教师中有 4 位在美国接受过培训，获得了乔治·华盛顿大学、路易斯与克拉克大学法学院的 LLM 学位，圣路易斯华盛顿大学的法律研究硕士学位，以及福德汉姆大学的哲学硕士学位。此外，还有 3 位教师在澳大利亚接受过培训，分别从悉尼大学、新南威尔士大学和堪培拉大学获得了 LLM 学位。另外，一位已经持有 LLM 学位的教师目前正在加拿大维多利亚大学攻读法学博士学位。

乔治·华盛顿大学（GW）出现在名单上并非偶然，而是反映了其前国际与比较研究副院长苏珊·卡拉马尼安（Susan Karamanian）长期以来与不丹建立的联系。她促成了一项非正式且半独家的安排，即每年接收一位不丹法官参与 GW 的 LLM 课程，并提供全额奖学金。随着卡拉马尼安最近离开 GW，圣路易斯华盛顿大学（JSW 副院长之前的工作单位，同时也是本章作者目前的工作单位）向不丹司法机构提供了类似的安排，进一步促进了双方的合作。

（二）教师招聘

为一个国家首所法学院的建立在人员招聘方面遇到了"先有鸡还是先有蛋"的问题：需要建立法学院是因为该国缺乏律师，而建立法学院又需要招聘律师。一个从未有过法学院的国家，很可能面临法律学者短缺的问题。横向招聘并不可行，因为没有其他法学院可以提供候选人。富有经验的法学院管理人员也是缺乏的，而具备管理法学院能力的人才往往被其他岗位需求所吸引。在一个小国中，精英资源本就有限。另一个复杂因素是，据说不丹人对教师这一职业的兴趣并不很高。部分解决方案是聘请外籍教师，但过度依赖外籍教师并不被视为一个理想的长期方案。不丹候选人的稀缺促使 JSW 采用了一种折中办法：聘用具有潜力从事法律教学的人才，然后通过派遣他们出国学习，培养他们实际教授法律的能力。

对于本地候选人来说，招聘流程的机制与其他地方类似。每年年初，JSW 会确定其招聘需求，院长会任命一个教师遴选委员会，该委员会发出一个"非正式的招聘通知"。（正如一位管理人员所说，"我们认识不丹的所有律师"，因此非正式的通知足以代替正式的公告。）现有的相关领域的教师会带着候选人一起吃午饭，这实际上相当于初步面试。然后，委员会会审查可以考虑的候选人名单并对最终入围者进行面试。最后，候选人需要在全体学术委员会面前进行学术演讲。尽管这些学术演讲与美国传统的学术演讲有所不同，因为在不丹没有人发表学术论文，因此无需展示论文，但在形式上相差不大：30 分钟至 45 分钟的实质性演讲，然后会有问答环节。

相比之下，JSW 最初招聘的 4 位国际教师的过程则"相对简单"。其中两位（夫妻）在伟凯律师事务所的帮助下主动招募，另两位（也是夫妻）则通过更类似于"非政府间国际组织"的招聘程序，而不是传统的法学院教师招聘流程。招聘信息通过"PIL Net""AALS"等渠道发布。JSW 共收到了来自 20 个国家的 60 位申请者，职位级别从初级到接近退休或已退休的从业者不等，后者希望通过 JSW 作为跳板进入法学教育领域（并"像经营一个小型律师事务所那样"运营法学院）。除两位法语区申请者外，所有申请者都是以英语为母语的。现在法学院已经成立，未来如果再招聘国际教师，预计招聘流程将与本地候选人的招聘流程类似（但会以视频会议的形式代替午餐会和现场的学术演讲）。

申请 JSW 诊所教学职位的候选人群体具有独特性。典型的候选人通常是来自美国或可能来自印度的律师，年龄在 40 岁左右，曾在多所法学院教授短期课程，试图通过这段教学经验转换为某地的长期职位，从而退出法律实务领域。由于诊所教学职位的性质，这类岗位会"自动筛选出美国人"，因为美国在法律诊所教育领域拥有最悠久和最广泛的经验。大多数候选人是有诊所教学经验的美国人，他们的兴趣可能受到一些略带浪漫化和居高临下色彩的媒体报道的影响。这些报道将 JSW 描绘成美国人在国外开展的"宠物项目"，类似现代传教士，通过现代化（或全球化、甚至美国化——随你选择）来改变一个迷人的、不寻常的隐士小国（Kielburger and Marc，2015；Schultz，2016）。其余的大多数申请者是有一些法律教学经验的印度从业者（这并不意外，鉴于印度庞大的劳动力市场及其与不丹的地理接近性）。印度申请者通常在申请中表示，如果没有被聘为诊所教学职位，他们愿意教授其他课程。

六、招生

传统上，不丹学生的最终去向完全取决于他们在十二年级的学业成绩。全国最优秀的学生会被不丹的成人与高等教育部（DAHE）召集到廷布，并根据他们的全国排名顺序，从一份可供选择的国外奖学金名单中挑选。学生们必须当场作出决定，否则就要排到队伍的最后，等其他人选完后再从剩余的奖学金中选择。通常，排名第一的学生会选择富布赖特奖学金，接着奖学金会被从名单中划掉，而排名第二和第三的学生则通常会抢先选择澳大利亚的奖学金。接下来几位学生会选择印度的名额。一旦大约 80 个国外奖学金被选完，另有约 400 名学生会进入不丹的谢如布策学院（Sherubtse College，俗称"不丹的哈佛"）；再有约 800 名学生则选择不丹的科技学院（College of Science and Technology），依此类推，直到所有学位名额都被填满。

JSW 的招生方式与传统院校显著不同。作为一所新成立的机构，它将积极的外联工作视为必要措施。JSW 的教职员工会亲自走访全国 58 所高中，这需要付出相当大的努力。尽管不丹国土面积不大，仅约为印第安纳州的一半，但国内大多数地点之间的旅行却极其辛苦。全国没有铁路系统，机场稀少而且运用时断时续，蜿蜒的山路艰难崎岖且路况不好，以至于 30 英里的旅程往往要耗费大半天时间。因此，交通上的困难对希望考上 JSW 的考生而言有点类似于，"蜀道之难，难于上青天"。

其次，JSW 设计了一种独特的招生流程，融合了全球与本土的元素。高中成绩的权重仅占 30%，而不是传统的 100%。标准化考试成绩（后文将讨论）占 45%，最后，面试成绩占 25%。在 JSW 首次招生中，根据学生的高中成绩和标准化考试成绩综合评估后，有 50 名申请者入围面试。首届的 25 名学生通过三轮筛选逐步录取完成。

这里所提到的标准化考试是专为不丹设计的 LSAT 版本，简单地称为"Bhutan-LSAT"，由美国法学院入学委员会（LSAC）开发。申请者被建议熟悉考试的格式及 JSW 招生网页上提供的样题，但同时也被告知，这类考试并没有真正的备考方式。Bhutan-LSAT 是全球与本土结合方式的缩影：不丹尽可能选择两者兼具。在法律教育及其他领域，不丹表现出一种矛盾的愿望：既希望机构具有全球化特质（以建立国际信誉），又希望其本土化（以强化国家认同）。有什么比专为不丹量身定制的外国考试更能体现这一理念的呢？

最后，JSW 采取了一种非传统的面试策略。在录取首届学生的过程中，DAHE 因假期将面试时间意外提前两周，这使得 JSW 有点措手不及，只有四天时间来制定策略。在了解到最优秀的学生已经抵达廷布参加 DAHE 的面试后，JSW 按照 DAHE 的排名顺序进行了重新安排，并在 DAHE 面试开始前，用两天时间以每天 10 人到 11 人的速度对候选人进行了面试。JSW 的理由是，为学生提供一个备选方案，以防他们不愿冒险选择一所全新且未经检验的机构。与 DAHE 不同，JSW 给学生两周时间来做决定，并明确表示："如果你不想来，我们也不会勉强你。"然而，事实上如果等到学生已经现场接受 DAHE 的海外奖学金后再进行面试，JSW 能招募到最优秀学生的机会可能会大大减少。

这一策略取得了成效。对于 JSW 的首届班级，全不丹前 25 名学生中有 6 人接受了 JSW 的录取邀请，其中包括位列榜首、原本预计获得富布赖特奖学金的学生。然而，与此同时，超过一半被 JSW 录取的学生并不符合 DAHE 提供的最顶尖奖学金的资格。针对 JSW 优先面试顶尖学生的决定，DAHE 认为其仍能填满所有奖学金名额，JSW 的加入仅意味着更多学生和家庭对结果感到满意。

七、国际影响

作为一个夹在两个大国之间的小型发展中国家，不丹面临着诸多挑战，但在法律教育领域，它享有一种罕见的优势——即一张白纸。国内缺乏现成的法律教育机构，加上可以借助国外的成熟教育制度，为设计反映最佳实践的法律教育系统提供了理想的条件。一方面，他们相对不受路径依赖和历史偶然性的限制；另一方面，他们可以从现有的成熟体系中学习并汲取灵感。

在 JSW 的设计中即对不同模式进行了有意识的选择。其中相关的设计考量包括了对印度模式的明显不满，以及对印度影响的防范。然而，即使在如此有利的条件下，设计理念也不足以完全解释 JSW 的具体发展方式，这当中不可避免地也反映出资源限制、人性弱点以及纯粹偶然性的综合作用。

JSW 的设计者们非常注意在全球范围内收集最佳的法律教育理念和实践。在某种程度上，全球化如同一股改革春风，使他们可以接触到全世界的经验。然而，全球化也使这项任务变得不可能。世界越大越复杂，可供选择的模式越多，决策者基于所有信息做出最佳选择的难度也就越大。哪些模式能够引起他们的注意，哪些则被忽视，往往反映了个人关系、外援或纯粹的运气。

在这种情况下，JSW 的设计者们不可避免地像其他人一样，依赖个人认知和人际网络，同时也受限于资金短缺这一事实。资金环境在决定哪些模式及其影响力能够在不丹落地这个问题上起到了关键作用。那些在初期能够提供资金支持的机构和个人，凭借"先发优势"获得了很大的影响力。这种早期投资，对项目产生了路径依赖，对 JSW 长期发展的形成深远影响。

资金和基础设施的缺乏使不丹在发展其法律教育体系时几乎别无选择，只能寻求国际合作伙伴的帮助。而在不丹，国际支持往往意味着对印度的依赖，印度占不丹所获外援的三分之二以上，同时还占不丹近 80% 的进口和 90% 的出口（Chaudhury，2018；Ramachandran，2018）。尽管不丹接受了与印度保持极为密切关系的必然性和必要性，但对于印度援助的范围和程度仍存在矛盾情绪。国际合作伙伴和支持来源的多样化是不丹发展和国家建设战略的关键要素。

这种情况在 JSW 的创建过程中表现得尤为明显。在 20 世纪 60、70 年代，不丹的专业人才几乎全都来自印度，包括医生、会计师、教师和公务员。而创建一所国内的法学院，就是为了减少不丹对印度在人才上的依赖。国家建设和教育目标息息相关。正如一位 JSW 官员所说："不管印度多么友好或慷慨，如果不丹没有自己的专家和资源，就很难作为一个真正有意义的国家存在。"因此，无论是课程设计，还是选择国际合作伙伴，都不仅是为了建立一个优秀的法律教育体系，更是为了推动不丹的发展，彰显国家的独特性，同时维护国家的独立性和生存价值。

来自世界各地的多所法学院都表达了与 JSW 合作的兴趣，但通常是为了开展学生交换项目。常见的模式是寻求签署一份谅解备忘录，作为一种"奖杯式"的成就，用于宣传册中向学生展示又一个海外学习的机会，但实际的参与和资源投入却十分有限。这就不难理解，为什么其他学校可能会看重这样的机会，让他们的学生（或许还有教职员工）能够在这个被《纽约时报》（Schultz, 2016）报道过的"隐士王国"中停留一段时间。

这类合作模式对 JSW 几乎没有什么好处。作为国内唯一的法学院，JSW 并不需要通过提供海外学习项目来吸引学生。而且，对大多数不丹学生来说，海外旅行和生活费用高昂，难以负担。同时，接收外国学生的涌入会给一个仍在发展中的学院带来额外的负担，尤其是在其行政体系尚不具备接待常规访问者能力的情况下。此外，JSW 目前的人力资源也不足以处理多个机构之间的合作关系，尤其是在关键人员本身还在国外攻读高等学位的情况下。相比之下，对 JSW 最有价值的合作伙伴是那些愿意承担接待并培训 JSW 教职员工成本的机构，而这样的合作伙伴却十分稀缺。

从国家角度来看，迄今为止对不丹新法律教育体系影响最大的外部力量，主要是美国，其次是奥地利。尽管印度的影响也非常显著，但其影响很难确定。一方面，不丹并不想简单照搬印度的模式；另一方面，从实际出发，与印度体系保持兼容又有其强大的现实理由。最终的结果是其与印度模式有着不少相似之处。

（一）印度

对印度法律教育模式的排斥，既有担心印度影响过大的考虑，也来自对其法律教育质量的不满。鉴于不丹现有的所有律师和法官都至少部分接受过印度的法律教育，这种态度可能显得有些出人意料，但正是因为熟悉而产生了轻视。传统的印度教学方式被形容为"粉笔加讲解"（chalk and talk）：教师站在黑板前，照本宣科地讲授来自"发黄的旧笔记"的内容，而这些笔记几十年来几乎没有变化。为了解决这些问题，印度的 NLS 在 20 世纪 90 年代末对课程体系进行了大幅改革，引入跨学科课程，将学习年限从三年延长至五年。然而，即便如此，这些法学院仍面临着"薪酬低、教师差"这一毕业生认为普遍存在的问题。

　　尽管对印度法律教育模式存在排斥，但事实上印度在不丹法律教育的发展中还是发挥了极其重要的作用，并将在未来继续如此。与不丹整体情况类似，JSW 在有形和无形的基础设施上都依赖印度。实际上，印度正在通过资助建设 JSW 新的永久校区，帮助不丹构建其法律教育体系。然而，更为关键的是，不丹现有的所有律师和法官都曾在印度接受过部分或全部的法律培训。因此，鉴于 JSW 着力于尽量多地招聘本地教职人员，印度的法律教育将在未来多年内继续对不丹法学院教师的思想产生重要的影响。

　　JSW 的课程设置在许多重要方面都与印度 NLS 的模式相似，包括学习年限、跨学科性质以及双学位的特点。这可能并非巧合。然而，在不丹，将 JSW 的课程与印度模式联系起来并不受欢迎，更倾向的说法是 JSW 遵循了"博洛尼亚进程"模式，而这一模式也要求类似的课程设计。具有讽刺意味的是，"博洛尼亚进程"本质上是一种源自欧洲的区域协调项目，而这表明，不丹应该与其近邻印度实现协调，而非遥远的欧洲。毕竟，印度是与不丹接壤的重要贸易伙伴，也是其人力资源的主要来源之一，两国之间还共享开放的边界。[1]

　　（二）美国

　　美国是为不丹法律教育发展提供了关键人才、资金、技术支持、奖学金和灵感。然而，美国的支持与来自欧洲各国的支持本质上有所不同，因为它主要以分散的民间形式出现，而不是系统性和战略性的政府资助。[2]确实，美国的相关行动者有时追求不同的目标，并给出相互矛盾的建议。例如，伟凯律师事务所在建议建立独立的法学院，并为 JSW 的启动提供了重要的资金和技术支持的同时，斯坦福法学院的顾问则反对设立法学院，尤其是独立的法学院。

　　许多法学院可能看重与不丹首个法学院合作所带来的宣传效应，但实际

---

　　〔1〕　不丹的第二大城市彭措林与毗邻的印度城市杰伊格之间隔着一扇敞开的闸门，不丹人和印度人可以自由往来。

　　〔2〕　虽然没有专门为不丹设立的富布赖特奖学金，但富布赖特学者项目已为美国学者在 JSW 进行短期教学提供了资金支持，并且仍然可以考虑不丹提出的进一步申请。

达成的合作通常有两个共同点。其一是某种形式的个人联系。例如，斯坦福大学法学院的早期参与源于索南公主曾在斯坦福大学就读本科（且她并非皇室中唯一一位选择斯坦福的成员）。乔治·华盛顿大学（GW）在不丹司法界的深远影响则源于一次偶然的相遇——前首席大法官索南·托杰（Sonam Tobgye）与美国律师协会一位行政官员的接触，这位官员随后将他引荐给 GW 的苏珊·卡拉马尼安（Susan Karamanian）。同样，华盛顿大学法学院参与 JSW 教职员工及不丹法官的教育项目，则是通过 JSW 和华盛顿大学之间的教师联系实现的。

第二个共同点是愿意为不丹提供真正需要的资源。例如，斯坦福大学法学院对学生交换项目表现出了兴趣，还提供了实物援助，派遣教职员工和学生帮助编写法律教材，并就如何构建高效的法律教育体系给出了建议。虽然斯坦福大学法学院这些建议最终未能被采纳，提供的教学材料也未被采用，原因在于不丹将 JSW 视为国家建设战略的一部分。另外，对于一个刚刚起步、准备迎接首批学生的全新学校来说，几乎不可能投入资源来接待外国学生（更不用说满足美国法学院学生的高期望）。相比之下，乔治·华盛顿大学、圣路易斯华盛顿大学和路易斯与克拉克法学院等学校与 JSW 建立了很好的联系，并通过向不丹的学者和法官提供奖学金而赢得了好感。鉴于不丹司法界高层已经有相当一部分是乔治·华盛顿大学的毕业生，这些奖学金项目在长期内可能会带来好名声。

美国的影响无形中已经深深植入了 JSW 的教学方法和课程设计中，并以一种自我延续的方式存在。特别是 JSW 高度重视的法律诊所教育，似乎注定会持续需要那些在美国较为普遍、但在欧洲或亚洲其他地区较少见的教师类型。鉴于个人联系和人际网络在 JSW 发展中发挥的重要作用，以及从美国到不丹的教师输送渠道的持续存在，这些表明了美国的影响力将依然显著，尽管这种影响是非系统化且不协调的。

（三）奥地利

奥地利政府对不丹的发展给予了大力支持。奥地利发展署（ADA）在廷布设有办事处，为 JSW 提供了资金和实物援助，尽管支持力度时有起伏。此外，JSW 还与由奥地利主导和资助的欧亚——太平洋大学网络（Eurasia-Pacific Uninet）展开了初步接触，旨在探索潜在的资金支持和科研合作机会。这种支持不仅体现在具体的资源利用上，还通过科研合作为 JSW 打开了新的发展空间。这些努力既拓宽了不丹教育和研究的国际视野，也进一步深化了与奥地利的合作关系，为法学院的未来发展奠定了基础。

奥地利提供的实物支持主要体现在与维也纳大学的交流合作上，这一合作对 JSW 来说待遇非常优厚。由于 ADA 的资助条件要求必须找到合适的奥地利合作院校，ADA 资助 JSW 官员前往奥地利进行实地考察。对于 JSW 来说，选择合作院校的主要考量因素包括院校是否愿意投入资源，以及是否能够提供英文授课。虽然萨尔茨堡大学在这两个方面的表现不佳，但维也纳大学抓住了机会。根据双方签署的谅解备忘录，维也纳大学接待了 JSW 的教职员工访学，并派遣本校教师前往 JSW，教授 JSW 需要的课程（目前主要是有关"人类尊严"和"政治学"的课程），且所有费用均由维也纳大学承担。

与奥地利的进一步合作受限于语言障碍。由于奥地利的教职人员大部分课程使用德语授课，能够为 JSW 开设的课程范围因此受到限制。同样，语言障碍也限制了不丹将学生派往奥地利学习和培训的需求。

（四）其他国家

其他已经或潜在的支持来源包括加拿大、新加坡和德国。与美国类似，加拿大也是不丹教职人员和法官理想的深造之地。不丹最高法院的一名法官拥有戴尔豪斯大学（Dalhousie）的法学硕士学位，而维多利亚大学法学院则接受了 JSW 的宪法学教授攻读博士学位，并将在政府奖学金项目——伊丽莎白二世钻石禧年高级学者项目（the Queen Elizabeth II Diamond Jubilee Advance Scholars program）的资助下，与不丹进行更多学术交流。因此，加拿大的参与结合了美国和欧洲模式的元素：像美国一样，加拿大的支持由特定个人和机构发起；但同时也类似于欧洲，享有政府的支持。

即将加入的还有新加坡国立大学，该校已表达了提供帮助的意愿，并派遣了一位法律技能专家为 JSW 教职人员进行培训。另一个潜在的合作方是德国。尽管德国对 JSW 的影响力目前尚小，但其知名的学术交流服务机构——德意志学术交流中心（DAAD）（Law and Chang，2011：577 n. 267）已经赶赴不丹考察。虽然 DAAD 具备资助双边教职人员交流和为 JSW 教职人员提供奖学金的能力，但德国人面临与奥地利人相同的限制——任何支持或培训都必须以英文进行，这大大限制了他们的选择。

八、结论

不丹法律教育的起步给人们带来了一种矛盾感。这个四面被庞大邻国环绕的小国，长期以来以孤立、封闭和塑造独特身份作为国家生存的策略。然而，这个数百年来为自身存续刻意与世界隔绝的发展中国家，如今却选择了一种资源密集型的法律教育模式，该模式在设计和执行上高度依赖国际顾问和资助者。这个被称为"隐士王国"的国家采纳全球化的法律教育模式，将隔离与全球化的结合呈现得尤为鲜明，甚至不乏某种程度的不连贯乃至矛盾。然而，这一决策背后可以用政治、文化和功能性等多重因素来解释。

JSW 的建立最显而易见且最重要的解释是政治上的考量：创建本土法律教育体系很明确是国家建设战略的组成部分。虽然 JSW 可能无法实现成本效益或自给自足，但对于像不丹这样处于脆弱地位的国家，优先考虑国家建设而非精打细算是可以理解的。法律是国家的生命线，也是其治理语言，创建一所能够培养本国法律专家的机构，不仅是一种基础设施建设，也是推动国家自给自足和彰显其独特性的方式。事实上，JSW 已经成为一个塑造国家认同感的场所。尤其值得注意的是，它几乎在字面意义上成为了建构国家治理语言的核心平台：宗卡语作为法律语言的构建，正在通过 JSW 的教学过程逐步实现。

说 JSW 的创立是出于国家建设目标的驱动，实际上引出了一个更深的问题：为什么不丹认为这些目标需要通过建立一个独立且全面的法学院来实现（而非依托现有大学开设一系列附加课程）？从文化或社会学的角度来看，这一政策选择可能反映了社会学家所谓的"世界文化"的不可抗拒的吸引力——即关于国家如何繁荣发展并赢得认可的一套共同理解和预期（Meyer et al.，1997：166-168）。根据这一观点，国家的发展和教育政策往往是"约定俗成剧本的演绎"，国家作为"世界社会"的成员应学会遵循这些剧本（Id.，159，149-150，155）。如果撇开功能性的理由，一所法学院可能仅仅是每个国家都应该拥有的东西——它是任何自尊且受人尊重的国家的基本标配。可以说，国家法学院是一种"国家象征，类似国歌、国旗或纸币"（Law，2016：56）。换句话说，不丹政府资助法学院的行为至少可以部分理解为一种受标准驱动的行为。全球化的逻辑不仅仅是经济性的，也是标准性和文化性的。将 JSW 简单视为一项国家面子工程，就是低估了相关标准力量的普遍性和强大影响。

从功能角度来看，JSW 对外国模式的高度依赖也有其原因。当今任何国家从零开始构建一个完全独特的法律教育体系都是不太现实也不太明智的。这样的尝试不仅成本高昂，而且不适应全球趋势：在经济全球化日益加深的时代，独特的培训和认证体系只会让律师在跨国执业时变得更加困难。对于不丹这样的小型发展中国家，这一点尤为明显。在缺乏足够资源来构建一个可以称为本土化的法律或法律教育体系的情况下，抵制外来模式并不可行，模仿则成为必然。不丹法律教育的案例表明，全球化往往不是选择的问题，而是现实的必然。

从不丹的角度来看，其中一个关键问题是这些选择是否以及在多大程度上可能削弱国家的独特身份和传统，从而损害这些选择本身试图实现的目标。毕竟，国家身份和传统的定义不能只是全球模板的简单复制。是否存在一种天然且不可避免的张力，甚至是矛盾，夹在身份塑造和全球化之间？还是说，不丹能够两全其美，既通过法学院推动独特的国家认同，又能通过采用全球标准和实践赢得国际的认可和声誉？这正是不丹在全球化与本土化之间努力探索的核心命题。

在某种程度上，不丹确实做到了既追求全球化的法律教育模式，又保持了自主选择的空间。全球化不仅仅是简单的模仿与统一化，它还包含了竞争与多元化（Law，2008：1334-1335）。"全球化"的声音在不丹并不一致：从印度到奥地利再到美国，各方影响力各不相同，而不丹整合和协调这些影响的进程才刚刚开始。法律教育的世界如同一场自助餐，提供了多种选择，这使得不丹能够多样化地吸收外部影响。从国家建设的角度看，接受多元、对立的影响是一种合理的策略，可以有效避免来自某一特定方向（如印度）的过度影响。

全球化与本土化有时并非完全对立，而是可以相辅相成的。"全球本土化"（Glocalization）——将全球现象适应于本地条件——并非矛盾之词，而是一种普遍现象（Robertson，1995：28-29）。即便是被全球化批评者视为"反面典型"的麦当劳，也会根据各国的不同情况调整其产品，法律教育行业自然也可以采取类似的做法。尽管借鉴了国外模式，JSW 仍在课程中增设了专门针对本土需求和兴趣的内容。通过选择承担一套复杂且资源密集型课程的成本，不丹避免了必须在"具有鲜明不丹特色的法学院"和"与外界接轨的法学院"之间做出零和选择。并非所有两难问题都能靠金钱解决，但有些确实可以——至少在资金耗尽之前可以。最终形成的课程内容，虽然未必完全连贯或属原创，但无疑是独具一格的。这种结合外来与本土元素的混合模式，正是 JSW 努力实现两全之策的成果。

参考文献

Atwill, David (2018). *Islamic Shangri-L a: Inter- Asian Relations and Lhasa's Muslim Communities, 1600 to 1960.* University of California Press.

Beckett, Andy (2017). "The Degree that Runs Britain," *The Guardian.* February 23.

Bhattacharyya, Abhijit (2017). "China's Bhutan Push to Fulfill Mao's Old Dream," Asian Age. June 27. https://perma. cc/8ST8-XLTP.

Bradsher, Henry (1969). "Tibet Struggles to Survive," *Foreign Affairs.* July.

Chaudhury, Dipanjan Roy (2018). "Bhutan May Receive More Financial Assistance," *The Economic Times.* October 22. Accessed June 23, 2020. https://perma. cc/EVN5-99P7.

Constitution of the Kingdom of Bhutan (2008). https://www. constituteproject. org/constitution/Bhutan_ 2008. pdf? lang=en

Dorji, Nima and Michael Peil (2022). "Bhutan," in David S. Law et al. , eds. , *Oxford Handbook of Constitutional Law in Asia.* Forthcoming.

Kielburger, Craig and Marc Kielburger (2018). "The Unique Law School Coming Soon to Happy- = Centric Bhutan," *The Huffington Post.* June 2. Accessed June 23, 2020. https://perma. cc/U9FY-F8KG.

Kumar, Suneel (2020). "China's Revisionism Versus India's Status Quoism: Strategies and Counter-strategies of Rivals in Doklam Standoff," *Jadavpur Journal of International Relations* 24 (1): 73-100.

Law, David (2017). "Alternatives to Liberal Constitutional Democracy," *Maryland Law Review* 77 (1): 223-243.

Law, David (2016). "Constitutional Archetypes," *Texas Law Review* 95 (2): 153-244 (December).

Law, David (2008). "Globalization and the Future of Constitutional Rights," *Northwestern University Law Review* 102 (3): 1277-1350.

Law, David (2015). "Judicial Comparativism and Judicial Diplomacy," *University of Pennsylvania Law Review* 163 (4): 927- 036 (March).

Law, David and Wen- Chen Chang (2011). "The Limits of Global Judicial Dialogue," *Wash-*

ington Law Review 86（3）：523-578（October）.

Meyer, John et al.（1997）. "World Society and the Nation-State," *American Journal of Sociology* 103（1）：144-181.

Ramachandran, Sudha（2018）. "Can Bhutan's New Government Avoid Doklam2. 0?," *The Diplomat. October* 29. Accessed June 23, 2020. https：//perma. cc/8BPG-ZRVF.

Robertson, Roland（1995）. "Glocalization：Time- Space and Homogeneity- Heterogeneity," in Mike Featherstone et al. , eds. , *Global Modernities*. pp. 25-44. London：Sage.

Royal Charter（2015）. The Government of Bhutan. February 21. Accessed June 24, 2020. https：//perma. cc/3AMN-VSP9.

Schultz, Kai（2016）. "A Law School in a Kingdom of Buddhism," *New York Times*. October 9, at A6.

第十章
中国和法律教育全球化
——从未来看

作者：菲利普·麦克康纳赫（Philip J. McConnaughay），

科琳·图米（Colleen B. Toomey）

当有人问北京大学国际法学院（STL）在哪里时，回答"在未来"或许是个有趣的选择。从许多方面来看，也许这个回答是对的。

STL坐落于中国深圳，这座城市被誉为中国的"硅谷"，甚至可以说是全球领先的创新和金融中心。40年前，深圳还是一个只有不到5万人口的小渔村。深圳的转型始于1980年，当时邓小平把深圳划为中国首个"经济特区"，旨在引领改革，推动中国向世界开放。1980年至2016年间，深圳的GDP年均实际增长率高达22%，为中国之最。深圳首先从农业经济转变为制造业经济，然后从制造业转向以技术创新和服务为主的经济体。如今，深圳的人口接近两千万，并成为腾讯、华为、平安、大疆无人机、华大基因、比亚迪和中兴等全球领先的科技和金融服务巨头的总部所在地。

深圳是离香港最近的内地城市，西市仅需几分钟路程。两者都位于中国珠江三角洲的入海口处，珠江在此流入深圳湾和南海。珠三角的九大主要城市——广州、深圳、东莞、肇庆、佛山、惠州、江门、中山和珠海——通过庞大的现代化基础设施互联互通，包括公路、铁路、电信、能源和水利系统。一座长达55公里的港珠澳大桥把香港、澳门与珠海连接起来，从而通过高速公路和隧道实现整个珠三角的全面互联互通。世界银行将珠江三角洲认定为全球最大、人口最多的单一都市区（World Bank Press Release，2015），这一不断发展的"超大城市群"预计将因"人类历史上最快的城市扩张"而达到八千万的人口规模（The Guardian，2017；Satellite Images，2017）。

深圳与香港的经济一体化，乃至整个珠三角的经济整合，似乎已是不可避免。被誉为中国"华尔街"的深圳-香港联合金融服务区即"前海"，市值达数万亿美元，目前已有超过 12.5 万家注册企业，每周还有数百家来自全球的公司在此注册（Yiu，2017）。同样雄心勃勃的"落马洲河套创新科技园"项目位于深圳-香港的边界地区，预计将进一步扩展该地区的高科技孵化能力（Khan and Curran，2017）。深圳与香港的交流已经如同一个单一的综合经济体在运作。

深圳及珠三角地区也是中国"一带一路"倡议的重要门户，该倡议旨在大规模复兴和扩展跨欧亚大陆的"丝绸之路"。"一带一路"倡议反映了中国希望与西部国家——主要是中亚、南亚、东南亚、欧亚大陆及东非国家——深化经济联系的愿望，同时也是中国面向 21 世纪的外交政策。该倡议包括中国主导的 1.3 万亿美元投资，用于建设道路、高速铁路、通信网络、管道和港口等基础设施，将中国与中亚、南亚、东南亚、欧亚大陆和东非地区连接起来。"一带一路"倡议被称为"全球化的新面貌"（Brinza，2017）。

这些发展对 STL 的法律教育方式产生了深远影响。STL 最初作为一个"实验"项目，于 2007 年获得中国国务院特别批准，设立中国唯一的美国法学博士（JD）项目。[1]最初，法学院的目标是获得与美国法学院类似的 ABA 认证。然而，当 ABA 在 2012 年决定不将其认证权限扩展到美国和波多黎各以外时，STL 不得不重新审视其使命。虽然 STL 毫无疑问会继续提供一个高度符合 ABA 标准的顶级 JD 项目，但我们也希望扩展 STL 的教育使命，更好地反映深圳及珠三角正在发生的非凡发展，并致力于培养一支与最先进国家同样具备竞争力的中国法律职业队伍。

最初，我们将重心转向 STL 的中国法学硕士（JM）课程。该课程最初添加到 JD 项目中，主要是为了满足监管要求，而非作为一个具有战略意义的教

---

　　[1]　国务院第十号令［2007］第 46 号。从技术上讲，国务院授权北京大学设立并颁发"国际法学硕士学位"，即字面上的"国际法律硕士学位"。"法学硕士"（JM）在中国是一种公认的法学研究生专业学位。而"国际法学硕士"的授权被理解为美式法学博士（JD）学位。STL 的 JD 课程全部以英文授课。

育目标。[1]我们邀请了中国著名的民法和法律教育学者、北京大学的葛云松教授，协助我们修订 STL 的中国法课程内容及教学方法，以获得与 JD 课程类似的专业素质和技能。经过这些修订我们认识到，尽管中国的法律和民法典还反映了大量的习惯法、苏联法以及其他先进立法的影响，但这些变化显著提高了 STL 中国法律课程在其与 JD 课程关系中的重要性，正如深圳与香港并置的法律传统之间的对应关系一样。

实际上，深圳与香港经济一体化的进程为 STL 双学位课程提供了可观察的实例，展示了中国法与普通法传统的直接交融，也可能为两者的共同演化提供预览。中国正在前海试验新兴法律体系，目的是探索最有利于来自根本不同法律传统的各方进行经济交流的法律规则和实践。例如，前海的法院中既有内地法官，也有香港法官；一个专门的前海机构负责研究可为中国的多国交流法律体系演化提供借鉴的外国法律；深圳和香港的证券交易所正在加强联系，推动一个更加统一的监管体系的形成；而华南国际经济贸易仲裁委员会（深圳国际仲裁院）则专门为多法律体系纠纷创建了新的仲裁员小组和程序规则。

中国的"一带一路"倡议同样伴随着建立跨国法律机构的努力，旨在促进中国与"一带一路"共建国家之间的交流。不过，与深圳－香港的交流不同，中国与"一带一路"国家的交流往往涉及完全非西方法律传统的当事方，或者至少是混合法律传统的当事方。例如，位于深圳的中国国际商事法庭（CICC）和深圳国际仲裁院都进行了专门的程序调整，以适应混合法律传统的争议解决需求。

虽然尚不清楚深圳与香港的经济一体化以及中国与"一带一路"共建国家日益增长的交流将产生哪些新的跨国商业和法律实践及规则，但可以确定的是，新的实践及规则将不断涌现，并且将受到中国及其他非西方传统的深刻影响，它们也将成为中国乃至全球并行发展的预览，随着中国全球影响力的持续增长，这种趋势将愈加明显。

可以肯定的是，西方法律传统——在英美和欧洲国家中实践的普通法和

---

〔1〕 尽管国务院对"国际法学硕士"（Fa Lv Shuo Shi）的授权被理解为指美式 JD 学位，但北京大学内部仍然存在一些担忧，认为如果没有同时授予一个官方认可的法学硕士（Fa Lv Shuo Shi），JD 学位可能无法颁发。因此，STL 的中国大陆学生必须同时学习两个课程。STL 的 JM 课程主要以中文授课。

民法体系——不会轻易失去其重要地位。与美国、欧盟、英国、加拿大和澳大利亚的国际贸易可能会持续增长，而这也意味着西方法律传统的影响力将继续存在。然而，中国与非西方世界的互动，尤其是与非洲及"一带一路"共建国家的交流，正以前所未有的力度挑战着围绕西方法律传统的全球法律趋同假设。正如哈罗德·伯尔曼（Harold Berman）所预见的，这或许预示着一个新法律传统的形成，即"一个多元文化的东西方、南北方共同塑造的新世界法律传统"（Berman，2000：763）。

法律教育必须为新一代律师做好准备，使其能够预见并应对这些发展。本章通过 STL 的独特教育项目，探讨应对这一挑战的途径。第一部分简要回顾了 STL 的初衷与目标，以及 ABA 的决定如何阻碍了这些目标的实现。第二部分分析了 STL 向中国法律课程的转变，以及其在中国乃至整个亚洲法律教育中产生的影响。第三部分探讨了深圳-香港一体化、大珠三角地区法律发展以及"一带一路"倡议对 STL 法律教育项目及全球法律教育可能产生的影响。第四部分简要分析了 STL 作为中国大学所拥有的优势以及面临的挑战。

一、STL 的起源

中国和深圳很早就意识到，深圳及珠三角的可持续经济发展在一定程度上依赖于研究型大学的存在，以培养高素质的劳动力并推动技术创新。其目标是通过聚集顶尖大学和科学家、企业以及地方支持政策，重现加州硅谷、波士顿 128 号公路、得克萨斯州奥斯汀等美国科技中心的崛起模式。早期纳入规划的研究型大学包括中国的三所顶尖学府——北京大学、清华大学和哈尔滨工业大学。这三所大学最终都同意在深圳建立校区，深圳市政府为此提供了几千英亩的黄金地段作为"大学城"校区供它们共享。

北京大学"深圳研究生院"的早期校长之一是著名的发展经济学家海闻教授，他在北京大学著名的国家发展研究院的创建中发挥了重要作用。正是海闻提出了在北大深圳校区设立一个独特的法学院的想法。这个法学院将提供全英文的美国 JD 课程，学术水平要与美国最顶尖的法学院相媲美，并且学费和费用将远低于中国学生去美国接受法学教育所支付的费用。此外，STL 的毕业生将在职业机会方面享有同等优势，目标是让 STL 的毕业生"走出校门，就能为保罗·黑斯廷斯（Paul Hastings）、安睿（Akin Gump）等类似的律所工作"（Lehman，2012）。

2007 年，北京大学"深圳研究生学院"及其校长海闻成功获得了中国国务院的授权，在中国设立这样的美国 JD 项目。他们招募了前康奈尔大学校长兼密歇根大学法学院院长杰弗里·雷曼（Jeffrey Lehman）担任 STL 的创始院长。2008 年，STL 招收了首批学生。STL 的初创目标除了提供与美国顶尖法学院相媲美的 JD 课程并将毕业生输送至美国领先的律师事务所之外，还包括获得美国律师协会的全面认证。对于那些潜在雇主来说，还有什么比 STL 毕业生成功完成与美国顶尖法学院同样严谨、严格的课程更好的证明呢?[1]

因此，创始院长雷曼着手创建一个符合 ABA 标准的法学院。JD 课程的任课教师主要是从哈佛大学、斯坦福大学、纽约大学、芝加哥大学和密歇根大学等美国顶尖法学院招募的访问教授，此外还包括几位业内备受尊敬的美国法律专家，其中有两位曾担任 ABA 主席。学术日历由六个为期五周的板块组成，专门设计以适应这些学者和专家短期访问的时间安排。法学院还招募了一支小型常驻教师团队，成员同样是享有盛誉的学者和专家，其中包括几位能够说服 ABA 的美国籍学者。[2]此外，法学院还邀请美国顶尖法官和政府官员进行客座讲座，以补充常规课程内容，帮助 STL 学生了解美国政府和司法系统的实际运作。

尽管 STL 是一所新建的法学院，招募具备英语水平足够优秀的中国学生并不特别困难。北大[3]是中国首屈一指的综合性研究型大学，公认为世界顶尖学府之一。成为北大学生是数百万中国年轻人的梦想，而随着小学和中学英语课程的普及以及电视和互联网的广泛使用，中国学生的英语水平也在稳步提升。因此，STL 有幸能够吸引到具备能力应对全英文授课的高强度 JD 课程的学生。

由顶尖的美国教授和专家来教授优秀的中国法学生，正如计划那样取得了成功。来访的美国教授们热情地谈道 STL 与他们所在法学院的比较，顶尖的美国专家在将 STL 学生与他们的美国年轻同事进行比较时也表达了类似的

---

〔1〕 这一目标与全球范围内法律教育日益"美国化"的趋势相一致。日本和韩国近年宣布设立了研究生层次的 JD 学位，澳大利亚、加拿大、新加坡、印度和菲律宾的大学也纷纷效仿，其他国家也在考虑采取类似举措（Lubbers, 2010; Kim, 2012; Silver, 2014）。

〔2〕 STL 的首批常驻教师团队包括一位曾担任美国律师协会法律教育部门副主任的学者、两位曾为美国最高法院法官担任书记官的顶尖专家，以及两位国际知名学者。

〔3〕 "北大"是北京大学的口语简称，源于"北京"（Bei）和"大学"（Da）的首字组合。

热情。哈佛大学法学院教授查尔斯·奥格尔特里（Charles Ogletree）评价道："STL 的学生非常优秀……我确信我在那里教授的年轻人会成为出色的类似美国的律师。"美国联邦地区法官艾伦·赛格尔·赫维尔（Ellen Segal Huvelle）认为："我发现 STL 的学生对美国法律体系的文化、价值观和伦理有着敏锐的理解力。他们对我们法律体系的热情，甚至超过了美国法学院学生。"前美国律师协会主席罗伯特·赫希森（Robert Hirschon）表示："我在 STL 教授的学生讨论的案例和阅读的教材与我在密歇根大学和弗吉尼亚大学教授的学生相同。我可以毫无保留地说，STL 的学生对美国法律体系的文化、价值观和伦理的理解，与我在美国教授的外国法学生相当。（ABA Accreditation Comments 2012）"。深圳市政府也大力支持 STL 的创立，同意资助由纽约顶尖建筑公司 Kohn Pederson Fox（KPF）设计的一座为法学院量身打造的标志性建筑。

雷曼顺势而为，于 2010 年 10 月 15 日致信 ABA，宣布如果 ABA 采纳两个月前特别委员会的建议，将其认证制度扩展到美国以外的法学院，STL 将寻求 ABA 的批准。[1]在 STL 任教的美国学者、专家和法官以及在中国运营的美国律师事务所和法律服务公司中，支持声浪迅速高涨。负责全球推广法律数据库 Westlaw 的汤普森·韦斯特（Thompson West）的全球法律战略师宣称："我非常有信心 STL 会获得 ABA 的认证。专攻美国法律的中国学生将有助于维持国际贸易的增长……这意味着更多的就业、交易和机会。"安睿律师事务所北京办事处的负责人解释道："对我们来说，这非常重要。因为我们依赖中国律师，而大多数中国律师不得不前往美国攻读法律学位"（Mendoza，2009）。

但很不幸，特别委员会的建议恰逢美国法律服务和法律教育市场经历了前所未有的衰退（Wald，2010）。因此，在委员会建议 ABA 开始认证外国法学院后仅一个月，美国律师和法学院院长们便开始致信 ABA，强烈反对这一提议。一位专家写道："这是一个荒谬的提议，我坚决反对……美国市场已经充斥着律师……我们不需要更多的律师，而是需要更少的律师"（Grogin letter，ABA Accreditation Comments，2012）。美国法学院的院长、教师和学生反

---

〔1〕 2010 年 6 月 10 日，ABA 法律教育与律师资格委员会成立了一个"根据 ABA 标准寻求认证的外国法学院特别委员会"。该委员会于 2010 年 7 月 19 日发布的报告建议，委员会应继续对符合 ABA 标准的美国境外法学院进行认证，前提是"课程主要侧重美国法律，教学主要使用英文，且教师大多数是获得 ABA 认证法学院 JD 学位的毕业生。"（Report of Special Committee on Foreign Law Schools Seeking Approval under ABA Standards.）

对外国法学院认证对美国 LLM 项目、美国法律服务就业市场以及 JD 学位价值的潜在影响。毋庸置疑，这些群体也表达了超越单纯保护主义的关切，例如担心外国法学院无法让学生"融入美国价值观"，以及 ABA 认证资源可能被稀释的风险——但保护主义似乎是反对意见的核心，这种反对情绪几乎与当时美国法律服务和法律教育市场的萎缩速度一样迅速增长（ABA Accreditation Comments，2012）。

在美国，普遍认为 STL 的使命有两个：（1）向美国法律服务市场大量输送具有美国律师资格的中国律师；（2）通过在中国以远低于美国法学院的费用提供教育，减少外国学生申请美国法学院的机会。在这种保护主义的喧嚣中，有一种现实的可能性被忽视了，即 STL 将通过在海外推广美国的法律实践惯例，也会扩大全球对美国法律服务的需求。

距离特别委员会提出建议将近两年后，ABA 法律教育与律师资格委员会以 15 票赞成、0 票反对、2 票弃权的结果，决定不推进对外国法学院的认证。西敏寺大学（伦敦，the University of Westminster）的约翰·弗拉德教授（John Flood）的说法反映了当时的主流观点："这一决定是由……美国的法律从业者推动的，他们担心外国人会在萎缩的法律市场中抢走美国人的工作"（Favate，2012）。

大多数观察者都将 ABA 的决定视为敲响了 STL 的"丧钟"，包括北京大学内部的许多人也持有同样的想法。然而，创始院长雷曼并不这么认为。他宣称："不再需要担心 ABA 的认证后，STL 现在可以更专注于一个终极问题：什么样的教育能最好地为培养专业人才做好准备，以服务于未来几十年的全球化进程——经济、社会和政治——可能会持续加速的世界"（Lehman，2014）？

二、STL 的转向：中国方向

STL 最初是一所仅提供 JD 课程的法学院，并未开设中国法学硕士（JM）课程。此外，尽管 STL 在成立后不久开始了 JM 项目，但这主要是由于监管上的复杂问题，导致了其无法单独授予 JD 学位，而必须同时设置 JM 课程，并非出于主动意愿开设了 JM 课程。STL 的首要任务始终是提供一流的 JD 课程。JM 课程在最初只是辅助性的，主要安排在周末并由访问教授长时间授课。在 STL 成立的最初几年，只有一位常驻的中国教授。

这种情况已经发生了变化。在 ABA 作出决定后，STL 迅速将充实中国法课程作为战略重点，增聘常驻教授，并以培养专业技能为目标，达到与 JD 项目相同的标准。[1]目标是让 STL 的学生在中国法律实践中获得与 JD 项目培养的同等技能：严谨的分析思维、从多角度看待问题的能力、创造性地解决复杂问题的能力，以及口头和书面表达中的说服力。

然而，中国其他法学院的法律教育尚不能为 STL 提供一个可借鉴的理想模式。目前，中国的法律教育仍以理论性教学为主，通常是面对大量学生的单向授课，有时一次讲授几百人。法律学习中案例教学法尚在发展中，专业技能的培养也不是重点（Weidong，2004）。在某种意义上，STL 对其中国法课程的改革正在为中国创造一个全新的法学硕士（JM）教育模式。

毋庸置疑，要在 JM 课程中实现与美国 JD 课程类似的学习成果，还存在一些内部阻力。一些中国法律与德国法律有一定相似性，而德国法律教育与普通法系法律教育的目标差异众所周知。"现代德国法学的基本方法是试图将某一法律分支的所有法律内容构建成一个逻辑一致严谨的体系，围绕少数关键的……法律基本原则组织起来，所有具体的法律规范都可以从中逻辑推导"（Grote，2005：167）。在德国，法律条文——即"Gesetz"——是所有法律的基础概念（Maxeiner，2007：556）。在私法背景下，法律问题的解决遵循严格规定的、逻辑化的逐步展开的方法（Wolff，2004：22-23），很少受到政治、经济和社会因素的影响（Grote，2005：177-178）。

相比之下，受普通法传统教育的律师"对法律作为一个内部一致的规则体系的观念持更加怀疑的态度"（Grote，2005：164）。"美国的成文法很少像大陆法国家那样全面或系统。法条解释理论也没有大陆法系那么精细或严格"（Grote，2005：180）。此外，政治、经济和社会因素往往在影响司法解释的论据中起着核心作用。

因此，简单地将美国 JD 课程中成功的教学方法——案例教学法、小规模互动课堂中的苏格拉底式提问，以及沉浸式学习——直接移植到 JM 课程中，

---

〔1〕　在美国律师协会 2012 年的决定之后不久，创始院长雷曼离开 STL，成为纽约大学上海分校的创始副校长。2013 年，菲利普·麦克康纳赫（hilip McConnaughay）接任院长。麦克康纳赫曾任宾夕法尼亚州立大学法学院院长、宾州州立大学国际事务学院创始院长、伊利诺伊大学厄巴纳-香槟分校法学院教授，以及 Morrison & Foerster 律所的合伙人，常驻香港和东京。他带领 STL 转向中国及其他非西方地区的发展。

这不一定对学习中国法律有帮助。

尽管中国法律与德国法律有一定相似性，但实际上，中国的立法在德国的"法律确定性"和美国的"法律不确定性"之间找到了某种平衡（Maxeiner，2007：541-542）。中国立法反映了"多种不同法律传统的影响，不能简单地将其视为属于任何'传统'法系；中国是一个'混合法域'"（Li, Li and Hu，2017；Wolff 2004：38）。此外，"中国的成文法并不总是像预期的那样清晰，某些法律领域还未完全编纂法典"（Wolff，2004：47）。

因此，德国精确的"逐步展开式"私法问题解决方法对于中国的法律教育和法律实践而言并不足够。解释和论证对于中国法律的发展至关重要（Ge Yunsong, September 9, 2015, email message to authors）。与此同时，由于中国是综合的成文法体系，而非结合成文法与判例法的普通法体系，如何正确适用法律条文的方法论显然对于中国的法律教育和法律实践至关重要。

STL的中国法教授试图通过结合两种教学方法来实现这些教学目标：（1）采用德式案例教学法，强调严格的逐步展开式法律适用方法论；（2）在课堂上进行紧密的互动交流和苏格拉底式提问，以揭示法律条文中的歧义和遗漏，提出不同的解释，并探讨各种解释可能的经济、社会和政策基础。案例教学在中国法律教育中代表着重要的进步，这一进步得益于近年来司法判决公开的逐步实现（Xinhua News，2013）。正如一位STL教授所解释的那样："案例教学要求课堂教学从传统的知识讲授转变为更具互动性的教学。尽管互动教学有时看似效率较低，但在帮助学生理解法律问题和法律思维的复杂性和微妙性方面更加有效。通过这种方式，案例教学促使学生专注于培养批判性阅读与写作的基础能力，以及分析事实和解释规则的专业技能"（STL Professor Mao Shaowei, September 9, 2015, email to authors）。

当然，基于案例教学法的互动课堂只有在小规模班级中才能有效运作，因此相较于对几百名学生进行单向讲授的课程，这类课堂往往成本更高。但对学生来说，回报也是显著的。学生们很早就能体会到这种差异（STL student essays on ffle with authors）：

学习法律对我来说是全新的、陌生的，和我以往的教育方式完全不同。这里的教授使用苏格拉底式教学法，他们会点名提问，你需要回答。起初，我觉得这很低效——为什么他们不直接讲授呢？但很快我就明白，这不仅仅是效率问题，而是一种自我学习的方式。通过教授的提问，你学会了自我教育。通过这种反复的提问和回答，他们在培养你分析问题的能力……STL 的教授是在训练你的思维。

STL 对我最有吸引力的部分是它的教学方法，注重激发思考而非灌输知识……教授不会对任何答案给出肯定或否定的评价，而是要求学生进行更广泛、更深入的思考。苏格拉底式教学法给我留下了最深的印象。我更加清楚地认识到了 STL 与传统中国法学院的区别——在 STL，主动性和批判性思维得到了极大的重视。虽然在 STL 的四年学习中注定充满挑战和压力，但我也明白了，学习法律可以是一件有趣而令人兴奋的事情。

STL 对中国法课程的改革是迈向实现与西方最先进国家法律职业体系相媲美的重要一步。STL 的双学位项目为跨国事务中的法律服务提供了一个全新层次的平台。

三、深圳及其他非西方地区的影响

STL 法律教育项目的下一阶段，重点是结合普通法课程与中国法课程的元素，以回应区域和国际上同步发展的趋势。为此，笔者从深圳与香港日益经济一体化中的进展中汲取指导，特别是中国在深圳-香港联合项目中的法律机制和新制度的探索，如前海服务业区和落马洲河套科技园。这些项目很可能预示着中国未来的法律发展方向，并对全球跨国法律发展产生影响。

深圳作为深圳-香港关系中的一方，既是一个经济奇迹，又带有几分神秘色彩。传统经济理论认为，经济增长依赖于有效的协议执行和明确产权的司法保护（North，1991：477；Qiao and Upham 2017：4）。而深圳在这些方面显然并不完全是这样的，至少其当时没有一个综合而全面发展的商法和产权法体系、成熟的监管机构、可靠且专业的司法体系或完善的法律职业。直到20世纪90年代初，这些方面仍然处于萌芽阶段。[1]

---

〔1〕 20 世纪 90 年代，《中华人民共和国律师法》开始要求具备大学学历才能参加国家司法考试（即律师资格考试），而《中华人民共和国法官法》和《中华人民共和国检察官法》也对法官和检察官提出了类似的要求。然而，即便如此，法律培训或教育并非必需，到目前为止也仍然不是强制要求。尽管过去十年在三大职业群体的职业化方面取得了巨大进展，但仍有大量人员在培训或经验方面不具备相应资格。参见 "Susan Finder 解构中国法院系统"，2017 年 7 月 3 日，《新镜（国际版）》，路透社，https://international.thenewslens.com/article/72415（关于中国司法系统的职业化进程）。

尽管存在这种"缺陷"，深圳的经济增长和扩张依然取得了惊人的成就，并持续向前推进。以 2018 年为例，深圳的 GDP（国内生产总值）增长率为 8.8%，超过了新加坡，并领先于中国大陆的所有其他城市（Hua，2019）。深圳还继续以超过大多数其他城市和国家的速度进行研发投资，每年超过 GDP 的 4%（He and Gan SCMP，2016）。世界知识产权组织（WIPO）在 2017 年 6 月的全球创新指数（GII）中宣布，深圳-香港已经超越了加利福尼亚的硅谷（Shenzhen Daily，2017）。《经济学人》将深圳称为"世界上最具创新性的城市之一"，指出深圳单独贡献的高质量国际专利数量超过了英国或法国，且深圳每年几乎占中国国际专利申请量的 50%（The Economist，2017）。

深圳的惊人增长让各方观察人士和政府官员发出了唯一的重要警告是：需要建立维持这一经济奇迹所必需的法律框架。[1]

香港的经济历史在基本方面与深圳极为相似，但也存在显著差异。与深圳一样，香港从海边的一个小渔村转型为全球领先的金融中心，并逐渐发展成为金融科技的中心。然而，香港的经济崛起伴随着一个成熟的法律体系的移植及同步发展。

香港的法治传统、商法体系、法院、监管机构和法律职业群体是全球最完善、复杂且可靠的，而深圳及整个珠三角的法律体系，尽管在职业化、可靠性和独立性方面取得了进展，却仍有很大进步空间。

中国对在深圳进行法律制度实验的开放态度表明，该地区未来的法律基础设施很可能会融合中西方的特点。这一点最明显的例子是前海，前海被称为中国版的"华尔街"，是价值数万亿美元的"深港现代服务业合作区"（Qianhai，http://www.szqh.com.cn）。例如，由深圳市司法局支持的"蓝海法律查明和商事调解中心"（Benchmark Chambers International，BCI，http://www.bcisz.org/eng/）负责研究可为前海及珠三角未来法律框架提供借鉴的外国法律。设立在深圳的最高人民法院第一巡回法庭正在探索将香港商法作为前海合同适用法的潜在意义。前海深圳市中级人民法院的审判团队中包括来自香港的法官，由其审理涉及香港的案件（Liu and Li，2018）。此外，深圳的

---

〔1〕 深圳市原市长兼市委书记许勤曾表示："城市越早改善其法律环境，我们越有可能确保持续的竞争优势。"（参见 http://www.wantinews.com/news-6242221）。这一观点并不新鲜。经济现代化与法律现代化的相互依存关系，正是邓小平将深圳设为中国首个经济特区时的核心愿景之一（Delmas-Marty 2003）。

华南国际经济贸易仲裁委员会（South China International Economic Trade Arbitration Commission）已从中国国际经济贸易仲裁委员会（CIETAC）中独立出来，部分原因是为了确保其灵活性及对前海和珠三角地区独特法律环境与多国争议的快速响应。广东省还获得了特别许可，允许内地与香港的律师事务所及律师建立合作伙伴关系，而这种模式在中国其他地区尚不可行（Guangdong Pilot Scheme）。此外，香港律师会（Law Society）发布了一份研究报告，探讨香港律师在前海法律职业发展中的角色（Law Society Working Paper）。

关于中国与西方法律和商业传统如何融合的例子，可以从近期关于合同实践、不动产交易和争议解决的实地研究中窥见一斑，特别是在深圳和珠三角等中国的主要市场当中。虽然本章不深入讨论这些研究，但显然，中国传统上由关系因素（即"关系"或"guanxi"）主导的商业实践，已经大规模转向更加正式的交易机制，包括非个人化的书面合同。然而，关系因素在合同和交易的制定、履行及治理中仍然发挥着重要作用。有学者在研究合同法、公司法、金融法与中国近年来经济增长的关系时，发现市场参与者的态度验证了这一点（Chen, Deakin, Siems, and Wang, 2017：20, 25-27）。以及在研究中国及深圳的不动产交易市场时也得出了类似结论（Qiao and Upham, 2017：35-37）。而阿里（Ali, 2010）则指出，亚洲当事方的商业争议解决偏好与西方当事方的传统偏好之间依然存在明显差异。

这些研究揭示了律师和法律学生在处理跨文化和跨法律体系问题时的复杂挑战。尤其是，在一些商业传统中，法律和合同条款被视为决定履约和结果的关键（即"法律的可预测性"），而在另一些传统中，这些却往往从属于关系和实际操作。举个例子，尽管中国和西方在使用书面合同上似乎逐渐趋同，但在涉及中国或其他重视关系的传统交易中，为了增强商业稳定性，可能需要减少西方合同中那些过于详细和死板的条款（即降低"法律的可预测性"）。例如，合同条款可以引入"诚信调整义务"，要求在面对变化或不可预见的情况时灵活调整，而不是对未来可能发生的情境作出严格规定。此外，合同中的法律选择条款可以将衡平原则作为适用的规则，而不仅仅是指定具体的法律体系。而争议解决条款可以设计得更加灵活，比如允许调解和仲裁由同一决策者进行结合操作。通过这些调整（McConnaughay, 2001：n. 82 at 447），可以更好地适应不同文化和法律体系的商业交易。

中国在"一带一路"共建中的基础设施投资和对交流的重视——深圳和

前海被指定为战略支点[1]——为可能的新国际交流法律机制增添了进一步的复杂性。"一带一路"倡议有两个主要组成部分：陆上丝绸之路经济带和海上丝绸之路。陆上部分包括五个主要经济走廊：（1）中蒙俄经济走廊；（2）中国–中南半岛经济走廊； （3）孟中印缅经济走廊； （4）中巴经济走廊；（5）中国—中亚—西亚经济走廊。海上部分从中国延伸至东南亚、南亚沿海、阿拉伯半岛、东非并进入地中海。值得注意的是，"一带一路"共建国家拥有非西方或混合法律传统，通常是殖民或现代化时期采用的大陆法或普通法体系，同时也保留了强烈的宗教法（如伊斯兰教）、苏联法和习惯法传统。[2]

中国正在为"一带一路"倡议进行法律基础制度的开发工作，旨在确保建立一个能够支持可持续经济交流的跨国法律体系。例如，中国国际商事法院（CICC）的设立部分是为了应对涉及"一带一路"交易的争议解决服务日益增长的需求（Finder，2018）；国际商会"一带一路"仲裁委员会也因类似原因成立（Bermingham，2018）。前海的 BCI 除了负责研究可能对前海和珠三角未来法律框架有借鉴意义的外国法律外，还被赋予了研究"一带一路"共建国家在外贸、投资、工程合同、知识产权、劳务输出、税收及外汇管制和海关等方面不同法律体系及其实践的任务。BCI 执行主任肖璟翊表示："该项目将成为首个专注于'一带一路'共建国家法律信息的中文法律库。这是中国法治创新的又一重大探索"（Shenzhen Daily，2017）。[3]

中国与"一带一路"共建国家日益深化的关系预示着非西方力量将对商业和法律实践及原则的发展产生重要影响，无论是在该地区还是全球范围内。类似的影响也可以从中国的全球经济崛起以及其他并行发展的趋势中看到，

---

〔1〕 "前海-蛇口新规划绘制"，2017 年 7 月 17 日，《深圳日报》。深圳单独计划在 2020 年与"一带一路"共建国家的贸易额超过 1650 亿美元。《中国经济重镇深圳依靠研发推动其迈向新高度》，载《南华早报》2016 年 1 月 31 日。

〔2〕 非西方国家在西方式商业法典和法律制度与实际法律和商业实践之间的规范"差距"已有广泛记录。参见 McConnaughay，2001：427，n.113 和 455–456；Potter，1995：2；Shaw，1980：318（"研究传统亚洲法律体系如何应对并在条约国要求的'西化'改革下经常得以持续的工作刚刚开始。"）有关美国生成的国家法律体系列表，请参阅 https://www.cia.gov/library/publications/the-world-factbook/fields/2100.html.

〔3〕 香港律政司前司长袁国强（Hon. Rimsky Yuen）以及香港律师会在 2017 年 5 月 12 日指出，香港律师会为"一带一路"交流的跨国法律基础制度建设作出了努力："为'一带一路'经济体提供强有力的法律服务的共同努力，将有助于构建一个跨国法律秩序，从而促进国际层面的法治，最终推动人类进步。"

例如非西方或混合法律传统国家法律职业的成长，以及非西方侨民间日益增长的全球商业交流。总体来看，这些发展表明，以西方法律传统为中心的全球法律趋同假设将不可避免地被颠覆，取而代之的是更大的法律多样性，或者一种完全不同形式的法律趋同。[1]

STL 通过多种方式应对这些发展对法律教育的影响。首先，STL 努力在课程中深入研究主要"一带一路"共建国家的法律体系，以及涉及非西方当事方的交易与商业争议解决。例如，有一门课程专注于中国与非洲交易中的商业争议解决和仲裁；另一门课程则概览伊斯兰法律及其传统；还有一位来自哈萨克斯坦的访问学者开设的课程，概述独联体（CIS）成员国的法律体系，包括亚美尼亚、白俄罗斯、哈萨克斯坦、摩尔多瓦、俄罗斯、塔吉克斯坦、土库曼斯坦、乌克兰和乌兹别克斯坦。此外，还有一门课程探讨最高人民法院在中国司法改革中的举措，特别是与"一带一路"及其他国际交易相关的专门法院和法律适用规则的建立。

其次，STL 正在招募研究跨国治理新兴机制的学者加入常驻教职团队。这些学者的研究重点是由跨国公共、私营、国家及国际主体网络共同推动的跨国规范和监管结构，这些机制在气候变化、技术转让、食品安全、能源及自然资源保护等跨国问题上，独立于国家政府行动之外发挥作用。

最后，STL 鼓励教师在现有课程中加入与"一带一路"交流尤为相关的视角。主要的区域和国际律师事务所也在进行类似的工作（Cremer，2016）。

四、作为中国大学的一部分的优势与挑战

创建 STL 是中国和北京大学的一项大胆举措，对中国法律教育和法律职

---

〔1〕　正如马丁·雅克（Martin Jacques）在其鸿篇巨制《当中国统治世界》（When China Rules the World，2012 年，第 560 页）中所预测的那样："随着中国的崛起，西方的普世主义将不再是普世的——其价值观和世界观的影响力将逐渐减弱。西方将不得不从中国的见解和特质中学习并加以借鉴。……全球西方式的法治并非铁定会成为未来的全球标准。"澳大利亚前总理陆克文（Kevin Rudd）在 2018 年 3 月 5 日于西点军校的毕业典礼致辞中也表达了类似观点："中国很快将取代美国，成为世界上最大的经济体。中国将开始挑战美国的地区军事主导地位，但不会是全球范围内的主导地位。中国还在联合国框架之外创立了如亚投行（AIIB）等新的多边机构，并持续扩大其在欧洲和亚洲的战略与经济影响力。习近平明确表示，中国的角色并不是简单地复制当前由美国主导的自由国际秩序。……中国对未来可能对国际规则体系做出的改变保持开放态度。拥有一种基于规则的体系，而非简单的混乱，是深植于中国政治意识中的理念。……但重要的是要记住，'秩序'这一混乱的替代品，并不一定是美国式的秩序。"原文网址：http://kevinrudd.com/blog/2018/03/05/kevin-rudd-speaks-to-the-us-military-academy-west-point-understanding-chinas-rise-under-ji-xinping/.

业的高端化发展具有巨大推动力。STL 在本质上与中国其他法学院完全不同：它采用了美式普通法的 JD 课程体系，对中国法律教育采取了创新方法，并为研究生提供严苛的职业导向教育。这些特点显然超越了中国传统的本科法律教育——将法律视为一门社会科学的学习方式，以及仍处于起步阶段的法律硕士（Juris Master）项目（需区分于一些顶尖中国大学提供的卓越学术型 LLM 和法学博士项目）。

在许多方面，STL 的实验已经取得了显著成果：随着 STL 知名度的不断提高，来自中国顶尖大学毕业生的申请需求呈指数增长；此外，STL 毕业生职业发展的表现也堪称卓越。在 STL 的六届毕业生中，几乎 100% 的学生在毕业时就已被顶尖的中国及跨国律师事务所录用（如君合、方达、金杜、世达、威尔默·卡特、柯克兰·埃利斯、慕森·福斯特、保罗·韦斯、赫伯特·史密斯、富而德等）；或者进入领先的中国及跨国企业和金融机构（如华为、通用电气、腾讯、平安、百度等）；抑或是加入顶尖的国有企业和政府机构（如中石化、中国国家开发银行、中信证券、中国铁路国际、外交部、中国国际经济贸易仲裁委员会、多个省级政府及检察院等）；以及国际组织、非政府组织和公益机构（如联合国难民署、亚洲开发银行等）。此外，STL 的毕业生中有志于学术事业的也取得了优异的成绩，他们被耶鲁大学、哈佛大学、斯坦福大学、芝加哥大学、巴黎政治学院、欧洲学院（College of Europe）等世界顶尖高校录取攻读博士学位。

STL 在中国法律教育中独特的教学方法引起了其他中国法学院的高度关注，无论是模仿还是独立探索，类似的尝试和发展也越来越多。此外，STL 在国际上的关注度也非常高。欧洲法律院校协会（European Law Faculties Association）在其 2015 年年会上邀请 STL 作专题介绍，2016 年俄罗斯圣彼得堡国际法律论坛（St. Petersburg International Legal Forum）这一享有盛誉的活动也对 STL 发出了类似邀请。同时，STL 还接待了来自美国法学院、美国司法界以及总部位于美国和英国的多家知名律师事务所持续稳定地访问。

然而，STL 也面临一些挑战。其中最主要的问题是，未能在管理上做出必要的改变以适应这一截然不同的法律教育模式。换句话说，学校似乎在决定开展 STL 这一大胆实验时，忽略了修改现有规则的必要性，而这些规则原本是为了确保符合传统教育模式而设计的。

例如，在中国，法律在传统上被视为社会科学，受到与文科和理科研究生学位相同的学术规则和论文要求的约束。这导致适用于法律专业学位项目的学术规则与那些用于培养研究型学位的规则有所不同，甚至有时相互冲突。这种情况类似于在美国，如果大学坚持其法学院遵循研究生院的规则而非ABA标准和职业执照要求，就会出现类似的冲突。

这种差异有时可能直接影响到教师和院长的职责与权力，这对专业学位课程的完整性和设计至关重要，尤其是在那些旨在符合美国及其他国际职业执照标准的项目中。当这种紧张关系威胁到法学院的核心价值时，STL通常能够找到解决办法。

另一个STL与既有政策不完全匹配的例子涉及中央机构对研究生招生的严格控制：教育部通过分配给所有中国大学的配额，控制其可招收的中国学生总数，按学位类别划分为本科、硕士和博士。传统上，大学越好，配额越低，从而确保了在顶尖大学中高度择优录取，并将优秀学生分配到教育部指定的头部大学。各大学随后可以自行决定如何在其各个学科和项目之间分配这些配额。中央还可能为某些项目设立子配额，例如在硕士项目中，教育部规定总体配额的50%不得超过享有"免试"资格的申请人；[1]其余学生必须通过达到或超过某所大学或项目在全国研究生入学考试中的"分数线"来获得录取资格。

在招生标准上仍有一定的自主权，因为通常会有更多的学生达到某个项目的录取资格，但项目名额的限制要求必须在符合条件的申请者中进行筛选。然而，名额的分配本身往往是相对固定且缺乏灵活性的。

以教育部为主导的基于成绩的招生政策，以及其他推动中国大学质量和声誉迅速提升的政策，无疑是合理且值得肯定的。[2]然而，这种集中式招生流程和名额分配制度在两个重要方面会对STL（以及某些其他中国研究生项目）产生不利影响。

首先，在国外顶尖大学接受教育的优秀中国学生失去了通过"免试"资

---

〔1〕 在顶尖大学中名列前茅的本科毕业生可以获得全国研究生入学考试的"免试"资格，仅凭其"免试"身份即可被录取。

〔2〕 参见 https://www.timeshighereducation.com/world-university-rankings/china-a-rapidly-evolving-university-system 和 https://www.weforum.org/agenda/2017/06/universities-best-reputation-china-times-higher-2017/. 另见教育部、财政部、国家发展改革委员会《统筹推进世界一流大学和一流学科建设实施办法（暂行）》，2017年1月24日。

格进入中国顶尖研究生院的机会，因为这一资格只能由国内大学授予。因此，如果他们希望申请国内的研究生项目，必须参加考试；然而，由于他们多年在国外学习，感觉自己对考试准备不足。这让许多高素质的中国学生望而却步。这对 STL 来说尤为令人失望，因为 STL 的 JD 课程对英语水平有很高要求，越来越多曾在国外顶尖大学学习，并且学术优秀、具备良好英语水平的中国学生对 STL 表现出浓厚兴趣。

其次，结合 STL 相对较低的学费（同样受政府控制），配额制度影响了 STL 的经济可持续性。尽管有大量优秀申请者，但我们的学生数量远低于需求，也远低于维持项目成本所需的水平，尤其是该项目依赖于大量外籍教授和管理人员，他们的薪资水平需与国际顶尖公立法学院相当。[1]

中国对高等教育的集中式管理也带来了额外的挑战。虽然高校近年来才刚刚获得部分自主权（Yi and Yang, 2014），但具体学科的自主权更为有限，仍在期待进一步放开。希望这种情况只是发展过程中面临的阶段性问题，随着时间的推移和经验的积累能够逐步克服。

STL 也面临着教材进口过程中的一些延迟与限制。然而，STL 在不影响官方政策的情况下，通过设计一些"替代解决方案"，在很大程度上满足了教育项目和教师科研的需求，取得了不错的成果。这类内容管理措施在一定程度上对高等教育的发展提出了挑战，也为满足获取科研和学术信息的国际基本标准带来了一些难度。

STL 在法律教育项目或课堂讨论内容上并未遇到任何明显的干预，尽管这些讨论包括对美国顶尖法学院常见话题的深入探讨（如美国宪法权利与自由以及国际人权问题，且通常由同样的客座教师授课）。

五、结论

STL 最初作为一所设在中国的国际法学院而创立，其建立反映了全球对国际法律教育日益增长的需求。然而，当 STL 的 ABA 认证计划因 ABA 决定不将其认证范围扩展到美国以外而搁浅时，STL 重新审视其目标和使命。这一转变并未让我们迷茫。中国珠三角地区法律传统的融合、中国在全球影响力

---

〔1〕 严格的人员编制配额在各个学科中统一适用，这也阻碍了针对学科特定目标的适当投资，例如为法律等不依赖行业或政府资助研究的部门配备发展（即筹款）人员。

的日益提升，以及"一带一路"倡议所带来的机遇，都比以往任何时候都更强烈地挑战了 STL 创立之初的两大假设。这些变化促使我们重新思考法律教育的本质，无论是美国式、中国式，还是其他形式。STL 保留了美式法学 JD 课程，但显著提升了中国法律课程的重要性，同时引入了一些全新的教学方法，这些方法可能对中国法律及法律传统的教学与研究产生广泛影响。此外，STL 逐步将这两种课程有机融合，反映出在中国以及更广泛的非西方世界中，西方法律传统与非西方法律传统的交融趋势。STL 的目标是为毕业生做好准备，迎接哈罗德·伯尔曼（Harold Berman）预言的那个时代的到来："一个多元文化的东西方、南北方开始共同塑造新的世界法律传统的时代。"正因如此，当被问及 STL 的所在时，我们不禁想回答："在未来。"

参考文献

ABA Accreditation Comments（2012）. https://www. lawcrossing. com/employers/article/8037/ABA-Accreditation-of-Foreign-Law-Schools/ and http://apps. americanbar. org/legaled/accreditation/Comments%20on%20Accreditation%20of%20Foreign%20Schools. html.

Ali, Shahla F.（2010）. *Resolving Disputes in the Asia-Pacific Region: International Arbitration and Mediation in East Asia and the West*. Routledge.

Au-Yeung, Allen and Cedric Sam（2015）. "Three Cities, One Bridge," *South China Morning Post*. November 19.

Berman, Harold（2000）. "The Western Legal Tradition in Millennial Perspective: Past and Future," *Louisiana Law Review* 60: 739, 763.

Bermingham, Finbarr（2018）. "ICC Launches Belt and Road Arbitration Commission," *Global Trade Review*. March 8. https://www. gtreview. com/news/asia/icc-launches-belt-and-road-arbitration-commission/.

Brinza, Andreea（2017）. "Is China's Belt and Road Ready to Be the New Face ofGlobalisation?," *South China Morning Post*. May 15.

Chen, Ding, Simon Deakin, Mathias M. Siems, and Boya Wang（2017）. *Law, Trust and Institutional Change in China: Evidence from Qualitative Fieldwork*, University of Cambridge Legal Studies Research Paper Series, Journal of Corporate Legal Studies 15（10）: 20 and 25-27（February）.

Cremer, John（2016）. "Law Firms Gear Up to Serve Clients Tackling Issues Surrounding Belt and Road Initiative," *South China Morning Post*. November 1.

Delmas-Marty, Mareille（2003）. "Present Day China and the Rule of Law," *Chinese Jour-*

nal of International Law 2: 11. Oxford University Press. http://chinesejil. oxfordjournals. org/content/2/1/11. full. pdf.

The Economist (2017). "Welcome to Silicon Delta: Shenzhen Is a Hothouse of Innovation. " April 12.

Favate, Sam (2012). "ABA Council Votes Against Accrediting Foreign Law Schools," The Wall Street Journal Law Blog. August 7. http://blogs. wsj. com/law/2012/08/07/aba - council - votes−against−accrediting−foreign−law−schools/.

Finder, Susan (2017). "Susan Finder Deconstructs the Chinese Court System," The New Lens International Edition, Reuters. July 3. https://international. thenewslens. com/article/72415.

Finder, Susan (2018). "Update on China's International Commercial Court," Supreme People's Court Monitor. March 11. https://supremepeoplescourtmonitor. com/2018/03/11/update−on−chinas−international−commercial−court/.

Grote, Rainer (2005). "Comparative Law and Teaching Law Through the Case Method in the Civil Law Tradition— A German Perspective," University of Detroit Mercy Law Review 82: 163, 167.

Guangdong Pilot Scheme (2014). Guangdong Provincial Department of Justice Pilot Scheme on Affiliation Between Hong Kong Law Firm and Mainland Law Firm which Organize as Joint Venture Partnership, Guangdong Provisional Government.

The Guardian (2017). "The Great Leap Forward: China's Pearl River Delta. " January 25.

He Huifeng and Nectar Gan (2016). "China's Economic Powerhouse Shenzhen Banks on R&D to Bring It to Greater Heights," South China Morning Post. January 31.

Hua, Chai (2019). "Shenzhen Surpasses HK in GDP," China Daily. February 28. https:// www. chinadaily. com. cn/a/201902/28/WS5c7720fda3106c65c34ebd70. html.

Jacques, Martin (2012). When China Rules the World. Penguin Books.

Khan, Natasha and Edna Curran (2017). "Hong Kong Cozies Up to Shenzhen to Create Future," Bloomberg News. June 11. https://www. bloomberg. com/news/articles/2017−06−11/hong-kong−cozies−up−to−shenzhen.

Kim, Rosa (2012). The "Americanization" of Legal Education in South Korea: Challenges and Opportunities. http://ssrn. com/abstract = 2012667.

Lau, Chris (2015). "Circuit Court, Jury Break New Ground," South China Morning Post. January 29.

Law Society Working Paper (2012). The Development of the Legal Profession in Qianhai. The Law Society of Hong Kong. Working Paper on Qianhai Project. http://www. legco. gov. hk/yr12 − 13/english/panels/ajls/papers/aj0326cb4−540−1−e. pdf.

Lehman, Jeffrey S. (2012). "The Peking University School of Transnational Law: What?

Where? Why?," Address to The Council of International Affairs of the New York City Bar Association, 3. January 31. (on file with authors).

Lehman, Jeffrey S. (2014). "Transnational Legal Education in the 21st Century: Two Steps Forward, One Step Back," *The Senobu Foundation Distinguished Lecture*, Tokyo. March 16. (on file with authors).

Li Xueyao, Li Yiran, and Hu Jiaxiang (2017). "Globalisation and Innovative Study: Legal Education in China," in Andrew Harding, Jiaxiang Hu, and Maartje De Visser, eds. , *From Imitation to Innovation: Legal Education in Asia.* pp. 251-275. Brill Nijhoff

Liu, Z. and J. Li (2018). "The Rule of Law Experiment in China's Pilot Free Trade Zones: The Problems and Prospects of Introducing Hong Kong Law into Guangdong," *Hague Journal on the Rule Law* 10: 341-364.

Lubbers, Jeffrey S. (2010). Japan's Legal Education Reforms from an American Law Professor's Perspective, 15-18. http://ssrn. com/abstract = 1552094.

Maxeiner, James R. (2007). "Legal Uncertainty: A European Alternative to American LegalIndeterminacy?," *Tulane Journal of International & Comparative Law* 5: 541, 556.

McConnaughay, Philip J. (2001). "Rethinking the Role of Law and Contracts in East-West Commercial Relationships," Virgina Journal of International Law 1: 427, n. 82 at 447.

McConnaughay, Philip and Colleen Toomey (2017). "Preparing for the Sinicization of the Western Legal Tradition: The Case of Peking University School of Transnational Law," in Andrew Harding, Jiaxiang Hu, and Maartje De Visser, eds. , *From Imitation to Innovation: Legal Education in Asia.* pp. 223-250. Brill Nijhoff.

Mendoza, Jaime (2009). "China Legal," *U. S. - China Today*, University of Southern California, July 31, quoting Chang Wang.

North, Douglass (1991). "*Institutions, Ideology and Economic Performance,*" *Cato Journal* 11: 477-487, at 477. Qianhai. http://www. szqh. com. cn.

Qiao, Shitong and Frank K. Upham (2017). "China's Changing Property Law Landscape," in Michele Graziadei and Lionel Smith, eds. , *Comparative Property Law.* pp. 311-332. Elgar.

Potter, Pitman B. (1995). *Foreign Business Law in China.* P. 2. The 1990 Institute.

Satellite Images(2017). "China's Fastest Growing Cities," *The Guardian.* March 21. https://www. theguardian. com/cities/2017/mar/21/timelapse-satellite-images-china-fastest-growing-cities.

Shaw, William (1980). "Traditional Korean Law and its Relation to China," in Jerome Alan Cohen, ed. , *Essays on China's Legal Tradition.* pp. 302, 318. Princeton University Press.

Shenzhen Daily (2014). "Center Set-Up in City to Help Identify Foreign Laws. " May 22.

Shenzhen Daily (2017). "Polices from Belt and Road Countries to Be Compiled," (quoting Xiao Jingyi). March 22.

Shenzhen Daily (2017). "SZ-HK Overtakes Silicon Valley." June 23.

Silver, Carole (2014). "Globalization and the Monopoly of ABA-Approved Law Schools: Missed Opportunities or Dodged Bullets," *Fordham Law Review* 82: 2869, 2871, and 2878-2879.

Wald, Eli (2010). "Foreword: The Great Recession and the Legal Profession, in the Economic Downturn and the Legal Profession," *Fordham Law Review* (5) 78: 2051-2066. http://ir. lawnet. fordham. edu/flr/vol78/iss5/1.

Weidong, Ji (2004). "Legal Education in China: A Great Leap Forward in Professionalism," *Kobe University Law Review* 39: 1, 12-13.

Wolff, Lutz-Christian (2004). "Structural Problem Solving: German Methodology from a Comparative Perspective," *Legal Education Review* 14: 19, 22-23.

World Bank Press Release (2015). World Bank Press Release. January 26. http://www. worldbank. org/en/news/press-release/2015/01/26/world-bank-report-provides-new-data-to-help-ensure-urban-growth-benefffts-the-poor.

Xinhua News (2013). "Chinese Courts to Publish Judgments Online," *China Daily*. November 28. https://www. chinadaily. com. cn/china/2013-11/27/content_ 17136289. htm.

Yi, Mei and Rui Yang (2014). "Governance Reforms in Higher Education: A Study of China," *UNESCO*, *International Institute for Education Planning*. http://unesdoc. unesco. org/images/0023/002318/231858e. pdf.

Yiu, Enoch (2017). "Number of Firms Registered in Qianhai up 68 Percent, But Small Players Can't Get a Look In," *South China Morning Post*. February 8.

第十一章
谁需要全球法学院

作者：凯文·戴维斯（Kevin E. Davis）、张欣怡（Xinyi Zhang）*

一、引言

从文献来看，美国的法律教育者及其支持者都希望建立全球化的法学院（Backer, 2009: 54; Clark, 1998; Maxeiner, 2008; Sexton, 1996）。[2]这一动力来自全球化，即其动力来自跨国商品、服务、人员和信息流动的增加。传统观点认为，随着全球化的推进，越有可能涉及跨国交易或法律争议。律师们越来越多地代表当事人参与跨国事务，如发行主权债券、建设水电项目、并购跨国企业、维护全球供应链、海外收养儿童，或在外国进行人权辩护。日益普遍的跨国法律实践反过来会增加对国际法学生的教育需求。

许多文献中的假设是，如果现有法学院进行全球化改造，学生自然前来（Barrett, Jr. , 1997b: 856）。然而，关于学生如何决定以及在多大程度上参与法律教育全球化的过程，却很少受到关注。理解这一过程至关重要，因为学生显然有选择权；他们有权选择是否入读法学院，选择哪所法学院，以及决

* 我们衷心感谢阿娃·哈吉希（Ava Haghighi）的出色研究协助，感谢艾米·威尔逊（Amy Wilson）、本尼迪克特·金斯伯里（Benedict Kingsbury）、涂思齐（Siqi Tu）、本杰明·范·鲁伊（Benjamin Van Rooij）、本卷的编辑以及全球法律教育会议的参与者所提供的宝贵意见。凯文·戴维斯（Kevin Davis）特别感谢纽约大学法学院菲洛门·迭戈斯蒂诺（Filomen D'Agostino）与马克斯·格林伯格（Max E. Greenberg）教授研究基金的支持。本章中表达的观点仅代表作者个人意见，不代表纽约大学或纽约大学法学院的观点。
〔2〕 大多数引用的文章都带有理想化的色彩。笔者怀疑，实际上只有少数美国法学院在提供这些文献中所建议的那种培训做出了显著努力。

定是否要去学习跨国法律。

传统观点对学生如何做出法律教育的有关决定的理解相对简单。他们认为学生选择不同的法律教育形式的主要考虑在于对他们毕业后执业机会的影响。（Grossman，1996：942）例如，学生会重视学习拉丁美洲法律的机会，如果他们认为这有助于他们在一家大型律师事务所的拉丁美洲业务组那里找到理想工作。

因此，对教育机会的需求是一种衍生需求，完全取决于对其他机会的需求；在这种情况下，特指毕业后的职业机会（Shah，2010：843）。这一观点过于简单，未能充分反映现实。理论与现实之间的差距，会让法学院在如何吸引学生参与跨国法律项目这个问题上容易犯错。

笔者认为，对教育机会的需求，尤其是对占有成本高昂的研究生学位项目的需求，是由一系列复杂的心理和社会因素所塑造的。职业考量并不一定是最重要的因素。这一观点在主要涉及本科生高等教育的研究中广泛存在，但在美国法律教育文献中影响有限（Garth，2015；Krishnan and Dias，2015；Silver and Ballakrishnen，2018）。理解这些因素及其影响决策的作用，既有学术价值，也有实际意义。揭示法学生追求跨国教育机会的原因，不仅有助于推进高等教育研究，还可以帮助法学院开发出让学生真正感兴趣的跨国法律项目。

笔者通过一个案例研究来说明这一点，这是一个长学期的海外学习项目，笔者两人都直接参与了该项目的实施——即纽约大学法学院（NYU Law）的"NYU Law Abroad"项目。该项目于 2014 年春季启动（New York University School of Law 2013），其设计目的非常明确，即应对全球化带来的法律实践变化。项目不是强制性的，NYU JD 学生可以选择参加这些项目。因此，作为负责实施该项目的团队成员，我们面临着如何引导学生选择参与的问题。这段经历表明，毕业后的职业机会并不一定是学生决策中的最重要因素。

本章的下一部分讨论了跨国法律教育需求是由全球化驱动的衍生需求的观点。第三部分借鉴高等教育中的社会学理论和研究，提出了一个替代性观点，即该背景下的需求是心理、社会和经济因素共同作用的结果。第四部分描述了 NYU Law Abroad 项目，包括促使法学院创建该项目的供给侧因素以及它在学生中引发的需求。第五部分为结论。

二、衍生需求

衍生需求理论有一个前提，即全球化是一个持续的趋势，它产生了对能够提供跨国法律服务的律师的需求（Barrett, Jr., 1997a：983）。这导致了对熟悉多法域规则的律师的需求，进而产生对多法域法律教育的需求，也即对多法域法律培训的需求（Davis and Trebilcock，2006）。笔者将依次探讨这一过程中的每个步骤。

（一）全球化与对跨国法律服务的需求

跨境资本、商品、服务、人员和信息的流动毫无疑问需要提供相应的法律服务（Barrett, Jr., 1997a）。这些法律服务通常有两种形式：一是关于特定交易后果的法律建议（Ali, 2013：250），这包括如何通过不同方式进行交易以实现相同目的；二是协助解决已经发生的交易争端（Barrett, Jr., 1997a：989-990）。这两项任务是相互关联的，因为理解某一行为的法律后果需要预见它可能产生的争端类型及其解决方式。无论是哪种服务，都需要理解适用于相关交易或争端的所有法律。

直到最近，所有形式的全球化包括资本、服务、人员、商品和数据的国际流动都在稳步增加（Law, 2008：1301；Thomas, 2000：1476；Trachtman, 2010：296）。在这种情况下，对相关法律服务的需求也会同步增长。然而，自2008年金融危机以来，这一趋势开始分化。全球商品和服务贸易以及外国直接投资总体有所下降，尽管某些领域如计算机服务和旅游业仍在增长（Loungani et al., 2017；World Bank Group n. d. a-e）。与此同时，英国脱欧和特朗普政府对经济民族主义的支持也为整个全球化项目蒙上了政治阴影（The Economist, 2017）。在这个更为复杂的世界中，那种认为全球化仍是不可避免并将推动法律服务需求稳步增长的假设变得更加困难。

即使现在还不宜断言全球化的终结，但跨境交易和争议的数量逐步增加也不必然意味着法律服务需求会同比增长。有些跨境交易和争议相对来说需要更多的法律建议。例如，大多数国际商品销售的流程非常规范，使得法律上对交易的设计及其结果的可预测性的相关知识很容易获取，即使对没有经过系统法律培训的人来说也是如此——全球无数的企业家无需法律建议便能弄清如何从中国进口商品。然而，对于一些不常见的交易，或适用法律原则经常变化或不易获取的情况下，情况就不同了。在不同类型的国际交易中律师参与程度也各不相同。中亚地区特殊的国际管道融资与建设项目可能比在墨西哥融资建造一个仓库需要更多的法律援助。简言之，不同形式的全球化——即不同规模和类型的跨国活动——会产生不同程度的法律服务需求。

（二）对多法域律师的需求

如果全球化确实增加了对律师的需求，那么一个尚待解答的问题是，哪些类型的律师能够满足这种需求。一些全球法学院的倡导者认为，处理跨国交易或争议的律师需要熟悉所有相关法域的法律（Backer，2009：83；Drumbl，1998；Sánchez，1997：641）。这种熟悉程度可能存在不同的层次。一种是只熟悉单一法域法律的律师，即"单一法域律师"（monojural lawyer）。另一种是能够熟练掌握所有相关法域法律的律师，即"完全双法域或多法域律师"（perfectly bijural or multijural lawyer）（Bowers，2002）。介于两者之间的是对不同法域的法律熟悉程度各异的律师。

有用的跨国律师是否必须熟悉所有相关法域的法律，这一问题的答案并非绝对。介于"完全单一法域律师"和"完全多法域律师"之间的中间地带的一些律师，他们未必熟悉涉及案件中每个法律体系的具体特征，但对跨国情境下普遍存在的问题有一定了解。例如，设想一位只精通魁北克法律的加拿大律师。凭借其在处理涉及加拿大普通法省份交易或争议方面的训练或经验，这位律师可能会意识到不同法律体系之间的潜在差异，并知道在涉及纽约法律和中国法律的交易中，应该向外国律师提出哪些关键问题。这种对跨国法律问题的基本掌握，可能使该律师在各种跨境交易中，比完全单一法域的律师更有效率（Valcke，2004）。

需要多法域律师的客户往往也希望律师具备多语言能力（Melitz，2008；Isphording and Otten，2013）。在许多跨境事务中，双方当事人可能讲不同的语言，或适用的法律以不同语言书写。能够使用相关语言的律师可以避免翻译成本，从而获益。同样，当事人来自不同文化背景时，能够直接跨越文化差异进行谈判的律师，可以避免不必要的成本、摩擦和误解（Silver，2013：459-462，470）。从这个意义上讲，语言和文化技能是多法域法律技能的"补充"（经济学术语），也就是说，具备这些技能能够提升客户对多法域律师服务的需求。

跨境事务并不一定会自动产生对多法域律师的需求。首先，并非所有跨境交易都会涉及多个法律体系。有些跨境交易发生在选择统一法律的法域之间，这种情况在欧盟内部尤为明显，许多领域由欧盟法而非成员国法管辖。在全球范围内，最显著的法律统一例子可能是《联合国国际货物销售合同公约》（1980 年），该公约为国际货物销售提供了一套共同的规则。此外，在许多商业交易中，当事人可以选择适用的法律，他们通常会选择一种法律"通用语"，即一种可以被单一法域律师理解和运用的规范体系（Davis and Trebilcock，2006：190-196，201）。一个典型的例子是《国际统一私法协会国际商事合同通则》（UNIDROIT Principles of International Commercial Contracts，2010）。在程序方面，用于规范主要仲裁机构商事仲裁的规则通常设计为可以被各种法域的律师理解和使用，即程序法律的"通用语"。这些统一的实体和程序规则减少了对多法域律师的需求，便于跨境事务的处理。

第二个原因是，跨境事务可能并不需要多法域律师的协助：由单一法域律师组成的团队可能更容易完成多法域律师的工作（Davis and Trebilcock，2006：190，200-201）。例如，与其寻求同时持有纽约和墨西哥律师执照的律师提供跨境收购建议，当事方可能更倾向于依赖跨国律师事务所，由其派遣驻纽约和墨西哥城的单一法域律师来处理事务。在选择多法域律师和单一法域律师团队时，往往需要权衡。单一法域律师的优势在于其对某一法域的专精。然而，他们面临的挑战是需要通过协调，将一个法律体系的概念（例如"宪法保护令"或"衡平留置权"）转化为另一个法律体系中使用的术语。相比之下，多法域律师或多法域律师团队虽然可能在某些法律领域的专精程度较低，但可以避免法律概念翻译的需求，从而提高跨境事务处理的效率。

（三）对多法域法律教育的衍生需求

根据衍生需求理论，如果全球化推动了对多法域律师的需求，那么未来的法学生也会对法学院提供的多法域法律训练产生需求。这种训练不仅包括本国法律，还应涵盖法律"通用语"之外的内容。尤其是那些期望能够获得相关语言和文化技能的学生，对双法域训练的需求可能尤为强烈。这种训练可以采取多种形式，因为学校可以通过多种方式安排学生学习外国法和跨国法（Backer，2009：49-112）。无论是双法域课程还是跨国法律项目，都可以为学生提供更广泛的国际法律视野，以适应全球化背景下的职业需求。

最为极端的方式是完全且长期的沉浸式学习，通常会获得双学位。在这种模式下，学生需要前往外国法域，和当地学生一起由当地教师授课，学习足够长的时间以达到与单一法域的本地律师相同的执业水平。或者是由法学院的教师开设跨国法或比较法短期课程，作为学校常规课程的一部分，旨在提供对外国和跨国法律的一般性知识，而非针对某一特定法律体系的具体知识。介于两者之间的是提供不同程度的当地教师、学生和从业者接触机会的海外学习项目。

对沉浸式和非沉浸式体验学习的需求，部分取决于学生对外语和文化训练的需求程度。例如，一位希望为中国法律提供建议，并用中文与中国企业高管谈判的美国学生，比起只希望与其律所北京办公室的（讲英语的）律师开展有效合作的学生，更可能希望在中国获得沉浸式学习体验。

衍生需求理论对此提出了两个限制因素。第一个限制是，法学院多法域训练的需求将受到学生能否通过其他途径获得同等的或更优质训练的影响。例如，如果学生预期毕业后可以通过工作直接学习跨国法律实践，那么对法学院提供类似学习机会的需求就会减少。事实上，一些跨国律师事务所通常允许律师在其多个海外办公室之间进行短期轮岗。这种在职培训理论上可能比法学院的多法域法律实践训练更为优越，从而进一步降低学生对法学院相关课程的需求。

另一个显而易见的限制在于，即使对多法域律师的衍生需求是解释对多法域训练需求的一个因素，也可能并非唯一因素。潜在雇主在选择法学生时，会考量许多特质，而多法域训练只是其中之一。例如，学生的智力水平、法律条文知识、对客户业务的熟悉程度、兴趣与抱负等都同样重要。法学院为学生提供的机会是一个综合性的"套餐"，而对单一组成部分（如多法域培训）的需求，很大程度上取决于整个"套餐"中其他要素的吸引力。如果多法域训练妨碍学生选修能够提高成绩的课程、学习美国法律体系的课程，或者选修能够增强他们对商业或政治理解的跨学科课程，学生对多法域训练的兴趣可能会大大降低。

（四）多法域法律教育衍生需求的证据

毫无疑问，衍生需求理论至少能部分解释对多法域法律教育的需求。最有力的证据来自对攻读美国法学院 LLM 学位学生的研究。相关文献表明，这些学生的动机中经济因素起着关键作用。例如，在对 1996 届、1998 届和 2000 届 LLM 学生的调查中，82%的受访者表示"扩展本国的职业机会"是攻读美国 LLM 学位的重要原因；同时，51%的学生提到"提高英语能力"也是一个重要动机（Silver and Ballakrishnen，2018）。此外，这一理论还与以下数据一致：选择跨国学习法律的学生最青睐的目的地是美国、英国、法国和德国（Roberts，2017：62-72）。这些国家历来在国际贸易和投资中占据重要地位（与中国、日本和荷兰一起）（World Trade Organization，2017：48-49，53；United Nations Conference on Trade and Development，2017：8），并且其中前三个国家提供法律和语言"通用语"的培训（Garth，2015）。这些因素共同说明了衍生需求对多法域法律教育需求的重要影响。

三、构建需求理论

（一）衍生需求理论的局限

衍生需求理论反映了经济学家对教育决策的理解。经济学家通常假设，需求变化的主要决定因素（无论是个体间的差异还是时间上的变化）是诸如人力资本存量、相对价格和收入等经济变量，并认为人们的偏好在不同个体间是相似的，且随时间保持稳定（Stigler and Becker，1977）。衍生需求理论遵循这一思路，通过关注对多法域律师需求的增长——这将推高他们服务的价格——来解释法学生选择接受多法域培训的决策如何随时间而变化。然而，需要明确的是，该理论也承认某一特定时间点的需求水平还会受到经济或社会限制的影响。例如，有限的财务资源或家庭责任可能限制学生的流动性，从而阻碍他们追求出国留学的机会。

这一理论建立在三个重要的假设基础之上：第一，雇主在决定是否雇用学生时，对学生的能力有充分了解；第二，学生是理性且信息相对充足的行为者，他们会选择教育项目，以实现尽可能优越的职业结果，这些选择基于一段时间上稳定且个体间相对一致的有序偏好；第三更具体而言，美国法律学生的职业偏好通常倾向于毕业后选择收入前景较高的私人律师事务所，或知名度较高的政府组织、国际政府间组织或非政府组织。

几乎所有支撑这种教育选择方法的假设都是可质疑的。雇主可能并不完全了解学生的能力。学生可能不了解他们的教育选择以及不同选择对职业生涯的影响。学生做出教育决策时，可能并没有深思熟虑地考虑后果。此外，他们的偏好可能并不稳定或明确，也不一定对不同结果有清晰的偏好。即便学生考虑到决策的后果，他们也未必会对职业结果赋予很大的考虑权重。

雇主对学生的能力有充分了解这一假设，在法学院的背景下尤其容易受到质疑。在许多美国法学院，大部分多法域训练机会以选修课程的形式提供，通常安排在三年学制的第一年结束后（Backer，2009：76-82）。然而，许多律师事务所在学生进入法学院第二年之初就进行招聘，其依据是学生第一年的成绩。严格来说，这些学生只是被聘用在第二年暑假期间到律师事务所实习。然而，实际上，绝大多数在暑期实习的学生都会收到正式就业的录用邀请（National Association for Law Placement，2017：29）。如果律师事务所决定不向暑期实习的学生提供正式聘用邀请，其原因很可能是基于学生在实习中的表现，而不是他们在法学院期间选择或未选择的课程（Yale University Law School，2017）。因此，律师事务所在不知道学生是否参与过多法域法律培训的情况下，就已经对学生进行了聘用。此外，即使雇主确实了解学生参与了哪些培训机会，他们也可能难以准确评估这些培训机会为学生带来的具体技能。

学生是否能获得关于多法域培训价值的充分信息，也是一个悬而未决的问题。目前，并没有显而易见的来源可以提供有关不同类型法律培训需求状况的信息。没有任何单一雇主有动力去组织这类信息。尽管个别律师可以通过直接交流将这些信息传递给学生，但并不是所有法学院学生都能与对跨国工作机会有所直接了解的执业律师建立这种个人联系。因此，学生能够获得的信息很可能取决于法学院教师和工作人员主动提供的内容。这意味着信息的获取在很大程度上受到学院自身的限制。

经济学家关于人们基于对后果的理性评估作出决策的假设，受到了其他学科社会科学家的批评。心理学家认为，决策过程受到个性特质和认知偏差的影响，同时在人类面对需要分析大量信息的复杂决策时，有限的认知能力也会导致决策失真（Ajzen，1991；Rabin，1998）。一些社会科学家甚至认为，个体的行为在很大程度上是由嵌入社会结构中的规范性规则所决定，而这些规则超出了个体的掌控范围。法国社会学家皮埃尔·布迪厄（Pierre Bourdieu）提出了一种折中而有影响力的理论，认为人类行为很少是基于有目的的理性计算所作出的"理性决策"，但也不是由外在于个人并高于个人的文化或物质机制所决定的（Bourdieu，1985：11-24；Bourdieu，1996；Bourdieu，1986：46-58；Bourdieu，1990；Bourdieu and Wacquant，1989；Bourdieu，1989）。相反，布迪厄认为人类行为遵循一种经济逻辑，这种逻辑构成了实践活动，"最符合特定领域逻辑中内在目标的实现，且成本最低"。这种逻辑是社会和历史建构的，可以根据各种功能来定义，而经济利益的最大化只是其中之一。由于布迪厄的理论在教育研究中具有重要影响力，接下来的几段将概述其关键内容。

根据布迪厄的理论，社会实践由个体在特定的"场域"中进行（例如，宗教、政治、艺术、科学、法律等不同场域），这些个体拥有不同数量和形式的积累资源，即所谓的"资本"（包括经济资本、文化资本、社会资本或符号资本），并由他称为"惯习"（habitus）的一种内化倾向所引导。惯习是一种"结构化机制"，存在于个体内部，表现为一套思想、认知、表达和行为的储备，使个体具备完成多样化任务的无限潜能，但其边界由历史和社会条件所限制。惯习还包括对可能与不可能的内化信念，以及对归属感和排斥感的认知，这些信念和感知来源于个体所处的社会地位。惯习的形成在很大程度上受到早期社会化的影响，而这种社会化受到个体阶级或群体出身的规制。同时，个体及其所属的社会群体成员，会积极再现并建构与他们所处客观社会结构（包括差异与等级）相一致的社会世界。在任何特定的场域中，个体通过借助惯习和其所拥有的资本储备，制定策略以争夺权力和权威。结果，他们选择的实践往往会再衍生出现有的不平等以及既存的包容与排斥模式。[1]

布迪厄的理论不仅反对决策完全基于理性计算的观点，还质疑通过经济结果的稳定偏好来解释决策的假设。他认为，"利益"不是简单地追求金钱或物质收益，而是一个历史和社会构建的概念。个体和群体的行为往往受到对地位和影响力的追求驱动，而这种追求不仅体现在经济资本的积累上，还体现在对文化符号（文化资本）、社交网络（社会资本）以及场域内荣誉和声望（象征资本）的掌控上。每种资本的作用在不同的场域中各有差异。在这些场域中，人们不仅争夺哪种资本更"管用"的话语权，还竞争不同资本之间如何"转换"的权力。布迪厄将"利益"定义为"参与社会游戏的兴趣和动力"，而在这些游戏中，人们争夺区分彼此的地位。因此，对某些结果的偏好是历史和社会环境赋予某些行为的价值的产物，而不是固定不变的。这种理论也说明，学生的偏好是可以变化的，可能会受到权威人士或同伴的影响。也就是说，偏好并非天生，而是社会化过程中不断塑造和调整的结果。

---

〔1〕　然而，需要注意的是，布迪厄同样强调惯习中具有创造性和创新性的一面，因此并未否定个体的主观能动性。惯习会使个体倾向于选择某些实践，但并不会对其行为进行绝对预设。布迪厄认为，尽管惯习促使社会条件的再生产，但这一过程并不是完全可预测的，而是带有一定的变数和灵活性的。

按照这一逻辑，我们可以质疑这样一种假设：即法学生在考虑教育选择的后果时，主要关注职业前景，而职业前景通常以收入水平来衡量。在教育环境中，知识的好奇心和文化能力同样受到重视，因此学生可能会选择某种特定的学习路径（例如多法域训练），并将其本身视为目的。通过惯习的作用，这些考量可能更多是学生的"自然反应"，而非经过线性、系统的分析。同时，选择这类课程的可能性也受到学生早期社会化经历的影响，以及他们的观念与周围同学是否契合的程度所调节。换句话说，学生的教育决策不仅仅是理性计算的结果，还与他们的社会背景和学校环境密切相关。

（二）衍生需求理论的替代方案

鉴于衍生需求理论的局限性，我们提出探索一种替代性的教育决策理论，以帮助理解法学生在多法域训练机会上的选择及其程度。衍生需求理论将需求描述为通过对多法域律师市场数据进行数学运算的几乎自动化产物，同时考虑了经济资本的分配。而借鉴布迪厄的观点，我们将需求描述为一个复杂的社会过程，它不仅包含经济计算，还涉及学生进入法学院时就存在的非经济资本和偏好之间的互动。这些资本和偏好部分源于学生的社会阶级和地位，以及他们在法学院期间通过与同伴和教师的互动所经历的社会化过程，以及对地位和权力的历史性观念。我们将这种对教育机会需求的替代理论称为"建构性需求"，以表明需求是由多种因素共同构建而成的。

关于大学选择以及本科生对出国学习兴趣的研究为建构性需求模型提供了实证依据。学生的教育选择在某种程度上可以通过经济变量来解释，例如个人的人力资本原始储备（通常通过学术准备和成就衡量）以及追求高成本机会所需的资源（通常以家庭收入和经济资助为衡量标准）（Paulsen，2001；Perna，2006）。然而，综合来看，相关文献表明，无论是大学选择还是学生对出国学习的兴趣，都受到一系列复杂因素的影响，包括社会经济地位、性别、种族和族裔、文化与社会资本，以及组织环境等（McDonough，1997；Stevens，2009；Salisbury et al.，2009；Salisbury et al.，2010；Salisbury et al.，2011；Goldstein，2006；Stroud，2010；Simon and Ainsworth，2012）。这些因素之间的相互作用塑造了学生的教育选择和兴趣方向。

同样，在关于法律教育需求的文献中也可以发现，需求可能不仅仅受到跨国交易或纠纷所带来的职业机会的影响。关于学生流向美国、英国和德国等国家的数据表明，学生的选择动机可能包括对地位或智力成长的追求，而不仅仅是经济收益（Garth，2015；Krishnan and Dias，2015）。与此同时，从个体学生的角度来看，许多印度律师选择攻读美国的 LLM 学位，考虑到印度法律服务市场的特殊性，其实这一学位对他们的职业前景影响甚微。西尔弗和巴拉克里什南指出："大多数情况下，这一学位更像是一次'间隔年'的机会，让印度学生在回归'现实'职业之前，可以进一步在智力上有所提升"（Silver and Ballakrishnen 2018）。

类似地，拉扎勒斯-布莱克（Lazarus-Black）和格洛博卡尔（Globokar）发现，许多在美国以外接受教育的学生选择攻读美国法学院的 LLM 学位，是出于"促进人权、改善社会福利、确保商业公平，以及在原籍国作为法律资源推动法律发展新方向"的动机（Lazarus-Black and Globokar，2015：50）。此外，来自拉丁美洲、非洲、亚洲和苏联的学生认为美国在某些法律领域比他们本国"法律更发达"，这是他们重视美国法律教育的原因之一（Lazarus-Black and Globokar，2015：37）。这种社会导向的职业需求与跨国交易或争议的数量之间似乎并没有直接联系。然而，即使是希望从事社会正义事业的律师，美国法律的某些方面仍然作为"法律通用语"具有重要意义。因此，如果海外对具有美国公民权利法律背景的人权律师的需求相对较高，那么根据衍生需求理论，可以预测对美国 LLM 学位（尤其是专注于人权法的学位）的需求也会较高。同时，对美国法律优越性的认知可能不仅仅反映了对美国法律霸权的客观评估。正如布莱恩特·加斯（Bryant Garth）所论，在世界某些地区和社会的某些群体中，对美国法律地位的认同及对西方理念的偏好，可能反映了美国历史上的帝国主义和意识形态影响（Garth，2015）。

四、"NYU Law Abroad" 教育计划

为了探讨衍生需求和构建性需求在解释法学生出国留学决策中的作用，我们以 NYU Law 出国留学项目为案例进行研究。NYU Law Abroad 是一个很好的案例研究对象，因为它代表了美国法学院在多法域培训方面进行的超大规模投资，至少在美国法学院的标准下如此。同时，该项目是选择性的而非强制性的，这意味着学生关于是否参与的决策可以用于推断对多法域培训的需求（New York University School of Law 2017b）。衍生需求理论预测，像 NYU Law Abroad 这样的项目应吸引大量希望提升职业前景的学生。然而，该项目的独特性以及我们与这些项目的关系，限制了这一案例研究的参考价值。

首先，美国的 JD 学生并不能代表所有潜在的法学生。由于美国法律的许多方面已经成为法律的通用语言，英语本身也是真正的全球通用语言，衍生需求理论预测美国 JD 学生对多法域培训的兴趣相对较低。为了更清晰地验证该理论，应针对那些母国法律和语言在国际商业中使用较少的学生进行研究，即在这些情况下，根据衍生需求理论才会有相对强烈的多法域培训需求。因此，我们的研究应结合其他分析，例如西尔弗和巴拉克里什南对非美国本土学生需求的调查分析（Silver，Ballakrishnen，2018），以提供更全面的视角。这样可以更好地理解那些来自法律和语言不占主导地位国家的学生对多法域培训的需求。

其次，NYU Law 的经验可能无法代表其他美国法学院的情况。NYU Law 是一所排名靠前的全国性法学院，位于世界上最国际化的城市之一——纽约市的中心，靠近许多从事跨国法律事务的潜在雇主。因此，NYU Law 的 JD 学生所处的文化环境和就业机会与许多其他法学院的学生大不相同。他们的流动性平均而言可能也更高，因为许多人已经展示了为进入一所全国性学校而迁移的能力。此外，NYU Law 在多法域法律教育上的投资巨大，这不仅包括 NYU Law Abroad（Adcock，2015）。我们推测，这种大规模投资对 NYU Law Abroad 的需求产生了相反的影响。一方面，它可能吸引到一个异常具有国际导向的学生群体到 NYU；另一方面，这也为他们提供了许多替代途径来获取多法域培训，从而降低了对该项目的需求。

最后，第三个局限在于我们两人都直接参与了这些项目的创建和运作。因此，我们无法声称自己是客观的观察者。[1]然而，正因为我们对 NYU Law Abroad 的独特视角，我们能够获取其他研究者较难获得的信息。此外，我们对该项目的主观看法本身也可能成为其他研究者有价值的数据来源。这种内部视角虽然带有主观性，但也提供了一些深入的见解，有助于更全面地理解该项目的影响和运作方式。

（一）背景

NYU Law 至少在过去 20 年中一直处于全球化法律教育的前沿（Adcock，2015）。NYU Law 历史上的一个变革性时刻是"全球法学院项目"（Global Law

---

〔1〕例如，由于我们职位的限制，我们在关于 NYU Law Abroad 项目供给方的信息上，提供的内容主要限于公开可获得的信息，即促使 NYU Law 启动这些项目的因素。我们无法深入讨论内部决策过程或其他未公开的细节，因此在供给方分析上相对有限。这也表明，我们的研究更多地侧重项目运行和需求方的分析，而非详细探讨项目启动背后的驱动因素。

School Program) 的建立，后来更名为"豪瑟全球法学院"（Hauser Global Law School）（Sexton，1996：330-333；Dorsen，2001：332；Sexton，2001a；Sexton，2001b）。该项目由时任法学院院长的约翰·塞克斯顿（John Sexton）领导，得到了富有的慈善家丽塔和格斯·豪瑟（Rita and Gus Hauser）的大额捐赠支持。全球法学院项目由三个主要组成部分构成：

（1）全球教师：从世界各地招募的教师，他们会定期受邀在 NYU 位于纽约的校区教授课程。

（2）全球奖学金计划：为国际研究生提供奖学金的项目，旨在吸引来自不同国家和法律体系的优秀学生。

（3）课程和研究：支持从"跨国视角"进行的课程创新和研究，推动法律教育的全球化。

约翰·塞克斯顿明确将全球法学院项目（Global Law School Program）的创建作为对全球化的回应。在他发表的著作中，塞克斯顿特别强调了全球化与法律改革之间的联系，指出 21 世纪将需要能够从多个法律体系中汲取精华的律师，以应对共同或跨国问题。他尤其希望将纽约大学打造成吸引那些计划未来在海外工作的外国学生的法律学府。

到 21 世纪第一个十年末，NYU Law 已经不再是美国唯一的全球化法学院（Yale University Law School n. d.）。其他顶级美国法学院也开始增加访问学者的数量，许多美国法学院还扩展了面向海外学生的 LLM 项目。此外，美国法律学术界普遍认为在课程设计和学术研究中采用跨国视角是必要的（Chesterman，2009；Lewis，2009；White，2007：1287）。这表明全球化法律教育的理念已逐渐成为主流，越来越多的法学院认识到应对全球法律问题的必要性。

与此同时，NYU 也在不断发展。在担任法学院院长 12 年后，约翰·塞克斯顿被任命为 NYU 校长（New York University School of Law n. d. a）。他上任后几乎立刻扩展了纽约大学的海外设施网络，为在海外学习的 NYU 学生提供支持。他还启动了一项雄心勃勃的计划，分别在阿布扎比和上海建立两个新校区。由此形成"全球大学"（Global Network University），拥有三个主要"门户"校区（纽约、阿布扎比和上海），以及在十个其他海外教学点（另一个位于华盛顿特区）（New York University n. d. b）。[1]

最初，NYU Law 与大学的海外项目关联甚少。其旗舰 JD 项目仅限于纽约校区提供的课程，唯一的例外是与特定外国院校的为期一学期的交换项目（New York University 2010）。全球法学院试图在纽约提供跨国法律教育，设计的目的是"将世界带到 NYU"，而非"将 NYU 带向世界"（Adcock 2015：16, 19）。

这一切随着 NYU Law Abroad 项目的出现而发生了改变，该项目允许 NYU Law 的学生在布宜诺斯艾利斯、巴黎或上海的 NYU 教学点中学习一个学期。出国学习的学生需支付与在纽约相同的学费及其他费用。该项目主要面向 NYU Law 的三年级 JD 学生，但从 2016 年春季起，二年级 JD 学生和 LLM 学生也被允许参加。[2]

NYU Law Abroad 项目是根据法学院董事会的"战略委员会"（the Strategy Committee）的建议创建的，该委员会负责研究法律行业的变化应如何影响 JD 课程（New York University School of Law 2013）。战略委员会的建议主要集中在提升 JD 学位第三年的价值。其中，委员会建议法学院更好地为其毕业生在日益全球化的世界中做好实践准备。战略委员会写道：

> 日益全球化的法律实践，包括从气候变化到商业、从战争罪行到税务等领域，都需要能够跨越司法和文化边界的律师。尽管英语是世界上主要语言之一，但随着更多的诉讼、并购（M&A）工作以及其他交易将律师带到全球各地，并要求他们与外国法域的监管机构和当地律师打交道，对当地语言的了解变得尤为关键。法学院现有的海外学习项目（包括 NYU）为学习外国法律提供了宝贵的机会，但 NYU Law 可以通过开发更具雄心、综合性更强的项目来改进现有课程，并通过将语言培训、文化教育以及外国实践机会（如实习和诊所课程）与其他国家的正式课程学习相结合，进一步发挥自己及其毕业生的优势。NYU Law 的教师团队，与海外合作伙伴合作，能够设计出一个为学生在全球法律实践中做好准备的课程"（New York University School of Law

---

[1] 截至 2017 年秋季，NYU 的海外教学点位于加纳阿克拉、德国柏林、阿根廷布宜诺斯艾利斯、意大利佛罗伦萨、英国伦敦、西班牙马德里、法国巴黎、捷克布拉格、澳大利亚悉尼以及以色列特拉维夫。

[2] "该项目主要面向三年级的 NYU Law 学生；其他 NYU Law 学生的例外申请将根据具体情况，由副院长和项目主任逐案考虑"（New York University n. d. a）。截至 2017 年秋季，只有一名 LLM 学生曾参加过 NYU Law Abroad 项目。

2012：3-4）。

战略委员会的报告并未提及学生对增加海外学习机会的需求证据。相反，它指出"只有少数学生利用了（NYU 现有的）交换项目"。

NYU Law Abroad 于 2012 年秋季启动，首批学生于 2014 年 1 月出国参与学习。该项目为学生提供的当地法律文化沉浸式体验少于双学位项目或传统的交换项目，但比任何在美国国内开展的项目都提供了更多的体验感。一方面，包括课程设置在内整个项目内容均由 NYU Law 设计和管理，课程在由 NYU 全权使用的教学楼内进行，且所有课程均以英语授课。另一方面，所有课程均由相关地区的教师授课，当地法学院的学生也可以免费参与大部分课程。每个教学点还提供法语、西班牙语和汉语的语言课程。此外，在布宜诺斯艾利斯和巴黎，学生可以以交换生身份注册当地法学院的部分课程，其中包括用西班牙语和法语授课的课程。在这两个地点，学生还可以选择参加一门诊所课程，有机会处理与该地区客户相关的公共利益事务。该项目的结构具有足够的灵活性，可以根据需要提供不同详细程度的外国法律课程，而不仅限于比较法或跨国法课程。[1]

NYU Law Abroad 项目旨在为巴黎（16 名学生）、布宜诺斯艾利斯（25 名学生）和上海（25 名学生）提供学习机会，该项目希望能吸引 NYU Law 约 1300 名 JD 学生中的一部分（每年级约 420 名）前往海外学习。[2]这种情况排除了依赖交换项目或双学位项目的可能性。交换项目几乎总是以不向学生额外收取学费为前提进行设计（New York University School of Law n. d. b）。因此，参与的学校通常会努力在交换学生的进出数量上保持平衡。通常情况下，交换项目每年限制在 2 名至 5 名学生之间。NYU Law 是美国最具选择性的法学院之一，同时也是学生人数最多的法学院之一（U. S. News & World Report n. d.）。对于像 NYU Law 这样的大型法学院来说，要找到既能接纳其大量学生，又能派出相同数量的合格学生的合适交换合作伙伴是很困难的。至于双

〔1〕　由于本章的重点是学生需求，我们不会详细说明课程开发的过程。简而言之，该过程涉及纽约和海外教职员工之间的密切磋商。我们也不讨论法学院海外项目如何用于支持国际研究网络的发展。

〔2〕　巴黎项目最初允许的学生人数为 14 人，现为 16 人，这一人数低于布宜诺斯艾利斯和上海的 25 人，因为 NYU 法学院在巴黎的合作院校对外籍学生的招生人数有限制。

学位项目，通常需要至少额外增加一年的学习时间[1]，尤其是在非英语环境中进行的项目，还需要学生精通外语。然而，愿意承担额外一学年学费的美国法学院学生并不多。此外，能够熟练掌握外语的学生数量也相对较少。

NYU Law Abroad 项目的内容每年都会有所调整。每个教学点的课程设置会根据学生的教学评估、教师的可用性以及学生对某些主题的显著兴趣进行年度审查和调整。此外，还会根据学生反馈对课程安排和项目规划进行后勤上的改进。[2]

鉴于本案例研究的目的是分析学生对 NYU Law Abroad 的兴趣，我们有必要解释学生如何进入该项目。这从招生宣传开始。NYU Law Abroad 的推介就是面向潜在学生提供信息的重要组成部分。该项目在法学院官网上有专属页面（New York University School of Law 2017b），页面不仅包含有关申请流程和课程设置的信息，还包括往届参与者的影像感言。对于已被 NYU Law 录取但尚未入学的 JD 学生的介绍中，通常会提及 NYU Law Abroad。对于已入学的学生，每年秋季会举办一场关于海外工作和学习机会的专题讨论会，参会者包括教师和学生。春季初期，还会为各教学点分别组织专题讨论会以提供相关信息。这些讨论会的视频会上传到网上，同时这些活动及申请周期的开启也会在法学院的数字公告板上宣传。

大多数学生在他们计划出国的前一年春季申请出国学习。例如，计划在 2020 年春季出国的学生将在 2019 年春季申请。如果项目还有名额，则在秋季学期初会有第二轮申请。传统上，只有少数学生在秋季申请加入。申请时，学生并不知道他们出国期间项目可能会发生的调整。同样，学生在注册项目之前不会获得有关设施和移民要求的详细信息。[3]

春季申请过程允许学生同时申请多个 NYU Law Abroad 和交换项目，但他

---

　　[1]　这部分是由于美国律师协会（American Bar Association）的规定，限制了可以计入 JD 学位的海外学分数量（American Bar Association 2016）。

　　[2]　本章所涵盖的期间内，NYU Law Abroad 项目主要由两名全职管理员（包括 Zhang 在内）在纽约负责管理，他们向副院长（Davis）汇报。每个项目都有一名纽约的教师主管。在布宜诺斯艾利斯，还有一名驻地教师主管。根据需要，中央校区雇佣的驻地员工也会得到额外的支持。除了为学生和教师提供支持外，NYU Law Abroad 的行政人员还负责确保遵守美国律师协会的规定、与当地合作伙伴的协议以及当地法律的合规性。

　　[3]　我们没有理由认为有关项目的后勤限制（例如，复杂的学生签证申请流程或限制持学生签证进入中国的人员只能入境一次的变更）会系统性地导致学生退出项目。

们必须按优先顺序排列。在申请过程中，学生需要提交一份法学院成绩单、个人简历以及一份500字的"学习计划"，以说明他们的申请如何符合选拔标准。这些标准包括以下内容：

（1）申请人参加特定海外学习项目的学术或职业原因；

（2）该计划与学生总体学术和/或职业目标的契合程度，包括与已修课程的相关性；

（3）学生是否计划将拟议的项目与前一个或后一个暑期的工作或研究相结合；

（4）学生对项目地点/东道国语言的熟练程度及学习该语言的努力情况；

（5）对该地区的熟悉程度；

（6）是否具备海外学习的准备能力（New York University School of Law 2017a）。

学生由项目主任进行遴选。除了明文规定的遴选标准外，优先考虑那些看起来毕业后有望获得就业机会的学生。更准确地说，偏向那些就业前景良好的学生。这主要影响处于法学院倒数第二年且尚未获得下一年夏季实习（即最后一年之前的暑期工作）的申请者，因为暑期工作通常是毕业后就业的重要一步。其原因在于，NYU Law（与其他美国法学院类似）非常关注 JD 学生的就业率。因此，法学院对于那些可能在最后一学期仍在寻找工作的学生参与 NYU Law Abroad 或交换项目的做法并不热衷。

NYU Law Abroad 的第一年，学生兴趣相对较低，但在接下来的三年里，布宜诺斯艾利斯和巴黎的注册人数逐渐稳定，接近或达到其最大容量。相比之下，学生对上海项目的兴趣始终较低。在第四年，由于注册人数过少无法维持项目的可行性，上海项目被暂停。

（二）衍生需求的证据

有证据表明，学生对 NYU Law Abroad 的兴趣部分来源于他们认为参与该项目对未来职业发展有价值。在项目运行的最初四年中，大约21%的学生将职业兴趣作为申请理由。此外，该项目一直吸引对国际商业交易和国际仲裁感兴趣的学生。在所有 NYU Law Abroad 的教学点中，专注于争议解决和跨境交易的课程注册人数保持稳定，而巴黎和布宜诺斯艾利斯提供的公益诊所课程的注册情况则时有起伏。

乍看之下，学生对上海项目兴趣相对较低的现象似乎难以用衍生需求理论来解释。中国在全球贸易和投资中的占比比南美洲更大（European Union n.d.；World Trade Organization，2017：13），因此对中国法律培训的需求本应更高。我们稍后将对此谜团进行探讨。目前仅需注意的是，学生的语言能力差异可能是问题关键。根据衍生需求理论，对多法域律师的需求会让学生对法律相关的语言培训产生兴趣，尤其是那些有信心能掌握相关语言的学生。与这个理论一致，申请 NYU Law Abroad 的学生始终对语言课程表现出浓厚兴趣。实际上，学习或提高语言能力是参与 NYU Law Abroad 学生提到最多的申请理由，占 23%。不过，语言课程的实际报名情况取决于项目内提供的教学水平是否符合学生的语言水平需求。一些学生因为课程负担过重，无法同时兼顾法律课程和语言课程，最终选择放弃语言课程。然而，那些在项目中无法完全满足语言学习需求的学生，通常会主动寻找其他方法，比如请私人老师或者和当地学生进行语言交流。

根据衍生需求理论，针对外国法律体系或外语的培训需求，最强烈的往往是来自那些认为自己有能力流利运用相关外语的学生。对巴黎、布宜诺斯艾利斯和上海项目的需求差异，符合这一判断。NYU Law Abroad 的时长不足以让任何学生在完全陌生的外语中达到完全流利的水平。因此，那些关注语言培训对职业生涯好处的学生，更有可能选择能够帮助他们在一定基础上进一步提升外语的项目，至少可以达到可使用的水平。我们注意到，学生在选择学习地点时，确实在衡量对语言能力的投入与回报。一方面，相较于普通美国法学院学生在进入法学教育前接触法语和西班牙语的机会，学习中文的机会显然更少。因此，熟悉法语或西班牙语的学生人数多于熟悉汉语的学生。此外，对于那些之前没有接触过任何上述语言的学生来说，他们可能依然会更倾向选择学习法语或西班牙语，因为这两种语言与英语有共同的字母表体系，对英语使用者来说相对更容易学习。

2016 年，我们对 2014 年和 2015 年参与 NYU Law Abroad 项目的前两批学生进行了毕业后的反馈调查，特别询问了该项目在长期内对其职业发展的影响。受访者表示，这个项目对提高语言技能（尤其是在巴黎和布宜诺斯艾利斯）以及了解外国法律体系和文化起到了关键作用。一些受访者提到，这段经历直接帮助他们获得了工作机会；还有人提到，在法学院毕业后的求职面试中，这个项目经常被提及。学生还认为他们的海外经历通常会得到雇主的高度认可。由于他们对外国法律体系和文化的深入了解，与其他刚毕业的同事相比，他们在职业竞争中占据了优势，这往往提高了他们被选派处理涉及外国客户案件的机会。还有一些学生认为，这个项目拓宽了他们的职业选择，为他们在海外开启新职业机会提供了可能。另一些学生则表示，他们在法学院追求非传统学习经历的选择，在雇主眼中他们具备了问题解决能力和创新思维。

我们在此将校友反馈作为"派生需求"的证据，但需注意以下几点限制。首先，校友反馈的回复率较低（布宜诺斯艾利斯为 37.1%，巴黎为 46.2%，上海为 22.7%），因此很难确定所报告的经历是否能普遍适用于整个群体。其次，由于调查特别要求他们详细说明职业方面的益处，学生可能夸大了实际的职业收获。再次，那些在项目期间及之后经历更好的学生可能更倾向于提供反馈。鉴于这一选择性偏差，我们无法确定所报告的语言能力提升和职业收获究竟是通过参与该项目客观获得的，还是仅仅因为学生被引导相信这些结果而产生的"自我实现预言"（self-fulfilled prophecy）。

（三）构建需求的证据

尽管 NYU Law Abroad 案例的某些特征符合派生需求理论，但也有许多特征并不符合。

最明显的不一致之处在于，由于项目结构的原因，学生通常不会期望参加 NYU Law Abroad 项目就能在毕业后立即显著提升他们的就业前景。NYU Law Abroad 项目参与者是在他们的二年级（2L）或三年级（3L）春季学期出国学习。这意味着大多数学生在出国前已经获得了暑期实习职位（2L 的情况）或全职工作（3L 的情况），这些职位往往会转为毕业后的全职工作。换句话说，当学生申请这些就业机会时，他们无法向雇主展示已完成任何有潜在价值的海外课程。虽然学生在面试时可以提到他们计划参与 NYU Law Abroad，但他们只能以有限的方式进行描述，因为他们尚未能展示或阐述在国外所学的内容。因此，对于许多学生来说，NYU Law Abroad 的项目结构排除了他们会基于对未来职业的直接影响来做出参与决定的可能性。任何发生在法学院第三学期之后的可选海外学习项目同样面临这种情况。然而，我们并不想过分强调这一点，因为有相当一部分 NYU Law Abroad 的潜在参与者可以合理预期在完成项目后不久将找到就业机会。对于一些潜在申请者而言，这可能是因为他们尚未找到暑期实习职位。对另一些人来说，他们的暑期职位可能并不容易转化为毕业后的就业机会，这种情况在政府机构或公益组织工作的学生中较为常见。此外，还有一些学生可能预计在毕业后不久就会更换雇主。

此外，雇主关心的不仅仅是参与 NYU Law Abroad 项目。我们知道，雇主非常看重好成绩。因此，除了大多数雇主在做出招聘决定时不会看到包含 NYU Law Abroad 课程的成绩单外，即便他们看到了，取得好成绩的科目数量也可能会比 NYU Law Abroad 课程的影响更为重要。

表 11-1　NYU Law Abroad 项目参与者的申请理由

申请理由	2013-2014 学年	2014-2015 学年	2015-2016 学年
提高语言技能	25%	20%	28%
对国际法职业感兴趣或有海外工作意向	24%	19%	23%
有了解不同法律体系的兴趣	20%	13%	2%
有海外学习及文化沉浸体验的兴趣	18%	21%	15%
特定地点的相关因素	13%	28%	32%

*该表格中的数据通过项目参与者每年完成的项目评估收集。这是一个开放式问题，分类结果是基于对学生回答的仔细阅读整理得出的。

学生们自述参与 NYU Law Abroad 项目及选择三个地点的原因，也反驳了职业前景是其决策过程中的主要因素的说法。正如表 11-1 所示，大多数参与该项目的学生在申请时强调的理由不仅限于职业考虑或语言学习。在申请阶段，学生往往更注重专业和学术理由。然而，我们也可以通过项目结束后的反馈和非正式的对话得知，校友们普遍认同他们从该项目中获得的个人收益，如文化融入和结交密友等。此外，我们还了解到，一些学生选择出国留学是为了丰富他们的法学院经历。对于许多已经找到工作的 3L 学生来说，他们可以承担"更多风险"，在毕业前追求一种非传统的法学院体验。许多人也将参加 NYU Law Abroad 视为他们"最后一次"在不同地区生活和旅行的机会。因此，学生对该项目的需求不仅基于对未来职业收益的期望，也包括对职业生涯中某些不引人瞩目方面的预期。

在某种程度上，参与海外法律项目的动机来源于职业利益，这些利益似乎表现为学生希望用来区别于同学的"象征资本"。他们并不一定需要这段经历，但可以在某些场合中利用，例如在面试时作为"谈资"，或者在与合伙人进行社交时建立人脉和融洽关系（如校友调查中提到的）。这种象征资本不见得与多法域法律工作有多大关系。

该项目的"乐趣"很大程度上受到同龄人的影响。首先，学生对项目的印象往往受到已参与项目的同学经历的影响，有时甚至会非常显著。如果他们的朋友对该项目评价积极，他们自己参与的可能性也会更高。其次，如果有朋友也计划参加这个项目，学生的参与意愿往往会更强，因为与朋友一起在国外生活和旅行的前景非常吸引人。相反，学生也表达过对整整一个学期远离朋友的犹豫，尤其是当这是他们在法学院的最后一个学期时。

当然，朋友并不是决定出国学习乐趣的唯一因素。学生对各个项目地的印象也很重要。有一次，法学院让有意向的学生记录他们对每座城市的第一印象。对于布宜诺斯艾利斯和巴黎，学生的印象大多是"灯光""音乐""美酒""舞蹈""文化"和"浪漫"等。而对于上海，则是"繁忙""喧闹""拥挤""商业"等。笔者认为（尽管无法证明）这些观念影响了学生对前往各地学习的看法。例如，这可能是某些地点被视为"陌生"和"不舒服"而非"异国风情"或"令人兴奋"的原因，这也能解释为何学生对在上海学习的兴趣相对较低。

学生兴趣集中于"有趣"和"浪漫"的地点，如欧洲（巴黎）或明显带有欧洲影响的地点（布宜诺斯艾利斯），这让人想起美国历史上更为古老的出国留学故事。历史上，直到 19 世纪末和整个 20 世纪，送孩子去欧洲进行"Grand Tour"（大旅游）在美国富裕家庭中非常流行，目的是让他们的孩子"吸收和融入欧洲的高级文化"（Lewin, 2009）。[1]尽管参与 NYU Law Abroad项目的学生从未明确表示他们对"高级欧洲文化"的亲近，但笔者认为，至少部分学生对巴黎和布宜诺斯艾利斯的偏好源于与"大旅游"浪漫理想相关

---

〔1〕 路茵（Lewin）还指出，"Grand Tour"（大旅游）的观念至今仍然影响着美国的出国留学实践。这种传统使得学生们在选择留学地点时，往往会受到历史和文化因素的影响，而不仅仅是基于职业发展或学术考虑。这种影响延续至今，塑造了学生对某些留学地点的偏好，尤其是那些与欧洲文化紧密相关的地方。

的历史上和社会上形成的观念，而不是基于对现有数据的理性分析。

笔者也怀疑（但也无法证明），学生对 NYU Law Abroad 项目的兴趣会受到教职员工的影响。参与 NYU Law Abroad 项目管理的教职员工经常向他们亲近的学生宣传这些项目，而对项目持怀疑态度的教职员工有时会劝阻学生参与。这意味着，项目需求在某种程度上受到了决定教师与一年级或二年级学生之间关系模式的多种因素的影响。这些因素包括参与 NYU Law Abroad 项目的教师是否在法学院前三个学期教授大班课程、学生与教师学术兴趣的一致性，甚至还包括个性契合度。

考虑留学地点的总体声誉，或者根据同学和老师的建议和提示来决定是否出国学习的学生，可能反而是在信息泛滥的情况下作出的理性选择。NYU Law 的学生有超过三百门课程可供选择，还可以参与奖学金项目、法律诊所、学术期刊以及为期一年的双学位项目。面对如此大范围选择加上来自截止日期的压力，学生转向使用一些简化决策的规则，例如，参考总体声誉或同学与老师的建议，这可能是理性的应对方式。

最后，值得注意的是，报名参加 NYU Law Abroad 的学生中，少数族裔学生的比例相对于法学院整体学生群体来说略高（Law School Survey of Student Engagement，2004）。[1]这种观察可能符合衍生需求理论。少数族裔学生更有可能能具备与多法域培训相互补充的语言或文化技能。然而，另一种可能性是，NYU Law Abroad 项目往往吸引那些对旅行感兴趣和探索欲较强的学生，而这种倾向往往出现在移民或移民子女中，或可能出现在来自弱势的少数群体成员中。[2]

综上所述，我们相信把学生选择参与 NYU Law Abroad 项目的决定简单归因于对毕业后职业影响的理性计算是片面的。实际上，这些决定更像是学生根据自身倾向、已有的认知或误解、社会地位以及个人经历，努力平衡职业和非职业目标的一种合理选择。

---

〔1〕 这一发现与2004年法学院学生参与调查的数据一致，该调查发现，亚裔/太平洋岛裔、外籍学生、联合学位和转学生比其他学生更有可能参与留学项目。

〔2〕 有趣的是，历史上少数族裔学生在美国本科留学群体中比例偏低（NAFSA，n.d.）。因此，进入顶尖法学院的少数族裔学生的特征值得进一步研究。

五、结论

评论者常常认为，为美国法学院学生提供海外学习机会的计划能够满足学生对多法系培训的需求，并帮助他们提升职业前景。这种观点被称为"派生需求理论"。然而，我们有理由怀疑，对多法域律师的需求并不是学生选择多法域培训的唯一原因，甚至可能不是最重要的原因。有几点值得深思：雇主是否真的会在招聘时考虑学生是否接受过多法域培训？学生在选择法学院课程时，是否真的把职业前景放在首位？甚至学生的决策是否真的经过深思熟虑、精心计算？这些疑问表明，学生对多法域培训的需求可能不仅仅是为了适应职业市场的需要，而是受到更广泛因素的影响，比如布迪厄理论中提到的历史和社会背景等复杂因素共同作用的结果。

我们对 NYU Law Abroad 项目的案例研究表明，学生选择这类项目不只是基于雇主需要招聘多法域律师的需求。确实，部分 NYU Law 的 JD 学生对海外学习的兴趣在一定程度上受到了多法域培训与语言培训的吸引，认为这可能会让他们在雇主面前更具竞争力。但职业影响仅是学生决策中的诸多因素之一。其他因素包括希望体验乐趣、受到同龄人的影响，以及对海外学习地点吸引力的看法。而这些与职业无关的因素又受到历史和社会环境变化的影响，例如学生先前的社会经历，其所在社会群体对海外学习经历的重视程度以及地缘政治条件等。

这些发现对于法学院在决定是否以及如何为学生提供海外学习机会时可能具有参考价值。至少，这些结果凸显了某些招生策略的潜在价值，例如，利用同辈的推荐证明，以及在宣传项目知识性和职业发展机会的同时，也强调项目的"趣味"元素。更广泛而言，法学院应特别关注可能影响学生教育决策的非职业导向因素，并积极作出回应。这可能需要法学院学术和行政团队的多个部门之间进行协调，包括教师、职业顾问、辅导员以及宣传团队的成员。

衍生需求对 NYU Law 的影响有限。即便考虑到 NYU Law 及其海外学习项目的特殊性，这也揭示了所有法学院都可能面临的一个耐人寻味的挑战：法学院是否应该向学生提供成为多法域律师的最大化机会，即使学生更看重其他类型的机会？如果不是，那么是否应迎合学生的需求，即便这些机会未必能提升他们毕业后的能力？换句话说，全球化法学院应该设计为满足法律职

业的需求、学生的兴趣，还是其他利益的需求？这一重要问题可能会在未来
多年会持续困扰法学院。

参考文献

Adcock, Thomas (2015). "Going Global," *NYU Law Magazine.* 2015: 16-1 9. http://blogs. law. nyu. edu/magaz ne/2015/going-global/.

Ajzen, Icek (1991). "The Theory of Planned Behavior," *Organizational Behavior and Human Decision Processes* 50 (2): 179-211.

Ali, Farida (2013). "Globalizing the U. S. Law School Curriculum: How Should Legal Educators Respond?," *International Journal of Legal Information* 41 (3): 249-282.

American Bar Association (2016). *ABA Standards and Rules of Procedure for Approval of Law Schools 2016-2017, Criteria for Accepting Credit for Student Study at a Foreign Institution, Section I (c) (1).*

Backer, Larry Catá (2009). "Internationalizing the American Law School Curriculum (in Light of the Carnegie Foundation's Report)," in Jan Klabbers and Mortimer Sellers, eds. , *The Internationalization of Law and Legal Education.* pp. 49-112. Springer.

Barrett, Jr. , John A. (1997). "International Legal Education in the United States: Being Educated for Domestic Practice While Living in a Global Society," *American University Journal of International Law and Policy* 12 (6): 975-1013.

Barrett, Jr. , John A. (1997). "International Legal Education in U. S. LawSchools: Plenty of Offerings, But Too Few Students," *International Law* 31 (3): 845-867.

Bourdieu, Pierre (1985). "The Genesis of the Concepts of Habitus and Field," *Sociocriticism* 2 (2): 11-24.

Bourdieu, Pierre (1986). "The Forms of Capital," in J. E. Richardson, ed. , *Handbook of Theory and Research for the Sociology of Higher Education.* pp. 46-58. Translated by Richard Nice. Greenword Press.

Bourdieu, Pierre (1989). "Social Space and Symbolic Power," *Sociological Theory* 7 (1): 14-25.

Bourdieu, Pierre (1990). *The Logic of Practice.* Translated by Richard Nice. Stanford University Press.

Bourdieu, Pierre (1996). *Distinction: A Social Critique of the Judgment of Taste.* Translated by Richard Nice. Routledge.

Bourdieu, Pierre and Loïc J. D. Wacquant (1989). *An Invitation to Reflexive Sociology.* University of Chicago Press.

Bowers, James W. (2002). "The Elementary Economics of Bijuralism: A First Cut," *Journal of Legal Education* 52 (1-2): 68-74.

Chesterman, Simon (2009). "The Evolution of Legal Education: Internationalization, Transnationalization, Globalization," *German Law Journal* 10 (7): 877-888.

Clark, David S. (1998). "Transnational Legal Practice: The Need for Global Law Schools," *American Journal of Comparative Law* 46 (Supplement 1): 261-274.

Davis, Kevin E. and Michael J. Trebilcock (2006). "The Demand for Bijural Education in Canada," in Albert Breton and Michael Trebilcock, eds. , *Bijuralism: An Economic Approach*. pp. 173-210. Ashgate Publishing.

Dorsen, Norman (2001). "Achieving International Cooperation: NYU's Global Law School Program," *Journal of Legal Education* 51 (3): 332-337.

Drumbl, Mark A. (1998). "Amalgam in the Americas: A Law School Curriculum for Free Markets and Open Borders," *San Diego Law Review* 35 (4): 1053-1090.

The Economist (2016). "League of Nationalists. " Accessed June 25, 2020. https:// www. economist. com/news/international/2171076-all-around-world-nationalists-are-gaining-ground-why-league-nationalists. European Union (n. d.). Eurostat-International Trade in Goods, European Union. http://ec. europa. eu/eurostat/statistics - explained/index. php/Internationaltradein _ goods.

Garth, Bryant (2015). "Notes Toward an Understanding of the U. S. Market in Foreign LL. M. Students: From the British Empire and theInns of Court to the U. S. LL. M. ," *Indiana Journal of Global Legal Studies* 22 (1): 67-79.

Goldstein, Susan B. (2006). "Predictors of U. S. College Students' Participation in Study Abroad Programs: A Longitudinal Study," *International Journal of Intercultural Relations* 30 (4): 507-521.

Grossman, Claudio (1996). "Projecting the Washington College of Law into the Future," *American University Law Review* 45 (4): 937-945.

International Institute for the Unification of Private Law [UNIDROIT] (2010). UNIDROIT Principles of International Commercial Contracts, art. 1. 6 (2).

Isphording, Ingo Eduard and Sebastian Otten (2013). "The Costs of Babylon—Linguistic Distance in Applied Economics," *Review of International Economics* 21 (2): 354-369.

Krishnan, Jayanth K. and Vitor M. Dias (2015). "The Aspiring and Globalizing Graduate Law Student: A Comment on the Lazarus-Black and Globokar LL. M. Study," *Indiana Journal of Global Legal Studies* 22 (1): 81-93.

Law, David S. (2008). "Globalization and the Future of Constitutional Rights," *Northwestern University Law Review* 102 (3): 1277-1349.

Law School Survey of Student Engagement (2004). "2004 Annual Survey Results," *Student Engagement in Law Schools: A First Look*. https://lssse. indiana. edu/wp-content/uploads/2016/01/LSSSE-2004-Annual-Survey-Results. pdf

Lazarus-Black, Mindie and Julie Globokar (2015). "Foreign Attorneys in U. S. LL. M. Programs: Who's In, Who's Out, and Who They Are," *Indiana Journal of Global Legal Studies* 22 (1): 3-65.

Lewin, Ross (2009). "Introduction: The Quest for Global Citizenship Through Study Abroad," in Ross Lewin, ed., *The Handbook of Practice and Research in Study Abroad*. Pp. xiii-xxii. Routledge.

Lewis, Margaret K. (2009). "International Law Takes Center Stage in Legal Education," *The National Law Journal*. September 7. LexisNexis.

Loungani, Prakash, Saurabh Mishra, Chris Papageorgiou, and Ke Wang (2017). *World Trade in Services: Evidence from a New Dataset*, International Monetary Fund, Working Paper No. 17/7 7, 34, fig. 16.

Maxeiner, James R. (2008). "Learning from Others: Sustaining the Internationalization and Globalization of U. S. Law School Curriculum," *Fordham International Law Journal* 32 (1): 32-54.

McDonough, Patricia M. (1997). *Choosing Colleges: How Social Class and Schools Structure Opportunity*. State University of New York Press.

Melitz, Jacques (2008). "Language and Foreign Trade," *EuropeanEconomic Review* 52 (4): 667-699. NAFSA (n. d.). Trends in U. S. Study Abroad. http://www. nafsa. org/Policy_ and_ Advocacy/Policy_ Resources/Policy_ Trends_ and_ Data/Trends_ in_ U_ S_ StudyAbroad/.

National Association for Law Placement [NALP] (2017). *Perspectives on 2016 Law Student Recruiting*. Washington DC: National Association for Law Placement, Inc.

New York University (2010). Global Network University Reflection. Accessed June 26, 2020. https://www. nyu. edu/about/leadership-university-administration/offffce-of-the-president-emeritus/communications/global-network-university-refffection. html.

New York University (n. d.). Global Programs and Research. Accessed June 26, 2020. https://www. nyu. edu/about/leadership-university-administration/office-of-the-president/office-of-the-provost/global-programs. html.

New York University School of Law (n. d.). Before You Apply, New York University School of Law. Accessed November 14, 2017. https://www. law. nyu. edu/global/globalopportunities/nyu-lawabroad/before.

New York University School of Law (2012). *Board of Trustees Strategy Committee Report and Recommendations* (October). New York: New York University School of Law. http://www. law. nyu. edu/sites/default/ffles/ECM_ PRO_ 073917. pdf

New York University School of Law (2013). NYU Law Announces Ambitious New Study-Abroad Program as Part of Curricular Enhancements Emphasizing Focused Study in Third Year. Accessed June 24, 2020. http://www. law. nyu. edu/news/nyu_ law_ announces_ study-abroad_ program_ curricular_ enhancementsthirdyear.

New York University School of Law (2017). Application Procedure. Accessed November 17, 2017. http://www. law. nyu. edu/global/globalopportunities/nyulawabroad/appl icat ion.

New York University School of Law (2017). NYU Law Abroad. Accessed June 26, 2020. http:// www. law. nyu. edu/global/globalopportunities/nyulawabroad.

New York University School of Law (n. d.). John Sexton: Biography. Accessed November 14, 2017. https://its. law. nyu. edu/facultyproffles/index.cfm? fuseaction=profffleoverview&personid=20281.

New York University School of Law (n. d.). Prospective Exchange Students: General Information. Accessed November 14, 2017. http://www. law. nyu. edu/global/globalopportunities/incomingexchangestudents.

Paulsen, Michael B. (2001). "The Economics of Human Capital and Investment in Higher Education," in Michael B. Paulsen and John C. Smart, eds. , *The Finance of Higher Education: Theory, Research, Policy & Practice*. pp. 55-94. Agathon Press.

Perna, Laura W. (2006). "Studying College Access and Choice: A Proposed Conceptual Model," in John C. Smart, ed. , *Higher Education: Handbook of Theory and Research*, vol. 21. pp. 99-157. Springer.

Rabin, Matthew (1998). "Psychology and Economics," *Journal of Economic Literature* 36 (1): 11-46.

Roberts, Anthea (2017). *Is International Law International?* Oxford University Press.

Salisbury, Mark H. et al. (2009). "Going Global: Understanding the Choice Process of the Intent to Study Abroad," *Research in Higher Education* 50 (2): 119-143.

Salisbury, Mark H. et al. (2010). "To See the World or Stay at Home: Applying an Integrated Student Choice Model to Explore the Gender Gap in the Intent to Study Abroad," *Research in Higher Education* 51 (7): 615-640.

Salisbury, Mark H. et al. (2011). "Why Do All the Study Abroad Students Look Alike? Applying an Integrated Student Choice Model to Explore Differences in the Factors that Influence White and Minority Students' Intent to Study Abroad," *Research in Higher Education* 52 (2): 123-150.

Sánchez, Gloria M. (1997). "A Paradigm Shift in Legal Education: Preparing Law Students for the Twenty-First Century: Teaching Foreign Law, Culture, and Legal Language of the Major U. S. American Trading Partners," *San Diego Law Review* 34 (2): 635-679.

Sexton, John Edward (1996). "The Global Law School Program at New York University," *Journal of Legal Education* 46 (3): 329-335.

Sexton, John Edward (2001). "Curricular Responses to Globalization," *Penn State International Law Review* 20 (1): 15-18.

Sexton, John Edward (2001). "Out of the Box Thinking About the Training of Lawyers in the Next Millennium," *University of Toledo Law Review* 33 (1): 189-202.

Shah, Maulik (2010). "The Legal Education Bubble: How Law Schools Should Respond to Changes in the Legal Market," *Georgetown Journal of Legal Ethics* 23 (3): 843-58.

Silver, Carole. 2013. "Getting Real About Globalization and LegalEducation: Potential and Perspectives for the U. S. ," *Stanford Law and Policy Review* 24 (2): 457-501.

Silver, Carole and Swethaa S. Ballakrishnen (2018). "Sticky Floors, Springboards, Stairways & Slow Escalators: Mobility Pathways and Preferences of International Students in U. S. Law Schools," *University of California Irvine Journal of International, Transnational, and Comparative Law* 3: 39-70.

Simon, Jennifer and James W. Ainsworth (2012). "Race and Socioeconomic Status Differences in Study Abroad Participation: The Role of Habitus, Social Networks, and Cultural Capital," ISRN Education. 2012. Article ID 413896. http://www. hindawi. com/journals/isrn/2012/413896/.

Stevens, Mitchell L. (2009). *Creating a Class: College Admissions and the Education of Elites.* Harvard University Press.

Stigler, George J. and Gary S. Becker (1977). "De Gustibus Non Est Disputandum," *American Economic Review* 67 (2): 76-90.

Stroud, April H. (2010) "Who Plans (Not) to Study Abroad? An Examination of U. S. Student Intent," *Journal of Studies in International Education* 14 (5): 491-507.

Thomas, Chantal (2000). "Globalization and the Reproduction of Hierarchy," *University of California Davis Law Review* 33 (4): 1451-1501.

Trachtman, Joel P. (2010). "The International Law of Financial Crisis?," *American Society of International Law Proceedings* 104: 295-299.

United Nations Conference on Trade and Development (2017). *World Investment Report* 2017.

United Nations Convention on Contracts for the International Sale of Goods, U. N. Doc. A/ CONF 97/ 19 (April 11, 1980).

U. S. News & World Report (n. d.). "Find the Best Law Schools. " https://www. usnews. com/best-graduate-schools/top-law-schools.

Valcke, Catherine (2004). "Global Law Teaching," *Journal of Legal Education* 54 (2): 160-182.

White, James P. (2007). "A Look at Legal Education: The Globalization of American Legal Education," *Indiana Law Journal* 82 (5): 1285-1292.

World Bank Group (n. d.). Exports of Goods and Services (% of GDP). Accessed February 8, 2018. https://data. worldbank. org/indicator/NE. EXP. GNFS. ZS.

World Bank Group (n. d.). Foreign Direct Investment, Net Inflows (BoP, Current US $). Accessed February 8, 2018. https://data. worldbank. org/indicator/BX. KLT. DINV. CD. WD.

World Bank Group (n. d.). Foreign Direct Investment, Net Outflows (BoP, Current US $). Accessed February 8, 2018. https://data. worldbank. org/indicator/BM. KLT. DINV. CD. WD.

World Bank Group (n. d.). International Tourism, Expenditures (% of Total Imports). Accessed February 8, 2018. https://data. worldbank. org/indicator/ST. INT. XPND. MP. ZS.

World Bank Group (n. d.). International Tourism, Receipts (% of Total Exports). Accessed February 8, 2018. https://data. worldbank. org/indicator/ST. INT. RCPT. XP. ZS.

World Trade Organization (2017). *World Trade Statistical Review 2017.*

Yale University Law School (2017). What to Do When You Don't Get an Offer from Your Summer Employer. https://law. yale. edu/student-life/career-development/students/career-guides-advice/what-do-when-you-dont-get-offer (webpage no longer accessible).

Yale University Law School (n. d.). International Law. Accessed December 1, 2017. https://law. yale. edu/study-law-yale/areas-study/international-law.

第十二章
手握法典，电脑在旁，模拟世界
——法学教授的国际化

作者：卡丽·门克尔-梅多（Carrie Menkel- Meadow）*

1975 年从布兰代斯大学毕业后，我决定向中东研究的权威——英国人——学习。我进入牛津大学圣安东尼学院，攻读现代中东历史与政治的硕士学位。圣安东尼学院的正规教育正如我所期望，但我在餐厅里学到的东西并不比教室里少。作为英国中东研究的中心，圣安东尼学院吸引了来自阿拉伯世界和以色列的最优秀学生……我学会了如何做一个好的倾听者，并且这里有很多值得聆听的内容。

——摘自《从贝鲁特到耶路撒冷》，托马斯·L. 弗里德曼（1989，6-7）

一、引言：云游四方的法学教授与她的数据来源

本章记录了部分法学教授群体的"跨国化"历程。在一本关于法律教育全球化的实证研究的书中，本章的实证性体现在我在超过二十多个国家教授法律、教授法学院学生以及与来自世界各地的法律教师互动的亲身观察。我的观点很简单——无论是教师还是学生，只要能够在多个国家和多个法律体系中学习法律，

* 感谢加州大学尔湾分校于 2017 年 9 月 8 日至 9 日举办的全球化法律教育会议、2018 年 6 月 21 日至 22 日在多伦多大学举办的跨国法律研究中心十周年纪念会议、2017 年 12 月 3 日至 5 日在新南威尔士大学举办的法律教育研究会议，以及 2018 年 5 月 21 日至 25 日在海法大学举办的全球化世界中法律教育挑战会议的与会者们对本章各版本提出的宝贵意见。同时，感谢 Silvia Faerman、Orna Rabinovich-Einy、Victor V. Ramraj、Bryant Garth、Alain Verbeke、Chiara Besso、Loukas Mistelis、Katherine Lynch、Franz Werro、Joel Lee 以及 Robert Meadow，我在法律教育旅程中的一些同行者。特别感谢 Lynda Bui 和 Alex Cadena 的编辑与研究协助。

他们对世界的认知以及成为高素质专业人士的能力就能够通过"跨国"法律知识得到彻底改变。法律教育的"全球化"可以通过在本国学习国际法来实现，但在我看来，要真正实现"跨国化"，教育必须发生在本国之外。跨国法律教育不仅仅是"法律"的教育——它还必须是文化的教育。以我的社会法学视角来看——法律必须置于特定语境当中![1]或者更确切地说，是置于多重语境当中！

本章是为庆祝跨国法律研究中心（CTLS）成立十周年而作。CTLS 由乔治城大学创立，当时由院长亚历克斯·阿莱尼科夫（Alex Aleinikof）及我参与的国际法律教育委员会构思（详情参见 https://www.law.georgetown.edu/ctls/）。CTLS 是一个法律教育项目，汇集了来自二十多个国家的学生，他们在一起共同学习，没有人是所谓的"主场"，学习地点设在伦敦，由来自不同机构、受过多种法律体系（如民法、普通法、宗教法和混合法体系）教育的教授授课，涵盖众多不同的法律主题。

本章还反映了我在五大洲 26 个国家教学的经历，无论是作为全职、兼职还是访问教授，还包括在美国最大的 LLM 项目中授课的经验（例如在乔治城大学和哈佛大学为外国学生授课）。此外，我还基于与这些项目中的学生和教师的访谈撰写了本章。在过去的几十年中，我曾参与多个区域性的法律教育项目（例如中美洲企业管理研究所 INCAE)[2]、欧洲的伊拉斯谟计划、新加坡国立大学等（Chen-Han，2017；Chesterman，2008）以及包括来自不同国家的学生和教师的美国及国际法学院暑期项目。我还参与或主导了一些法学教授的教学培训项目，特别是如何在传统讲授课程之外增加"沉浸式"学习（Wilson，2009)[3]，地点包括中国、英国、墨西哥、以色列（Menkel-Meadow and Nutenko，2009；

---

〔1〕 由威廉·特温宁（William Twining）等人最初构想的"法律在语境当中"系列已由剑桥大学出版社长期出版，该系列将法律原则与社会法和文化等相结合。参见例如，Twining（2000）；Roberts 和 Palmer（2020）。

〔2〕 INCAE 有两个校区，分别位于尼加拉瓜的马那瓜和哥斯达黎加的圣何塞。我曾多次在这两个校区授课，学生来自中美洲各地以及少数南美国家，学习的形式为行政教育，内容涵盖 MBA 或 LLM 的等效课程，采用哈佛案例研究法，而我的教学方法则包括积极的临床模拟和角色扮演教育。

〔3〕 我于 2007 年至 2009 年参与了清华大学与天普大学联合开发的项目，旨在教授中国法学教授如何在常规法律课堂中进行体验式教学（作为对美国苏格拉底式教学或欧洲传统讲座式教学的替代）。我在五大洲的课程中使用了这些教学方法，并观察到在各种法学院设置中，更多主动学习方法的广泛应用。请参见新加坡国立大学 Joel Lee 和 Helena Whelan Bridges 的工作，阿兰·维贝克（Alain Verbeke）在比利时、荷兰和葡萄牙的实践，香港大学争议解决 LLM 项目（Katherine Lynch，Shahla Ali），以及阿根廷和智利的新临床项目，详情见下文关于全球正义联盟（GAJE）的讨论。

Munin and Efron，2017）以及挪威。此外，我还受雇于各类大学、认证机构以及私立基金会和资助方，负责评估多个国家的法律教育项目。最后，我还参与了多个将跨国及国际法律教育纳入美国法学院必修课程的项目，例如乔治城大学的"第一周：全球背景下的法律"和加利福尼亚大学欧文分校的国际法律分析必修课程（Menkel-Meadow，2011），后者还催生了全校范围的学生倡议活动"全球正义峰会"，详见第四部分。[1]

"跨国"法律教育如今呈现多种形式——包括为学生提供的留学项目（覆盖整个学期或学年的学习）、暑期项目、教师交流、研究生法律课程（如 LLM、SJD 和 JD 学位）、正式任命的"全球"教授授课（无论是访问教授还是由多所大学共享的教授）[2]、知名实务工作者访问[3]、法学生在国内外法律机构的实习[4]，以及广泛的国际、跨国和比较法课程，这些课程涵盖公法和私法，其中一些学校还设有国际法必修课程，甚至包括国际法诊所（如人权法）。

现代法学生可以通过课堂教学，从比较和理论的视角学习法律，同时还可以通过沉浸式体验教学，参与国际、跨国实践。随着国际法律制定、解释和执行机构的不断增多（从国际、国家、地区法院，到混合仲裁机构，如国际投资争端解决中心）以及跨国立法机构（如欧洲议会），甚至扩展到跨国行政治理（Halliday and Shaffer，2014；Krisch, Kingsbury, and Stewart，2005），学生有机会观察法律规范在创制、协商、判决和执行过程中是如何运行的。

对我而言，基本主题在于让学生理解法律多元主义的概念及其应用。这种多元主义将法律问题置于不同的背景和国家当中，经常伴随着正式和非正式的法律选择及管辖地点的选择（Berman，2007；Michaels 2009；Merry,

---

〔1〕 有关其他鼓励国际法必修课程的努力，请参见联合国大会第 44/23 号决议，宣布 1990 年为"国际法十年"，并鼓励教授公共国际法；国际法学院 1997；Ali 2013。

〔2〕 纽约大学可能是美国第一所正式设立"全球法学教授"头衔的法学院，但从一个国家到另一个国家进行讲学的"外国"访问者的历史可以追溯到博洛尼亚、巴黎、鲁汶等欧洲最早的大学法律系。古时候的"访问"法学讲师实际上更容易"旅行"，无需计算机和模拟设备，但他们使用拉丁语或其他精英受教育者的通用语言。有关现代跨国法律教育项目的详细说明，参见例如 Roberts，2022（本书第十四章）；Jamin and Van Caenegem，2016；Gane and Huang，2016。

〔3〕 前最高法院和国际法院的法官，例如以色列的 Aahron Barak，南非的 Richard Goldstone，澳大利亚的 Michael Kirby 和南非的 Albie Sachs，都是美国和欧洲许多法学院的常驻访问法学教授。

〔4〕 在我参与多次授课的西南大学与布宜诺斯艾利斯大学的暑期项目中，精通西班牙语的学生能够在阿根廷最高法院，以及与法官、检察官和一些私人律师一起进行实习。没有什么比深入另一个法律体系（及其各个层级）更能让法学生了解法律如何在不同的政治和法律背景下实施的了。

1988），而理想的学习方式是离开母国到外国进行学习。跨国法是一种复杂的体系，其中可能适用的规范、规则和实践广泛存在于律师事务所、私人谈判、公共外交、私人调解或仲裁等场合，以及各种地区和国际正式法庭当中。与大多数由法律和制度的垂直等级制构成的国家体系不同，跨国法的世界更加多样化、横向化和复杂化，有关裁决既可能重叠也可能存在冲突。[1]世界上没有一座"最高法院"能够调和这些冲突——国际法院仅是一个解决国家间争端的有限且自愿管辖的法院，无法处理现代世界中的许多行为主体——包括个人、团体、次国家和跨国实体（例如跨国公司和恐怖组织）。现有的国际和地区法院及法庭已超过 26 个（Alter，2014；Shany，2014），但仍然没有形成一个统一的法律体系。然而，多种机构、法庭、规则体系、法典、争端处理机制以及软法的存在，为规范国内和跨境活动提供了一套令人目不暇接的规范与流程。我们如今都已成为法律多元主义者。

真正的跨国法律教育需要多方面的能力支撑——不仅包括智力和分析能力，还包括人际交往的能力、语言技能（Raume and Pinto，2012），以及与价值体系可能截然不同的人进行协作谈判的能力。有趣的是，跨国法律项目的毕业生之间，可能由于其精英身份而拥有更多的共同点，而与本国同胞的共同点反而较少。[2]与此同时，现代通信技术也使远程学习成为可能（许多国家现在提供在线法律硕士课程），从而增加了接受此类教育的机会，以及正如一些人所期待的"民主化"法律教育（Aleinikoff，2007）。

正如托马斯·弗里德曼（Thomas Friedman）所言，我从不同法律文化的师生中学到了许多，同时也希望通过在渴望多样化教学的大学和法律项目中引入各种教学方式和概念，为法律教育的跨国化作出贡献。这些方式不再局

〔1〕 从理论（以及实证）层面来看，跨国法和社会法学者们对以下问题存在争论：是否存在过多的"碎片化"（或如部分学者所称的，过多的"拼装"或"bricolage"，而缺乏明确的法律秩序，参见 Sassen，2006）；或者，各种形式的硬法和软法的增加是否实际上形成了一套更加密集的法律规范，为全球治理提供了更多支持（Halliday and Shaffer，2014；Abbott and Snidal，2000；Shaffer and Pollack，2010；Ahdieh，2004）。在我看来，学者和学生在真正参与跨国（以及多样化主题）法律教育时，能够更好地体会这些宏大的法学问题。理想情况下，现代跨国法学生应该在不同的地点研究这些问题，亲身体验相关挑战。例如，可以比较美国联邦体制中的民权主张与欧洲联盟成员国中基于"自由裁量权原则"（margin of appreciation）的处理方式的差异。我在课程中以"面纱问题"的跨国不同处理作为现代多元复杂性的例证（参见 R (Begum) v. Headteacher and Governors of Denbigh High School，(2006) UKHL 15；S. A. S. v. France，2014 Eur. Ct. H. R. 695 (2014)；Ferrari and Pastorelli，2013）.

〔2〕 关于国际律师日益增长的全球精英地位的论述，参见 Dezalay and Garth，1988.

限于传统的讲授式教学，而是融入了越来越多元的全球学生群体的知识基础，这些学生往往在不同法律体系之间流动，为成为现代跨国法律人才做好准备。无论学生、教授或律师是否真正跨法域执业或教学，毫无疑问所有法律工作如今都受到跨国法律、法律机构和法律文化的影响，这构成了一种新的"跨国法律研究"（Menkel-Meadow，2011；Aleinikoff，2007，2006；Sugarman and Sherr，2001；Chesterman，2009；Zumbansen，2000）。正如托马斯·弗里德曼在牛津的研究生教育所体现的那样，我希望，当来自不同文化的人一起学习、共进餐点（甚至去酒吧、跳舞，或者步入婚姻殿堂）时[1]，他们不仅能学习"书本上的法律"，还能够发现法律体系间的共通性与差异性。[2]

法律及法律规则是被选择的，而非天然存在的（某些殖民地或基于宗教的法律体系除外）。因此，我认为研究不同法律体系对特定社会和法律问题所做的不同选择，可以极大地增强对这些选择的理解。正如法律学者威廉·特温宁（William Twining）和社会学家安东尼·吉登斯（Anthony Giddens）等人所指出的，法律在国际社会生活的各个方面日益普遍，即便在地方层面亦如此。吉登斯认为，"全球化是世界范围内社会关系的强化，它将遥远的地方连接在一起，使得某地的事件受到远方发生事件的影响，反之亦然"（Giddens，1990）。现代法律教育，依我之见，必须是跨国性的，其涵盖地方性[3]、国家性、国际性（国家关系法）以及跨国性（影响跨国界的交易、争议及人与服务、产品关系的法律规则与法律机构）（Twining，2009）。在不同国家学习和教授法律的法学教授，即便在法律这一仍以国家主权为基础的领域，也能够提升自身的跨国知识。[4]

---

〔1〕 我一直在关注许多在 CTLS 或其他我曾授课的跨国项目中萌生的国际恋情！鉴于法律执照仍然以国家为基础，这为国际多样化的律师伴侣带来了巨大挑战。

〔2〕 关于法律教育在不同地点或场所进行的深刻分析（包括正式和非正式的互动，尤其是在多元化的学生群体中），可参考 Israel, Skead, Heath, Hewitt, Galloway, and Steel, 2017.

〔3〕 萨斯基娅·萨森（Saskia Sassen）和斯科特·博伦斯（Scott Bollens）等学者认为，城市是研究地方、国家和国际互动的最佳场所。参见 Bollens 2012; Sassen 2006.

〔4〕 安西娅·罗伯茨（Anthea Roberts）记录了大多数法学教授的教育背景有限，绝大多数法学教授的学位都来自单一法域，参见 Roberts，2022（本书第十四章）。然而，依据我最近的经验，许多世界顶尖大学的法律教育和国籍多样性正在逐步增加。举例来说，我曾教授过的几个地方：玛丽女王大学商法中心（拥有意大利、希腊、荷兰等多个国家并具有国际经验的教职人员）；在英国的国王学院、牛津大学、剑桥大学和伦敦大学；在亚洲的新加坡国立大学，以及一些中国和日本新的法学院，参见 McConnaughay and Toomey，2022（本书第十章）。

在理论和实践层面，真正的跨国法律教育引发了关于法律霸权、法律理念、实践和权力的扩散和移植等诸多问题。早期学者（Galanter and Trubek 1974）和批判法学者（Kennedy 2006），以及我本人都曾对美国法律思想的对外输出提出过批评，无论是关于"新自由主义经济学"（Dezalay and Garth，2002；Mattei and Nader，2008），还是关于美国宪法理念与解释（Choudry，2006）。新一代学者也持续关注法律"移植"（Watson，1993；LeGrand，1997）、教育、解释的单向传播现象（Nicola，2018；Roberts，2017）。然而，我们当中的一些人也看到了非美国法律渊源及其解释日益显著的影响（Barak，2002；Law and Versteeg，2012）。真正的跨国法律教育应当促使人们在对待"解决"法律问题的方法上抱有谦逊态度，并对其他法律结构和解释保持开放心态（Menkel-Meadow，2011）。例如，加拿大《人权宪章》、南非宪法以及欧洲人权法院的判决在美国以外地区对法律权利解释的影响日益显著。真正的跨国与比较法教育使教授们能够挑战自身法律教育中形成的"既定认知"，这些认知通常受单一法律体系的影响，从而形成某种知识霸权。这种教育实践得当时，能够让来自不同法律环境的学生和教授互相学习、共同受益。

二、一些来自 CTLS 及其他领域的例证

跨国法律研究中心（CTLS）于 2008 年由乔治城大学和其他 10 所法学院共同创立：包括英国的伦敦国王学院、澳大利亚的墨尔本大学、德国的柏林自由大学、西班牙的 ESADE 商学院、以色列的希伯来大学、瑞士的弗里堡大学、巴西的圣保罗大学、意大利的都灵大学、加拿大的多伦多大学、新加坡国立大学（后来还加入了来自墨西哥、智利、韩国、哥伦比亚、葡萄牙、荷兰、新西兰、印度、中国和俄罗斯的大学）。学生可以选择修读一个学期或一整年，由乔治城大学的教授进行授课。每年通常有 150 名到 175 名学生参加该项目，所有学生在完成学习后都会获得"跨国法律研究证书"，并将所修学分计入他们所在的母校。根据学分分配，学生在校期间的每学期通常选修四门课程（包括必修的核心课程、跨国专题讨论会和全球实践训练）。每学期提供丰富的各类课程，具体内容取决于授课教师的专业领域，同时努力在私法（如国际商业交易、比较公司治理、国际商事仲裁）和公法（如人权、人道法、国际组织、比较宪法、紧急状态法、难民与移民法）之间保持平衡，另

外还提供一些"混合"或跨学科的理论或政策课程（如语言权利、贸易政策、知识产权政策、跨国健康政策、国际争端解决）。

在最初的设计中，每门课程至少应由来自不同法律体系（如普通法、民法或"混合法"法系，例如以色列、加拿大[1]）的两名教授共同授课，旨在为所有科目提供明确的比较法视角。[2]然而，这种设计在实践中并不总是可行，但课程设计仍然尽力融入比较法内容。项目的几个核心部分包括：为期一周的"全球实践训练"，学生分组针对某一全球法律问题进行深入研究和模拟实践（如国际仲裁或刑事引渡）；"核心课程"，介绍跨国和比较法的基本概念，内容涵盖从理论、法理学和哲学讨论到具体法律问题的比较法研究（如隐私政策、移民、合同、侵权），以及从社会法学角度探讨法律中的文化差异（Jessup，1956；Koh，2006，1996；Darian-Smith，2016）；此外，还有一个必修的研讨会/专题讨论课，向学生介绍授课教授和其他跨国法律学者的最新和重要学术成果。

我曾是乔治城大学委员会的成员之一，协助构思了该项目，并撰写了第一个"全球实践训练"课程教案（跨国就业主题，涉及法律适用、管辖地选择和争议解决机构的相关问题）。迄今为止，大约有1200名学生和125名来自全球约20所合作学校的教师参与了该项目。CTLS还举办了多场学术会议和专题讲座，内容涵盖跨国法律教育、国际刑法、语言权利、国际移民、隐私权、合同法、人权以及其他主题。该项目还鼓励（尽管在我看来数量仍然不足）开展联合学术研究项目（Arjona，Jamal，Menkel-Meadow，Ramrai and Satiro，2012；Luban and Mezey，2014）。常驻教师参与了书籍讨论会、研讨会，以及非正式的知识交流或"沙龙"，探讨了各种主题（例如，面向文化多样化学生群体的教学方法）。

该项目于2009年秋季开始，首次进行全球实践训练，学生们分成小组，来自不同国家的学生们共同阅读不同法律体系的事实情况、法律文件、雇佣合同以及法院和国际仲裁法庭的规则。所有学生以英语进行小组讨论，尽管对其中一些学生来说，英语可能是他们的第二、第三、第四甚至第五语言。其中一位学生，当时在使用他的第四语言，非常担心如何在国际仲裁庭上进

---

〔1〕 维多利亚大学刚刚启动了一个结合加拿大法和原住民法的"跨体系"项目，参见JD/JID（普通法—原住民法）学位：https://www.uvic.ca/law/about/indigenous/jid/index.php.

〔2〕 或者正如某位法学教授所称之为的"跨体系法律教育"（Strauss，2006）。

行十分钟的结案陈词，毕竟他从未在如此多的听众面前用英语发言，也从未在自己传统的欧洲大学中参加过模拟法庭。我鼓励了他，最终他给出了小组中最具创意且最有说服力的陈词。我们保持联系，几年后他完成了哈佛大学的法学硕士学位（巧合的是，他班上还有另外两位 CTLS 的学生），现在他在自己的国家从事国际法律事务。我自愿成为他的终身推荐人，他也一直关注我在他的国家所作的工作和我的法律学术研究，我们持续地共同探讨跨国法律研究。

　　在全球实践训练结束后（这一周包括紧张的课程、讲座、学生展示和一些写作任务），项目通常会在摄政公园举办庆祝派对，随后学生们成群结队地离开，有的去休息，有的去找家人，或者继续聚会。试想一下，当一群严肃认真的德国和以色列学生邀请我一同继续讨论如何在多法域的背景下实际操作这次全球实践训练时，作为教师的我心中是多么喜悦。这些学生中有些知道我是大屠杀难民的后代，所以可以想象，当新一代的德国人和以色列人共同参与并建立未来跨国联系时，我的心中是多么欣慰。是的，虽然我和托马斯·弗里德曼都知道，个人关系并不足以阻止战争、敌对关系和刻板印象的形成，但对于我们这些追求和平与正义的法律教育工作者来说，这依然是世界秩序在个人层面的一个重要起点和全新框架的契机（Slaughter，2004）。

　　跨国法律教育的方式多种多样，而作为乐观的跨国主义者，我们也需要认识到，学生在接触新知识和信息时，他们的思维方式并不是我们可以完全掌控的。CTLS 首年课程结束几个月后，我与一些学生交流了他们的学习经历。这些学生曾修读由我们首任主任、大名鼎鼎的人权律师大卫·科尔（David Cole）教授，以及伦敦大学法学院的科尔姆·奥辛尼德（Colm O'Cinneide）教授的课程，该课程主题是"反恐与人权的比较视角"。其中一些来自欧洲大学的学生，原本像他们的教授一样，坚决反对在反恐行动中使用任何形式的酷刑。然而，当他们听到以色列同学分享自己的经历后——这些以色列同学大多在进入法学院前曾服役于以色列国防军——他们开始重新思考某些形式酷刑的使用是否在特定情况下是合理的。正如托马斯·弗里德曼所说，一起吃饭、一起生活的经历，有时可以像课堂学习一样带来深刻的影响。这种非正式的学习过程往往出乎意料，方向也未必像我们原先设想的那样。

　　"核心课程"或"跨国与比较法导论"一直是不同法律体系和观点的教师之间激烈讨论的教学场合。在我与同事弗朗茨·维罗（Franz Werro）（同时任职于乔治城大学和弗里堡大学）合作授课的一年中，我们围绕"跨国法"是否具有可行性展开了辩论。我主张像商业仲裁这样的过程存在于跨国"空间"中，拥有其独特的跨国商法（lex mercatoria）、合法性和正当性（Paulsson，2013；Gaillard，2010；Schultz，2014），而维罗教授则认为，任何法律都不可能脱离正式的国家机构（Roberts，2005；Teubner，1997）。例如，仲裁的执行依赖于国际条约，例如1956年《承认与执行外国仲裁裁决的纽约公约》和1965年《国际投资争端仲裁公约》，而这些条约的执行又依赖于国家法院对裁决的承认、执行或撤销。然而，大多数国际商业仲裁是在私下听证中进行的，这基于其跨国合同，程序规则由当事人选择，并源自私人仲裁庭的规则。这种国际争端解决方式的核心理念是当事人同意，而非正式的法律规定。其他教授在讲授这门课程时，必须在不同的法理学方法之间找到平衡，或者选择不同的领域，以从比较法的视角探讨法律多元主义在各体系中的运作。例如，我们采用了多种沉浸式训练，包括让学生起草跨国隐私条款、为项目商讨语言规则、辩论在法律裁决中使用外国法渊源的优缺点，以及合同成立中"对价"条件的利弊（英美法系与大陆法系的差异）。不同的核心课程教师强调了不同的问题，例如殖民主义和帝国主义在立法中的作用、替代法律体系（无论是程序上的替代争议解决机制还是实质上的伊斯兰教法）、成文法与普通法的对比、不同体系中的法律救济、跨国语境下的"刑事移民法"（crimmigration）、法律在缓解贫困和不公方面的争议，以及"全球化"究竟是一种积极的发展还是消极的影响（Sornarajah，2011，2015；Riddich，2006：203）。

在我最喜欢的一次学生互动中，一位来自墨尔本的学生（现已成为澳大利亚的一名执业律师，同时也是我的朋友）向我们提问，是否可以将决斗的国际规则和习俗（在国际法院和法庭尚未成立之前）视为一种跨国法律秩序（Yarn，2000）。他还让我关注艺术盗窃作为跨国法律问题的研究，CTLS现在已经开设了相关课程。[1]对于选修这门课程的许多学生来说，接触到"行动中的法律"或社会法学的法律方法，以及法学理论和哲学问题，都是对他们在本国传统教义课程的突破。在某些核心课程的版本中，还专门提供了关于法律职业全球化社会学的教学内容（Sokol，2007；Silver，2000；Terry，

---

〔1〕 由德国的克里斯蒂安·阿姆布鲁斯特（Christian Ambruster）教授授课。

2008）。

　　学生们还被要求参加教师研讨会，学者们在此过程中展示并探讨国际和跨国法律中的最新问题，这些问题通常超出传统课程类别的范围，包括法律统一项目（在合同、个人伤害和其他私法主题）中法律原则发展是否趋同或异化等问题，以及反恐与人权、隐私、反垄断监管、国际贸易、战争与和平法等跨国问题面临的挑战。外部演讲者也会分享不同法律领域的前沿实践问题（国际刑法、环境法、歧视法、比例原则与"自由裁量余地"原则中的人权问题，以及国际商务交易问题）。

　　该项目还组织了国际法律电影之夜，播放涉及不同法律程序、人道主义和战争的电影、人权电影[1]，以及关于法律丑闻（如安然事件）的影片，通过这些影片来激发对人权、企业社会责任、金融监管、反垄断和移民政策等问题的讨论。在国际师生的观影氛围中，这样的电影放映成为了开展比较对话与交流的绝佳机会。

　　在伦敦这样的地方，课堂教育得到了课外实地考察的补充，学生可以参观各种法院（如英国最高法院、海牙的国际法院和国际刑事法院、洛桑的国际体育仲裁法院、普通刑事和民事法院）、仲裁庭（如劳动与雇佣事务以及其他专业裁决机构），参加调解和仲裁程序（如伦敦国际仲裁院和巴黎国际商会仲裁法院），以及旁听各种公开听证会。在 CTLS 开设的最具创意的课程之一中，新加坡的海伦娜·惠伦-布里奇（Helena Whalen-Bridge）教授了一门比较法课程。[2]她的课程设计独具匠心，让学生研究并模拟不同国家、不同级别法院和法庭中的各种听证程序。在我任教于 CTLS 期间，有幸受到现任法官邀请参与了三次英国法庭的审理[3]，并亲身体验了作为英国法官在陪审团审理（刑事案件）和法官审理（民事案件）中的角色。我的学生也一同出席了相关的庭审，并参加了比较司法决策过程中不公开的庭下简介。近年来，CTLS 还为学生提供了跨国律师职业发展的专题项目，以及在法律环境中工作

----

　　〔1〕　部分电影作品请参考 Menkel-Meadow，2016.

　　〔2〕　《比较法律论证与叙事》（Comparative Legal Argument and Narrative），参见 Whalen-Bridge，2016。

　　〔3〕　感谢法官 John Toulmin、Nick Madge 和 Carlos Dabezias 的帮助。还要感谢 Brenda Hale 大法官安排了对英国最高法院的参观，并为我们的学生讲述了在最高法院进行裁决的问题，就如同美国最高法院大法官 Ruth Bader Ginsburg 在 2010 年所做的那样。

的部分实践机会。

另一个来自 CTLS[1]的例子是，新加坡国立大学的维克多·V. 拉姆拉吉 (Victor V. Ramraj) 教授所讲授的一门跨国法课程（我以学生身份参与了其中的第一节课）。在这节课上，拉姆拉吉教授要求学生在世界地图上绘制不同时期的全球贸易模式。[当时他正在研究关于英国东印度公司（Bose and Ramraj, forthcoming）]。在这个多国学生组成的课堂中，亚洲学生能够绘制出丝绸之路和亚洲海上航线的分布，但几乎完全不了解我所能够标注的内容——即 17 至 18 世纪横跨三大洲的奴隶贸易。当学生们绘制的地图被结合起来，从时间和空间两个维度分析，我们对跨国贸易有了更加丰富且多元化的理解，深刻认识到这些贸易及其惯例、规则和实践的悠久历史。值得注意的是，这种不同于教授单向授课的教学方式，鼓励了小组讨论和学生主动参与，既学习了历史也学习了法律。全球化并不是新现象，它和许多古代文明一样古老；只是现在我们受其影响的人可以更容易地一起学习，分享关于其影响及可能的法律规制的观点。

三、与其他形式的全球法律教育相比

在参与 CTLS 之前和之后，我曾以全学期或短期访问教授的身份在多个国家授课。作为乔治城大学的教员以及哈佛大学、斯坦福大学等其他大学的访问教授，我还与来自许多其他国家的访问教授交流，并在过去 20 年间教授了数百名外国 LLM 学生。[2]我曾参与区域性项目授课，例如在尼加拉瓜和哥斯达黎加的 INCAE（提供为期 1 年至 2 年的 LLM 等同课程，结合短期驻留课程

---

〔1〕 如今，CTLS 的教师群体已成为一个庞大的跨国大家庭，学生、校友也是如此。CTLS 的教师不仅在伦敦的"总部"授课，还访问了合作院校。我曾在多伦多大学、都灵大学、弗里堡大学、墨尔本大学和新加坡国立大学教授完整课程，并在希伯来大学、国王学院、迭戈波塔莱斯大学、UNAM 以及其他"非合作"院校讲学。

〔2〕 多年来，我一直在乔治城大学的美国法律基础项目中教授民事诉讼程序和争议解决部分，该项目面向攻读法学硕士学位的外国学生，尤其是那些就读于美国最著名法学院的学生。这项计划在华盛顿特区进行，为期一个多月，专门为即将进入十余所不同大学法学硕士课程的学生提供服务。除了教授美国法律基础的课程，学生们还参加访问华盛顿各级法院的实地考察，包括最高法院，并与法官、律师、教授以及其他法律专业学生进行社交互动。正是通过这个项目，我与许多外国律师建立了终身友谊。像彼得·斯特劳斯（Peter Strauss）这样在哥伦比亚大学法学硕士项目任教几十年的人，或哈佛大学的威廉·奥尔福德（William Alford），也有着类似的与前学生组成"大家庭"的经历。2001 年我在哈佛授课后，哈佛的法学硕士学生们在 2001 年 9 月 11 日之后坚持邀请我到纽约一起晚餐，讨论发生的事件（许多学生当时在纽约的律师事务所工作），并通过拥抱彼此来寻求安慰。

形式），〔1〕以及欧洲的伊拉斯谟计划（Erasmus），该计划允许欧洲的法学本科生在其他国家学习，使课堂具有多国学生的多样性。〔2〕此外，我还参与由特定机构联合主办的项目，在不同地点授课，与来自不同国家的学生互动。例如，弗朗茨·维罗（Franz Werro）教授管理的乔治城–弗里堡联合课程项目，每年夏季举办，包括来自超过15个国家的学生参与，其中部分课程是比较法课程（如侵权法和隐私法），部分是国际法课程（如国际商事仲裁）。后者由我和国际商会仲裁院（International Chamber of Commerce Court of Arbitration）时任主席皮埃尔·特西耶（Pierre Tercier）共同授课，课程地点包括瑞士多个地点以及位于巴黎的国际商会办公室。这种最佳形式的全球化教育包含模拟和仲裁准备、访谈、以及来自国际仲裁参与者和管理者的客座讲座，课程由两位在不同法律体系中接受训练且对该领域关键问题持有不同观点的教授共同教授（Menkel-Meadow，2008）。

同样，多年来我也在布宜诺斯艾利斯参与一项由美国西南大学法学院主办的多校、多国（阿根廷、美国、巴西）暑期项目，该项目得到了布宜诺斯艾利斯大学和萨尔瓦多大学的参与，由西尔维亚·法尔曼教授（Professor Silvia Faerman）负责管理。我与同事布莱恩特·加斯（Bryant Garth）以及法国法律社会学家伊夫·德扎莱（Yves Dezalay）共同授课，在这个多国环境中，我们专注于以"全球化"研究中的"新自由主义"和法律移植为主题的社会

〔1〕　中美洲企业管理学院（INCAE, Instituto Centroamericano de Administración de Empresas）最初是在肯尼迪政府的进步联盟倡议下成立的，现与哈佛大学和乔治城大学有合作关系。INCAE 的 MBA 课程以哈佛商学院案例教学为模板，乔治城大学则为其提供法学执行硕士课程。我四次参与该项目的授课，采用"案例"（及模拟）教学法，教授调解、谈判、仲裁和非正式争议解决，使用来自美国和中南美洲的教材。一段时间内，我可以用西班牙语授课，但更多时候我通过翻译进行教学，并在课程开始前与翻译人员会面，解释法律术语和概念的含义。我对西班牙语的了解有助于确保法律术语翻译的准确性。INCAE 项目为法律教育提供了另一个有趣的视角。部分学生由雇主、律所、银行、政府机构或其他大型组织资助，他们需要在每个课程模块结束后提交论文，阐述如何将所学内容应用于工作中。尽管并非所有法律学习都立即具有应用性，但这种学术责任形式和"为应用而学"的教育方式，正反映在国内法律教育中，监管机构（如美国律师协会）正要求在学习目标、成果以及能力评估方面提供更多透明度。

〔2〕　我曾在瑞士为一群伊拉斯谟项目的学生教授女性主义法律理论。该班学生来自七个不同国家，涉及性交易合法性的法律差异（在某些国家为全国性法律，在瑞士等国家为省或州的规定），我们就性交易是否应合法化展开了激烈讨论。只有来自英语国家（英国和美国）的学生完全反对某些形式的合法化与监管，而瑞士、德国、意大利、荷兰和西班牙的学生则持相对宽容的态度。我最早的比较法记忆之一是20世纪60年代与我的德国籍父亲一起走过阿姆斯特丹的红灯区，亲眼看到不同国家和文化之间的巨大差异。

法分析。[1]

在其他场合，我教授了更为传统的课程，包括国际商业仲裁、调解、谈判、法律伦理和国际争端解决等课程，授课地点遍布意大利、英国、新加坡、比利时、智利、巴拉圭、加拿大、澳大利亚、法国和以色列等国家。然而，我总是结合沉浸式教学、模拟和角色扮演，这在一些国家颇为罕见，因为这些国家的本科法学教育更习惯于大规模的灌输式授课。在我的国际争端解决课程中，学生们会参与多国裁军条约谈判、商事调解和仲裁会议、法律与合同起草练习，以及争端系统设计练习（例如，为过渡时期的司法或制宪会议设计流程）。

在澳大利亚，墨尔本大学开设了一个独特的法学硕士项目，该项目允许非法律背景的学生通过修读法学院的各种法律和政策课程获得学位。在墨尔本，我教授了一群非常出色的学生，他们大多是来自澳大利亚、中国、印度尼西亚、马来西亚、柬埔寨和新几内亚的职业人士。我教授的课程是相对前沿的"争端系统设计"。在为期六个月的课程中，每位学生都完成了一个设计争端系统的项目，并撰写了一篇论文，同时在可能的情况下尝试实施他们的计划。学生们的项目涵盖了各类课题，例如管理风电场使用中的争端，为银行应对抵押贷款止赎危机设计争端解决方案，为印度尼西亚的贸易关税设计争端系统，为受虐儿童、社会工作者与法律系统创建争端解决方案，以及为退役军人的福利申领设计争端系统等。最令我感动的是，其中一位研究过渡性司法的学生与我保持了多年的联系，他是一位红色高棉政权的幸存者，正在研究特别法庭在审理该政权暴行索赔案件中的有效性。在那场暴行中，他的家人几乎全部遇难。[2]

作为一名研究过渡性司法问题的学者，能够在许多经历过暴行、内战、种族灭绝以及战后暴力与复兴或某种和解的国家进行教学，这是一种无价的

---

〔1〕 为说明全球化并非单向的，可以指出，麦当劳推出"堂食"麦咖啡（McCafé）的创新源自阿根廷。在像阿根廷这样盛行咖啡文化的国家，外带咖啡行不通！另一方面，全球化的负面效应也可在阿根廷（以及智利）观察到，20世纪70至80年代独裁统治期间，美国美洲学院军事训练被用于培训军队，实施"失踪"行动（同样的情况也出现在巴拉圭、巴西和乌拉圭）。尽管南非的真相与和解委员会（Truth and Reconciliation Commission）为美国人所熟知，但事实上，南美和中美洲国家首先建立了类似的真相与和解机构。详见 Hayner，2001；Dorfman，1991.

〔2〕 遗憾的是，自从我教授那门课程后，我去过柬埔寨，亲眼见证了该法庭的实际效果非常糟糕（White，2017）。

体验。当我看到其他学者短暂"空降"到某地，与律师、受害者、检察官、法官和倡议者进行几天的采访，或者驻留足够长的时间以进行档案研究和采访工作时，我深感自己有幸能够在这些国家长期教学并与学生、本地教职工及其家庭共事，这种经历尤为珍贵。尤其是在巴拉圭、巴西、阿根廷、智利（Menkel-Meadow，2015）、以色列（Menkel-Meadow and Nutenko，2009）、北爱尔兰和德国，以及一些目前正在努力实现不同形式民主和新治理体系的法域，如新加坡（Tushnet，2015）。这种教学经历让我从中学到很多，与其说是短暂的观察，不如说是一种深入当地法律文化的工作体验。这使我得以从幕后视角观察法律机构的运作，也能了解普通民众如何推动这些法律发展。能够在多个不同国家开展此类工作，使我积累了一种不多见的比较法知识。[1]

对于学生而言，最常见的跨国法律教育形式是在本国完成第一学位后，在另一个国家攻读第二学位，如 LLM（Silver，2002，2006，2010，2012a；Garth，2015；Hupper，2015，2008，2007；Kim，2016））或第三学位如 SJD 或 PhD，但现在越来越多的学生可能通过参加一个学期或暑期的海外学习来涉足跨国教育。最初，LLM 和法学博士学位主要面向那些寻求学术职位的人。然而，LLM 现在可能在法律就业竞争中具有额外的"资格认证"效应，而且一些 LLM 项目现已为法律从业者提供了重要的实质性专业化方向，例如税务、国家安全、争议解决、公司治理和国际商务（Silver，2012b；Ballakrishnen，2012）。[2]对于美国法学院来说，LLM 已成为一个主要的收入来源，并且已经高度职业化。[3]

美国、欧洲以及如今的亚洲的主要法学院通过许多法学项目建立了广泛

---

〔1〕 同时，我必须承认，尽管我多年来试图撰写一本关于比较过渡性正义的书籍，但由于现实情况不断变化，我无法完成这项工作，因为作为一个"局外人"，我觉得无法完全捕捉正在发生的事情。尤其是在以色列，我在那里教授和研究和平问题，我认识到一个研究标准：如果一个人没有在过去六个月内到过那里，那么他的知识很可能是有缺陷且过时的。

〔2〕 关于受过国际培训或"受影响"律师对其本国法律制度的影响分析，参见 Dezalay 和 Garth（2011，2012）。

〔3〕 国际法律教育出国协会（International Legal Education Abroad Association，ILEAC）现已成为一个 LLM 项目管理员的组织，旨在分享关于招生、课程设置、实习以及社会和经济支持的信息，详见 https://www. Translegal. com。该协会最近在美国大学华盛顿法学院举办的会议吸引了来自美国和其他国家的 LLM 项目管理员。NAFSA（美国高等教育国际留学项目的主要组织）也一直在赞助有关全球法律教育的项目，详见 https://www. nafsa. org/Programs_ and_ Events/Global_ Learning_ Colloquia/Legal/NAFSA_ Global_ Learning_ Colloquium_ on_ Legal_ Education.

的合作伙伴关系，允许（第一学位）学生在海外进行一段时间的学习。[1] 即使不会取得正式的学位，但只要学生能够真正参与这些学校的"常规"课程，这些经历仍然是重要的拓展机会。许多项目（暑期或其他形式）只是将美国的师生群体转移到另一个国家（乔治城大学曾在意大利佛罗伦萨设有这样的项目，我曾在那里授课，许多学校也在国外城市如伦敦、牛津、巴黎、罗马、以色列等地开设自己的暑期项目），尽管这可以一定程度上去体验另一种法律文化并教会学生一些法律文化的差异，但这些项目并不能真正提供跨国法律教育的体验。[2] 最近的努力包括将"美国风格"的法律教育（三年制研究生 JD 项目）引入日本、中国、韩国和澳大利亚，这也是一种在法律学习内容和方法上的"跨国化"教育形式，尽管学生群体的多样性可能没有明显变化。这类实验正在被深入研究，其结果差异较大（Wang, Liu, and Li, 2017; Rosen, 2017）。[3]

我们刚刚开始研究通过本科法学课程和研究生法学课程实现法律教育的国际化，相关领域已有学者如卡罗尔·西尔弗（Carol Silver）（本书第十五章）、劳雷尔·特里（Laurel Terry）、安西娅·罗伯茨（Anthea Roberts）（本书第十四章）等作出了卓越贡献。然而，这些研究普遍指出，在所有的法学课程中，"外国"学生往往被集中安排在独立的课程中，这些课程通常由兼职或非全职教师教授，学生之间也并未真正实现充分融合（例如，CTLS 及其他一些项目则不同，没有人是所谓的"本地人"）。十多年前我在哈佛大学法学院任教时，哈佛大学曾委托麦肯锡咨询公司对其 LLM 及外国学生项目进行评估。评估结果促使哈佛大学在 2001 年规定，每门 JD 课程（除了一年级的课程外）必须预留一定数量的名额给外国学生。对我而言，这项政策带来的效果十分显著。我的美国学生与外国 LLM 学生建立了深厚的联系，并多年保持跨国界的交流，与我也保持了紧密的联系。最有趣的是，我允许学生（无论是美国学生还是"外国"学生）使用非英语语言进行协商，因为我具备一定

---

[1] 例如，与法国的巴黎政治学院、荷兰的莱顿大学和阿姆斯特丹大学、伦敦大学学院、德国的布塞里乌斯法学院、阿根廷的迪特拉大学、新加坡国立大学以及纽约大学在巴黎、布宜诺斯艾利斯和中国设立的国际法项目合作的相关项目。

[2] 回想一下美国人通过关注阿曼达·诺克斯（Amanda Knox）谋杀案或马里安·特鲁（Marian True）因代表盖蒂博物馆非法获取古代艺术品而遭受刑事起诉，了解了多少关于意大利刑事诉讼程序的信息（Eakin, 2010）。

[3] 关于复制美国风格的实践或临床教育的努力分析，参见 Godwin and Wu 2017.

的语言理解能力，能够用法语和西班牙语观察并提供反馈。这种做法真正让"跨国"文化进入了美国法学院的课堂，也为强调语言能力和准确翻译在跨国商事与外交谈判中的重要性提供了绝佳机会。[1]从哈佛大学返回乔治城大学后，我开始在我的课程中预留一些名额给外国 LLM 或 SJD 学生。在乔治城大学的这些年里，我的 ADR 课程成为了一个微型的"联合国"（虽然来自非洲的学生人数仍然不足，但其他方面已相当多样化）。此外，像许多教授外国学生（及未来领袖）的美国法学院教授一样，我也因此建立了许多跨国关系，这些关系促成了与外国律师、大学和政府的法律咨询项目合作。[2]

尽管在现代，美国成为了法律研究生的主要目的地，但情况并非一直如此。几十年来，南美的律师曾前往西班牙、法国和德国学习；日本律师前往德国；许多亚洲学生（新加坡、中国、印度）、澳大利亚人和加拿大人则选择前往英国；非洲律师[3]则根据其各自的殖民传统联系，前往法国、德国、英国、比利时和荷兰学习法律。一些国家已经完全摆脱了殖民遗产，而另一些国家则将旧殖民影响与现代法律体系结合起来发展，例如南非。最近，由于全球经济的变化（如 2008 年的经济危机）、政治局势的调整（如英国脱欧）以及移民政策的变化（如唐纳德·特朗普总统对部分国家实施的"旅行禁令"）[4]，跨国法律学习的趋势也在发生变化。如今，在美国攻读法学研究生课程的学生中，来自中国、韩国和加拿大的学生占比较大。而欧洲大陆的学生更倾向在欧洲的法学院或英国学习（尽管英国脱欧的具体影响尚待观察）。[5]与此同时，来自伊斯兰国家或实行伊斯兰教法的国家的学生，现在越来越多地选择

---

〔1〕 想一想国际法律语言和翻译能力的重要性，尤其是我们考虑"去核化"在不同语言、法律和政治文化中的含义！（我的拼写检查器甚至无法识别这个词！）

〔2〕 关于"游牧式"的美国教授们在柏林墙倒塌后或中国及亚洲其他地区的经济自由化政策推行后，为新宪法及其他法律改革提供咨询服务的现象，已有大量文献记载，这一现象也与早期的法律与发展运动相关，详见 Trubek and Galanter 1974；Trubek and Santos 2006.

〔3〕 南美洲的大部分法律体系基于法国（而非西班牙）的民法典（由于拿破仑的影响）；日本的法律体系基于德国民法典；而其他"后殖民"法律体系通常是其殖民统治者、原住民法律秩序和现代宪法及法律体系的混合体，详见 Glenn, 2010；Clark, Merryman and Haley, 2010.

〔4〕 Trump v. Hawaii, 138 S. Ct. 2392 (2018)（美国最高法院支持最新版本的"旅行禁令"，涉及利比亚、叙利亚、也门、索马里、伊朗、伊拉克、委内瑞拉、朝鲜）。

〔5〕 我在英国脱欧后参加的伦敦简报会上，英国高等教育官员预测，顶尖大学（如牛津、剑桥、UCL、LSE）将继续吸引大量外国学生，但如果在"新"欧洲关系谈判后移民和学生签证政策发生变化，其他大学可能会受到影响（例如，学生人数减少、收入减少、学生群体多样性下降）。该会议于 2016 年 6 月在伦敦大学学院（UCL）召开。

到英国的伊斯兰金融与法律中心学习，或者参加多哈和迪拜等地的中东专业课程。[1]

在拥有区域法律或经济体系（如欧盟、东盟和南方共同市场）的地区学习法律的学生，更有可能在本地的法学院接受跨国法律教育（例如，硬性要求学习欧盟法律），或在本地区的其他国家寻求培训和认证项目。不同法学院对各种教育改革（如沉浸式、实践性、诊所式和服务式学习，以及强制性的国际法课程）的接受程度在全球范围内存在差异。例如，尽管美国在诊所式教育方面处于领先地位，但我认为澳大利亚的许多法学院如今在教育体验的多样性方面已经超越了美国，例如"乡村法律"诊所项目（Mundy，Kennedy，and Neilsen，2018）和原住民法律课程（Sarat and Sheingold，2001）。[2]

我所见过的最具创造性的法学院是位于墨西哥城的 CIDE 法学院。该法学院融合了全职教授、实务工作者为所有学生提供的沉浸式和研究性教学，以及所有课程中的跨学科教育（Menkel-Meadow，2007）[3]。CIDE 成立于 21 世纪初，其作为一所公立学校，致力于在每堂课中实现师生共同学习，以教授研究方法为主，并让学生参与国家级的法律研究项目。其学生来自墨西哥的不同地区，课程涵盖多种教学创新方法（如与其他国家的学生通过互联网进行模拟实训）[4]。尽管许多人声称美国的 Langdell 式苏格拉底教学法和案例教学法对现代法律教育产生了最深远的影响，但我的经验是，世界许多其他地区的法律教育中同样存在着丰富多样的创新。

四、影响评估

在探讨"全球化"或"国际化"法律教育的多种形式时，由于缺乏严格的比较数据或研究[5]，很难对这些项目的效果、学习成果，甚至对学生和教

---

［1］ 伊斯兰金融法项目也在哈佛法学院和许多英国大学中存在。例如，伦敦大学亚非学院（SOAS）、伦敦大学玛丽女王学院的商业法项目、法学院。

［2］ 参见新南威尔士大学、西澳大学等，以及全球正义教育联盟（GAJE）国际诊所教师协会，https://www.gaje.org，目前正在出版《国际诊所教育期刊》（由英国编辑）。

［3］ 经济研究与教学中心，法学研究，https://www.cide.edu.

［4］ 在 2003—2004 年，我作为惠普基金会的顾问评估了这个项目，并建议将其作为世界其他地区法律教育创新的典范。

［5］ 卡罗尔·西尔弗和劳雷尔·特里是两个美国的例外，她们以多种不同的方式研究国际法律教育和国际化法律职业的发展。

师的长期影响得出明确的定性或定量结论。对我来说，本章反映了一种定性的观点，即在不同的法律体系下、拥有多元化的学生群体、聚集受过不同训练的教师，以及在异于本国的环境中学习法律，必然是一种在我们这个充满争议的全球化世界中具有重要价值的教育方式。[1]

我可以指明一些可能产生"影响"的主题，它们应该作为进一步严谨实证研究的对象，包括课程和教学法、研究与学术、文化理解（法律谦逊与文化能力），以及"制度的敏感性、创新力和能力"。这些影响可能因对象而异，例如，对于教授和学生来说，其效果可能不同（例如，有些学生可能仅仅追求社交网络或"外国派对"的体验）。因此，对真正跨国法律教育效果的严谨研究必须同时聚焦于这两类群体，并且最好可以进行长期追踪研究（是否可以开展类似"J. D. /LLM/SJD 的后续国际研究项目"？[2]）。

（一）课程与教学法

当教授们在不同的法律教育模式和结构下出国授课时，他们不仅应该"输出"知识，还应善于"吸收"经验。在不同文化背景下的法律对话和辩论促成了许多不同版本的 CTLS "核心"课程，这些交流也改变了许多教授将学到的知识带回本土的方式（Pillard, Cole, Sornarajah and Werro, 2012）。如今，许多法学院都要求开设某种形式的国际法或跨国法课程，而对于我们中的许多人来说，这些课程已不仅限于传统的公法领域，还包括私法、区域法、社会法学、法律多元化以及比较法。

在加州大学尔湾分校（University of California, Irvine），我们现在要求一年级法学新生参加一门名为"国际法律分析"的课程。此课程的不同版本涵盖了跨国诉讼、法律多元化、全球化理论，以及国际公法组织的研究和具体的跨国问题（如贸易、人权、过渡性正义和国际刑法），旨在让学生感受到法律多元化的复杂性以及全球化背景下多种法律解释方式。多年来，我领导了一项与乔治城大学"一周课程"类似的合作，将"国际法律分析"课程中全

---

〔1〕 全球化在经济领域仍是一个有争议的话题，参见 Stieglitz, 2002。在文化发展方面也是如此，其在法律发展和法律教育中的评估也充满争议，参见 Trubek, Dezalay, Buchanan, and Davis, 1994；Nesiah, 2013；Silver, 2013；Thomas, Aleinikoff, Alford and Weiler, 2007.

〔2〕 请参见"法学博士项目之后"（After the J. D. Project），这是由美国律师基金会和研究人员进行的，历时几十年前所未有的研究，追踪了一批美国法学院学生（现在已成为律师）的职业发展，参见 Dinovitzer, Garth, Sander, Sterling and Wilder, 2004.

体一年级的学生融入一个简化版本的项目。我和同事克里斯托弗·怀托克（Christopher Whytock）设计了一个基于复杂、多管辖权、多法庭争议的案例问题——雪佛兰诉厄瓜多尔案（Whytock, 2013），用以向学生介绍条约、不同的争议解决程序、执行问题、法院选择以及法律多元化的法律渊源。在此课程中，全体学生被分为各个小组，合作撰写短文，并最终就国际问题的不同方面进行谈判和辩论。由于此练习结合了多种教学方法和实践内容，极大地激发了学生的学习热情和对跨国法律问题的兴趣。最近两年，随着美国政府提出的国际法律相关问题的增多，这类课堂活动进一步深化了学生的兴趣和动力。

基于我自身的跨国教学经验，以及我们新的法学院以公益为核心的精神，我过去九年一直担任学生发起的"全球正义峰会"（Global Justice Summit）的指导教师。这一项目源于全体一年级学生对国际法律问题的学习以及对"世界正义"或基于社会学的"世界社会"运动的关注。他们希望创建一个参与式学习项目，形式类似于模拟法庭（moot court），但不同于传统的上诉法庭辩论。过去九年，我们每年都会设计一个新的虚构事实情境，要求学生参与谈判并起草一部新国家的宪法或某项条约（涉及环境、移民或战争与和平等议题）。学生被分配扮演国家代表或非政府组织（NGO）成员，通常会收到详细的单独指导说明。在参加关于谈判、复杂多方协商或国际实质性问题（如环境或过渡正义）的研讨会后，他们将在一个完整的周末内以实时形式进行谈判并起草相关文件。该项目现已被纳入学术学分体系，学生可以在活动后撰写实质性或反思性的论文来获取学分。同时，项目还配有相关领域专家的专题讲座。有一年，我们邀请了两位来自其他国家的教授，这两位比较宪法学领域的专家分别讲述了自己在南非和伊拉克参与宪法起草的经验。在那一年，超过150名学生参与了为一个虚构的、后《饥饿游戏》式的国家起草新宪法（Collins, 2010）。近年来，峰会重点讨论了国际环境和移民问题，以及国际争端，例如乌克兰-克里米亚国际法问题。这一项目不仅为学生提供了深入学习国际法的机会，也培养了他们在复杂国际环境中的谈判和法律起草能力。

同样，我的许多CTLS同事在回到各自学校后，都会对其课程进行修改，以反映不同的法律文化视角，尤其是那些曾进行过跨体系教学或旁听过其他教师课程的同事。在我担任CTLS教师主任期间，我旁听或参与了半数以上的课程，包括《伊斯兰法》《国际投资法批判》《语言权利》《比较紧急状态法》和《人道法》等课程。这些多体系授课的课程对我自己的国际法课程产生了深远的影响。此外，有些同事也曾旁听过我的模拟课程（例如《国际争议解决》），而我也有幸亲身观察到这些创新教学方法被带到美国以外的许多法学院。我现在已经在全球多所法学院教授过不同版本的《谈判、调解与争议解决》课程，并且有机会在其他国家指导和培养新一代的法学教授。这种跨体系的教学经验不仅丰富了我的课程内容，还让我能够在国际法教育领域促进更多的学术交流与合作。

尽管目前尚无系统性研究来总结国际法律教育中课程要求的变化，但开展一项关于所有法律体系中法律课程变革的长期研究无疑会非常有价值。例如，我观察到欧洲的一些课程已经将欧盟法作为必修内容，融入传统上明确区分"公法"和"私法"的科目之中。此外，我还参与或目睹了一些创新，例如比利时鲁汶大学（KU Leuven）新增了调解必修课程；英国和荷兰的法律课程中加入了更多实践教学、外部实习和服务式学习；智利和阿根廷开设了新的法律诊所项目，包括为军政府独裁时期的幸存者提供代理服务，继续推动相关诉讼，以及开发新的诉因（例如，针对棚户区政府服务的诉讼和关于"外貌/美丽"歧视的索赔）；法国和新加坡的法律课程则增加了更多参与性技能课程（如谈判）以及金融和商业类科目。无论法律本身如何通过协调、移植或监管过程变得日益"国际化"，我们都可以也应该研究法律发展的新动态是否以及如何体现在新的教学方法中。诸如互联网合同、在线争议解决、人工智能或"算法正义"，[1]以及国际移民等议题，现在都适合进行跨国协作和研究。跨国法律研究机构应该站在国际法律问题解决的前沿。我一直建议，无论是国内还是跨国的法学院，都应该为学生提供"总领性"的问题研讨会，让高年级学生跨学科、跨法律体系合作，从而应对当今世界的现代挑战：移民、技术（Pagallo，2018）、贫困、健康与疾病、仇恨言论（Chemerinsky and Gillman，2017；Kaye，2018；Waldron，2012）、宗教自由、歧视以及促进和平（Luban，2020）等等。CTLS 的学生表明，国际人权已经成为跨国法律研

---

〔1〕 我每年都会参与国际在线争议解决论坛，该论坛探讨并研究在线争议解决项目在私营部门和全球法院系统中的最新发展。欧盟已要求在欧盟内开发用于消费者争议的在线争议解决机制。详见Menkel-Meadow 2016.

究中最突出的方面，展示了跨国法律秩序可能产生的跨国和国内影响。[1]

（二）研究与学术

随着国际法律学术会议数量的增加（例如，我的学术家园——"法律与社会协会"已举办国际会议超过 20 年，西班牙的社会法律研究中心也主办了许多关于国际和比较社会法律问题的会议），以及越来越多的法学教授跨国授课和交流，我们看到协作性和比较法律研究正在快速发展。许多知名学者参与了推动法律统一的国际项目，例如联合国国际法委员会、欧盟、美国法律学会、国际法研究院、欧盟现行私法研究小组，以及其他跨国法律改革组织。与此同时，一些学者专注于学术性和理论性的合作研究。[2]此外，还有一个规模较小但非常重要的学者群体致力于比较经验研究，例如研究不同国家社会法律现象的表现。例如，我的现任同事布莱恩特·加斯（Dezalay and Garth，1988，2022，2011，2012）和格雷戈里·沙弗（Halliday and Shaffer，2014）的工作，以及我之前的同事理查德·阿贝尔（Abel and Lewis 1989）（see also Katvan, Silver, Ziv, and Sherr，2017），还有对特定法律改革的影响研究（例如，"替代性争端解决机制"在全球法律体系中的传播（see Ali，2018；Steffek, Unberauth, Genn, Greger, and Menkel - Meadow，2013；Creutzfeldt，2018；Sweet and Grisel，2017）和比较宪法发展（Ginsburg and Dixon，2014）。最近，国际会议越来越关注对法律教育的经验性评估。[3]国际期刊的繁荣，[4]尤其是开放获取和电子期刊的普及，让国际、比较和跨国法律研究的成果传播变得更加便捷，为这一领域的学术交流提供了强有力的支持。

---

[1] 在 2018 年 6 月 22 日于多伦多大学举办的 CTLS 十周年纪念会议的学生校友小组讨论中，报告了对 CTLS 学生进行的调查。学生们表示，无论他们选择从事哪个领域的实践，CTLS 的跨国法律教育几乎在其工作的所有方面都显示出了相关性，包括偿付能力、银行、项目投资、公司法、国际合同以及跨国法庭中的人权工作和国内事务。

[2] 牛津大学出版社、剑桥大学出版社、埃尔加出版社、劳特利奇出版社以及泰勒与弗朗西斯出版社纷纷出版了大量关于比较法主题的法律文集，汇集了来自全球的法律学者，比较和对照各类学科中的持续法律发展，尽管这些学者未必在物理空间上汇聚。参见 Bussani and Mattei 2013；Palmer, Roberts and Moscati 2018。

[3] 2017 年 12 月，我参加了由新南威尔士大学主办的法律教育研究国际会议。

[4] 我曾与 UCL 的 Michael Freeman 共同担任《法律在语境中的国际杂志》（剑桥大学出版社）的联合主编长达十年，该杂志专注于法律和法律机构的国际跨学科研究。

(三) 文化能力或"能力"

如果要说跨国法律教育中有一个最突出的方面，那一定是托马斯·弗里德曼 (Thomas Friedman) 等人所设想的那种社会和智力上的互动。当然，实质性的学习是我们承诺和宣传的核心，但真正优秀的跨国项目的精髓在于让人们能够与来自不同国家、种族和法律文化背景的人交流、倾听并相互理解，而这些通常发生在"远离家乡"的环境中。尽管这一目标极为重要，但其实现却并不容易。例如，在 CTLS，学生的多样性远远超过了教师的多样性，因为许多学生并非他们所来自国家的"本土公民"，学生群体中代表的学校数量也多于任一学期的教师（其中一些教师也并非其所在学校所属国的"本国"人士）。这种多元背景和知识的交织带来了丰富的学习机会，同时也带来了人际交流和相互理解的挑战。借用阿马蒂亚·森 (Amartya Sen) 关于"能力"方法的概念 (Sen，1993，1999，2006；Menkel-Meadow, Ramraj, and Thiruvengadam，2020)，我认为，优秀的多元文化项目能够教授、示范并探索一种"文化能力"(cultural capability) 的理念——也就是一种能够觉察、敏感并在文化"差异"环境中工作或与之共处的能力。

现代社会与法律理论引入了一种"后殖民"的敏感性，使我们对影响的方向有了新的认识。我们不再完全接受过去某些成文法典或法律制度的"正确性"，也不再将特定群体的"优越性"视为理所当然（至少在理论上是如此，即使在全球实践中可能尚未完全实现）。我们现在希望向所有人学习——社会多元化带来了法律的多元化。大多数法律体系都禁止各种形式的歧视，而许多人也生活在人口和经济多样化的社会中。然而，为人们提供一个既"安全"又"严谨"的环境，以便接触、分析和应对差异，这并非易事 (Menkel-Meadow，2018)。尽管如此，类似 CTLS 这样的项目或许可以在一定程度上促进这一目标的实现，因为在这些项目中，无论是法律、社会，还是文化层面，都有大量的差异需要面对和处理。[1]

CTLS 的几位同仁和我在其他国际交流中，花费了大量时间相互讨论、寻找并准备有关"跨文化"教学的材料。如今，美国的大学通常会要求学生和教师接受某种多样性与包容性的培训。在法律交流项目中，我们在将这类工

---

〔1〕 参见 Lee，2009，他提出了一个成熟的案例，通过对人类理解的更多复杂性和层次感进行深入分析和处理，展示了如何应对"刻板印象"式的文化观念。

作正式化方面的进展较为有限。[1]如果能够对参与这些项目的学生进行长期的访谈和研究，将非常有价值。这些学生是否因此对与自身不同的事物产生了更开阔的视野，还是某些"接触"反而加深了刻板印象？这些问题值得深入探讨。[2]

（四）制度敏感性、能力与创新

十年前，CTLS 的创立旨在打造一个全新的机构——专注于跨国、比较和国际法律研究的场所，而非依托于任何"母校"的机构。尽管该项目由多个学院联合创立并资助，但其理念是未来教学和管理将由所有参与学院共同承担，从而与传统法学院形成鲜明对比并独立存在。那么，CTLS 是否实现了这一目标呢？根据多年来的学生反馈，大多数评价都非常积极，许多教师也多次回到 CTLS 任教。然而，CTLS 将搬迁至伦敦，与伦敦国王学院共享设施，因此能否继续保持其独特的独立身份成了一个现实问题。据我所知，目前尚未对学生或教师进行长期跟踪研究，以记录他们参与项目后的发展和学习成果。根据我的个人观察，曾在 CTLS 学习的学生更倾向在国际机构和全球跨国法律实践领域寻求职业发展，但这很可能与他们最初选择参加该项目的动机有关。在我们许多成员学院中，CTLS 的录取竞争非常激烈，这由其母校严格控制；而在乔治城大学，这种情况则相对宽松。与以国家为基础的法学院不同，CTLS 无法提供明确的就业服务，但其位于英国（至少目前仍是欧盟的一部分）的地理位置，为学生提供了在本国以外寻找工作机会的便利。

像新加坡国立大学这样的机构与其他法学院（例如纽约大学和耶鲁大学）有正式联盟，以便在课程设置、教师选拔、学位要求和学生服务方面展开合

---

〔1〕 我们的第一任 CTLS 行政主管 Scott Foster（乔治城大学）曾招聘了一位出色的跨文化教育专家，为 CTLS 的学生提供入学指导。我常常思考，为什么我们的教师不需要参加这种培训？自那时起（2009 年），我的许多 CTLS 同事以及其他法学院的同仁，花了大量时间讨论这些问题。尽管前面提到的国际教育协会确实专注于此类培训，但我认为国际法律教育仍需要其自己特有的文化能力培训形式，参见例如国际调解研究所（International Mediation Institute）的跨文化能力认证计划（Cross-Cultural Competency Certification Program）参见网址：https://www.imimediation.org，以及《国际教育研究期刊》（Journal of Studies in International Education，NAFSA）中的一些相关资源。

〔2〕 社会学、政治学、心理学以及和平研究中的"接触"假说表明，必须通过结构化的正面接触来促进包容与宽容。戈登·奥尔波特（Gordon Allport）被认为是该理论的创始人（Allport，1954），更多信息参见网址：https://www.facinghistory.org。

作。[1]然而，独立运作的项目（如一些海外暑期项目）或针对学生和教师的单次交换项目，可能无法提供足够的制度支持和文化敏感度，导致这些项目的体验未必如预期那样丰富和成功。在美国以及世界许多其他地方（如英国、荷兰、澳大利亚、日本等），针对外国法学硕士（LLM）和法学博士（SJD）项目的管理正在日益专业化。我们应该在很多方面进行集中思考：

（1）我们是否提供了真正优质的跨国教育实质内容？

（2）我们是否促进了严谨的智力和社会互动？

（3）我们是否在国际或地区范围内为积极的法律改革作出了贡献（例如：促进司法公正、人权、减少贫困、公共卫生、良政、减少腐败、促进人类福祉）？

（4）我们如何促进了对跨国法律的相互理解？

（5）我们是否对学生产生了更加"持久"的影响？对他们的母校或对作为教师的我们自身有何影响？

（6）我们是否通过国际和比较法的交流产生了新的法律或社会认知？

（7）我们正在解决世界上哪些"法律需求"？我们应当关注什么？

（8）单一学期、一年或一个暑期的跨国法律学习能带来哪些持久的影响？

我是一名坚定的跨国法律教育者，同时也是一名坚定的"情境主义者"。如何构建法律教育体系，应当因所涉及的法律体系以及与我们合作的理论家、实践者和学生的背景而有所不同。并非所有人都可以以相同或统一的方式被"跨国化"。不同的国家、法学院以及个人对法律教育的期望和目标各有不同，无论是在实质性法律成果方面，还是在实现这些成果的过程中。正如我们从过去有关"法律与发展""殖民主义"和"知识帝国主义"等领域的经验中所学到的那样，一些雄心勃勃甚至可能带有霸权色彩的项目（例如民主建设、良好治理，甚至特定法律或经济体系的推广）不可避免地会受到我们作为教育者和学者无法控制的经济和政治因素的影响。即使此，我仍然相信，在当今这个动荡的时代，跨国合作的前景虽然面临挑战，但法律、教育、文化

---

〔1〕近年来，学生辅导服务在各地都变得更加复杂，而在国际环境下，学生辅导和管理的特殊需求往往因文化迷失、语言障碍、签证问题、心理健康、身体健康、盗窃及其他犯罪活动、意外事故、饮酒、毒品和性侵等问题而加剧（这些问题我在不同地方都曾目睹过）。

其至政治领域的创新与影响如今已呈现出多向传播的趋势。当前跨国法律项目不断增长且日益多样化，正在推动"法律教育全球化"，而在我看来（我相信你和托马斯·弗里德曼可能也会同意），这就是一种实质性的进步。

参考文献

Abbott, Kenneth W. and Douglas Snidal (2000). "Hard and Soft Law in International Governance," *International Organization* 54 (3): 421–456.

Abel, Richard and Philip Lewis(1989). *Lawyers in Society: Comparative Theories*. University of California Press.

Ahdieh, Robert (2004). "Between Dialogue and Decree: International Review of National Courts," *New York University Law Review* 79 (6): 2029–2163.

Aleinikoff, T. Alexander (2007). "Remarks on the Globalization of the American Law School," *Proceedings American Society of International Law* 101: 184–186.

Aleinikoff, T. Alexander (2006). "Law in a Global Context: Georgetown's Innovative First Year Program," *Penn State International Law Review* 24 (4): 825–827.

Ali, Farida (2013). "Globalizing the U. S. Law School Curriculum: How Should Legal Educators Respond," *International Journal of Legal Information* 41 (3): 249–282.

Ali, Shahla (2018). *Court Mediation Reform*. Edward Elgar Publishing.

Allport, Gordon (1954). *The Nature of Prejudice*. Addison–Wesley.

Alter, Karen (2014). *The New Terrain of International Law: Courts, Politics and Rights*. Princeton University Press.

Arjona, Cesar, Arif Jamal, Carrie Menkel-M eadow, Victor Ramraj, and Francisco Satiro (2012). "Senses of Sen: Reflections on Amartya Sen's Ideas of Justice," *International Journal of Law in Context* 8: 155–178.

Ballakrishnen, Swethaa (2012). "Homeward Bound: What Does a Global Legal Education Offer the IndianReturnees?," *Fordham Law Review* 80 (6): 2441–2480.

Barak, Aharon (2002). "A Judge on Judging: The Role of a Supreme Court in a Democracy," *Harvard Law Review* 116 (1): 19–162.

Berman, Paul Schiff (2007). "Global Legal Pluralism," *Southern California Law Review* 80 (6): 1155–1238.

Bollens, Scott A. (2012). *City and Soul in Divided Societies*. Routledge.

Bose, Neilesh and Victor V. Ramraj (Forthcoming). *Sources of Legal Authority in the Pre-Modern State Era: The British East India Company, 1600–1757*.

Breyer, Stephen (2015). *The Court and the World: American Law and the New Global Realities*. Vintage.

Bussani, Mauro and Ugo Mattei, eds. (2013). *The Cambridge Companion to Comparative Law*. Cambridgee, UK.

Chemerinsky, Erwin and Howard Gillman (2017). *Free Speech onCampus*. Yale University Press.

Cheng-Han, Tan (2017). "NUS Law in the Noughties: Becoming 'Asia's Global Law School,'" *Singapore Journal of Legal Studies* 76: 215-238.

Chesterman, Simon (2009). "The Evolution of Legal Education: Internationalization, Transnationalization, Globalization," *German Law Journal* 10 (6-7): 877-888.

Chesterman, Simon (2008). "The Globalization of Legal Education," *Singapore Journal of Legal Studies* 67: 58-67.

Choudry, Sujit, ed. (2006). *The Migration of Constitutional Ideas*. Cambridge University Press.

Clark, David, John Merryman, and John Haley (2010). *Comparative Law: Historical Development of the Civil Law Tradition in Europe, Latin America, and East Asia*. LexisNexis.

Collins, Suzanne (2010). *The Hunger Games*. Scholastic Press.

Creutzfeldt, Naomi (2018). *Ombudsmen and ADR: A Comparative Study of Informal Justice in Europe*. Palgrave Macmillan.

Darian-Smith, Eve (2016). "The Crisis in Legal Education: Embracing Ethnographic Approaches to Law," *Transnational Legal Theory* 7 (2): 1-29.

Dezalay, Yves and Bryant Garth (2002). *The Internationalization of Palace Wars: Lawyers, Economists and the Contest to Transform Latin American States*. University of Chicago Press.

Dezalay, Yves and Bryant Garth (1988). *Dealing in Virtue: International Commercial Arbitration and the Construction of a Transnational Legal Order*. University of Chicago Press.

Dezalay, Yves and Bryant Garth (2012). *Lawyers and the Construction of Transnational Justice*. Routledge.

Dezalay, Yves and Bryant Garth (2011). *Lawyers and the Rule of Law in an Era of Globalization*. Routledge.

Dinovitzer, Ronit, Bryant Garth, Richard Sander, Joyce Sterling, and Gita Z. Wilder (2004). *After the JD: First Results of a National Study of Legal Careers*. NALP Foundation for Law Career Research and Education.

Dorfman, Ariel (1991). *Death and the Maiden*. Penguin Press, NY.

Eakin, Hugh (2010). "Marian True on Her Trial and Ordeal," *The New Yorker*. October 14.

Ferrari, Alessandro and Sabrina Pastorelli (2013). *The Burqa Affair Across Europe: Between Public and Private Space.* Routledge.

Gaillard, Emmanuel (2010). *Legal Theory of International Arbitration.* Martinus Nijhoff.

Galanter, Mark and David Trubek (1974). "Scholars in Self-Estrangement: Some Reflections on the Crisis in Law and Development Studies," *Wisconsin Law Review* 1974 (4): 1062-1102.

Gane, Christopher and Robin Hui Huang, eds. (2016). *Legal Education in the Global Context: Opportunities and Challenges.* Ashgate Publishing.

Garth, Bryant (2015). "Notes Toward an Understanding of the U. S. Market in Foreign LL. M. Students: From the British Empire and the Inns of Court to the U. S. LL. M. ," *Indiana Journal of Global Legal Studies* 22 (1): 67- 9.

Giddens, Anthony (1990). *The Consequences of Modernity.* Stanford University Press.

Ginsburg, Tom and Rosalind Dixon (2014). *Comparative Constitutional Law.* Edward Elgar.

Glenn, H. Patrick (2010). *Legal Traditions of the World.* Oxford University Press.

Godwin, Andrew and Richard Wai-sang Wu (2017). "Legal Education, Practice Skills, and Pathways to Admission: A Comparative Analysis of Singapore, Hong Kong and Australia," *Journal of Legal Education* 66 (2): 212-36.

Halliday, Terence and Gregory Shaffer, eds. (2014). *Transnational Legal Orders.* Cambridge University Press.

Hayner, Priscilla (2001). *Unspeakable Truths.* Routledge.

Heins, Marjorie (2018). *Ironies and Complications of Free Speech.* New York—self-published; available on Kindle.

Hupper, Gail (2015). "Educational Ambivalence: The Rise of a Foreign-Student Doctorate in Law," *New England Law Review* 49 (3): 319-447.

Hupper, Gail (2008). "The Academic Doctorate in Law: A Vehicle for Legal Transplants," *Journal of Legal Education* 58 (2): 413-54.

Hupper, Gail (2007). "The Rise of an Academic Doctorate in Law: Origins Through World War II," *American Journal of Legal History* 49 (1): 1-60.

Israel, Mark, Natalie Skead, Mary Heath, Anne Hewitt, Kate Galloway, and Alex Steel (2017). "Fostering 'Quiet Inclusion,' Interaction and Diversity in the Australian Law Classroom," *Journal of Legal Education* 66 (2): 332-356.

Jackson, Vicki (2010). *Constitutional Engagement in a Transnational Era.* Oxford University Press.

Jamin, Christopher and William van Caenegem, eds. (2016). *The Internationalisation of Legal Education.* Springer International Publishing.

Jessup, Philip (1956). *Transnational Law*. New Haven: Yale UniversityPress.

Katvan, Eyal, Carole Silver, Neta Ziv, and Avrom Sherr (2017). *Too Many Lawyers? The Future of the Legal Profession*. Routledge.

Kaye, David (2018). "How to Fix Social Media Without Censorship," *Commentary*, *Reuters*. June 20. https://www. reuters. com/article/us-kaye-media-commentary/commentary-how-to-fix-social-media-without-censorship-idUSKBN1JF34H.

Kennedy, Duncan (2006). "Three Globalizations of Law and Legal Thought: 1850-2000," in David Trubek and Alvaro Santos, eds. , *The New Law and Economic Development: A Critical Appraisal*. pp. 19-73. Cambridge University Press.

Kim, Jongyoung (2016). "Global Cultural Capital and Global Positional Competition: International Graduate Students' Transnational Occupational Trajectories," *British Journal of Sociology of Education* 37 (1): 30-50.

Koh, Harold (1996). "The 1994 Roscoe Pound Lecture: Transnational Legal Process," *Nebraska Law Review* 75 (1): 181-207.

Koh, Harold (2006). " 'Why Transnational Law Matters.' Keynote AALS Keynote on Integrating Transnational Perspectives in the First Year Curriculum, January 3-7 , 2006," *Penn State International Law Review* 24 (4): 745-753.

Krisch, Nico, Benedict Kingsbury, and Richard Stewart (2005). "The Emergence of Global Administrative Law," *Law and Contemporary Problems* 68 (3): 15-62.

Law, David S. and Mila Versteeg (2012). "The Declining Influence of the American Constitution," *New York University Law Review* 87 (3): 762-858.

Lee, Joel (2009). "Asian Culture— A Definitional Challenge," in Joel Lee and Teh Hwee Hwee, eds. , *An Asian Perspective on Mediation*. pp. 54-61. Singapore: Academy Publishing.

LeGrand, Pierre (1997). "The Impossibility of Legal Transplants," *Maastricht Journal of European and Comparative Law* 4 (2): 111-124.

Luban, David (2020). "Responsibility to Humanity and Threats to Peace: An Essay on Sovereignty," *Berkeley Journal of International Law* 38 (2): 185-239.

Luban, David and Naomi Mezey (2014). "Introduction: Law After Babel," *Special Issue on Law and Language, Kings College Law Journal* 25: 223-230.

Macdonald, Ronald (1997). "The Teaching of Public and Private International Law," *Institut de Droit International* 10: 1-4. http://www. justitiaetpace. org/idiE/resolutionsE/1997_ str_ 01_ en. PDF.

Mattei, Ugo and Laura Nader (2008). *Plunder: When the Rule of Law Is Illegal*. Blackwell Publishing.

McConnaughay, Philip J. and Colleen B. Toomey (2022). "China and the Globalization of Legal Education: A Look into the Future," in Bryant Garth and Gregory Shaffer, eds. , *The Globalization of Legal Education: A Critical Study.*

Menkel- Meadow, Carrie (2008). "Are Cross–Cultural Ethics Standards Possible or Desirable in International Arbitration?," in Peter Gauch, Franz Werro, and Pascal Pichonnaz, eds. , *Mélanges en l' honneur de Pierre Tercier.* pp. 888–904. Schulthess.

Menkel- Meadow, Carrie (2016). "In the Land of Blood and Honey: What's Fair or Just in Love and War Crimes? Lessons for Transitional Justice," in Caroline Joan S. Picart, Michael Hviid Jacobsen, and Cecil Greek, eds. , *Framing Law and Crime: An Interdisciplinary Anthology.* Pp. 105–133. Rowman and Littlefield.

Menkel- Meadow, Carrie (2016). "Is ODR ADR? Reflections of an ADR Founder," International Journal of *Online Dispute Resolution* 3: 4.

Menkel- Meadow, Carrie (2015). "Process Pluralism in Transitional/R estorative Justice: Lessons from Dispute Resolution for Cultural Variations in Goals beyond Rule of Law and Democracy Development (Argentina and Chile)," *International Journal of Conflict Engagement and Resolution* 3 (1): 3–32.

Menkel- Meadow, Carrie (2007). "Taking Law and ... Really Seriously: Before, During and After 'The Law,' " *Vanderbilt Law Review* 60 (2): 555–595.

Menkel- Meadow, Carrie (2011). "Why and How to Study Transnational Law," *University of California, Irvine Law Review* 1 (1): 97–29.

Menkel- Meadow, Carrie (2018). "Why We Can't 'Just All Get Along': Dysfunction in the Polity and Conflict Resolution and What We Might Do About It," *Journal of Dispute Resolution* 2018 (1): 5–25.

Menkel- Meadow, Carrie and Irena Nutenko (2009). "The Next Generation: Creating a New Peace Process in the Middle East," *Negotiation Journal* 25 (4): 567–584.

Menkel- Meadow, Carrie, Victor Ramraj, and Arun K. TTiruvengadam, eds. (2020). *Amartya Sen and Law.* Routledge.

Merry, Sally Engel (1988). "Legal Pluralism," *Law and Society Review* 22 (5): 869–896.

Michaels, Ralf (2009). "Global Legal Pluralism," *Annual Review of Law and Social Science* 5: 243–262.

Mundy, Trish, Amanda Kennedy, and Jennifer Neilsen, eds. (2018). *The Place of Practice: Lawyering in Rural and Regional.* Federation Press.

Munin, Nellie and Yael Efron (2017). "Role–Playing Brings Theory to Life in a Multi- Cultural Learning Environment," *Journal of Legal Education* 66 (2): 309–331.

Nesiah, Vasuki (2013). "A Flat Earth for Lawyers Without Borders: Rethinking Current Approaches to the Globalization of Legal Education," *Drexel Law Review* 5 (2): 371-390.

Nicola, Fernanda (2018). *The Global Diffusion of U. S. Legal Thought: Changing Influence, National Security, and Legal Education in Crisis.* Edward Elgar.

Pagallo, Ugo (2018). *Comparatists, Philosophers, and Programmers: On the Past and Future of Transnational Legal Education.* Paper presented at 10th Anniversary Conference of CTLS. June 22.

Palmer, Michael, Marion Roberts, and Maria Moscati, eds. (2020). *Research Handbook on Comparative Dispute Resolution.* Edward Elgar.

Paulsson, Jan (2013). *The Idea of Arbitration.* Oxford University Press.

Pillard, Nina, David Cole, M. Sornarajah, and Franz Werro (2012). "Why Transnational Legal Education," Center for Transnational Legal Studies Pamphlet.

Raume, Denise and Meital Pinto (2012). "Philosophy of Language Policy," in Bernard Spolsky, ed. , *The Cambridge Handbook of Language Policy.* Pp. 37-59. Cambridge University Press.

Riddich, Kerry (2006). "The Future of Law and Development: Second Generation Reforms and the Incorporation of the Social," in David M. Trubek and Alvaro Santos, eds. , *The New Law and Economic Development: A Critical Appraisal.* pp. 203-252. Cambridge University Press; Cambridge UK.

Roberts, Anthea (2022). "Cross-Border Student Flows and the Construction of International Law as a Transnational Legal Field," in Bryant Garth and Gregory Shaffer, eds. , *The Globalization of Legal Education: A Critical Study.*

Roberts, Anthea (2017). Is International Law International? Oxford University Press.

Roberts, Simon (2005). "After Government? On Representing Law Without the State," *Modern Law Review* 68 (1): 1-24.

Roberts, Simon and Michael Palmer (2020). *Dispute Processes: ADR and the Primary Forms of Decision Making.* Cambridge University Press. 3d ed.

Rosen, Dan (2017). "Japan's Law School System: The Sorrow and the Pity," *Journal of Legal Education* 66 (2): 267-288.

Sarat, Austin and Stuart Sheingold (2001). *Cause Lawyering and the State in a Global Era.* Oxford University Press.

Sassen, Saskia (2006). *Territory, Authority, Rights: From Medieval to Global Assemblages.* Princeton University Press.

Schultz, Thomas (2014). *Transnational Legality: Stateless Law and International Arbitration.* Oxford University Press.

Sen, Amartya (1993). "Capability and Well- Being," in Martha Nussbaum and Amartya Sen, eds. , *The Quality of Life*. pp. 30−52. Clarendon Press.

Sen, Amartya (1999). *Development and Freedom*. Anchor Press.

Sen, Amartya (2006). *Identity and Violence*. W. W. Norton.

Shaffer, Gregory and Mark A. Pollack (2010). "Hard vs. Soft Law: Alternatives, Complements and Antagonists in International Governance," *Minnesota Law Review* 94 (3): 706−799.

Shany, Yuval (2014). *Assessing the Effectiveness of International Courts*. Oxford University Press.

Silver, Carole (2012). "Coping with the Consequences of 'Too Many Lawyers': Securing the Place of International Graduate Students," *International Journal of the Legal Profession* 19 (2− 3): 227−245.

Silver, Carole (2013). "Getting Real About Globalization and Legal Education: Potential and Perspectives for the U. S. ," *Stanford Law & Policy Review* 24 (2): 457−501.

Silver, Carole (2006). "Internationalizing U. S. Legal Education: A Report on the Education of Transnational Lawyers," *Cardozo Journal of International and Comparative Law* 14 (1): 143−76.

Silver, Carole (2012a). "States Side Story: Career Paths of InternationalLL. M. Students, or 'I Like to Be in America,' " *Fordham Law Review* 80 (6): 2383−2440.

Silver, Carole (2002). "The Case of the Foreign Lawyer: Internationalizing the U. S. Legal Profession," *Fordham International Law Journal* 25 (5): 1039−1084.

Silver, Carole (2000). "The Case of the Foreign Lawyer: Internationalizing the U. S. Legal Profession," *Law and Policy in International Business* 31 (4): 1093−1150.

Silver, Carole (2010). "The Variable Value of U. S. Legal Education in the Global Legal Services Market," *Georgetown Journal of Legal Ethics* 24 (1): 1−57.

Slaughter, Anne Marie (2004). *A New World Order*. Princeton University Press.

Sokol, D. Daniel (2007). "Globalization of Law Firms: A Survey of the Literature and a Research Agenda for Further Study," *Indiana Journal of Global Legal Studies* 14 (1): 5−28.

Sornarajah, M. (2011). "Why 'No' to Transnational Legal Studies," in Cornelia T. L. Pillard et al. , eds. , *Why Transnational Legal Education*. Pp. 20−25. Center for Transnational Legal Studies.

Sornarajah, M. (2015). *Resistance and Change in the International Law on Foreign Investment*. Cambridge University Press.

Steffek, Felix, Hannes Unberauth, Hazel Genn, Reinhard Greger, and Carrie Menkel - Meadow (2013). *Regulating Dispute Resolution*. Hart Publishing.

Stieglitz, Joseph (2002). *Globalization and Its Discontents*. W. W. Norton & Company.

Strauss, Peter (2006). "Transsystemia— Are We Approaching a New Langdellian Moment?

Is McGill Leading the Way?," *Journal of Legal Education* 56 (2): 161–171.

Sugarman, David and Avrom Sherr (2001). "Globalisation and Legal Education," *International Journal of the Legal Profession* 8 (1): 5–10.

Sweet, Alec Stone and Florian Grisel (2017). *The Evolution of International Arbitration: Judicialization, Governance, Legitimacy.* Oxford University Press.

Terry, Laurel (2008). "The Legal World Is Flat: Globalization and Its Effect on Lawyers Practicing in Non- Global Law Firms," *Northwestern Journal of International Law and Business* 28 (3): 527–60.

Teubner, Gunther, ed. (1997). *Global Law Without a State.* Taylor & Francis.

Thien, Madeleine (2016). *Do Not Say We Have Nothing.* W. W. Norton & Company.

Thomas, Chantal, Alex Aleinikoff, William Alford, and Joseph Weiler (2007). "The Globalization of the American Law School," Proceedings of the Annual Meeting (American Society of International Law) 101: 183–199.

Trubek, David M. and Alvaro Santos, eds. (2006). *The New Law and Economic Development: A Critical Appraisal.* Cambridge University Press.

Trubek, David M. , Yves Dezalay, Ruth Buchanan, and John R. Davis (1994). "Global Restructuring and the Law: Studies of the Internationalization of Legal Fields and the Creation of Transitional Arenas," *Case Western Reserve Law Review* 44 (1): 407–498.

Tushnet, Mark (2015). "Authoritarian Constitutionalism," *Cornell Law Review* 100 (1): 391 .

Twining, William462. *General Jurisprudence: Understanding Law from a Global Perspective.* Cambridge University Press.

Twining, William (2000). *Globalization & Legal Theory.* Cambridge University Press.

Waldron, Jeremy (2012). *The Harm in Hate Speech.* Harvard University Press.

Wang, Zhizhou, Sida Liu, and Xueyao Li (2017). "Internationalizing Chinese Legal Education in the Early Twenty- First Century," *Journalof Legal Education* 66 (2): 237–66.

Watson, Alan (1993). *Legal Transplants: An Approach to Comparative Law.* University of Georgia Press. 2d ed.

Whalen- Bridge, Helena (2016). *Legal Skills in Transnational Legal Education.* Paper presented at Doing Transnational Legal Education, June 18, 2016, Center for Transnational Legal Studies, King's College School of Law, United Kingdom.

White, Cheryl S. (2017). *Bridging Divides in Transitional Justice: The Extraordinary Chambers in the Courts of Cambodia.* Intersentia.

Whytock, Christopher (2013). "Some Cautionary Notes on the 'Chevronization' of Transnational Litigation," *Stanford Journal of Complex Litigation* 1（2）：467–486.

Wilson, Richard（2009）. "Western Europe：Last Hold Out in Worldwide Acceptance of Clinical Legal Education," *German Law Journal* 10（6–7）：823–846.

Yarn, Douglas H.（2000）. "The Attorney as Duelist's Friend：Lessons From the Code Duello," *Case Western Reserve Law Review* 51：69.

Zumbansen, Peter（2012）. "Defining the Space of Transnational Law：Legal Theory, Global Governance and Legal Pluralism," *Transnational Law and Contemporary Problems* 21（2）：305–336.

第四编
在法律构建中的学生、教师与法官的跨国流动

第十三章
谁在统治世界？
——国际法官的教育资本

作者：米凯尔·拉斯克·马德森（Mikael Rask Madsen）*

创建一个全球性的国际法庭体系，是从 20 世纪到 21 世纪持续推进的一项重要工作。这项工作旨在创建一个基于法治的国际社会。虽然关于国际法庭数量增加的描述已有很多（Alter，2014；Kingsbury 等，2005；Koskenniemi and Leino，2002；Romano，1999），但我们对那些在这些国际法庭中担任法官的人却了解不多。他们是如何构成的？他们有哪些共同点？尤其是在教育背景、知识体系和专业技能等方面，相关的分析仍然非常有限（Cohen，2010；Cohen and Madsen，2007；Vauchez，2007）。目前，全球共有 300 多位国际法官，其中大多数集中在欧洲的两个区域性法院：欧洲联盟法院和欧洲人权法院。此外，其他地区和全球范围的法庭也有相当数量的国际法官。尽管有一些关于国际法官的描述性研究（Swigart and Terris，2014），但对于这些法官的身份、背景和经验的深入研究仍显不足。

在之前与尼洛·考皮（Niilo Kauppi）合作的研究中，我提出过一个观点：不断扩大的国际司法体系日益呈现出一种"跨国权力精英"（transnational power elite）的形式（Kauppi and Madsen，2013b；Madsen，2014）。我们将"跨国权力精英"定义为一个超越国界的群体，这一群体的力量不仅源自其所属

---

　　* 本章的统计分析得到了 iCourts 视觉化专家 Troels Kjeldberg 和计算机科学家 Ioannis Panagis 的帮助。在丹麦国家研究基金会（Grant no. DNRF105）的资助下，本研究在 iCourts 的主持下进行。感谢 2017 年 9 月 8 日至 9 日在加州大学尔湾分校法学院举办的"全球法律教育：批判性研究"会议的参与者。

的机构，还来自其在全球治理领域的共有跨国资本，包括知识、专业技能以及与关键国家和国际政治法律场所的紧密联系。采用"跨国权力精英"的视角，而不是仅仅依赖传统的制度主义分析，为我们研究全球治理提供了一个不同的切入点（Kauppi and Madsen，2014）。通过将国际司法系统视为跨国权力精英的体现，我们避免了制度分析的常见误区——即不是国际法院这样的机构本身在治理世界，而是那些构建和塑造这些机构的跨国权力精英在发挥作用。因此，要理解全球法律治理的权力和利益分布，需要颠覆传统的国际制度分析逻辑，不仅要问"哪些组织和规则在治理"，还要问"谁在治理这些组织和规则"。就国际法庭而言，这尤其需要对法官群体进行深入分析。[1]

本章基于前述研究和探究逻辑，提出的核心研究问题是：国际法官是否真的是跨国精英，既拥有全球治理所需的知识和技能，又与重要的国家和国际法律政治领域建立了广泛的联系？或者，他们是否更偏向于本地化角色，与本国或地区的法律和政治领域联系更紧密？本研究有两个局限性：一是没有涉及国际法庭的诸如书记员等其他相关人员，而是专注于国际法官这一特定群体；二是主要关注他们的"教育资本"，以此回应全球法律教育研究的相关议题。尽管分析范围有限，研究教育资本（Bourdieu，1996b）仍然有助于全面了解国际法官的特点，特别是他们在教育背景上的"国际化"程度。简单来说，教育资本是一种被制度化的文化资本，赋予拥有者特定的能力（Bourdieu，2011）。对于法官来说，这种能力表现在解读法律和决定法律内容的权威性上，也就是所谓的"法律资本"（Dezalay and Madsen，2012）。由于参与研究的法官几乎都具备这种能力，仅分析他们的法律教育背景本身并没有太多意义。而更值得关注的是：这些国际法官是否是各国法律体系中的"本土精英"，后来被派往国际岗位？还是他们接受了国际化的教育，从而成为了具有全球视野的"国际法律人"？[2]

本研究的实证分析为探讨国际法官的教育背景提供了独特的新数据。具

---

〔1〕 显然，国际法庭并不仅仅由国际法官来运作。其他重要的国际法庭参与者还包括书记官及其他更多的行政角色。然而，出于本研究的目的，我们仅关注国际法官这一较狭义的类别。

〔2〕 类似的研究方向在布莱恩特·加斯和伊夫·德扎莱的一系列出版物中得到了探讨，这些出版物探究了从国际仲裁员到国家政治家的法律精英，以及他们在国家与国际法律和政治领域之间的定位如何创造出一种特殊的跨国法律权力。有关此的例子包括德扎莱和加斯合著的《亚洲法律复兴》（2010 年），由芝加哥大学出版社出版。

体而言，本章对分布在非洲、欧洲、拉丁美洲和加勒比地区的9个国际法庭的法官进行了比较分析。这些法庭涉及不同的法律领域，包括：3个国际人权法院：欧洲人权法院（European Court of Human Rights，ECtHR）、美洲人权法院（Inter-American Court of Human Rights，IACtHR）、非洲人权与民族权利法院（African Court of Human and Peoples' Rights，AF）。3个区域经济法院：欧盟法院（Court of Justice of the European Union，CJEU）、东非法院（East African Court of Justice，EACJ）、加勒比法院（Caribbean Court of Justice，CCJ）。3个具有全球影响力的法院：国际法院（International Court of Justice，ICJ）、世界贸易组织上诉机构（World Trade Organization's Appellate Body，WTO AB）、国际刑事法院（International Criminal Court，ICC）。通过实证研究的不同部分，本章从多个维度对这9个国际法院进行了比较分析，包括地区分布、法官国籍、年龄、海外学习经历以及是否就读于顶尖大学等。研究旨在揭示这些法院在上述方面的相似性与差异性。

　　本章首先概述了研究对象及方法，对本研究与现有领域研究进行了比较说明，同时简要介绍有关数据及其来源。随后，进入实证研究部分，分别从两个方面展开：一是分析国际法官的教育背景在多大程度上体现出国际化，通过汇总和分解9个国际法庭的数据探讨其国际化程度；二是考察国际法官的精英化倾向，包括其教育背景及就读机构，并分析国际法官是否具有较高的博士学位比例。最后，针对国际法官群体的相对世界主义特征及其潜在影响进行总结与讨论。

一、国际司法机构研究

　　第一个真正意义上的国际法庭是1922年在国际联盟项下成立的常设国际法院（PCIJ）。在20世纪20年代，这一机构曾有一段相当活跃的时期，可谓是国际法的"爵士时代"。然而，随着20世纪30年代欧洲主要大国之间的紧张局势加剧，法院的处境变得愈加复杂。第二次世界大战爆发后，PCIJ最终被暂停。然而，1946年它以国际法院（ICJ）的形式得以复兴，并成为新成立的联合国的主要机构之一，联合国在某种程度上继承了已解散的国际联盟的部分职能。PCIJ的影响不仅体现在其作为国际法院的先驱角色，还通过其筹备工作中的诸多争论塑造了国际司法的理念。其中一个关键问题是，谁能够或者应该被任命为处理国家主权事务的法官。不同的职业群体提出了各自的资格要求。国际法教授们认为自己特别适合这一任务，部分原因在于他们长期致力于推动国际法庭和机构的建立。外交官们也认为自己是理想的候选人，甚至对于这份新工作也是最容易做出的最佳选择。最后，时任的国家法官们则认为他们拥有胜任此职位的最合适能力（Madsen，2016）。PCIJ 的第一批法官团体正是在这些相互竞争的职业群体间妥协的产物，由"三名法官、三名法律顾问和五名教授"组成（Spiermann，2013：140）。虽然这在外交官中引发了一些不满，但以法学教授为主导的群体成功在法律发展与政治敏感性之间取得了平衡。大约 40 年后，以法学教授为主的欧洲法官团队在 ECtHR 也展示了他们在"法律外交"方面的能力（Madsen，2011a）。当今国际法院处理的案件也表明，裁决国际事务不仅涉及法律问题，还需要具有一定的政治敏感性（Alter，2001；Shaffer，Elsig，and Puig，2016）。这引发了一个根本性思考：国际司法机构的发展路径是否对源自第一次世界大战后形成的国际法庭的配置模式形成了依赖。

现有关于国际法官的研究表明，国际法官群体仍然受到早期发展模式的影响。截至 2006 年，国际上共有 215 名国际法官，来自 86 个国家（Terris，Romano，and Swigart，2007：17）。其中，136 人为欧洲人，大多数来自英国和法国。更有趣的是，这些法官的职业背景大体延续了 PCIJ 的路径：40% 主要是法律学者，33% 来自司法领域，27% 曾担任各类公务员。到 2012 年，国际法官的总数已上升至 304 人，分布在 21 个国际法庭中（Swigart and Terris，2014：621）。代表的国家数量增加至 111 个，尤其是非洲国际法庭的数量有所增长。这些学者的数据显示，26% 的法官具有司法背景，21% 来自公务员领域，19% 为法学专家，其余则来自私人执业或上述类别的结合（Swigart and Terris，2014：621）。

我在之前的研究中曾质疑这些分类方法，认为它们过于单一化地描绘了国际法官，要么是学者、要么是公务员、要么本身就是法官（Madsen，2014）。对单一法院的深入研究表明，许多国际法官的职业生涯往往是跨越这些类别的复杂历程，同时还涉及其他职业领域，特别是政策专家和政治领域。一个典型的例子是 ECtHR 第一届法官班子，其成员大多是精英级法律学者——约 80% 拥有博士学位——并在法律和政治相关领域拥有实际经验或深厚人脉（Madsen，2011b：48）。此外，研究表明，这些法官并不像国际法院批评者常说的那样"去国家化"。相反，他们往往是国内的重要人物，凭借其显赫的国家职业生涯被提拔到国际职位，并与本国保持着深厚的联系。换句话说，虽然这些法官在 ECtHR 任职时是国际化的，但实际上，他们首先是本国法律领域内的享有声望的高级法律从业者。

　　现有的研究主要通过不同的职业分类来评估国际法官的构成。本章则尝试从教育的角度对国际法官进行不同的评估。分析国际法官的教育资本，提供了一种既不同又互补的视角来探讨国际法官群体的形成。国际法官通常被视为国际法律职业中的精英阶层。那么，教育，尤其是共同的教育背景，在这一精英群体的形成中扮演了什么角色？如果我们将教育视为进入法律市场的入口而非终点，那么问题在于：国际法官的简历中是否普遍出现了来自国际知名大学的法律教育，特别是那些享有盛誉的国际大学？还是说，国家顶尖大学才是通往国际法官职位的主要途径？第三种假设是，国际法官的遴选并不受其教育背景的影响。现有研究中的数据对此问题提供了一些初步答案。特里（Terris）等人在 2007 年的研究中指出，全球最知名的大学，包括欧洲的牛津大学、剑桥大学、伦敦大学和巴黎大学，以及美国的哈佛大学、耶鲁大学和哥伦比亚大学，为近四分之一的国际法官提供了主要或次要学位教育，其中多数法官接受过英国的教育（Terris, Romano and Swigart, 2007：18）。研究还表明，来自发展中国家的法官可能更倾向在海外接受教育。

　　本章通过对最新收集的信息进行研究，来验证上述假设。这些信息涵盖了 9 个国际法庭成立以来所有任命法官的教育背景。具体而言，我们编制了一份自这些法院成立以来任命的全部法官名单，并收集了有关法官个人教育背景的数据。此外，我们还收集了其他一些变量，但这些变量未在本次分析中使用。由于某些法庭（例如 ICJ、ECtHR 和 CJEU）已经运行了数十年，这些法院的法官数量较多。此外，少数法官曾在多个国际法院任职，对于这些情况，每个任命都会被单独统计。然而，拥有多个任命的法官较为罕见，并且在统计上无显著意义。本次研究总共包含了 504 名法官的信息。

　　根据法官的出生地不同，我们将其教育背景分为国内或国际，具体依据是他们是否在本国或国外接受教育。在实证分析中，我们还在某些情况下列出了法官获得学位的大学名称，以识别那些培养了众多国际法官的大学。此外，数据还可用于识别性别、国籍以及法官目前或曾经任职的国际法庭。基于法官的国籍或其任职国际法庭的所在地，我们能够找到教育背景在区域和次区域层面的差异。此外，我们还纳入了相关国际法庭的任命年份数据，以便区分不同时期的历史模式。

这些数据主要通过多种来源收集，包括国际法庭年鉴、多个国家的《名人录》（Who Is Who）以及在线资源，如新闻报道、官方网站和 LinkedIn 账户等。通常情况下，信息会尽可能通过多个来源交叉核实。但在某些情况下，我们无法确定法官的学习地点。在数据库所包含的 504 名法官中，有 52 名法官的学位授予大学信息缺失，也就是说，大约 10% 的案例缺乏具体信息。不过，我们仍能找到他们是否在国外学习的相关数据。从本研究的总体导向来看，缺少这些相关数据在统计上可以认为是无关紧要的。

二、国际法官的国际化程度：在国内还是国外接受教育？

一些全球化研究学者认为，全球化是由全球精英阶层推动的。例如，塞缪尔·亨廷顿（Samuel Huntington）指出，全球精英的一个关键特征是他们"去国家化"，被他称为"达沃斯人"（Davos Men）；也就是说，这些国际主义者对民族国家的凝聚力构成了威胁，特别是在亨廷顿的分析中，这威胁到了所谓的"美国信条"（American Creed）（Huntington，2005）。另一位学者大卫·罗斯科普夫（David Rothkopf）提出了更为激进的观点，认为一个全球"超级阶层"已经出现（Rothkopf，2008）。根据罗斯科普夫的说法，这个由大约 6000 人组成的新阶层，其内部的联系比与各自母国的联系更加重要。这些观点只是学术研究的一种批判性视角，它们认为一个缺乏对其原籍国文化和利益尊重的全球化阶层正在崛起（更广泛的文献综述可参见 Kauppi and Madsen，2013a）。

对"去国家化"的全球化推动者的批评，在国际法庭及其法官的研究上早已为人熟知。国际法庭经常被指责"高高在上"，活在一个远离国家社会和政治复杂性的"国际法律泡沫"中，且缺乏对其母国的责任感（Flogaitis，Zwart and Fraser，2013；Popelier，Lambrecht and Lemmens，2016）。一般认为，这些所谓的"全球化推动者"，在教育阶段就已经通过精英教育机构建立了彼此的联系。有人将其类比为过去英国的精英阶层，他们通过就读伊顿公学和牛津大学等学校形成了深厚的关系网。然而，这种假设是否成立，仍是一个需要通过实证研究来验证的问题。

表 13-1、图 13-1 分析了国际法官在本国或国外完成学位的比例。这里将"国外学习"定义为在其母国之外的国家获得大学学位。表 13-1、图 13-1

中的本国/国外数据根据以下三个时间段进行划分:①1970年之前;②1970—1990年之间;③1990年之后。之所以采用这种时间分段,是因为在1970年之前,国际法庭的数量非常有限,仅有ICJ以及欧洲的两个区域法庭,即ECJ和ECtHR。[1]而在1970—1990年期间,拉丁美洲和欧洲新设立了一些区域法庭。在1990年之后的第三阶段,拉丁美洲和非洲的区域法庭数量大幅增加,同时欧洲还设立了一些新的全球性法庭(Alter,2012)。表13-1、图13-1通过两种可视化方式展示了数据集中所有法庭的研究结果:表13-1给出了简单的统计数据;图13-1则以堆叠条形图的形式展示了这些研究发现。

表13-1 所有法院的国内/国外教育地点

	1970年以前	1970—1990年	1990年以后
国外	20.33%	19.35%	31.71%
国内	79.67%	80.65%	68.29%

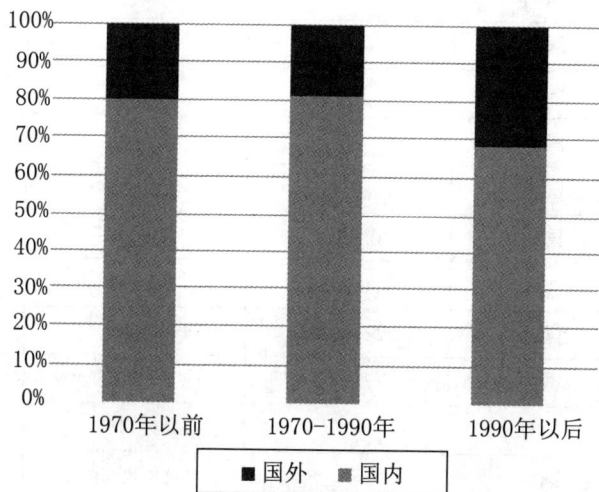

图13-1 所有法院的国内/国外教育地点

表13-1和图13-1最引人注目的是,实际上曾在国外学习的国际法官比例相对较低。在20世纪90年代之前,仅有五分之一的国际法官有过国外求

---

[1] 请注意,我们的数据未包含ICJ的前身PCIJ的法官数据。因此,我们的数据是从1946年开始。

学经历。而在 1990 年之后，这一比例才上升至接近三分之一。根据这些数据，很难认为国际法官在求学期间形成了紧密的国际关系网。不过，这并不排除他们可能通过其他间接方式建立联系，例如，在不同院校学习非常相似的课程，或者接触到类似的道德或政治理念（Roberts，2017）。然而，我们的数据无法监测到这一点。

表 13-2、图 13-2 对这些数据进行了细分，以识别哪些国际法庭在法官教育背景方面更具"国际化"特征。该图沿用了表 13-1、图 13-1 的时间划分，但对数据进行了细化，使每个法庭的百分比都可见。在表 13-2 中，数据进行了简单描述，而在图 13-2 中，则以堆叠条形图的形式展示。

表 13-2　各法院/各时期的国内/国外教育地点

法院	教育地点	1970 年以前	1970-1990 年	1990 年以后
AF	国外			28.26%
	国内			71.74%
CCJ	国外			73.33%
	国内			26.67%
EACJ	国外			57.14%
	国内			42.86%
ECJ	国外	0.00%	21.05%	19.39%
	国内	100.00%	78.95%	80.61%
ECtHR	国外	22.50%	12.94%	24.78%
	国内	77.50%	87.06%	75.22%
IACHR	国外		11.11%	12.77%
	国内		88.89%	87.23%
ICC	国外			47.06%
	国内			52.94%
ICJ	国外	23.19%	27.63%	33.64%
	国内	76.81%	72.37%	66.36%

续表

法院	教育地点	1970 年以前	1970-1990 年	1990 年以后
WTO	国外			44.78%
	国内			55.22%

从表 13-2 和图 13-2 可以明显看出，各法院在法官曾在国外学习的数量方面存在显著差异。此外，很明显，自第三个时期（1990 年之后）起，国际法官在国外学习的比例显著增加。这一增加主要归功于非欧洲国际法庭法官的教育轨迹，尤其是在非洲（EACJ）和加勒比地区（CCJ）。同时，新成立的全球法院，如世界贸易组织上诉机构（WTO AB）和国际刑事法院（ICC），也有更多曾在国外学习的法官。

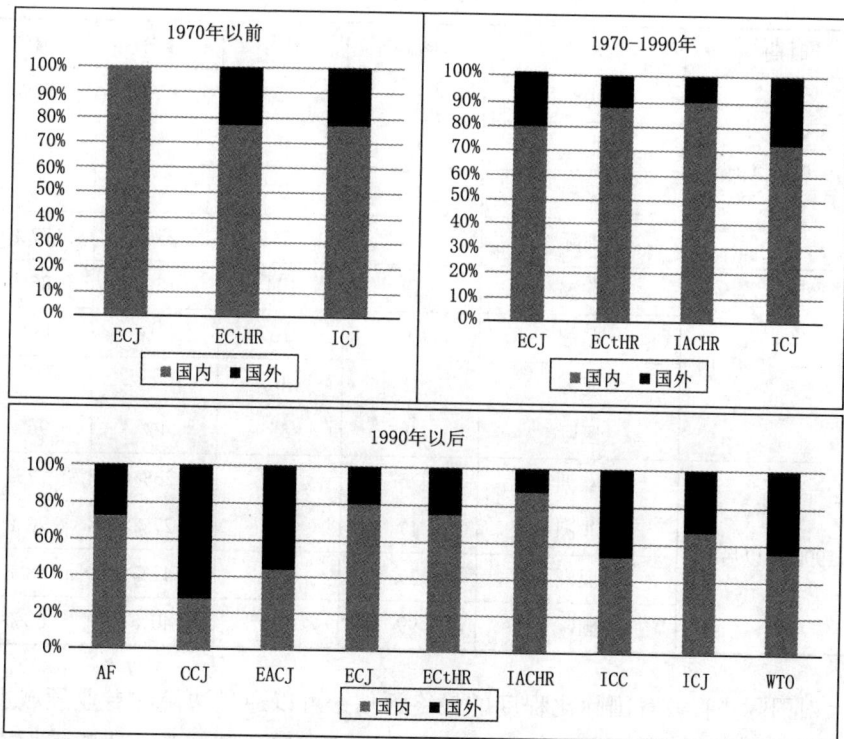

图 13-2 各法院/各时期的国内/国外教育地点

我们可以通过区分国际法庭的位置以更好地识别这些模式。表 13-3、图

13-3 将欧洲法院（ECJ 和 ECtHR）、美洲和加勒比地区的法院（IACtHR 和 CCJ）、非洲法院（EACJ 和 AF）以及全球法院（ICC、ICJ、WTO AB）进行区分，其中全球法院在图表中标注为"国际"。与之前的分析一样，在图 13-3a 中，我们对统计数据进行简单描述；而在表 13-3 中，我们使用堆叠柱状图，且仅包含了两个最近的时期（1970—1990 年和 1990 年之后）。

表 13-3、图 13-3 进一步强调了表 13-2、图 13-2 的结论，即非洲的国际法庭的法官在海外留学经历方面最具国际化。这很大程度上可能是由于这些国家缺乏高等学位教育资源，以及海外学位在当地就业市场中的吸引力（Roberts，2017）。此外，由于非西方法官影响力的增加，全球性法庭在法官教育国际化方面也呈现出日益显著的趋势。

表 13-3　按法院位置/时间划分的国内外教育背景分布

时期	大洲	国外	国内	国外	国内
1970 年以前	欧洲	9	45	17%	83%
	非洲	0	0		
	亚洲	0	0		
	国际	16	53	23%	77%
1970 — 1990 年	欧洲	19	104	15%	85%
	非洲	2	16	11%	89%
	亚洲	0	0		
	国际	2	55	4%	96%
1990 年以后	欧洲	75	249	23%	77%
	非洲	17	45	27%	73%
	亚洲	37	51	42%	58%
	国际	99	146	40%	60%

对国际法官教育国际化程度的最终评估，可以通过法院的专业领域进行区分，而不是像之前的图表那样按地理位置或特定法院分类。法院根据专业领域分为以下三类：三个地区性人权法院（ECtHR，IACtHR and AF），三个地区性经济法法院（ECJ，EACJ and CCJ），以及三个全球性事务法院（ICJ，ICC and WTO AB)。表 13-4、图 13-4 分别通过简化的统计数据 (表 13-4) 和堆叠条形图 (图 13-4) 展示了这些法院在专业领域方面的国际化情况。

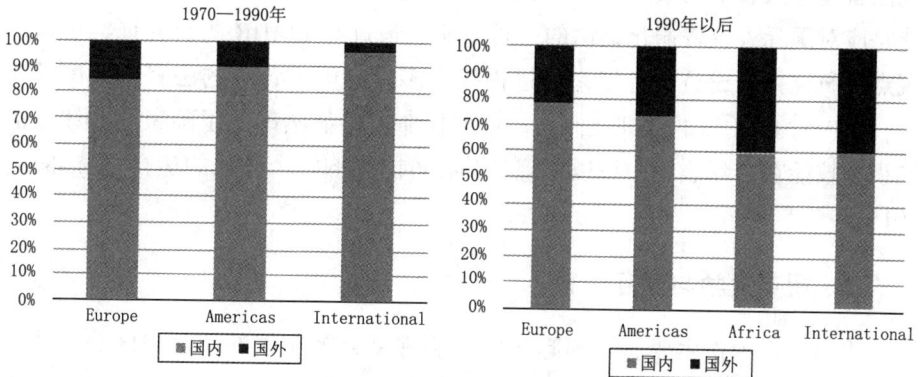

图 13-3 按法院所在地/时间划分的本地/海外教育背景

表 13-4 按法院领域划分的本地/海外教育背景

	国外	国内
经济	30.98%	69.02%
全球性	36.26%	63.74%
人权	22.16%	77.84%

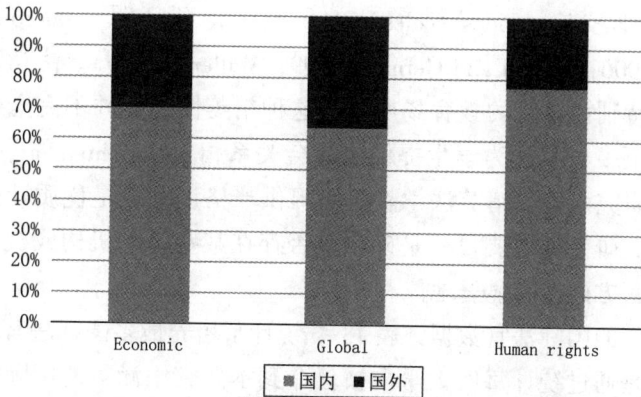

图 13-4 按法院领域划分的本地/海外教育背景

在国际法庭的三大领域中,国际人权法领域的国际化程度最低。虽然国际人权法领域对国际法的普遍性要求最高，但负责处理国际人权问题的国际法官在教育背景上的国际化程度却是最弱的。这可能是因为负责提出国际法院法官候选人名单的成员国意识到，任命更多受本国人权理解影响的法官可能是应对国际人权普遍化话语的一种策略。最近对 ECtHR 的研究证实了这一观点，研究指出成员国近年来通过提拔更多具有国家背景的法官进入国际法庭，以应对 ECtHR 的欧洲化倾向。这种任命策略显然确保了国家法律体系的知识和技能在国际法庭中得以体现，并有可能影响整个体系的运行（Madsen，2015）。

三、精英大学与国际法官

本章迄今为止主要通过国际法庭的法官是否曾在国外学习来区分这些法院。然而，我们尚未探讨这些法官是否在特定地区或特定大学完成学业。本节将通过提供颁发国际法官学位次数最多的大学数据来解答这一问题。我们试图在世界地图上以图标形式展示国际法官法律教育的全球中心。同时，我们还考察高级学位（如博士学位）的普遍性，并探讨高级学位的获取是否可以解释国际法院法官相对国际化的模式。

如前所述，全球化通常被认为是由某一类受过相同大学教育的人所推动的，这些人具备对政治、经济和法律的某些共同观念。历史上，大学在精英制造中发挥了重要作用，这一点已在许多关于美国常春藤盟校、英国牛津剑桥以及法国"大学校"（grandes écoles）的研究中得到证明（Bourdieu，1996b；Hartmann，2000；Lillard and Gerner，1999；Mullen，2009）。法学院或法律系通常被视为特别精英化的教育场所，但这种精英性往往并不完全归因于学术严谨性，而更多与其能为学生提供的社会关系相关（Dahrendorf，1969）。不过，对于本研究而言，精英法学院是因提供严格训练还是优质社交关系而出名并不重要。研究的主要目标是确定是否存在某些单一机构或机构集群，在培养国际法官方面占有显著地位。

根据我们的国际法官数据，表 13-5 统计了培养最多国际法官的前十所大学。该评估是通过统计每所大学向被任命到本研究中涵盖的国际法庭的人员颁发的学位总数得出的。

表 13-5　国际法官受教育的前十名大学

排名前十的大学	总数
剑桥大学	38
伦敦大学	33
哈佛大学	25
巴黎大学	24
牛津大学	19
哥伦比亚大学	14
耶鲁大学	11
马德里大学	10
波恩大学	10
纽约大学	10

对于研究国际法律精英教育的学者来说，这份排名前十的大学名单并不令人意外。事实上，榜单中包括了英国、美国和法国等一些最著名的国际精英大学。鉴于欧洲在国际法庭以及更广泛的国际法律领域的主导地位，欧洲的精英大学占据榜单前五名中的四席也不足为奇。在第六名至第十名中，波恩大学（University of Bonn）的出现令人稍感意外。虽然具体原因尚不明确，但波恩大学靠近比荷卢三国的地理位置可能吸引了更多学生，同时它在德国法律教育领域享有很高声誉。此外，其他主要的德国大学（如法兰克福大学、海德堡大学、柏林大学、汉堡大学和慕尼黑大学）同样多次培养了国际法官，但由于德国高等教育体系的分散化特点，这些大学未能进入表 13-5 列出的前十榜单。马德里大学（University of Madrid）榜上有名则不足为奇，因为它对寻求用西班牙语攻读高级法律学位的拉丁美洲学生极具吸引力。而耶鲁大学、哥伦比亚大学和纽约大学也在榜单之中，它们在国际法律精英教育领域，特别是在国际法领域享有盛誉。然而，这些美国大学排名相对靠后，可能主要反映了美国籍国际法官数量较少的现实。

通过比较得分超过 10 分的大学名单与其他培养了国际法官的大学，可以利用所谓的"热力图"工具直观呈现国际法官教育的分布格局。这种方法能够清晰地显示国际法官高等教育的"热点"区域。

围绕巴黎–伦敦轴心的大学集群及美国东海岸传统法律教育机构是国际法官的主要培养者。为了进一步具象化，我们使用了一种不同的可视化技术，除了为主要大学的地点上色外，还根据该机构毕业生的数量添加了相对大小的圆圈。此外，还为这些顶尖大学添加了具体标签。

这样就凸显了少数几所大学在国际法官培训中的中心地位。然而，通过这种可视化技术，还可以观察到一些其他学校，特别是墨西哥国立自治大学和莫斯科国立大学。从数据看出，前者培养了不少拉丁美洲法官；后者则主要为东欧法官，特别是来自苏联邻国的法官提供了培训。另一个值得注意的圆圈位于乌干达坎帕拉，那里有过许多非洲法官接受培训。

表13-5 所展示的统计数据并未区分法官所获得的学位是普通学位还是高级学位。根据前述关于国际法官的研究，国际法官中拥有博士学位的人数相对较高。接下来，我们首先统计拥有博士学位的国际法官总数，然后分析相关国际法庭中博士学位分布的特定模式。这里所指的博士学位包括一系列以"博士"头衔为目标的研究生学位，如 PhD、LLD 和 JD。然而，在本分析中，JD 学位不被视为博士学位，因为它更类似于欧洲的法学硕士（candidatus/ candidata juris）。在表13-6 和表13-7 中，没有博士学位的法官未被纳入统计。因此，CCJ 未出现在这些图表中，因为其法官均未获得博士学位。[1]

表13-6　博士学位数量与各时期法官人数

时期	博士学位数量	法官总人数	百分比
1970 年以前	44	70	62.9%
1970—1990 年	67	123	54.5%
1990 年以后	192	356	53.9%

表13-7　各时期各法院博士学位占比

	1970 年以前	1970—1990 年	1990 年以后
AF	0.0%	0.0%	26.3%

[1] 我们还排除了荣誉博士学位的数据分析。

	1970 年以前	1970—1990 年	1990 年以后
EACJ	0.0%	0.0%	16.7%
ECJ	44.4%	45.5%	57.1%
ECtHR	82.6%	70.6%	64.6%
IACHR	0.0%	41.7%	51.9%
ICC	0.0%	0.0%	40.6%
ICJ	55.3%	42.1%	48.8%
WTO	0.0%	0.0%	87.0%

表 13-6、表 13-7 展示了国际法官中博士学位的相对分布频率。表 13-6 首先以绝对数量和百分比的形式，提供了三个不同时期内拥有博士学位的国际法官的总体情况。表 13-7 进一步区分了不同的国际法院，显示了各法院中拥有博士学位的法官比例。

表 13-6、表 13-7 揭示了一个有趣的发现，即与整个法律职业相比，国际法官中拥有博士学位的人数比例显著偏高。尽管自第一个时期以来，这一平均数字有所下降（表 13-6），但目前仍接近 54%，这一比例在法律职业中已属非常高，仅法律学术界能够与之匹敌。在各法院中，唯一可以与之相比的国家级法院是德国联邦宪法法院（Bundesverfassungsgericht），其第一法庭的法官博士学位比例为 100%，第二法庭为 75%。[1]其他主要最高法院的博士学位比例远不及这一水平。然而，正如表 13-7 所示，不同国际法院之间的博士学位比例差异明显。研究中纳入的两个非洲法院拥有博士学位的法官比例最低。相反，WTO AB 的法官博士学位比例接近 90%。ECtHR 起初有 80% 的法官拥有博士学位，但目前已下降至 65%。总体而言，在本研究涉及的法院中，大约 50% 的法官持有博士学位。

---

〔1〕 具体参见 http://www.bundesverfassungsgericht.de/DE/Homepage/homepage_ node.html.

表 13-8　各法院博士学位授予地及不同时期分布

法院		1970 年之前		1970—1990 年		1990 年以后	
		No.	%	No.	%	No.	%
AF	国外					3	60.00%
	国内					2	40.00%
EACJ	国外					2	66.67%
	国内					1	33.33%
ECJ	国外	0	0.00%	2	20.00%	5	15.62%
	国内	4	100.00%	8	80.00%	27	84.38%
ECtHR	国外	6	31.58%	9	25.00%	17	20.24%
	国内	13	68.42%	27	75.00%	67	79.76%
IACHR	国外			1	20.00%	3	21.43%
	国内			4	80.00%	11	78.57%
ICC	国外					7	53.85%
	国内					6	46.15%
ICJ	国外	4	19.05%	4	25.00%	8	38.10%
	国内	17	80.95%	12	75.00%	13	61.90%
WTO	国外						50.00%
	国内						50.00%

表 13-8 和图 13-5 统计了在国际法院中博士学位持有者的学习地点，即他们的学位是在本国获得还是在国外获得。表 13-8 展示了博士学位持有者在本国或国外学习的比例及其总人数（注意，不包括未获得博士学位的法官）。表 13-7 则通过对博士学位持有者占总法官人数的比例进行分析，进一步区分了在本国和国外授予学位的情况。这些图表不仅有助于理解博士学位在国际法官教育中的重要性，还显示了国际法院在教育国际化方面的差异，为深入探讨国际法官教育背景与司法实践的关系提供了依据。

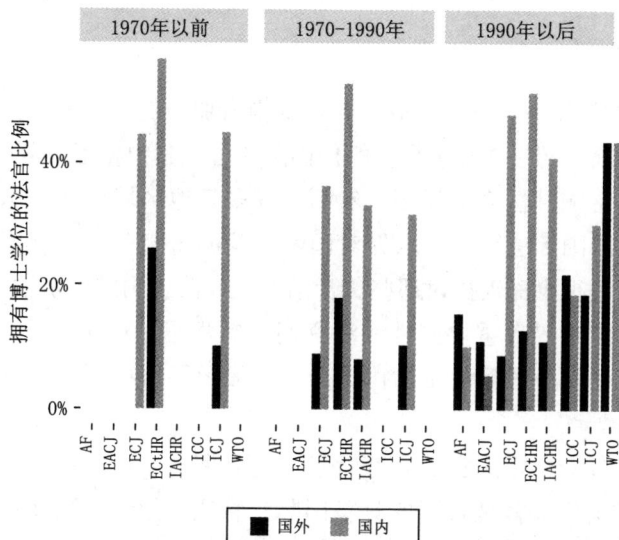

图 13-5　不同时期及各法院博士学位法官比例及学位授予地

从这些统计数据中可以看出，不同法院在国际法官博士学位授予机构的所在地方面存在显著差异。与表 13-2 和表 13-3 中关于海外学习频率的分析相比，博士学位的分布模式呈现出相似的趋势。拥有国外博士学位的法官比例最高的法院集中在非洲法院（AF 和 EACJ）以及新兴的全球法院（ICC 和 WTO AB）。然而，如图所示，非洲法官中博士学位的数量是所有法院中最低的（CCJ 除外）。欧洲区域法院（ECJ 和 ECtHR）以及拉丁美洲法院（IACtHR）在博士学位的国际化程度方面表现出最低的国际性。众所周知，几年前国内博士学位在法律领域的价值通常很高，特别是在欧洲的一些国家，这种价值甚至高于国外博士学位。这种潜在逻辑可能反映在欧洲法院的模式中。同样的情况也可能适用于美洲人权法院，这反映了其对国内学位价值的重视。此外，各国政府在为区域国际法院甄选候选人时可能会受到其对国内法律知识了解程度的影响——无论这种影响是有意为之还是无意造成的。从理论上讲，国内博士学位更可能集中研究与国家相关的问题，而国外学位则可能更具国际视野。然而，这种推测目前尚无法通过本次分析的数据加以证实。

四、结论

在过去的 20 年中，国际法庭的数量急剧增加，随之而来的是国际法官人数的激增。目前，超过 300 名男女担任国际法官，其中相当一部分在 CJEU 和 ECtHR 这两个区域性法庭中任职。然而，许多其他区域性和全球性法院也雇佣了相当数量的国际法官。学术界对国际法院的研究普遍以制度主义方法为主，但这种方法很少深入探讨那些负责国际人权法、国际经济法和国际刑法，甚至是划定国家边界等重要案件的法官们。本章通过对非洲、欧洲、拉丁美洲和加勒比地区 9 个国际法院的比较分析，揭示了这些所谓全球化法官群体的真实面貌。

本章通过分析国际法官的教育背景，重点探讨了两个问题：第一，从教育背景来看，国际法官是否真的具备国际化特质；第二，这些法官是否属于国际精英群体，比如是否毕业于世界顶尖的法学教育机构。为了解答这些问题，本章首先对国际法院法官的整体教育背景进行了统计分析，并比较了不同法院在地域分布和管辖领域上的差异。其次，还研究了顶尖大学在培养国际法官中的作用，以及博士学位在国际法官群体中的普及程度，毕竟博士学位是这个职业群体区别于其他人的重要标志之一。

总体而言，与人们的直觉相反，我们可以观察到国际法官主要接受的是国内高等教育。欧洲的国际法院尤其如此，而非洲和加勒比地区的国际法院则雇佣了更多受国外高等教育的法官。全球性法院，特别是 1990 年后成立的新法院（如 WTO AB 和 ICC），也有较大比例的法官接受了国际教育。事实上，这些法院的教育国际化模式与普通学生，尤其是国际法学生的情况相似（Roberts，2017）。然而，与整个法律职业相比，国际法官拥有博士学位的比例尤为突出。历史研究表明，自从 PCIJ 创设以来，国际法官中有许多是学者或半学者型法律人士。这部分解释了博士学位分布频率较高的原因。另一个解释是，博士学位在任命国际法官时作为一种区别标志起到了作用。换句话说，拥有博士学位的法官在竞争国际法官职位时具有一定的优势。

本章的总体结论是，从教育背景来看，国际法官并未形成一个脱离国家或"去国家化"的精英群体。事实上，数据显示，国际法官的教育背景往往深植于其本国的法律领域。这一发现与以往关于全球法律精英的研究结果一致，这些研究同样强调，国际法律人士的大部分职业生涯是在国内法律领域中完成的（Bourdieu，1996a；Jarle Christensen，2016）。这些研究以及本研究的共同点在于：国际法律领域在很大程度上是国内精英再生产模式的延续（Dezalay and Madsen，2012）。研究中观察到的欧洲和非洲之间的差异实际上反映了不同地区精英培养模式的特点。例如，欧洲精英通常选择在本国顶尖大学接受教育，而非洲精英则更倾向出国深造。CCJ 的极端国际化案例正是这一现象的典型例证。

当然，教育只是评估国际法官社会构成的一种方式。要想全面了解这一群体，还需要研究这些法官的职业发展轨迹。相关研究通常会发现，国际法官的职业活动横跨多个领域。在许多情况下，这些法官深深植根于国家法律领域——无论是教育背景还是职业经历——但他们并不局限于此，这正是各地精英的典型特征。因此，要真正理解国际法庭的权力，必须超越仅关注法官这一特定群体，而应将分析范围扩大到围绕这些机构及其实践形成的更广泛的跨国职业群体。事实上，正是这种广义上的法律权力和权力精英结合体的崛起——其中国际法官扮演了重要角色——使得国际法庭成为全球治理的重要组成部分。

参考文献

Alter, Karen（2001）. *Establishing the Supremacy of European Law*：*The Making of an International Rule of Law in Europe*. Oxford University Press.

Alter, Karen J.（2012）. "The Global Spread of European Style International Courts," *West European Politics* 35（1）：135-154.

Alter, Karen J.（2014）. *The New Terrain of International Law*：*Courts, Politics, Rights*. Princeton University Press.

Bourdieu, Pierre（1996a）. "Foreword," in Yves Dezalay and Bryant Garth, eds., *Dealing in Virtue*：*International Commercial Arbitration and the Construction of a Transnational Legal Order*. pp. vii-v iii. University of Chicago Press.

Bourdieu, Pierre（1996b）. *The State Nobility*：*Elite Schools in the Field of Power*. Stanford University Press.

Bourdieu, Pierre（2011）. "The Forms of Capital（1986），" in Imre Szeman and Timothy Kaposy, eds., *Cultural Theory*：*An Anthology*. pp. 81-93. Blackwell.

Cohen, Antonin（2010）. " 'Dix personnages majestueux en longue robeamarante' : La formation de la cour de justice des communautés européennes," *Revue française de science politique* 60

(2): 227-246.

Cohen, Antonin and Mikael Rask Madsen (2007). "Cold War Law: Legal Entrepreneurs and the Emergence of a European Legal Field (1945-1965)," in Volkmar Gessner and David Nelken, eds., *European Ways of Law: Towards a European Sociology of Law.* pp. 175-202. Hart Publishing.

Dahrendorf, Ralf (1969). "Law Faculties and the German Upper Class," in Wilhelm Aubert, ed., *The Sociology of Law.* pp. 294-309. Penguin.

Dezalay, Yves and Bryant Garth (2010). *Asian Legal Revivals: Lawyers in the Shadow of Empire.* University of Chicago Press.

Dezalay, Yves and Mikael R. Madsen (2012). "The Force of Law and Lawyers: Pierre Bourdieu and the Reflexive Sociology of Law," *Annual Review of Law and Social Science* 8: 433-452.

Flogaitis, Spyridon, Tom Zwart, and Julie Fraser, eds. (2013). *The European Court of Human Rights and Its Discontents: Turning Criticism into Strength.* Edward Elgar.

Hartmann, Michael (2000). "Class-Specific Habitus and the Social Reproduction of the Business Elite in Germany and France," *The Sociological Review* 48 (2): 241-261.

Huntington, Samuel P. (2005). *Who Are We?: America's Great Debate.* Free Press.

Jarle Christensen, Mikkel (2016). "International Prosecution and National Bureaucracy: The Contest to Define International Practices Within the Danish Prosecution Service," *Law & Social Inquiry.* 43 (1): 152-181.

Kauppi, Niilo and Mikael Rask Madsen (2013a). "Transnational Power Elites: The New Professionals of Governance, Law and Security," in Niilo Kauppi and Mikael R. Madsen, eds., *Transnational Power Elites: The New Professionals of Governance, Law and Security.* pp. 1-16. Routledge.

Kauppi, Niilo and Mikael Rask Madsen, eds. (2013b). *Transnational Power Elites: The New Professionals of Governance, Law and Security.* Routledge.

Kauppi, Niilo and Mikael Rask Madsen (2014). "Fields of Global Governance: How Transnational Power Elites Can Make Global Governance Intelligible," *International Political Sociology* 8 (3): 324-330.

Kingsbury, Benedict, Nico Krisch, and Richard B. Stewart (2005). "The Emergence of Global Administrative Law," *Law and Contemporary Problems* 68 (15): 15-61.

Koskenniemi, Martti and Päivi Leino (2002). "Fragmentation of International Law? Postmodern Anxieties," *Leiden Journal ofInternational Law* 15 (03): 553-579.

Lillard, Dean and Jennifer Gerner (1999). "Getting to the Ivy League: How Family Composition Affects College Choice," *The Journal of Higher Education* 70 (6): 706-730.

Madsen, Mikael R. (2014). "The International Judiciary as Transnational Power Elite," *International Political Sociology* 8 (3): 332–334.

Madsen, Mikael Rask (2011a). "Legal Diplomacy—Law, Politics and the Genesis of Postwar European Human Rights," in Stefan Ludwig Hoffmann, ed. , *Human Rights in the Twentieth Century: A Critical History*. pp. 62–81. Cambridge University Press.

Madsen, Mikael Rask (2011b). "The Protracted Institutionalisation of the Strasbourg Court: From Legal Diplomacy to Integrationist Jurisprudence," in Mikael Rask Madsen and Jonas Christoffersen, eds. , *The European Court of Human Rights between Law and Politics*. pp. 43–60. Oxford University Press.

Madsen, Mikael Rask (2015). "The Legitimization Strategies of International Courts: The Case of the European Court of Human Rights," in Michal Bobek, ed. , *Selecting Europe's Judges*. pp. 259–278. Oxford University Press.

Madsen, Mikael Rask (2016). "Judicial Globalization: The Proliferation of International Courts," in Sabino Cassese, ed. , *Research Handbook on Global Administrative Law*. Pp. 282–302. Edward Elgar.

Mullen, Ann L. (2009). "Elite Destinations: Pathways to Attending an Ivy League University," *British Journal of Sociology of Education* 30 (1): 15–27.

Popelier, Patricia, Sarah Lambrecht, and Koon Lemmens, eds. (2016). *Criticism of the European Court of Human Rights—Shifting the Convention System: Counter- dynamics at the National Level*. Intersentia.

Roberts, Anthea (2017). *Is International Law International?* Oxford University Press.

Romano, Cesare P. R. (1999). "The Proliferation of International Tribunals: Piecing Together the Puzzle," *NYU Journal of International Law and Politics* 31 (4): 709–751.

Rothkopf, David (2008). *Superclass: The Global Power Elite and the World They Are Making*. Farrar, Straus and Giroux. Schachter, Oscar (1977). "Invisible College of International Lawyers," Northwestern University Law Review 72: 217–226.

Shaffer, Gregory C. , Manfred Elsig, and Sergio Puig (2016). "The Extensive (but Fragile) Authority of the WTO Appellate Body," *Law & Contemporary Problems* 19 (1): 237–273.

Spiermann, Ole (2013). "The Legacy of the Permanent Court of International Justice: On Judges and Scholars, and Also on Bishops and Clowns," in Christian J. Tams and Malgosia Fitzmaurice, eds. , *Legacies of the Permanent Court of International Justice*. Pp. 399–413. Nijhoff.

Swigart, Leigh and Daniel Terris (2014). "Who Are InternationalJudges?," in Cesare P. R. Romano, J. Karen Alter, and Yuval Shany, eds. , *The Oxford Handbook of International Adjudication*. pp. 619–638. Oxford University Press.

Terris, Daniel, Cesare P. R. Romano, and Leigh Swigart（2007）. *The International Judge: An Introduction to the Men and Women Who Decide the World's Cases*. Oxford University Press.

Vauchez, Antoine（2007）. "Une élite d'intermédiaires: Genèse d'un capital juridique européen（1950−1970）," *Actes de la recherche en sciences sociales* 1（166−167）: 54−65.

第十四章
跨境学生流动与国际法的跨国构建

作者：安西娅·罗伯茨（Anthea Roberts）*

全球学生流动如何塑造国际法知识的生产与传播？教育在其中扮演着至关重要的角色，它不仅通过外界影响塑造个体的思维方式与社会关系（对内影响力），还作为一种重要的软实力形式，使一些国家的学者能够将思想、材料和方法传播到其他国家（对外影响力）。然而，哪些模式反映了这一现象，哪些力量又决定了某些个人是否可能跨越国界接受高等教育？如果他们选择了跨国学习，他们通常会选择哪些目的地？这些流动模式如何影响跨国法律的建构，比如国际法？[1]

当被要求反思国际律师这一专业群体时，奥斯卡·沙赫特（Oscar Schachter）曾形象地将其称为一个"隐形学院"，其成员"分散在世界各地"，却"参与到一个持续的沟通与协作过程中"。沙赫特之所以得出这一结论，部分原因在于他观察到了"教授和学生的跨国流动"（Schachter，1977：217）。国际律师长期以来都认同沙赫特对其职业共同体的这一描述。然而，正如我在《国际法是国际的吗？》（Is International Law International?）一书中所主张的，更为准确的理解可能是将国际法的跨国领域视为一个由主导性和差异化并存模式的"可分割的学院"（Roberts，2017：1~2）。

不同国家的国际法学者通常因其求学地点、教授对象、使用语言、发表

---

　*　本章内容基于安西娅·罗伯茨的著作《国际法是"国际"的吗？》（2017年）第三章的修改版。
　〔1〕　当我提到"国际法"和"国际律师"时，我指的是国际公法领域及专门从事国际公法的律师，而不是一般从事比较法、跨国合同与争议解决的律师。

作品的内容与地点，以及他们与实务界的互动方式而呈现出不同的特征。与其说这是一个单一的共同体，不如说这个领域由彼此独立但又有所重叠的群体构成，这些群体通常表现出各自独特的方法论、参照点、层级结构、专长领域和影响范围。本章探讨跨国法律教育在这一过程中所发挥的作用，并重点研究学生和学者的跨国教育经历（或其缺失）带来的影响。[1]具体而言，本章关注跨国完成法律学位的学生以及联合国安理会五个常任理事国精英大学中国际法教授的教育背景。[2]

我认为，这些跨国流动的模式反映并强化了国际法领域中民族化、去民族化以及西方化的影响。[3]当学生仅在本国学习法律时，他们更可能形成一种民族化的国际法视角，尽管这在一定程度上取决于他们学习的国家。而当学生跨越国界学习国际法时，他们会受到另一种民族化的国际法视角影响，并接触到不同的国际法教授和学生群体，从而产生去民族化的效果。然而，由于学生通常流向核心的西方国家，这种跨国法律教育往往引入或巩固了西方的导向。许多学生在学成后回到本国从事实践或教学，这种流动为"核心"国家的思想、方法和材料向"边缘"和"半边缘"国家传播铺平了道路。

学生从边缘和半边缘地区向核心地区的不对称流动，以及思想和信息从核心地区向边缘和半边缘地区辐射的模式，在塑造国际法领域中不平等且有区别的学术群体中起到了重要作用。这些教育模式反映并强化了国际法律领域更普遍的层级结构和不平等现象，包括核心国家法律精英以自身形象定义"国际"的不成比例的权力，以及将其国家化的思想、材料和方法移植到国际层面的能力。这种主导性和差异化并存的模式对于理解国际法作为跨国法律领域的构建至关重要，同时也与国际法领域通常希望呈现的普遍性形象相矛盾（Roberts，2017：Chapter 1）。

---

〔1〕 学生和教师的国际化水平可以通过多种经历得到提升，包括学生层面的交换、教师层面的互访，以及在外国律所或国际组织的工作。尽管对这些影响进行全面的描述超出了本章的范围，但一些学者已经尝试从个别学术领域进行探讨，例如，美国的法律学术界（Scoville and Markovic，2016），我也在其他研究中追踪了某些国家化和去国家化的影响（Roberts，2017：chapter 3）。尽管这只是更大拼图中的一部分，但值得关注的是法律学位，因为它们在国际律师的职业形成过程中代表着一个特别重要且显著的社会化过程，通常发生在律师的智力发展和职业生涯的相对成长期。

〔2〕 关于我为何在我的书中选择这些国家和大学，以及我如何选择这些国家的学者进行研究的解释，参见 Roberts，2017：Chapters 1-2 and app. A.

〔3〕 关于这些术语的解释，参见 Roberts Chapter 2. Ⅳ.

本章聚焦于这些不对称的跨国教育动态在国际公法领域的表现。然而，值得其他人探讨的话题还有类似或不同的模式是否也出现在其他法律及非法律领域，尤其是那些致力于成为全球化、国际化、跨国或比较研究的领域，例如跨国公司法、比较宪法学、国际关系、世界历史以及经济学。[1]越是"国际化"的领域，可能越倾向于集中于某种特定的"主流标准"，这反过来会强化既有的层级关系，限制多样性。（Dezalay and Garth，2002：44~47）这些关于差异与多样性、层级与异质性的模式，也为理解跨国法律秩序的形成提供了一种分析框架（Halliday and Shaffer，2015）。

一、跨国学生流动

目前没有关于跨国法律学生流动的全面数据，更不用说专门统计跨境学习国际法的学生数据了。不过，UNESCO 确实收集了有关跨国高等教育学生流动的相对全面的数据[2]，并提供了比较具体的数据，涉及大约 35 个国家[主要为欧洲国家及经济合作与发展组织（OECD）成员国]中跨国法律学生的流动情况。[3]本部分将依次讨论这些数据。

（一）跨国学生流动概述

总体而言，全球学生及其思想的流动至今受到两种不对称动态的影响。首先，学生更可能从边缘和半边缘国家流向核心国家，并且从非西方国家流向西方国家，反之则不然。这是因为在各国之间，进一步的法律教育所带来的象征性资本差异显著，通常是向核心国家流动能够提升社会地位，而非核

---

〔1〕　例如，来自半边缘的民法国家的学生如果希望在大型国际律师事务所工作，可能会特别重视到美国学习。而那些希望进入法律学术界的学生，可能依然会优先选择在与其母国具有相同法律体系和/或语言的核心国家进行学习。这些选择反映了学生在跨国教育中的不同需求：职业导向的学生可能更注重获取全球认可的法律资格和技能，尤其是在全球化背景下，美国法律市场的影响力占据主导；而学术导向的学生则倾向于选择能够更深刻理解和延续其国家法律传统的核心国家，以此来促进自身的法律学术生涯。这种区分不仅体现了跨国法律教育对学生职业路径的影响，还揭示了法律教育与国家法律文化之间的紧密关联。

〔2〕　联合国教科文组织（UNESCO）收集了所有"国际流动学生"的数据，这些学生"为教育目的越过了国家或地区，并且现在在其原籍国以外的国家注册入学"。参见 UNESCO（2017b）。国际流动学生是"外国学生"的一个子类，后者包括该国的所有非本国公民学生，包括那些拥有永久居留权的学生。这些数据仅涵盖在原籍国以外攻读高等教育学位或文凭的学生，不包括那些参与短期、学分制学习和交换项目（时间少于一个完整学年）的学生（Id.）。

〔3〕　这些信息由联合国教科文组织的 Chiao-Ling Chen 通过电子邮件提供，但未在 UNESCO 网站上发布。

心国家则不具备同样的意义。这意味着在学生的跨国流动中，有些国家主要作为接收国（"进口国"），而另一些国家则主要作为输出国（"出口国"）。这一现象在表 14-1 中可以看到，该表列出了前十大进口国和出口国。

表 14-1　国际学生十大接收国与输出国

国家	2017 年人口（百万）	出过国际学生数量（人）	入境国际学生数量（人）	五大目的国	五大生源国
澳大利亚	25	12 026	294 438	美国、新西兰、英国、德国、加拿大	中国、印度、马来西亚、越南、尼泊尔
中国	1385	801 187	123 127	美国、澳大利亚、英国、日本、加拿大	无数据
法国	67	80 635	235 123	比利时、英国、加拿大、瑞士、德国	中国、摩洛哥、阿尔及利亚、突尼斯、塞内加尔
德国	83	116 342	228 756	奥地利、荷兰、英国、瑞士、美国	中国、俄罗斯、印度、奥地利、法国
印度	1320	255 030	41 993	美国、澳大利亚、英国、新西兰、加拿大	尼泊尔、阿富汗、不丹、尼日利亚、马来西亚
意大利	61	56 712	90 419	英国、奥地利、法国、德国、瑞士	中国、阿尔巴尼亚、罗马尼亚、伊朗、希腊
日本	127	30 179	132 685	美国、英国、德国、澳大利亚、法国	中国、韩国、越南、尼泊尔、印度尼西亚
哈萨克斯坦	18	77 965	12 533	俄罗斯、吉尔吉斯斯坦、美国、土耳其、英国	乌兹别克斯坦、印度、中国、吉尔吉斯斯坦、俄罗斯

续表

国家	2017 年 人口 (百万)	出过国际 学生数量 (人)	入境国际 学生数量 (人)	五大目的国	五大生源国
韩国	51	108 047	54 540	美国、日本、澳大利亚、英国、加拿大	中国、越南、蒙古、美国、日本
马来西亚	32	64 480	60 244	英国、澳大利亚、美国、埃及、约旦	孟加拉国、印度尼西亚、中国、尼日利亚、伊朗
尼日利亚	194	75 539	无数据	英国、加纳、美国、马来西亚、乌克兰	无数据
俄罗斯	147	56 328	226 431	德国、捷克、美国、英国、法国	哈萨克斯坦、乌克兰、白俄罗斯、土库曼斯坦、乌兹别克斯坦
沙特阿拉伯	33	86 486	73 077	美国、英国、加拿大、澳大利亚、约旦	也门、叙利亚、埃及、巴勒斯坦、巴基斯坦
英国	65	31 078	428 724	美国、法国、荷兰、德国、澳大利亚	中国、印度、尼日利亚、马来西亚、美国
美国	326	67 665	907 251	英国、加拿大、格林纳达、德国、法国	中国、印度、韩国、沙特阿拉伯、加拿大

a. 见联合国教科文组织（UNESCO, 2017a）。这些数据是于 2017 年 10 月 23 日提取的，为 2016 年的数据。

b. 同上。这些是 2015 年的数据，除了英国、法国和日本是 2014 年的数据，哈萨克斯坦是 2016 年的数据。

c. 这些目的地国家是从 2017 年 10 月 23 日联合国教科文组织网站的每个国家概述页面中获取的。该网站未明确说明这些数据来自哪个年份。

d. 同上。

澳大利亚和南非就是"核心-边缘"以及"西方-非西方"动态的典型例子，因为它们是区域教育中心，显示出其学生的来源地（主要是非西方国家）与其学生的目的地（主要是西方国家）之间的明显差异（参见表 14-1 至表 14-4）。[1]

其次，法律思想和信息的跨国流动呈现相反的不对称性：法律概念和材料，如教科书和判例法，更有可能从核心国家流向边缘和半边缘国家，即从西方国家流向非西方国家，而反向流动的情况较为少见。这种不对称的扩散源于师生关系的层级性——扩散从教师到学生、从学生到学生的效果优于从学生到教师——以及那些在国外学习法律的学生通常更倾向于回国从事教学或实践，而不是留在他们接受外国教育的地方。

在这些广泛的模式中，学生通常在共享语言、殖民历史和同一法律体系的国家之间流动。UNESCO 的数据表明，母语在全球学生流动中具有重要影响，例如来自非洲和亚洲的法语国家的学生前往法国学习，或者来自白俄罗斯、哈萨克斯坦、吉尔吉斯斯坦、塔吉克斯坦、乌克兰和乌兹别克斯坦的学生选择前往俄罗斯。学生流动往往集中在法律体系内部，尤其是沿着前殖民路径。[2]这种影响不仅在回归分析（regression analyses）中显而易见[3]，还可以从尼日利亚（普通法系，前英国殖民地）和毛里塔尼亚（民法法系，前法国殖民地）学生的就学模式中看出。

尽管母语和法律体系的影响仍然存在，但英语为主要使用语言的核心国家的教育机构表现出特别强大的吸引力。英语几乎成为了教育领域的通用语言。排名前三的外国学生输入国都是讲英语的普通法国家（美国、英国和澳大利亚），它们共同接收了全球 35% 的国际学生（UNESCO，2017c）。许多来自非英语、非普通法国家的学生也选择在这些国家学习。此外，像中国、德国、荷兰和瑞士等非英语国家的英语授课项目也变得越来越普遍，这些国家希望吸引外国学生。

这些趋势表明，存在多个核心和边缘关系——如英语核心、法语核心、

---

[1] 所有数据均来自 Roberts（2017），并基于 UNESCO 网站上的数据。

[2] 例如，许多南美国家的学生前往其前殖民宗主国（如巴西和阿根廷分别前往葡萄牙和西班牙）的趋势似乎较弱。

[3] 根据对往年 UNESCO 统计数据的回归分析，Holger Spamann 发现，选择出国留学的学生选择和他们母国属于同一法律体系国家的概率是选择不同法律体系国家的两倍多。当主办国的吸引力保持不变时，前殖民地的学生选择在前殖民宗主国的大学学习的可能性是其他国家的 25 倍（Spamann 2009：1851）。

俄语核心等。每个核心国家都有其半边缘或边缘国家，但各核心的顶点高度不同。法国是法语世界和民法国家学生的学习顶点，俄罗斯则是俄语欧亚国家的学习顶点，尽管对于像乌克兰这样的国家来说，这种关系正在转向西方。总体而言，前往俄罗斯学习的学生比前往法国的少，而前往法国学习的学生又比前往英国和美国的少。这意味着，不仅在特定核心——边缘动态存在等级体系，不同的核心国家之间也存在层级。然而，这些模式随着时间的推移可能会发生变化。学生流动的规模和方向的变化往往也反映了"出口国"和"进口国"的政治和社会导向的变化，以及更广泛的地缘政治和经济背景的变化。这些变化可以通过苏联时期和俄罗斯时期间前往苏联和俄罗斯的学生流动情况来说明。[1]此外，这些变化还反映在西方在跨国教育领域主导地位的相对下降上。核心西方国家的全球学生市场份额在过去几十年中显著减少，而一些区域中心（如新加坡和南非）的市场份额却在增加。UNESCO 的数据显示，1999 年北美和西欧接受了全球 63% 的国际学生，而到 2015 年这一比例下降到了 55%。与此同时，其他地区的市场份额开始增长，例如东亚和太平洋地区的市场份额从 1999 年的 14% 增长到 2010 年的 20% 以上，东欧的市场份额则从 1999 年的 7% 增长到 2015 年的 12%。此外，随着时任美国总统唐纳德·特朗普的当选及其反移民言论和穆斯林旅行禁令的出台，以及英国"脱欧"，这些国家的外国学生申请数量也有所下降。[2]

作为非西方大国增加跨国学生数量的一个例子，中国政府正在加大对高水平大学的资金支持，旨在提升其全球排名，并计划 2020 年吸引 50 万名外国学生（Dong，2010；Xing and Chen，2011）。中国顶尖的法学院已经开始提供用英语授课的 LLM 项目，旨在吸引来自世界各地的学生。[3]此外，中国政府为外国学生、学者和外交官[4]提供了数以万计的奖学金（Shambaugh，2014：110；Marks，2007：2），其中相当一部分颁发给来自非洲的个人。这些努力代表了中国通过软实力建设的尝试，旨在使外国学生对中国的理念、习

---

〔1〕　Roberts，2017：Chapter 3. I.

〔2〕　Saul，2017；Strauss，2017；Sellgren，2017；Walker and Warrell，2017；Weale，2016.

〔3〕　例如，中国政法大学、武汉大学、厦门大学和上海交通大学法学院都推出了以英语授课的 LLM 和/或博士项目，这些项目通常侧重国际法或中国法，旨在吸引国际学生，School of Law, Xiamen University，2016；China University of Political Science and Law，2016；Koguan Law School，2013；Wuhan University，2016.

〔4〕　此外，参见 China Scholarship Council（2017）.

惯和偏好产生敏感性，并培养未来能持续延展的职业和个人关系（Shambaugh，2014：241~245；Jia，2010）。[1]

（二）法律教育的全球化

这种跨国学生流动的模式不见得一定适用于法律学生的跨境流动，尤其是学习国际法的学生。尽管缺乏完整的数据，可是基于现有信息我们可以推测出以下几点：

首先可以合理地假设，现有关于学生流动的总体数据可能严重低估了母语和共享法律体系在全球法律学生流动中的作用（Spamann，2009：1851）。与医学、经济学、金融、工程学和计算机科学等许多学科不同，法律仍然在很大程度上具有地方性或国家性，或者至少法律知识往往嵌于特定的法律体系。法律学习的成功还高度依赖于语言能力。因此，我们可以预期，法律教育会基于语言和法律体系形成多重核心——边缘关系。这一观点与对法律思想全球化的前两波浪潮的描述相符：第一波通过殖民化传播，第二波通过沿着前殖民国家路线的法律教育扩展（Kennedy，2006：19）。

其次，考虑到这些国家作为教育目的地的重要性、英语作为全球教育和商业通用语言的崛起，以及英美律所在全球法律市场中的主导地位，可以合理地预期广泛的学生流动会趋向核心的英语国家，尤其是美国和英国。卡罗尔·西尔弗（Carole Silver）在美国针对这一主题进行了最广泛的研究，主要聚焦于美国法学硕士（LLM）项目规模的增长及其重要性。目前，美国有超过110所法学院提供 LLM 项目，这些项目几乎完全面向国际学生。一些法学院还发现其 JD 项目中外国学生的数量也在逐步增加（Silver and Ballakrishnen，Chapter 15；Silver and Ballakrishnen，2018：67；Silver，2012：2404-2405；Silver，2006）。

UNESCO 收集了 2008 年至 2012 年期间大约 35 个国家的国际学生攻读法律专业的数据，这些数据在表 14-2 中有所展示，紧接着是图 14-7 中显示的外国学生攻读法律专业最受欢迎的国家的柱状图。尽管这些数据存在一定问题，因为并非所有国家都以相同的方式记录信息，[2]但现有数据清楚地展示

---

〔1〕 中国还通过其他方式加强软实力建设，包括在世界各地许多大学支持孔子学院的建立（Mattis，2012）。

〔2〕 特别是，一些国家（如法国）统计的是"外国"学生学习法律的数据（即包括拥有永久居留权的外国公民），而另一些国家（如美国和英国）则统计"国际"学生的数据（即排除本国公民或永久居民）。因此，"外国"学生的数量往往比"国际"学生的数量更高，这使得统计数据对法国更有利。

了一个主要基于英国和美国的英语核心以及一个法语核心。

表 14-2　部分国家学习法律的外国和国际学生情况

国家	国际学生情况	2008 年	2009 年	2010 年	2011 年	2012 年	平均值
法国	F	20 005	20 505	21 300	22 040	21 636	21 097
英国	N	16 504	18 006	18 961	19 826	20 729	18 805
美国	N	6464	6766	7014	7268	7584	7019
德国	N	6318	6497	6544	N/A	5615	6243
澳大利亚	N	2979	3418	3704	3606	3628	3467
奥地利	N	2770	3184	3952	4090	3286	3456
意大利	F	1811	1538	1133	4088	4238	2561
瑞士	N	1635	1712	1817	1931	1953	1809
希腊	F	N/A	N/A	N/A	1379	N/A	1379
捷克	F	999	1081	1154	1026	896	1031
马来西亚		N/A	1112	884	705	N/A	900
葡萄牙	N	787	661	822	N/A	1279	887
比利时	N	761	390	1081	1030	1048	862
新西兰	N	998	902	855	768	768	858
荷兰	N	871	470	743	N/A	N/A	694
土耳其	F	512	496	530	678	934	630
加拿大	N	515	546	609	696	N/A	591
斯洛伐克	N	264	432	581	806	816	579
罗马尼亚		N/A	N/A	511	488	536	511
波兰	F	N/A	287	N/A	428	433	382
韩国	F	N/A	N/A	N/A	N/A	380	380
瑞典	N	354	370	358	381	333	359
立陶宛		303	300	310	353	359	325
挪威	N	306	363	282	308	322	316

续表

国家	国际学生情况	2008 年	2009 年	2010 年	2011 年	2012 年	平均值
匈牙利	N	284	329	314	314	301	308
卢森堡		215	N/A	312	N/A	N/A	263
保加利亚		211	234	231	211	220	221
智利	N	314	N/A	252	35	61	165
爱沙尼亚	N	129	138	133	N/A	148	136
斯洛文尼亚	N	32	410	33	38	39	110
拉脱维亚		127	105	81	89	106	101
丹麦	N	28	41	84	99	107	71
塞浦路斯		8	22	19	38	201	57
芬兰	N	50	43	42	42	70	49
以色列		N/A	N/A	33	63	N/A	48
冰岛	N	29	44	51	57	N/A	45
马耳他		71	62	N/A	13	12	39

*N=非居民学生，F=外国学生。数据涵盖注册全学位项目的国际学生。如果没有提供数据，则该列留空。

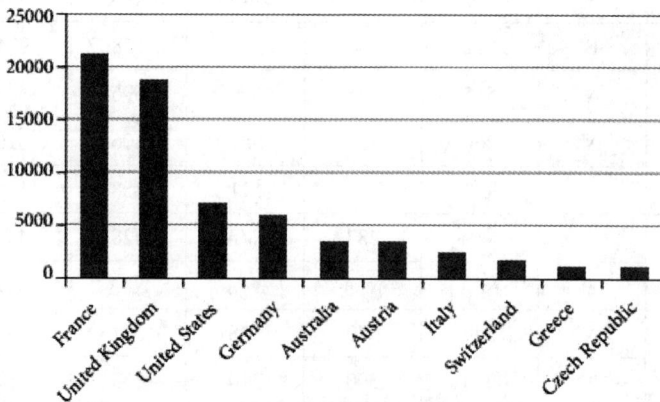

图 14-1 选择国家中学习法律的外国和国际学生数量（Roberts，2017）

　　法国和英国在全球学生流动中受益于两种交互影响。首先，作为前殖民大国，这两个国家通过强制手段将其法律体系和语言传播到许多国家。例如，在法国留学的外国学生中，一半以上来自讲法语的非洲国家（Marshall，2013）。尽管法国并未殖民拉丁美洲国家，但西班牙和葡萄牙向拉美地区传播的民法典来源于法国和德国的法典，因此，拉美学生通常选择到法国和德国深造（尽管现在越来越多的学生转向美国和英国）。其次，法国和英国位于欧洲，得益于诸如伊拉斯谟计划等项目，欧洲学生跨国流动非常频繁。目前尚不清楚英国"脱欧"会在中长期内如何改变这一趋势，但由于学费和奖学金等不确定因素，欧洲学生申请英国大学的数量已经减少（Weale，2016）。

　　美国通常被认为是法律学习的首选目的地，无论是在学校的数量还是声望上。例如，马蒂尔德·科恩（Mathilde Cohen）指出："顶尖学生倾向于选择在海外攻读硕士学位，而普通法地区，尤其是美国，是最受欢迎的目的地"（2016：508）。刘思达（Sida Liu）也认为："美国法律教育在培养适应全球经济需求的法律人才方面具有主导地位，这是近几十年最引人注目的发展之一"（2013：686）。大卫·克拉克（David Clark）持有类似观点："美国法律教育的声望在全球范围内较好，这体现在每年有大量外国律师选择赴美深造，这一数字超过了任何其他国家"（2009：1061）。

　　美国的法学院在国际排名中可能最具声望，但根据 UNESCO 的数据，2008 年至 2012 年间，美国平均每年有 7019 名外国法律专业学生，显著低于法国（每年平均 21 097 人）和英国（每年平均 18 805 人），仅略高于德国（每年平均 6243 人）（Roberts，2017：66）。在美国，国际学生中学习法律的比例为 1%，而在英国为 5%，在法国则高达 8%。造成这一结果的原因可能包括学位课程的可选性以及费用高昂等因素。由于本国申请人数下降，美国法学院接收的外国学生数量（包括 JD 课程）可能会增加。[1]而另一方面，自特朗普当选以来，外国学生的申请数量也有所下降（Saul，2017）。

　　尽管法律专业学生经常选择前往核心地区学习，但大多数最终会回国工作（Liu，2013：685~686；Goldhaber，2005）。因此，跨国法律研究带来的"人才流失"并不像科学和工程等领域那么显著。在美国，法律领域的"留存

---

　　〔1〕　美国法学院目前正面临一场危机，原因是法学院申请人数急剧下降。随着申请 JD 项目的美国人减少，许多法学院可能会通过接收更多的外国 JD 和 LLM 学生来维持学费收入。参见 Clark，2009：1050-1051；Edley，2012：329；Robel，2012；Bronner，2013.

率"明显低于科学和工程领域（Silver, 2012：2396-2398, 2433；Silver, 2005：899）。尽管参加纽约律师考试的外籍受教育律师人数有所增加，但其中只有一小部分计划留在美国执业，最终留在美国的比例更小（Silver, 2005：906-907）。在某些国家，获得纽约律师资格被视为卓越的标志，并可能成为进入国际律师事务所或跨国公司任职的必要条件。在英国，完成英国的 LLM 课程并不足以获得执业资格。在法国，尽管有大量外国学生前来学习法律，但很少有人能在法国律师行业或学术界取得成功。

（三）对"可分学院"的影响

这些全球化和法律领域特定的学生流动模式对国际法作为跨国法律领域的构建可能带来哪些影响呢？首先，"核心-边缘"以及"西方-非西方"的动态关系会影响哪些人可能只在一个国家学习法律（国家化影响），或者会选择在多个国家学习（去国家化影响），以及他们倾向于去哪里学习（西方化影响）。

那些一开始就在核心国家接受法律教育的人，不太可能通过在其他国家学习法律来"去国家化"他们的法律视角，或者通过跨越地缘政治、语言或法律体系的差异来"多元化"他们的视角。这类学生通常缺乏前往半边缘或边缘国家进一步学习法律的动机，因为这样做往往不会显著增加他们的象征性资本或职业前景。因此，如果认为走出本国视角、从不同角度理解国际法是成为国际律师的一部分（Murray and Drolshammer, 2000：517），那么这些来自核心国家的律师可能是最难获得这种"去国家化"经历的一群人。不过，如果他们选择在那些拥有大量外国学生的大学学习，可能会更容易在课堂上体验到多样性。

相比之下，来自半边缘或边缘国家的学生在本国课堂上接触到不同国籍学生的机会较少。然而，这些学生比核心国家的学生更有动力通过在多个国家学习法律来获得"去国家化"的视野，因为获得外国法律学位通常与更高的社会资本相关，例如更高的声望和更好的就业前景。[1]当然，并非所有学生都有能力出国学习，这种机会通常更倾向那些拥有富裕家庭或得到奖学金资助的学生。此外，为了实现海外学习可能带来的地位提升，这些学生通常需要前往核心国家，而不是选择平行或远离核心国家的方向。

---

［1］ 关于社会资本的一般含义，参见 Bourdieu and Wacquant, 1992：119；Bourdieu, 1987：812. 关于社会资本在跨国学生流动中的相关性，参见 Silver, 2012：2386-2387.

  学生出国学习的选择往往会影响他们的多样化程度，而这又与他们最初接受法律教育的国家密切相关。例如，澳大利亚学生虽然倾向出国深造，但他们大多前往英国和美国，这使得他们在语言、法律体系或地缘政治背景上并没有经历太大的变化。而中国学生则不同，他们更可能选择去美国和英国（因为英语和普通法的优势），或者去法国和德国（因为中国的法律体系一定程度受到日本法律影响，而日本法律又以德国法律为基础）。这种选择让中国学生在语言、法律体系和地缘政治背景上都有更多的多样化体验。

  学生跨国学习的流向往往会加强或引入西方化的影响。来自西方国家的学生通常选择前往其他西方国家继续法律培训，这巩固了他们的西方视角；而来自非西方国家的学生则倾向于前往西方国家深造，这引入了西方化的倾向。不过，这些学生未必会完全接受他们在西方学习到的内容。例如，有学者指出，中国政府鼓励其学生前往西方国家留学，正是为了让他们能够深入了解西方的法律方法，并掌握相关法律技术，以便在与西方国家的竞争中占据优势。此外，也存在一些例外，比如从一个非西方国家转到另一个非西方国家的学习，例如从一个俄语国家前往俄罗斯，或从中国前往日本。然而，从总体趋势来看，跨国学习的法律学生通常是向核心地带和西方国家流动，而西方国家的学生很少离开西方体系去非西方国家学习。

  其次，这些学生流动的非对称性意味着核心国家精英大学的法律学者在构建国际法的跨国领域中具有高度影响力。精英大学在国内法律市场上往往具有巨大的影响力。例如，一项关于美国法学界的研究表明，绝大多数美国法律学者都获得了哈佛大学或耶鲁大学的法学学位，因此这两所学校通过将其学生"派往"其他学校，能够将其知识思想"传染"到更广泛的学术界（Katz et al.，2011：84）。这些学生流动表明，类似的现象也发生在国际法领域，但规模更为全球化，因为国际法学者和法律从业者通常会在少数核心国家的几所精英法学院完成部分法律教育（Twining，2009：282-283）。

  这一现象在国际法官群体中也有所体现（Madsen，Chapter 12）。2006年的一项研究显示，许多在职国际法官曾就读于少数精英学校，尤其是英国、美国和法国的学校（Terris et al.，2007：17-18；Hernandez，2014：133-134；Hernandez，2012：192 n. 41）。[1]媒体也多次强调少数国家的精英学校在国际

---

  〔1〕 欲了解更多信息，请参见 Hernandez，2012：Chapter 2. III. B.

法领域构建中的重要作用。[1]此外，在核心国家（通常是西方国家）获得学术资质的重要性在其他跨国法律领域中也有所体现，例如仲裁领域。在国际商事仲裁中，德扎莱和加斯指出，成功的第三世界仲裁员与第一世界仲裁员的关键区别在于，国家声望本身的不够（1996：25-26）。来自边缘地区的仲裁员必须找到进入中心并获得其认可的方法，例如在核心国家的精英大学完成研究生学位。同样，塞尔吉奥·普格（Sergio Puig）的研究发现，大多数精英投资条约仲裁员是西方人，而那些经常被任命的非西方仲裁员的背景也验证了在英国、美国或法国精英学校获得法学学位的重要性（Puig，2014：405）。

最后，学生流动的不对称性可能导致法律理念和材料传播的不对称性。如前所述，尽管法律专业的学生经常前往核心地区学习，但大多数最终还是回到自己的国家工作（Liu，2013：685-686；Goldhaber，2005）。这种"逆向流动"具有重要意义，因为人们学习的地方以及他们接触到的思想和资源，往往会影响其日后的学术选择和职业实践（Twining，2009：280）。

这种例子屡见不鲜。例如，来自智利的"芝加哥男孩"（Chicago Boys）在芝加哥大学学习经济学后，回国将其新自由主义理念引入奥古斯托·皮诺切特（Augusto Pinochet）总统的政府中（Dezalay and Garth，2002：44-47；Valdés，1995）。类似的现象也出现在国内情境中。例如，美国律师在为企业建议选择注册州时，通常会选择特拉华州或其所在的本州，其原因之一是他们对其他州的法律了解甚少（Carney et al.，2012：129-130；Daines，2002：1581；Romano，1985：273）。大多数美国法学院只教授本州法律和特拉华州公司法，而精英法学院则通常重点讲授特拉华州法律，而非学校所在州的法律。此外，法律案例教材中涉及特拉华州的案例往往比其他州的案例更多。[2]

扩散研究表明，法律理念和材料的传播通常与跨国学生流动的方向相反。例如，在公司法领域，霍尔格·斯帕曼（Holger Spamann）发现法律材料的扩散——包括法律法规、判例法和教科书——主要发生在法律体系的谱系之内，

---

〔1〕 例如，根据《纽约时报》Christopher Schuetze 的一篇文章，尽管国际公法领域正在全球逐渐扩展，但少数位于美国和欧洲的大学在培训国际法精英方面占据了不成比例的影响力。参见 Schuetze（2014）。该文章指出，英国和美国的少数大学在这一领域中处于领先地位，原因包括：卓越的品牌、丰富的捐赠基金、著名的师资力量，以及获得奖学金、实习机会和发展机会的便利渠道。这些大学还设定了基准标准，因为它们的学位比全球数千所大学的学位更易于评估。

〔2〕 关于其他因素的解释，例如判例的重要性和特拉华州法院在公司法领域的专业性，参见 Kamar，1998；也参见 Black，1990；Coates，2012；Eisenberg，1989；Fisch，2000；Sanga，2014.

并沿着前殖民地的脉络进行（Spamann，2009：1876）。学生的流动主要发生在同一法律体系内部，并从边缘和半边缘国家（前殖民地）流向核心国家（前宗主国）。相较之下，法律渊源的流动方向则相反。核心国家的教科书很少引用其他法律体系的材料，而边缘和半边缘国家的教科书则大量引用外国判例法，这些引用主要来自核心国家，尤其是与其属于同一法律体系的国家。

　　跨国教育层级对思想传播的影响往往因师生关系中的层级而得到强化。思想传播通常最有效的方向是自上而下，从教师传递到学生。教师站在课堂上分享自己的观点，设置知识的框架和方向，通过指定教材和阅读材料来引导讨论。学生的任务是学习这些内容，同时通过考试来强化他们对教师所传授知识的理解，这种机制促使学生努力理解教师要求他们掌握的知识点以及教师对材料的看法。

　　思想传播在学生之间的横向互动中，也相对有效。在课堂上，学生可以相互倾听，课外则通过互动建立起同辈之间的关系网（Silver，2012：2406）。对技术传播的研究表明，同辈间的互动在鼓励采纳新思想方面尤为有用（Coleman et al.，1995：68）。但这种方式在思想转移上也存在局限性。多项研究表明，国际学生往往更倾向于与其他国际学生建立联系，而非与本地学生交往（Itsoukalas，2008：131；Fincher and Shaw，2009；Waters and Brooks，2011：574）。例如，西尔弗对美国法学院的研究显示，JD 学生（主要是美国学生）和LLM 学生（主要是国际学生）之间存在明显的隔阂（2006：168-170；2012：2407）。[1] 因此，每个群体内部的思想传播可能比跨群体之间更加顺畅。[2]

　　思想传播在从学生到教师的上行过程中效果通常较差。在一些国家，如法国和俄罗斯，法律教授主要采用讲授方式，不参与课堂讨论或鼓励提问。[3] 这种情况下，学生向教师传递思想的机会很少。而在其他国家（如美国），教授

---

〔1〕　美国法学院的情况可能也各不相同。一些法学院将 JD 和 LLM 学生分开上课，或者即便在同一堂课上也使用不同的评分标准。另一些法学院则让他们在同一堂课上使用相同的评分标准，还有的学校更进一步，推出促进互动的项目，比如 JD/LLM 学生互助制度。例如，参见波士顿学院法学院（Boston College Law School，2016）。

〔2〕　当本地和国际学生通常被安排在不同的课程中，如 JD 或法学学士与 LLM 或博士课程时，这种情况似乎特别普遍。如果本地和国际学生被安排在同一个学位项目中，他们混合、共享见解以及建立联系的机会就会大大增加。例如，一些英国的法学学者评论说，他们在本科生和研究生之间看到的断层比国内和外籍学生在同一项目中时的断层要大得多。来源：作者保密档案中的电子邮件，因保密原因未公开来源。

〔3〕　关于中国国际法教学传统方法的更多讨论，参见 Qizhi，2016；Gao，2002：224.

们经常采用苏格拉底式的对话法，让学生参与其中，为双向交流和互相学习提供了更多空间。然而，即便如此，学生听教授讲课的时间往往远多于教授听学生发言的时间。而且，教授们也缺乏去深入了解学生思维的动机，因为他们是设置考试的人，而不是反过来由学生来给他们设置考试。

思想的上行传播是可能的，特别是在 LLM 和 PhD 学生或在小型互动课堂环境中时。尽管如此，向下传播和横向传播仍可能更为常见。这一观察表明，就思想传播而言，一个国家的学生选择去哪里留学，往往比其接收的外国学生来自哪里更能反映该国会从哪些地方汲取思想。总体而言，作为学生在外国环境中学习到的东西，比作为教师因课堂上有外国学生而学到的内容更深刻对一个人的知识体系和思想构成往往会留下更深刻的影响。

学生和律师的不对称流动意味着法律思想和材料的传播更可能从核心国家向边缘国家流动，从西方国家向非西方国家流动，而非相反。这种动态也有助于解释核心国家的地方主义如何被全球化，并定义所谓的"全球"方法。例如，刘思达观察到，越来越多的国际法学生进入英国和美国的法学院，接受"全球化"的法律教育（Liu，2013：678），而约翰·弗洛德（John Flood）解释道，现在来自世界各地的许多年轻律师认为，在英国或美国的主要法学院获得 LLM 学位是必不可少的，以便能够"熟悉全球法律技术"（Flood，2007：54；Flood，1999：140-144；Silver，2002：1040）。通过这种方式，某些国家的国家化技术和内容能够在定义"国际"方面施加不成比例的影响力。

二、教授们的教育背景

在一份关于法律教育国际化的报告中，学者接受其他法域学位教育的比例被视为衡量国际化的主要指标（Jamin and Van Caenegem，2016：7），但各国的外国法律教育比率差异显著。在我的著作中，我分析了联合国安理会五个常任理事国中五所最顶尖大学的国际法学者的教育背景。[1] 此外，我还加

---

[1]　如上所述，这些大学和国际法学者的选择方法已在 Roberts，2017：第 1-2 章及附录 A 中详述。关于这一选择方法需要注意的一点是，在条件允许的情况下，我依赖于国家和世界范围内的法学院排名。然而，这些排名在一些国家比在其他国家发挥更重要的作用，且通常没有考虑其他可能影响学生选择法学院的因素，例如毕业后在特定地点执业的愿望或法学院所在地是否特别具有吸引力。我还依赖于法学院的总体排名，而不是专门研究国际法的法学院排名。这意味着，例如，美国的排名没有包括纽约大学，尽管它在国际法领域排名第一，但在总体排名中未能进入前五。

入了澳大利亚的案例,以展示澳大利亚与英国之间的核心——边缘和前殖民地动态。由此可以看出,至少在国际法学者自身的教育背景方面,这种跨国流动在某些学术领域比其他领域更为普遍。教育迁移通常遵循可预测的模式,这些模式反映并强化了影响国际法作为跨国法律领域的某些国家化、去国家化和西方化趋势。

(一)追踪教育多样性

有些法学教授曾在两个或更多国家学习法律,而另一些则仅在一个国家接受过法律教育。我将前一类教授称为"教育多样性"的体现者,因为他们接受过某种去国家化的教育影响,尽管这些影响可能是有限的。到目前为止,教育多样性主要来源于两种方式:首先,未来的教授在自己的国家学习法律,然后在另一个国家完成法律研究生教育后回国任教。我将此称为"外向多样性"(outbound diversity),因为它源于国内律师的外出学习(Roberts,2017:72-73)。其次,未来的教授先在本国学习法律,然后在第二个国家完成法律研究生教育,随后在第二个国家或第三个国家任教。我将此称为"内向多样性"(inbound diversity),因为它源于外国律师进入特定法律学术圈的过程(Roberts,2017:72-73)。

表14-3 本研究中学者教育的多样性

国家	教育多样性:拥有来自不止一个国家学位的学者比例	内向多样性:拥有来自其他国家首个法律学位的学者比例
澳大利亚	73	20
中国	41	4
法国	7	5
俄罗斯	8	0*
英国	77	74
美国	32	32

*我将苏联获得的学位视为来自俄罗斯的学位,即使这些学位是在如今属于其他苏联加盟国家的地方获得的,如乌克兰。

表14-3显示了来自联合国安理会五个常任理事国以及澳大利亚的精英大

学国际法学者在教育多样性和内向多样性方面的结果（我将澳大利亚包括在内，以展示澳大利亚与英国之间的核心——边缘动态）。第一列提供了拥有多个国家法学学位的国际法学者的百分比（教育多样性）。这些数据证实了某些法律体系在国际法学者的法律教育方面非常本土化（俄罗斯和法国），而有些则高度去国家化（英国和澳大利亚），还有一些则介于两者之间（美国和中国）。

第二列反映了国际法学者在其任教国家以外的国家获得首个法学学位的比例（内向多样性）。到目前为止，学者的首个法学学位所在的国家通常是其国籍国；在外国获得首个法学学位往往意味着这些学者现在或最初并非任教国的国民。像美国和英国这样的核心国家所表现出的教育多样性主要源于内向多样性，而中国和澳大利亚所表现出的教育多样性主要源于外向多样性。英国在内向多样性方面的极高比例显得非常突出。

（二）解释教育的多样性

某一国家的法律精英是否倾向出国学习法律，以及他们选择去哪里，主要取决于该国对社会资本的观念。若外部资质在其想进入的学术界中受到重视，未来的法律学者将有动力在多个国家学习法律。从这些流动的方向来看，伴随着地位提升的通常是前往拥有更高排名教育机构的国家，这往往意味着核心的西方国家。

1. 缺乏教育多样性：俄罗斯和法国

俄罗斯和法国在国际法学术界的教育多样性不高。在俄罗斯，所有的学者都获得了两到三个法学学位，但几乎所有这些学位都是在俄罗斯国内获得的。只有极少数情况下，学者先在俄罗斯获得法学本科学位，然后在英国或德国攻读外国的 LLM，随后再在俄罗斯获得博士学位。对于那些在苏联时期接受教育的学者来说，这种教育多样性的缺乏并不令人惊讶，因为当时出国留学往往是不可能的。然而，似乎这种情况对近些年被聘为国际法专业大学教授的年轻一代学者身上并没有发生显著的改变。这种现实部分反映了1991年苏联解体后，俄罗斯向世界开放的时间较短，系统性变革可能需要更长时间才能生效。此外，这也可能反映了那些在国外学习的年轻律师并未选择回到俄罗斯国际法学术界任职的情况。值得注意的是，所有俄罗斯国际法学者都没有在俄罗斯之外完成其首个法学学位。

与俄罗斯学者的讨论表明，隐性等级制度和语言限制是迄今为止俄罗斯学生海外学习比例较低的主要原因。俄罗斯学生可以选择到其他俄语国家学习，但由于俄罗斯自视为俄语圈及后苏联国家体系的核心，这些学生几乎没有动力这样做。这种情况与一般学生流动的模式一致，例如来自白俄罗斯、哈萨克斯坦、吉尔吉斯斯坦、塔吉克斯坦、乌克兰及其他独联体国家的学生更倾向于去俄罗斯学习，而反向的情况则较少。至于用外语学习，由于大多数俄罗斯国内大学仅以俄语授课，学生在语言能力上很难为留学做好充分准备。根据俄罗斯联邦规定，俄罗斯法学院要求所有学生必须完成一门语言课程。[1]大多数学生选择学习英语、德语或法语，其中英语最受欢迎。[2]然而，这种语言教学通常只是单独的一门课程，而不是整合到其他课程或整个教学计划中。只有少数俄罗斯法学院提供英语授课的课程。此外，学生缺乏练习外语的机会，因为大多数教学材料都以俄语编写，外国学者在俄罗斯教学的比例很少，且许多外国学生也是来自原苏联国家的俄语使用者。

　　还有两个因素影响着这一情况。首先，尽管冷战结束已有 20 年，但俄罗斯与西方的隔离状态导致老一辈俄罗斯学者与西方国家的国际法律人士联系甚少，这使得年轻一代难以建立与西方学术界的连接路径（Roberts，2017：75）。其次，从学术激励的角度来看，虽然外国硕士学位在俄罗斯大学体系中易于被理解，但外国博士学位或法学博士（JSD，Doctor of Juridical Science）的等值性却不明确。这一点尤为重要，因为在俄罗斯大学中，学者必须拥有俄罗斯认可的博士学位，才能指导博士生（Roberts，2017：75）。在获得硕士学位后，俄罗斯学者通常会攻读"副博士"（Candidate of Sciences）学位，这需要撰写一篇具有显著学术价值的论文。若想晋升为正式教授，通常（但并非总是）还需获得"博士"（Doctor of Sciences）学位。与西方学者通常获得博士学位的时间相比，俄罗斯博士学位的授予往往要在更高级的阶段，因此二者难以直接等同（Roberts，2017：75）。这一差异使得俄罗斯学者在攻读博士学位时不倾向于选择出国留学，因为外国博士学位在没有学术学位互认协议的情况下，难以被俄罗斯国内体系充分认可，从而形成不了有利的激励机制。

---

　　〔1〕　在第 5.1 段中规定，毕业生必须具备必要的外语专业沟通技能；在第 6.3 段中规定，学习计划应包括强制性课程"法学领域的外语"（Order of the Ministry 2010）。
　　〔2〕　这些院校包括：高等经济学院、莫斯科国际关系学院、俄罗斯人民友谊大学、俄罗斯外贸学院以及圣彼得堡国立大学。

有一些举措正在改变俄罗斯学生在全球高等教育中相对孤立的状况，值得重点关注的有两个：首先，1993 年俄罗斯政府宣布了一项国家奖学金计划，支持优秀的学生和研究生出国留学，随着时间的推移，这项计划越来越受欢迎（Directive of the President，1993：3451；Order of the Ministry，2016）。此外，还推出了其他鼓励出国接受高等教育的计划，尽管许多计划不包括法律学习（Presidential Decree，2013：7147）。其次，像杰赛普国际模拟法庭比赛这样的竞赛在俄罗斯越来越受欢迎，这催生了新一代的俄罗斯国际法学生，他们熟悉非俄罗斯的国际法资源，特别是像伊恩·布朗利（Ian Brownlie）、马尔科姆·肖（Malcolm Shaw）和拉萨·奥本海姆（Lassa Oppenheim）撰写的英文教科书以及国际法庭的判例（Issaeva，2013：3）。

这些进展对于培养一支更加适应全球一体化、受过良好训练且较少民族化的法律专业人士队伍至关重要。然而，他们中很少有人回到俄罗斯；即便回国，他们通常也在律师事务所或非政府组织工作，而不是进入俄罗斯的学术界。毕竟，俄罗斯的学术界薪资较低，一些年轻的俄罗斯人抱怨现有的国际法学术界过于封闭。据一位在国外学习的年轻俄罗斯国际律师表示，当前一代中的一些人正逐渐走向去民族化，但大学里的"老一辈"仍然掌握着控制权：

> 大学的教学场景仍然由那些受到苏联体制影响的老教授们主导。他们担任系主任，因而对聘用决策（无论是教授还是博士生）和国际法课程的设置都有很大影响。他们还是审核其所在单位的教授合著教科书的编辑，以确保教科书中保留了大量的苏联遗留内容。[1]

因此，可以说在年轻一代中，去国家化的影响可能正在增强，但这些影响不可避免地需要更多时间才能发挥更大的作用，而在学术界，这一进程还会更加缓慢。

在法国，研究中的所有学者都获得了两到三个法律学位，而这些学位大多来自法国。只有少数人是在法国获得了第一个法律学位后，再到美国获得 LLM 学位，最后在法国获得博士学位。另有一人曾在美国攻读法学博士（SJD）。与俄罗斯类似，语言障碍和隐含的等级观念也在其中产生了影响。大

---

〔1〕 来源：作者档案中的电子邮件。

多数法国学者用法语学习比使用其他语言要容易得多。此外，法国认为自己是法语和法语系民法国家的顶峰，因而没有充分的动力去法语国家的非洲、亚洲或其他法语系欧洲地区的大学进一步学习。此外，前往英国和美国学习的法国学者不仅面临语言差异，还要从民法体系转向普通法体系，这对他们而言难度较大，且对其在本国求职的作用也比较小。因此，即使总体来看法国学生（不一定是法律学生）出国留学的比例较高，但这种情况似乎并不适用于法国的国际法教授。[1]

招聘流程也是影响因素之一。在法国，无论是招募法国法律领域的学者还是国际法领域的学者，流程没有差别。选聘委员会完全由法国人组成，要想获得初级职位，候选人必须在法国完成法学博士学位，并证明其法语熟练程度。这些要求通常会排除那些未在法国接受过完整教育或主要教育的学者，同时也导致其倾向于优先考虑国内而非国外的教育背景。

与这种法国本土化模式形成鲜明对比的是具有新风尚的巴黎政治学院法学院（Sciences Po Law School），作为巴黎政治学院的研究生院之一，该法学院在法国学术界引起了不小的轰动。院长克里斯托夫·贾明（Christophe Jamin）曾解释说，这所法学院的理念是要突破传统的法国模式，更加注重跨学科和国际化（Jamin，2012：263-267）。巴黎政治学院法学院没有以教义主义和法律自治的名义排斥新视角，他们不仅接受社会科学视角，还聘请了一些外籍教授和具有国外教育背景的学者；其学生群体具有极高的国际化程度；越来越多的课程以英语授课；且学生通常需要至少花一年时间在国外学习。在本研究中，有多位获得国外法学硕士（LLM）或博士（PhD/JSD）学位的教授目前就在巴黎政治学院法学院任职。[2]

2. 中度的教育多样性：中国和美国

在中国，41%的国际法学者至少在国外获得了一个法学学位，这通常是

[1]　一些学者指出，一些法国法律学者选择前往魁北克学习，在那里他们可以用法语学习混合的民法和普通法体系。然而，在本研究中考察的学者群体中，这条途径并不十分普遍。作者通过电子邮件存档了这些信息。同样地，在欧盟法领域，一些法国法律教授可能选择前往其他拥有知名欧盟法课程的国家学习，如意大利和比利时，但法国的法律教授往往教授的是国际法或欧洲法，因此这些学者的背景并未在本研究中作重点考察。

[2]　法学院在很大程度上依赖来自法律实务的教授，与法国主要的法学院相比，它据称有20名全职教师和200名兼职教授。此外，巴黎政治学院还有一些用法语和英语授课的外籍教授。参见Jamin，2014.

通过出国深造而非内向多样性实现的（即学者先在中国获得法学学士学位，然后在国外完成法学硕士或博士学位）。[1]关于大部分外交部人员的教育多样性训练，以及一些中国顶尖律师事务所的类似观察，也得到了相关文献的证实。[2]外国法律教育在年轻一代中最为普遍，这表明教育多样性随着时间的推移在不断增加。那些曾经出国留学的学者，其留学目的地包括澳大利亚、加拿大、德国、日本、韩国、瑞士、英国和美国。因此，这些学者不仅受到了去国家化的影响，还通过跨越地缘政治、语言，甚至有时是法律体系的不同，获得了多样化的学习体验。

许多因素可以解释这些趋势。中国政府积极鼓励本国公民出国学习或交流，例如通过提供奖学金或资助，帮助学生支付在其他国家学习或访问教育机构的相关费用（Roberts，2017：78）。另一项促进教育多样化的重要因素是，许多中国学生掌握外语（尤其是英语），且许多中国大学引进外国教授，用外语（主要是英语）教授课程（Roberts，2017：78）。隐含的等级制度也在中国发挥作用。与其强调国内法律训练，中国大学更加重视国际经验，尤其是来自核心西方国家顶尖学校的高等学位（如 LLM、PhD、JSD 或 SJD）；这些国际学位往往被视为比本地学位更能体现质量和专业能力。中国顶尖法律学者的教育多样性也为中国法律学者（包括国际法和其他专业）的任命铺平了道路，他们正在世界各国的法学院中占据越来越多的职位。[3]

中国的现代化法律教育起步相对较晚，这在一定程度上解释了其重视外国法律教育的倾向。1965 年，中国有 4144 名法学院学生和 857 名毕业生，但到 1976 年，这一数字分别降至 410 名学生和 49 名毕业生（Weiguo，2000）。[4]直到 20 世纪 70 年代末，中国的大学才通过全国高考开始招收学生。从那时起，法学院及其学生的数量大幅增长，仅在过去 15 年里就增长了 6 倍（Minzner，

[1] 这种模式与对中国国际律师和学者的观察一致。参见 Hua，2004：49.

[2] 根据一位中国学者的说法，一些顶尖的中国律师事务所现在据说要求中国学生必须在牛津大学、剑桥大学（Oxbridge）或美国排名前十四的法学院完成法学硕士（LLM）学位，才能被录用。相关信息通过电子邮件保存于作者档案中。

[3] 参见例如：Phil Chan（Macquarie University），Henry Gao（Singapore Management University），Wenhua Shan（University of New South Wales），Julia Ya Qin（Wayne State University），Jiangyu Wang（National University of Singapore），Dongsheng Zang（University of Washington），and Angela Huyue Zhang（King's College）。

[4] 例如，1957 年，只有 385 人从政治和法律课程毕业（National Bureau of Statistics of China 1983：521-522）。

2013：336；Haicong，2009：57）。到2006年，中国已有600多所法学院和30多万名法学院学生（Irish，2007：250；Minzner，2013：349）。

政府鼓励出国留学，尤其是在国际法和跨国法领域的学习，以更好地培养律师保护国家利益。例如，2011年12月，中国教育部和中央政法委发布了《关于实施卓越法律人才教育培养计划的若干意见》，其中指出了五个目标，包括："培养应用型、复合型法律职业人才：该计划的重点是培养在不同实践领域具备专业知识的法律人才。为取得突破，优先任务是培养具有国际视野、通晓国际规则，能够参与国际法律事务和维护国家利益的涉外法律人才"（Ministry of Education，2011）。为实现这些目标，政府宣布计划设立约20所专门从事国际法和跨国法教育的机构，并设立基金支持法学院学生和法律学者出国留学（Ministry of Education，2011）。根据2016年的一项研究，国际法现已在600多所中国大学开设，约有20所大学和研究机构可以授予国际法博士学位（Qizhi，2016）。

在美国，大多数法学教授获得的是非法律的本科学位，然后再取得法律研究生学位。有些人还会在其他学科上完成硕士或博士学位，主要是在美国完成，但也常常在英国。然而，他们很少再获得第二个法律学位，例如法学博士（PhD）或法学博士学位（JSD/SJD），更不用说在美国以外的地方完成了。这部分是由于语言障碍和隐性等级制度的原因。有限的外语技能使得大多数美国法律学者无法在像法国和德国这样的地方学习。在英语世界内部，他们也缺乏动机去像澳大利亚这样的国家学习法律，这同样源于隐性等级观念。即使美国前往英国学习的教育流动最大，但大多数美国精英大学仍然认为自己优于英国的精英大学。由于美国位于核心位置，出国寻求学位并不被视为具备太大声望的选择（Jamin and van Caenegem，2016：7）。

还有两个与法律相关的因素也在起作用。美国学者选择在英国完成非法律学位而不是法律学位，部分反映了国外学习的时机和美国法律学者对其所从事事业的不同认知。大多数曾在国外学习的美国法律学者都是在大学毕业后、进入美国法学院之前完成的。这一途径对于获得诸如罗德奖学金和马歇尔奖学金等荣誉奖学金的人来说是标准化的。因此，这些学者更倾向攻读非法律学科的硕士和博士学位，如经济学和国际关系学，而不是攻读法律学位。法律现实主义在美国得到广泛接受，使得美国的法律学术界对法律推理的价值持有深刻的怀疑态度（Posner，1987）。其结果之一是，美国法律学者通常会认为欧洲的法律教育和学术研究过于教条和形式化，而相较之下，他们更推崇美国本土法律培训和学术中的现实主义和跨学科方法。

几乎没有获得美国法律学位的美国学者会选择继续攻读另一个法律学位，更不用说是在外国攻读了（Roberts，2017：80）。这是某些市场因素推动的结果。在美国，与许多国家不同的是，法律学位属于研究生学位，因此美国法学生缺乏在其他国家进行更进一步法律学习的动力。虽然博士学位在非法律学科（如经济学、历史学和社会学）中越来越普遍，但在法学领域却并不常见。[1]这一发展反映了美国法律学术市场更重视跨学科的发展而非国际化的趋势。越来越多有志成为美国法学教授的人会在进入市场前，在国内法学院担任一到两年的访问助理教授。这一路径在某种程度上可以替代类似攻读学位的法律学习，但却有利于帮助其获得初级教学职位，显然更具性价比。

大多数美国法学院都展现出这种以本土教育为主的趋势，其中68%的学者在此研究中未显示出任何教育多样性。然而，少数趋势在过去几十年中出现在一些精英学校，尽管尚不清楚这一趋势是否适用于美国法学院的整体情况。在此研究中的美国精英学校国际法学者中，大约32%的人获得了其第一个法律学位是在美国以外的国家，通常在完成美国或其他地方的第二或第三个法律学位之前。因此，美国法学界几乎所有的教育多样性都来自"内向多样性"而非"外向多样性"，这反映了美国作为核心国家的地位。一些美国教授试图通过诸如成为外派富布赖特高级学者等经历，在其法律职业生涯的后期国际化他们的视角。但通向美国终身教职的常规教育路径几乎完全是国内化的，尤其是在法律教育方面。

3. 显著的教育多样性：英国和澳大利亚

在英国和澳大利亚，几乎所有学者都拥有两个或三个法律学位，并且绝大多数学者的学位来自至少两个国家（英国为77%，澳大利亚为73%）。这一发现与最近关于法律教育国际化的研究结果一致，英国法学界是世界上国际化程度最高的学术界之一（Platsas and Marrani 2016：299-300）。尽管这两个国家在法律教育多样性方面得分很高，但它们呈现出非常不同的去国家化模式。英国显示出强烈的"内向多样性"，而澳大利亚则表现出强烈的"外向多

---

[1] 参见 Yale Law School（2016年）。

样性"。这种二元化现象反映了这些国家之间的核心——边缘动态。

就"内向多样性"而言，该研究中有74%的英国国际法学者的第一个法律学位是在英国以外获得的（Roberts，2017：81）。因此，这些英国国际法学者大多数可能是（或至少曾经是）外国国籍。相当一部分这些受过外国教育的学者来自澳大利亚，但他们也来自奥地利、加拿大、德国、希腊、爱尔兰、意大利、拉脱维亚、荷兰、尼日利亚、美国和赞比亚。许多人在英国获得了法学硕士学位（LLM），但也有一些人在澳大利亚、加拿大、德国、荷兰、南非、瑞士、美国和赞比亚获得了此学位。他们中的大多数人在英国获得了博士学位，但也有一些人在澳大利亚、奥地利、法国、德国、意大利、瑞士和美国获得了博士或同等学位。这些发现反映了英国法律学术界极为多样化且异常丰富的教育背景（Roberts，2017；Platsas and Marrani，2016：304）。

英国在核心国家中是一个例外，其学生群体高度国际化，但教师队伍相对本土化的情况并不明显。英国法学界为何如此开放地接纳受过国外培训的学者，目前尚不完全清楚。作为英联邦法律帝国的核心，英国的法律职业与许多国家的法律人士建立了紧密联系，在英联邦内部一直存在着显著的教育和职业流动。欧洲一体化的进程进一步促进了欧洲范围内律师和法律学生的流动。这一现象既可能是原因，也可能是结果——英国的律师事务所传统上雇佣大量接受过国外培训的律师，尤其是在中层职位上。此外，英国法学界的国际化似乎还受到某些经济压力和机遇的推动。

在经济压力方面，由于英国学术界的薪酬不高，才华出众的英国本土人才缺乏进入学术界的动机。为了保持全球竞争力，英国大学通过开放招聘流程，吸引国际申请者。由于英国大学在全球排名中名列前茅，受外国培训的学者也愿意在英国顶尖的法学院工作。此外，英国学术招聘流程竞争激烈且日益国际化，一些受过英国培训的最优秀的国际法学者最终进入了非常好的区域性学校，而非最顶尖的学校。英国也吸引了来自其他传统上更倾向本土化的国家的国际法律学者（如德国）。

在经济机遇方面，英国大学招收了大量外国法学院学生，尤其是他们利润丰厚的LLM项目（Roberts，2017：82）。英国大学对本土和欧盟学生收取的费用与国际学生有显著差别。例如，在2012—2013学年，牛津大学的法律硕士（MPhil）课程对于本土和欧盟学生的费用为3828英镑，而对于国际学生的费用则高达 13 200 英镑（University of Oxford，2018）。[1]这种差异使得国际学生成为英国大学的重要收入来源。由于国际和跨国课程的共通性，这些课程在攻读法学硕士（LLM）的学生中很受欢迎，从而使英国大学能够聘用更多拥有相关背景的学者，而这些学者也因此在法学院中占据了相对核心的地位。相比之下，美国的情况有所不同，大量国际学生选择攻读 LLM 学位是为了参加纽约州律师考试，而那些没有在普通法地区获得第一个法学学位的学生通常需要学习许多由美国本土教授讲授的美国法律课程。

对于澳大利亚的国际法学者来说，他们通常会在西方半边缘国家（澳大利亚）获得第一个法学学位，然后前往核心国家（最常见的是英国和美国），完成他们的第二个和第三个法学学位（Roberts，2017：82）。大约 80% 的澳大利亚国际法学者在澳大利亚完成了首个法学学位，剩下的 20% 则在外国接受了最初的教育。那些最初在澳大利亚以外学习法律的学者曾就读于巴西、加拿大、德国、日本、新西兰、英国和美国的学校。大约 73% 的学者在两个或更多国家获得了法律学位，最常见的模式是学者首先在澳大利亚完成第一个法学学位，然后在外国完成 LLM 和/或博士学位。如此高的出境教育多样性很大程度上与澳大利亚在全球半边缘国家的位置有关，这促使其学者向外看并重视外部世界。澳大利亚是一个相对富裕的国家，拥有许多留学奖学金计划，主要集中在英国，其次是美国。

澳大利亚国际律师在攻读 LLM 和博士学位时，往往会选择与自己观点相近或相对类似的国家。这些国际律师的视角由于曾在国外学习，可能在一定程度上体现出"去国家化"，但依然很可能受到西方化的影响，因此未必经历跨越地缘政治、语言或法律体系的多样化影响。所以，澳大利亚的国际法学者通常经历的是从半边缘到核心的多样化，但除此之外，他们的多样性并不高。他们相对一致的教育迁徙模式也表明，澳大利亚的法律学术界在多样化程度上不如英国的法律学术界那样激进。

（三）"可分学院"的启示

国际法教授中教育背景的多样性，以及这种多样性主要源于"内向式"还是"外向式"教育模式，可能会如何影响"国际法可分学院"的构建？

---

〔1〕 与美国模式不同的是，美国国内和国际学生通常都会被收取高昂的费用，往往在 5 万美元左右。

　　首先，教育多样性有无可能带来"国家化"或"去国家化"的影响。如果学者只在他们任教的国家学习法律，那么这种经历可能会带来国家化的影响。他们更可能在学习国际法时强调本国的案例法和实践，接触到来自该国国际法学者的观点，并发展本国的学术网络。他们大概率是该国的国民，并且是在一个周围都是本国国民的环境中学习的。这样的背景使得他们不太容易经历那种会让他们意识到自己在看待国际法时的国家假设、视角和偏见的"颠覆性"经验。

　　相反，如果学者在多个国家学习过法律，这种经历可能会带来去国家化的效果。这些学者更有可能研究多个国家的国内案例法和实践，并将其与国际法联系起来；他们也更有机会接触到来自不同国家的学术作品，并建立跨国的而不仅仅是国内的学术网络。这类学者在课堂上更有可能成为少数派，或者遇到来自不同国家、拥有独特国家视角的学生或教师。所有这些"颠覆性"经历可能会促使他们意识到自己和他人看待国际法时的国家假设、视角和偏见，并为他们提供关于比较国际法现象的第一手经验。

　　德国国际法学者安妮·彼得斯（Anne Peters）曾写到国际法学者所持立场与其国内法律体系的教育背景密切相关，并为国家利益服务的现象，她将此称之为"知识民族主义"（2007：721）。她并未主张学者应该完全脱离其教育和文化背景，因为她承认这是不可能且不必要的，但她认为学者应有意识地努力内化"他者"的视角（Peters，2007：721；Marxen et al.，2015：4 n.2）。一种认识自身国家偏见，并通过他者视角看待世界的方式，就是在多个国家学习国际法。

　　"国家化"和"去国家化"的影响在整体层面可能比个体层面更为显著。即使某些学者个人的国际法学习经历完全局限于本国，但如果他们所在的学术机构由来自多个国家或曾在多个国家学习的学者组成，他们仍有可能逐渐变得更加国际化。然而，当一个国家的国际法学术群体主要由仅在本国接受法律教育的学者组成时，这种国家化效应可能会被强化，比如俄罗斯和法国的情况。这种环境下，更可能产生相对封闭的国际法对话，从而进一步加剧国际法学者"可分学院"的现象。

　　这种自我封闭的学术团体在俄罗斯得到了典型体现。劳里·马尔克索（Lauri Mälksoo）指出，俄罗斯的国际法学者往往首先是"俄罗斯的"国际法学者，这意味着他们在语言和社会关系方面相对独立，且与西方的国际法学者分离（Mälksoo，2015：87）。俄罗斯国际法学者形成了一个独立的知识共同体，由共同的语言、历史和地理联系在一起，导致了一个相对"自我封闭"的国际法对话，其根源可追溯到苏联政府的孤立主义态度，创造了一个与西方平行的世界。（Roberts，2017：84）。

其次，教育多样性的缺失或存在可能影响学者在定义和分析国际法时所使用的资源和方法。在比较法领域，法律教育背景的多样性通常与更容易处理外国法律材料相关，并且鼓励学者参考其曾经留学国家的法律资料。例如，加拿大最高法院法官热拉尔·拉福雷斯特（Gérard La Forest）曾指出，他的同事在裁决中引用美国判例与这些法官曾在美国接受教育之间存在"明确关联"（1994：213）。同样，加拿大最高法院法官克莱尔·勒雷乌-杜贝（Claire L'Heureux-Dubé）也解释说，曾在国外接受部分教育的法官、律师和学者，自然会从其熟悉的法域中汲取灵感和进行比较（1998：20）。

不仅仅是个别案例的层面，这种联系正开始被更系统地研究。例如，有学者正在探讨法律教育多样性与各国最高法院或宪法法院法官是否倾向引用比较法之间的关系（Law and Chan，2011：571）。大卫·劳（David Law）进一步证明，日本最高法院、韩国宪法法院以及美国最高法院的法官在裁决案件时是否倾向于引用比较法，与这些国家法律体系中外国法律教育的普遍程度相关。这种普遍程度可以通过法官、法律助理以及精英学校宪法学学者的法律教育多样性来体现（见表14-4）（Law，2015：1035）。

相反，缺乏教育迁移也可能产生明显的后果。在讨论美国最高法院在选择法律依据时的地方主义时，他们推论称："如果美国法官的视野仅限于本土边界，并非他们的错，而是由其教育系统所决定的结果"（Law and Chan，2011：576）。只要美国法学院的教师团队不重视聘用具有外国法或比较法专业背景的学者，也不注重在校学生的外国法培养，那么今天的美国法律助理以及未来的美国法官和法律学者就不会主动寻求或具备外国法或比较法的训练。他们进一步认为，若美国法学生将比较法学位或外国法学学位视为进入美国最高法院法律助理职位或获得美国法学院教职的重要跳板，那时司法比较主义才会真正制度化（Law and Chan，2011：576；Roberts 2017：85）。

表 14-4 日本、韩国和美国法律教育的多样性[1]

	日本	韩国	美国
培训的法官	2/15 美国：2 人	4/9 德国：3 人美国：1 人	无
当事人及其律师对外国法律的是引用情况	低	律所倾向于为有口头辩论（即高度关注案件）的案件聘请外国法律专家	低
外国培训的书记员	大约一半，包括至少 1 名德国培训的和 1 名法国培训的书记员	(1) 约 60%的书记员有外国培训经历；(2) 额外书记员是因外国法律专业知识专门聘请的；(3) 研究所人员均有外国培训经历	无
精英法学院中外国培训的宪法学者	东京大学：1/4（25%）；庆应义塾法学院：2/4（50%）；早稻田大学：2/4（50%）	首尔国立大学：6/6（100%）；高丽大学 5/6（83%）；延世大学：5/5（100%）	哈佛大学：2/28（7%）；斯坦福大学：1/16（6%）；耶鲁大学：2/19（11%）

　　具体的留学模式也会产生不同影响，因为律师和学者往往更倾向于引用他们曾接受教育的外国法域的法律资料。拥有德国法律学位的法官贡献了87%的德国判例引用和60%的德国宪法或法律条文引用；而接受过美国法律训练的法官则贡献62%的美国判例引用（Law，2015：980；Law and Chan，2011：558）。

　　类似的观察也被应用于以色列法律教育的"美国化"，这种现象被描述为现代形式的"法律殖民主义"（Sandberg，2010：1，2）。许多以色列的教职人员在美国法学院接受研究生教育，因此将美国法学院的研究和教学实践、理论以及价值观引入了以色列法学院。这种影响反映在以色列的法律学术中：学术研究越来越关注普遍性问题，而较少关注本地问题；传统法学研究的价值感在下降，而理论性和跨学科研究的声望在上升；法律学术讨论的主要语

――――――――――

〔1〕 Law，2015：1035.

言是英语；美国的内容和材料在教学中大量使用。这种影响似乎不仅局限于学术领域，还影响了以色列社会和法院中对法律问题和案件的处理方式（Sandberg，2010：13—23）。[1]

这些模式表明，那些只在一个国家学习法律并在高度本国化环境中工作的学者，可能更倾向引用该国的法律渊源，例如判例法和学说。由于俄罗斯和法国的学者通常仅在各自国家学习法律，因此他们可能分别引用大量的俄罗斯和法国材料。同样地，许多美国国际法学者只在美国学习法律，可能更倾向主要依赖美国的判例、实践和学说。相比之下，由于中国和澳大利亚的国际法学者显示出高度的外向教育多样性，这些学者可能更倾向于引用其他国家的材料和思想，尤其是他们曾在其中学习过的国家。

这种教育流动的不对称性意味着，这类扩散通常是单向的，而不是双向的。曾在美国、英国和法国学习的中国国际法学者，可能更有能力理解这些国家的视角，并引用这些国家的材料和思想，而反之则不然。这种情况可能加剧了国际法领域的西方倾向，因为西方的资料更容易传播，并更可能成为该领域的"通用语言"。然而，从长远来看，随着中国和其他非西方国家实力的增强，西方国际法学界对中国及其他非西方国家的法律观点和资料缺乏了解的问题将变得愈发突出。

再次，教育流动模式可能表明，英语普通法体系逐渐呈现出成为一种全球法律"通用语"的趋势。尽管目前尚无大规模数据支持这一观点，但许多成功的国际律师的教育背景表明，那些最初在非英语的大陆法系国家学习法律，随后在英语普通法系国家接受进一步法律教育的学生，比反向情况更为常见。许多进行跨国法律学习的学生倾向于留在自己的语言和法律体系内。然而，对于那些跨越这些界限的学生，他们似乎更倾向于选择前往英语普通法系国家，这种流动呈现一定的不对称性（Jamin and van Caenegem，2016：7）。在某些情况下，学生可能会在普通法系国家完成其第一学位，然后在荷兰莱顿大学、瑞士国际与发展研究院（the Graduate Institute of International and Development Studies）或意大利欧洲大学学院（the European University Institu-

---

[1] 举例来说：①布朗诉托皮卡教育委员会案（Brown v. Board of Education, 347 U. S. 483, 1954）对以色列关于在犹太国家内为少数群体分配土地资源政策的影响；②美国有关原住民和分配正义的理论对以色列农业用地私有化的影响；以及③美国的分配正义和社会责任理论对以色列法律界在土地征收问题上的态度的影响。

te）等学校攻读 LLM 或博士学位，但这些机构因其教授的国际化而闻名，而非因其根植于大陆法体系。

这些不对称的模式可能会影响国际律师所采用的通用语言。例如，科林·皮克尔（Colin Picker）认为，国际法展示了一种混合的普通法和大陆法遗产，但这两种影响之间的平衡随着时间的推移发生了变化。最初，国际法更具大陆法特征，但在过去的 60 年里，它逐渐转变为更接近普通法的体系（Picker，2008：1104-1106；Picker，2009b：162）。在研究 WTO 的背景下，皮克尔将这一变化解释为在国际法领域中有大量官员、从业者和学者在普通法国家接受过法律教育，其中包括许多在民法体系中接受了教育的学生，他们后来在普通法体系中完成了研究生阶段的法律学习（Picker，2009a：133-134）。即便法学生自己没有在普通法大学学习过，他们的讲师和导师往往在这些大学学习或长期工作过。

在 19 世纪和 20 世纪初期，大陆法系国家的大学在西方法律教育和思想中占据了更为显著的地位（Glendon et al.，2014：56-57；Clark，2009：1060 n.165；Kennedy，2006：24）。英语作为全球通用语的兴起，是塑造并维系法律文化的一个关键因素，而英语与普通法体系紧密相连。因此，皮克尔认为，随着英语在国际法中的角色越来越重要，普通法法律文化的影响将继续扩大，甚至可能进一步增强（Picker，2012：42-44）。这种趋势可能会因大多数母语为英语的使用者在语言上的自我封闭而加剧。

复次，位于其语言和法律体系核心地位的国家通常表现出明显的不对称性：它们的学生群体往往相对国际化，但其教授的教育背景却显得更加本土化。这种模式在俄罗斯、法国，以及美国的某些方面会比较明显。这种不对称性意味着这些国家在国际输出方面较强，而在国际输入方面较弱。这些学者通过师生关系（输出）将部分思想传播给国际受众，但在形成自身学术方法时，却更多地受到本土影响（输入）。这种不对称性至关重要，因为思想传播更可能以向下或横向的方式发生，而非向上的方式出现（Roberts，2017：89）。

唯一例外的是英国，它是本研究中唯一一个双重国际化的核心国家：它不仅拥有高度国际化的学生群体，而且其国际法学界也展现出高度国际化。这种国际化通过内向多样性得以体现，学者来自许多其他国家，包括许多非英语和大陆法系国家。双重国际化使得英国法律学界成为国际法发展的肥沃土壤，因为它将来自广泛国家的国际法律人士汇集在一起，既有学生，也有教师。这些教授和学生的共同语言是"国际"和"跨国"的，而不是"国家"的，因为即便是教授们可能也没有共同的国家法律传统。

英国学术界的双重国际化，再加上伦敦在国际法律实践中的主导地位以及其靠近海牙等其他国际法中心的地理优势，使其在塑造国际法作为跨国法律领域方面具有超凡的影响力。它成为真正的"国际"汇聚之地——一个在输入和输出层面上都体现国际化的熔炉。当然，这种多样性并非完美。例如，内向多样性的统计数据显示，英国顶尖学校的国际法学者中来自非西方国家的人数仍然较少。然而，与其他国家相比，英国的国际法学者可能享有更为国际化的专业网络，这或许会鼓励他们从更多国家的法律发展和资源中汲取灵感，这使得相比其他许多国家的同行，他们的视野可能更加广阔。

尽管如此，这些特征和模式是动态变化的。英国法学界的这种非同寻常的国际化程度在英国脱欧后是否会继续保持尚未可知。已经有报道指出，在英国脱欧投票后，一些国际和外国学者不再申请或离开了英国学术界。英国脱欧投票还使得英国大学能否继续获得重要的欧洲研究资金存在疑问，近年来，英国大学的国际排名也有所下降（Adams，2017）。[1]所有这些变化都可能会影响英国法学界对外国学者的开放性和吸引力，以及其聚焦于国际、跨国和欧洲学术研究的机会和动力（Weale and O'Carroll，2017；Pells，2017）。不过，至少就目前而言，英国的国际法学界仍然高度国际化，尽管未来可能会出现变化。

最后，尽管本节分析了各国排名前五的法学院国际法学者的教育模式，但一些国家还有其他专注于国际法的大学，其模式可能与这些常规标准有所不同。其中最典型的例子是纽约大学（NYU），根据《美国新闻与世界报道》（U. S. News & World Report，2017）的排名，NYU 是美国国际法领域排名最高的法学院。与其他同类法学院相比，NYU 在多个维度上表现出显著的去国家化特征（Roberts，2017：Chapter，5. I. A.）。这一差异可以通过对比 NYU 国际法学者与其他顶级美国法学院国际法学者的数据来体现。在 NYU 的国际法学者中，78%的人第一个法学学位是在美国以外的国家获得的，而其他顶级美国法学院的这一比例为 32%。此外，NYU67%的国际法学者在法学学位上

---

〔1〕 参见 Pells，2017.

展现了教育多样性，而其他顶级美国法学院的这一比例为32%。[1]

NYU国际法学术团队在美国法学院中显得十分独特。其中一些学者的学术背景更符合英国学术界的风格，而另一些学者虽然接受了美国的法律教育，但他们的大量学术出版却出现在同行评审的期刊上，而这种方式在欧洲比在美国更为常见。事实上，在《欧洲国际法杂志》（European Journal of International Law）创刊20周年的纪念文章中，马尔蒂·科斯肯涅米（Martti Koskenniemi）曾不无讽刺地指出，"《欧洲国际法杂志》自那时以来已成为该领域最有意思的刊物之一，而NYU则被认为是全球最负盛名的'欧洲法学院'的所在地"（Koskenniemi，2009：18）。在美国法学教育市场，NYU的角色尤为重要，因为它每年为大量外国法学硕士（LLM）提供教育。然而，尽管NYU相比其他法学院更加国际化，其全职教职团队的多样性主要还是得益于吸纳了其他西方国家（包括澳大利亚、新西兰、英国和以色列）培养的国际法学者，这既体现了去国家化的影响，同时也表明了西方化的趋势。

三、结论

当我们观察法律学生和教授的跨国流动时，可以清晰地看到一种等级化的模式以及不平等的核心——边缘动态。来自核心西方国家的学生很少会选择在西方以外地区学习法律，而非核心地区的精英法律学生却被吸引到核心国家学习，因为这样的选择通常能够带来显著的社会资本。这种现象导致了学生流动的不对称性，随后也引发了思想、材料和方法向反方向传播的不对称性。正如我在自己的著作中详细探讨的那样，这种不平等现象不仅体现在法律教育领域，也广泛存在于国际法的诸多方面，例如，国际法教科书中引用的案例、顶尖国际仲裁员的国籍与教育背景，以及在ICJ出庭的律师团队的组成情况（Roberts，2017：Chapters，3.Ⅳ，4.Ⅳ，and 5.Ⅲ）。

跨国法律教育在某种意义上使国际法领域变得更加"国际化"，但同时它也在再现甚至可能加剧某些形式的权力支配与不平等，这种现象与国际法声称的普遍性相悖。这一点引发了人们对"国际法是否真的国际化"的质疑。至于每个核心国家的学术机构采用了哪些版本的国际法，以及这些版本如何

---

[1] 这些数据代表的是NYU全职的国际法学系教师，而非更具多样性的访问教师，这些访问教师是豪瑟全球法学院项目（Hauser Global Law School Program）的一部分。

传播到半边缘和边缘国家，超出了本章的讨论范围，但在我的著作中对此有更详细的探讨（Roberts 2017：Chapters 1，4-6）。尽管如此，这种层级化且不对称的学生、思想、材料和方法的跨国流动，揭示了知识全球化的社会学特征，特别是在法律和国际法领域中的表现。

参考文献

Adams, Richard (2017). "UK Universities Fall Down Global League Tables After Budget Cuts," *The Guardian*. June 7.

Black, Bernard S. (1990). "Is Corporate Law Trivial?: A Political and Economic Analysis," *Northwestern University Law Review* 84（2）：542-597.

Boston College Law School (2016). LLM Program. Accessed December 27. https://www.bc. edu/bc-web/schools/law/admission-aid/llm-program. html.

Bourdieu, Pierre (1987). "The Force of Law: Toward a Sociology of the Juridical Field," *Hastings Law Journal* 38（5）：805-853.

Bourdieu, Pierre and Loïc J. D. Wacquant (1992). *An Invitation to Reflexive Sociology*. University of Chicago Press.

Bronner, Ethan (2013). "Law School's Applications Fall as Costs Rise and Jobs Are Cut," *New York Times*. January 30.

Carney, William J. et al. (2012). "Lawyers, Ignorance, and the Dominance of Delaware Corporate Law," *Harvard Business Law Review* 2：123-151.

China Scholarship Council (2017). Introduction to Chinese Government Scholarships. February 14. http://www. csc. edu. cn/laihua/scholarshipdetailen. aspx? cid=97&id=2070.

China University of Political Science and Law (2016). LLM in International Law. Accessed December 28, 2016. http://www. lawschoolchina. com/llm.

Clark, David S. (2009). "American Law Schools in the Age of Globalization: A Comparative Perspective," *Rutgers Law Review* 61（4）：1037-1078.

Coates IV, John C. (2012). "Managing Disputes Through Contract: Evidence from M&A," *Harvard Business Law Review* 2：295-343.

Cohen, Mathilde (2016). "On the Linguistic Design of Multinational Courts: The French Capture," *International Journal of Constitutional Law* 14（2）：498-517.

Coleman, James S. et al. (1966). *Medical Innovation: Diffusion of a Medical Drug Among Doctors*. Bobbs-Merrill Company.

Daines, Robert (2002). "The Incorporation Choices of IPO Firms," *New York University Law*

Review 77 (6): 1559-1611.

Dezalay, Yves and Bryant Garth (2002). *The Internationalization of Palace Wars: Lawyers, Economists, and the Contest to Transform Latin American States.* University of Chicago Press.

Dezalay, Yves and Bryant Garth (1996). *Dealing in Virtue: International Commercial Arbitration and the Construction of a TransnationalLegal Order.* University of Chicago Press.

Directive of the President of the Russian Federation on Scholarships of the President of the Russian Federation [trans. from Russian] (1993). Собрание актов Президента и Правительства Российской Федерации [Collection of Acts of the President and Government of the Russian Federation], No. 37.

Dong, Liu (2010). "Universities to Rival West's in 25 Yrs: Report," *Global Times.* February 4.

Edley, Christopher (2012). "Fiat Flux: Evolving Purposes and Ideals of the Great American Public Law School," *California Law Review* 100 (2): 313-330.

Eisenberg, Melvin Aron (1989). "The Structure of Corporation Law," *Columbia Law Review* 89 (7): 1461-1525.

Fincher, Ruth and Kate Shaw (2009). "The Unintended Segregation of Transnational Students in Central Melbourne," *Environment and Planning* 41 (8): 1884-1902.

Fisch, Jill E. (2000). "The Peculiar Role of the Delaware Courts in the Competition for Corporate Charters," *University of Cincinnati Law Review* 68 (4): 1061-1100.

Flood, John (1999). "Legal Education, Globalization, and the New Imperialism," in Fiona Cownie, ed. , *The Law School— Global Issues, Local Questions.* Pp. 127-158. Taylor & Francis.

Flood, John (2007). "Lawyers as Sanctifiers: The Role of Elite Law Firms in International Business Transactions," *Indiana Journal of Global Legal Studies* 14 (1): 35-66.

Gao, Lingyun (2002). "What Makes a Lawyer in China? The Chinese Legal Education System After China's Entry into the WTO," *Willamette Journal of International Law and Dispute Resolution* 10: 197-238.

Glendon, Mary Ann, Paulo G. Carozza, and Colin Picker, eds. (2014). *Comparative Legal Traditions: Texts, Materials and Cases on Western Law.* West Academic Publishing. 4th ed.

Goldhaber, Michael D. (2005). "They Rule the World: One-Year LL. M. Programs at U. S. Law Schools Are on the Rise Again, Attracting Fledgling Power Brokers from Around the World," *The American Lawyer.* September 14.

Haicong, Zuo (2009). "Legal Education in China: Present and Future," *Oklahoma City University Law Review* 34 (1): 51-58.

Halliday, Terence C. and Gregory Shaffer, eds. (2015). Transnational Legal Orders. Cambridge University Press. Hernández, Gleider I. (2012). "Impartiality and Bias at the International Court of Justice," *Cambridge Journal of International Law and Justice* 1 (3): 183-207.

Hernández, Gleider I. (2014). *The International Court of Justice and the Judicial Function*. Oxford University Press.

Hua, He (2004). "Zhongguo Jindai Guoji Faxue de Dansheng yu Chengzhang [The Birth and Growth of International Law in Modern China]," *Faxue Jia [Jurist]* 4: 49.

Irish, Charles F. (2007). "Reflections on the Evolution of Law and Legal Education in China and Vietnam," *Wisconsin International Law Journal* 25: 243-254.

Issaeva, Maria (2013). "Twelfth Anniversary of Russia's Participation in the Jessup Competition: A View from Behind the Curtain," *Международное правосудие [International Justice]* 3 (7).

Itsoukalas, Ioannis (2008). "The Double Life of Erasmus Students," in Mike Byram and Fred Dervin, eds., *Students, Staff and Academic Mobility in Higher Education*. pp. 131 – 152. Cambridge Scholars Publisher.

Jamin, Christophe (2012). La Cuisine du Droit. LGDJ. Jamin, Christophe (2014). Interview with Antoine Garapon, host. "Où en est l'enseignement dudroit?," Esprit de Justice (Podcast), *France Culture Radio*. September 25. http://www. franceculture. fr/emission-esprit-de-just ice-ou-en-est-l-enseignement-du-droit-2014-09-25.

Jamin, Christophe and William van Caenegem (2016). "The Internationalisation of Legal Education: General Report for the Vienna Congress of the International Academy of Comparative Law, 20- 26 July 2014," in Christophe Jamin and William van Caenegem, eds., *The Internationalisation of Legal Education*. pp. 3-36. Springer International Publishing.

Jia, Chen (2010). "Class Act Promotes Global 'Soft Power,' " *China Daily*. November 11.

Kamar, Ehud (1998). "A Regulatory Competition Theory of Indeterminacy in Corporate Law," *Columbia Law Review* 98 (8): 1908-1959.

Katz, Daniel et al. (2011). "Reproduction of Hierarchy? A Social Network Analysis of the American Law Professoriate," *Journal Legal Education* 61 (1): 76-103.

Kennedy, Duncan (2006). "Three Globalizations of Law and Legal Thought: 1850-2000," in David Trubek and Alvaro Santos, eds., *The New Law and Economic Development: A Critical Appraisal*. pp. 95-173. Cambridge University Press.

KoGuan Law School of Shanghai Jiao Tong University (2013). L. L. M. Program. Last modified November 21, 2013. http://law. sjtu. edu. cn/International/Article120102. aspx.

Koskenniemi, Martti (2009). "The Politics of International Law-20 Years Later," *European Journal of International Law* 20 (1): 7-19.

L'Heureux-Dubé, Claire (1998). "The Importance of Dialogue: Globalization and the International Impact of the Rehnquist Court," *Tulsa Law Review* 34 (1): 15-40.

La Forest, Gérard V. (1994). "The Use of American Precedents in Canadian Courts," *Maine Law Review* 46 (2): 211-220.

Law, David S. (2015). "Judicial Comparativism and Judicial Diplomacy," *University of Pennsylvania Law Review* 163 (4): 927-1036.

Law, David S. and Wen-Chen Chang (2011). "The Limits of Global Judicial Dialogue," *Washington Law Review* 86 (3): 523-577.

Liu, Sida (2013). "The Legal Profession as a Social Process: A Theory on Lawyers and Globalization," *Law and Social Inquiry* 38 (3): 670-693.

Mälksoo, Lauri (2015). *Russian Approaches to International Law*. Oxford University Press.

Marks, Stephen (2007). "Introduction," in Firoze Manji and Stephen Marks, eds. , *African Perspectives on China in Africa*. Pp. 1-14. Pambazuka Press.

Marshall, Jane (2013). "International Mobility of African Students – Report," *University World News*. July 6.

Marxsen, Christian et al. (2015). "Introduction to Symposium: The Incorporation of Crimea by the Russian Federation in the Light of International Law," *Zeitschriff für ausländisches öffentliches Recht und Völkerrecht* [*Heidelberg Journal of International Law*] 75 (1): 3-5.

Mattis, Peter (2012). "Reexamining the Confucian Institutes," *Diplomat*. August 2.

Ministry of Education (2011). Jiaoyubu, Zhongyang Zhengfa Weiyuanhui Guanyu Shishi Zhuoyue Falü Rencai Jiaoyu Peiyang Jihua de Ruogan Yijian [Several Opinions of the Ministry of Education and the Central Politics and Law Commission of the Communist Party of China on Implementing the Plan for Educating and Training Outstanding Legal Talents], Xinhua. December 23.

Minzner, Carl F. (2013). "The Rise and Fall of Chinese Legal Education," *Fordham International Law Journal* 36 (2): 335-395.

Murray, Peter and Jens Drolshammer (2000). "The Education and Training of a New International Lawyer," *European Journal of Law Reform* 2 (4): 505-543.

National Bureau of Statistics of China (1983). *1983 Statistical Yearbook of China*. China Statistics Press.

Order of the Ministry of Education and Science of the Russian Federation on Enforcing Federal Educational Standard of Higher ProfessionalEducation in the Field of Jurisprudence (qualiffcation (degree) "bachelor" [trans. from Russian] (2010). Бюллетень нормативных актов федеральных органов исполнительной власти [Bulletin of Legal Acts of Federal Executive Authorities], No. 26.

Order of the Ministry of Education and Science of the Russian Federation on Scholarship Holders of the President of the Russian Federation for Education Abroad in 2016-17 Academic Year [trans. from Russian], approved by the Deputy Minister of the Ministry of Education and Science of the Russian Federation. 2016. No. 653. 2015. http://gzgu. ru/doc/in-student/2015/653. pdf.

Pells, Rachael (2017). "Brexit Exodus: EU Academics 'Already Pulling Out' of UK Universities, MPs Warned," *Independent.* January 25.

Pells, Rachael (2017). "UK Universities Dominate Global Rankings for First Time Despite Brexit Reputation Fears," *Independent.* September 5.

Peters, Anne (2007). "Die Zukunff der Völkerrechtswissenschaff: Wider den epistemischen Nationalismus [The Future of Public International Law Scholarship: Against Epistemic Nationalism]," *Zeitschriff für ausländisches öffentliches Recht und Völkerrecht [Heidelberg Journal of International Law]* 67: 721-776.

Picker, Colin B. (2008). "International Law's Mixed Heritage: ACommon/ Civil Law Jurisdiction," *Vanderbilt Journal of Transnational Law* 41 (4): 1083-1140.

Picker, Colin B. (2009). "A Framework for Comparative Analyses of International Law and its Institutions: Using the Example of the World Trade Organization," in *Comparative Law and Hybrid Legal Traditions.* pp. 125-126. Schulthess & Co.

Picker, Colin B. (2009). "Beyond the Usual Suspects: Application of the Mixed Jurisdiction Jurisprudence to International Law and Beyond," *Journal of Comparative Law* 3 (1): 160-177.

Picker, Colin (2012). "The Value of Comparative and Legal Cultural Analyses of International Economic Law." Unpublished PhD thesis. University of New South Wales (on file with UNSW Library).

Platsas, Antonios E. and David Marrani (2016). "On the Evolving and Dynamic Nature of UK Legal Education," in Christophe Jamin and William van Caenegem, eds. , *The Internationalisation of Legal Education.* pp. 299-310. Springer International Publishing.

Posner, Richard A. (1987). "The Decline of Law as an Autonomous Discipline: 1962-1987," *Harvard Law Review* 100 (4): 761-780.

Presidential Decree of the Russian Federation on Measures to Strengthen the Professional Potential of the Russian Federation [trans. from Russian] (2013). Собрание законодательства РоссийскойФедерации [Russian Collection of Legislation], No. 52 (Vol. II).

Puig, Sergio (2014). "Social Capital in the Arbitration Market," *European Journal of International Law* 25 (2): 387-424.

Qizhi, Wu (2016). 国际法教学与人才培养的现状分析与建议——基于师生调查问卷形成的分析报告 [International Law Teaching and Training—Analysis and Suggestions Based on a Survey Study of Students and Teachers] . http://mp. weixin. qq. com/.

Robel, Lauren K. (2012). "Association of American Law Schools Presidential Address 2012," *Association of American Law Schools*. https://www. aals. org/services/presidents – messages/presidential-address-2012/.

Roberts, Anthea (2017). *Is International Law International?* Oxford University Press.

Rogers, Everett M. (2010). *Diffusion of Innovations*. Free Press. 4th ed.

Romano, Roberta (1985). "Law as a Product: Some Pieces of the Incorporation Puzzle," *Journal of Law, Economics, and Organization* 1 (2): 225-283.

Sandberg, Haim (2010). "Legal Colonialism— Americanization of Legal Education in Israel," *Global Jurist* 10 (2): Article 6.

Sanga, Sarath (2014). "Choice of Law: An Empirical Analysis," *Journal of Empirical Legal Studies* 11 (4): 894-928.

Saul, Stephanie (2017). "Amid 'Trump Effect' Fear, 40% of Colleges See Dip in Foreign Applicant," *New York Times*. March 16.

Schachter, Oscar (1977). "The Invisible College of International Lawyers," *Northwestern University Law Review* 72 (2): 217-226.

School of Law, Xiamen University (2016). "Curriculum of LLM Program 2016-2017 Spring Semester." September 30. http://law. xmu. edu. cn/en/page/Curriculum.

Schuetze, Christopher F. (2014). "A Bigger World of International Law," *New York Times*. October 6.

Scoville, Ryan and Milan Markovic (2016). "How Cosmopolitan are International LawProfessors?," *Michigan Journal of International Law* 38 (1): 119-135.

Sellgren, Katherine (2017). "UK University Applications Fall by 4%, UCAS Figures Show," *BBC News*. July 13.

Shambaugh, David (2014). *China Goes Global: The Partial Power*. Oxford University Press.

Silver, Carole (2002). "The Case of the Foreign Lawyer: Internationalizing the U. S. Legal Profession," *Fordham International Law Journal* 25 (5): 1039-1084.

Silver, Carole (2005). "Winners and Losers in the Globalization of Legal Services: Offshoring the Market for Foreign Lawyers," *VirginiaJournal of International Law* 45 (4): 897-934.

Silver, Carole (2006). "Internationalizing Legal Education: A Report on the Education of Transnational Lawyers," *Cardozo Journal of International and Comparative Law* 14: 143-175.

Silver, Carole (2012). "States Side Story: Career Paths of International LL. M. Students, or 'I Like to Be in America,' " *Fordham Law Review* 80 (6): 2383-2440.

Silver, Carole and Ballakrishnen, Swethaa (2018). "Sticky floors, springboards, stairways & slow escalators Mobility Pathways and Preferences of International Students in U. S. Law Schools,"

UC Irvine Journal of International, Transactional, and Comparative Law. 3: 39.

Silver, Carole, and Swethaa S. Ballakrishnen (2022), "International Law Student Mobility in Context: Understanding Variations in Sticky Floors, Springboards, Stairways and Slow Escalators, Chapter 15 this volume.

Spamann, Holger (2009). "Contemporary Legal Transplants: Legal Families and the Diffusion of (Corporate) Law," *Brigham Young University Law Review* 2009 (6): 1813-1878.

Strauss, Valerie (2017). "Why U. S. Colleges and Universities Are Worried About a Drop in International Student Applications," *Washington Post.* July 13.

Terris, Daniel et al. (2007). *The International Judge: An Introduction to the Men and Women Who Decide the World's Cases.* Brandeis University Press.

Twining, William (2009). *General Jurisprudence: Understanding Law from a Global Perspective.* Cambridge University Press.

UNESCO Institute for Statistics (2017). Data for the Sustainable Development of Goals. Accessed November 17, 2017. http://uis. unesco. org/en/.

UNESCO Institute for Statistics (2017). Glossary. Accessed August 17, 2017. http://uis. unesco. org/en/glossary.

UNESCO Institute for Statistics (2017). International Student Mobility in Tertiary Education. Accessed October 23, 2017. https://data. uis. unesco. org.

University of Oxford (2018). Tuition Fees from 2012/ 13 Onwards. Accessed January 27, 2018. http://www. ox. ac. uk/students/fees-funding/fees/rates.

U. S. News and World Report (2017). Best International Law Programs. https://www. us-news. com/best-graduate-schools/top-law-schools/international-law-rankings.

Valdés, Juan Gabriel (1995). *Pinochet's Economists: The Chicago School in Chile.* Cambridge University Press.

Walker, Owen and Helen Warrell (2017). "UK University Applications Down for First Time Since 2012," *Financial Times.* July 13.

Waters, Johanna and Rachel Brooks (2011). " 'Vive la Différence?': The 'International' Experiences of UK Students Overseas," *Population, Space and Place* 17: 567-578.

Weale, Sally (2016). "UK University Applications from EU Down by 9%, Says UCAS," *The Guardian.* October 26.

Weale, Sally and Lisa O'Carroll (2017). "Brexit Brain Drain Threatens UK Universities, MPs Warn," *The Guardian.* April 25.

Weiguo, Wang (2000). *A Brief Introduction to the Legal Education in China,* Paper presented at the Conference of International Legal Educators, 24-27 May 2000, Florence, Italy. https://

www. aals. org/2000international/english-/chinain tro. htm.

Wuhan University（2016）. Popular Programs. Accessed December 28，2016. http://admission. whu. edu. cn/courses_ rec. html.

Xing，Li and Chen Jia（2011）."China Offers Scholarships," *China Daily*. July 22.

Yale Law School（2016）. Ph. D. Program. Accessed December 31，2016. https://www. law. yale. edu/studying-law-yale/degree-programs/graduate-programs/PhD-program.

第十五章
国际法律学生流动的背景分析
——理解"黏性地板""跳板""阶梯"与"慢速电梯"的差异

作者：卡罗尔·西尔弗 (Carole Silver)、
斯维莎·巴拉克里什南 (Swethaa S. Ballakrishnen) *

在过去的几十年里，国际学生在关于法律全球化的讨论中逐渐被视为核心参与者，尤其是在法律教育的变革过程中扮演着重要角色。在这一方面，法律教育反映了高等教育国际化的总体趋势。例如，菲利普·奥尔巴赫（Philip Altbach）在 2004 年指出，全球有大约 200 万学生在本国以外学习，并预测到 2025 年，这一数字可能会增加到大约 800 万人，其中大多数仍将来自亚洲国家并前往美国（Altbach，2004：19）。[1]尽管近年来跨国流动和金融秩

* 西尔弗感谢西北大学普利兹克法学院教职研究计划的支持。巴拉克里什南感谢美国法学基金会的支持以及 Access Lex 在本研究各阶段的资金支持。西尔弗还感谢尼尔·G. 鲁伊兹（Neil G. Ruiz）通过"信息自由法案"请求获取的数据，鲁伊兹当时是布鲁金斯学会的高级政策分析师和副研究员。我们非常感谢各法学院对我们工作的支持，特别是为我们提供国际学生访问机会的法学院，以及其他法学院的匿名知情人；此外，我们特别感谢那些慷慨分享其经历的国际学生和研究生校友。对于无价的研究协助，我们感谢西北普利兹克法学院毕业生 Shinong Wang 和 Injune Park，以及加州大学尔湾分校法学院学生维达·迪亚布（Widad Diab）和悉尼·马丁（Sydney Martin）。对于本研究早期版本的宝贵意见，我们感谢布莱恩特·加斯、刘思达、贝丝·梅茨（Beth Mertz）、格雷戈里·沙弗，以及参加了以下活动的与会者："法学教育的全球化：批判性研究"（2017 年 9 月）、"法与社会协会年会"（2017年 6 月）、"法学教育危机?"（2017 年 3 月）、"JD 之后及未来研究"（2016 年 11 月）、"指标、多样性与法律"（2016 年 5 月）、"国际法律伦理会议"（2016 年 7 月）、"威斯康星大学东亚法律研究中心"（2016 年 2 月）以及"全球法律技能会议"（2015 年 5 月）。

[1] 美国曾是世界上接待国际学生最多的国家，接收了全球超过四分之一的国际学生（这一数字超过了英国、德国和法国三国接收学生总和）（Altbach，2004：20）。奥尔巴赫（Altbach）描述了21 世纪初的学生流动情况，认为亚洲主导了这一流动："美国的大多数外国学生都来自发展中国家。"

序的变化可能会影响这一趋势[1]，但国际学生的流动总体上仍符合奥尔巴赫的预测。例如，半个世纪前（2016 年、2017 年），在美国的国际学生人数已超过 100 万人，其中 68% 来自亚洲国家。[2]尽管疫情期间以及伴随的政治和经济条件导致国际学生注册人数显著下降，2021 年秋季新入学的国际学生人数表明，高等教育领域的国际学生注册人数大致有可能恢复，甚至可能增长（Martel，2021）。

　　尽管总体趋势显而易见，但国际学生群体的特点历来存在显著差异。例如，选择到国外攻读高等教育的国际学生人数，在不同学科和技术领域之间并不均衡（Institute of International Education "IIE"，Fast Facts，2017；IIE，Fast Facts，2010；Fischer，2010）。[3]根据最新数据，[4]工程学和商科（包

――――――――――

　　[1]　正如本章中的许多研究结果所表明的，这些趋势及其对学生流动的影响在新冠疫情期间一直在变化。尤其是"大亚洲故事"受到了一系列法律和政策的影响，这些政策是对前所未有的全球大流行病的回应。例如，2020 年 6 月初，美国对与军方有关联的中国学生实施了新的限制措施。参见 Elizabeth Redden，Inside Higher ed.，2020 年 5 月 29 日。在本章编辑的过程中，美国移民和海关执法局（ICE）修改了 2020 年春季和夏季学期的临时例外政策，该政策允许国际学生在疫情期间通过在线课程维持其身份。随着多所学校决定在线上课并遵守公共卫生建议，要求学生注册有"课堂活动"的课程以保持身份的规定引发了担忧。有新闻报道称，可能有 100 万国际学生面临被美国高校拒之门外的风险，这可能导致高达 410 亿美元的收入损失。参见 Jessica Dickler and Julia Hollingsworth，CNBC News，2020 年 7 月 7 日。虽然我们预计这些政策将对高等教育流动和政策产生持久影响（这是我们希望继续跟踪和研究的趋势），但本章并未深入探讨其复杂性。我们特别提到这一点是为了突出此研究的重要性。

　　[2]　总体而言，2017 年有超过 460 万学生在本国以外的国家学习，达到了奥尔巴赫对 2025 年估计的约一半的水平（IIE，2017）。这只是一个统计数据，突显了全球高等教育在人口结构上的转变，鉴于全球化劳动力市场的背景，这种对国际教育的重视并不令人意外（IIE，Open Doors，2017）。这是第二年美国有超过 100 万国际学生（IIE，Open Doors，2017）。亚洲学生的比例较前一年增长了 6.5%；2016—2017 年，来自中国、印度和韩国的学生占美国所有国际学生的 55.2%（IIE，2018）。奥尔巴赫（Altbach）并不是唯一一个预测国际学生及其亚洲国家集中趋势的学者。例如，特里（Laurel Terry）最近基于世界贸易组织的数据研究报告指出，"1999 年至 2007 年间，国际学生人数从 175 万人增加到近 300 万人，其中超过三分之一的学生来自亚洲"（Terry，2011：305，307）。在这些学生中，"北美和西欧仍然是全球移动学生的'热门目的地'"。其他类似数据（2009 年和 2010 年）也证实了这一趋势，即美国在全球教育市场的主导地位（IIE，2011）。尽管疫情及其政治和经济条件造成了一些变化，但自那时以来，这一数字总体上仍在继续增长。

　　[3]　请参见 IIE，Fast Facts，2017，报告了十三个研究领域的数据；IIE，Fast Facts，2010，另请参见 Fischer，2010 关于 2008—2009 年度国际学生入学率的调查。

　　[4]　IIE 报告称，最近社会科学的入学人数超过了物理和生命科学。比较 2017 年 Fast Facts（报告 2016—2017 年社会科学领域有 83 046 名学生，与物理和生命科学的 76 838 名学生），以及 2010 年 Fast Facts（报告 2009—2010 年物理和生命科学领域有 61 285 名学生，社会科学领域有 59 865 名学生）。

括管理学）依然是国际学生最主要的选择领域。[1]更广义的 STEM 领域（科学、技术、工程和数学），涵盖工程学、数学与计算机科学以及物理与生命科学，2016—2017 学年占美国国际学生注册总数的 44%（IIE，Fast Facts，2017）。[2]相比之下，社会科学、人文学科、法律研究与执法领域的注册比例则较低，分别约为 8%、2% 和 1%（IIE，Fast Facts 2017）。至于跨国法律教育注册人数相对较低的原因，则相对明显：由于法律教育通常被视为不可轻易移植且高度依赖具体司法辖区的专业培训，[3]法律实践长期依赖在很大程度上局限于国内范围。直到 20 世纪 90 年代中期，这一领域才逐渐开始对外部人才敞开大门，呈现出更具包容性的趋势。[4]

特别是，法学硕士学位（LLM，约有四分之三的美国法学院为国际学生提供的标准法学硕士培训课程[5]）改变了法律培训在教育提供者和接受者中

---

〔1〕 工程学在这一排名中的位置并不令人意外，这反映了科学领域的优势。首先，美国提供的高水平培训，以及高等教育中所需的设备和实验室的投资，在许多国际学生的母国中相对稀缺。其次，技术科目的培训，包括科学和工程学，也具有高度的可移植性；由于科学知识不受管辖区域的限制，在一个国家接受的培训无论毕业后做出什么工作或生活选择，都能带来有价值的技能。第三，由于这种高水平的专业性和适用性，国际培训为接受者在劳动力市场上带来了显著的优势——不仅是在东道国，也包括在本国。因此，这些研究生学位不仅提供了进入西方生活方式的机会，还为回到本国的学生带来了显著的劳动力市场优势（Lowell and Findlay，2001）。关于这种劳动力市场优势在本国背景下如何转化的另一种模式，请参见 Saxenian 对"脑循环"的描述，该描述阐述了中国和印度出生的工程师如何将西方的技术和制度知识转移到他们的祖国（2005：35）。

〔2〕 三分之二攻读学士或更高学位的外国学生学习的是科学、技术、工程、数学（STEM）或商业、管理和市场领域（Ruiz，2014）。

〔3〕 虽然 LLM 课程已开设了几十年，但在 20 世纪 90 年代之前，它们主要是为希望在美国接受教育、然后回国从事学术职业的外国律师提供的认证系统（Hupper，2015：319；Hupper，2008：413；Hupper，2007：1；Silver，2000：1095）。相比之下，近年来 LLM 学位吸引了实务律师和学者，这一现象与全球法律和商业市场的兴起相吻合（Silver and Freed，2006：23）。

〔4〕 哈佛法学院研究生人口的研究显示，自 20 世纪 90 年代中期以来，LLM 学生的数量在研究生项目中稳步上升（Ballakrishnen，2008）。唯一一次这些入学人数达到类似规模的时期是二战后，当时许多国际政府官员和税务专业人士被送往哈佛法学院参加专门的税务 LLM 项目（Bal-lakrishnen，2008）。

〔5〕 西尔弗（2002：1039）关于美国 LLM 的研究提供了一些有关学校数量以及入学学生数量的数据。根据从各法学院网站收集的数据，她记录到："在 1999 年，至少有 68 所美国法学院提供为外国律师提供的研究生学位课程"，并且"其中超过一半的课程专门面向外国律师"（Silver，2002：1043）。到 2004 年，102 所法学院提供开放给外国法学院毕业生的研究生项目，其中超过一半的项目专门面向外国律师（Silver，Internationalizing，2006：147）。到 2016 年，至少有 154 所法学院支持开放给外国法学院毕业生的 LLM 课程。

的认知方式。[1] 从美国法学院的角度来看,除了明显的经济收益外,[2] 吸收国际学生也表明了该校的教育氛围和经验的国际化。[3] 另一方面,从即将入学的学生角度来看,全球法律服务市场的变化创造了一个新的环境,在这种环境下,国际法律教育具有实际价值和需求。[4]

　　尽管相比所有学科和教育层级的国际学生总量来看,选择到美国攻读法律高等教育的1%比例似乎微不足道,但对于我们研究的目的而言,这一比例却有着重要意义(IIE,Fast Facts,2017;Fast Facts,2010)。[5] 例如,在2013—2014学年,ABA法律教育与律师资格认证部门报告称,所有获得ABA认证的法学院在各类学位项目中的总注册人数接近14万人(这并非一个小数字)(ABA,2013)。[6] 到了2016年秋季,这一数字下降至略低于12.5万人,主要反映了JD注册人数的减少,但这一下降在一定程度上被JD后课程和非

---

　　〔1〕　关于学生来美国攻读法学硕士课程的文献涉及这一动态对机构和个体行为者的影响,以及这对更广泛的法律职业的影响(Silver,2009;Silver,Internationalizing,2006:146)。

　　〔2〕　对美国法学院而言,LLM课程在财政上至关重要,因为这些学校可以收取全额学费,而无需担心学生的资质是否会影响全国排名(例如U.S. News & World Report)。尽管学校非常重视国际学生在研究生课程中对整体社区和学生学习的益处,但这一事实仍然成立(Silver,Internationalizing,2006:155;Silver,2012:228;Tolbert,2016)。

　　〔3〕　法学院对扩大国际学生群体的兴趣日益浓厚。此外,许多学校已经采取了专门的措施为国际学生创建社区。越来越多的法学院描述了积极吸纳国际研究生不仅是为了为他们提供世界一流的教育,也是为了为美国学生提供更广泛的课堂体验的优势。有关将LLM学生融入美国课堂优势的简短评论,请参见Robel,2006:799.

　　〔4〕　这一实际价值和需求并非普遍存在,这是我们在本章中探索的一个变数。早期的研究表明,全球教育和资质的优势取决于这些律师执业的国家。例如,在关于美国法律教育和全球法律服务市场的研究中,西尔弗认为这与各种因素有关,包括自由化结构、制度限制以及由此产生的本地和全球法律服务的必要性。在德国等国家,长期以来法律事务所都接受国际工作,当地法律教育即使在跨国业务中也是不可或缺的,因此拥有LLM在市场上更多的是一种差异化的标志,而不是决定性因素(Silver,2001:21-28,"但由于国家考试分数作为指导信号的强大作用,博士和LLM在德国的招聘市场上仅起到辅助而非决定性作用")。另一方面,在新兴市场中,美国法律教育可能更是一种必要性,而不仅仅是锦上添花(Silver,2001:41)。另见Roberts和Koskenniemi对国际学生在各种影响下学习法律的流动性描述,包括语言和法律体系(2017:61-67)。

　　〔5〕　IIE将"国际学生"定义为"持有临时签证在美国高等教育机构学习学术课程的任何人。这些主要包括持有F(学生)签证和J(交流访问者)签证的学生。根据《Open Doors 2018》数据,非认证学院和大学的学生不包括在内(例如,中学或职业学校)。拥有永久居留权或持有其他工作签证的个人也不计算在内。"

　　〔6〕　截至2014年1月18日,202所ABA认证法学院共有128 641名全日制或兼职JD学生,以及11 132名非JD学生,包括JD后课程(LLM和SJD学生)、本科后和非JD在线课程学生。

JD 课程注册人数的增加所弥补（ABA，2016）。[1]尽管在美国学习法律的国际学生中，最大的群体仍集中在研究生项目（被 ABA 称为"JD 后课程"，包括法学硕士 LLM），但近年来，希望攻读更为主流的 JD 学位的国际学生数量也在同步增长。根据我们最近的研究发现，尽管这种融合并非顺畅，但过去十年中，国际学生在主流 JD 项目中的比例显著增加，并且在某些情况下甚至超过了部分国内少数族裔群体，尤其是在美国新闻与世界报道（U. S. News）排名靠前的法学院中更为明显（Ballakrishnen and Silver 2019）。[2]

在这项研究中，我们通过追踪这些学生及其流动背景，发现国际学生参与美国法律教育的变化，对于他们塑造自己的身份有着重要意义。此外，这些学生进入法学院并在其中发展的过程可以用四种形象的比喻来描述："黏性地板"（sticky floors）、"跳板"（springboards）、"阶梯"（stairways）和"慢速电梯"（slow escalators）（Ballakrishnen and Silver, 2019；Silver and Ballakrishnen, 2020）。在本章中，我们利用这四种隐喻类别，进一步探讨学生在法学院内设定自身路径时所经历的不同促进力量和阻力来源。这些流动路径之所以重要，是因为它们帮助我们理解了影响学生选择的各种因素，例如在获得目标学位之前的语言能力、移民身份和工作经验，以及毕业后的培训机会和本国或国际律师执业资格等资源。基于初步研究，我们的核心观点是，学生的背景在不同时间、不同地方[3]和不同分析层面上都起着关键作用（Ballakrishnen，2012：2441；Bhandari，2015；Silver，2012：2384；Silver，2001：3）。特别是，学生的决策不仅受到自身优势和限制的影响，还嵌套在不断变化的制度规则和结构性机会中。虽然我们的数据无法直接展现学生的长期职业发展，但可以揭示出个体选择和制度环境之间的重要互动。学生的最终选择（或者说发展路径），往往是这些限制与机会共同作用的结果。通过这些比喻，我们不仅可以更清晰地理解国际 JD 学生的发展模式，还能进一步探讨这一案例对"可塑性社会资本"和"循环跨国主义"理论的潜在启示（Ballakrishnen，2012：2441；Garth，2015；

----

〔1〕 截至 2016 年，206 所 ABA 认证法学院共有 110 951 名全日制或兼职 JD 学生，以及 13 667 名非 JD 学生，包括 JD 后课程和本科后课程（ABA，2016）。

〔2〕 参见巴克里什南拉和西尔弗的研究，描述了非居民外国学生在法学院中的比例不断增加的现象："在 2017 年，非居民外国学生在前二十名法学院中的学生比例比黑人学生还要高，这一现象在 2011 年仅占 10%，但在 2019 年则显著增加。前二十名法学院中非居民外国学生人数比亚裔/亚裔美国人（从 0% 增至 30%）和拉丁裔学生（从 15% 增至 45%）的增长也更为显著……"（Ballakrishnen and Silver, 2019）

〔3〕 参见 Bhandari，2015，该文提供了对亚洲人才输出潜力及其与本地动态相关性的回顾。

Halliday and Carruthers，2007；Halliday，2009：263；Kim，2016：1135）。

一、国际法律教育的发展趋势

美国成为国际律师教育重要基地的崛起，大致与美国律师事务所在全球法律服务市场中的地位上升以及美国高等教育日益受到推崇的时期相吻合（Ruiz，2014）。[1]美国法律教育的地位既受到这些因素的推动，也反映了它们之间以及它们与各个本地力量之间的互动关系。在本节中，我们将梳理国际法学生参与美国法律教育的发展历程及其人口结构变化。我们试图以简明的方式描绘出学生参与模式的变化轨迹，并揭示这些变化与多个层面的制度力量之间的联系。这些制度力量既包括学生来源国和美国本身的政策背景，也涵盖教育体系与法律市场环境的互动。

国际学生在美国法学院的存在并不是一个新现象。在第二次世界大战后的大部分时间里，有志于学术工作的国际学者选择进入美国法学院攻读法学博士学位（SJD）。自20世纪70年代以来，他们基本上构成了SJD的主要群体（Hupper，2007：1；Hupper，2008：413；Hupper，2015：319）。然而，SJD的吸引力有限，主要受到资源限制。一方面，潜在候选人在本国面临诸多约束，例如国家对这些项目的资金支持不足以及毕业生回国后的机会有限；另一方面，美国本身的资源限制也起到了一定影响，例如对此类高阶研究项目的资助不足，以及缺乏能够指导和辅导SJD学生的师资力量。这使得更多国际法学生选择了以课堂教学为主的法学硕士（LLM）项目作为自己的归宿。根据盖尔·赫珀（Gail Hupper，2008：51）的研究，早在20世纪30年代，LLM项目就被视为未完成SJD学位学生的一种"安慰奖"。在当时，LLM学位具有学术导向的特点，例如通常要求提交毕业论文。然而，随着全球范围内法律职业的回报和声望逐渐提升，国际律师和法律毕业生逐渐摆脱了学术性的假象，并开始以其他理由追求研究生学位。需要注意的是，20世纪80年代至90年代初，美国律师事务所及其客户群体正经历显著的全球性扩张（Silver，2000：147）。到了20世纪90年代，美国法学院的LLM项目迎来了发展增长期，国际法律毕业生开始思考如何使自己更具吸引力，特别是针对我

---

〔1〕 "美国是全球学术教育的首要中心。在2012—2013学年，美国接收了创纪录的819 644名国际学生，占全球所有留学生的21%"（Ruiz 2014）。

们如今称为"全球化律师事务所"的这些法律机构。

到 21 世纪初，大约 40% 的 ABA 认可的法学院至少提供一个开放给国际法律毕业生的法学硕士（LLM）项目，有些学校还提供多个不同实质性专业领域的项目（Silver, Internationalizing, 2006：147）。根据 ABA 的统计，从 20 世纪 90 年代中期开始的 10 年间，JD 后项目的入学人数大约翻了一番，在此期间，国际学生在该群体中的比例从约占所有 LLM 学生的 40% 上升到了接近 60%。[1] 在全球法律教育发展的这一阶段，法学硕士（LLM）的象征意义尤为重要。它象征着一种走出国界的准备姿态，并成为持有者在本国与其他仅有本地经验的人之间区别开来的重要标志（Ballakrishnen and Silver, 2019；Silver, 2001）。无论是选择攻读 LLM 的学生还是他们的雇主，都将其视为为与美国客户及机构，甚至其他国家的客户合作做准备的一种路径。正如一位阿根廷律师在 1995 年解释他攻读 LLM 的原因时所说：

与此同时，还有很多因素，比如美国在阿根廷的经济影响越来越大……掌握英语变得越来越重要。而且，很多来自美国的投资者开始涌入阿根廷。我意识到，这对我来说非常重要，因为我希望能够拥有美国客户，而唯一能够做到这一点的方式就是学习他们的法律，并且能够说好英语。[2]

即便是在 20 世纪 90 年代末和 21 世纪初毕业的 LLM 群体中，部分学生对 LLM 学位的期望也不只是获得证书（Silver, 2005：897）。[3] 对 1996 年、1998 年和 2000 年毕业的 LLM 群体进行的一项调查显示，当被问及他们追求 LLM 的动机时（见表 15-1），一些学生认为 LLM 是通向其他目标的路径（Silver, 2009；Silver, 2001）。[4] 他们的想法取决于其所在国家的环境，以及

---

〔1〕 1996 年，ABA 报告称，JD 后项目的入学人数为 2630 人；而到 2004 年，这一数字增加到了 4060 人（相关报告由西尔弗保存）。

〔2〕 "170-99。这是西尔弗的持续研究的一部分，研究内容包括全球化、法律教育和法律职业。作为该研究的一部分，他采访了国际法学生、毕业生及其雇主和在精英国家及国际律所执业的律所合伙人。面试年份在连字符之后标注（例如，此次采访于 1999 年进行）。"

〔3〕 参见 Silver, 2005：897，描述了国际 LLM 学生在毕业后希望在美国工作的兴趣。

〔4〕 参见 Silver, 2009，描述了该调查及其结果。表 15-1 中的数据是西尔弗于 2002 年在对美国 LLM 毕业生职业生涯的大型研究中收集的。另见 Lazarus-Black, 2017：467，描述了国际学生选择在美国攻读 LLM 的理由，包括"职业和个人发展的需要……个人原因，如与美国公民结婚……对某些知识领域的兴趣……对某些在其本国'尚未充分发展'的法律领域的兴趣……提高英语能力，了解美国社会，拓展工作网络，建立友谊。"大多数受访的 50 名国际学生都给出了多个想要在美国学习的原因。

表 15-1　攻读美国 LLM 动机，受访者来自 1996 年、1998 年和 2000 年的毕业生

动机	认为该动机重要的受访者比例
本国专业发展机会的拓展	82%
对某一特定法律领域的兴趣	54%
提升英语技能的愿望	51%
职业发展	39%
渴望在美国生活	39%
有法学硕士（LLM）学位的同事/朋友的影响	29%
获得美国工作的途径	29%
家庭因素	21%
参加美国律师资格考试的必要性	16%

他们的职业背景等因素（Silver，2001；Silver，Internationalizing，2006：158）。来自日本和韩国的私营公司和企业职位的学生，尤其关注 LLM 与律师资格考试的关系（Ginsburg，2004：440；Kim，2009；Lee，2007：231；Moon n. d.；Oh，2005：530；Silver et al.，2015：3；Seong-Hyun，2011：217）。一位韩国 LLM 学生解释道："在韩国，LLM 的价值首先是获得美国律师执照——通过律师考试。LLM 是获得执照的重要途径"（I73-03）。一位日本 LLM 学生提到，她所在公司的惯例是"所有员工都通过了纽约州律师考试，而且都是在获得 LLM 学位后参加考试"（I74-03）。而其他学生，通常来自欧洲，则希望能在美国获得短期或长期的实践经验。[1]然而，这种愿望因多种原因而变得

---

〔1〕 对 1996 年、1998 年和 2000 年毕业的 LLM 学生的调查发现，例如，来自欧洲（欧盟和非欧盟）的学生构成了 LLM 毕业生中在毕业后至少几年留在美国的最大群体（约占 38%）（Silver，2012：2400，表 5）。学生在攻读 LLM 期间，关于留在美国工作的想法往往会发生变化。例如，一位 1998 年的德国 LLM 毕业生描述了她关于毕业后留在美国实践的想法如何演变，"我最初的计划是希望在那里度过一年，然后回到德国，希望自己足够优秀，可以进入那些大型国际律师事务所工作，或许还能得到海外派遣的机会。那是最初的计划。然而，当我来到［SCHOOL NAME］时……我立刻觉得，一年时间过得太快了。第一学期已经飞逝，而我知道毕业是在 5 月，那时我已经无法想象自己 5 月就回国了。于是我想，尽可能地寻找工作机会，或许能再留半年或一年"（I19-07）。一位 1996 年的比利时 LLM 毕业生从第一天起就决心留在美国，他解释道，"我始终记得，第一天到了［美国城市］时，那是我第一次来［美国城市］。我到达的时间很晚，第二天早上，由于时差，我醒得很早，我看到了……我看到太阳升起，人们在慢跑……于是我对自己说，好吧，我要在这里生活一辈子了……我保留了这个想法很长时间。这也是为什么我在 LLM 之后如此想要留在美国"（I31-08）。

颇具挑战性。美国法学院普遍对 JD 学生表现出隐晦的偏爱，这种偏爱主要源于《美国新闻与世界报道》(U. S. News) 对 JD 毕业生就业结果的高度关注 (Espeland and Sauder, 2016：119)。[1]而针对 LLM 学生的职业服务需求，则缺乏（且可能仍然缺乏）有效的支持力量。一位 LLM 毕业生（115-06）如此形容求职经历：

> 这很难，因为 LLM 的求职过程本身就很特殊。基本上，你得等到所有律师事务所先把 JD 的职位填满，然后，如果还有空缺，他们才会考虑你。你知道，这很难，因为你根本没法确定。像某事务所，他们会和所有 LLM 学生见面，态度非常积极，好像在说"是的，是的"，但他们不能在招聘 JD 之前正式招聘 LLM。……哦……因为你知道的，LLM 总是被认为不如 JD。

其他人也表达了对律师事务所招聘过程以及职业服务办公室的不满，这种挫败感相当普遍。[2]

尽管今天的 LLM 学生在许多方面与 10 年甚至 20 年前的情况类似，但某些方面已经发生了显著变化，这反映了学生所在国家背景的变化以及他们希望融入或回归的环境的不同。例如，学生攻读 LLM 的动机就是一个鲜明的例子。一方面，学生们提到，LLM 可以帮助他们拓展职业机会，[3]提高英语水

---

〔1〕 一般参见 Espeland and Sauder, 2016：119, 提到了《美国新闻与世界报道》专注于 JD 课程对 LLM 项目的影响。

〔2〕 一位法国 LLM 毕业生评论了她在竞争 LLM 学位时的个人经历，"我没有得到任何暑期实习机会，因为律师事务所当然更愿意找 JD 毕业生，他们会成为事务所的助理……我本以为凭借我的 LLM 学位可以和他们竞争，甚至有可能作为助理被雇用……我花了很长时间才意识到，仅凭法国的 JD 和美国的 LLM 我是不会被雇为助理的"（126-07）。一位 2000 年毕业的委内瑞拉 LLM 毕业生指出，"我必须说，法学院的职业服务办公室和研究生项目的工作人员强调，对于毕业生而言，可供选择的工作机会大多是为 JD 学生准备的，因此他们能够提供的帮助是有限的"（S111）。一位 2000 年毕业的奥地利毕业生评论道，"我对目前的工作非常满意，但我必须指出，法学院的职业服务简直糟透了，完全集中在安置 JD 学生上"（S132）（S 表示调查回复）。另见 Mindie Lazarus-Black, 2017：462, 描述了国际 LLM 学生因其本国的差异而经历不同的就业机会。

〔3〕 一位来自中国的学生解释说，她选择攻读 LLM 是为了提升自己。"我不知道我是不是典型的学生，但我人生中的学习过程就像是一步步提升。比如从中国的小城市，然后到大城市，再到北京，接下来就是美国。这就是一个逐步提升的过程。我认为这样会让我获得一个……不是优势，但能让我对业务和学科有更广阔的视野，从而对我的第一份工作更有帮助"（C52-15）。

平，并通过在海外生活获得文化上的体验[1]——这些动机与 1996 年至 2000 年间毕业的 LLM 学生表达的动机一致。另一方面，尽管这些因素仍然重要，今天的 LLM 学生越来越多地将这一学位视为通往另一个目标的手段——例如通过律师资格考试、获得美国的实践经验，或两者兼而有之，而这些目标本身正是 LLM 学位在学生本国被视为区分标志的关键。[2]一位中国 LLM 学生（C50-15）在描述一个暑期实习时提到了这一点。她解释说，该职位并不提供薪酬（这是许多国际学生根据签证条件从事实习的常见特点），她说道：

　　我不在乎是否有薪酬……这不是大问题，这更像兼职工作。对 LLM 来说，最重要的是获得美国的经验，这能帮助我们以后找到一份正式工作，以及通过律师资格考试。

　　法学院在持续扩展 LLM 项目，如今几乎 80% 的法学院至少提供一项面向国际法律毕业生的 JD 后学位项目，这一比例在过去十年间大约翻了一倍。[3]同时，JD 后项目的注册学生人数也大幅增加，从 2004 年到 2016 年翻了一倍

---

　　〔1〕 一位中国 LLM 学生解释说，她有三个目标："1. 有机会留在这里（美国）；2. 提高英语技能，特别是写作和口语能力，因为我知道语言在法律领域非常重要；3. 我从未在国外独自学习或生活过很长时间。所以我想知道那是什么感觉。我在高中时就想这么做，或者在美国上大学。但当时没有成功。所以这是我心中的一个梦想，我必须实现它"（C50-15）。

　　〔2〕 两位 2017 年毕业的中国 LLM 学生在讨论学生如何选择课程时解释了律师考试的重要性（通过采访编号识别学生）："C067-17：我想为大多数中国学生发言，我认为他们选择课程时最关心的就是律师考试的要求，对吧？C068-17：是的，没错。这就像是常规步骤。你会获得一个 LLM 学位，然后参加律师考试，取得执照。（笑）C067-17：所以，我认为对他们来说最重要的指导就是律师考试的要求。"一位 2014 年毕业的俄罗斯 LLM 学生解释了她对美国 LLM 毕业生缺乏工作机会的失望，"我已经找遍了所有的方式，试图找到哪怕是低薪或无薪的工作"（C04-15）。

　　〔3〕 由西尔弗和她的研究助理在 2016 年春季进行的研究表明，78% 的 ABA 批准的法学院至少支持一个国际法律毕业生可以报名的 LLM 项目。法学院提供多个此类学位项目相对常见。以西北大学普利兹克法学院为例，它提供一个面向国际法律毕业生的普通 LLM 项目，还提供面向国内 JD 毕业生和国际法律毕业生的 LLM 人权法项目和税法 LLM 项目。此外，它还在世界不同地区提供四个专门针对国际法律毕业生的行政 LLM 学位项目。尽管西北大学可能在提供国际法律毕业生 LLM 学位项目的数量和类型上处于较高水平，但南加州大学古尔德法学院的例子也值得一提，该校是较新的提供国际法律毕业生研究生学位的法学院之一。南加州大学提供一个校园 LLM 项目和一个在线 LLM 项目，还有一个为期两年的 LLM 项目，以及面向对美国法律教育感兴趣的国际 LLM 毕业生的比较法硕士学位项目。

多，接近 1 万人。[1]当然，推动国际学生人数增长的市场动态并非一成不变或完全可预测的。例如，在这一时期内，移民政策、监管限制、市场条件的变化，或更近期的公共卫生危机，都可能对国际学生注册人数产生影响，且确实已经带来了影响。[2]虽然无法确切得知 JD 后项目的注册学生中有多少比例是国际法律毕业生（因为 ABA 并未要求法学院报告此数据），但所有迹象表明，这一增长的主要动力一直都来自于国际学生。[3]

表 15-2　2011 年至 2017 年排名前 20 与非前 20 法学院中的
非居民外国人 JD 学生数量及比例

	排名前 20 的法学院			排名前 20 以外的法学院	
	所有法律博士 (JD) 学生	是非居民外国人 (NRA) 的法律博士比例		所有法律博士 (JD) 学生	是非居民外国人 (NRA) 的法律博士比例
2011	19 213	4.13%		127 717	1.42%
2012	18 928	4.35%		120 576	1.60%
2013	18 530	5.28%		110 269	1.81%
2014	18 361	5.75%		101 484	2.14%
2015	18 038	6.81%		95 869	2.52%
2016	18 021	6.85%		93 074	2.47%
2017	17 898	7.64%		92 298	2.48%

与此同时，尽管未来的人口结构模式尚不确定，但国际学生不再仅限于

---

〔1〕 ABA 报告称，2016 年在 JD 后项目中共有 9866 名学生注册，包括 LLM、SJD 学位以及普通法硕士项目。

〔2〕 在我们最初撰写本章时，COVID-19 疫情尚未暴发。在我们修订和重新思考本章期间，人们开始推测疫情将如何影响国际学生的入学情况，正如这个故事的其他部分一样，构成这些经历的许多因素仍然在变化，且可能继续处于变化中。尽管如此，我们认为这些关注和推测凸显了一种重要的思考方式，特别是关于这些学生轨迹的不可预测性以及我们对其未来预测的脆弱性。一般而言，关于国际学生入学预测和这一背景下脆弱性的讨论，可参见 Dickerson, 2020. 关于疫情下国际法学院学生脆弱性的讨论，可参见 Seron, 2020. 关于其对法学院影响的讨论，可参见 Spivey, 2020. 关于国际学生入学人数减少对法学院预算影响的讨论，可参见 Law.com 的报道，网址为 https://www.law.com/2020/04/15/due-to-covid-19-fewer-international-students-could-hit-law-schools-hard/，最后访问时间：2020 年 7 月 10 日。

〔3〕 IIE 的数据总体上也与此一致（IIE, Fields of Study 2014- 2016, n.d.）。

非 JD 项目的趋势正在上升。尤其是在过去五年中，选择注册美国 JD 项目的国际学生比例有所增加（见表 15-2）。虽然总体人数和比例仍然较小，但在 U. S. News 排名较高的法学院中，这一现象并非微不足道（Ballakrishnen and Silver，2019）。总体来看，在所有获得 ABA 认证的法学院中，国际学生（根据 ABA 定义为非居民外国人）占 JD 学生总人数的比例从 2011 年的 1.78% 增长到 2017 年的 3.32%。表 15-2 显示了国际学生（作为非居民外国人）在 U. S. News 排名前 20 和前 20 以外的法学院中的相对比例差异，这是法学院向 ABA 报告数据时必须披露的方式。[1] 此外，正如其他研究所讨论的那样，非居民外国人正在成为某些法学院中多元化学生群体的重要组成部分，在一些法学院中，其数量甚至超过了黑人、亚裔或拉丁裔学生。例如，在 2017 年，U. S. News 排名前 20 的法学院中，有一半的学校中非居民外国人的数量超过了黑人学生，而在 2011 年，这一比例仅为 10%（Ballakrishnen and Silver，2019，Table 3）。

表 15-3　法律研究签证批准的主要来源国，2008—2012 年

法律硕士/硕士层次	各国占硕士项目总派遣人数的比例	法律博士/博士层次	各国占法律博士项目总派遣人数的比例
中国	22.68%	加拿大	25.02%
韩国	7.93%	中国	19.33%
日本	6.81%	韩国	15.91%
印度	4.15%	英国	2.44%
德国	3.55%	印度	2.38%
法国	3.52%	巴西	2.26%
泰国	3.30%	法国	1.88%

〔1〕　这些数据由法学院根据学生的签证身份报告，因此仅反映了国际身份的某一方面，可能并未完全体现学生对自身身份的认知。这些非居民外国人的数据记录在法学院的《509 标准报告》（Standard 509 reports）中，并可用于查看单个法学院或年度汇总群体的情况（ABA, J. D. Enrollment and Ethnicity 2011；2016）。关于国际身份的讨论，可参考 Ballakrishnen and Silver，2009。关于如何定义"前 20 名"类别，可见 Ballakrishnen and Silver，2019，at n. 6。

续表

法律硕士/硕士层次	各国占硕士项目总派遣人数的比例	法律博士/博士层次	各国占法律博士项目总派遣人数的比例
沙特	2.95%	意大利	1.61%
占比总计	62.43%	占比总计	75.98%

为了更好地理解全球和本地因素如何共同影响学生的决策，可以参考一些综合数据，这些数据展示了学生本国背景、学位项目、学校以及美国法学院国际学生注册之间的关系。为此，我们利用了 2008 年至 2012 年期间，针对注册于美国高等教育机构并攻读法律学位的国际学生的签证批准数据（Ruiz，2014）。[1]这些数据揭示了"大亚洲"的趋势以及 LLM 和 JD 注册之间的差异。在 2008 年至 2012 年的五年间，F-1 签证批准了近 2 万名（19 161 名）攻读法律学位的学生。[2]其中绝大多数签证授予了硕士阶段的学生：所

---

[1] 这些数据来自尼尔·鲁伊斯（Neil Ruiz），是他在布鲁金斯学会（The Brookings Institution）担任高级政策分析师和副研究员期间通过《信息自由法》（FOIA）请求获取的（Ruiz 2014）。鲁伊斯在其数据分析中描述了数据来源，即"2001 年至 2012 年外国学生签证批准的新数据库"。这些数据反映了 F-1 签证的批准情况，鲁伊斯将其描述为"颁发给全日制学术项目的外国学生的最常见签证。学生必须被认证学校录取，证明他们有足够的资金支付 12 个月的费用，并展示完成项目所需的学术能力"（Ruiz，2014：3）。关于签证数据的局限性讨论，可参考 Ruiz，2019：6。在本章中，分析数据的范围有限，如下所示：首先，鲁伊斯仅分享了 2008 年至 2012 年的具体数据。其次，根据我们对法律学生信息的请求，鲁伊斯仅分享了基于 I-20 表格中的课程分类编码（CIP 代码）定义的法律学生签证批准数据（Ruiz，2014：7）。法律领域定义为"法律职业和研究"（National Center for Education Statistics，n. d.）。数据经过清理，排除了以下记录：（1）注册于没有法学院的大学的学生；（2）就读于未获得 ABA 认证法学院的学生。此外，对于硕士阶段的分析，还排除了注册于不支持国际法律毕业生硕士项目的法学院的学生（通过法学院网站和 ABA 记录验证确定）。这一步排除了 31 名博士阶段学生和 107 名硕士阶段学生的记录。一般而言，CIP 代码表明"法律"项目包括 JD 学位（例如，代码 22.0101 定义为"为个人独立从事法律职业、参加州和全国律师考试以及进行高级法学研究做好准备的项目，包括法律体系的理论和实践教学，涵盖民法和刑法的立法、行政和司法组成部分"）以及硕士学位（例如，代码 22.0202 为"面向外国律师的项目"，代码 22.0203 涵盖"美国法律/法学/法理学"）。需要注意的是，在本章中，我们将博士级别项目的学生描述为 JD 学生，这与 CIP 定义一致。最后，我们指出，这些数据在某些方面可能存在重叠的问题，而我们无法通过数据清理和分析来完全解决。鲁伊斯也无法进一步细化数据以应对这些问题。

[2] 参见 Ruiz，2014，以及 Ballakrishnen and Silver，2019，关于 CIP 定义的硕士层级学位包括"为外国律师提供的项目"。

有的分析记录中，82%的学生注册了包括 LLM 在内的硕士项目。[1]而只有18%的学生攻读 JD 学位。[2]

　　根据这些数据，JD 学生主要来自加拿大、中国和韩国（见表 15-3）。这三个国家合计约占所有 JD 国际学生的 60%（见表 15-3）。加拿大在 JD 群体中的主导地位可能部分反映了向美国移民的便利性以及加拿大法学院数量比较少的情况；那些未能进入加拿大顶尖法学院的学生，美国提供了更多且声誉卓著的学校选择。此外，对于加拿大学生以及国际学生而言，美国大型律所的起薪水平也是一大吸引力（Chambers Student，2016）。

　　与 JD 相比，LLM 群体的构成更加多样化，来自 10 个国家的学生占 LLM 总人数的 60%以上（见表 15-3）。同时，来自三个最大生源国的硕士生仍然是主要力量，约占所有国际硕士生的 37.42%。LLM 群体与 JD 群体之间的这一差异反映了 LLM 学位课程本身的国际性特征。LLM 被认为是为国际法学生设计的学位，而其国际性正是吸引国际学生选择 LLM 而非 JD 的原因之一。[3]

　　亚洲一直是向美国输送国际学生的主要地区，无论具体学科领域如何，这一点从 IIE 的数据中得到了验证。IIE 报告显示，在 2016—2017 学年，亚洲学生占美国高等教育国际学生总数的 68%。[4]在法律领域，根据签证批准数据，亚洲学生（按照 IIE 的国家分类标准）占所有硕士和博士阶段法律学位项目学生总数的约 50.5%（International Institute of Education，Places of Origin，2015/16；Places of Origin，2016/17；National Center for Education Statistics，n. d. ）。这些数据表明，中国、韩国和日本是法律学科中最大的亚洲生源国，

――――――――――

〔1〕　参见 Ballakrishnen and Silver，2019，关于根据 CIP 代码将法学博士层级项目定义为 JD。

〔2〕　一位来加拿大的 JD 毕业生受访者解释道："我大概申请了四五所加拿大大学的法学院……当我没有被任何一所学校录取后，我开始考虑跨境申请。我于是申请了三所美国的学校" I046-15。

〔3〕　参见 Ballakrishnen and Silver，2019，描述了 JD 国际学生试图与 LLM 课程保持距离的情况。例如，一位学生指出 JD 课程相较于其他国际学生选择的传统 LLM 路径的优势有："注意到 JD 课程中几乎没有国际学生，尤其是中国学生，但 LLM 课程中却有很多。实际上，作为 LLM 学生，你可能无法进行法律实践。我不确定我是否理解正确，但你可能无法进行法律实践或没有资格参加律师考试之类的……我认为 JD 课程比 LLM 课程更有趣"（I015-17，第 11 页）。

〔4〕　东亚学生占所有国际学生的约 43%［中国是该群体中最大生源国，其次是韩国和日本（按此顺序）］（IIE，Places of Origin 2016/2017）。印度送出的学生人数稍多于中国的一半（2016—2017 年间为 186 267 名学生）（IIE，Places of Origin 2016/2017）。越南也是亚洲的重要生源国之一（2016—2017 年送出 22 438 名学生）（IIE，Places of Origin 2016/2017）。

这三个国家的学生占国际学生法律学位签证总批准数的三分之一以上。[1]而在 JD 和硕士阶段项目之间，亚洲生源国的分布和重要性存在一定差异，但中国和韩国在两类项目中都占据显著地位，总体上构成 JD 国际学生中的最大群体（加拿大则是最大的单一生源国）。[2]大量关于中国和韩国高等教育及法律教育的研究揭示了为何它们是美国法学院最重要的亚洲生源国。这包括韩国法律教育体系的改革、美国和英国律师事务所在中国市场的影响力，以及两国对美国法学院学位的偏好。后者部分与中国对外国律师事务所的监管方式有关（Ballakrishnen and Silver, 2019；Ballakrishnen and Silver, 2020；Liu, 2008：771；Silver, 2001：33-53；Silver, 2002）。[3]此外，美国 JD 学位至少可以作为衡量法律毕业生在英语环境中实践能力和专业水平的一种间接指标。

我们之前的研究表明，不同学位项目的趋势因分析层面的多种因素而呈现出显著差异，并非具有普遍一致性（Ballakrishnen and Silver, 2019, 2020）。在本章中，我们主张如果将这些趋势沿着不同的四种流动路径进行深入剖析，可以进一步将许多相互关联的因素划分为全球与本地两个维度。接下来，我们将详细探讨这些流动路径，尝试以更加清晰、生动的方式揭示这些因素如何在不同层面交织作用，推动或限制学生的选择与发展。

二、流动路径："黏性地板""跳板""阶梯"和"慢速电梯"

LLM 学位作为资格认证的效力被削弱，这令部分学生感到挫败，也限制了他们的职业前景。对一些人来说，这种限制具有实际影响：许多美国司法辖区当时拒绝承认 LLM 学位可以作为参加律师资格考试的资格条件（Lazarus-Black, 2017：480；Silver, 2003：491；Silver and Freed, 2006）。这对那些希望在纽约和加利福尼亚以外的州工作的毕业生造成了困扰，因为历史上只有这两个主要司法辖区承认 LLM 学位满足美国法律教育对律师资格考试的要求。这种情况促使部分学生转而攻读 JD 学位。一位南非的 LLM 学生（120-09）

---

〔1〕 根据 IIE 对在美国学习所有学科的国际学生的汇总数据，前三大生源国是中国、印度和韩国（IIE, Places of Origin 2016/ 2017）。印度在法律学习群体中排在第四位（IIE, Places of Origin 2016/ 2017）。有关描述在美国学习法律的学生的签证数据，请参见 IIE, Places of Origin 2016/2017.

〔2〕 参见第 429 页第 2 注脚，描述了签证数据及其局限性。

〔3〕 请注意，这些生源国类别并不一定完全互斥，基于我们对早期研究中国际 JD 学生的采访（Ballakrishnen and Silver, 2019；Ballakrishnen and Silver, 2018）。加拿大群体中也可能包括亚洲移民到加拿大的学生，这是我们几位受访者的情况。

对此解释道，这些考虑让他决定回到美国的法学院攻读 JD 学位：

> 我在华盛顿特区找到了一位猎头，她开始帮我寻找其他职位。后来她想到金融服务领域的其他事务所，并联系了他们并得到回应……不幸的是，那时正好发生了"9·11"事件，这让一切都陷入低迷。虽然诉讼业务还算稳定，但金融市场大幅下滑，新发行的共同基金数量锐减，而这些基金曾长期支撑他们的利润或其业务团队的核心收入来源。因此，市场不景气导致我对这一领域的兴趣也随之减弱。他们把我派到某城市，因为那里的需求更大，让我去那里面试。我和一位合伙人进行了讨论，但问题又回到了律师资格上，不同的州都存在律师资格问题，要求重新取得资格。我本来就得参加某一个州的律师考试，因此还需要再修几门课程。在经历了这么多之后，我已经获得了自己的律师资格，所以对重新经历这些事情没有太多兴趣。这时我开始认真思考下一步该怎么办，最后我决定回到法学院攻读 JD 学位。

尽管律师资格的重要性不容忽视，但许多受访者认为，从 LLM 跳到 JD 的转变不仅仅只是因为这个原因。例如，一位菲律宾律师（172-01）在 2001 年获得 LLM 学位后，又回到学校攻读 JD 学位，他这样描述了自己对 LLM 的看法：

> 首先，到美国攻读法律研究生学位是一种非常普遍的做法……此外，我也想提升自己的资历。我把 LLM 看作一种丰富自己个性的途径。我认为，接触更国际化的领域不仅能帮助我作为律师的成长，也能让我个人得到提升。

这种观点通常与那些将 LLM 视为"带有学术参与的间隔年"的学生一致（Ballakrishnen，2012：2441）。其他学生（例如，C02-14）则将 LLM 描述为 JD 学位的"试验田"。例如，一位中国学生（C09-15）在先攻读 LLM 后转入其法学院的 JD 项目（2016 届 JD 班）的过程中解释道，她最初在选择攻读哪个学位时采取了观望的态度：

> 我想我可以先读 LLM，看看我是否真的喜欢它。因为你知道，攻读 JD 真的是一个非常大的决定……无论是时间还是金钱方面。因此，我认为对我来说，先读 LLM 是个不错的选择，这样我可以看看是否真的喜欢它，然后再决定是否继续攻读 JD……如果我不喜欢，我可以直接回国。

至少对于那些在来美国之前已在本国学习过法律的学生而言，选择攻读 JD 被视为一种在市场中脱颖而出的方式，因为 LLM 已逐渐被贴上了一个鲜明而无法摆脱的"国际化"标签（Ballakrishnen and Silver, 2019）。[1]例如，另一位来自中国的 JD 毕业生（C06-15），在中国获得了她的第一个法学学位后，解释了她选择攻读美国哪种法律学位的原因。她认为 JD 相比 LLM 所具有的独特优势：

因为在中国，有太多学生在攻读 LLM 学位。我是说，有很多学生去美国各地攻读 LLM 学位。而我想等我从美国毕业，拿到 LLM 学位回到中国时，可能我的竞争力并不算强。但 JD 学位能够更好地保证我在法律职业上继续发展。

此外，攻读 JD 学位的决定也可以视为更充分地为在美国执业做准备。比如，一位最近毕业的墨西哥学生（C25-15），他在自己的国家已经获得了法律学位，他解释道关于选择哪个学位的决定不仅与他的职业目标有关，还与 LLM 和 JD 的课程框架有关。

是的，我认为 JD 学位更适合我。因为我想从美国法律体系的基础开始学习，然后逐步深入，而不是一开始就学习税法和破产法之类的非常专业的课程。我也希望能在美国执业——我觉得 JD 学位是实现这一目标的更好途径。

对于其他学生来说，通往 JD 的道路更加直接，通常发生在其本国获得非法律领域的本科学位之后。这些没有法律背景的国际学生无法选择 LLM，选择 JD 是他们关于下一步去哪里学习以及学习什么的必然结果。例如，一位学生的理由是，美国的 JD 学位可以使她在同学中脱颖而出，获得一项既在国内又在国际上被认可的资格，同时彰显其专业质量，为她的职业生涯提供更多选择。[2]

---

〔1〕 请参阅 Ballakrishnen and Silver, 2019, 他们描述了 JD 国际学生努力与 LLM 国际学生拉开距离的情况。

〔2〕 "当时我在想，我是否想留在香港特区接受法律教育，与一大批人一起竞争？因为我的很多朋友都在香港读 LLB，所以他们已经有了法律学位和本科学习的背景。香港特区也提供 JD 项目，但我的本科是在香港最好的大学之一获得的，我很清楚这种教育的方式。而且如果我在美国获得 JD 学位，我想回到香港也是可以的，因为他们非常欢迎美国的 JD。此外，如果我足够幸运，我也可以留在美国。因此，去美国攻读 JD 学位给了我更多的选择，我也认为美国拥有最好的法律教育，这就是我想来这里的原因" C47-15。

她原本可以选择在中国香港特区攻读 JD 学位（香港的法律学位也可以作为本科课程提供），但她最终决定直接在美国从研究生阶段开始她的法律教育。

　　最后，也有一些国际学生的第一个学位是在美国获得的。对于这些学生来说，申请美国的 JD 感觉就像是他们本科学位的延续。尽管他们描述了回国后的机会，但他们并不认为这些机会与在美国攻读 JD 的经历有同等价值。一位来自中国的 JD 毕业生（C64-17）解释道：

　　我不可能回到中国学习法律，因为我本科是在这里读的。中国有本科法律学位，但我觉得如果没有法学本科背景，中国的法律研究生教育质量不会一样。而在我看来，JD 学位比中国的法律研究生学位要更有价值。

　　同样，一名韩国学生（C19-15）解释了为什么她没有认真考虑回韩国读法律学校，尽管那里已经有完善的研究生法律教育体系：

　　我听说在韩国上课会更难……因为我不懂那些复杂的词汇，也不太理解……在韩语阅读理解方面我不太自信……所以我对参加韩版的 LSAT 没有信心……而且韩国的法律体系没有美国的那么强，法律市场也不景气。所以我没有考虑去韩国的法学院。

　　对于这两位女性来说，美国法律教育体系及其法律体系的声誉相比她们本国的体系，对她们选择留在美国攻读法学院起到了重要影响。不过，更重要的是，她们觉得在国内学习法律需要做出很多难以接受的妥协。而这一点在她们成功进入美国顶尖法学院后显得尤为明显。

　　这些多样化的经历既展现了全球法律教育中新的发展路径和混合模式，也揭示了 JD 国际学生的崛起并非基于单一原因。对于许多国际学生而言，他们需要在多个层面做出选择：在哪里攻读法学学位（例如美国或本国）、哪种学位更符合个人和职业目标（例如 JD、LLM 或 SJD），以及不同路径可能带来的机会与成本之间的权衡。即便选择攻读 JD 的学生，其路径也各有不同。有些人从同一所学校的 LLM 项目转入 JD，有些人则通过 LLM 项目进入另一所更具声望的法学院攻读 JD。而那些直接开始 JD 项目的学生，其 JD 学位的价值也因学校而异。一些人将某所学校的 JD 作为跳板，转入一所更具国际知名度的学校继续攻读 JD。总体而言，这些学生通往 JD 学位的道路往往并非一帆风顺，而是充满迂回。这些复杂的路径不仅让我们重新思考他们的求学旅程，也让我们反思这些历程中隐含的期待与意义。

为了理解这些多样化的发展路径，本章采用了我们早期研究中提出的四种路径的比喻分类（Silver and Ballakrishnen，2020）。其中第一种路径类别借用了流动性研究中常提到的"黏性地板"（sticky floor）概念。传统上，"黏性地板效应"用于描述收入分布中的薪酬差距趋势，即在较低收入分布区间的差距更大，而在较高收入区间差距较小。这一理论表明，个人层面上最处于不利地位的群体（即分布的较低区间）还会因为其嵌入的结构性限制而受到进一步的不利影响（例如，更大的薪酬差距）（Chi and Li，2008；Deshpande and Sharma，2016；Jain and Mukherji，2010：23；Tesch et al.，1995）。[1]在我们的研究中，"黏性地板"这一比喻进一步延伸，描述那些已经处于劣势的学生被限制的情况。"地板"阻碍了他们的上升路径，即便他们有意愿进入LLM或JD项目，转入更有声望的学校，或争取特定的工作机会。这种限制可能涉及多种因素，包括语言障碍、经济资源不足、本国资历的局限，以及个人原因和责任。尽管这些学生未体现在"通往JD的路径"图表中（图15-4），但他们是一个重要的观察对象，代表了一个"候选中"国际学生群体。他们或许是下一批填充LLM市场的主力，尤其是在他们略为优越的同伴将目标从LLM转向JD路径的情况下。一个例子是一位走"黏性地板"路径的中国律师（C70-17）。他早在21世纪初就有意攻读美国的LLM项目，但却在中国工作了十多年，担任多个公司法务职位。最终，他被美国一所顶尖法学院的LLM项目录取，但他表示，至少目前不会攻读JD，因为"时间不站在我这边"。

第二种路径被比喻为"跳板"，与"黏性地板"不同，跳板为学生提供了向上流动的机会。跳板可以通向许多不同的机会和职位，例如，其他高级研究生学位或与法律学位相关但并不做强制要求的政策性工作。[2]然而，在我们的概念中，这一比喻的核心主题是，跳板作为一种平台，帮助个人转变职业方向或开辟新路径。这一路径的特点在于，学位本身并非最终目的；我们也并非只关注它的实质性作用。对于那些将全球法律教育视为跳板的人来

---

〔1〕 劳动经济学家通常使用这一比喻来解释不同背景下的性别薪酬差距及其他类型的薪酬差距。

〔2〕 最近的研究表明，围绕从事与法律相关或"JD有优势"的工作的概念存在一定的焦虑感。尽管这一重要影响可能对国际学生产生延伸，但相关数据本身并未包含对他们的分析。详见 Carle 2020。

说，他们追求这一资历的动机可能是个人因素，与学位本身无关，或者源于这种学位所赋予的"光环效应"，帮助他们进入学位以外的职业路径。选择"跳板"路径的学生通常不会转向JD，并非因为他们不认可JD的价值，JD对他们而言并无实际意义（正如我们在后面讨论的"阶梯"和"慢速电梯"策略，这需要考虑更多的主观意愿）（Garth and Sterling，2018：123）。[1] 例如，一些LLM毕业生表示，LLM让他们意识到自己并不想成为律师，而是选择完全不同的职业方向（例如，S120选择成为电影制片人）；或者，LLM并未让他们为某一特定法域（如美国、本国或第三国）工作做好准备，而是为他们提供了进入国际法庭工作的机会（例如，S233）。对这些人来说，全球法律教育足以成为一个充分信号，帮助他们实现目标，而LLM的局限性对他们而言并不构成问题（Garth and Sterling，2018：123）。此外，选择"跳板"路径的学生可能没有资源在法律教育上进行更多投资，因此跳板所提供的机会可能是他们唯一的一次个人或职业转型的尝试。

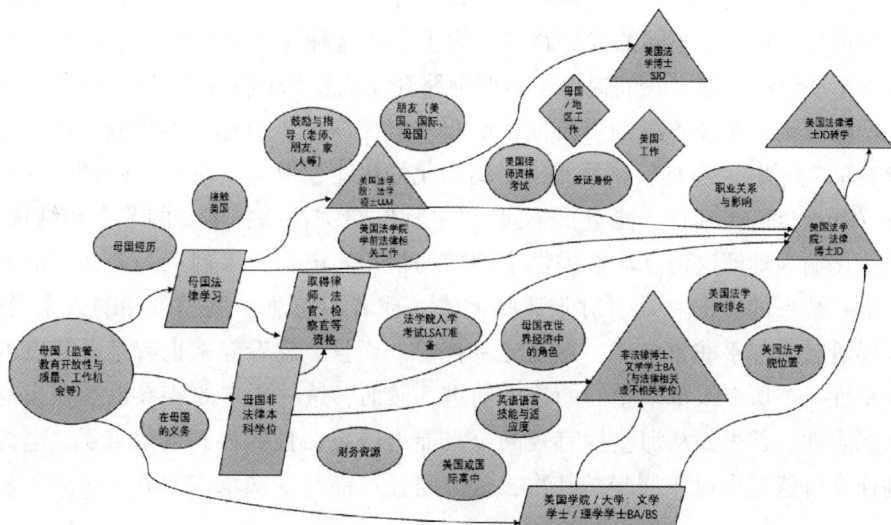

图 15-1 国际学生的路径

第三种路径类别是"阶梯"，它是一种更直接的流动路径，能够让学生从一种项目过渡到另一种项目，或从一所学校转入另一所学校。这个"阶梯"

---

[1] 参见 Garth and Sterling，2018：123，将法律职业道路描述为主流和非主流路径。

提供了一个清晰的上升机会，让学生从个人起点（例如，在美国攻读非法律学位或 LLM）迈向明确的目标，比如获取美国主流法律学位、某类特定法学院的学位，或毕业后进入理想的职业领域。每位学生的路径可能各不相同，他们的灵活性、动力和资源也会影响起点、方向、速度以及最终的经历和轨迹。例如，从 LLM 转向 JD、从一所普通院校转入更好的法学院，或者从其他领域转入 JD，都会受到学生过往国际经验、对美国文化的适应程度以及在阶梯上实际经验的影响。[1] 更重要的是，在这一比喻中，学生的主观能动性和抱负是决定性的。他们有明确的意图，不管是选择留在美国、回国发展，还是为未来职业规划开拓更多地上的可能性。[2]"阶梯"被视为一座连接现在与未来的桥梁，帮助学生从当前的起点一步步迈向他们梦想中的位置。

然而，任何路径都不仅仅是一幅一成不变的计划蓝图。在同一个"阶梯"上，国际学生可能采取看似相同的步骤，但结果却大相径庭。即使是来自同一个国家、就读于同一所美国法学院的学生，他们在技能、优势和责任上的差异也会导致截然不同的发展路径。为了解释这种在"看似线性路径"上结果却不一致的现象，我们提出了第四种路径比喻："缓慢且拥挤的电梯"。这一比喻强调了路径本身的重要性，而非仅仅关注个人目标、抱负或决心。与"阶梯"类似，"电梯"同样是一个结构化的比喻，但与"阶梯"强调个人特质（如速度、灵活性、能量）不同，"电梯"更关注路径本身的节奏和结构。这一比喻为理解这种流动性提供了细微的视角：电梯让人们从一个共同的起点沿着统一的方向移动。对于那些无法（或者不愿意）攀爬阶梯的人来说，电梯看起来似乎非常实用，甚至颇具优势。而且，它看起来也有某种程度的公平性——所有人都以相同的速度前进。然而，这种固定的节奏也存在自身的局限性。首先，从那些拥有较高个人能力或灵活性的人的视角来看，电梯的速度可能显得过于缓慢。其次，这条路径可能与最初承诺的并不一致。例

---

〔1〕 关于阶梯这一隐喻在高等教育背景下促进学生进步的另一种使用方式，参见 Paige et al., 2017.

〔2〕 例如，许多受访者，尤其是来自亚洲的学生，常常描述他们如何持续评估自己的 JD 学位、法学院，甚至对所修课程在家乡的认知，因为他们可能将来希望回到自己的国家。一位韩国学生解释说，"最终我们想回到韩国，学校的名气非常重要，这就是为什么我们转学到某所法学院的原因"（C19-15）。另一位韩国学生谈到攻读 JD 成为交易律师的重要性，因为他无法在韩国获得执业资格，"回到韩国后，你显然只能从事交易业务……所以我认为这对很多人都有影响"（C18-15）。

如，前方的人可能不了解规则，站在电梯的"步行通道"上阻挡了你的前进路径，使得你原本认为更快的路反而变得让人沮丧。再次，乍看之下，这条路径似乎比"阶梯"更容易，比如它可能反映出社会阶层、本国背景等因素的优势，从而使一些人更容易进入这条路径。但即便如此，这条路可能仍然缓慢且令人沮丧：学生可能难以融入环境，也可能难以找到让自己旅程可持续发展的朋友和社区。此外，进一步延伸这一比喻，"电梯"上的学生还可能面临持续的"维护问题"——从繁琐的行政负担[1]到法学院学习和求职市场带来的情绪压力，这些都为国际学生带来了实际的困难，即便他们选择了"电梯"这条看似更简单的路径（Ballakrishnen and Silver，2019）。综合来看，这一比喻揭示了一个简单但富有深意的观点：JD 的路径或许最初被视为一种更优的路径，能让学生比选择"阶梯"更快实现他们的理想目标。然而，"电梯"的逻辑依赖于对这一"运输系统"功能的信任，即它会作为一种流动性的"快速通道"。但实际情况可能让学生失望：电梯本身的功能有限，而它能为学生提供的整体助力也可能不足以达到预期。

三、全球本地化趋势：地方背景与全球影响

关于"输送系统"的讨论旨在突出国际学生在求学和职业发展路径中所面临的障碍与限制。这些路径和机制并非相互排斥，一个学生的旅程可能在整个教育和职业生涯中体现出四种路径的交替和叠加。尽管面临诸多挑战，学生们普遍能够看到其选择的价值，这也体现在国际学生注册人数在持续增长。然而，没有哪条路是注定失败的，但也没有哪条路是完全顺利的。尽管美国法学院的国际学生人数有所增加，但如果没有相应的制度为正在攻读或毕业后的国际学生提供有力支持，他们的发展仍然会充满障碍与困难。

此外，国际学生人数的增长并不仅仅是个人选择的结果：各国的职业监管制度的差异以及对美国学位价值的认可是决定这一趋势的重要因素。在其他研究中，我们发现特定的本地背景在帮助学生为国际职业生涯做准备方面有着重要影响。这些背景不仅解释了学生为什么选择攻读这些学位，还揭示了这些学位在学生毕业后提升价值和流通性的关键原因。例如，对于一些学

---

〔1〕　请参见 Ballakrishnen and Silver，2019，描述国际学生所面临的行政负担。

生来说，攻读 LLM 是为了在本国市场中脱颖而出（Bhandari，2015；Silver and Ballakrishnen，2020；Silver，2007：74）。[1]一位来自墨西哥的毕业生（21 世纪初获得 LLM 学位），现在在一家服务本地、外国和国际客户的私人律师事务所工作。他提到，拥有 LLM 学位对行业客户非常有帮助，甚至越来越成为一种需求，因为这表明你对美国文化有一定的了解和接触。[2]

然而，在本地环境中对国际学位的认可并非普遍存在，更谈不上统一。在其他研究中，学者们强调了国际学位所带来的文化资本需放置于特定情境下及与本地资源的互动来评估。在关于美国研究生学位对学术和企业职业生涯影响的研究中，金宗永（Jongyoung Kim）指出，"相同的文化资本在不同的国家背景下会表现出截然不同的作用。在韩国，美国的专业学位被视为全球文化资本，是国际化精英的象征；而在美国，这更多像是一张进入企业和学术界的门票"（Kim 2016）。类似地，布莱恩特·加斯对一位经济学毕业生的评论也进一步说明了这一点：

几年前，一位巴西学生发表了一个令人印象深刻的评论，他提到了在芝加哥大学就读的另一位巴西经济学学生。该学生指出，当他在前往芝加哥的途中，身处圣保罗机场时，他位于巴西的社会阶梯顶端。然而，一旦他降落在美国，他立即降到了美国社会阶梯的底层。如果他需要额外的收入，他或他的配偶可能只能做那些无证移民能做的工作（Garth，2015：74-75）。

巴拉克里什南在研究印度 LLM 毕业生回国后的情况时发现，"LLM 学位的价值取决于接受者的不同而有所波动"（Ballakrishnen 2012：2471）。例如，这可能取决于其他律师的解读——这些律师可能自己是/否曾在美国留学——或者来自对专业资格细微差别缺乏了解的客户。这一理论上的启示在于，在不同情境下，美国法律教育作为"职业等级标志"的价值受宏观和微观层面多

---

[1] 一位德国的 LLM 毕业生评论道，"在德国有很多律师……因此，拥有某些可以让你在众多其他律师中脱颖而出的东西非常重要，所以我认为我确实需要一些比德国大学的学位更多的东西来向未来的雇主展示" I39-08。

[2] "客户非常喜欢你拥有 LLM 学位，如果你通过了美国律师考试，他们会更加喜欢你。法律这个行业开始要求 LLM……我认为客户在与接触过美国文化的人交谈时会感到更加安心。美国的法律更严格，所以他们认为你在进行交易时已了解其中的风险。他们觉得你更清楚后果" I71-03。

种力量的共同决定（Ballakrishnen, 2012: 2457）。

对于那些希望进入美国法律服务市场的人来说（这一选项对早期的 LLM 群体并不总是开放，即使到如今也仍具有挑战性），LLM 学位某种程度上起到了"通行证"的作用。[1]然而，随着法律服务市场的全球化需求，LLM 的优势并不仅限于在美国从事法律工作。[2]回国的 LLM 毕业生在本国也能获得许多优势，这既包括 LLM 在实践层面的作用（例如相关法律及国际法的培训、开拓新的社交网络等），也包括其"光环效应"带来的象征价值——这种光环效应源于其与一个来自高地位国家的国际法学院的关联。[3]除了这些直接影响工作成果的核心功能外，LLM 毕业生还可以获得许多个人层面的"功能性"附加优势。例如，通过 LLM 建立与全球法律界乃至本地的社会联系，[4]以及从这种联系中获得语言能力和文化资本等。

即便如此，LLM 学位所带来的回报及其相互作用的性质仍存在差异。以往研究表明，个人层面[5]和机构层面的不同因素[6]都会影响 LLM 所能带来的优势。此外，这一分析的关键在于理解 LLM 学位作为资本时所处的环境。[7]最常见的例子是，对于机构来说，美国的 LLM 学位与 JD 学位之间的区别。尽管在某些情况下 LLM 确实是一项强有力的学位，但我们知道，无论

---

〔1〕　有关学生对该项目的期望和潜在回报的回顾，请参见 Silver，讨论国际学生为何选择来美国攻读 LLM（2006: 147）。

〔2〕　西尔弗的早期研究表明，LLM 通常是进入某些职位或公司的条件之一，尤其适用于那些最终回国的 LLM 毕业生（2006: 147）。这一点在某些国家尤为重要，尤其是某些拉丁美洲国家，LLM 的价值特别高（Silver, Internationalizing, 2006: 156）。

〔3〕　这种象征效应适用于所有留在美国的 LLM 候选人。许多国际法学毕业生回到祖国，凭借 LLM 可以直接获得雇主和现有社交网络的优势（Silver, 2001；Silver, 2012: 2383–2384；Ballakrishnen, 2012: 2445）。

〔4〕　一个关于建立本地联系的例子是，一位最初攻读 LLM 的中国学生，后来重返美国攻读 JD。他表示，他通过 LLM 项目中结识的一位曾在中国律师事务所担任法律顾问的律师，获得了在中国顶尖国际化律所工作的机会（LLM 和 JD 之间的阶段）C02-17。

〔5〕　关于拥有不同学位的学生在美国律师事务所市场上的表现对比（例如 LLM 和 JD 学位的学生），请参见 Silver, 2005: 907-914.

〔6〕　不同组织对 LLM 资质的不同重视是制度层面优势的一个例子，甚至在同一国家内也会有所差异（Silver, Internationalizing, 2006；Silver, 2001）。

〔7〕　将 LLM 视为可在特定环境中被赋予价值的"资本"的概念，广泛借鉴了德扎莱和加斯的研究（Dezalay and Garth, 1997: 109），他们将法律和律师界定为社会资本。我们感谢他们对早期工作的有益评论，这些评论有助于使这一论点理论化。

是学生还是招聘者，都以不同于对待 JD 的方式来看待 LLM 学位。[1]

同样，研究表明 LLM 学位的使用背景会以多种方式影响其价值。例如，西尔弗的研究展示了美国 LLM 毕业生在不同回国背景下对其学位评价各异。[2]然而，大多数实际的研究都局限于探讨那些法律行业在全球范围内有一定影响力的国家中，毕业生回国后能获得的回报。

四、讨论

与十年前的观点相反，法律与法律制度的全球化研究如今已不再是一个被忽视的领域（Halliday and Carruthers，2007：1135）。[3]然而，从定义上来看，跨国法律秩序的理论大多仍集中于对法律"秩序"的考察。[4]全球法律教育并不完全符合跨国法律秩序的严格定义，因为它并未以可识别的法律形式例行表现出来；它的制度化过程也不明显来源于跨国、国家和地方三个层面同时进行的规范制定与塑造（Halliday and Shaffer，2015：3）。然而，法律教育可以通过培养学生特定的法律思维方式，间接影响其后续实践。[5]尤其当学生在国内外从事法律实践，扮演中间角色时，他们可以成为跨国法律规范与实践流动的桥梁，比如起草特定类型的法律文件等。当然，正如我们之前所提到的，这种影响往往与学生回国或选择所在国家的背景紧密相关。我们发现，跨国法律秩序理论框架的精神在思考这些学生发展路径与趋势的意义时非常有启发性。这一框架揭示了本地与全球行为体如何涌现并互动的方式。同时，我们也特别欣赏这一理论与跨国递归理论（transnational recursivity theory）的契合性，后者通过展示本地与全球规范之间互动（无论是否一致）的关联性，进一步深化了对全球法律秩序的理解（Halliday and Carruthers，2007：

---

〔1〕 在同时进行的研究中，我们正在分析美国法学院中的 JD 国际学生数据——这些数据可以说明从学生的角度如何看待这两个学位的区别（Ballakrishnen and Silver，2019：647-678；Ballakrishnen and Silver，2018；Silver，2001）。

〔2〕 参见 Silver，2001：21-54，解释这种教育的价值如何根据东道国的背景变化（在此例中为中国和德国）。

〔3〕 参见如 Rajah，2015；Wilkins，Khanna and Trubek，2017；Dezalay and Garth，2011.

〔4〕 有关跨国法律秩序可能形式的证据，参见 Dezalay and Garth，1997：109。关于如何使跨国法律秩序的进一步理论化，参见 Halliday and Shaffer，2015.

〔5〕 这些学生可能从事的跨国实践有多个例子，其混合效应可能在本地和全球层面改变法律领域和秩序。例如，参见 Merry，2006：38-51. 类似地，Halliday and Carruthers，2007，也更普遍地讨论了中间人作为跨国法律规范在地方司法管辖区内流动渠道的重要性。

1135)。[1]例如，跨国法律秩序理论指出，"国家和地方的抵制可以成为递归式全球与跨国法律制定的催化剂，因为这种抵制增加了强大行为体出于自身利益考虑，通过协商而非强行施加规范的可能性，从而提高规范的有效性"（Halliday and Carruthers，2007：1135）。美国法律教育的学位正是在本地与全球互动的动态中展现了其灵活性和可协商性。本地差异在塑造全球趋势方面仍然发挥着重要作用，而不同价值认同方式的差异进一步影响了学位本身的意义和影响力。[2]

为了更好地理解"情境"理论，我们需要更深入地关注学位在不同国家的实际影响。与那些将美国法律学位视为职业必备资历或劳动力市场关键优势的国家不同，巴拉克里什南的研究分析了印度这样的"封闭"[3]法律服务市场（Ballakrishnen，2012：2441）。印度的法律行业有其特殊性。与其他亚洲国家相比，印度的法律市场更倾向保护本国利益，对外开放程度较低。[4]这种严格的市场管控[5]和国内法律行业的分层现象，使得美国的法律学位在印度并不被普遍认可。[6]大多数印度学生并不指望 LLM 学位能直接提升他们的

---

〔1〕　参见 Halliday and Carruthers，2007，他们建立了理解跨国背景下法律递归性的重要框架。

〔2〕　参见前述第 14 条的讨论，关于不同国家之间 LLM 代表的专业资本强度的差异。

〔3〕　我们将印度法律市场称为"封闭的"（在此以及后续内容中），因为尽管从技术上来说，对外国法律从业者和机构存在严格限制，但监管机制在实践中却以不同方式被灵活运用，非正式地允许国际法律实践在印度法律市场内渗透和传播（Ballakrishnen，2020）。

〔4〕　像其他类似的发展中经济体一样，印度经济传统上是封闭的。1991 年的自由化改革打开了一些行业的大门，引入了全球商业，这直接影响了进入印度的国际交易业务的性质和范围。然而，法律职业依然保持高度封闭。针对非印度律师在印度从事法律职业的法规限制相当全面，这也引发了一些关于其具体含义的争论（Lawyers Collective v. Bar Council of India，2009）。Ballakrishnen（2009）在其他研究中指出，"法律实践"这一概念缺乏明确定义——例如，是指"任何法律实践""任何印度法律的实践"还是"在印度的法律实践"——正是这种不明确性让印度在某种程度上能够选择性地实现法律服务的开放。

〔5〕　印度法律市场目前不仅对外国法律从业者保持关闭，也没有迹象表明它会在短期内开放（Ganz，2010）。不过，最近有关英国律师事务所进入印度法律市场的可能性有了一些进展（Baxter，2011）。然而，考虑到印度的监管环境，这种开放的可能性依然存疑。印度律师协会主席在接受采访时明确重申了"不需要外国律师"的立场，并表示对现有安排感到满意（Bar and Bench，2011）。同时，Saluja（2017）报道称，印度法务部长曾要求提出允许外国律师事务所进入的相关提案。然而，2018 年 3 月，印度最高法院裁定，在未修改 1962 年《律师法案》的情况下，外国律所不得进入印度。然而，外国律师可以"临时"地"飞进飞出"访问印度，为客户提供外国法律及国际商事仲裁的建议，后者需遵守印度律师协会制定的规则（Bar Council of India v. A. K. Balaji and Others，2015）。

〔6〕　巴拉克里什南关于印度 LLM 毕业生的研究主要来自两类样本：2007—2008 年对哈佛法学院学生和近期校友的研究（n=14），以及 2011 年对其他美国法学院 LLM 学生（n=9）和 LLM 回国毕业生（n=19）的研究（2012，2441）。这些数据表明，大多数工作机构并不承认 LLM 的学习经历，且更少的机构会将其作为资历奖励。虽然有少数公司为想要在国外攻读法律研究生学位的员工提供经济资助（如贷款形式），但学生回到公司后这一年通常被"忽略不计"。

职业前景，更多是将其看作"间隔年"的机会，用来丰富自己的学术经历，然后回到原来的职业轨道。虽然有些毕业生在特定情况下能感受到 LLM 给其带来的认可，但这种影响通常是间接且不可预测的。比如，一位合伙人可能在与客户交流时提到某位"哈佛毕业"的律师，以建立信任感，但这并不会成为其升职或加薪的理由（Ballakrishnen，2012：2441）。而在其他更开放的市场中，LLM 学位或其他国际学位通常被视为职业发展的重要加分项。对于印度的学生来说，LLM 更像是一种附加的"光环效应"，提升个人职业形象，而不是明确的职业回报。这种现象也反映了不同国家对国际学位价值的态度差异，以及本地环境对全球化教育成果的深远影响。[1]

我们以印度为例仅作说明，而其他国家可能呈现出更直接的优势。例如，在韩国，即便在法律市场开放之前，韩国律师就已建立了面向国际的全球化律师事务所，并将 LLM 毕业生作为他们的"全球"代表（Silver，Lee，Park，2015：1-3）。不同国家对 LLM 毕业生的回报存在差异，对于理解学生为何选择其他国际法律学位选项至关重要。这些差异甚至可能与某所特定法学院的声誉有关，而不仅仅是美国学位的整体吸引力。如果一个国家的组织和制度因素是决定 LLM 学位价值的关键，那么在那些美国法律体系没有直接影响力的国家，这些美国法律学位究竟能起到什么作用呢？[2]这个问题对所有国际高等教育市场仍然具有意义，尤其是在学生决定攻读学位时，毕业回国后的前景对其选择起着重要作用的情况下。

追踪国际法学生的学习路径，不仅揭示了路径图（图 15-1）中显示的内容，也反映了未描绘出的部分。该路径图突出显示了学生在美国攻读全球法律教育及其毕业后求职过程中所做的各种选择，以及这些选择背后的影响因素。图中的箭头代表各个转折点或连接点，它们具有灵活性，会受到多种力量的影

---

〔1〕 这里使用术语"功能性收益"（以及之后的相关内容）是指国际教育所带来的更广泛的功能性收益，如声望、移民前景以及劳动力市场中的更高回报（如晋升、加薪等），以及 LLM 特有的功能性收益，如语言培训和回国后通常可获得的 LLM 特定奖励。这些"特定奖励"可能表现为中国的进入国际律师事务所国内分支的必要条件，或像德国那样的直接收益。参见西尔弗（2002：1039-1043；Internationalizing，2006）对 LLM 优势进行的一般性综述。另外 Robel（2006：797-799）提供了更详细的中德比较解释。

〔2〕 印度目前管理律师的正式法规《律师法》不允许非印度律师从事法律实践。即使在实际操作中存在脱钩现象，这一法规仍然表明了对美国化的市场的正式抵制。关于制度脱钩的一般讨论，参见 Meyer and Rowan，1977：340.

响（部分力量在图中用椭圆形标注），这些力量可能推动、激励、挑战甚至阻碍学生迈向下一步。这些下一步看似在层级上有明显的顺序，但这种层级本身并非固定不变，而是依赖于其所处环境中的多种资源。在全球法律教育的背景下，理解这种层级需要综合考虑多个因素，包括学生所在的国家及其背景、美国的相对地位以及任何相关第三国的影响，同时还需全面理解塑造"最具价值和吸引力"定义的各种行为体和机构。是否以及如何选择美国法律教育，本质上是一场围绕认可度和优先级展开的竞争。这是一种动态变化的目标，其中可以想象到四种路径机制会以复杂、混乱甚至可能充满风险的方式相互交织在一起。

要理解全球递归模式中的差异，"输送系统"是一个很好的类比：人们去哪里，取决于他们的起点、旅途中建立的联系，以及在不同节点上做出的选择。但这不仅仅是个人选择的问题，还与同行者有关。谁与你同路，谁在你前方引领你前行，谁在施压让你转走其他路径，这些都对结果产生影响。而且，路径本身可能随着时间推移而变得毫无意义。时间因素也至关重要——比如学生何时毕业、毕业时市场的状态、毕业后 5 年或 10 年内他们所能获得的机会。这些因素都显著地影响着学生的生活和职业轨迹，尤其是这些往往是学生和毕业生无法控制的。对于三年制的 JD 项目（如果学生从其他类型的项目转入，时间可能更长）而言，这些因素更为突出。毕业时市场的吸纳能力充满变数，这使得这些学生的职业前景更加难以预测。这些都是在分析全球法律教育对职业发展影响时需要重点考虑的内容。

从学生的角度来看——这是本章的核心内容——与十年前相比，这些偏好已经发生了明显变化。在其他研究中，我们探讨了法学院中国际学生人数的增加虽然重要，但并非呈现出单一、无差别的群体（Ballakrishnen and Silver, 2019）。与其将国际学生视为一个统一的"整体类别"，更重要的是关注那些微观层面的差异，这些差异决定了学生如何在这些环境中找到自己的发展路径。

从需求的角度来看，国际学生的进入受到多种因素的推动和吸引。法学院通过各种机制吸引国际学生，这些学生因本土申请人数的下降而变得日益重要。此外，资源限制也使法学院在竞争中面临压力，包括吸引学生、为学生在法学院期间及毕业后提供机会、支持学生学习以及提升学校更广泛的声誉，这些都需要法学院做出更多元化的努力。国际学生已经成为许多美国法学院的重要组成部分，这一点从数据中可以看出：2016 年，近 80% 的法学院设有专门的 LLM 项目，且在这一时期，JD 后项目的学生人数（包括所有学位项目）增长了一倍以上。虽然法学院没有报告 JD 后项目中国际学生的具体比例，但我们估计这一比例远高于一半，而签证数据也基本支持这一估算。随着 JD 项目的规模缩小，法学院越来越重视 JD 后及非 JD 项目的招生，而这些项目中国际学生占据主导地位，这种趋势迫使法学院重新思考典型法学生的定义，至少在教师分配和资源配置上带来了重大的改变。例如，2016 年，圣路易斯华盛顿大学法学院所有毕业生（包括各学位项目）中，几乎有一半是国际学生。[1]

与此同时，国际学生在财务和其他方面对法学院以及整个高等教育领域的贡献非常显著，但吸引他们的竞争也异常激烈。[2] 截至 2014 年，中国和印度依然是向美国主要竞争国家输送国际学生最多的两个国家。他们还有三个竞争国家[3]包括英国[4]、加拿大[5]和澳大利亚[6]。尤其是印度，凭借世

[1] 例如，圣路易斯华盛顿大学法学院在 2016 年 5 月授予了"228 个 JD 学位、173 个 LLM 学位、2 个 JSD 学位和 11 个 MLS 学位"。（来源：WashU Law Celebrates Commencement 2016，圣路易斯华盛顿大学法学院，http://law. wustl. edu/news/pages. aspx? id = 10736，最后访问日期：2017 年 8 月 16 日）。根据该法学院的《509 报告》，23 个 JD 学位被授予了非居民外国人。参见 Washington University 2016 Standard 509 Information Report，圣路易斯华盛顿大学法学院，2016 年，https://www. abarequired-disclosures. org/Disclosure509. aspx（选择"2016"并选择"Washington University"）。仅作讨论，假设所有 LLM 和 SJD 学位获得者都是国际学生，而其他 JD 或 MSL 学位获得者中没有国际学生（总体来说，这是相对保守的假设），那么 2016 年授予的学位中大约 48% 是授予国际学生的。

[2] 根据美国商务部的数据，国际学生（不局限于法学领域）的消费在 2014 年为美国 50 个州的经济贡献了超过 300 亿美元。美国国际教育工作者协会（NAFSA）提供了通过将 Open Doors 数据与当地学费和生活费用计算相结合，详细分析国际学生及其家属对美国经济的区域、州和国会选区的经济影响（NAFSA）。

[3] 有关在国际高等教育方面进行重大投资的国家名单，请参阅 The Guardian, 2015.

[4] 根据英国高等教育统计局（HESA）数据显示，2012—2013 年间，约 18% 的英国高等教育学生来自其他国家。经济合作与发展组织（OECD, 2013）的统计数据显示，英国吸引了全球大量国际学生，其市场份额在 2011 年约为 13%，仅次于美国的 16.5%（HESA, 2014）。2012 至 2013 年间，中国学生是英国国际学生中规模最大的，占总数的五分之一，根据 HESA 当年发布的数据，印度学生为第二大群体，尽管其人数自 2011 - 2012 年减少了约 25%（HESA, 2014；OECD, 2013；Sinhal, 2014）。有关英国高等教育人数的更多数据，请参阅《国际学生统计：英国高等教育》（UKCISA，2015 年 11 月 29 日）。

[5] 仅在 2012 年至 2013 年期间，加拿大的国际学生注册人数就增长了 84%。尽管如此，加拿大的学生注册人数仍不到英国的一半，约占所有高等教育注册人数的 8%。其中，几乎一半的学生来自印度、中国和韩国（32.42% 的国际学生来自中国，10.79% 来自印度，6.23% 来自韩国）。更多详细信息请参阅，加拿大国际教育局，2015 年。

[6] 澳大利亚吸引了更多来自亚洲的国际学生——显然是由于地理邻近原因——超过了美国、英国和加拿大；向澳大利亚派遣学生的前十大国家全部来自亚洲。然而，印度和中国仍然是整体派遣学生最多的两个国家，涵盖各类教育领域（大学、职业教育等）。2014 年按领域分类的月度详细报告请参阅《澳大利亚教育与培训部》（2014 年）。

界上最年轻的人口结构，成为教育政策制定者非常关注的焦点。[1]

与此同时，这些影响并非单向的。国际学生的涌入虽受到制度性因素的限制，但他们也在共同塑造影响学校发展的其他因素。例如，从法学院的角度来看，决定学生群体构成的因素包括许多方面，如参与 LLM 或 JD 项目的国际学生特质，以及多样性（包括国籍、性别、种族、背景经验和全球视野等）在国际学生群体中的意义。然而，随着国际学生的增加，"多样性"的含义也在发生变化，同时"全球法律教育"对国际学生的意义也变得更加多元化，这些概念不再是一成不变的。例如，随着法学院不断丰富学位项目的种类（包括为非法律专业毕业生开设的新硕士项目、更具实质性和实践性的课程、远程学习和高管教育等），招收国际学生的重要性也体现在更多样化的方式上。然而，这一过程已经变得更加复杂，因为仅仅基于学生所在国家和法律市场的动机来分析招生趋势是不够的。理解如何通过不断扩展的项目吸引来自不同职业、市场、职业阶段以及资源背景的新学生群体，需要更多细致入微的分析。与此同时，法学院也在平衡对多样性的不同理解和呈现方式，包括如何让"多样性"满足不同受众的期望。例如，U. S. News 对多样性的评估中并未将国际学生纳入考量，同时它仅关注 JD 项目，这使 LLM 项目的国际学生成为了一个"独立群体"。然而，随着越来越多的国际学生转向 JD 项目，这种对多样性的理解可能会更加灵活。

从输出国的角度来看，他们对全球法律教育的热情，可能反映了与权力、地位和机会相关的特质、经验和技能的灵活态度。在早期研究中，西尔弗指出，德国的法律市场更具全球流动性，他们把 LLM（法学硕士）视为一种额外的职业资本，但从未认为这是本地律师唯一的合法身份标志。而对于中国来说，对美国因素更为重视，LLM 的价值被赋予了更高的地位。她认为，在德国，由于长期参与国际事务，语言能力和与美国的联系并不新鲜（Silver, 2001：54-55）。同样，巴拉克里什南的早期研究提到，美国法律教育对回国学生有各种不同的"光环效应"和实际作用。与印度学生难以从美国 LLM 中获得实质性好处不同，回到中国本土律师事务所工作的 LLM 毕业生，"试着参加律师资格考试"是有益的，因为"通过考试可以加分，但没有损失"。此

---

〔1〕"亚洲第三大经济体印度预计将在未来 20 年内为其劳动力队伍增加 3 亿人——相当于整个美国人口。所有这些增长将主要集中在年轻一代，印度拥有庞大的'人口红利'，这些年轻人将需要接受教育"（Bhandari, 2015；Goodman, 2015）。

外，拥有 LLM 学位，尤其是毕业于"顶尖法学院"的学生，回国后更有可能获得晋升机会，这几乎成了一种"不成文的规则"。尽管美国学位在应对本国法律体系时并没有实质性的帮助，但它仍然为这些学生的职业发展带来了显著优势（Ballakrishnen，2012：2445）。

与此同时，除了各国对学位认可度的差异外，这种认可度在不同时间段内也会发生变化。社会并非静态的，这一点从过去 20 年到 25 年来美国接受高等教育的国际学生来源国的变化中可见一斑。在此期间，来自欧洲的学生数量相对稳定[1]，但他们在美国国际学生群体中的比例却下降了一半，从最高时的 20% 下降到目前不到 10%。这种变化很大程度上归因于来自亚洲学生数量的激增，以及近年来中东学生数量的增加（O'Malley，2014）。同样值得注意的是，亚洲学生的参与方式也发生了变化，至少在法律领域，他们的角色已从边缘化逐渐转变为可能深刻影响现有层级结构的力量。这种转变得益于例如家庭经济支持能力的提升等更多因素。拉吉卡·班达里（Rajika Bhandari 2015）在高等教育的背景下对这些力量进行了阐释：

前所未有的经济增长推动了重大的社会与人口结构变化以及制度改革，并在大多数国家带来了更大的稳定性。一个庞大的中产阶级的出现，加上经济驱动下的开放政策与市场改革，促进了亚洲国家之间以及它们与世界其他地区的联系日益紧密。这些变化同样反映在高等教育领域。尤其是在许多快速发展的亚洲经济体中，经济增长与知识生产、高级技能的培养以及对高等教育需求的增加密切相关的背景下，这种趋势更加明显。

毕业后如果能有更多机会留在美国工作，这种可能性也会影响毕业生回国从事法律工作的选择。只要回国能够提供与美国类似的职位和发展机会，回国仍然是一个很有吸引力的选项。通常来说，从家庭原因到越来越多的职业机会，回国对很多人来说也是一个重要的考虑因素。[2]同时，JD 国际学生

---

　　[1]　1994—1995 学年，欧洲学生数量为 73 489 人，2015—2016 学年达到了最高的 91 915 人（IIE, All Places of Origin, 1949/ 50- 1999/ 00; IIE, Leading Places of Origin, 2014/ 15- 2015/ 16）。
　　[2]　"接受美国教育的中国人才正成为推动中国公司全球扩展以及国家在人工智能和机器学习等下一代技术中占据主导地位的力量。曾几何时，大学毕业生们渴望获得一份海外的体面工作并取得外国国籍，而如今，许多人更倾向于国内的职业机会，那里机会很多，政府也为前沿研究提供了财政激励"（Bloomberg News, 2018）。

的增加可能会给美国律师事务所现有的多样性努力带来更多动力。这些学生将推动律师事务所更重视多样性问题，尤其是在大家越来越意识到这些事务所在接纳亚裔美国律师方面的不足，更不用说来自亚太地区国家的律师了（Chung et al. , 2017）。[1]

尽管国际学生的选择会受到接受国政策的影响，但输出国的动态同样会改变这些国家派遣或计划派遣学生出国的方式。例如，在中国向美国输送 LLM 和 JD 学生的同时，中国也在推动自身法学院的国际化（Gooch, 2012）。[2]其中一个方式是聘请美国法学毕业生（以及来自其他国家的法律毕业生）在中国任教。[3]这些外籍教师通过正式和非正式的方式为学生做准备，例如分析美国法律教育体系和法律职业的文化与等级制度。一开始，他们大多以兼职或访问学者的身份任教，但如今一些教师已被纳入某些法学院的主流教学岗位。[4]将美国教师以及其他国际教师纳入中国法学院，不仅是对全球法律教育和法律服务市场全球化的回应，同时也反映了这一趋势（Roberts, Chapter, 14）。这是对"地方"与"全球"含义背后层级结构的不断诠释和再定义的重要一步。

五、结论

对于来自其他国家的学生来说，美国法律教育过去通常意味着攻读 LLM。然而，JD 作为一种替代路径的出现反映了现实在变化。例如 LLM 的含金量已经"打了折扣"，不再被认为足够有竞争力；而其价值的体现也变得更加灵活，在不同国家或情境下表现出不同的效果（Silver, 2001；Ballakrishnen, 2012: 2441）。在此前关于签证审批数据的描述中提到，中国和韩国的学生越来越意识到 JD 所带来的机会与 LLM 有所不同。当然，全球疫情以及随之而来的市场变化可能已经深刻改变了这些趋势，尤其是在中美之间。不过，如果未来的发展仍然与之前的趋势相连，我们预计法学院的多样性仍将为国际学生提供重要的差异化选择。诸如 U. S. News 排名、学校地理位置（例如是否靠

---

〔1〕 "亚裔美国人的助理与合伙人比例是所有种族或民族中最高的，这一趋势已持续了十多年"（Chung et al. 2017）。

〔2〕 参见 Gooch（2012），描述中国大学招聘外国人的趋势。

〔3〕 北京大学国际法学院的教师中一直有美国法律学者，参见 Peking University, Visiting Faculty（n. d.）.

〔4〕 例如，北京大学法学院，Joseph L. Pratt（n. d.）.

近主要法律市场）以及职业前景的可预测性等因素，仍然会吸引国际学生。[1]同时，学位的灵活性、承担风险的能力，以及与同学建立联系和"共同体"的可能性，也会成为学生考虑的重点。此外，近年来越来越多学校引入的虚拟或混合教学模式，可能会让学生选择不同的教育路径。对于那些决定进入这些全球化、相互关联且充满不确定性的市场的学生来说，他们的选择还会受到法学院、大学、社交网络[2]以及更广泛社区中多样性因素的影响。尤其是，当一个学校里有大量来自同一国家的学生时，这种环境可能既是支持，也可能带来一些限制，甚至两者兼有。不同的支持环境以及它们能为学生提供的资源，也是值得关注的重要因素。尽管目前的数据只能让我们对这些可能的变化做初步探讨，但要了解其真正影响，还需要长期跟踪这些学生的职业路径和毕业后发展情况。我们希望未来的研究能深入挖掘这一群体的重要性，把它作为分析复杂背景变化的重要参考因素。

参考文献

All Places of Origin: 1949/ 50- 1999/ 00 (n. d.). *Institute of International Education*. https://www.iie.org/Research-and-Insights/Open-Doors/Data/International-Students/Places-of-Origin/All-Places-of-Origin/1950- 2000.

Altbach, Philip G.(2004)."Higher Education Crosses Borders," *Change Magazine* 36 (2): 18-24.

Altbach, Philip G.(2013)."The Asian Higher Education Century?," *International Higher Education* 59: 143-147. https://doi.org/10.6017/ihe.2010.59.8493.

American Bar Association (2013). 2013 Fall Non-JD Enrollment. https://www.americanbar.org/content/dam/aba/administrative/legal_ education_ and_ admissions_ to_ the_ bar/statistics/2013_ fall_ jd_ nonjd_ enrollment. xlsx: https://www.americanbar.org/content/dam/aba/administrative/legal_ education_ and_ admissions_ to_ the_ bar/statistics/2013_ fall_ jd_

---

[1] 例如，一些国际学生认为，在大型律师事务所（Big Law）工作的毕业生比例是一个重要考虑因素。这主要是因为他们希望通过这样的职业作为起点，为未来回到本国或所在地区发展创造或保有更多机会（C02-17）。

[2] 在与安东尼·佩克（Anthony Paik）和史蒂文·布彻（Steven Boutcher）合作开展的独立研究中，我们通过一项多元化方法的纵向研究，探索了法学院 JD 和 LLM 学生的社交网络。这项名为"法学院学生多样化体验研究"（Diverse Student Experiences in Law School Study）的研究由 AccessLex 研究所资助，项目编号为 FY1907UG001（主要研究者：Paik、Silver、Boutcher and Ballakrishnen）。有关国际法学生社交网络的讨论，请参见 Paik、Ballakrishnen、Silver、Boutcher and Whitworth.

nonjd_ enrollment. xlsx, 2013.

American Bar Association (2016). "2016 JD/N on - JD Enrollment Data," Statistics Archives. https://www. americanbar. org/content/dam/aba/administrative/legal_ education_ and_ admissionstothe_ bar/statistics/2016_ jd_ non_ jdenrollment. xlsx.

American Bar Association (2016). 2016 Fall Non-J D Enrollment. https://www. americanbar. org/content/dam/aba/administrative/legaleducation_ and_ admissions_ to_ the_ bar/statistics/2016_ jd_ non_ jd_ enrollment. xlsx:, https://www. americanbar. org/content/dam/aba/administrative/legal_ education_ and_ admissions_ to_ the_ bar/statistics/2016_ jd_ non_ jd_ enrollment. xlsx.

American Bar Association (n. d.). " J. D. Enrollment and Ethnicity," *Standard 509 Disclosure*. http://www. abarequireddisclosures. org/.

Associate Professor Joseph L. Pratt (n. d.). Peking University Law School. http://en. law. pku. edu. cn/faculty/faculty1/48131. htm.

Ballakrishnen, Swethaa S. (2008). "Hari and Kumar Go to HLS. " (unpublished LL. M. thesis, Harvard Law School) (on file with author).

Ballakrishnen, Swethaa S. (2012). "Homeward Bound: What Does a Global Legal Education Offer the Indian Returnees?," *Fordham Law Review* 80 (6): 2441-2480.

Ballakrishnen, Swethaa S. (2009). *Lawful Entry: A Preliminary Framework for Understanding the Liberalization Prospects of the Indian Legal Market*. (on file with author).

Ballakrishnen, Swethaa S. (2020). "India: Present and Future: A Revised Sociological Portrait," in Hilary Sommerlad, Richard L. Abel, Ole Hammerslev, and Ulrike Schultz, eds. , *Lawyers in the 21st Century*. Pp. 713-33. Hart Publishing.

Ballakrishnen, Swethaa S. and Carole Silver (2019). " A New Minority? International JD Students in US Law Schools," *Law & Social Inquiry* 44 (3): 647- 678. https://doi. org/10. 1017/lsi. 2018. 12.

Ballakrishnen, Swethaa S. and Carole Silver (2020). "Language, Culture, and the Culture of Language: International JD students in U. S. Law Schools," in Meera Deo, Mindie Lazarus- Black, and Elizabeth Mertz, eds. , Power, *Legal Education, and Law School Cultures*. pp. 191 - 223. Routledge.

Bar & Bench (2011). "Conversation with Lalit Bhasin Managing PartnerBhasin & Co. " November 22. https://www. barandbench. com/interviews/conversation-lalit-bhasin-managing-partner-bhasin-amp-co.

Bar Council of India v. A. K. Balaji and Others (Indian Supreme Court 2015). Civil Appeal Nos. 7875-7879.

Baxter, Brian (2011). "India Leaves Door Ajar for U. K. Firms," *The Am Law Daily*. September 29. http://amlawdaily. typepad. com/amlawdaily/2011/09/india-foreign-ffrms. html.

Bhandari, Rajika (2015). "Asia's Stake in 21st Century Higher Education," *Institute of International Education* (*blog*). August. https://www. iie. org/Learn/Blog/2015/08/2015-August-Asias-Transformation-And-The-Role-Of-International-Higher-Education.

Bhandari, Rajika and Alessia Lefébure (2015). "Asia: The Next Higher Education Superpower?," *IIE and AIFS Foundation* 143.

Bloomberg News (2018). "Chinese Workers Abandon Silicon Valley for Riches Back Home. " January 10. https://www. bloomberg. com/news/articles/2018-01.

Carle, Susan D (2020). "The Current Anxiety About JD Advantage Jobs: An Analysis," *San Diego Law Review*. 57: 675.

Carole Silver, Jae-H yup Lee, and Jeeyoon Park (2015). "What Firms Want: Investigating Globalization's Influence on the Market for Lawyers in Korea," *Columbia Journal of Asian Law* 1 (20).

Chi, Wei and Bo Li (2008). "Glass Ceiling or Sticky Floor? Examining the Gender Earnings Differential across the Earnings Distribution in Urban China, 1987–2004," *Journal of Comparative Economics* 36 (2): 243–263. https://doi. org/10. 1016/j. jce. 2007. 12. 001.

Chung, Eric, Samuel Dong, Xiaonan April Hu, Christine Kwon, and Goodwin Liu (2017). "A Portrait of Asian Americans in the Law," *Yale Law School and National Asian Pacific American Bar Association*. https://static1. squarespace. com/static/59556778e58c62c7db3ffe84/t/596cf0638 419c2e5a0dc5766/1500311662008/170716_ PortraitProject_ SinglePages. pdf.

Degrees (2018). *USC Gould*. Accessed February 28, 2018. http://gould. usc. edu/academics/degrees/.

Deshpande, Ashwini and Smriti Sharma (2016). "Disadvantage and Discrimination in Self-Employment: Caste Gaps in Earnings in Indian Small Businesses," *Small Business Economics* 46 (2): 325–346. https://doi. org/10. 1007/s11187-015-9687-4.

Dezalay, Yves and Bryant Garth (1997). "Law, Lawyers and Social Capital: 'Rule of Law' versus Relational Capitalism," *Social & LegalStudies* 6 (1): 109–141. https://doi. org/10. 1177/096466399700600105.

Dezalay, Yves and Bryant Garth, eds. (2011). *Lawyers and the Rule of Law in an Era of Globalization*. Routledge.

Dickerson, Caitlin (2020). "My World Is Shattering: Foreign Students Stranded by the Coronavirus," *New York Times*. April 26.

Education at a Glance 2013: OECD Indicators (2013). *OECD*. http://dx. doi. org/10. 1787/

eag-2013-en.

Espeland, Wendy Nelson and Michael Sauder (2016). "Rankings at the Top: Inside the Dean's Office" in *Engines of Anxiety: Academic Rankings, Reputation, and Accountability*. pp. 100–133. Russell Sage Foundation.

Facts & Figures (2015). *Canada Bureau for International Education*. November 29. https://cbie. ca/media/facts-and-figures/.

Fast Facts 2010 (2010). *Institute of International Education*. https://www. iie. org/Research-and-Insights/Open-Doors/Fact-Sheets-and-Infographics/Fast-Facts.

Fast Facts 2017 (2017). *Institute of International Education*. https://www. iie. org/Research-and-Insights/Open-Doors/Fact-Sheets-and-Infographics/Fast-Facts.

Fields of Study 2014-2 016 (2018). *Institute of International Education*. Accessed March 31, 2018. https://www. iie. org/research-and-insights/open-doors/data/international-students/fields-of-study.

Findlay, Allan and B. Lindsay Lowell (2001). "Migration of Highly Skilled Persons from Developing Countries: Impact and Policy Responses," *International Migration Papers* 44: 8.

Fischer, Karin (2010). "Foreign- Student Enrollment in U. S. Rise Despite Global Recession," *The Chronicle of Higher Education*. July 8. http://www. chronicle. com/article/Foreign-Student-Enrollments-in/66214/.

Ganz, Kian (2010). "India Legal Market to Stay Closed, Edwards Angell Partner Says," *Bloomberg. com*. November 9. http://www. bloomberg. com/news/2010-11-10/india-legal-market-to-stay-closed-until-2015-edwards-angell-partner-says. html.

Garth, Bryant (2015). "Notes Toward an Understanding of the U. S. Market in Foreign LL. M. Students: From the British Empire and the Inns of Court to the U. S. LL. M. ," *Indiana Journal of Global Legal Studies* 22 (1): 67-7 5. https://doi. org/10. 2979/indjglolegstu. 22. 1. 67.

Garth, Bryant G. and Joyce Sterling (2018). "Diversity, Hierarchy, and Fit in Legal Careers: Insights from Fifteen Years of Qualitative Interviews," *Georgetown Journal of Legal Ethics* 31 (1): 123-74.

Ginsburg, Tom (2004). "Transforming Legal Education in Japan andKorea," *Pennsylvania State International Law Review* 22 (3): 433-440.

Gooch, Liz (2012). "Chinese Universities Send Big Signals to Foreigners," *New York Times*. March 11. https://www. nytimes. com/2012/03/12/world/asia/12iht-educlede12. html.

Goodman, Allan E. (2015). "A Passage to India," *Institute of International Education* (*blog*). October. https://www. iie. org/Learn/Blog/2015/10/2015-October-A-Passage-To-India.

The Guardian (2015). "Top 20 Countries for International Students. " November 10. http://

www. theguardian. com/higher-education-network/blog/2014/jul/17/top-20-countries-international-students.

Halliday, Terence (2009). "Recursivity of Global Normmaking: A Sociolegal Agenda," *Annual Review of Law and Social Science* 5: 263-289. https://doi. org/10. 1146/annurev. lawsocsci. 093008. 131606.

Halliday, Terence and Bruce Carruthers (2007). "The Recursivity of Law: Global Norm Making and National Lawmaking in the Globalization of Corporate Insolvency Regimes," *American Journal of Sociology* 112 (4): 1135- 1202. https://doi. org/10. 1086/507855.

Halliday, Terence C. and Gregory Shaffer (2015). *Transnational Legal Orders*. Cambridge University Press.

Hupper, Gail J. (2015). "Educational Ambivalence: The Rise of a Foreign-Student Doctorate in Law," *New England Law Review* 49 (3): 319-47.

Hupper, Gail J. (2008). "The Academic Doctorate in Law: A Vehicle for Legal Transplants?," *Journal of Legal Education* 58 (3): 413-454.

Hupper, Gail J. (2007). "The Rise of an Academic Doctorate in Law: Origins Through World War II," *Journal of Legal History* 49 (1): 1-60.

International Student Data (2014). *Australian Government Department of Education and Training*. https://internationaleducation. gov. au/research/International – Student – Data/Pages/InternationalStudentData2014. aspx#Detailed_ Monthly.

International Student Economic Value Tool (2017). *NAFSA*. Accessed November 18, 2017. http://www. nafsa. org/PolicyandAdvocacy/Policy_ Resources/Policy_ Trends_ and_ Data/NAFSA_ International_ Student_ Economic_ Value_ Tool/.

Jail, Neera and Shoma Mukherji (2010). " The Perception of 'Glass Ceiling' in Indian Organizations: An Exploratory Study," *South Asian Journal of Management* 17 (1): 23.

Kim, Jongyoung (2016). "Global Cultural Capital and Global Positional Competition: International Graduate Students' Transnational Occupational Trajectories," *British Journal of Sociology of Education* 37 (1): 30-50. https://doi. org/10. 1080/01425692. 2015. 1096189.

Lawyers Collective v. Bar Council of India (2009). Writ Petition No. 1526/1995.

Lazarus- Black, Mindie (2017). "The Voice of the Stranger: Foreign LL. M. Students' Experiences of Culture, Law and Pedagogy in U. S. Law Schools," in James A. R. Nafziger, ed. , *Comparative Law and Anthropology*. Pp. 462-477. Edward Elgar Publishing.

Leading Places of Origin: 2014/15-2015/16 (n. d.). *Institute of International Education*. https://opendoorsdata. org/data/international-students/leading-places-of-origin/

Lee, Kuk Woon (2007). "Corporate Lawyers in Korea: An Analysis of the 'Big 4' Law

Firms in Seoul," in Dai-Kwon Choi and Kahei Rokumoto, eds., *Judicial System Transformation in the Globalizing World: Korea and Japan*. pp. 219-50. Seoul National University Press.

Liu, Sida (2008). "Globalization as Boundary-Blurring: International and Local Law Firms in China's Corporate Law Market," *Law & SocietyReview* 42 (4): 771 - 804. https://doi. org/ 10. 1111/j. 1540-5893. 2008. 00358. x.

Martel, Mirka (2021). IIE Fall 2021 International Student Enrollment Snapshot, https:// www. iie. org/en/Research-and-Insights/Publications/Fall-2021-International-Student-Enroll-ment-Snapshot.

Merry, Sally Engle (2006). "Transnational Human Rights and Local Activism: Mapping the Middle," *American Anthropologist* 108 (1): 38-51. https://doi. org/10. 1525/aa. 2006. 108. 1. 38.

Meyer, John W. and Brian Rowan (1977). "Institutionalized Organizations: Formal Structure as Myth and Ceremony," *American Journal of Sociology* 83 (2): 340 - 363. https://doi. org/ 10. 1086/226550.

Moon, Jaewan (unpublished manuscript). Impact of Globalization on Korean Legal Profession (on file with author).

National Center for Education Statistics (2018). Classification of Instructional Programs. Accessed March 31, 2018. https://nces. ed. gov/ipeds/cipcode/cipdetail. aspx? y=55.

Oh, Soogeun (2005). "Globalization in Legal Education of Korea," *Journal of Legal Education* 55 (4): 525-530.

O'Malley, Brendan (2014). "Middle East Swells International StudentGrowth in US," *University World News*. November 20. https://www. universityworldnews. com/post. php? story=201411 2021585741.

Open Doors (2011). *Institute of International Education*. https://www. iie. org/Research-and-Insights/Open-Doors/Fact-Sheets-and-Infographics/Fast-Facts.

Open Doors 2017 Report (2017). *Institute of International Education*. https://www. iie. org/ Why-IIE/Announcements/2017/11/2017-11-13-Open-Doors-Data.

Open Doors FAQ (2018). *Institute of International Education*. Accessed April 26, 2018. https://www. iie. org/Research-and-Insights/Open-Doors/Frequently-Asked-Questions.

Paige, Susan Mary, Amrita A. Wall, Joseph J. Marren, Brian Dubenion, and Amy Rockwell (2017). *The Learning Community Experience in Higher Education: High-Impact Practice for Student Retention*. Routledge, Taylor & Francis Group.

Paik, Anthony, Carole Silver, Steven Boutcher, and Swethaa Ballakrishnen. Diverse Student Experiences in Law School Study (research funded by AccessLex Institute, award number FY1907UG001).

Paik, Anthony, Swethaa Ballakrishnen, Carole Silver, Steven Boutcher, and Tanya Whitworth, *Diverse Disconnectedness: Homophily, Social Capital Inequality and Student Experiences in Law School* (under submission 2021).

Places of Origin, 2015/2016–2016/2017 (n. d.). Open Doors Report on International Educational Exchange, Institute of International Education. https://www. iie. org/Research – and – Insights/Open–Doors/Data/International–Students/Places–of–Origin.

Places of Origin, 2016/2 017 (n. d.). Open Doors Report on International Educational Exchange, *Institute of International Education.* https://www. iie. org/Research–and–Insights/Open–Doors/Data/International–Students/Places–of–Origin.

Project Atlas Infographics (2017). *Institute of International Education.* https://www. iie. org/Research–and–Insights/Open–Doors/Fact–Sheets–and–Infographics/Infographics.

Rajah, Jothie (2015). " 'Rule of Law' as Transnational Legal Order," in Terence C. Halliday and Gregory Shaffer, eds. , *Transnational Legal Orders.* pp. 340 – 73. Cambridge University Press.

Research and Insights (2018). *Institute of International Education.* https://www. iie. org/Research–and–Insights/Open–Doors/Data/International–Students/Places–of–Origin.

Robel, Lauren K. (2006). "Opening Our Classrooms Effectively to Foreign Graduate Students," *Pennsylvania State International Law Review* 24: 797–799.

Roberts, Anthea and Martti Koskenniemi (2017). "Is International LawInternational?," *Oxford Scholarship Online* 61–67. https://doi. org/10. 1093/oso/9780190696412. 001. 0001.

Roberts, Anthea (2022). "Cross– Border Student Flows and the Construction of International Law as a Transnational Legal Field," in Bryant Garth and Gregory Shaffer, eds. , *The Globalization of Legal Education: A Critical Study.*

Ruiz, Neil G. (2014). "The Geography of Foreign Students in U. S. Higher Education: Origins and Destinations," *Brookings.* August 29. https://www. brookings. edu/interactives/the–geography–of–foreign–students–in–u–s–higher–education–origins–and–destinations/.

The Salary Wars of 2016: Huge Pay Rises in New York This Summer Forced the City to Play Along (2016). *Chambers Student.* October. http://www. chambersstudent. co. uk/where – to – start/newsletter/law–ffrm–pay–rises–in–2016.

Saluja, Pallavi (2017). "BCI, SILF, BAI Buy Time to Submit Proposals on Entry of Foreign Law Firms," *Bar and Bench— Indian LegalNews.* July 28. https://barandbench. com/foreign–law–firms–bci–silf–bai–law–ministry/.

Saxenian, Annalee (2005). "From Brain Drain to Brain Circulation: Transnational Communities and Regional Upgrading in India and China," *Studies in Comparative International Develop-*

ment 40（2）：35-61. https：//doi. org/10. 1007/bf02686293.

Seong- Hyun, Kim（2011）. "The Democratization and Internationalization of the Korean Legal Field," in Yves Dezalay and Bryant Garth, eds. , *Lawyers and the Rule of Law in an Era of Globalization*. pp. 217-38.

Routledge. Seron, Carine（2020）. "The Law School's Brutal Response to COVID-19," *Harvard Crimson*. April 2. https：//www. thecrimson. com/article/2020/4/2/seron - law - school - brutal - response-coronavirus/.

Silver, Carole（2012）. "Coping with the Consequences of 'Too Many Lawyers'：Securing the Place of International Graduate Law Students," *International Journal of the Legal Profession* 19（2-3）：227-245. https：//doi. org/10. 1080/09695958. 2013. 769439.

Silver, Carole（2000）. "Globalization and the U. S. Market in Legal Services-Shifting Identities," *Journal of Law and Policy in International Business* 31（4）：1093-1095.

Silver, Carole（2013）. "Holding Onto 'Too Many Lawyers'：Bringing International Graduate Students to the Front of the Class," *Oñati Socio- Legal Series* 3：533-560.

Silver, Carole（2006）. "Internationalizing U. S. Legal Education：A Report on the Education of Transnational Lawyers," *Cardozo Journal of International and Comparative Law* 14（1）：143-227. https：//doi. org/10. 2139/ssrn. 829744.

Silver, Carole（2007）. "Local Matters：Internationalizing Strategies for U. S. Law Firms," *Indiana Journal of Global Legal Studies* 14（1）：67-74. https：//doi. org/10. 2979/gls. 2007. 14. 1. 67.

Silver, Carole（2009）. "LSAC Research Report Series：Agents of Globalization in Law：Phase 1," *The Law School Admission Council*. https：//www. lsac. org/data - research/research/agents-globalization-law- phase-1-gr-09-01.

Silver, Carole（2003）. "Regulatory Mismatch in the International Market for Legal Services," *Journal of International Law and Business* 23（3）：487- 491. https：//doi. org/10. 2139/ssrn. 408340.

Silver, Carole（2012）. "States Side Story：Career Paths of International LLM Students, or 'I Like to Be in America,' " *Fordham Law Review* 80（6）：2383-2384.

Silver, Carole（2002）. "The Case of the Foreign Lawyer：Internationalizing the U. S. Legal Profession," *Fordham International Law Journal* 25：1039- 1043. https：//doi. org/10. 2139/ssrn. 287873.

Silver, Carole（2001）. "The Variable Value of U. S. Legal Education in the Global Legal Services Market," *Georgetown Journal of Legal Ethics* 24（1）：1-54.

Silver, Carole（2005）. "Winners and Losers in the Globalization of Legal Services：Situating the Market for Foreign Lawyers," *Virginia Journal of International Law* 45（4）：897-908.

Silver, Carole and Swethaa S. Ballakrishnen (2018). "Sticky Floors, Springboards, Stairways & Slow Escalators: Mobility Pathways and Preferences of International Students in U. S. Law Schools," *UC Irvine Journal of International*, *Transnational and Comparative Law* 3: 39−70.

Silver, Carole and Mayer Freed (2006). "Translating the U. S. LLM Experience: The Need for a Comprehensive Examination," *Northwestern Law Review Colloquy* 101: 23.

Silver, Carole, Jae−Hyup Lee, and Jeeyoon Park (2015). "What Firms Want: Investigating Globalization's Influence on the Market for Lawyers in Korea," *Columbia Journal of Asian Law* 27: 1−3. https://doi. org/10. 2139/ssrn. 2618034.

Sinhal, Kounteya (2014). "Student Visa Rules Tightened By UK Govt," *The Times of India*. July 29. https://timesofindia. indiatimes. com/home/education/news/Student−visa−rules−tightened−by−UK−govt/articleshow/39243701. cms.

Spivey, Mike (2020). "How Will COVID− 19 Impact Law Schools as the Summer Progresses?," *Above the Law*. March 27. https://abovethelaw. com/2020/03/how−will−covid−19−impact−law−schools−as−the−summer−progresses/.

Students in Higher Education 2012/13 (2014). *HESA*. February 1. https://www. hesa. ac. uk/data−and−analysis/publications/students−2012−13.

Terry, Laurel (2011). "International Students and Global Mobility in Higher Education," *Michigan State Law Review* 2011 (2): 305−307. https://doi. org/10. 1057/9780230117143.

Tesch, Bonnie J. , Helen M. Wood, Amy L. Helwig, and Ann Butler Nattinger (1995). "Promotion of Women Physicians in Academic Medicine. Glass Ceiling or StickyFloor?," *JAMA: The Journal of the American Medical Association* 273 (13): 1022−1025. https://doi. org/10. 1001/jama. 273. 13. 1022.

Tolbert, Pamela S. (2017). "Wendy Nelson Espeland and Michael Sauder: Engines of Anxiety: Academic Rankings, Reputation, and Accountability," *Administrative Science Quarterly* 63 (1): NP5−N P7. https://doi. org/10. 1177/0001839217731341.

Turner, Cory (2015). "U. S. Colleges See a Big Bump in International Students," *NPR*. November 18. https://www. npr. org/sections/ed/2015/11/18/456353089/u−s−colleges−see−a−big−bump−in−international−students.

Visiting Faculty (2018). Peking University. Accessed January 28, 2018. http://newsen. pku. edu. cn/Employment/ForeignExperts/VisitingFacultyatPKU/.

索　引

（中英文对照表）

图书在版编目（ＣＩＰ）数据

法律教育全球化：批判视角下的反思 / （美）布莱恩特•加斯，（美）格雷戈里•沙弗编著；严文君译. -- 北京 ： 中国政法大学出版社，2025. 4.

ISBN 978-7-5764-2102-6

Ⅰ. D90

中国国家版本馆 CIP 数据核字第 2025S2E135 号

出 版 者　　中国政法大学出版社

地　　址　　北京市海淀区西土城路 25 号

邮寄地址　　北京 100088 信箱 8034 分箱　邮编 100088

网　　址　　http://www.cuplpress.com（网络实名：中国政法大学出版社）

电　　话　　010-58908586(编辑部) 58908334(邮购部)

编辑邮箱　　zhengfadch@126.com

承　　印　　固安华明印业有限公司

开　　本　　720mm×960mm　　1/16

印　　张　　31.25

字　　数　　540 千字

版　　次　　2025 年 4 月第 1 版

印　　次　　2025 年 4 月第 1 次印刷

定　　价　　120.00 元